KB174351

에밀 졸라(1840~1902)

▲파리 생 조세프 거리 10번지
에밀 졸라의 생가

◀부모와 함께 있는 어린 시절의 졸라
1845년(5세)

▼생가에 걸려 있는 명판
'에밀 졸라 1840년 4월 2일 이 집에서 태어나다'

▲메당 별장
졸라는《목로주
점》의 성공으로
1878년 파리 서쪽
에 있는 이 저택
을 구입해 이곳을
주요 일터로 삼았
다. 오늘날 졸라
박물관으로 공개
하고 있다.

▶서재에서 쉬고
있는 졸라

빅토르 위고(1802~1885) 졸라는 청년 시절 친구에게 '나는 위고에게 열중하고 있다' 편지에 쓸 만큼 빅토르 위고를
동경했다. 19세기 프랑스 문호로서 판테온에 묻힌 사람은 위고와 졸라뿐이다.

▲⟨바티뇰의 아틀리에⟩ 앙리 팡탱라투르.
1870. 화가 마네의 아틀리에에 모인 인상
파 화가들. 오른쪽에서 네 번째가 졸라이
다. 졸라는 미술 비평가이기도 했다. 마네
를 옹호하고 그들과 교류를 가졌다.

▶폴 세잔(1839~1906) 자화상

▼에두아르 마네(1832~1883)

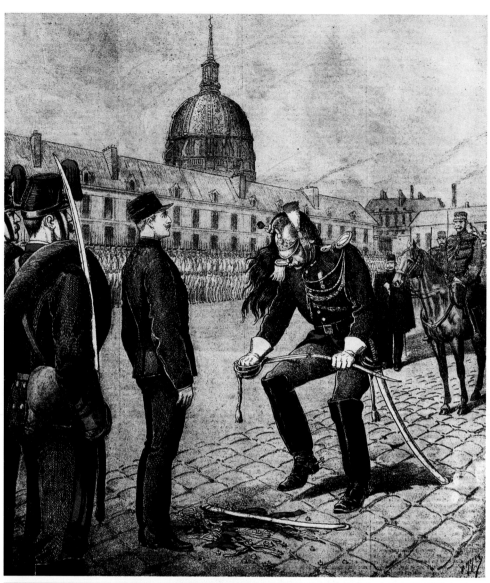

▲계급장을 박탈당하는 드레퓌스 드레퓌스 사건은 1894년 드레퓌스 대위가 군사기밀을 독일에 흘렸다는 혐의로 체포된 것을 시작으로 프랑스 사회를 흔든 큰 사건이다.

◀드레퓌스를 옹호한 졸라 1898년 1월 13일 〈여명〉지에 발표한 〈나는 고발한다〉는 대통령에게 보내는 공개장 형식으로 드레퓌스의 무죄를 주장했으며 정부·군부를 단죄했다.

▲〈분노에 찬 군중
들에 둘러싸인 졸
라〉 앙리 드 그
루. 1898.

1898년 간첩 누명
을 쓴 유대 군인
드레퓌스 대위가
무죄임을 폭로하
는 〈나는 고발한
다〉를 신문에 실
었다. 이 글은 유
대인에게 반감이
심했던 프랑스 사
회를 충격 속으로
몰아넣었다.

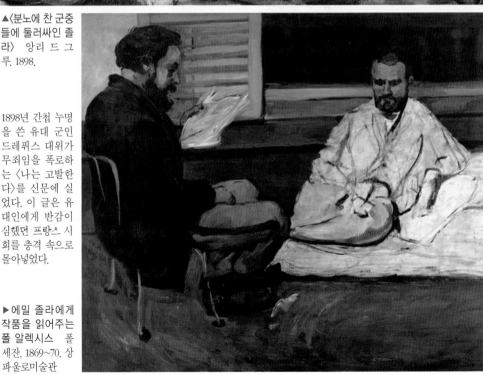

▶에밀 졸라에게
작품을 읽어주는
폴 알렉시스 폴
세잔. 1869~70. 상
파울로미술관

에밀 졸라 초상　에두아르 마네. 1868.

에밀 졸라 초상   1899년 졸라가 영국 망명에서 돌아왔을 때 뤼크 바르부 다브레가 그렸다.

몽마르트르 묘지에 있는 에밀 졸라의 무덤과 그 기념비

▲파리 판테온 국
립묘지

몽마르트르에 묻
혀 있던 졸라의
유골은 1908년 6
월 4일 새로이 국
장을 치러 판테온
으로 이장했다.

▶판테온에 안치된
에밀 졸라의 무덤

▲라팽 아질 주점
20세기 초 피카소·모딜리아니 등이 자주 드나든 몽마르트르의 주점이다.

졸라의 《목로주점》 등 몇몇 작품은 파리 서민가를 무대로 전개된다. 《목로주점》은 파리 북부에 사는 기술자나 노동자의 생활을 생생하게 그린 대표작이다.

◀〈라팽 아질〉 피카소. 1905. 주점 이름이 그림 제목이다.

CLASSIQUE

L'ASSOMMOIR

Émile ZOLA

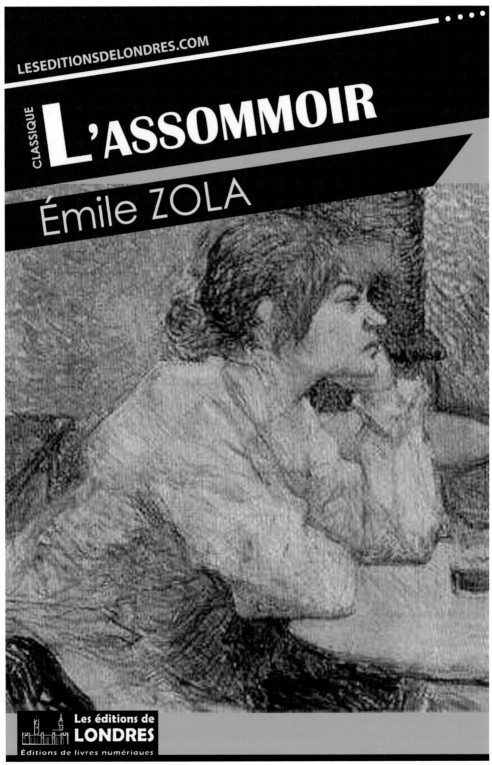

Les éditions de LONDRES

Éditions de livres numériques

《목로주점》(초판 1877) 표지 표지 그림, 툴루즈 로트렉의 〈술꾼〉(1887~89)

《목로주점》 삽화　르누아르. 1877.

연극 〈목로주점〉 포스터(1879)　1877년 출판된 《목로주점》이 베스트셀러가 되자, 두 각본가가 작가의 허락을 받아 각색하여 그 2년 뒤인 1879년 1월에 파리 앙비귀극장에서 초연을 상연했다.

연극 〈목로주점〉 상연 포스터   파리 포르트 생 마르탱 극장. 1900.

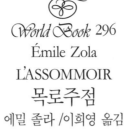

World Book 296

Émile Zola

L'ASSOMMOIR

목로주점

에밀 졸라 /이희영 옮김

동서문화사

디자인 : 동서랑 미술팀

목로주점

차례

머리글

《루공 마카르 총서》는 20여 권의 소설로 만들어질 예정이다. 1869년부터 전체 구성은 결정되어 있었고, 나는 그 구성에 따라 엄격하게 글을 써 나아가고 있다. 이제 《목로주점》 차례다. 나는 내가 계획한 것에서 한 치도 벗어나지 않고 이를 써 왔으며, 또한 앞으로 다른 소설을 쓸 때에도 그러하리라. 이것이 바로 나의 강점이다. 나는 목표를 향해 그저 뚜벅뚜벅 걸어 나아갈 뿐이다.

《목로주점》이 신문에 발표되었을 때 이 소설은 맹렬한 공격을 받았으며, 또한 고발까지 당하여 온갖 죄목이 씌워졌다. 이제 작가로서의 내 의지를 몇 줄 설명해야 하지 않을까? 나는 파리 변두리 악취가 풍기는 환경에서 사는 한 노동자 가정의 어쩔 수 없는 전락을 그려보고 싶었다. 술버릇과 게으름 때문에 가족 관계는 흐트러지고, 남녀 관계는 난잡해지며, 성실한 감정은 차츰 망각으로 빠져든다. 그리하여 마침내 치욕과 죽음을 맞는다. 이것이야말로 생생한 가르침이 아닌가.

내가 쓴 책 중에서 《목로주점》은 가장 순결한 작품이다. 그런데도 나는 이 작품 때문에 다른 때보다 훨씬 더 끔찍한 고통을 겪어야만 했다. 사람들이 이 소설의 형식만 가지고도 질겁을 했기 때문이다. 그들은 작품 속 낱말에 분노했다. 나의 죄라면 민중의 말을 가졌었다는 것이다. 아! 문학의 형식, 그것이 대죄이다! 그러나 민중의 말에 대한 사전도 몇 권 있으며, 그것을 연구하고 그 대담성과 의외성(意外性), 영상 환기력(映像喚起力)을 즐기는 문학자들도 있다. 그것은 꼬치꼬치 캐기를 좋아하는 문법학자들의 즐거움이기도 하다. 그런데 어느 누구도 내가 역사적, 사회적으로 매우 흥미롭다고 믿는 것을 알아주려 하지 않았으며, 또한 순수하게 언어학적인 일을 하려 한 나의 의지를 알아주려 하지 않았다.

나는 자기변명을 하고 싶지는 않다. 나의 이 작품이 대신 변명해 줄 것이기 때문이다. 이것은 진실한 작품이다. 거짓이 없고 민중의 냄새가 드러나는 나의 첫 번째 민중 소설이다. 민중 전체가 사악하다고 결론지어서는 안 된다. 왜냐하면 나의 작중인물들은 사악하지 않고 그저 무지할 뿐이며, 또한 괴로운 노동과 가난한 환경에 의해 오염되어 있을 뿐이기 때문이다.

내 작품에 대해 세상에 떠도는 기괴하고 더러운 판단을 내리기 전에 적어도 내 소설을 읽고, 이해하고, 작중인물과 작품 속에 흐르는 주제를 뚜렷이 보아주어야만 한다. 아! 사람들이 그들의 관심을 끈 이 터무니없는 소문을 듣고 내 친구들이 얼마나 재미있어했던가를 알아주었으면! 흡혈귀니 잔인한 소설가니 그런 구설수에 오른 내가 실은 매우 훌륭한 시민이며, 가능한 한 폭넓고 생생한 작품을 남기고 싶은 야심밖에 없는, 그저 한 모퉁이에서 얌전하게 연구와 예술을 하는 사람임을 알아주었으면! 나는 세상이 뭐라고 하건 부정할 생각은 없다. 나는 그저 일을 한다. 나는 시간과 대중의 성의에 몸을 내맡긴다. 산더미처럼 쌓아 올려진 어리석은 말들 더미에서 마침내 나의 참모습이 나타날 것이다.

에밀 졸라.

1877년 1월 1일, 파리.

제1장

제르베즈는 새벽 2시까지 랑티에를 기다리고 있었다. 속옷 바람으로 창가에서 찬 공기를 쏘인 탓인지 몸이 으슬으슬 떨려왔다. 이윽고 침대에 몸을 내던지자 졸음이 쏟아졌다. 몸에는 열이 좀 있고 두 뺨은 눈물로 흠뻑 젖은 채였다. 일주일 전부터 랑티에는 '머리둘 송아지'라는 음식점에서 식사를 마치고 나오면 제르베즈와 아이들을 먼저 집으로 보내고 자신은 일자리를 찾아본다는 핑계로 밤늦게서야 다시 나타났다.

그날 밤, 남편이 돌아오기를 기다리면서 그녀는 언뜻 랑티에가 큰길가 불빛이 휘황찬란한 무도장 '그랑 발콩'으로 들어가는 것을 본 듯한 느낌이 들었다. 제르베즈는 남편의 뒤를 따라가고 있는 금속연마공 아델을 보았는데, 그는 방금 랑티에의 품 안에서 벗어난 듯한 모습으로 두 팔을 휘저으며 대여섯 걸음 떨어져서 걸어가고 있었다. 음식점 출입문 눈부신 전등불 밑을 남자와 함께 지나가기가 어색한 듯 그런 모습이었다.

제르베즈가 눈을 떴을 때는 5시쯤이었는데, 몸이 굳고 허리가 부서지는 듯한 통증을 느꼈다. 그녀는 왈칵 눈물을 쏟았다. 그녀의 남편 랑티에는 기어이 돌아오지 않았다. 남편의 외박은 이번이 처음이었다. 제르베즈는 아치형 천장에 끈으로 매달아 놓은 가느다란 막대에 늘어져 있는 빛바랜 인도 사라사 천 조각 밑, 침대 끝에 앉아 있었다. 그녀는 눈물로 흐려진 눈으로 방 안을 천천히 훑어보았다. 한쪽 서랍이 달아난 호두나무 옷장, 짚의자 세 개, 기름때 묻은 작은 탁자 하나가 놓여 있고 그 작은 탁자 위에는 찌그러진 주전자가 놓여 있었다. 이런 것들 말고도 아이들을 위한 철제 침대가 하나 있는데, 이 침대는 호두나무 옷장을 여닫는 데 방해가 될 뿐만 아니라 그 방의 삼분의 이를 차지했다. 한 귀퉁이에는 제르베즈와 랑티에가 함께 쓰는 트렁크가 입을 크게 벌린 채 놓여 있었다. 트렁크 속에는 낡은 남자 모자가 하나 들어 있고, 그 위에는 때묻은 셔츠 몇 벌과 양말이 얹혀 있었다. 한쪽 벽을 따라서 가구 뒷면에는 헌옷 장사조차도 고개를 돌릴 만큼 초라하기 짝이 없는 잔뜩 구멍 난 숄과 진흙으로 더럽혀진 바지가 걸려 있었다. 벽난로 가운데 있는, 짝이 맞지 않는 두 개의 함석 촛대 사이에는 연분홍색 전당표(典當票)가 한 무더기 놓여 있었다. 그래도 이 방은 이 호텔에서는 가장 좋은 곳으로, 큰길 쪽 2층 방이다.

그러는 동안 두 아이는 한 베개에 나란히 누워 잠들어 있었다. 여덟 살인 클로드는 조그마한 두 손을 이불 밖으로 내놓고서 새근거렸고, 네 살짜리 에티엔은 한쪽 팔을 형의 목에 걸친 채 잠결에도 얼굴은 미소를 짓고 있었다. 눈물로 흐려진 어머니의 눈길이 두 아이에게 멈추자, 그녀는 다시금 울음을 터뜨렸다. 그녀는 울음소리를 내지 않으려고 손수건을 입에 물었다. 그리고 맨발로, 벗겨진 헌 신발을 다시 신을 생각도 하지 않은 채 창가에 기대서서는 어제 밤처럼 멀리 보이는 거리를 살피면서 다시 기다렸다.

이 호텔은 샤펠 대로를 향한, 푸아소니에르 시문(市門) 왼쪽에 있는 3층짜리 건물이었다. 밑에서 3층까지 포도주의 지게미 색처럼 불그스레하게 칠해져 있었으며, 창의 덧문은 비를 맞아 녹슬어 있었다. 두 창문 사이에 걸린 별 모양으로 금이 간 유리 간판등에는 크고 노란 글씨로 '마르술리에 경영, 봉쾨르 호텔'이라고 쓰여 있다. 글자는 때가 끼어 군데군데 잘 보이지 않았다. 제르베즈는 그 불빛에 눈이 부셔서 발돋움을 하고는 손수건을 입술에 갖다 댄 채로 밖을 내다보았다. 오른쪽 로슈슈아르 거리에는 핏물이 밴 앞치마를 두른 한 무리의 도살업자들이 도살장 앞에 모여 있었다. 선선한 바람에 실려온 도살된 가축의 냄새가 역했다. 그녀의 시선은 왼쪽의 긴 가로수 길로 접어들었고, 곧이어 그녀 바로 앞에 보이는 새로 건축 중인 라리부아지에르 병원 거대한 흰 건물에서 멈추었다. 그러고는 다시 저 멀리 지평선의 한쪽 끝에서 다른 쪽 끝까지 이어져 있는 입시세(入市稅) 납부소 벽을 따라 천천히 옮겨갔다. 이 벽 너머에서는 밤이면 가끔 살인이 일어나고, 비명소리가 들려오기도 했다. 그리하여 그녀는 배를 칼에 찔린 랑티에의 시체가 눈에 띄는 것은 아닌가 하여 겁먹은 채로 외진 뒷골목과 습기와 오물로 어둠침침한 거리 구석구석을 훑어보았다.

제르베즈가 눈을 들어 끝없이 이어진 회색 성벽을 바라볼 때, 파리 시가지는 뿌연 먼지 속에 황금빛 햇살이 흩어지는 가운데 아침의 술렁거림으로 떠들썩했다. 그러나 그녀의 눈길은 어김없이 푸아소니에르 시문 쪽으로 되돌아갔다. 몽마르트르나 샤펠 언덕에서 내려오는 사람들, 가축들, 마차들의 흐름을 목을 빼고 보고 있노라면 머리가 어지러웠다. 가축 떼들 발 구르는 소리, 길가 웅덩이처럼 보이는 사람들 무리, 어깨에는 도구를 걸머지고 겨드랑이 아래에는 빵덩이를 끼고 일터로 가는 노동자들의 끝없는 행렬, 이런 잡다한 것들이 끊임없이 나타났다 사라져 갔다. 때때로 제르베즈는 이런 사람들 사이에서 남편 랑티에 모습을 보았다는 생각을 하고 몸을 더 창밖으로 내밀었다. 마침내 제르베즈는 손수건으로 더 세게 입을 막으며 마구 치밀어 오르는 슬픔을 짓눌렀다.

그때 젊고 유쾌한 목소리가 들려와 그녀는 창가에서 몸을 돌렸다.

"주인 양반 안 계십니까, 랑티에 부인?"

"네, 아직 안 오셨어요, 쿠포 씨." 제르베즈는 애써 미소를 지으며 대답했다.

이 사나이는 함석장이로서, 월 10프랑을 내고 이 건물 꼭대기 층 방 하나를 빌려 살고 있었다. 그는 어깨에 연장 주머니를 걸머지고 있었다. 방문에 열쇠가 꽂혀 있는 것을 보고 거리낌 없이 문을 열고 들어온 것이다.

"난 지금 저 병원에서 일을 하고 있어요……." 그가 말을 이었다. "이런! 5월의 날씨가 왜 이 모양이람! 오늘 아침 제법 쌀쌀한데요."

쿠포는 눈물로 붉어진 제르베즈의 얼굴을 바라보았다. 잠자리에 들었던 흔적이 보이지 않자 그는 머리를 조심스럽게 내저었다. 그러고 나서 잠들어 있는 아이들 머리맡까지 다가갔다. 아이들은 여전히 천사처럼 장밋빛 얼굴을 하고 잠들어 있었다. 그는 나지막한 목소리로 말했다.

"이런! 주인 양반이 제정신이 아니군요, 그렇죠?…… 너무 걱정 마세요, 랑티에 부인. 그 양반 요즘 정치에 열을 올리고 있는 겁니다. 지난번 외젠 쉬가 선출되었을 때도 그는 미친 사람처럼 날뛰더군요. 아마도 그 악당 보나파르트에게 욕설을 퍼부으면서 친구들과 함께 밤을 샜을 겁니다."

"아니에요, 아녜요." 제르베즈가 간신히 중얼거렸다. "당신이 잘못 알고 계세요. 저는 랑티에가 어디 있는지 알고 있어요…… 우리도 남들처럼 걱정거리를 가지고 있답니다!"

쿠포는 그런 거짓말에 속지 않는다는 표시로 눈을 깜박거렸다. 그리고 그녀가 움직이고 싶지 않다면 자신이 가서 우유를 찾아다 주겠노라며 나갔다. 그는 그녀가 아름답고 친절한 여자라며 힘든 일이 있으면 도와줄 테니 언제든 자기를 부르라고 말했다. 그가 멀어져 가자 제르베즈는 다시 창가로 갔다.

시문(市門)에서는 추운 아침인데도 가축 떼의 발 구르는 소리가 계속 이어졌다. 푸른 작업복을 입은 철물공, 흰 작업복 차림의 석공, 긴 작업복 위에 웃옷을 걸친 칠장이들이 보였다. 이 무리들은 멀리서 보면 희끄무레하고 막연한 색채를 띠고 있어서, 그 속에서 색이 바랜 듯한 푸른색과 지저분한 회색이 유난히 눈에 들어온다. 이따금 한 노동자가 걸음을 급히 멈추고는 담뱃대에 다시 불을 붙였고, 한편 그의 곁에 있던 다른 노동자들은 웃지도 않고 동료에게 말도 건네지 않고 긴장된 얼굴로, 입을 벌린 포부르 푸아소니에르 거리를 통과해서 파리를 향해 계속 걸어갔다. 그런데 푸아소니에르 방벽 양쪽 모퉁이에서는 몇몇 사나이들이 덧문을 걷어 올린 두 술집 문턱에서 주춤거렸다. 그들은 술집으로 들어가기에 앞서 파리 쪽을 힐끗힐끗 바라보고는, 두 팔을 늘어뜨린 채 이미 그날 하루는 게으름을 피울 생각으로 길가에 머물러 있었다. 술집 카운터 앞에서는 벌써부터 술꾼들이 서로 술을 주거니 받거니 하고 있거나, 또는 시간 가는 것도 잊은 채 멍청히 서서 홀을 메우고서 침을 뱉고 기침을 하고 작은 술잔을 비우며 목을 축였다.

제르베즈는 거리 왼쪽에 있는 콜롱브 영감의 술집 안을 살폈다. 그곳에서 랑티에 모습을 본 것 같았기 때문이다. 바로 그때, 모자도 쓰지 않고 앞치마를 걸친 뚱뚱한 한 여인이 거리 한복판에서 그녀에게 말을 걸어왔다.

"이봐요, 랑티에 부인. 무척 일찍 일어났네요!"

제르베즈는 몸을 굽혔다.

"어머! 보슈 부인이셨군요!…… 오! 오늘 제가 일이 무척 많아서요!"

"그래요, 저절로 되는 일이란 없지요."

그리하여 창문과 길 사이에서 말이 오갔다. 보슈 부인은 1층에 음식점 '쌍두 송아지'가 있는 건물의 관리인이었다. 제르베즈는 식사를 하는 남자들 사이에 있는 게 싫어서 보슈 부인의 방에서 남편 랑티에를 기다린 적이 여러 번 있었다. 이 여자 관리인은 남편이 받아 오지 못한 프록코트 수선 일을 얻어내기 위해서, 아직까지 잠자리에 누워 있을 한 사무원을 깨우러 바로 앞인 샤르보니에르 거리로 가는 길이라고 말했다. 그리고 같은 건물에 사는 남자가 전날 밤 여자를 데리고 들어와서 법석을 떠는 바람에, 모든 사람들이 새벽 3시까지 잠을 잘 수가 없었노라고 했다. 그러나 이처럼 조잘거리는 동안에도 그녀는 문득 날카로운 호기심으로 이 젊은 여인을 뚫어지게 바라보더니 무언가 냄새를 맡은 양, 창 밑에 바싹 달라붙어 섰다.

"랑티에 씨는 아직도 자고 있나요?" 그녀가 갑자기 물었다.

"네, 자고 있어요." 제르베즈는 얼굴을 붉히면서 대답했다.

보슈 부인은 제르베즈의 눈에 눈물이 글썽거리는 것을 보았다. 그리고 사내란 정말 게으름뱅이라고 하면서 아주 만족스러운 표정을 지으며 가버리는 것이었다. 그녀는 가다가 돌아서서 큰 소리로 외쳤다.

"오늘 아침에 빨래터에 갈 거죠?…… 나도 빨랫감이 있는데, 내 옆에 자리를 하나 잡아줄게요. 우리 얘기나 해요."

그러고 나서 갑자기 동정심에 사로잡힌 것처럼 말했다.

"가엾어라, 그렇게 창가에 서 있지 말아요. 감기라도 걸리면 어쩌려고. 얼굴이 보랏빛이에요."

제르베즈는 괴로운 마음으로 8시까지, 두 시간을 그렇게 창가에 버티고 있었다. 모든 가게가 문을 열었다. 언덕에서 내려오던 작업복의 물결도 흐름이 끊긴 지 오래였다. 몇몇 뒤떨어진 사람들만이 서둘러 시문 문턱을 넘어가고 있었다. 술집에서는 여전히 같은 사내들이 서서 술잔을 기울이고, 잔기침을 하고, 침을 뱉고 있었다. 남자 노동자들의 뒤를 이어 금속연마공, 모자제작공, 조화공(造花工) 등 여자 노동자들이 얇은 옷을 입고 몸을 웅크리고는 가로수 길을 따라 종종걸음을 쳤다. 그녀들은 서너 명씩 무리를 지어 가볍게 낄낄거리며 거친 말투로 지껄이다가 이따금씩 반짝이는 눈으로 주위를 돌아 보았다. 때때로 한 여인이, 깡마르고 창백하고 검소하게 보이는 한 여인이 쓰레기 더미를 피해서 홀로 입시세 납부소 담장을 따라 걸어가기도 했다. 그 뒤로는 한 무리의 사무원이 추운 날씨에 손을 호호 불며, 1수짜리 빵을 먹으면서 지나가고 있었다. 개중에는 너무 짧은 옷을 입고 잠이 덜 깬 눈을 한 비쩍 마른 젊은이들도 있었고, 창백한 얼굴로 이따금씩 시계를 들여다보면서 보폭을 조절하는, 그러나 다년간의 경험으로 출근 시간에 1초도 늦지 않는 몸집이 작은 노인들도 있었다.

이처럼 어느덧 큰길은 아침의 평화로운 모습을 보이게 되었다. 동네의 연금 생활자들이 햇볕을 쬐면서 산책을 하고, 머리카락도 치마도 지저분한 어머니들이 젖먹이를 품에 안고 흔들어 재우거나 벤치에 앉아 기저귀를 갈아주었다.

옷차림이 단정치 못한 코흘리개 개구쟁이들이 킥킥거리며 웃거나 울면서 서로 밀치락달치락하고 땅바닥에서 구르기도 했다.

그때 제르베즈는 희망이 사라지면서 현기증이 나고 숨이 막힐 듯했다. 이제 모든 것이 끝나버린 듯했고, 랑티에는 영원히 돌아오지 않을 것 같았다. 그녀는 멍한 눈으로 때가 끼고 악취가 나는 낡은 도살장을 보다가 희끄무레한 새 병원 쪽으로 시선을 돌렸다. 하품을 하듯 크게 입을 벌린 병원의 창문은, 머잖아 죽음이 그 큰 낫을 휘두르게 될 헐벗은 내부를 내보이고 있었다. 그녀 맞은편 입시세 납부소의 담벼락 너머로 하늘이 환하게 빛났고, 파리를 크게 흔들어 깨우며 떠오르는 햇빛에 그녀는 눈이 부셨다.

젊은 여인은 이제 울음을 멈추고 두 손을 늘어뜨린 채 의자에 앉아 있었다. 이때 랑티에가 조용히 들어왔다.

"당신이군요! 당신!" 제르베즈가 외치면서 그의 목을 끌어안았다.

"그래, 나야. 그래서 어쩌란 말이지?" 랑티에가 대답했다. "어리석은 짓은 아예 하지 마!"

그는 그녀를 옆으로 떼밀었다. 그러고 나서 기분 나쁘다는 듯이 검은 털모자를 서랍장 위에 내던졌다. 그는 키가 작고, 머리는 짙은 갈색이며, 얼굴이 잘생기고, 가는 콧수염을 기술적으로 꼬아 언제나 곱슬곱슬하게 해놓은 스물여섯 살 젊은이였다. 작업복 바지에 주름 잡힌 얼룩진 프록코트를 입고 있었으며, 심한 프로방스 사투리로 말했다.

제르베즈는 다시 의자에 주저앉아 나지막한 소리로 떠듬떠듬 불평을 털어놓았다.

"지난밤을 뜬눈으로 새웠어요…… 당신에게 무슨 일이라도 생겼나 해서요…… 어디 갔었어요? 어디서 밤을 새웠어요? 제발요! 부탁이니 다시는 그러지 말아요. 난 미칠 것 같다고요…… 말해 봐요, 오귀스트, 어딜 갔었지요?"

"물론 볼일을 보러 갔었지!" 그는 어깨를 으쓱거리며 말했다. "8시에 모자공장을 열려고 계획 중인 친구를 만나러 글라시에르에 갔었어. 그런데 얘기가 길어졌지. 그래서 거기서 자고 온 거야…… 그런데 알다시피 나는 여자가 이러쿵저러쿵하는 건 정말 싫어. 날 내버려두란 말이야!"

젊은 여인은 흐느끼기 시작했다. 랑티에의 고함 소리와 거친 동작, 의자가 뒤집히는 소리에 어린아이들이 잠에서 깨어났다. 아이들은 반벌거숭이인 상반신을 일으키고는 어머니를 따라 울기 시작했다.

"이거 참 시끄럽게 됐군!" 랑티에가 화를 버럭 내면서 소리쳤다. "경고하는데 조용히 하지 않으면 다시 나갈 거야. 이번엔 정말 나가버릴 거라고…… 조용히 안 해? 알았어, 안녕! 어젯밤 그곳으로 갈 거야."

그는 벌써 서랍장 위의 모자를 쓰고 있었다. 그러자 제르베즈가 뒤쫓아 나오면서 더듬거렸다.

"안 돼요. 안 돼!"

그녀는 아이들을 애써 달래어 울음을 멈추게 했다. 그러고는 머리에 입 맞추면서 다정한 말로 그들을 잠자리에 들게 했다. 아이들은 금세 즐거워하며 서로 장난을 쳤다. 그러는 동안 아버지는 장화도 벗지 않고 지친 모습으로 침대 위에 몸을 내던졌다. 밤새 노느라 지쳤는지 얼굴이 헬쑥했다. 그는 눈을 크게 뜨고 방 안을 둘러보았다.

"참 깨끗도 하군, 여기는." 그가 중얼거렸다.

그러고 나서 잠시 제르베즈를 바라보더니 짓궂은 어조로 덧붙였다.

"당신, 이제 세수도 안 하나?"

제르베즈는 겨우 스물두 살이었다. 큰 키에 호리호리하고 여려 보였지만, 얼굴에는 생활에 찌든 흔적이 역력했다. 헝클어진 머리에 헌 신을 신고, 가구의 먼지와 기름 얼룩이 잔뜩 묻은 짧막한 흰 윗옷을 입고 벌벌 떨고 있는 그녀는 괴로움과 눈물로 몇 시간을 보낸 탓에 열 살은 더 늙어 보였다. 그러나 랑티에의 말에 그녀는 체념과 겁먹은 태도에서 벗어났다.

"당신, 너무해요." 제르베즈가 흥분하여 말했다. "내가 할 수 있는 모든 일을 다 하고 있다는 건 당신도 알잖아요. 우리가 이 꼴이 된 것은 내 잘못이 아니에요…… 물을 데울 가스난로도 없는 방에서 두 아이를 데리고, 당신 같으면 어떻게 할지 좀 보고 싶네요…… 파리에 도착했을 때 돈을 다 써버리지 않고, 약속대로 바로 취직했었더라면 좋았을 거예요."

"쳇!" 그가 외쳤다. "자기도 나랑 같이 빈둥댄 주제에…… 지금 와서 그런 소릴 해봐야 무슨 소용이람!"

그러나 제르베즈는 못 들은 척 계속 말했다.

"어쨌든 힘을 내면 아직은 살아날 실이 있어요…… 어젯밤 뇌브 거리에서 세탁소를 하는 포코니에 부인을 만났는데, 월요일에 나를 고용하겠다고 했어요.

그러니 당신도 글라시에르의 친구에게 부탁해서 일자리를 얻으면 우린 반년
도 안 돼서 일어날 수 있어요. 그러는 동안 어디건 정착할 집도 빌릴 수 있겠지
요. 그래요, 일해야 해요, 일……."

랑티에는 귀찮다는 듯이 벽 쪽으로 몸을 돌렸다. 제르베즈는 화가 치밀었다.

"네, 그래요. 당신은 일하길 싫어해요. 그건 잘 알고 있어요. 당신은 야심이
커서 신사처럼 옷을 차려입고, 비단 옷을 휘감은 갈보들과 어울려 돌아다니
고 싶어해요. 그렇죠? 내 옷을 몽땅 전당포에 잡혀먹게 해놓고 이제 와서 나를
못마땅해하다니…… 이봐요, 오귀스트, 이런 말까지는 하고 싶지 않았어요. 좀
더 참아보려고 했지만 당신이 어디서 잤는지를 안 이상 나도 어쩔 수가 없네
요. 당신이 그 갈보년 아델과 그랑 발콩에 들어가는 걸 보았어요. 정말 훌륭한
계집을 잡았더군요! 그 여자는 정말 말끔하게 꾸미고 있더군요! 공주님처럼 하
고 있는 것도 당연한 일이죠…… 식당에 드나드는 모든 사람들과 놀아먹었으
니까."

랑티에는 침대에서 펄쩍 뛰어내렸다. 얼굴은 창백했고 두 눈은 잉크처럼 새
까맸다. 이 자그마한 사나이 가슴에 폭풍 같은 분노가 소용돌이쳤다.

"그래요, 식당에 드나드는 사람이면 누구와도!" 젊은 부인이 되풀이했다. "보
슈 부인은 그 계집과 그 키다리 언니를 곧 쫓아낼 거예요. 그 계집의 계단에는
언제나 사내들이 줄을 잇고 있으니까."

랑티에는 두 주먹을 불끈 쳐들었다. 그러나 때리고 싶은 마음을 억누르고
제르베즈의 두 팔을 잡아 난폭하게 흔들다가는 아이들 침대 위에 그녀를 쓰러
뜨렸다. 그래서 애들이 또다시 울기 시작했다. 랑티에는 잠시 그대로 서서, 망
설이던 무언가를 결심할 때 떠올리는 잔인한 표정을 지으며 더듬더듬 말했다.

"제르베즈, 당신은 방금 어떤 짓을 했는지 모르고 있어…… 정말 잘못한 거
야. 어디 두고 보라고."

잠시 동안 아이들 울음소리가 방 안을 가득 채웠다. 어머니는 침댓가에 쭈
그린 채 두 아이를 함께 끌어안았다. 그리고 단조로운 목소리로 다음과 같은
말을 스무 번이나 되뇌었다.

"아! 너희들만 없었다면. 이 불쌍한 것들!…… 너희들만 없었다면!…… 너희들
만 없었다면!……"

랑티에는 침대에 누워 천장을 응시했다. 그는 이제 아무것도 들으려 하지 않

고 한 가지 생각에 골몰했다. 피로가 한 시간 가까이 눈꺼풀을 짓누르고 있었음에도 그는 자지 않았다. 그가 무언가 결심한 듯 굳은 표정으로 몸을 돌려 머리를 팔꿈치에 괴었을 때 제르베즈는 방 안을 정돈하는 중이었다. 그녀는 아이들을 일으켜 옷을 입히고 침구를 정리했다. 랑티에는 그녀가 먼지를 털어내고 가구를 닦는 것을 바라보았다. 방은 여전히 우중충했다. 천장은 그을려 있고, 벽지는 습기로 떨어져 나가고, 부서질 듯한 의자 세 개와 기우뚱한 서랍장에 눌어붙은 기름때는 아무리 걸레질을 해도 없어지지 않았다. 그는 면도용으로 창문 고리에 걸어 놓은 작은 거울 앞에서 제르베즈가 머리를 묶은 채 몸을 씻고 있는 동안 그녀의 벌거벗은 팔과 목과 몸을, 마치 다른 여자와 비교하듯이 자세히 살펴보았다. 그는 입을 삐죽거렸다. 제르베즈가 오른쪽 다리를 절었기 때문이다. 하지만 그 증상은 피곤한 날에만 나타났다. 피곤해서 허리가 부서질 것 같을 때면 걸음걸이에 신경을 쓸 수가 없었다. 오늘 아침 그녀는 지난밤을 꼬박 새운 탓에 피곤해서 다리를 끌거나 벽에 기대었다.

침묵이 감돌았다. 두 사람은 서로 말을 주고받지 않았다. 랑티에는 기다리는 것 같았다. 제르베즈는 이를 악물고 괴로움을 참으면서 아무렇지도 않다는 듯이 서둘러 일을 했다. 그녀가 방 안 구석에 있던 큰 트렁크 뒤에 내던져진 지저분한 빨랫감을 주섬주섬 챙기자 마침내 랑티에가 입을 열었다.

"뭣하고 있는 거야?…… 어디 가는 거지?"

제르베즈는 처음에는 대꾸하지 않았다. 랑티에가 화를 내면서 거듭 묻자 그녀가 결심한 듯 대답했다.

"보면 알 거 아니에요…… 이것들을 모두 빨러 가는 거죠…… 아이들에게 저렇게 지저분한 옷을 입힐 수는 없잖아요."

그녀가 손수건 두서너 장을 집어 모으는 것을 그는 그저 보고만 있었다. 잠시 침묵이 이어진 뒤 랑티에가 다시 말을 이었다.

"돈 좀 가지고 있나?"

제르베즈는 벌떡 일어나서 아이들의 더러운 옷을 거머쥔 채 그의 얼굴을 뚫어지게 바라보았다.

"돈이라고요! 어디서 훔쳐서라도 가져 오란 말예요?…… 알다시피 그저께 내 검은 치마 속에 3프랑이 있었어요. 그것으로 우린 두 번의 점심을 먹었고, 돼지고기를 좀 샀더니 순식간에 없어졌어요…… 당신도 알다시피 물론 돈이라

곧 없어요. 빨래터 값으로 4수밖에 남아 있지 않아요…… 난 어떤 여자들처럼 쉽게 돈을 못 버니까요."

랑티에는 이런 암시에는 아랑곳도 하지 않았다. 침대에서 내려온 그는 방 언저리에 걸려 있는 누더기 몇 점을 훑어보았다. 그러다가 마침내 옷걸이에서 바지와 숄을 벗기고, 서랍장을 열어 블라우스 한 장과 여자 속옷 두 장을 봇짐에 꾸려, 그 모두를 제르베즈의 팔에 내던지면서 말했다.

"자, 이것을 전당포로 가지고 가!"

"아이들도 전당포에 잡히는 게 어때요?" 그녀가 물었다. "아이들을 잡혀버리면 골칫덩이가 없어질 텐데! 그렇죠?"

그럼에도 그녀는 전당포로 갔다. 그녀는 30분쯤 뒤에 집으로 가서 100수짜리 동전 한 닢을 벽난로 위에 올려놓고 촛대 사이에 있는 전당표 묶음에 새것을 보탰다.

"이것밖에 못 받았어요." 제르베즈가 말했다. "당신은 6프랑이 필요하다고 했지만, 내가 금액을 정하는 게 아니어서 어쩔 수 없어요. 아! 그 사람들은 정말 파산 같은 건 안 할 거예요…… 그곳은 늘 손님이 들끓고 있으니까요!"

랑티에는 100수짜리 동전을 곧바로 집어들지 않았다. 그는 그녀가 잔돈으로 바꿔서 그에게 얼마쯤 남겨주기를 바랐다. 그러나 서랍장 위에 놓인, 종이로 싼 먹다 남은 햄과 빵 조각을 보자 그는 그 동전을 조끼 주머니에 집어넣었다.

"우유 가게에는 감히 갈 생각도 못했어요. 일주일 치나 계산을 못했으니까요." 제르베즈가 설명했다. "하지만 곧 돌아올 테니 내가 없는 동안 빵과 빵가루 입힌 갈비를 좀 사다 놓으세요. 점심을 먹어야 하니까요…… 포도주도 한 병 사오고요."

랑티에는 싫다고 하지 않았다. 평화를 되찾은 것 같았다. 젊은 아내는 더러운 빨랫감을 다 싸려는 참이었다. 그러나 큰 트렁크 밑에서 랑티에의 셔츠와 양말을 꺼내려 하자 그가 그건 내버려두라고 소리쳤다.

"내 옷은 놔둬, 알았어? 안 빨아도 좋아!"

"왜 그러죠?" 제르베즈가 몸을 일으키며 물었다. "설마하니 이렇게 더러운 것을 다시 입으려는 것은 아니겠죠? 빨아야 해요."

그리고 그녀는 불안한 눈초리로 이제 그 무엇으로도 되돌리지 못할 것 같은, 굳은 결심이 엿보이는 그의 잘생긴 얼굴을 살펴보았다. 그는 화를 내며 그녀의 손에서 빨랫감을 낚아채어 그것을 큰 트렁크에 다시 집어 던졌다.

"빌어먹을! 한 번쯤은 내 말을 들어봐! 안 빨아도 좋다고 하잖아!"

"하지만 왜죠?" 그녀는 끔찍한 의심이 들어 창백한 얼굴로 말했다. "지금 셔츠가 필요한 건 아니잖아요. 외출할 것도 아니고…… 가져가도 상관없을 텐데요?"

그녀가 이글거리는 눈으로 빤히 바라보자 겸연쩍어진 그가 잠시 망설였다.

"왜냐고? 왜냐고?" 그가 더듬거렸다. "빌어먹을! 이리저리 돌아다니면서 날 먹여 살린다고 떠들어대 보라고. 빨래도 하고 바느질도 한다고. 그게 지겹단 말이야! 네 일에나 신경 써. 내 일은 내가 알아서 할 테니까…… 세탁부가 개망나니를 위해 일할 필요는 없어."

제르베즈는 애원도 해보고, 이때까지 한 번도 불평을 한 적이 없다고 변명도 해보았다. 그러나 랑티에는 거칠게 트렁크를 닫고는 그 위에 앉아서 안 된다고 소리쳤다. 자신의 일은 자신이 생각한 대로 하겠다는 것이었다. 그러고 나서 그녀의 시선을 피하기 위해 다시 침대에 누우며, 졸음이 오니 제발 더 괴롭히지 말라고 말했다. 이번에는 정말로 잠이 든 것 같았다.

제르베즈는 잠시 결단을 내리지 못했다. 그녀는 빨랫감을 발로 밀어 치우면서, 앉아서 바느질이라도 해볼까 하는 생각을 했다. 그러나 랑티에의 규칙적인 숨결이 결국 그녀를 안심시켰다. 그녀는 전에 빨래하고 남은 푸른 염색 물감과 비누를 집어들고는, 유리창 앞에서 헌 코르크 병마개를 가지고 얌전히 놀고 있는 아이들 옆에 다가가서 입을 맞추면서 나지막하게 말했다.

"얌전히 있어야 해, 떠들면 못써. 아빠가 주무시니까."

그녀가 방을 나설 때 클로드와 에티엔의 조용한 웃음소리가 거무스름한 천장 밑의 거대한 침묵 속에서 울려 퍼졌다. 10시였다. 한 줄기 햇빛이 반쯤 열린 창을 통해서 들어왔다.

제르베즈는 큰길로 나와 왼쪽으로 돌아서 뇌브드라구트도르 거리를 따라서 갔다. 포코니에 부인의 가게 앞을 지나가면서 그녀는 가볍게 고개를 숙여 인사했다. 공동 빨래터는 길이 오르막으로 접어드는, 이 거리의 중간쯤에 있었다. 편평한 건물 위로, 볼트로 단단하게 조여진 함석 원통의 커다란 저수조 세 개가 둥그스름하게 보였다. 저수조 뒤로는 천장이 높고 바람이 잘 통하도록 사방이 얇은 판자 덧문으로 둘러싸인 3층 건조장이 있고, 저수조 오른쪽에는 보일러의 가는 관(管)이 규칙적으로 흰 증기를 내뿜고 있었다. 제르베즈는 물웅덩이에 아주 익숙한 여자답게 치마를 걷어 올리지도 않고 표백액 항아리가 어지럽게 놓여 있는 출입구로 들어갔다. 그녀는 이 빨래터의 여주인과 아는 사이였다. 자그마하고 가냘픈 빨래터 여주인은 눈병에 걸려 있었는데, 유리를 끼운 작은 방에 들어앉아 앞에다 장부를 펴놓았고, 선반 위에는 비누와 푸른 염색 물감이 담긴 유리병과 몇 파운드의 세탁소다를 넣어둔 꾸러미가 있었다. 제르베즈는 그 앞을 지나가다가 며칠 전에 맡겨두었던 빨랫방망이와 솔을 내어받았다. 그리고 번호표를 타서 안으로 들어갔다.

그곳은 평평한 천장 밑으로 대들보가 드러나 보이는 거대한 창고 같은 곳으로, 커다란 창을 통해 햇빛이 비쳐들었다. 이 구석 저 구석에서 옅은 우윳빛 증기가 솟아오르면 그것이 차츰 퍼져서 푸르스름한 장막이 되어 건물 안쪽을 흐려놓았다. 비누 냄새가 진동하는, 짓눌릴 듯이 무거운 습기가 내리쏟아졌다. 이따금 표백액의 독한 냄새가 스쳐갔다. 중앙 통로에 널려 있는 세탁대를 따라서 아낙네들이 양쪽으로 줄지어 앉아 팔에서부터 어깨와 목덜미까지 훤히 드러내 놓고 있었고, 걷어 젖힌 치마 밑으로는 색깔 있는 양말과 편상화가 내다보였다. 그녀들은 성난 것처럼 빨래를 두드리기도 하고 웃기도 하며, 주위의 소음 따위는 아랑곳없이 몸을 뒤로 젖히면서 큰 소리를 지르거나, 살갗이 붉게 달아올라 김이 오르고 소나기를 맞은 것처럼 젖은 채, 상스럽고 거칠게 휘청거리면서 빨래통 깊숙이 몸을 기울이곤 했다. 그녀들 주위와 발밑에서 물이 가득 흘러내렸고, 따뜻한 물통은 날라져 오자마자 비워졌으며, 열린 수도꼭지에서 찬물이 나오는 가운데 빨랫방망이가 물을 튀기고 헹군 빨랫감에서 물방울이 떨어지고, 그녀들이 발로 첨벙거리는 물웅덩이가 여러 가닥의 작은 흐름이 되어 비스듬히 깔려 있는 돌 위로 흘러갔다. 외치는 소리, 장단을 맞춰 두드리는 빨랫방망이 소리, 빗방울 소리 같은 물소리, 축축이 젖은 천장에 막혀 밖으로 나가지 못하는 폭풍과 같은 소음, 이런 속에서 뽀얀 이슬 같은 김이 서린 보일러는 걷잡을 수 없는 소란함에 규제를 가하기라도 하듯 규칙적으로 움직이면서 헐떡거렸다.

제르베즈는 좌우를 바라보면서 종종걸음으로 통로를 따라갔다. 빨래 보따리를 팔에 낀 채 오가는 여인들과 부딪쳐서 엉거주춤 섰다가 걸어가는 그녀는 평상시보다 심하게 다리를 절었다.

"이봐요! 여기라고!" 보슈 부인이 굵직한 목소리로 불렀다.

젊은 여인이 왼쪽 끝에 있는 부인에게 다가가자 양말을 비벼 빨고 있던 이 여자 관리인은 일손을 멈추지도 않고 말하기 시작했다.

"거기 앉아요, 내가 자리를 잡아두었지…… 오, 나는 그리 오래 걸리지 않아요. 보슈는 거의 속옷을 더럽히지 않으니까…… 당신은 어때요? 역시 오래 걸리지 않겠지? 꾸러미가 작은 것을 보니 점심때까진 끝마치고 밥 먹으러 갈 수 있을 것 같구먼…… 예전에는 풀레 거리의 세탁소에 맡기곤 했는데, 그곳에선 염소(鹽素)와 솔을 써서 천을 아주 못쓰게 만들지 뭐예요. 그래서 요즘은 내가 직접 세탁을 한답니다. 비눗값밖에 들지 않으니까…… 어머, 그 셔츠는 잿물에 담가둬야 해요. 개구쟁이 망난이들! 궁둥이에서 그을음을 뿜어내는 모양이지."

제르베즈는 꾸러미를 풀고서 아이들의 셔츠를 펼쳐 놓았다. 보슈 부인이 잿물을 한 통 받으라고 권유하자 그녀는 대답했다.

"오, 괜찮아요. 더운 물로 충분해요…… 자주 해봐서 방법을 알고 있어요."

그녀는 빨랫감을 꺼내서 색깔이 있는 몇몇 가지를 가려냈다. 그런 다음 뒤에 있는 수도꼭지에서 찬물을 네 통 받아 양동이에 가득 채우고는, 거기에 흰 빨래 더미를 집어넣었다. 그리고 치맛자락을 넓적다리 사이에 끼우고 세워 놓은 통 속으로 들어갔다. 그것은 그녀의 허리까지 오는 높이였다.

"그러고 보니 자주 해본 솜씨네요, 그렇죠?" 보슈 부인이 되풀이해서 말했다. "당신, 고향에서 세탁부였다고 들었는데, 맞죠?"

제르베즈는 소매를 걷어붙이고 팔꿈치 언저리가 붉게 물든 젊고 아름다운 두 팔을 내보이며 빨래를 하기 시작했다. 그녀는 닳아서 하얗게 바랜 좁은 빨래판에 셔츠 한 장을 펼쳐 놓고 비누질을 한 다음, 다시 뒤집어 뒷면을 비벼댔다. 대답을 하기 전에 빨랫방망이를 쥐고 두드리기 시작하더니 거기에 장단을 맞춰 짤막하게 끊어가면서 큰 소리로 말했다.

"네, 네. 세탁부였어요…… 열 살때…… 벌써 12년이 지났네요…… 우리는 개울로 가곤 했지요…… 여기보다 냄새가 좋았는데…… 나무 그늘 아래 빨래터가 있고…… 맑은 물이 흐르고…… 직접 보셔야 하는데 말이죠. 플라상에서는…… 어머, 플라상을 모르세요?…… 마르세유 근처인데."

"대단하군!" 보슈 부인은 빨랫방망이를 두드리는 제르베즈의 팔심에 감탄하여 외쳤다. "저런! 아가씨 같은 예쁜 팔로 철판이라도 납작하게 펴놓을 기세로군!"

대화는 큰 소리로 계속되었다. 때때로 잘 들리지 않았으므로 여자 관리인은 몸을 앞으로 기울여야만 했다. 흰옷을 몽땅 두드리고 나서 제르베즈는 그것을 양동이에 담가 놓고는, 하나씩 다시 꺼내서 두 번째로 비누질을 해서 비비고 솔질을 했다. 한쪽 손으로 세탁물을 빨래판 위에 고정시키고, 다른 손으로 세탁 솔을 쥐고 더러운 거품을 훑어내리면, 그 거품은 긴 얼룩이 되어 떨어졌다. 이처럼 솔 소리를 삭삭 내면서 그녀들은 서로 다가앉아서 한층 더 다정하게 말을 주고받았다.

"아녜요. 우린 결혼하지 않았어요." 제르베즈가 말을 이었다. "솔직히 말할게요. 랑티에는 여자들이 그의 아내가 되고 싶어할 정도로 다정다감한 사내가 아니에요. 애들만 없다면, 정말!…… 큰애가 생긴 것은 내가 열네 살, 그이가 열여덟 살 때였어요. 둘째는 4년 뒤에 낳았고요…… 흔히 있는 얘기죠. 난 집에서 행복하지 않았거든요. 아버지 마카르는 내가 '네'라고 해도, '아니오'라고 해도 허리를 걷어찼어요. 그렇게 되면 누구나 밖으로 나돌고 싶어지지요…… 우린 결혼할 생각이었는데, 왜인지는 모르지만 부모님들이 허락해 주지 않았어요."

그녀는 두 손을 흔들어 흰 거품을 떨구었는데, 손이 빨갰다.

"파리의 물은 너무 세어요." 그녀가 말했다.

보슈 부인의 빨래하는 속도가 매우 느려졌다. 그녀는 비누질을 했다 말았다 하면서 2주 전부터 궁금했던 일을 알아보려고 했다. 크고 살찐 얼굴에 입은 반쯤 열려 있었고, 툭 튀어나온 두 눈은 자신의 추측이 맞았다는 만족감으로 반짝거렸다.

'역시 그랬군. 이렇게 조잘대는 걸 보면 한바탕 소동이 벌어졌던 게지.'

그녀는 목소리를 높여 말했다.

"그렇다면 좋은 사람이 아닌가 보죠?"

"말도 마세요!" 제르베즈가 대답했다. "시골에 있었을 땐 좋은 사람이었죠. 하지만 파리로 오고부터는 사람이 변했어요…… 아무래도 그의 어머니가 지난해 돌아가신 이야기를 해야겠군요. 그이에게 얼마간, 그래 봐야 1700프랑밖에 안 되지만 유산을 남겨주셨지요. 그는 파리로 가고 싶어했어요. 나도 아버지 마카르에게 무턱대고 매를 얻어맞는 판국이라 그와 함께 달아나기로 했지요. 애들 둘을 데리고 가는 여행이었어요. 나는 세탁소에서 일을 하고 그이는 모자 만드는 일을 할 생각이었죠. 그대로만 했더라면 무척 행복했을 텐데……
하지만 아시다시피 랑티에는 큰일만 찾아다니고 돈 씀씀이가 헤픈 데다 자기
혼자 즐길 생각만 하는 남자예요. 결국 보잘것없는 사람인 셈이죠…… 어쨌든
우린 몽마르트르 거리에 있는 몽마르트르 호텔에 짐을 풀었어요. 그러고 나서
외식을 하고, 마차를 타고, 극장에 가고, 그이는 회중시계, 나는 비단 드레스를
샀죠. 그인 돈이 있을 때는 마음이 좋거든요. 이렇게 흐지부지 두 달을 지내고
나니 모든 게 흔들렸고 빈털터리가 됐죠. 그래서 우린 봉쾨르 호텔로 옮겨 왔
고, 비참한 생활이 시작된 거죠……."

그녀는 설움이 북받쳐 말을 멈추고 눈물을 삼켰다. 빨랫감 솔질이 끝났다.

"뜨거운 물을 가져 와야지." 그녀가 중얼거렸다.

그러나 보슈 부인은 이야기가 중단되는 것이 안타까웠던지 마침 지나가던
빨래터 사환을 불렀다.

"이봐, 샤를, 미안하지만 이분에게 온수 한 통만 떠다 드려요. 급해서 그래."

사환은 물 한 통을 가득 떠다 주었다. 제르베즈는 물값으로 1수를 주었다.
그녀는 온수를 양동이에 붓고 빨래판 위로 몸을 굽혀 마지막으로 다시 한 번
빨래에 비누질을 하곤 비벼댔다. 온 사방에 김이 서려 그녀의 금발 머리 위로
회색 구름이 떠도는 듯했다.

"여기, 내 세탁소다를 써요." 여자 관리인이 친절하게 말했다.

그러고는 탄산수소나트륨 한 봉지를 가져와서 제르베즈의 양동이 안에 툭
털어 넣었다. 여자 관리인은 또 표백액도 쓰라고 권했다. 그러나 이 젊은 아낙
네는 거절했다. 그건 기름때나 포도주 얼룩을 뺄 때만 필요했다.

"아무래도 좀 바람둥인가 봐." 보슈 부인은 랑티에의 이름은 대지 않은 채
그의 이야기를 다시 꺼냈다.

허리를 한껏 굽혀서 두 손을 세탁물 속에 집어넣어 꼭 거머쥐고 있던 제르
베즈는 그저 고개를 끄덕일 뿐이었다.

"그래요, 그래. 별것 아니지만 나도 여러 번 보기는 했지……."

그러나 제르베즈가 새파랗게 질려 벌떡 일어나서 노려보자 그녀는 소리
쳤다.

"오, 아니에요, 나는 아무것도 몰라요!…… 내 생각에는 그 양반이 우스갯소
리를 잘하기에…… 그것뿐이에요. 우리 아파트에 사는 두 아가씨, 아델과 비르

지니라고, 당신도 알잖아요! 그런데 그 양반이 그 아가씨들에게 곧잘 농담을 하더라고요. 하지만 그 이상 어떻다는 것은 아녜요, 정말."

젊은 여인은 얼굴이 땀투성이가 되어 양팔에서 물을 줄줄 흘리며 보슈 부인 앞에 우뚝 서서, 그녀를 계속 뚫어지게 바라보았다. 그러자 여자 관리인은 화가 나서, 가슴을 주먹으로 두드리면서 맹세한다고 말했다. 그리고 소리쳤다.

"난 아무것도 몰라요, 모른다고 했잖아요!"

그러고는 마음을 가라앉히고, 사실을 말해 보았자 이미 아무 소용이 없는 사람에게 말하듯이 부드러운 목소리로 덧붙였다.

"난 그 양반의 눈이 순수하다고 생각해요…… 정식으로 결혼해 줄 거예요, 틀림없이!"

제르베즈는 젖은 손으로 이마를 닦았다. 그리고 새삼스럽게 고개를 끄덕이면서 물속에서 다른 옷 하나를 끄집어냈다. 잠시 침묵이 흘렀다. 그녀들 주변의 빨래터도 조용해졌다. 시계가 11시를 알렸다. 빨래하고 있던 여자들의 반정도가 양동이 가장자리에 가볍게 걸터앉아 마개를 뽑은 포도주 병을 발밑에 놓고 빵 조각 속에 소시지를 끼워 먹었다. 작은 속옷 꾸러미를 들고 와 빨래를 하는 주부들만이 사무실 위에 걸려 있는 괘종시계를 쳐다보면서 일을 서둘렀다. 그 빨랫방망이 소리는, 게걸스럽게 빵을 씹는 소리에 섞인 끈적끈적한 말소리와 킥킥대는 웃음소리 가운데서 띄엄띄엄 들려왔다. 보일러도 끊임없이 윙윙거리면서 이 넓은 공간을 가득 채우고 있었다. 그러나 그곳에 있는 여자들은 누구 하나 그 소리에 귀를 기울이지 않았다. 그것은 이 빨래터의 호흡과도 같았으며, 영원히 감도는 수증기를 천장 대들보 밑으로 빨아올리는 격한 숨소리와도 같은 것이었다. 더위는 점점 참을 수 없을 정도가 되었다. 왼쪽 높은 창에서 몇 줄기 햇빛이 들어와, 젖빛으로 퍼지는 아련한 수증기를 연한 회홍색과 회청색으로 물들이고 있었다. 여기저기서 불평이 터져 나오자 사환 샤를은 이 창에서 저 창으로 달려가 두터운 천으로 만든 가리개를 내렸다. 그러고 나서 반대쪽, 그늘진 쪽으로 가서 그곳의 작은 창문을 열었다. 모두 환호성을 올리고 손뼉을 쳤다. 매우 즐거운 분위기였다. 마지막 빨랫방망이 소리도 사라졌다. 세탁부들은 입 안에 음식물을 가득 문 채, 덮개가 없는 칼을 쥐고 그저 몸짓으로만 말을 하고 있었다. 너무나 조용해서, 석탄을 퍼서 보일러 속에 집어넣는 화부의 삽질 소리만이 규칙적으로 들려올 뿐이었다.

그 사이에 제르베즈는 미리 마련해 둔 더운 비눗물로 색이 있는 옷가지를 빨았다. 빨래가 끝나자 그녀는 사각대로 다가가서 빨래를 모조리 거기에 걸쳐 놓았다. 그러자 바닥에 떨어지는 물방울로 푸른 물웅덩이가 생겼다. 그녀는 빨래를 헹구기 시작했다. 그녀 뒤에는, 바닥에 고정시킨 커다란 빨래통 위쪽에서 수돗물이 계속 흘러내리고 있고, 그곳에 세탁물을 올려놓을 수 있도록 가로대를 두 개 걸쳐 놓았다. 또 위쪽에는 별도로 가로대 두 개가 공중으로 걸쳐져 있어, 여기서 빨래의 물기를 완전히 빼게 되어 있었다.

"어머, 이제 곧 끝나겠군요. 그런데 쉽지는 않겠어요." 보슈 부인이 말했다. "내가 남아서 짜는 것을 도와줄게요."

"아, 고맙지만 괜찮아요." 젊은 여인은 이렇게 대답하고는 맑은 물에 색 있는 옷가지를 헹구었다. "홑이불이라면 또 모르지만요."

그렇게 말했지만 그녀는 그 여자 관리인의 도움을 받지 않을 수 없었다. 두 여자가 염색이 제대로 되지 않은 밤색 모직 치마의 끝을 잡고 쥐어짜자 누르스름한 물이 나왔다. 그때 보슈 부인이 소리쳤다.

"어머나, 키다리 비르지니가 왔어요!…… 무얼 빨러 왔을까요? 손수건에 누더기나 좀 싸 들고?"

제르베즈는 재빨리 고개를 들었다. 그녀와 같은 나이지만 키는 훨씬 더 큰 비르지니는 갈색 머리에 얼굴이 좀 긴 편이었지만 귀여운 처녀였다. 그녀는 밑자락 장식이 달린 낡고 검은 치마를 입고 빨간 리본을 목에 감고 있었다. 그리고 정성 들여 손질한 머리를 푸른 망사로 감싸고 있었다. 중앙 통로 한복판에서 그녀는 무언가를 찾는 것처럼 눈을 가늘게 뜨더니 제르베즈를 보자 거만하고 거친 태도로 엉덩이를 흔들면서 다가왔다. 그러고는 곁을 지나쳐 다섯 개의 양동이를 사이에 두고 같은 줄에 자리잡았다.

"웬 변덕이래!" 보슈 부인이 목소리를 낮추어 말을 이었다. "저 여자는 소매 한 짝도 직접 빨아본 적이 없다니까요…… 정말, 유명한 게으름뱅이죠! 재봉사이면서도 자기 신발조차 꿰매지 않는 여자지! 금속연마공으로 일하는, 막돼먹은 동생 아델과 꼭 같아요. 아델도 사흘에 이틀은 결근한다고요! 아버지 어머니가 누군지도 모르고 어떻게 먹고사는지도 몰라요. 게다가 말을 붙여보려 해도…… 도대체 무엇을 빨고 있는 걸까? 응? 속치마 아냐? 정말 역겹군. 저 속치마는 분명 대단히 좋은 구경을 했을 거야."

확실히 보슈 부인은 제르베즈를 기쁘게 해줄 생각이었다. 왜냐하면 사실 그녀는 아델과 비르지니가 돈을 가지고 있을 때는 그들에게 자주 커피를 얻어 마시기도 했기 때문이다. 제르베즈는 말없이 하던 일을 서둘렀다. 그녀는 삼각대에 올려놓은 작은 양동이에 파란 물감을 푼 뒤 거기에 흰 속옷들을 넣고 흔들어댔다. 그런 다음 가볍게 짜서 위에 있는 가로대에 줄지어 걸어 놓았다. 이런 일을 하는 동안 그녀는 비르지니에게 등을 돌리고 있었다. 그런데 비웃음 소리가 들려서 제르베즈는 비르지니가 곁눈질로 자기를 바라보고 있다는 것을 알았다. 비르지니는 오직 그녀에게 싸움을 걸기 위해서 온 것처럼 생각되었다. 제르베즈가 몸을 돌린 순간 두 사람은 서로에게 시선을 고정했다.

"내버려둬요." 보슈 부인이 속삭였다. "이러다가 서로 머리채라도 잡으려는 건 아니죠...... 정말 아무것도 아니라고 했잖아요! 쟤가 아니라고요!"

젊은 여인이 마지막 빨랫감을 널려고 할 때였다. 빨래터 어귀에서 웃음소리가 들려왔다.

"두 아이가 와서 엄마를 찾고 있어요!" 샤를이 소리쳤다.

여자들이 모두 돌아보았다. 제르베즈는 클로드와 에티엔이 온 것을 알았다. 두 아이는 엄마를 발견하자 끈이 풀린 구두로 바닥의 물웅덩이를 철벅거리면서 그녀를 향해 달려왔다. 형 클로드가 동생의 손을 잡고 있었다. 두 아이가 약간 겁을 집어먹었으면서도 미소를 띠고 뛰어가는 것을 보자 통로에 있던 여자들은 상냥한 탄성을 질렀다. 엄마 앞에 와서도 아이들은 손을 잡은 채 금발 머리를 쳐들었다.

"아빠가 가보라고 했니?" 제르베즈가 물었다.

그런데 그녀가 몸을 굽혀 에티엔의 구두끈을 매다가 클로드의 손가락에서 구리로 만든 방 열쇠가 흔들거리는 것을 보았다.

"어머, 열쇠를 가져왔구나!" 그녀는 매우 놀라 물었다. "왜 그랬니?"

아이는 손가락에 끼고 있던 열쇠를 잊고 있다가 갑자기 생각난 것처럼 또렷한 목소리로 외쳤다.

"아빠가 떠났어."

"아빠는 점심거리를 사러 간 거야. 아빠가 엄마를 불러오라고 하던?"

클로드는 동생을 바라보고 주저주저하며 어쩔 줄 몰라했다. 그러더니 단번에 이렇게 말했다.

"아빠는 떠나버렸어…… 침대에서 나와 모든 것을 트렁크에 집어넣고 마차에 실었어…… 그리고 떠나버렸어요."

웅크리고 있던 제르베즈는 창백한 얼굴로 천천히 일어났다. 머리가 빠개지는 것 같아 두 손을 뺨과 관자놀이에 갖다 댔다. 무슨 말을 하려 해도 단지 한마디만 나올 뿐이었다. 그녀는 그 한마디를 같은 어조로 스무 번이나 되풀이했다.

"아, 어쩜담!…… 아, 어쩜담!…… 아, 어쩜담!……."

그 모든 이야기를 알게 된 보슈 부인은 너무나 궁금한 나머지 애들에게 물었다.

"이봐, 꼬마야, 무슨 일인지 말해 줘야지…… 아빠가 문을 닫고 열쇠를 가지고 가라고 했지? 그렇지?"

그리고 목소리를 낮추어 클로드의 귓전에 대고 말했다.

"마차 안에 여자는 없던?"

아이는 또다시 어리둥절해했다. 하지만 곧 의기양양하게 같은 말을 하기 시작했다.

"침대에서 나와 모든 것을 트렁크에 집어넣고 마차에 실었어요. 그러고는 떠나버렸어요……."

그런 다음 클로드는 보슈 부인이 아이가 걸음을 옮기는 것을 막지 않았으므로, 동생을 수도꼭지 앞까지 데리고 가고 둘이서 물장난하면서 놀았다.

제르베즈는 울 수도 없었다. 양동이에 허리를 기대고 두 손으로 얼굴을 가린 채 치미는 감정을 억눌렀다. 몸이 가늘게 떨렸다. 마치 망각의 어둠 속으로 사라져 버리려는 듯이 두 주먹 위로 시선을 틀어박았고, 때때로 긴 한숨이 새어나왔다. 캄캄한 암흑 속에 굴러떨어지는 것 같은 느낌이었다.

"자, 아기 엄마, 기운내요. 어떻게 이런 일이!" 보슈 부인이 속삭였다.

"정말 너무해! 정말 너무해!" 마침내 제르베즈는 아주 작은 소리로 말했다. "오늘 아침 그이는 내 숄과 블라우스를 전당포에 맡기게 했어요. 마찻값 때문이었나 봐요……."

그러고 나서 그녀는 울었다. 오늘 아침에 일어난 일을 말하면서 전당포로 달려갔던 일을 떠올리자, 목구멍까지 차 있던 울음이 터져나오고야 말았다.

전당포에 달려갔던 일, 그건 혐오스러운 짓이며 그녀를 절망에 빠뜨린 엄청난 고통이었다. 두 손을 대고 있었기에 벌써 젖어 있던 볼 위로 눈물이 주르륵 흘렀지만 그녀는 손수건을 집을 생각조차 하지 않았다.

"자, 마음을 가라앉히고 이제 아무 말도 하지 말아요. 사람들이 보고 있잖아요." 보슈 부인이 그녀 곁에 서둘러 다가와서는 되풀이해서 말했다. "사내 하나 때문에 그렇게 괴로워하다니!…… 그렇다면 지금도 그를 사랑하나 보지. 조금 전만 해도 화를 내다가 지금은 그 사내를 생각하면서 울고불고 괴로워하고 있으니…… 아, 정말 우리 인간이란 얼마나 어리석은 존재인지!"

보슈 부인은 어머니 같은 어조로 말했다.

"당신처럼 예쁘고 귀여운 여자가 이런 일을 겪다니! 그런데 괜찮을지 모르겠네!…… 하지만 이제 모든 것을 털어놓아야겠군요, 그렇죠? 그래요! 당신도 기억할 테지만, 오늘 아침 내가 당신 창 밑을 지날 때 이미 난 짐작하고 있었다오…… 어젯밤 아델이 돌아왔을 때 그녀의 발소리와 함께 남자의 발소리가 들렸어요. 그래서 누구인가 알고 싶어서 계단을 쳐다보니 그 사내는 벌써 3층까지 올라가 버렸지 뭐요. 하지만 확실히 랑티에 씨의 프록코트라는 것을 알 수 있었어요. 오늘 아침에는 보슈가 사람들의 출입을 점검했는데, 랑티에 씨가 살금살금 내려오더라지 뭐예요…… 역시 상대방은 아델이었대요. 비르지니로 말하자면 요즘 애인이 생겨서 매주 두 번씩 그 사내가 드나들죠. 아무튼 그리 좋은 얘기는 아니죠. 그런데 그 여자들 방에는 침대가 하나밖에 없는데 도대체 비르지니는 어디에서 잤을까 모르겠네요."

그녀는 잠시 말을 멈추더니, 뒤를 돌아보면서 굵은 목소리를 죽이며 말을 계속했다.

"당신이 우는 것을 보고 저쪽에선 웃고 있어요, 저 매정스런 계집이. 내 장담하지만 빨래는 핑계에 지나지 않아요…… 쟤는 두 사람을 마차에 실어 보내고 이리로 온 거예요. 당신이 어떤 얼굴을 하고 있는지 보고 그들에게 이야기해 주려고 말이죠."

제르베즈는 얼굴에서 두 손을 내리고 바라보았다. 비르지니가 아낙네들 서너 명에게 둘러싸여 작은 목소리로 말하며 제르베즈를 뚫어지게 쳐다보는 것을 확인하자 제르베즈는 미칠 듯한 분노에 사로잡혔다. 그녀는 두 팔을 앞으로 내밀고 바닥에서 무언가를 찾다가, 몇 걸음 걸어가서 물이 가득 찬 통에 손이 닿자 그것을 들어 올려 비르지니 쪽으로 끼얹었다.

"빌어먹을 년!" 키다리 비르지니가 외쳤다.

그녀는 한 발자국 뒤로 물러섰기 때문에 장화만이 젖었다. 그러나 아까부터 젊은 여인이 흘리는 눈물에 어수선해진 빨래터가 싸움을 보러 몰려든 여자들로 더 북적거렸다. 빵을 다 먹은 여자들부터 양동이 위로 올라갔다. 다른 여자들은 비누를 든 채로 달려왔다. 하나의 원이 만들어졌다.

"아! 빌어먹을 년!" 키다리 비르지니가 되풀이했다. "왜 이래? 미쳤어?"

제르베즈는 턱을 내민 채 얼굴에 경련을 일으키며 서 있었지만 한 마디도 하지 못했다. 아직 파리식(式)으로 퍼붓지 못하는 것이다. 그러나 상대방은 계속했다.

"해볼 테면 해보라지! 시골을 돌아다니느라고 지쳐버린 촌뜨기년. 열두 살도 안 돼서 군인들을 상대한 갈보년 같으니. 쳇, 시골에다 한쪽 다리는 놔두고 온 주제에…… 남은 한쪽 다리는 썩어 문드러졌나……."

웃음소리가 터져나왔다. 비르지니는 자신의 넉살이 먹혀든 것을 알고, 두어 발 앞으로 나와 그 큰 키를 으쓱거리며 더욱 큰 소리로 외쳐댔다.

"그래! 해볼 테면 좀 앞으로 나오지. 내 뜨거운 맛을 보여줄 테니까. 알겠어? 이런 데서 우리 같은 사람 귀찮게 하는 거 아니야…… 도대체 어디서 굴러먹던 뼈다귀야? 내가 정통으로 맞았으면 네 치마를 확 뒤집어 올렸을 텐데. 그게 다 보이게 말이지. 내가 너한테 뭘 어쨌는지 말해. 자, 말해 봐. 이 여우 같은 것아. 내가 어떻게 했단 거지?"

"그렇게 떠들어대지 마." 제르베즈가 더듬거리면서 말했다. "넌 다 알고 있잖아…… 똑똑히 봤잖아. 어젯밤 내 남편이…… 그러니 닥치고 있어. 그렇지 않으면 네 목을 조르고 말 테니까."

"남편이라고! 거참 재미있는걸!…… 부인의 남편이라! 꼴불견인 주제에 남편이 여럿인가 보네!…… 그 사람이 너를 차버렸다 해도 내 탓은 아니야. 난 가로챈 일도 없어. 뒤져보려면 뒤져봐…… 사실을 말해 줄까? 그 사람을 망친 것도 너란 말야! 그 사람은 너 같은 것한테는 너무 과분하지…… 어때, 그 사람을 잡아매 놓기라두 하겠다는 기아? 누가 이 부인의 남편분을 보셨나요?…… 반드시 사례금이 있을 거예요……."

또다시 웃음소리가 터져나왔다. 제르베즈가 낮은 목소리로 중얼거렸다.

"잘 알면서, 잘 알면서…… 상대는 네 동생이야. 죽여버릴 테야, 네 동생을……."

"그러든가." 비르지니가 비웃으면서 받아쳤다. "아! 그래 내 동생이! 그럴 수도 있지. 내 동생은 너랑 다른 매력이 있으니까…… 하지만 나와는 상관없는 일이야! 잠자코 빨래나 할 순 없을까! 나 좀 가만히 있게 해줘. 정말 지겨우니까!"

그러나 욕설에 취해 분노하여 대여섯 번 빨랫감을 두드리다가 다시 돌아온 것은 비르지니였다. 잠시 말이 없던 비르지니가 세 번째 악다구니를 시작했다.

"그래! 내 동생이야. 이제 속이 시원하지?…… 그 둘은 서로 사랑하고 있어. 둘이서 키스하는 광경을 네가 봤어야 하는 건데!…… 그 사람은 사생아들과 함께 널 버린 거야. 얼굴이 온통 상처 딱지로 덮인 귀여운 새끼들을! 하나는 시골 순경의 새끼라지? 그리고 셋이 더 있었는데 없애버렸다며. 짐을 더 짊어지기 싫어서였겠지…… 너의 랑티에가 그렇게 말하더군. 참, 그 사람이 근사한 말도 하던데. 너 같은 말라깽이는 이제 지긋지긋하다고!"

"이 잡년이! 잡년이! 잡년이!" 제르베즈는 분통이 터져 몸을 부들부들 떨면서 정신없이 소리쳤다.

그녀는 돌아서서 다시 한 번 무언가를 찾았다. 눈에 들어오는 게 작은 양동이뿐이어서 그녀는 그것을 잡아 들어 비르지니의 얼굴에 푸른 염색물을 퍼부었다.

"이년이! 내 옷을 망가뜨렸어!" 한쪽 어깨 언저리가 흠뻑 젖고 왼손이 파랗게 물든 비르지니가 외쳤다. "두고 봐, 이 쓰레기 같은 년!"

이번에는 비르지니가 물통을 집어 젊은 여인에게 퍼부었다. 이리하여 끔찍한 싸움이 시작되었다. 두 여자는 저마다 양동이가 놓인 줄로 달려가서는 양동이에 물을 가득 채워 가지고 돌아와 상대의 머리에 퍼부었다. 그럴 때마다 구경꾼들 사이에서 함성이 일었다. 이젠 제르베즈도 대꾸를 했다.

"자! 이 더러운 년!…… 한번 당해 봐. 네 엉덩이까지 식혀주지."

"그래! 이 썩은 고기야! 이건 네 몸에 붙은 오물을 씻을 세숫물이다. 일생에 한 번쯤은 세수를 해야지."

"그래, 그래. 소금기를 빼주지, 이 꺽다리 갈보년아!"

"옜다, 한 번 더!…… 이나 닦고서 멋을 부려. 오늘 밤 벨롬 거리에서 좋은 사내라도 하나 잡으려면 씻어야지."

두 여자는 마침내 수도꼭지가 있는 데까지 가서 물통에 물을 채우기 시작했다. 그리고 물통에 물이 가득 찰 때까지 여전히 서로 욕설을 퍼부었다. 처음 몇 번은 물을 쏟는 방법이 서툴러서 거의 맞지 않았지만, 차츰 다루는 솜씨가 늘었다. 처음에는 비르지니가 정통으로 얼굴에 물벼락을 맞았다. 물은 목에서부터 등과 가슴을 지나 옷 아래로 흘러내렸다. 그녀가 얼떨떨해서 서 있는 동안 두 번째 물벼락이 왼쪽 귀를 강타하자 머리에 꽂은 빗이 떨어지면서 머리카락이 흩어져 내렸다. 제르베즈는 다리에 물벼락을 맞았다. 신발을 다 적시고 넓적다리까지 물이 튀었다. 두 번째는 허리를 흠씬 적셨다. 그러나 얼마 안 가서 어디를 맞았는지도 분간할 수 없게 되었다. 두 사람 다 머리끝에서 발끝까지 물이 줄줄 흘러 블라우스는 어깨에 찰싹 붙고, 치마는 뻣뻣해져서 벌벌 떨고 있는 가느다란 허리에 들러붙었다. 마치 소나기를 만난 우산처럼 온몸에서 물방울이 떨어졌다.

"개판이로군!" 빨래를 하던 한 여자가 쉰 목소리로 말했다.

빨래터 사람들은 매우 재미있어했다. 모두들 피해를 입지 않으려고 뒤로 물러섰다. 물통의 물이 연달아 힘껏 날아가는 중에도 박수갈채와 우스갯소리가 들려왔다. 바닥에는 물웅덩이가 생겨났고, 그 속을 두 여자가 질퍽거리면서 걸어다녔다. 별안간 비르지니가 자기 옆의 여자가 주문해 놓은 펄펄 끓는 양잿물 통을 집어서 내던졌다. 비명 소리가 났다. 모두들 제르베즈가 온몸에 끓는 물을 뒤집어쓴 것이 아닌가 생각했다. 그러나 왼쪽 다리에 가벼운 화상을 입었을 뿐이었다. 통증으로 격분한 제르베즈는 빈 물통을 비르지니의 두 다리 쪽으로 힘껏 내던졌다. 비르지니는 넘어지고 말았다.

세탁부들이 한꺼번에 떠들어대기 시작했다.

"다리 하나는 부러졌겠군!"

"당해도 싸지! 상대방에게 끓는 물을 퍼부으려고 했으니까!"

"결국, 금발머리 쪽이 옳아요. 사내를 도둑맞았다면 말이지!"

보슈 부인은 두 팔을 쳐들고 무언가를 외쳤다. 그녀는 그때까지 조심스럽게 두 물통 사이로 피해 있었다. 클로드와 에티엔은 겁에 질려 부인의 옷자락에 매달려 울면서 "엄마! 엄마!" 하고 외쳐냈지만, 흐느낌에 뒤섞여 잘 들리지 않았다. 보슈 부인은 비르지니가 넘어지는 것을 보자 제르베즈에게 달려가 그녀의 치마를 잡아당기며 이렇게 되풀이했다.

"자, 이제 그만 가요! 정신 좀 차리고…… 내 머리가 핑 도네, 정말! 이런 끔찍한 싸움은 본 적이 없어."

그러나 보슈 부인은 다시 물러나 아이들을 데리고 양동이 사이로 피했다. 비르지니가 제르베즈의 가슴팍으로 달려들었던 것이다. 비르지니는 제르베즈의 목덜미를 죄려고 했다. 그러자 제르베즈는 한껏 몸을 흔들어 상대를 떨쳐 내 놓고는 마치 목이라도 잡아 뺄 듯이, 상대의 풀어진 머리채를 거머쥐고 매달렸다. 말도 없이, 외침도 없이, 욕설도 없이 격투가 다시 시작됐다. 엉겨붙지는 않은 채 서로 할퀴고 서로 노려보면서 손에 닿는 대로 잡아 뜯었다. 갈색 머리 키다리의 빨간 리본과 파란 머리그물이 찢어졌다. 그녀의 블라우스는 목 근처가 찢어져 어깨가 훤히 드러나 보였다. 한편 금발 머리 쪽은 이미 흰 윗옷의 소매 한쪽이 찢겨 나갔으며, 속옷도 찢겨 허리 주름살이 보일 지경이었다. 너덜너덜하게 찢긴 옷자락이 날아갔다. 먼저 피를 보인 것은 제르베즈로, 입에서 턱 밑까지 길게 세 줄기 상처가 생겼다. 제르베즈는 애꾸눈이 될까 봐 맞을 때마다 눈을 감았다. 비르지니는 아직 피를 흘리지 않았다. 제르베즈는 비르지니의 귀를 노렸으나 귀에 손이 닿지 않아 몸부림을 쳤는데, 마침내 유리로 만든 배(梨) 모양의 노란 귀걸이 하나를 붙잡았다. 그녀가 그것을 잡아당기자 귀가 찢어지고 피가 흘렀다.

"서로 죽이겠네! 떼어놔요, 저 암원숭이들을!" 몇몇 여자들이 소리쳤다.

세탁부들이 모여들었다. 그들도 두 패로 나뉘었다. 한쪽은 개싸움이라도 구경하는 것처럼 두 여자를 부추겼고, 다른 한쪽은 보다 마음이 약한 축으로 떨면서 외면을 한 채 더는 못 보겠다고, 두 여자가 틀림없이 앓아누울 거라고 계속 말했다. 그리하여 이번에는 이 두 패 사이에 싸움이 일어날 것 같았다. 서로 매정하다느니 돼먹지 못했다느니 하면서 소매를 걷어붙인 팔을 내밀었다. 따귀 때리는 소리가 세 번 울렸다.

한편 보슈 부인은 빨래터 사환을 찾고 있었다.

"샤를! 샤를!…… 이 사람이 도대체 어디 있지?"

그녀는 맨 앞줄에서 팔짱을 끼고 구경하고 있는 사환을 발견했다. 키가 크고 목이 엄청나게 굵은 젊은이였다. 그는 웃으면서 두 여자가 맨살을 언뜻언뜻 내보이는 것을 즐기고 있었다. 키가 작은 금발 머리는 메추라기처럼 오동통했다. 그 속옷이 찢긴다면 정말 볼만할 텐데.

"저것 봐라!" 그는 눈을 껌벅거리면서 중얼거렸다. "저 여자는 겨드랑 밑에 반점이 있네."

"어머! 여기 있었군!" 보슈 부인이 그를 찾아내고는 소리쳤다. "두 사람을 좀 말려봐요!…… 당신 같으면 저들을 떼어놓을 수 있을 거야!"

"천만에요! 난 못 해요!" 그는 침착한 태도로 말했다. "요전처럼 내 눈을 할퀴라고요?…… 난 그런 일을 하려고 여기 있는 게 아녜요. 그런 일까지 하려면 한이 없죠…… 겁먹지 말라고요! 여자들은 피를 좀 흘려도 괜찮아요. 그래야 누그러질 겁니다."

그러자 여자 관리인은 경찰관에게 가서 알리라고 했다. 그러나 눈병을 앓고 있는 젊은 빨래터 여주인이 반대했다. 여주인은 몇 번이고 되뇌었다.

"안 돼요, 안 돼. 그건 우리 장사에 지장이 있어요."

바닥에서는 격투가 계속되었다. 별안간 비르지니가 무릎을 꿇고 일어나더니 빨랫방망이를 집어서 휘두르기 시작했다. 비르지니는 헐떡이면서 쉰 목소리로 말했다.

"개 같은 년, 두고 봐! 내 널 더러운 속옷처럼 다루어 주지."

제르베즈도 손을 내밀어 빨랫방망이를 집고는 몽둥이처럼 휘둘렀다. 그녀도 목이 쉬어 있었다.

"좋아! 몸뚱이를 세탁하고 싶은 모양이지…… 어서 몸뚱이를 이리 내밀어. 걸레로 만들어 줄 테니!"

두 여자는 잠시 그 자리에 무릎을 꿇은 채 서로 위협했다. 얼굴에는 머리카락이 뒤엉켜 있었고, 가슴은 오르내리고, 진흙투성이가 되어, 퉁퉁 부어오른 얼굴로 그녀들은 숨을 고르며 기다리면서 기회를 노렸다. 제르베즈가 먼저 공격했다. 빨랫방망이가 비르지니 어깨 위를 스쳤다. 제르베즈는 곧바로 옆으로 펄쩍 뛰어 비르지니의 빨랫방망이를 피하려 했으나 궁둥이를 스쳤다. 그것이 계기가 되어 두 여자는 마치 세탁부들이 빨래를 두들기듯이 박자를 맞춰 서로를 때렸다. 방망이가 상대의 몸에 맞자 물통에 넣어놓은 세탁물을 두드릴 때처럼 둔탁한 소리가 났다.

이제 주위 세탁부들은 더 이상 웃지 않았다. 몇몇 여자들은 두 여자 때문에 자기들의 위가 찢어질 지경이라고 하면서 가버리기도 했다. 그곳에 남아 있던 다른 여자들은 잔인한 눈초리를 반짝이며 목을 길게 뽑았다. 보슈 부인은 클로드와 에티엔을 데리고 한쪽 구석으로 피신해 있었다. 빨랫방망이 두 개가 마주치는 소리에 뒤섞여 아이들이 터뜨린 울음소리가 다른 쪽 끝까지 들렸다.

갑자기 제르베즈가 고함을 질렀다. 비르지니가 벌거벗은 팔뚝을 힘껏 내려친 것이다. 붉은 반점이 생기고 살이 금세 부어오르자 제르베즈가 덤벼들었다. 상대방을 때려죽일 기세였다.

"그만둬! 그만둬!" 모두들 소리쳤다.

제르베즈가 어찌나 무서운 얼굴을 하고 있었던지, 감히 아무도 가까이 갈 수가 없었다. 그녀는 힘껏 비르지니의 허리를 거머쥐고는, 그녀를 휘어잡아 공중에서 허리를 꺾어서 그녀의 얼굴을 바닥에 깔린 납작한 돌에 밀어붙였다. 그리고 허우적거리는 비르지니의 속치마를 훌렁 걷어 올렸다. 그 밑에 속바지가 있었다. 제르베즈가 터진 틈으로 손을 집어넣어 그것을 벗기자 모든 것이, 벌거벗은 넓적다리와 엉덩이가 드러났다. 그녀는 빨랫방망이를 쳐들고 때리기 시작했다. 마치 예전에 플라상 거리에 있는 세탁소에서 일할 때 주둔 부대의 빨랫감을 비오른 강가에서 방망이질하던 것처럼 말이다. 방망이는 둔탁한 소리를 내면서 살갗 속으로 파고들었다. 때릴 때마다 흰 살결에 붉은 줄무늬가 생겼다.

"오! 오!" 사환 샤를이 감탄하여 눈이 둥그레져서 중얼거렸다.

또다시 웃음의 물결이 일었다. 그러나 곧바로 "그만해! 그만해!" 하고 누군가 외쳤다. 제르베즈는 아무 소리도 듣지 못했고 지치지도 않았다. 그녀는 몸을 굽혀 한 군데라도 물기 없는 부분을 남겨놓지 않으려고 열심히 찾았다. 정신이 혼란스러운 상태에서 그녀는 비르지니의 젖지 않은 살갗을 몽땅 두들겨 버릴 작정이었던 것이다. 잔인한 쾌감에 사로잡힌 제르베즈는 세탁부의 노래를 떠올렸다.

"팡! 팡! 마르고가 빨래터로 간다…… 팡! 팡! 방망이로 때려…… 팡! 팡! 마음을 깨끗이 빨자…… 팡! 팡! 고뇌로 새까맣게 됐으니……."

그리고 이렇게 말을 이었다.

"이것은 너의 몫, 이것은 네 동생의 몫, 이건 랑티에의 몫…… 그 년놈들을 만나면 이걸 전해 주렴…… 차렷! 다시 시작한다. 자, 이건 랑티에의 몫, 이건 네 동생의 몫, 그리고 이건 네 몫…… 팡! 팡! 마르고가 빨래터로 간다…… 팡! 팡! 방망이로 때려서……."

모두들 그녀의 손에서 비르지니를 구해 내야만 했다. 갈색 머리의 키다리는 눈물로 흠뻑 젖고 검붉어진 당황한 얼굴로 빨랫감을 집어들고 서둘러 도망쳤다. 그녀의 패배였다. 한편 제르베즈는 윗옷 소매에 팔을 끼우고 치마를 고쳐 입었다. 그녀는 팔이 아파서 보슈 부인에게 세탁물을 어깨에 올려달라고 부탁했다. 여자 관리인은 두 여자가 싸우던 광경을 이야기하고는 정말 간이 콩알만 했었다고 말했다. 그러고는 제르베즈의 몸을 살펴보겠다고 했다.

"틀림없이 어딘가 부러졌을 거예요…… 아까 이상한 소리를 내가 들었거든요……."

그러나 젊은 여인은 떠나고 싶어했다. 앞치마 차림으로 우뚝 서서 자신을 둘러싸고 있는 여자들의 동정이나 수다스런 찬사에 그녀는 대꾸하지 않았다. 세탁물을 어깨에 올려놓아 주자, 그녀는 출입구까지 걸어갔다. 거기에는 그녀의 아이들이 그녀를 기다리고 있었다.

"두 시간 했으니 2수예요." 유리창으로 둘러싸인 작은 방으로 들어간 빨래터 여주인이 제르베즈를 불러 세우며 말했다.

왜 2수지? 자릿값을 내라니 제르베즈는 이해할 수 없었지만 그래도 2수를 냈다. 그리고 어깨에 짊어진 흠뻑 젖은 세탁물 무게 때문에 심하게 다리를 절며 팔꿈치는 파랗게 물들고 뺨은 온통 피투성이가 되어서, 맨 살이 드러난 팔로 에티엔과 클로드를 끌고 나갔다. 두 아이는 아직도 훌쩍이면서 꼬질꼬질한 얼굴로 어머니를 따라가며 종종걸음을 쳤다.

제르베즈의 뒤로 빨래터는 또다시 수문이 터질 때처럼 큰 소리를 내고 있었다. 빵과 포도주로 배를 채운 뒤 제르베즈와 비르지니가 싸우는 광경을 보고 흥겨워진 세탁부들은 얼굴이 달아올라 보다 힘차게 빨랫방망이를 휘둘러 댔다. 양동이 옆으로 나란히 늘어선 세탁부들의 팔이 또다시 열심히 움직였다. 그 각진 옆모습이 돌쩌귀를 달아놓은 듯이 확 구부러져서 어깨가 기울고 허리가 꺾인 꼭두각시 인형처럼 보였다. 통로 끝에서 끝까지 끊임없이 대화 소리가 이어졌다. 꾸르륵꾸르륵 흘러 떨어지는 커다란 물소리에 말소리와 웃음소리와 음탕한 이야기 소리가 뒤섞였다. 수도꼭지는 물을 토해 내고 물통의 물은 사방으로 튀어 올라서 빨래판 밑은 개천과 다를 게 없었다. 넓은 세탁장 안의 수증기는 다갈색이 되어 있었고, 커튼의 찢어진 틈에서 흘러들어오는 햇빛 때문에 그곳만 황금빛 공처럼 보였다. 비누 냄새가 배인 후텁지근한 공기가 몹시 답답했다. 갑자기 세탁장 안이 흰 수증기로 가득 찼다. 잿물이 끓고 있는 통의 큰 뚜껑이 톱니바퀴 달린 피스톤의 중앙봉을 따라 기계적으로 올라가고, 벽돌 바닥에 놓인 구리 대야의 둥그런 구멍에서 가성 칼륨의 달콤한 증기가 회오리 바람처럼 밀려 올라왔기 때문이다. 그 옆에서는 탈수기가 돌아가고 있었다. 강철로 된 실린더가 계속 움직여 세탁장을 한층 심하게 뒤흔들어 놓는 가운데 무쇠로 된 원통에 들어 있는 여러 뭉치의 빨래가 기계의 회전에 따라 물을 뿜어내고 있었다.

'봉쾨르' 호텔로 들어가는 골목에 들어서자 제르베즈는 또다시 눈물이 났다. 그곳은 담장을 따라 도랑이 흘러가는 어둡고 좁은 골목길로, 그곳에서 다시 만난 악취가 랑티에와 함께한 그곳에서의 2주일을, 가난과 싸움으로 얼룩진 2주일을 떠올리게 했는데, 이제는 그 추억조차 쓰라린 후회로 밀려왔다. 그녀는 버림받은 고독 속에 발을 들여놓는 것 같은 느낌이 들었다.

위층 방은 텅 빈 채 창이 열려 있어 햇빛이 가득했다. 춤추는 금가루와도 같은 햇빛은 검게 그은 천장과 벽지가 벗겨진 벽을 한층 더 애처로워 보이게 했다. 남은 것이라곤 벽난로 못에 늘어져 있는, 밧줄처럼 꼬인 여자용 작은 스카프뿐이었다. 아이들 침대를 방 한가운데로 끌어내 놓아 그 뒤에 있는 서랍장이 드러나 있었으며, 열어젖힌 서랍은 텅 비어 있었다. 랑티에는 트럼프 상자속에 얼마간 남아 있던 포마드를 다 쓰고 나간 모양이었다. 그의 손에 묻었던 기름을 씻은 물이 세면기에 가득 담겨 있었다. 그가 잊은 물건은 하나도 없었다. 지금까지 큰 트렁크가 놓여 있던 구석이 제르베즈에게는 거대한 구멍처럼 보였다. 창문 고리에 걸려 있던 작고 둥근 거울조차 보이지 않았다. 그녀는 이상한 예감이 들어 벽난로 위를 바라보았다. 아니나 다를까 랑티에는 전당표를 가지고 가버렸다. 양쪽 촛대 사이에 있던 연분홍색 전당표 꾸러미가 보이지 않았다.

제르베즈는 세탁물을 의자 등받이에 걸쳐 놓고는 그대로 서서 가구들을 한 바퀴 휘둘러보았다. 너무 기가 막혀 눈물조차 나오지 않았다. 이제 그녀에게는 세탁값으로 마련해 놓은 4수에서 1수만 남아 있었다. 벌써 슬픔을 잊은 에티엔과 클로드가 창가에서 웃는 소리를 듣고, 제르베즈는 두 아이에게 다가가 머리를 부둥켜안고 희뿌연 도로를 바라보았다. 그리고 잠시 모든 것을 잊었다. 그날 아침 제르베즈는 노동자들과 파리가 힘차게 눈뜨는 것을 보았다. 하지만 그녀가 다시 그곳에 선 시간에는 그날을 열심히 산 노동자들이 달구어 놓은 입시세 납부소 성벽 너머 도로에서 내뿜는 열기로 거리는 타오를 듯했다. 그렇다, 그녀는 이제 곧 아이들과 함께 이 거리로, 이 열기 속으로 내던져질 것이다. 그녀는 좌우 외곽 대로를 바라보다가 별안간 끔찍한 공포에 사로잡혀 거리의 양쪽 끝에서 시선을 멈췄다. 마치 그녀의 생애가 그곳 도살장과 병원 사이를 떠나지 못할 것처럼 느껴졌기 때문이다.

제2장

그로부터 3주일 뒤 햇빛이 찬란한 어느 날 10시 반쯤, 제르베즈와 함석장이 쿠포는 콜롱브 영감의 '목로주점'에서 함께 술에 담근 자두를 먹고 있었다. 길에서 담배를 피우고 있던 쿠포가 세탁물을 맡기고 돌아가던 제르베즈를 억지로 데리고 들어온 것이다. 커다란 사각 세탁 바구니는 그녀의 발치에서 조금 떨어진, 작은 탁자 뒤 바닥에 놓여 있었다.

콜롱브 영감의 목로주점은 푸아소니에르 거리와 로슈슈아르 대로의 모퉁이에 있었다. 간판에는 끝에서 끝까지 푸른 글씨로 길게, 단지 '증류주'라고만 씌어 있었다. 출입구에 놓여 있는, 술통을 반으로 잘라 만든 두 개의 화분에는 먼지투성이의 협죽도가 심어져 있었다. 안으로 들어서면 왼쪽으로 줄지은 컵과 꼭지 달린 술통, 주석으로 된 그릇이 놓여 있는 커다란 카운터가 보였다. 드넓은 홀 주위에는 니스를 칠해 번쩍거리는, 구리로 만든 테두리와 마개가 빛나는 여러 개의 커다란 연노랑 술통이 장식되어 있었으며, 위쪽 선반에는 리큐어 술병, 주스 병 따위의 여러 가지 작은 병들이 가지런히 놓여 벽을 가리고 있었다. 카운터 뒤쪽 거울에는 푸른 사과빛 같은 녹색과 연한 초록빛, 그리고 부드러운 분홍색을 띤 등불의 선명한 그림자가 비쳤다. 그러나 이 가게의 명물은 그 움직이는 모양이 손님이 있는 곳에서도 보이는, 안쪽 떡갈나무 칸막이 저편 유리 너머의 안뜰에 놓인 증류기였다. 목이 긴 증류기나 지하에 묻혀 있는 나선관은 가히 악마의 부엌이라고 할 만한 형상을 하고 있는데, 술 취한 노동자들이 이 앞에 와서는 멍하니 몽상에 잠기곤 했다.

점심시간인 이 시각에 '목로주점'은 텅 비어 있었다. 소매가 달린 조끼를 입은 뚱뚱한 마흔 살 남자, 콜롱브 영감이 열 살쯤 되어 보이는 소녀에게서 4수어치만 달라는 부탁을 받고 잔에 술을 따라주고 있었다. 햇빛이 한 장의 막(膜)처럼 출입구에서 흘러들어와서, 담배를 피우는 사람들이 내뱉은 침으로 축축해진 마룻바닥을 데워주었다. 카운터에서도, 술통에서도, 그리고 홀 안 전

체에서도 알코올의 증기가 피어올라 햇빛 속에 떠도는 먼지를 두껍게 하면서
취하게 하는 것 같았다.

그런 가운데 쿠포는 담배를 새로 말고 있었다. 그는 올이 굵은 작업복에 푸
른 천으로 된 모자를 쓰고 매우 깔끔한 모습으로 웃으면서 흰 이를 내보였다.
아래턱이 불쑥 튀어나오고 코는 약간 납작했지만, 아름다운 밤색 눈을 가지고
있어 명랑한 강아지나 착한 아이 같은 얼굴이었다. 꼬불꼬불하고 숱 많은 그
의 머리카락은 뻣뻣하게 서 있었다. 피부는 스물여섯이라는 나이에 걸맞게 아
직 부드러웠다. 검은 작업복을 입고 머리에는 아무것도 쓰지 않은 제르베즈는
그와 마주 앉아 손가락 끝으로 자두 꼭지를 잡고 입에 털어넣는 중이었다. 두
사람은 카운터 앞에 장식용 술통을 따라 줄지어 늘어선 네 개의 탁자 가운데,
길에서 가장 가까운 첫 번째 탁자에 앉아 있었다.

함석장이는 담배에 불을 붙여 문 뒤 탁자에 팔꿈치를 괴고 얼굴을 앞으로
내밀고는 잠시 아무 말 없이 젊은 여자를 바라보았다. 금발 머리의 예쁜 얼굴
이 오늘은 섬세한 도자기처럼 우윳빛으로 투명해 보였다. 그는 그들 둘만이 알
고 있는, 이전에 서로 이야기한 일을 작은 소리로 짧게 물었다.

"그럼, 안 됩니까? 안 된단 말입니까?"

"아! 그럼요, 안 되지요, 쿠포 씨." 제르베즈가 침착하게 웃음 지으며 대답
했다.

"이런 데서 그런 얘길랑 마세요. 분별 있게 굴겠다고 약속했잖아요…… 그 이
야기인 줄 알았더라면 초대에 응하지 않았을 거예요."

쿠포는 대꾸 없이 대담하게 애정 어린 표정으로 그녀를 계속 바라보았다. 그
는 특히 그녀의 입매에, 웃으면 선명하게 드러나는 엷은 장밋빛 입매에 매혹되
었다. 하지만 그녀는 물러서지 않고 그에게 온화하고 다정한 태도를 보여주었
다. 잠시 침묵을 지키다가 그녀가 다시 입을 열었다.

"정말 어림도 없는 일이에요. 난 이미 할머니라고요. 여덟 살짜리 큰 애가 있
어요…… 함께 살아서 어쩌자는 거지요?"

"당연히!" 쿠포가 눈을 깜박이면서 숭얼거렸다. "그냥 다른 사람들처럼 사는
거죠."

제르베즈는 지겹다는 듯한 몸짓을 했다.

"아! 당신은 아직도 그런 것을 재미있다고 생각하세요? 당신은 가정을 꾸려

본 적이 진짜 없군요…… 안 돼요, 쿠포 씨. 나는 더 진지한 일들을 생각해야 해요. 장난질은 결국 아무것도 남는 게 없죠. 당신도 알잖아요! 내겐 아이가 둘이나 있는 데다 엄청 먹어대죠! 내가 바람이 나서 돌아다니면 내 아이들은 어떻게 키우라고요?…… 게다가 내 이 불행이야말로 좋은 본보기죠. 이제 남자라면 지긋지긋해요. 당분간은 남자들과는 상대하지 않을 거예요."

그녀는 자기 인생이 이제 한물갔다는 이유를 화내는 기색도 없이, 매우 지혜롭고, 더없이 차분하게 마치 한 사건에 대한 얘기를 하듯 설명했다. 충분히 심사숙고한 끝에 이런 결론을 내렸음이 분명했다.

감명을 받은 쿠포는 이렇게 되풀이했다.

"당신은 나를 고통스럽게 하는군요. 정말 너무 고통스럽게 해요……."

"네, 그건 나도 알아요." 그녀가 말을 이었다. "정말 미안하게 생각해요, 쿠포 씨…… 하지만 언짢게 생각 말아요. 만일 내가 즐길 생각을 한다면, 맙소사! 누구에게보다도 당신에게 갈 거예요. 당신은 착하고 친절한 분이니까요. 함께 지낼 수도 있잖아요? 잘해낼 것도 같고요. 내가 잘난 체하려고 이러는 건 아니에요. 절대로 같이 어울릴 수 없다는 말도 아니고요…… 다만 내가 그러고 싶은 마음이 없으니 어쩌겠어요? 나는 2주 전부터 포코니에 부인 가게에 나가고 있어요. 애들은 학교에 다니고요. 난 일을 하는 것으로 만족해요…… 네? 그러니 지금 이대로가 가장 좋아요."

그녀는 몸을 굽혀 바구니를 집었다.

"말을 너무 많이 했군요. 가게에서 주인이 기다리고 있을 거예요…… 자, 다른 분을 찾아보세요, 쿠포 씨. 나보다 예쁘고 아이가 딸리지 않은 여자를 말이죠."

쿠포는 거울 속에 비친 시계를 바라보았다. 그러고는 그녀를 다시 앉히면서 이렇게 외쳤다.

"기다려요! 이제 겨우 11시 35분인데…… 아직 25분 남았어요…… 그리고 내가 이상한 짓이라도 할까 봐 걱정하진 말아요. 우리 사이에는 탁자가 있으니까요…… 당신은 나와 잠깐 대화하고 싶지 않을 정도로 내가 싫은가요?"

제르베즈는 쿠포의 마음이 상하지 않도록 바구니를 다시 내려놓았다. 그리고 두 사람은 좋은 친구로서 이야기를 나누었다. 그녀는 세탁물을 가지고 가기 전에 식사를 마쳤었다. 쿠포로 말하자면 그날은 그녀가 지나가는 길목을 지키느라 수프와 쇠고기를 급히 삼키고 나온 것이었다. 제르베즈는 온순하게 대답하면서 과실주 병과 브랜디 병 사이의 유리창 너머로 거리의 움직임을 바라보았다. 마침 점심때라 거리는 사람들로 붐볐다. 양쪽에 집들이 늘어서 있는 좁은 통로에서는 서둘러 오가는 사람들의 팔과 팔꿈치가 끊임없이 부딪쳤다. 일 때문에 식사가 늦어진 노동자들이 배가 고파서 침울한 표정으로 성큼성큼 차도를 가로질러 맞은편 빵집으로 들어갔다가 빵 한 덩이를 겨드랑이에 끼고 다시 나타나서는, 세 집 더 위쪽에 있는 '쌍두 송아지'에 가서 6수짜리 식사를 했다. 빵집 옆에는 과일 가게가 있었는데, 그곳에서는 감자튀김과 파슬리를 곁들인 삶은 홍합을 팔았다. 긴 앞치마 차림의 여공들이 연달아서 종이봉투에 담긴 감자튀김과 컵에 든 삶은 홍합을 들고 가고 있었고, 모자를 쓰지 않은 귀여운 처녀들이 무 다발을 사고 있었다. 제르베즈는 몸을 앞으로 내밀었다. 사람들로 가득 찬 돼지고기 가게가 눈에 띄었는데, 그곳에서는 아이들이 아직 따뜻한 커틀릿과 소시지를 기름종이에 싸서 손에 들고 나오고 있었다. 날씨가 좋은 날에도 사람들이 숱하게 오가는 통에 진흙으로 더럽혀져 있는 길 위에는, 싸구려 식당에서 식사를 마친 몇몇 노동자들이 배를 채워 느긋한 표정으로 두 손으로 넓적다리를 두드리면서 군중에 떠밀려 말없이 어슬렁어슬렁 거리를 내려오고 있었다.

목로주점 문 앞에도 사람들이 모여 있었다.

"이봐, '불고기 졸병', 화끈한 것 한 잔 사주지 않겠나?" 쉰 목소리가 말했다.

노동자 다섯 사람이 들어와서 섰다.

"오! 도둑놈 같은 콜롱브 영감!" 아까의 쉰 목소리가 다시 말했다. "이봐, 알면서 왜 그러나. 제대로 채워 줘야지. 술잔을 가득 채워 달란 말이야!"

콜롱브 영감은 조용히 술을 따랐다. 또 다른 노동자 세 사람이 들어왔다. 작업복 차림의 사람들이 조금씩 길 모퉁이에 모여들었다. 그들은 거기서 잠시 멈췄다가 마침내 회색 먼지투성이 협죽도 사이에서 널따란 홀 속으로 밀리듯 들어왔다.

"당신은 바보군요! 당신은 불쾌한 일만 생각하는군요!" 제르베즈가 쿠포에게 말했다. "물론 난 그이를 사랑했어요…… 하지만 그렇게 역겨운 방법으로 버림을 받고 보니……."

그들은 랑티에에 대해 이야기하고 있었다. 제르베즈는 그와 헤어진 뒤 다시 만나지 못했다. 그녀는 그가 비르지니의 동생과 함께 글라시에르에서 모자 공장을 해볼 예정이라던 친구 집에 살고 있을 거라고 생각했다. 그녀는 랑티에의 뒤를 쫓아다닐 생각은 조금도 없었다. 처음에는 정말 괴로워서 물에라도 빠져 죽고 싶었다. 하지만 지금은 마음도 가라앉고 모든 일이 잘되어 가고 있었다. 랑티에와 함께 살았다면 애들을 도저히 먹여 살릴 수 없었을 것이다. 그는 그토록 돈을 낭비하는 사내였다. 그가 클로드나 에티엔을 안아주러 와도 문 앞에서 쫓아내지 않겠지만, 다만 그녀 자신의 몸에 손끝 하나라도 댄다면 용서하지 않을 것이다. 제르베즈는 인생 계획이 확고한 여자처럼 그런 이야기를 했다. 그러나 그녀를 포기할 마음이 없는 쿠포는 계속해서 농담을 하고 랑티에에 대한 곤란한 질문을 던졌는데, 그가 하얀 이를 드러내고 웃는 바람에 제르베즈는 화를 낼 수가 없었다.

"그럼 당신이 그를 때리곤 했단 말이로군요." 그가 말했다. "오! 당신은 나쁜 사람이군요! 사람을 때리다니."

제르베즈가 웃음을 멈추지 못해서 그의 말이 끊겼다. 어쨌든 그것은 사실이었다. 그 삐삐 마른 키다리 비르지니를 마구 때려주었으니 말이다. 그날이었다면 정말 누군가를 목 졸랐을 것이다. 비르지니가 벗은 몸을 보인 게 부끄러워서 얼마 전에 동네를 떠났다는 이야기를 쿠포가 하자 제르베즈는 더 큰 소리로 웃었다. 그러나 제르베즈의 얼굴에는 아직도 어린애 같은 귀염성이 있었다. 그녀는 통통한 두 손을 내밀면서 자기는 파리 한 마리 죽이지 못하지만, 살아오면서 이미 많이 맞았기 때문에 때리는 법은 알고 있다고 했다. 그러고는 플라상에서 보낸 처녀 시절에 대해 이야기하기 시작했다.

그녀는 전혀 바람둥이가 아니었다. 그녀에게 남자들은 성가신 존재였다. 랑티에를 만났을 때 그녀는 열네 살이었는데, 그녀는 그가 자상하다고 생각했다. 그가 스스로 그녀의 남편이라 말했고, 그녀 또한 소꿉놀이하는 기분이 들었기 때문이다. 그녀는 자신의 단 한 가지 단점이, 정이 매우 많고 사람들을 좋아하며 곧 자신에게 숱한 불행을 안겨줄 사람들에게 마음을 쏟아버리는 것이라고 단정했다. 이렇게 한 남자를 사랑하게 되면, 그녀는 하찮은 일들은 생각지 않고, 언제나 함께 아주 행복하게 살아가는 꿈만 꾼다고 했다. 쿠포가 베개 밑에서 알을 품듯 아이들을 낳는 것이 하찮은 일이냐고, 히죽히죽 웃으며 말하자 그녀는 손을 뻗어 그의 손가락을 가볍게 치면서, 물론 그녀도 다른 여자들과 마찬가지이지만, 여자들이 늘 그것만 하고 싶어한다고 생각하면 잘못이라고 덧붙였다. 여자들은 살림을 걱정하고 집안일을 이것저것 열심히 하느라 몹시 지쳐서, 밤이면 누워서 곧장 잠에 빠져든다는 것이었다. 더욱이 그녀는 억척스럽게 일만 하던 어머니를 닮았는데, 그녀의 어머니는 20년 넘게 아버지 마카르를 위해 짐승처럼 일하다가 과로로 죽었다. 그녀는 그 무렵 아직 말라깽이였지만 어머니는 지나가다 문에라도 부딪치면 문이 부서질 것처럼 어깨가 튼튼했다. 그러나 사람들에게 쉽게 빠지는 점에 있어서는 어머니를 닮았다. 다리를 저는 것마저도, 아버지 마카르에게 얻어맞은 가엾은 어머니에게 물려받은 것일 수 있다고 했다. 어머니는 아버지가 취해서 돌아온 날 밤이면 너무도 난폭하게 애정 표현을 해서 팔다리가 꺾일 정도였다고 이야기하곤 했는데, 틀림없이 그런 날 밤에 그녀의 한쪽 다리가 더디 나왔으리라는 것이었다.

"오, 아무렇지도 않은데. 아무리 보아도 눈에 잘 띄지 않아요." 쿠포가 친절하게 말했다.

제르베즈는 고개를 흔들었다. 그녀는 그것이 눈에 잘 띈다는 걸 알고 있었다. 마흔 살이 되면 훨씬 더 나빠질 것이다. 그렇지만 그녀는 살짝 미소를 지으면서 부드럽게 말했다.

"절름발이 여자를 좋아하다니, 정말 괴상한 취미군요."

쿠포는 여전히 탁자에 팔꿈치를 괸 채 좀더 얼굴을 앞으로 내밀고 그녀를 유혹하는 여러 가지 말을 던지며 그녀를 칭찬했다. 하지만 제르베즈는 달콤한 말을 들으면서도 유혹에 넘어가지 않고 여전히 고개를 내저었다. 그녀는 쿠포의 말에 귀를 기울이면서도 점점 늘어나는 인파에 흥미를 느끼는지 시선을 밖으로 향했다. 이제 인적이 잦자 가게들은 비질을 하기 시작했다. 과일 장수는 프라이팬에 기름을 붓고 마지막 남은 감자를 튀겨 냈고, 돼지 고기 장수는 카운터에 널려 있는 접시를 정돈했다. 싸구려 식당에서 노동자 무리가 나왔다. 수염투성이 사내들이 손바닥으로 때리는 듯 서로 밀치고, 징이 박힌 구두 굽으로 시끄럽게 소리를 내면서 개구쟁이처럼 시시덕거리며 미끄럼질을 쳤다. 두 손을 주머니에 넣은 채 눈을 깜박이며 태양을 바라보고 서서 생각에 잠긴 듯 담배를 피우는 사람도 있었다. 인도에도 차도에도 개울에도 사람들이 넘쳐 흘렀고, 열어젖힌 가게의 문에서도 사람들 물결이 흘러나와 오가는 마차 사이에서 멈춰 섰다. 금빛 햇살 아래서 하얗게 바랜 덧옷과 작업복과 낡은 웃옷의 행렬이 끝없이 이어졌다. 멀리서 공장의 종소리가 울렸다. 그런데도 노동자들은 별로 서두르지도 않고 담뱃대에 불을 붙였다. 그러고는 어깨를 움츠리고 이 술집에서 저 술집으로 서로 불러댄 뒤에 그들은 겨우 결심이 선 듯 발을 질질 끌며 일터로 가는 길로 접어들었다. 제르베즈는 세 노동자, 키 큰 한 사나이와 키가 작은 두 사람이 몇 발짝 걸을 때마다 뒤돌아보는 것을 사뭇 눈으로 따라가며 즐거워했다. 결국 그들은 거리를 내려가서 곧장 콜롱브 영감의 목로주점으로 들어갔다.

"어머!" 그녀가 중얼거렸다. "저 세 사람, 일할 마음이 없군요!"

"그렇군요!" 쿠포가 대꾸했다. "키 큰 남자는 내가 잘 알아요. 장화란 별명을 가진 친구예요."

목로주점은 사람들로 가득 차 있었다. 모두들 큰 소리로 말했고, 떠들썩한 소리가 일어나 쉰 목소리의 끈질긴 속삭임을 갈라놓았다. 가끔 주먹으로 카운터를 내리치는 바람에 유리잔이 울렸다. 사람들은 선 채로 두 손을 앞으로 모아 잡거나 뒷짐을 진 채 서로 꽉 끼여 있었으며 몇 명씩 무리를 이루고 있었다. 술통 근처에도 여러 무리가 몰려 있었는데, 이들은 15분이나 기다려야 콜롱브 영감에게 술을 주문할 수 있었다.

"아니, '카시스*¹ 도령'이 아닌가!" 쿠포의 어깨를 손으로 탁 치면서 '장화'가 소리쳤다. "단정하게 셔츠를 입고 담배를 피우는 것을 보니 정말 신사로군!…… 여자를 놀래줄 속셈이라면 무엇이건 맛있는 걸 한턱내야지!"

"뭐라고! 귀찮게 방해하지 마!" 매우 난처해진 쿠포가 대답했다.

그러나 상대방은 코웃음을 쳤다.

"흥! 아주 기고만장이군…… 촌놈인 줄 다 알고 있는데!"

그는 무서운 눈초리로 제르베즈를 흘끗 바라보고 나서 등을 돌렸다. 제르베즈는 조금 겁이 나서 몸을 움츠렸다. 알코올 냄새가 감도는 공기 속에 담배 연기와 사내들의 강한 체취가 풍겼다. 제르베즈는 숨이 막힐 것 같아 잔기침을 했다.

"아! 술 마시는 건 해로워!" 그녀가 작은 소리로 말했다.

그러고는 전에 플라상에서 어머니와 함께 아니스 술을 마신 일에 대해 얘기

---

*1 cassis. 까막까치밥으로 담근, 달콤하고 연한 술.

했다. 그날 그 술 때문에 죽도록 혼이 난 뒤로는 술이 냄새도 맡기 싫어졌다는 것이다.

"자, 보세요." 그녀는 유리잔을 내보이면서 덧붙였다. "난 자두를 다 먹었어요. 하지만 과즙은 남겨놓겠어요. 먹으면 좋지 않을 것 같아서요."

쿠포 또한 사람들이 브랜디를 가득 따른 술잔을 몇 잔이고 꿀꺽꿀꺽 마셔대는 이유를 알 수가 없었다. 때때로 브랜디에 담근 자두를 먹는 것은 나쁘지 않았다. 그런데 독한 술이나 압생트, 그리고 다른 여러 가지 싸구려 술은 정말 반갑지 않다! 그는 그런 것들에는 관심이 없었다. 동료들이 아무리 놀려도 술집에 들어갈 때면 그는 출입구에서 동료들을 기다렸다. 그와 마찬가지로 함석장이였던 쿠포의 아버지는 술에 잔뜩 취한 어느 날, 코크나르 거리 25번지 빗물받이 홈통에서 떨어져 도로에 머리가 부딪혀 박살나 버렸다. 그 충격이 언제까지나 가족에게 남아 있어 모두들 조심하게 되었다. 쿠포 자신도 코크나르 거리를 지나치다가 그곳을 보면 공짜 술을 한 방울이라도 입에 대느니 차라리 개천물을 퍼마시겠노라고 말하곤 했었다. 그는 다음과 같은 말로 결론을 맺었다.

"우리 같은 직업을 가진 사람들은 다리가 튼튼해야 해요."

제르베즈는 다시 바구니를 집어들었다. 그러나 자리를 뜨지는 않고 바구니를 무릎에 올려놓고서 공허한 눈초리로, 마치 이 젊은 노동자의 말이 그 옛날 꿈꾸던 삶을 떠올리게 한 것처럼 생각에 잠겼다. 그러고는 생각을 간추려 천천히 말했다.

"아! 나는 그렇게 욕심쟁이가 아니에요. 난 많은 것을 바라지는 않아요…… 내 꿈은 조용히 일하고 언제나 먹을 빵이 있고 잠을 잘 수 있는 자그마한 집이 있는 거예요. 거기에다 침대 하나와 탁자 하나, 그리고 의자가 두 개쯤 있다면 더 이상 바랄 게 없지요…… 아! 그리고 가능하다면 아이들을 훌륭한 사람으로 만들고 싶어요. 한 가지 더 바란다면, 만일 언젠가 다시 한 번 살림을 차린다면 얻어맞지 않고 사는 거예요. 네 그래요, 얻어맞는 것은 정말 싫어요…… 그뿐이에요. 정말 그것뿐이에요……."

그녀는 마음속으로 자신이 바라는 것이 무엇인지를 찾아보았으나 특별히 생각나는 게 없었다. 그녀는 잠시 주저한 끝에 다시 말을 이었다.

"그래요, 누구나 마지막엔 자신의 침대에서 죽기를 바랄 수 있죠…… 나도 일생 동안 열심히 일하고 내 집 내 침대에서 죽고 싶어요.”

　그리고 제르베즈는 일어났다. 쿠포는 제르베즈의 희망에 같은 마음임을 열렬히 표시하고는 시간을 걱정하면서 일어났다. 그렇지만 두 사람은 곧장 밖으로 나가지는 않았다. 제르베즈는 넓은 홀 저 안쪽까지 가서, 그곳의 떡갈나무 울타리 너머 작은 안뜰의 밝은 유리 칸막이 밑에서 움직이고 있는 커다란 구릿빛 증류기를 보고 싶은 호기심이 났다. 그녀를 따라온 함석장이는 증류기의 여러 장치를 손가락으로 가리키며 설명해 주고 증류기에서 떨어지는 투명한 실 같은 술을 함께 지켜보았다. 이상하게 생긴 유리그릇이 부착되어 있고 관(管)이 끝없이 빙글빙글 돌고 있는 증류기는 음산한 모습이었다. 한 줄기의 연기도 새어 나오지 않았다. 내부의 소리도 지하의 웅웅거리는 소리도 들리지 않았다. 그것은 마치 음울하고 강력하며 말없는 일꾼이 야밤의 일을 대낮에 하는 것 같았다. 그동안 ‘장화’가 동료 두 사람을 데리고 와서는, 울타리에 팔꿈치를 짚고 카운터 한 모퉁이가 비기를 기다렸다. 장화는 넋을 잃고 증류기를 바라보다가 고개를 끄덕이면서 기름이 떨어진 도르래 소리와 같은 웃음소리를 냈다. 정말 멋지군! 그 거대한 구릿빛 배 속에는 일주일 동안이나 목 축일 것이 들어 있었다. 그는 아마도 그 나선관 끝을 그의 이 사이에 용접하여 언제나, 언제나 실개천처럼 뜨거운 브랜디가 온몸에 스며들어 발 뒤꿈치까지 흘러 내려가기를 바랐을 것이다. 그건 정말이지 콜롱브 영감의 골무 같은 조그만 잔으로 홀짝이는 것과는 차원이 다를 것이다. 그러나 동료들이 비웃으면서 ‘장화’ 녀석은 역시 별난 놈이라고 말했다. 증류기는 불꽃 하나 보이지 않고 쾌활함도 없이 구리의 흐릿한 반사광 속에서 계속 알코올을 땀처럼 흘리고 있었다. 느릿하고 고집스럽게 흐르는 이 알코올 방울은 내를 이루어 홀을 가득 채우고 거리로 흘러넘쳐 파리라는 거대한 구덩이 전체를 잠기게 할 것만 같았다. 제르베즈는 부들부들 떨면서 뒷걸음질 쳤다. 그리고 억지 미소를 지으면서 속삭였다.

“이상해요. 이 기계를 보면 오싹해져요…… 술이란 정말 무서워요…….”

　그리고 나서 마음속에 그리고 있던 완벽한 행복에 대한 생각으로 되돌아가서 이렇게 말했다.

“네, 그렇죠? 정말 근사하지 않아요? 일하고, 빵을 먹고, 자신의 거처를 갖고, 자식을 키우고, 자신의 침대에서 죽는…….”

"그리고 매도 맞지 않아야죠." 쿠포가 쾌활한 목소리로 덧붙였다. "하지만 제르베즈 부인, 나라면 당신을 때리지는 않을 겁니다…… 두려워하지 마요. 나는 술은 입에 대지도 않을 거예요. 게다가 난 당신을 너무 사랑하니까…… 어때요, 오늘 밤에 서로 발을 덥혀봅시다."

제르베즈가 바구니를 앞으로 내밀고 남자들 사이를 헤치고 나아가는 동안 그는 목소리를 낮추어 그녀의 귓가에 대고 그렇게 말했다. 하지만 그녀는 고개를 내저으며 몇 번이고 거부의 표시를 했다. 그래도 돌아보면서 그에게 미소를 던지는 것을 보면 그가 술을 마시지 않는다는 사실에 기뻐하는 것 같았다. 만일 그녀가 다시는 남자와 함께 살지 않으리라고 결심하지 않았더라면 그의 제안을 받아들였을 게 틀림없었다. 마침내 그들은 출입문에 다다라 밖으로 나갔다. 그들이 나간 뒤에도 목로주점은 여전히 붐볐으며, 욕설과 싸구려 브랜디의 달콤한 냄새가 거리에까지 흘러나왔다. 유리잔에 반박에 부어주지 않는다며 콜롱브 영감을 사기꾼 취급하는 '장화'의 목소리가 들려왔다. 사람 좋고 근사하고 원기왕성한 남자다. 아! 제기랄! 두목이 뭐라고 달래도 그는 일터로 돌아가려 하지 않았으며 빈둥거리기만 했다. 그는 두 동료에게 '기침하는 사내아이'라는 술집으로 가자고 제안했다. 거기에 가면 아주 순수한 걸 마실 수 있다는 것이었다.

"아! 밖으로 나오니 살 것 같아요." 제르베즈가 말했다. "그럼 안녕! 고마웠어요, 쿠포 씨…… 빨리 가봐야 해요."

그녀는 큰길을 따라서 가려고 했다. 그러나 그는 그녀의 손을 잡은 채 놓아주지 않고 이렇게 되풀이해서 말했다.

"나와 함께 구트도르 거리 쪽으로 돌아서 갑시다. 그리 멀리 돌아가는 건 아니니까요…… 일터로 가기 전에 누나 집에 가봐야 해요…… 그러니 우리 함께 갑시다."

그녀는 결국 그 제의를 받아들여, 팔짱을 끼지는 않았으나 그와 함께 천천히 푸아소니에르 거리를 올라갔다. 그는 자기 가족 이야기를 했다. 쿠포의 어머니는 조끼 재단사였지만 지금은 눈이 어두워져서 가정부 노릇을 하고 있었다. 그녀는 지난달 3일로서 예순두 살이 되었다. 쿠포는 막내였다. 누나 중 하나는 르라 부인이라고 하는 서른여섯 살 과부로서 바티뇰의 무안 거리에 살면서 조화 만드는 일을 하고 있었다. 서른 살인 또 다른 누나는 사슬 만드는 직공 로리외와 결혼했는데 그는 조롱꾼으로 이름이 나 있었다. 쿠포가 지금부터 가려는 곳은 구트도르 거리에 사는 바로 그 누나의 집이다. 누나는 그 거리 왼쪽 큰 집에 살고 있었다. 쿠포는 매일 저녁 이 집에서 식사를 했다. 그것이 세 사람 모두에게 경제적이기 때문이다. 하지만 그날만은 친구 집에 초대를 받았기 때문에 기다리지 말라고 알려주기 위해 가는 것이었다.

이야기를 듣고 있던 제르베즈가 갑자기 그의 말을 끊고 미소를 지으면서 이렇게 물었다.

"그래서 사람들이 당신을 '카시스 도령'이라고 부르나요, 쿠포 씨?"

"아! 그건 친구들이 붙여준 별명이죠. 강제로 술집에 끌려가면 나는 대개 카시스를 마시거든요. '카시스 도령'이라고 불리거나 '장화'라고 불리거나 매한가지가 아닐까요?"

"물론이죠. 카시스 도령이 이상한 별명은 아니에요." 젊은 여인이 또렷하게 말했다.

그런 뒤 그녀는 그가 하는 일에 대해 물어보았다. 그는 여전히 입시세 납부소 장벽 뒤 새로 짓고 있는 병원에서 일했다. "오! 일이 없어서 노는 경우는 없을 거예요. 적어도 올해 안에 이 공사장을 뜨는 일은 없어요. 빗물받이 홈통이 몇 미터고 쌓여 있으니까!"

"그런데 말이죠." 그가 말했다. "저 위에 올라가 있으면, 봉쾨르 호텔이 보이지요…… 어제 당신이 창가에 있어서 내가 손을 흔들었지만, 당신은 알아보지 못하더군요."

그러는 동안 그들은 이미 구트도르 거리에 100여 발짝쯤 들어서 있었다. 쿠포는 걸음을 멈추고 눈을 들면서 이렇게 말했다.

"이 집이에요…… 나는 저 멀리 22번지에서 태어났지만…… 아무튼 벽돌 공사를 대단하게 했지요. 건물 안은 병영만큼이나 넓답니다!"

제르베즈는 고개를 들어 건물 정면을 살펴봤다. 거리를 향한 6층 건물로서, 각 층마다 열다섯 개 창문이 늘어서 있었다. 검은 덧문은 얇은 판자가 부서져서 끝없이 넓은 벽을 폐허처럼 느끼게 했다. 아래층은 가게 네 개가 차지하고 있었다. 출입문 오른쪽에는 기름때 묻은 싸구려 식당이 있었고, 왼쪽에는 석탄 가게와 잡화상, 우산 가게가 있었다. 이 집은 양쪽에 낮고 초라하고 작은 건물 두 개가 바짝 붙어 있으므로 가운데에 우뚝 솟은 듯하여 한층 크게 보였다. 마치 거칠게 반죽한 모르타르 덩어리처럼 네모반듯한 이 건물은 비 때문에 썩어서 힘없이 부서져 떨어지면서도 이웃집 지붕을 내려다보며 장식 없는 커다란 정육면체와 애벌칠도 하지 않은 측면을 맑은 하늘에 뚜렷이 드러내놓고 있었다. 꼭 교도소의 벽처럼 한없이 거친 흙빛 측면에는 여러 줄의 모서리들이 허공 속에서 노인네의 아래턱처럼 줄지어 있었다. 그러나 제르베즈는 특히 출입구 부분을 바라보았다. 커다란 원형으로 된 출입구는 3층까지 닿을 만한 높이로 현관이 구멍처럼 깊숙이 파였고, 맞은편 끝에는 넓은 안뜰에 쏟아지는 희끄무레한 햇빛이 보였다. 이 현관의 중앙은 도로처럼 포장되어 있고, 그 한가운데로 한 분홍색 물이 흐르는 도랑이 있었다.

"들어와요." 쿠포가 말했다. "누가 잡아먹진 않을 테니까."

제르베즈는 거리에서 그를 기다리고 싶었지만, 출입구 안쪽의 관리실까지는 따라가 주기로 했다. 그곳 문턱에서 그녀는 또다시 눈을 들어 쳐다보았다. 내부는 7층으로 된 건물로, 균형 잡힌 네 개의 벽면이 안뜰의 커다란 화단을 숨기고 있었다. 벽은 회색이었으나 지붕에서 떨어지는 빗물 때문에 노란 반점이 생겼고, 바닥에서부터 슬레이트 지붕 위까지 쇠시리도 하나 없이 밋밋한 모습으로 버티고 서 있었다. 다만 물빠짐관만이 층마다 팔꿈치를 굽힌 것처럼 구부러졌고, 납으로 된 통은 입을 벌린 채 녹이 슬어 얼룩져 있었다. 덧문이 없는 창에는 흐린 물과 같은 청백색 창유리가 끼워져 있었고, 몇 개의 열린 창문에는 파란 바둑판 무늬의 매트리스가 걸려 있었다. 또 밧줄을 매고 남자용 셔츠나 여자용 블라우스, 어린이용 반바지 등 건물 전체의 빨래를 널어놓은 듯한 창도 있었다. 4층의 어떤 창에는 오줌 싼 흔적이 있는 어린이 요가 널려 있었다. 위에서 아래까지 너무도 작은 여러 개의 방에서 그 안의 내용물들이 밖으로 삐져나왔고, 어느 창문에서나 가난의 흔적이 엿보였다. 아래쪽에는 저마다 밖으로 통하는 높고 좁은 출입구가 판자를 대지도 않은 채 회칠만 해서 금이 간 현관을 이루었으며, 그 안에는 쇠난간이 달린 계단의 진흙투성이 층계가 나선형으로 돌아 올라가고 있었다. 이런 계단이 네 개가 있어, 각기 그 벽위에는 페인트로 쓴 알파벳의 처음 넉 자가 표시되어 있었다. 아래층에는 몇 개의 드넓은 작업장이 있었지만, 검은 먼지로 뒤덮인 유리 칸막이로 막아 놓았다. 대장간 화덕에 불이 타오르고, 더 멀리서는 목수의 대패질 소리가 들려왔다. 한편 관리실 옆에서는 염색업자 작업장에서 흘러나온 연분홍 물이 현관 밑으로 퀄퀄 쏟아져 나오고 있었다. 염료로 물든 물구덩이와 대팻밥과 석탄재로 더럽혀지고 포석 사이에 풀이 나 있는 안뜰에는 햇빛이 눈부시게 비치고 있어, 음지와 양지가 뚜렷이 구분되었다. 그늘진 쪽, 즉 수도가 있어 언제나 축축한 급수장 근처에서는 작은 암탉 세 마리가 땅을 쪼면서 지렁이를 찾고 있었다. 제르베즈는 천천히 시선을 돌려 7층에서 포석이 있는 데까지 내려다보았다 올려다보았다 하다가, 그 거대함에 놀라서 마치 자신이 살아 있는 기관의 한가운데, 어떤 도시의 심장 한가운데 있는 듯한 기분에 사로잡혔다.

"부인, 누구를 찾습니까?" 여자 관리인이 이상하게 생각하여 문 앞에 나와 소리쳤다.

젊은 여자는 어떤 사람을 기다리고 있다고 설명했다. 그녀는 거리 쪽으로 돌아섰다. 그러고 나서 쿠포가 늦어지자 다시 안뜰로 갔다. 그녀에게는 그 집이 보기 흉하지는 않았다. 몇몇 창가에 꽃무 꽃이 피어 있는 화분과 지저귀는 새소리가 들리는 카나리아들의 새장, 그리고 햇빛을 반사하여 별처럼 반짝거리는 면도용 거울 등 여기저기 쾌활한 흔적들이 웃고 있었다. 아래쪽에서는 목수들이 규칙적인 대패질 소리를 반주 삼아 노래를 부르고 있었고, 대장간에서는 망치 소리가 규칙적으로 크게 울렸다. 그리고 대부분이 열려 있는 창문, 가난의 흔적을 내보이는 배경 속에서 더러운 얼굴의 아이들이 웃는 모습과 아낙네들이 일거리를 들고 조용히 고개를 숙인 채 바느질하는 모습도 보였다. 점심시간이 끝나서 일이 다시 시작된 것이다. 어느 방에서도 남자들은 밖으로 일하러 나가서 보이지 않았다. 집은 평화 속으로 다시 빠져들었고, 오직 장인(匠人)이 일하는 소리와, 언제나 같은 후렴이 몇 시간이고 되풀이되는 자장가만이 이따금씩 그 평화를 중단시킬 뿐이었다. 안뜰은 좀 축축한 느낌이었다. 제르베즈는 만일 여기서 산다면 햇빛이 잘 드는 안쪽이 좋을 것 같았다. 그녀는 대여섯 걸음 앞으로 나가 이 가난한 삶의 무미건조한 냄새를, 케케묵은 먼지와 썩은 오물 냄새를 맡았다. 물감 냄새가 코를 강하게 찔렀을 때, 그녀는 봉쾨르 호텔의 냄새보다 훨씬 낫다고 생각했다. 제르베즈는 이미 어느 창을 택할지 생각해 보았으며, 그곳 왼쪽 구석에 있는 창을 골랐다. 거기에는 스페인 강낭콩을 심어 놓은 작은 상자가 놓여 있고, 그 가는 줄기가 끈을 타고 감아 올라가고 있었다.

"기다리게 했군요, 그렇죠?" 갑자기 그녀 바로 옆에서 쿠포의 목소리가 들렸다. "누나 집에서 저녁을 먹지 못하겠다고 했더니 야단이 났어요. 오늘은 송아지 고기까지 사놓았다고 말이죠."

제르베즈가 깜짝 놀라 가볍게 몸을 떠는 것을 보고는 이번에는 쿠포가 시선을 돌리면서 말을 계속했다.

"이 집을 보고 있었군요. 여기는 아래층에서 꼭대기까지 늘 빈 방이라곤 없어요. 세든 사람이 한 삼백 명은 되지요…… 만일 내게 가구가 있었더라면 작은 방 하나가 비기를 노렸을 텐데…… 어때요, 살기 좋을 것 같지요?"

"네, 그럴 것 같아요." 제르베즈가 중얼거렸다. "우리가 살던 플라상 거리에는 이렇게 많은 사람이 살진 않았어요…… 보세요, 예쁘죠. 저기 6층 창에 강낭콩이 심어져 있잖아요."

그러자 쿠포는 대뜸 그 방을 얻어 같이 살면 어떻겠느냐고 물었다. 제르베즈는 허둥지둥 현관으로 도망치며 그런 어리석은 말은 하지 말라고 부탁했다. 이 집이 어떻게 되든 이 안에서 그와 한 이불을 덮고 잔다는 것은 생각할 수도 없는 일이라며. 그러나 쿠포는 포코니에 부인의 가게 앞에서 그녀와 헤어질 때, 그녀가 다정하게 그에게 내맡긴 손을 자신의 손안에 잠시 감싸쥘 수 있었다.

젊은 여자와 함석장이 사이의 건전한 관계는 한 달 동안 계속되었다. 그녀가 열심히 일을 하고, 아이들을 돌보고, 그뿐 아니라 밤에도 짬을 내어 바느질하는 것을 보고 쿠포는 제르베즈가 근면한 여자라고 생각했다. 세상에는 깔끔치 못한 데다 놀기 좋아하고 먹고 마시는 것만 생각하는 여자도 많은데, 얼마나 대단한가! 그녀는 그런 여자들과는 달랐다. 그녀는 인생을 지나칠 정도로 진지하게 생각하는 것이다! 쿠포의 칭찬을 들은 제르베즈는 웃으면서 겸허하게 변명했다. 그녀는 유감스럽게도 자신이 언제나 그렇게 얌전하지만은 않았다고 고백했다. 그리고 이미 열네 살 때 초산(初産)의 경험을 했다고도 넌지시 말하며, 예전에는 어머니와 함께 아니스 술을 몇 병이나 비우기도 했다는 이야기도 했다. 이런저런 경험을 통해 좀 나아졌을 뿐이라는 것이다. 그녀를 의지가 강한 여자라고 믿는 건 잘못이었다. 반대로 그녀는 아주 연약했다. 그녀는 누군가의 마음을 아프게 하는 것이 두려워서 사람들이 떠미는 대로 살아왔다. 그녀의 꿈은 정직한 사회에서 살아가는 것이었는데, 나쁜 사회는 도살용 몽둥이처럼 순식간에 사람들의 머리를 깨부수고 여자들을 뭉그러뜨리기 때문이다. 그녀는 앞날을 생각하면 식은땀이 난다고 했으며, 자신은 운에 따라 앞면이나 뒷면으로 떨어지는 공중에 던져진 1수짜리 동전 같은 존재라고 말했다. 이제까지 그녀가 보아온 모든 것, 어렸을 때 그녀 눈앞에서 일어났던 여러 나쁜 사례들이 그녀에게 지독한 가르침을 주었다.

그렇지만 쿠포는 그녀의 우울한 생각을 유쾌하게 웃어넘기고, 용기를 북돋워 주면서, 그녀의 허리를 껴안으려고 했다. 그녀는 그를 떼밀며 손을 찰싹 때렸는데, 그는 웃으면서 연약한 여자 치고는 만만한 공격이 아니었다고 소리쳤다. 그는 태평한 사람으로서, 앞날에 대해서는 걱정하지 않는다고 했다. 하루가 지나면 또 하루가 오는 게 당연하지 않은가! 잠자리와 밥은 어떻게든 생기기 마련이다. 도랑에서 치워야 할 술주정꾼만 쫓아내면, 이 근처도 깨끗할 것이다. 그는 성질이 나쁜 사내는 아니었다. 때로는 꽤 재치 있는 말을 하기도 하고 약간 애교도 있었다. 가르마를 옆으로 깔끔하게 타고, 근사한 넥타이와 일요일에만 신는 구두도 갖고 있었다. 게다가 원숭이처럼 빈틈없고 뻔뻔스러운 데도 있었다. 파리 노동자 특유의 빈정거리는 농담을 하고 수다스러웠는데, 젊은 얼굴 덕분에 매력적으로 보였다.

결국 두 사람은 '봉쾨르' 호텔에서 서로 도와가며 살기 시작했다. 쿠포는 그녀를 위해 우유를 찾으러 가고, 심부름을 해주고, 세탁물 꾸러미를 들어다 주곤 했다. 그리고 저녁때 일터에서 먼저 돌아오면 교외의 큰길에서 아이들을 산책시켜 주기도 했다. 제르베즈는 그의 친절에 대한 보답으로 그의 거처인 좁은 다락방까지 올라가 그의 옷을 살펴보고는 작업복 바지의 단추를 달아주고 셔츠를 수선해 주었다. 그들 사이에 친밀감이 돈독해졌다. 쿠포가 곁에 있으면 제르베즈는 지루하지 않았다. 그녀는 그가 부르는 노래에 귀를 기울이기도 하고 그가 알려주는 파리 변두리의 비속어 따위를 재미있게 듣곤 했다. 쿠포로 말하자면, 언제나 그녀의 꽁무니만 따라다녔으므로 점점 몸이 달았다. 그것도 아주 열렬히! 그는 여전히 웃고 있었지만 속이 몹시 탔고 꽉 죄어 있는 듯해서 더 이상 재미있다는 생각도 들지 않았다. 그래도 장난치는 것은 그만두지 않았다. 그녀를 만나기만 하면 이렇게 외쳤다. "그게 언제죠?" 그녀는 그 뜻을 알고 있었으므로 목요일이 나흘 있는 주가 돌아오면 허락하겠다고 약속했다. 그러면 그는 그녀를 놀려대며 두 손에 슬리퍼를 들고 이사하는 것처럼 그녀 방으로 오곤 했다. 그녀는 그의 이 같은 행동을 늘 웃어넘겼다. 그녀는 남자가 끊임없이 음란한 말로 빗대어 얘기해도 얼굴 하나 붉히지 않고 하루를 즐겁게 보냈으며, 그가 거칠게 굴지만 않으면 모든 것을 너그러이 받아주었다. 다만 언젠가 그가 강제로 키스를 하려다가 그녀의 머리카락을 뽑았을 때는 화를 냈다.

6월이 끝나갈 즈음, 쿠포는 그의 쾌활성을 잃고 완전히 딴사람이 되고 말았다. 제르베즈는 그의 눈길이 두려워 밤에는 방에 틀어박혀 있었다. 그런데 일요일부터 화요일까지 사뭇 뿌루퉁해 있던 쿠포가 화요일 밤 11시쯤 갑자기 찾아와서 방문을 두드렸다. 제르베즈는 문을 열어주고 싶지 않았다. 그러나 그가 너무나 부드럽고 떨리는 목소리로 말해 마침내 문에 밀어붙여 놓았던 서랍장을 치워버렸다. 그가 들어오는 모습을 보고 그녀는 금세 그가 아프다는 것을 알아차렸다. 그는 너무나 창백했고, 눈은 충혈돼 있었으며, 얼굴은 대리석처럼 굳어 있었다. 그는 선 채로 중얼거리면서 머리를 흔들었다. 아니, 아니, 그는 병에 걸린 것은 아니었다. 그는 두 시간 전부터 자기 방에서 울고 있었던 것이다. 그는 옆방 사람들이 듣지 못하게 베개를 짓씹으면서 어린애처럼 울었다. 그가 잠을 못 이룬 지 벌써 사흘 밤째였다. 계속 이대로 있을 수 없었다.

"이봐요, 제르베즈 부인." 그는 목멘 소리로 또다시 울음을 터뜨릴 듯이 말했다. "이만 결말을 지읍시다. 안 그래요?…… 우리 결혼합시다. 난 그러고 싶어요. 그렇게 결심했어요."

제르베즈는 아주 놀란 표정을 해보였다. 그러고는 몹시 신중한 얼굴이 되었다.

"오! 쿠포 씨." 그녀가 속삭였다. "도대체 어쩌자는 거죠! 난 그런 말 한 적이 없는데요. 당신도 잘 알다시피…… 그런 건 나에게 어울리지도 않아요. 그게 전부예요…… 오! 안 돼요, 안 돼. 진심이에요. 제발 잘 생각해 보세요."

그러나 쿠포는 흔들림 없는 표정으로 계속 고개를 저었다. 충분히 생각한 뒤에 내린 결론이었다. 그가 여기 내려온 것도 밤을 편안하게 보내기 위해서였다. 설마 그녀가 그를 다시 올려보내서 울게 하지는 않을 것이다! 그녀가 "네"라고만 대답해 주면 그는 더 이상 그녀를 괴롭히지 않을 것이며, 그녀는 조용히 잠들 수 있을 터였다. 그는 다만 그녀에게서 "네"라는 말을 듣고 싶을 뿐이었다. 이야기는 내일 하면 되었다.

"물론 그렇게 하겠다고 말할 수는 없어요." 제르베즈가 대답했다. "나중에 그런 어리석은 짓을 한 것이 내 탓이라는 원망을 듣긴 싫어요…… 이보세요, 쿠포 씨. 그렇게 고집부리면 좋지 않아요. 나에 대한 당신의 진심이 뭔지를 당신 자신도 모르고 있어요. 내가 장담하는데, 일주일만 나와 만나지 않는다면 모든 게 다 괜찮아질 겁니다. 남자란 하룻밤 때문에, 그것도 최초의 하룻밤 때문에 결혼하는 경우가 흔히 있지요. 하지만 결혼생활은 그때부터 일생 동안 밤이나 낮이나 계속되는 거예요. 그리고 완전히 진저리가 나는 거죠…… 거기 앉으세요. 이제부터 차분히 얘기하고 싶으니까요."

그래서 새벽 1시까지, 심지 자르는 것을 잊은 탓에 그을음이 나는 촛불이 비치는 침침한 방에서 두 사람은 결혼 얘기를 했다. 한 베개를 베고 새근새근 잠들어 있는 클로드와 에티엔을 깨우지 않기 위해서 그들은 낮은 목소리로 말했다. 제르베즈는 끊임없이 어린애들 얘기를 하면서 쿠포가 아이들을 바라보게 했다. 그 둘은 자기가 그에게 가져가는 우스운 지참금이며 아이들로 말미암아 그를 불편하게 만들고 싶지 않다고 했다. 게다가 그것은 그 자신에게도 창피스런 일이라 했다. 동네 사람들이 무어라 말할 것인가? 그녀가 애인과 함께 살았다는 것과 얼마 전 일도 모두들 알고 있는데, 그로부터 두 달도 채안 돼서 자기 둘이 결혼한다면 별로 좋게 보이지 않을 것이라 했다. 이런 지극히 합당한 이유에 대해서 쿠포는 어깨를 으쓱해 보이면서 대답했다. 그는 동네 사람들 따위는 아랑곳하지 않는다! 다른 사람들이 뭐라고 참견하든 상관없었다. 그들이야말로 체면 떨어지지 않게 조심해야 할 것이다! 그래! 그녀에게는 그보다 앞서 랑티에라는 남자가 있었지만, 그렇다고 무엇이 나쁘단 말인가? 그녀가 방탕한 것도 아니고 다른 여자들처럼 사내를 집 안에 끌어들인 것도 아닌데. 애들만 해도 차차 커갈 테고, 물론 잘 키워야겠지! 또 그녀만큼 착실하고 선량하고 장점이 많은 여자도 그리 흔치 않을 것이다. 아니, 설령 그녀가 못생기고 게으른 데다 흙투성이 아이들을 여럿 끌고 다닌다 해도 상관없다. 그에게는 그런 것이 문제가 되지 않았다. 그는 그저 그녀가 필요할 뿐이었다.

"그래요, 나에겐 당신이 필요하단 말이오." 그는 계속 주먹으로 무릎을 치면서 되풀이했다. "알겠소? 나에겐 당신이 필요하단 말이오…… 여기에 대해서는 반대하지 않겠죠?"

제르베즈의 마음이 조금씩 움직이기 시작했다. 긴장이 풀리면서 강렬한 욕망이 차츰 자신을 감싸고 도는 것을 느꼈다. 그녀는 이미 소심하게 반대할 뿐, 두 손을 치마 위에 떨어뜨린 채 얼굴에는 다정함이 넘쳐흐르고 있었다. 6월의 아름다운 밤에 반쯤 열린 창을 통해 들어온 미지근한 바람에 촛불이 흔들리고, 불그스레한 심지가 그을음을 내며 타들어 갔다. 모두가 잠든 거리의 깊은 침묵 속에서 큰길 한복판에 나자빠진 주정뱅이의 어린아이 같은 울음소리만이 들려왔다. 저 멀리, 어딘가 식당 안에서 늦은 결혼 피로연이 있는지 춤곡을 연주하는 바이올린 소리가 마치 하모니카의 한 음절처럼 가냘프고 맑게 들려왔다. 쿠포는 젊은 여자가 논쟁 끝에 말없이 어렴풋한 미소를 띠고 있는 것을 보고서 그녀의 손을 잡아 곁으로 끌어당겼다. 그녀는 이제 견딜 힘이 없었다. 격정에 눌려 더 이상 거절할 수도 없고 물리칠 힘도 없었으며, 그토록 경계하던 달콤한 도취의 기분 속으로 빠져 들어가고 있었다. 그러나 함석장이는 그녀가 몸을 맡기려는 것을 몰랐다. 그는 그녀의 손목을 으스러질 정도로 거머쥐는 것만으로도 만족스러웠다. 그 희미한 아픔과 더불어 두 사람은 한숨을 쉬었지만, 그 고통 속에서 그들의 애정은 어느 정도 충족되었다.

"승낙하는 거죠?" 쿠포가 물었다.

"나를 정말 괴롭히는군요!" 제르베즈가 낮은 목소리로 말했다. "정말 그러길 원해요? 그렇다면 좋아요. 그러죠…… 맙소사, 우린 어리석은 짓을 하고 있는 것 같아요, 아마도."

쿠포는 벌떡 일어서서 그녀의 허리를 거머쥐고 얼굴에 마구 키스를 했다. 이 사랑의 애무가 큰 소리를 만들어 냈기 때문에, 그가 먼저 걱정이 되어 클로드와 에티엔을 바라보면서 발소리를 죽이고 목소리를 낮추었다.

"쉿! 얌전하게 굽시다." 그가 말했다. "애들을 깨우면 안 되니까…… 그럼 내일 만납시다."

그런 뒤 그는 자기 방으로 올라갔다. 제르베즈는 부들부들 떨면서 거의 한 시간 동안이나 옷 벗는 것도 잊고 침대 끝에 앉아 있었다. 그녀는 감동하여 쿠포가 정말 착한 사람이라고 생각했다. 그녀는 쿠포가 여기서 자려 한다고 생각했기 때문에 모든 게 끝났다고 믿었던 것이다. 거리의 주정뱅이가 창문 아래에서 궁지에 몰린 짐승처럼 한층 더 쉰 목소리로 신음하고 있었다. 멀리서 춤곡을 켜던 바이올린 소리도 이세는 서의 늘리지 않았다.

그로부터 며칠 동안, 쿠포는 구트도르 거리에 있는 누나 집에 밤이라도 좋으니 가보자고 제르베즈를 설득하려 했다. 하지만 젊은 여자는 몹시 소심했으므로 로리외 부부를 방문하는 일을 매우 두려워했다. 함석장이가 그 부부를 은근히 두려워한다는 것을 그녀는 뚜렷이 느낄 수 있었기 때문이다. 물론 쿠포는 맏이도 아닌 그 누나에게 전적으로 종속돼 있지는 않았다. 쿠포의 어머니는 지금까지 한 번도 아들의 일에 반대해 본 일이 없으니까, 물론 결혼에 찬성할 것이다. 그러나 일가 친척들 사이에서는 로리외 부부의 하루 수입이 10프랑이나 된다고 알려져 있었고, 그 때문에 그들이 집안에서는 사실상 실력자였다. 쿠포는 먼저 그들이 그의 여자를 인정해 주지 않으면 감히 결혼할 생각을 하지 못할지도 모를 일이었다.

"당신 얘기를 그들에게 해두었어요. 그러니까 그들은 우리 계획을 알고 있어요." 그는 제르베즈에게 설명해 주었다. "이런! 정말 당신은 아기 같군! 오늘 저녁엔 갑시다…… 전부터 얘기하지 않았소? 누나는 조금 완고하게 보일지도 몰라요. 로리외도 언제나 상냥하지만은 않고요. 둘 다 마음속으로는 화가 나 있을 거예요. 내가 결혼하면 그 집에서 식사를 안 하게 되고, 그만큼 절약도 못하게 될 테니 말이죠. 하지만 그런 것은 상관없어요. 설마하니 당신을 내쫓지는 않겠지…… 날 위하는 일이라 생각하고 그렇게 해줘요. 꼭 필요한 일이니까."

그 말이 제르베즈를 한층 더 두렵게 했다. 어쨌거나 어느 토요일 저녁, 그녀는 쿠포의 부탁을 받아들이고 말았다. 쿠포가 8시 반에 그녀를 부르러 왔다. 그녀는 이미 몸단장을 마친 뒤였다. 검은 드레스와 노란 종려나무가 날염된 모슬린 숄, 짧은 레이스가 달린 하얀 보닛 모자 차림이었다. 그녀는 지난 6주 동안 일하여 숄값 7프랑과 보닛 모자 값으로 2프랑 50상팀을 모았던 것이다. 드레스는 세탁하여 손질한 것이었다.

"그들이 당신을 기다리고 있어요." 푸아소니에르 거리를 걸어가면서 쿠포가 그녀에게 말했다. "오! 그들도 이젠 내가 결혼한다는 생각에 익숙해져 있어요. 오늘 저녁에는 친절할 거예요…… 그리고 만일 당신이 금사슬 만드는 걸 본 일이 없다면 그 구경도 재미있을 거요. 마침 월요일까지 해야 할 급한 주문을 받았다더군요."

"그 집에 금이 있어요?" 제르베즈가 물었다.

"그럼요! 벽에도 있고, 바닥에도 있고, 집 안 곳곳에 널려 있죠."

어느새 두 사람은 원형의 출입구를 들어서서 안뜰을 가로지르고 있었다. 로리외 부부는 B 계단으로 올라가는 7층에 살았다. 쿠포는 웃으면서 난간을 꼭 잡으라고 그녀에게 외쳤다. 제르베즈는 눈을 들어 눈꺼풀을 깜빡거리며 계단이 올라가는 높은 허공을 올려다보았다. 두 층마다 한 개씩 모두 세 개의 가스등이 층계참 벽에서 가물거렸다. 세 번째 가스등은 매우 높이 달려 있어서 캄캄한 밤하늘에 빛나는 별처럼 보였다. 다른 두 개는 한없는 나선형 층계를 따라 유별나게 긴 광선을 뿌리고 있었다.

"어?" 2층 층계참에 이르자 함석장이가 말했다. "양파 수프 냄새가 진동하는걸. 분명히 양파 수프를 먹은 거야."

사실 B 계단에는 음식 만드는 냄새가 물씬 풍겼다. 벽에 난 홈집 사이로 석회가 드러난, 그 지저분한 회색 계단은 손잡이에도 층계에도 기름때가 묻어 있었다. 어느 층계참이나 떠들썩하게 울리는 복도가 안쪽으로 나 있고, 노랗게 페인트칠 된 문들이 열려 있었는데, 그 열쇠 구멍 자리가 손때로 거무스름했다. 창가에서 풍겨오는 개수대의 악취가 양파 요리의 독한 냄새와 뒤섞였다. 1층에서 7층까지 접시 소리와 작은 냄비의 덜그럭거리는 소리와 숟가락으로 냄비 바닥을 긁어대는 소리가 들려왔다. 2층에서 제르베즈는 굵은 글자로 '제도사(製圖士)'라고 씌어 있는 문이 반쯤 열린 방에 두 사내가 방수용 식탁보가 덮인 식탁 앞에 앉아서 담배 연기에 둘러싸여 열띤 논쟁을 벌이고 있는 것을 보았다. 3층과 4층은 보다 조용했다. 요람을 흔드는 규칙적인 소리와 어린애들의 칭얼대는 소리가 들릴 뿐이었고, 졸졸 흐르는 물소리에 섞여 무슨 말인지 알아들을 수 없는 여인의 굵은 목소리가 틈새로 들려왔다. 어떤 집 문에는 '고드롱 부인, 소모직공'이라는 팻말이 걸려 있었고 조금 떨어진 곳 문에는 '마디니에 씨, 판지 제작소'라는 팻말이 걸려 있었다. 5층에서는 싸움이 벌어졌는지 마룻바닥이 울리고 세간이 뒤집히고 때리고 욕지거리하는 소리가 요란했다. 그런데도 이웃 사람들은 환기를 위하여 문을 열어놓은 채 트럼프 놀이를 하고 있었다. 6층에 다다랐을 때 제르베즈는 한숨을 돌려야만 했다. 층계를 올라가는 데 익숙지 않았기 때문이었다. 벽은 계속 이어지며 돌고 방들은 모두 안을 드러내 보이고는 사라졌다. 그래서 그녀의 머리는 어지러웠다. 게다가 어떤 집 식구들은 층계참을 가로막고 있었다. 아버지는 하수받이 옆 작은 화덕 위에서 설거지를 하고, 어머니는 난간에 기대어 잠자러 갈 개구쟁이의 몸을 씻기고 있었다. 쿠포는 젊은 여자를 다독여 주었다. 마침내 7층에 다다랐다. 제르베즈는 얼굴을 들고, 1층 계단을 오르기 시작했을 때부터 들리던 맑고도 날카로운 목소리가 어디서 들려오는가 보려고 두리번거렸다. 그것은 지붕 밑 다락방에서 조그만 노파가 13수짜리 인형의 옷을 입히면서 부르는 노랫소리였다. 제르베즈는 또 커다란 처녀가 양동이를 들고 옆방으로 들어가는 순간 흐트러진 침대에서 셔츠 바람의 남자가 멍하니 허공을 바라보며 기다리는 것을 보았다. 닫힌 문 위에는 '클레망스 아가씨, 다림질 전문'이라고 쓰인 팻말이 걸려 있었다. 그렇게 꼭대기까지 올라가자 다리가 뻣뻣해지고 숨이 찼다. 그러나 호기심에 끌려 난간에 몸을 싣고 아래를 내려다보았다. 이번에는 아래쪽 가스등이 7층 깊이의 좁은 우물 속 별처럼 보였다. 그리고 이 건물의 온갖 냄새와 거대하게 울리는 생명이 단숨에 밀려들어, 깊은 연못가에 위태롭게 서 있는 것처럼 불안한 그녀의 얼굴에 휙 하고 열기를 내뿜었다.

"아직 다 오르지 않았어요." 쿠포가 말했다. "아! 정말 긴 여행이군요."

그는 왼편 긴 복도로 발길을 옮겼다. 그리고 처음에는 왼쪽으로, 두 번째는 오른쪽으로 모두 두 번 돌았다. 좁고 벽에 금이 가고 초벽칠이 벗겨진 복도는 희미한 가스등 불빛 아래 두 갈래로 나뉘어져 있었다. 그리고 교도소나 수도원 방문처럼 늘어선 똑같은 모양의 문들은 거의 모두 열린 채로 가난한 노동자의 삶을 드러내 보였는데, 6월 저녁의 더위가 그 내부를 다갈색 증기로 채우고 있었다. 마침내 그들은 캄캄한 복도 끝에 다다랐다.

"자, 다 왔소." 함석장이가 입을 열었다. "조심해요! 벽을 잡아요. 계단이 셋 있으니까."

제르베즈는 다시 열 걸음쯤 어둠 속으로 조심조심 걸어 들어갔다. 비틀거리면서 계단을 셋 세었다. 그러나 쿠포는 복도에서 노크도 없이 문 하나를 열었다. 강한 빛이 복도 위로 퍼졌다. 그들은 들어갔다.

그것은 가는 관(管)처럼 생긴 갑갑할 정도로 좁다란 방으로서, 복도의 연장과도 같았다. 평소에는 이 관을 둘로 나누어 주는 색 바랜 모직 커튼이, 그때에는 끈으로 말아 올려져 있었다. 방의 첫 번째 칸에는 경사진 천장 한구석에 침대가 하나 밀쳐져 있었고, 아직 저녁식사의 온기가 남아 있는 주물 난로가 하나, 의자가 둘, 탁자 하나, 그리고 수납장이 있었다. 이 수납장은 침대와 문 사이에 딱 맞도록 위쪽 장식을 톱으로 자른 것 같았다. 두 번째 칸은 작업장이었다. 안쪽에는 풀무가 달린 작은 화덕이 있고, 오른편에는 쇠붙이 부스러기가 흐트러져 있는 선반 밑 벽에 큰 바이스가 고정되어 있었다. 왼쪽 창 옆의 작은 작업판 위에 잔뜩 놓여 있는 핀셋, 절단기, 아주 작은 톱 따위 도구들에는 모두 기름때가 번지르하게 묻어 있었다.

"우리 왔어요!" 쿠포가 모직 커튼이 있는 데까지 들어가서 소리쳤다.

하지만 대답이 없었다. 제르베즈는 매우 감동하며 따라 들어갔는데, 특히 황금이 가득 찬 곳에 마침내 발을 들여놓았다는 생각에 흥분되어 쿠포 뒤에 서서 말을 더듬거리며, 인사로 고개만 끄덕였다. 강한 불빛, 작업대 위에서 환히 빛나는 램프, 화덕에서 타오르는 시뻘건 석탄, 이런 것들이 한층 더 그녀를 어리둥절하게 했다. 마침내 로리외 부인의 모습이 보였다. 자그마한 키에 어지간히 힘이 세 보이는 갈색 머리의 이 여자는 검은 쇠줄을 큰 집게로 집어 짧은 팔로 혼신의 힘을 다해 잡아당겨서는, 그것을 바이스에 고정시킨 쇠줄 제조기 구멍에 통과시키는 중이었다. 작업대 앞에는 남편 로리외가 있었다. 그는 키가 부인과 비슷한 작달막한 남자로서 어깨는 부인보다도 더 가냘팠다. 로리외는 핀셋 끝으로 원숭이처럼 재빠른 동작으로 정교한 작업을 하고 있었다. 너무 정교한 작업이어서 세공물이 앙상한 손가락 사이로 사라질까 염려스러웠다. 남편이 먼저 고개를 들었는데, 머리에는 머리카락이 듬성듬성 나 있고, 긴 얼굴은 낡은 초처럼 누르퉁퉁하고 창백하여 건강이 좋지 않아 보였다.

"아! 자넨가. 어서 오게!" 그가 중얼거리듯 말했다. "보다시피 우린 바쁘지…… 작업장에는 들어오지 말게. 방해가 되니까. 그 방에 있게."

그런 뒤 그는 또다시 초록빛 물에 얼굴을 반사시키며 정교한 작업을 계속했다. 그 물에 반사된 램프의 불빛이 세공물(細工物) 위에 강한 빛의 동그라미를 던지고 있었다.

"의자에 앉지그래!" 이번에는 로리외 부인이 외쳤다. "이 부인이구나. 맞지? 좋아, 아주 좋아!"

로리외 부인은 쇠줄을 말았다. 그것을 화덕으로 가져가서 커다란 나무 부채로 불을 부쳐대더니 그 불에 다시 쇠줄을 달군 뒤 그것을 쇠줄 제조기의 마지막 구멍에 넣었다.

쿠포는 의자를 앞으로 내놓고 제르베즈를 커튼 옆에 앉게 했다. 방이 너무 좁아서 그녀 곁에 나란히 앉을 수가 없었다. 그래서 그는 그녀 뒤에 앉아서 앞으로 몸을 빼고 작업에 대해 설명해 주었다. 젊은 여자는 로리외 부부의 묘한 행동에 어리둥절했다. 곁눈질로 힐끔힐끔 보는 그들의 시선에 마음이 편치 않아 귀가 멍멍해지면서 그들이 하는 말이 잘 들리지 않았다. 제르베즈는 로리외 부인이 서른 살 치고는 너무 늙어 보인다고 생각했다. 그리고 암소 꼬리 같은 머리채가 아무렇게나 입은 짧은 윗옷 위에 헝클어져 있는 것을 보고는 그녀가 매우 거칠고 불결한 여자라는 느낌을 받았다. 로리외는 부인보다 겨우 한 살 위였는데, 마치 늙은이처럼 보였다. 심술궂게 생긴 얇은 입술을 가진 그는 소매 있는 셔츠를 입고 맨발에 찌그러진 슬리퍼를 꿰고 있었다. 좁은 작업장과 시커멓게 얼룩진 벽, 윤기 없는 고철 부스러기 같은 연장들, 그리고 고물상도 못마땅해할 허섭스레기 속에 뒹구는 지저분한 도구들은 제르베즈를 더욱 놀라게 했다. 그곳은 끔찍할 정도로 더웠다. 로리외의 파리한 얼굴에 구슬 같은 땀방울이 맺혔다. 로리외 부인은 드디어 윗옷을 벗어버렸다. 팔이 드러났고, 속치마는 늘어진 젖가슴에 달라붙어 있었다.

"그런데 금은?" 제르베즈가 낮은 목소리로 물었다.

그녀의 불안정한 눈초리는 방 안 구석구석을 뒤지며 꿈에 보았던 찬란한 빛을 이 모든 지저분함 속에서 찾고 있었던 것이다.

그러자 쿠포가 웃기 시작했다.

"황금?" 그가 말했다. "자, 여기에도, 저기에도, 또 당신 발밑에도 있잖아요!"

쿠포는 누나가 가공하고 있는 가느다란 줄과 바이스 곁의 벽에 걸려 있는 철사줄처럼 보이는 쇠줄 뭉치를 가리켰다. 그리고 엉금엉금 기어서 작업장의 타일 바닥을 덮고 있는 나무 깔개 위에 녹슨 바늘 끝만 한 부스러기를 주웠다. 제르베즈가 항의했다. 그것은 금이 아니라 검고 더러운 쇠붙이였다! 쿠포는 그 부스러기를 깨물어서 번쩍이는 잇자국을 그녀에게 보여주어야만 했다. 그리고 이렇게 설명했다. 업주들은 여러 가지가 섞인 금줄을 보내온다. 그러면 일꾼들은 그것을 원하는 굵기로 만들어 내기 위해 쇠줄 제조기에 넣는데, 그 것이 끊어지지 않도록 도중에 대여섯 번 주의를 기울여 달궈야 한다. 아! 정말로 엄청난 손힘과 숙련이 필요한 일이다! 누나는 기침이 심한 남편에게는 그 일을 맡기지 않았다. 누나는 솜씨가 대단했으며, 그는 누나가 머리카락처럼 가는 금줄을 떼내는 것을 본 적도 있었다."

그사이 로리외가 기침 발작을 일으켜 걸상 위에 몸을 구부렸다. 그는 기침을 하면서도 제르베즈 쪽은 보지도 않고, 마치 자기로서는 상황을 다 알고 있다는 투로 숨이 막히는 소리를 내며 말했다.

"난 기둥을 만들고 있지."

쿠포는 앉아 있는 제르베즈를 억지로 일으키며, 가까이 가면 잘 보일 것이라고 했다. 사슬장이는 투덜대면서 그렇게 하라고 말했다. 그는 매우 가느다란 강철 막대인 중심축에 아내가 준비한 줄을 감았다. 그리고 가볍게 톱질을 하여 강철 막대를 따라 살짝 금줄을 잘랐다. 그러면 줄을 감은 곳마다 고리가 하나씩 생긴다. 그런 다음 그것을 땜질하는 것이다. 고리들이 커다란 숯덩이 위에 놓였다. 그는 자기 옆에 있는 깨진 컵 바닥에서 붕사(硼砂) 탄 물을 한 방울 떨어뜨려 고리들을 적셨다. 그러고 나서 재빨리 이것을 땜질 램프의 관에서 수평으로 내뿜는 불꽃에 빨갛게 달구었다. 그리하여 고리가 백 개쯤 만들어졌을 때 그는 쐐기, 곧 닳아서 반질반질한 제도판 끝에 기대어 다시 한 번 정밀한 작업을 시작했다. 집게로 고리를 구부려 놓고 한쪽을 꽉 쥔 다음, 이미 매달아 놓은 윗쪽 고리 속에 꿰면서 다시 한 번 집게로 열어두었다. 이런 작업이 규칙적으로 계속되면서 고리가 연달아 이어졌는데, 그 솜씨가 어찌나 훌륭했던지, 제르베즈가 눈앞에서 그 과정을 이해할 겨를도 없이 사슬이 조금씩 길어져 갔다.

"이것이 기둥이죠." 쿠포가 말했다. "갑옷 고리라든가 사슬 고리, 시곗줄 고리, 밧줄 고리 등 여러 가지 있지만 이건 기둥 고리예요. 매형은 기둥 고리만 만들지요."

로리외는 만족한 듯이 싱긋 웃었다. 그리고 시커먼 손톱 사이에서 보이지 않는 고리를 부지런히 집게로 집으면서 외쳤다.

"여보게, 카시스 도령!…… 오늘 아침에 계산해 봤네. 난 열두 살 때부터 이 일을 시작했잖은가? 그러니까 오늘까지 내가 만든 기둥의 길이가 얼마나 될 것 같나?"

그는 창백한 얼굴을 들고 충혈된 눈을 깜박였다.

"8천 미터일세, 대단하지! 8킬로미터!…… 어때! 기둥의 길이가 8킬로미터라! 이 동네 모든 여자들 목에다 감아줄 만한 길이란 말이야…… 게다가 이 길이는 갈수록 길어지지. 파리에서 베르사유까지 닿게 하고 싶군."

환상이 깨진 제르베즈는 다시 의자에 앉았다. 이제 모든 것이 시들했지만 그래도 로리외 부부의 마음에 들기 위해서 미소를 지었다. 특히 그녀는 결혼에 대해서 아무도 말이 없어서 조바심이 났다. 결혼 문제는 그녀에게 중대했으며, 그 얘기가 없었다면 이곳에는 결코 오지 않았을 것이다. 로리외 부부는 그녀를 쿠포가 데리고 온 그저 귀찮은 구경꾼으로밖에는 대접하지 않았다. 그들은 이야기를 시작했지만, 그것 또한 이 집에 세든 사람들의 얘기뿐이었다. 로리외 부인은 올라오면서 5층 사람들이 싸우는 소리를 못 들었느냐고 동생에게 물었다. 그 베나르 부부는 날이면 날마다 싸움질만 한다고 했다. 남편은 돼지처럼 곤드레만드레가 되어 집에 돌아오고 마누라 또한 형편없는 여자로, 비위 상하는 소리만 지껄여댄다고 했다. 그러고 나서 2층에 사는 제도사의 이야기로 넘어갔다. 보드캥이라는 그 키 큰 남자는 빚투성이인 주제에 잘난 척만 하며, 언제나 담배를 피워 물고 친구들과 말다툼을 하는 것이 일과였다. 마디니에 씨의 판지 제작소는 손발이 잘 안 맞아서 어제만 해도 여직공 두 사람을 해고했다. 파산한다 해도 마땅한 일인데, 아이들 옷도 제대로 못 입히는 형편에 먹을 것만 밝혔기 때문이다. 고드롱 부인은 매트리스를 이상하게 솔질했다. 그녀는 또 임신을 했는데, 그 나이에 과히 보기 좋은 모습은 아니었다. 6층에 사는 코케 부부는 아홉 달 동안 집세가 밀려서 집주인에게 방을 빼달라는 소리를 들었다. 그래도 그들은 여전히 층계참에 화덕을 놓고 불을 피웠다. 지난주 토요일에는 7층의, 홀로 사는 노처녀 르망주 양이 인형을 배달하기 위해 내려오다가 큰 화상을 입을 뻔한 어린 랭게를로를 구해 주었다. 다림질하는 여자 클레망스 양은 제멋대로 살았지만 누구도 그 여자를 싫어하지 않았다. 그녀는 동물을 좋아하고 다정다감하기 때문이다. 하지만 그런 예쁜 아가씨가 아무 남자하고나 어울린다니 정말 유감스러운 일이다! 틀림없이 밤에 길거리에 나서면 그녀를 만나게 될 것이다.

"자, 또 하나 만들었어." 로리외는 점심을 먹은 뒤부터 만들고 있던 사슬 하나를 아내에게 넘겨주면서 말했다. "뒷손질을 해줘."

그러고는 농담을 시작하면 쉽게 내려놓지 못하는 사람 특유의 집요함으로 이렇게 덧붙였다.

"또 넉 자 반이 길어졌구나…… 그러니 베르사유에 조금 더 가까워진 셈이지."

그러는 동안 로리외 부인은 기둥을 다시 한 번 달구어서 조정기에 걸어놓고 그 뒷손질을 했다. 그것을 긴 손잡이가 달린, 잿물이 가득 든 작은 구리 냄비에 집어넣고 화덕 불에 가열하면 깨끗하게 닦아지는 것이었다. 제르베즈는 또다시 쿠포에게 떠밀려서 마지막 작업을 보아야 했다. 사슬은 닦여서 짙은 붉은색이 되어 있었다. 그것으로 손질이 끝났고, 언제라도 넘길 수 있게 되었다.

"이대로 넘겨주는 거예요." 함성장이가 다시 설명했다. "헝겊으로 문질러 닦는 일은 연마공의 일이죠."

제르베즈는 맥이 빠지는 느낌이었다. 더위는 점점 더해 숨이 막힐 것 같았다. 로리외는 조금만 바람을 쐬도 감기에 걸린다고 방문을 늘 닫아두기 때문이었다. 제르베즈는 아무리 기다려도 두 사람의 결혼 얘기가 나오지 않아서 그만 돌아가고 싶어졌다. 그녀가 쿠포의 저고리를 가볍게 잡아당기자 쿠포도 그 뜻을 알아차렸다. 쿠포 또한 이 가식적인 침묵에 화가 나고 당황하기 시작했다.

"그만 가볼게요." 쿠포가 말했다. "우리가 일을 방해하는 것 같군요."

그는 잠시 머뭇거리며 기다렸다. 뭐라고 한 마디 해주기를 기대했던 것이다. 결국 쿠포가 먼저 말을 꺼냈다.

"저기 매형, 우리는 매형을 믿고 있어요. 아내의 보증인이 되어주셨으면 하는데요."

사슬장이는 고개를 쳐들고 비웃는 표정으로 자못 놀랐다는 시늉을 했다. 그의 아내는 쇠줄 제조기를 놓고서 작업장 한복판에 우뚝 서버렸다.

"그게 진심이었던 모양이지?" 그가 중얼거리듯 말했다. "이 카시스 도령이 하는 말은 농담인지 아닌지 도무지 알 길이 없단 말이야."

"아! 그렇지, 이 부인이 그 사람이군." 이번에는 그의 아내가 제르베즈를 살펴보면서 말했다. "그게 글쎄! 우리가 두 사람에게 이래라저래라 할 순 없지만…… 결혼한다는 생각은 좀 엉뚱한데요. 결국 두 사람이 그러고 싶다면야 결혼해서 잘 살지 못하더라도 다 자신들 탓이죠. 이런 경우 대체로 잘 살기가 힘드니까. 대체로, 대체로 말이야……."

이 마지막 말을 천천히 뇌까리며 그녀는 몇 번이고 고개를 끄덕였다. 그러고는 젊은 여자의 얼굴에서 손까지 또 발끝까지 마치 옷을 벗겨 피부가 깨끗한지 어떤지를 살펴보고 싶다는 듯이 훑어보았다. 그녀는 제르베즈가 생각했던 것보다는 좋은 여자라는 걸 확인해야만 했다.

"내 동생은 본인이 원하는 대로 할 수 있어요." 그녀는 한층 더 쌀쌀한 어조로 말을 계속했다. "물론 가족으로서는 바라는 바도 있지만…… 사람은 누구나 계획이 있죠. 하지만 일이 이상하게 돌아가기도 하니까요…… 나는 말다툼하고 싶지 않아요. 동생이 아무리 신통찮은 여자를 데려왔다 해도 '결혼하렴, 나를 귀찮게 하지 말고' 하고 말했을 거예요…… 그러나 이 애는 여기서 우리와 식사하면서 불편한 일은 없었어요. 이렇게 살도 오르고, 잘 먹었다는 건 보기만 해도 알 수 있죠. 수프도 언제나 뜨거운 것을 꼭 시간에 맞추어 내놓았고요…… 그런데 로리외, 당신은 이 부인이 테레즈를 닮았다고 생각지 않아요? 왜, 저 건너편에 살던 폐병으로 죽은 여자 말예요."

"그렇군, 좀 닮은 데가 있군." 사슬장이가 대답했다.

"그리고 당신은 애가 둘 있다지요. 아! 난 동생에게 말했죠. 네가 어떻게 두 아이를 가진 여자와 결혼하려는지 모르겠다고요…… 내가 동생 생각만 한다고 화내진 말아요. 그건 정말 당연한 일이니까…… 게다가 당신은 건강해 보이지 않는군요…… 안 그래요? 로리외, 이 부인은 건강해 보이질 않지요?"

"그래, 그래. 건강해 보이진 않아."

그들은 그녀의 다리에 대한 얘기는 하지 않았다. 그러나 제르베즈는 그들이 곁눈질을 하며 삐죽거리는 것으로 보아 은근히 그것을 빗대어 말하고 있다는 것을 알았다. 그녀는 두 사람 앞에서 노란 종려나무 무늬의 얇은 숄을 몸에 착 붙이고, 재판관 앞에라도 선 것처럼 필요한 말만 간단하게 대답했다. 쿠포는 괴로워하는 그녀를 보고 마침내 이렇게 외치고 말았다.

"그런 건 문제가 안 돼요…… 두 사람이 하는 말은 소용없는 얘기고 결론은 변함없어요. 결혼식은 7월 29일 토요일에 할 겁니다. 난 달력까지 살펴봤어요. 어때요, 괜찮죠?"

"오! 우리는 아무래도 좋아." 그의 누나가 말했다. "넌 우리에게 의논할 필요도 없었어…… 나는 로리외가 증인이 되는 것을 반대하지 않아. 다 사이좋게 지내고 싶으니까."

제르베즈는 어찌할 바를 몰라 고개를 숙이고는, 작업장 타일을 덮고 있는 나무발의 마름모꼴 틈에 발끝을 집어넣었다. 그런 뒤 발을 당기다가 무엇인가를 밟은 것 같아서 허리를 굽혀 손으로 더듬어 보았다. 로리외가 재빨리 램프 불을 들이댔다. 그리고 의심스러운 눈으로 그녀의 손가락을 조사해 보았다.

"조심해야 해요." 그가 말했다. "작은 금 부스러기가 구두에 묻어 자기도 모르는 사이에 묻혀 나간단 말예요."

그것은 정말 문제라고 했다. 업주들은 부스러기 1밀리그램의 손실도 허용치 않았다. 로리외는 널빤지 위에 남은 금 부스러기를 쓸어내는 작은 솔과 그것을 받기 위해 무릎 위에 펼치는 가죽을 보여주었다. 한 주에 두 번씩 정성스레 작업장을 청소하는데, 그 먼지를 모아두었다가 불태운 다음 그 재를 체에 치면, 그 속에서 한 달에 25프랑 또는 30프랑의 금을 건져낸다는 것이었다.

로리외 부인은 제르베즈의 구두에서 시선을 떼지 않았다.

"화낼 일이 아니에요." 로리외 부인이 상냥한 미소를 지으면서 나지막이 말했다. "구두 바닥 좀 보여줘요."

제르베즈는 얼굴이 빨개져서 다시 한 번 의자에 앉아 발을 들고는 아무것도 없다고 보여주었다. 쿠포는 문을 열고는 퉁명스러운 말투로 "잘들 있어요!" 하고 외쳤다. 그는 복도에서 제르베즈를 불렀다. 제르베즈는 공손히 우물우물 인사를 하고 뒤따라 나섰다. 그녀는 다시 만나자고, 그리고 모두 사이좋게 지내자고 말했다. 그러나 그때 로리외 부부는 이미 작업장의 컴컴한 굴 속에서 일을 시작하고 있었다. 그곳에서는 작은 화덕이 가마솥의 고온 속에서 하얗게 타오르는 마지막 석탄처럼 빛을 내고 있었다. 아내는 속옷 자락이 어깨에서 흘러내려 화덕의 열기로 살을 시뻘겋게 물들인 채 새로운 쇠줄을 당겼는데, 힘을 줄 때마다 목줄이 부풀어 근육이 가는 끈처럼 꿈틀거렸다. 남편은 푸른빛 큰 물방울 앞에서 몸을 굽히고는 사슬 만들기를 다시 시작했다. 고리를 집게로 구부려 놓고, 한쪽 끝을 꽉 쥔 다음 위의 고리에 넣고 집게로 고리를 또 한 번 폈다. 그렇게 기계적으로 연달아 손을 놀리면서도 얼굴의 땀을 씻는 일에는 손놀림을 아까워하는 듯했다.

제르베즈는 복도를 빠져나와 7층 층계참에 이르자 눈에 눈물을 글썽이며 이렇게 말했다.

"우리의 결혼은 행복할 것 같지 않네요."

쿠포는 엄청 화가 나서 머리를 내저었다. 로리외에게는 오늘 밤 일에 대한 앙갚음을 꼭 하겠다. 그런 욕심쟁이는 이제껏 본 적이 없다! 금 부스러기를 훔쳐 가리라고 믿다니! 이 모든 일은, 순전히 탐욕에서 생긴 것이었다. 어쩌면 그의 누나는 그가 겨우 밥값 4수를 아끼기 위해 절대 결혼하지 않으리라 생각한 게 아닐까? 어쨌든 7월 29일에 결혼식을 치를 것이다. 저런 사람들에게는 신경 쓸 필요조차 없다!

하지만 제르베즈는 계단을 내려가면서 계속 마음이 무거웠다. 터무니없는 두려움에 사로잡혀 있었기 때문에 그녀는 난간의 길어진 그림자를 불안스럽게 더듬었다. 이 시각에 계단은 조용했고, 3층의 가스등 하나만이 밝혀진 채 쓸쓸히 잠들어 있었는데, 심지가 줄어든 가스등의 불꽃은 심연 속으로 흐릿한 빛을 던졌다. 닫힌 방문 뒤쪽에서 저녁식사가 끝나자 바로 자리에 누운, 노동자들의 잠자는 소리가 들렸다. 그러나 다림질하는 여자의 방에서는 달콤한 웃음소리가 흘러나왔다. 이런 늦은 시각에도 아직 가위질 소리를 희미하게 내면서 한 개에 13수짜리 인형을 만드는 데 쓰이는 넓은 천을 마름질하고 있는 르망주 양의 방 열쇠 구멍에서는 한 줄기 불빛이 새어나왔다. 아래층 고드롱 부인 방에서는 어린애들이 계속 울고 있었다. 그리고 어두침침한 적막 속에서 하수받이가 더욱더 심한 악취를 내뿜었다.

안뜰에 나와서 쿠포가 노래하는 듯한 목소리로 문을 열어달라고 부탁하는 동안, 제르베즈는 마지막으로 다시 한 번 몸을 돌려 그 집을 바라보았다. 달이 없는 하늘 밑에서 보니 건물이 더욱 커진 것 같았다. 회색 벽면의 얼룩은 어둠으로 깨끗이 씻기고 그림자로 가리워져 다시 칠한 것 같았으며, 발돋움한 양 높아 보였다. 낮에는 누더기가 널려 있었지만 지금은 그것도 없어져서 벽이 한층 드러나 보여 실로 매끈한 모습이었다. 닫힌 창문은 잠들어 있었다. 여기저기 휘황하게 불이 밝혀진 몇몇 창들만이 눈을 뜨고는 이리저리 구석구석을 살펴보는 듯했다. 어느 현관 위로든지, 아래서부터 위까지 여섯 개의 층계참 유리가 일렬로 높이 솟았으며, 푸르스름한 빛을 받아서 마치 길고 높은 탑처럼 하얗게 빛을 발하고 서 있었다. 3층 판지 제작소에서 쏟아지는 한 줄기 램프 불빛이 1층 작업장을 감싸고 있는 어둠을 꿰뚫고 안뜰 포석 위에 노란선을 그었다. 이 컴컴한 안쪽의 습한 모퉁이에는 잘 잠기지 않은 수도꼭지에서 떨어지는 물방울 소리가 정적을 깨뜨렸다. 제르베즈에게는 이 집이 그녀의 어깨 위를 차디차게 덮쳐오는 것 같았다. 그러나 그것 또한 어리석은 공포심에서 비롯된 것일 뿐이었다. 제르베즈는 자신의 어린애 같은 생각에 웃음이 났다.

"조심해요." 쿠포가 소리쳤다.

제르베즈는 밖으로 나가기 위해 염색 집에서 흘러나온 물웅덩이를 건너뛰어야 했다. 그날의 물웅덩이는 여름 하늘과도 같은 짙푸른빛이었으며, 관리실의 조그만 야등에서 새어나온 불빛이 그곳에서 별처럼 빛나고 있었다.

제3장

　제르베즈는 결혼식을 올리고 싶지 않았다. 돈을 낭비할 필요가 어디 있는
가? 그리고 조금 부끄럽기도 했다. 동네 사람들 앞에서 보란 듯이 결혼하는 것
도 쓸데없는 짓이라고 생각되었다. 그러나 쿠포는 반대였다. 모두 모여서 얼마
안 되는 음식이라도 나누어 먹으며 결혼식을 올려야 한다고 했다. 그도 동네
사람들을 지나치게 신경 쓰고 있는 것은 아니었다! 그렇다, 아주 조촐하게 하
자. 오후에 잠깐 산책을 한 다음 가까운 싸구려 식당에 가서 토끼 목이라도
비트는 것이다. 물론 후식 때 음악 따위는 필요 없고, 부인들의 엉덩이를 흔들
게 하는 클라리넷 연주도 필요 없다. 그저 간단하게 건배만 하고 저마다 집에
돌아가서 잠을 자면 되는 것이다.

　함석장이가 농담도 하고 장난도 치며, 주책없는 짓은 안 하겠노라고 맹세한
덕분에 젊은 여자는 결심했다. 모두들 너무 취하지 않도록 술잔들을 감시하리
라. 이리하여 그는 샤펠 거리에 있는 오귀스트네 '은 풍차'에서 한 사람에 100
수짜리 잔치를 열기로 했다. 그곳은 값이 싼 작은 술집으로, 가게 뒤뜰에 있는
세 그루의 아카시아 나무 아래에서 술도 마시고 춤도 출 수 있게 되어 있었다.
2층에서 식사하면 더할 나위 없을 터였다. 쿠포는 열흘 동안이나 구트도르 거
리의 누나 집에서 초대할 손님을 모았다. 마디니에 씨, 르망주 양, 고드롱 부인
과 그녀의 남편, 그리고 '불고기 졸병'과 '장화'라는 별명을 가진 두 친구도 부
르기로 제르베즈의 승낙을 받아냈다. 물론 '장화'는 술꾼이지만 재미있을 정도
로 식욕이 왕성해서 잔치에는 늘 초대되었다. 장화는 어찌나 끝도 없이 먹어대
는지 빵을 12파운드쯤은 거뜬히 해치우는 바람에 식당 주인을 놀라게 하곤
했다. 젊은 여자는 세탁소 여주인 포코니에 부인과 매우 상냥한 보슈 부부를
데리고 가기로 약속했다. 모두 열다섯 사람이 식탁에 앉게 될 것이며, 그것으
로 충분했다. 사람이 너무 많으면 늘 말다툼으로 끝나기 마련이다.

　그렇지만 쿠포는 빈털터리였다. 그래서 허세를 부리지 않고 조촐하게 할 생

각이었다. 그는 고용주에게서 50프랑을 꾸었다. 그 돈으로 먼저 결혼반지를 샀다. 12프랑짜리 금반지를 로리외가 제조 공장에서 9프랑에 사주었다. 다음으로 미라 거리에 있는 양복점에서 프록코트와 바지, 조끼를 주문하고 그 예약금으로 25프랑을 치렀다. 가죽 구두와 실크 모자는 아직 쓸 만했다. 어린애들 몫은 공짜여서 자신과 제르베즈의 음식값으로 10프랑을 떼어놓자, 가난뱅이 상대의 제단(祭壇)에서 미사를 올리기 위한 헌금 6프랑이 겨우 남았다. 물론 그는 사제들을 좋아하지 않았다. 그따위 게으름뱅이들을 위해 6프랑이나 바치는 것은 가슴 아픈 일이었다. 그런 녀석들의 목구멍을 축이기 위해서 돈을 쓸 필요는 없었다. 하지만 미사가 없는 결혼이란 누가 뭐래도 결혼이 아니었다. 쿠포는 직접 성당으로 흥정을 하러 갔다. 그리고 너절한 사제복을 입은, 과일 장수처럼 악덕 상인인 늙고 자그마한 신부와 한 시간이나 입씨름을 했다. 쿠포는 사제를 두서너 대 갈겨주고 싶었다. 그는 장난삼아 신부에게 그의 가게에는 너무 망가지지 않은, 선량한 부부가 돈을 좀 아낄 수 있는 미사 상품이 없냐고 물었다. 늙고 자그마한 신부는 하느님께서 그의 결혼을 축복하시는 걸 별로 기쁘게 생각하시지 않을 거라고 우물거리면서, 결국 미사를 5프랑으로 깎아주었다. 어쨌든 20수가 절약되었다. 그래서 20수가 그의 손에 남았다.

제르베즈도 조촐하게 하고 싶었다. 결혼이 결정되자마자 그녀는 준비에 나서, 저녁때 일을 더 하여 30프랑을 따로 마련했다. 그녀는 포부르 푸아소니에르 거리에 있는 옷가게에서 파는 13프랑짜리 비단 반코트가 몹시 탐났다. 제르베즈는 그것을 사고 난 다음, 포코니에 부인 가게에서 죽은 세탁부의 남편으로부터 진청색 모직 드레스를 10프랑에 사서 몸에 꼭 맞게 고쳤다. 그리고 나머지 7프랑으로 면장갑 한 켤레와 보닛 모자에 달 장미 한 송이, 큰아이 클로드의 구두를 샀다. 다행스럽게도 아이들 옷은 입을 만했다. 그녀는 나흘 밤이나 걸려서 그 옷들을 모조리 세탁했고, 양말과 셔츠 따위의 아주 작은 구멍까지도 찾아내 꿰맸다.

마침내 잔치 전날인 금요일 밤이 되었다. 제르베즈와 쿠포는 일을 마치고 돌아와서도 또다시 11시까지 열심히 일해야만 했다. 그리고 저마다 자기 방으로 자러 가기 전에 젊은 여자의 방에서 한 시간쯤 함께 보냈다. 둘 다 어려움을 넘어선 것이 기뻐서였다. 동네 사람들에 대한 체면 때문에 필요 없는 고통을 치르지는 말자고 굳게 결심한 두 사람이었지만, 결국 여러 가지 일로 마음이 쓰여 완전히 녹초가 되어버렸다. 서로 잘 자라는 인사를 하면서 그들은 거의 선 채로 졸고 있었다. 그래도 그들은 마음이 놓여 긴 한숨을 내쉬었다. 이로써 준비는 다 되었다. 쿠포는 마디니에 씨와 '불고기 졸병'을 증인으로 삼았고, 제르베즈는 로리외와 보슈에게 부탁했다. 일행 여섯 사람이 그들 뒤에 아무도 매달지 않고, 시청과 성당으로 조용히 찾아갈 생각이었다. 신랑의 두 누나는 자기들은 필요 없을 테니 집에 머물러 있겠노라고 선언했다. 쿠포 어머니만은 다른 사람들보다 먼저 가서 어딘가에 숨어 있기라도 하겠다며 울기 시작했다. 그래서 쿠포와 제르베즈는 어머니를 데리고 가겠노라고 약속했다. 참석자들은 모두 오후 1시에 '은 풍차'에서 모이기로 했다. 거기서 먹은 것을 소화시킬 겸 생 드니 벌판으로 갈 생각이었다. 기차로 갔다가, 큰길을 따라 걸어서 돌아올 예정이었다. 이 소풍은 점잖고 품위 있는 모임이라 진탕 먹고 마실 수는 없어도, 조금은 장난칠 수 있을 테니 꽤 재미있을 것 같았다.

토요일 아침, 쿠포는 옷을 입으면서 20수짜리 한 장을 들고 불안한 마음에 사로잡혔다. 예의상 만찬이 시작되기 전에 증인들에게 포도주 한 잔에 햄 한 조각쯤은 내놓아야 한다는 생각이 들었기 때문이다. 그리고 아마도 예기치 못한 비용이 더 들지도 모른다. 20수로는 아무래도 부족했다. 그래서 쿠포는 저녁 만찬 장소로 클로드와 에티엔을 데리고 오기로 한 보슈 부인에게 아이들을 데려다준 뒤, 구트도르 거리로 달려가 로리외한테 10프랑만 꿔달라고 단호하게 말했다. 정말 목구멍이 타들어 가는 느낌이었다. 매형이 우거지상을 할 게 뻔했기 때문이다. 로리외는 투덜거리면서 험상궂은 짐승처럼 비웃었지만, 결국 100수짜리 두 닢을 빌려주었다. 그러나 쿠포는 누이가 입속말로 궁시렁거리는 소리를 들었다. "자, 이제 시작이군."

시청에서의 결혼식은 10시 반부터였다. 하늘은 맑게 개었고, 불타는 듯한 태양이 이글거리며 거리를 달구었다. 구경거리가 되고 싶지 않아서 신랑 신부와 어머니와 증인 네 사람이 두 패로 갈라섰다. 제르베즈는 로리외의 팔을 끼고 앞장섰고, 마디니에 씨는 쿠포 어머니를 이끌고 갔다. 스무 걸음쯤 뒤에서 반대편 보도를 쿠포와 보슈, '불고기 졸병'이 걸어갔다. 이 세 사람은 프록코트 차림으로 등을 구부린 채 팔을 흔들고 있었다. 보슈는 노란 바지를 입고 있었고, '불고기 졸병'은 조끼를 입지 않은 채 목까지 단추를 채우고 있어, 밧줄처럼 꼬인 넥타이 귀퉁이만 보일 뿐이었다. 오직 마디니에 씨만이 연미복을, 그것도 꽁무니가 뾰족한 정식 예복을 입고 있었다. 그래서 길 가는 사람들은 걸음을 멈추고 이 신사가 녹색 숄에 검은 보닛에 빨간 리본을 단 뚱보 쿠포 어머니를 데리고 가는 모습을 바라보았다. 제르베즈는 짙푸른색 드레스에 두 어깨가 꽉 끼어 거북해 보이는 케이프를 입고 있었는데, 기분은 아주 평온하고 즐거웠다. 그래서 이 더위에 자루처럼 커다란 외투를 뒤집어쓴 로리외의 비웃음 소리도 유쾌한 마음으로 듣고 있었다. 길모퉁이를 돌 때마다 그녀는 뒤를 살짝 돌아보며, 햇빛을 받아 번쩍이는 새 양복을 입고 어색해하는 쿠포에게 다정한 미소를 보내주었다.

　아주 천천히 걸어왔는데도 일행은 30분이나 일찍 시청에 도착했다. 그런데 시장이 늦게 출근했기 때문에 11시나 되어야 쿠포와 제르베즈의 차례가 올 것 같았다. 그들은 홀 한쪽 구석 의자에 앉아서 높다란 천장과 근엄한 벽을 바라보면서 낮은 소리로 소곤거렸다. 어쩌다가 사무실 사환 아이가 지나칠 때면 필요 이상으로 겸손하게 의자를 뒤로 빼면서 기다렸다. 그러면서도 그들은 목소리를 낮추어 시장이 게으름뱅이라고 투덜거렸다. 시장은 틀림없이 금발 머리 애인 집에서 통풍을 앓는 관절에 마사지를 받았을 거야. 또 아마 그의 현장(懸章)도 술 마시느라 팔아넘겼을 테지. 하지만 시장이 나타나자 그들은 공손하게 일어섰다. 시장은 그들에게 다시 앉으라고 했다. 그들은 중류층 시민 세 쌍의 결혼식 때문에 기다려야 했고, 따라서 세 번의 예식을 지켜보게 되었다. 흰 옷을 입은 신랑 신부, 머리를 곱슬곱슬하게 한 소녀들, 장밋빛 띠를 맨 아가씨들, 그리고 화려하게 차려입은 멋진 신사 숙녀의 행렬이 끝없이 이어졌다. 그 다음 그들을 부르는 소리가 들렸을 때, '불고기 졸병'이 어디론가 사라져서 하마터면 결혼식을 못할 뻔했다. 보슈가 아래쪽 광장에서 담뱃대를 피워 물고 있는 그를 찾아냈다. 역시 입 속에 마실 것을 넣어주지 않고 코앞에 음식 접시가 없으면 무례하기 짝이 없는 놈들이다! 의례적인 절차, 법규 낭독과 형식적인 질문, 서류 서명 등이 일사천리로 진행되었기 때문에, 의식의 반쯤을 도둑맞은 것 같아서 그들은 서로 얼굴을 쳐다보았다. 제르베즈는 얼떨떨하고 가슴이 뭉클해져서 입술에 손수건을 대고 있었다. 쿠포 어머니는 뜨거운 눈물을 흘렸다. 모두들 열심히 등록부에 매달려 삐뚤삐뚤한 글씨로 저마다 커다랗게 서명을 했는데, 신랑만은 글을 쓸 줄 몰라 십자가 하나를 그렸다. 그리고 나서 그들은 저마다 가난한 사람들을 위해 4수씩 기부했다. 사무실 사환으로부터 결혼 증명서를 받았을 때, 제르베즈에게 팔꿈치를 찔린 쿠포는 큰마음을 먹고 다시 5수를 더 내놓았다.

시청에서 성당으로 가는 길은 즐거웠다. 가는 도중에 남자들은 맥주를 마시고, 쿠포 어머니와 제르베즈는 물을 탄 카시스 술을 마셨다. 그리고 다시 먼 거리를 걷지 않으면 안 되었다. 햇빛은 곧바로 내리쬐어 한 줄기 그림자도 없었다. 텅 빈 성당 한가운데서 성당지기가 일행을 기다리고 있었다. 그는 그들을 조그만 교회당 안으로 밀어넣으면서, 이처럼 지각하는 것은 종교를 무시하는 게 아니냐고 화가 나서 물었다. 더러운 중백의를 입고 종종걸음 치는 성직자 뒤를 따라, 신부가 배가 고파 파리해진 얼굴로 성큼성큼 걸어왔다. 신부는 빨리 미사를 해치우려고, 라틴어 문구를 입 속으로 중얼대며 몸을 돌리고 굽히기도 하고 팔을 펴기도 하면서 신랑 신부와 증인들을 흘끔흘끔 곁눈질했다. 신랑 신부는 제단 앞에서 언제 무릎을 꿇고 일어서고 앉아야 하는지 몰라 몹시 당황스러워하며 성직자의 신호를 기다리고 있었다. 증인들은 예절 바르게 처신하느라고 계속 서 있었다. 그러나 쿠포 어머니는 또다시 눈물이 복받쳐 옆자리에 있는 부인에게 빌린 미사책 속에 얼굴을 파묻었다. 그러는 동안 정오의 종소리가 울리고 마지막 미사가 올려졌다. 성당 안은 성당지기들의 발소리와 의자를 정리하는 소음으로 가득 찼다. 어떤 다른 의식 때문에 큰 제단을 마련하는 모양이었다. 막(幕)에 못을 박는 장식장이의 망치 소리가 들려왔다. 성당지기의 비질이 일으키는 먼지투성이 교회당 안쪽에서 신부가 제르베즈와 쿠포의 엎드린 머리 위에 메마른 손을 부지런히 휘젓고 있었다. 그것은 마치 한창 이사를 하고 있는 도중, 두 개의 중요한 미사 사이에, 하느님이 잠시 자리를 비운 동안, 두 사람을 부부로 맺어주느라고 소란을 피우는 것 같았다. 제의실(祭衣室) 장부에 참석자 모두가 다시 한 번 서명을 하고 현관의 밝은 햇볕 속으로 나왔을 때, 일행은 조급하게 끌려다니느라 정신이 없고 숨이 차서 한동안 멍청하게 서 있었다.

"이제 끝났어요!" 쿠포가 어색한 웃음을 지으며 말했다.

그는 몸을 좌우로 흔들며 재미있는 말이 없을까 생각했다. 그리고 이렇게 덧붙였다.

"좋군! 질질 끌지는 않네요. 빨리도 해치우는군요…… 치과의사한테 간 것 같아요. 아이고! 소리칠 사이도 없이 모든 게 끝나버리니 말이에요."

"그래, 그래, 훌륭한 솜씨야." 로리외가 비웃으면서 중얼거렸다. "5분 동안에 날림으로 해치워 버린 것이 일생을 지탱하겠나…… 아! 가련한 카시스 도령!"

증인 네 사람이 등을 웅크리고 있는 함석장이의 어깨를 두드렸다. 제르베즈는 미소를 지으면서도 눈물이 글썽한 쿠포 어머니를 껴안아 주었다. 그리고 노파의 더듬거리는 말에 이렇게 대답했다.

"걱정 마세요. 제가 힘껏 해볼 테니까요. 만약 잘 안 된다면 그건 제 탓이 아닐 거예요. 그래요, 전 정말 행복해지고 싶어요…… 그러니까 다 잘될 겁니다. 그렇죠? 이제부터 쿠포와 합심하여 열심히 살아볼게요."

일행은 곧바로 '은 풍차'로 갔다. 쿠포는 아내의 팔을 잡았다. 두 사람은 다른 사람들보다 이백 걸음이나 앞서 싱글벙글 웃으며 날개라도 달린 듯이 성큼성큼 걸었고, 거리의 집도 행인도 마차도 거들떠보지 않았다. 변두리의 요란한 소음도 그들에게는 축복하는 종소리로 들렸다. 일행이 술집에 도착하자마자 쿠포는 1층의 유리창을 낀 작은 방에서 포도주 두 병과 빵과 햄 몇 조각을 주문했다. 그곳은 아주 간단한 식사를 하기 위한 접시도 식탁보도 없는 방이었다. 그런데 보슈와 '불고기 졸병'이 매우 배가 고파 보여 쿠포는 포도주 한 병과 브리산(産) 치즈 한 조각을 더 가져오게 했다. 쿠포 어머니는 식욕이 없었다. 감정이 격해져 도저히 먹을 수가 없었다. 몹시 목이 탄 제르베즈는 물에 포도주를 조금 타서 큰 컵으로 여러 잔 마셨다.

"이건 내가 계산하겠어요." 쿠포는 곧바로 계산대로 가서 4프랑 5수를 치렀다.

그러는 동안 1시가 되고 손님들도 왔다. 살이 쪘지만 아직도 꽤 아름다운 포코니에 부인이 가장 먼저 나타났다. 그녀는 꽃무늬 베이지 드레스에 장밋빛 목도리를 두르고 수많은 꽃으로 장식한 보닛을 쓰고 있었다. 다음으로는 잠잘 때도 벗지 않을 것 같은, 늘 입고 있는 검은 옷을 가냘픈 몸에 걸친 르망주 양과 고드롱 부부가 나란히 들어왔는데, 남편 고드롱은 짐승처럼 뚱뚱하여 조금만 몸을 움직여도 갈색 저고리가 서걱서걱 소리를 냈으며, 몸집이 큰 부인은 인신한 배를 쑥 내밀고 있어 화려한 보라색 치마 속의 큰 배가 더욱더 두드러져 보였다. 쿠포가 '장화'를 기다릴 필요가 없다며, 생드니 거리에서 만나게 될 것이라고 설명했다.

"아 이런!" 르라 부인이 들어오면서 소리쳤다. "한바탕 쏟아질 것 같아요! 하필 이런 때 말예요!"

그녀는 일행을 술집 문 앞까지 불러내서는 파리의 남쪽 하늘에 갑자기 솟아오른 먹구름을 가리켰다. 키가 크고 말라서 남자 같은, 쿠포의 큰누나인 르라 부인은 말할 때면 콧소리를 냈다. 그녀는 헐렁헐렁한 갈색 드레스를 입고 있어 볼품이 없었으며, 그 드레스의 기다란 술 장식 때문에 방금 물에서 나온 말라깽이 강아지 같았다. 그녀는 양산을 지팡이처럼 놀리며 제르베즈를 안아주고 다시 말을 이었다.

"당신들은 잘 느끼지 못한 모양이지만 밖에는 풀무로 뜨거운 바람을 내뿜는 거 같아요…… 얼굴에 불덩이라도 끼얹듯이 말이에요."

그러자 모두들 아까부터 소나기가 쏟아질 것 같았다고 말했다. 마디니에 씨는 성당에서 그런 기색을 느꼈다. 로리외는 오늘 새벽 3시부터 티눈이 쑤시기 시작하여 잠을 이루지 못했다고 했다. 그리고 지난 사흘 동안은 정말 지나칠 정도로 더웠으므로 비가 쏟아지는 것도 당연하다고 덧붙였다.

"정말, 한바탕 오긴 오겠군." 쿠포는 문 앞에 서서 근심스런 표정으로 하늘을 바라보며 말했다. "누나만 기다리면 돼요. 누나가 도착하면 바로 출발합시다."

사실 로리외 부인은 늦어지고 있었다. 르라 부인이 조금 전 그녀를 데리러 그녀 집에 들렀지만 그때까지도 코르셋만 입은 상태여서 두 사람은 말다툼을 했던 것이다. 이 키다리 과부는 동생의 귓전에 대고 말했다.

"내가 그 애를 떼어놓고 왔어. 기분이 몹시 좋지 않더라고!…… 어떤 얼굴을 하고 올지 볼 만할 거야."

이리하여 일행은 술집 안에서, 카운터로 한잔 마시러 들어오는 사내들 사이에 끼여 팔꿈치에 부딪치기도 하고 밀리기도 하면서 15분이나 더 기다려야 했다. 때때로 보슈나 포코니에 부인, 또는 '불고기 졸병'이 밖으로 나가 하늘을 올려다보았지만 비는 한 방울도 떨어지지 않았다. 햇빛이 약해지며 바람이 땅을 휩쓸고, 흰 먼지를 일으키는 작은 회오리바람이 불었다. 마침내 천둥 소리가 들리자 르망주 양이 성호를 그었다. 모든 시선이 걱정스럽게 거울 위에 걸린 동그란 괘종시계로 쏠렸다. 벌써 2시 20분 전이었다.

"이럴 수가!" 쿠포가 외쳤다. "드디어 천사들이 눈물을 흘리기 시작했어요!"

소나기가 쏴 하고 차도를 쓸었고, 여자들은 두 손으로 치맛자락을 쥐고 달아났다. 이 소나기 속에서 마침내 로리외 부인이 숨을 헐떡이며 도착했지만,

그녀는 출입구에서 우산이 잘 접히지 않아 애를 먹으며 울분을 터뜨렸다.

"도대체 이럴 수가 있담?" 그녀는 말을 더듬으며 소리쳤다. "출발하려는 참에 비가 쏟아지잖아. 집으로 되돌아가 옷을 벗으려고까지 했다니까. 정말 그랬더라면 좋았을걸…… 정말 대단한 결혼식이군! 내가 말했잖아, 다음 주 토요일로 연기하는 게 좋겠다고. 내 말을 듣지 않더니 꼴 좋게 됐군. 잘된 거지! 잘된 거야! 하늘이 터지도록 쏟아지라지!"

쿠포가 그녀를 달래보려고 했다. 하지만 로리외 부인은 드레스를 버리면 물어줄 것도 아니니 상관 말라고 쏘아붙였다. 그녀는 검은 비단 드레스를 입고 여전히 헐떡거렸다. 허리를 너무 졸라매 단추 구멍이 땡겨 어깨가 다 드러나 있었다. 긴 칼집처럼 재단된 치마는 넓적다리에 꽉 끼어서 종종걸음으로밖에 움직일 수 없었다. 그러나 거기 있는 부인들은 그 옷차림에 홀려 입을 다물고 바라보고만 있었다. 로리외 부인은 어머니 옆에 앉아 있는 제르베즈는 거들떠보지도 않았다. 그녀는 남편에게 손수건을 달라고 해서 가게 한구석에서 비단 옷에 튀긴 빗방울을 하나하나 닦아냈다.

그러는 사이에 소나기가 멎었다. 해는 더 어두워져서 거의 밤 같았다. 그 납덩이같이 어두운 하늘에 때때로 굵다란 번개가 지나갔다. '불고기 졸병'이 웃으면서 또다시 비가 퍼부을 것 같다고 말했다. 그러자 비가 무섭고 세차게 퍼부었다. 한 30분 정도 억수같이 쏟아지고 쉴 새 없이 천둥소리가 울렸다. 남자들은 출입문 앞에 서서, 소나기의 잿빛 장막과 불어난 도랑물, 물구덩이에서 첨벙거리며 튀어오르는 빗물을 바라보고 있었다. 여자들은 앉은 채 겁에 질려 손으로 눈을 가리고 있었다. 목구멍이 죄어드는 것 같아서 모두 말이 없었다. 보슈가 천둥을 가리켜, 이건 성 베드로가 하늘에서 하는 재채기라고 농담을 했지만 아무도 웃지 않았다. 그러나 천둥소리가 뜸해지고 멀리 사라지자 일행은 다시 초조해져서 소나기에 대해 화를 내고 구름을 향해 저주를 퍼부으며 주먹질을 했다. 이제는 뿌연 하늘에서 가랑비가 한없이 내리고 있었다.

"2시가 넘었어요." 로리외 부인이 외쳤다. "우리 모두 여기서 잘 순 없잖아요!"

르망주 양이 성채 해자(垓子) 속에서 멈추어야 하는 한이 있어도 아무튼 교외로 가자고 하자, 일행은 다시 외쳤다. 길이 매우 좋지 않을 것이고, 풀밭에 앉을 수도 없을 것이며, 아마도 비가 또 한바탕 쏟아질지도 모를 일이라고 했다. 쿠포가 흠뻑 젖은 채 빗속을 천천히 걸어가고 있는 노동자를 눈으로 좇으면서 중얼거렸다.

"'장화' 녀석이 생드니 거리에서 우리를 기다리고 있어도, 일사병에는 안 걸리겠는걸."

이 말에 모두들 웃음을 터뜨렸다. 그러나 언짢은 기분은 점점 커가기만 했다. 마침내는 당장이라도 폭발할 것 같았다. 무언가 결정을 내려야만 했다. 만찬 때까지 이처럼 서로 마주 보고 있을 수는 없었다. 그래서 15분 동안, 끈질기게 내리는 비를 앞에 놓고 지혜를 짜냈다. '불고기 졸병'이 카드놀이를 하자고 제안했다. 엉큼하고 개구쟁이인 보슈는 고해신부 놀이라는 아주 이상한 놀이를 알고 있었다. 고드롱 부인은 클리냥쿠르 거리로 양파 파이를 먹으러 가자고 했고, 르라 부인이 이야기나 나누고 싶은 눈치였다. 고드롱은 지루해하지도 않고 아주 기분 좋은 듯 식사나 하자고 말했다. 이리하여 제안 하나하나에 대해 논의도 하고 화를 내기도 했다. 그런 짓은 어리석은 일이라느니, 졸릴 것이라느니, 어린애 같은 짓이라느니 했다. 이어 한마디 하고 싶었던 로리외가 외곽 큰길을 따라 페르 라셰즈까지 산책을 하고, 시간이 되면 그곳에서 엘로이즈와 아벨라르[1]의 무덤을 둘러보자고 아주 순진한 말을 했기 때문에 로리외 부인은 더는 참지 못하고 폭발해 버렸다. 그녀는 다음같이 말했다. 나는 가버릴 것이다! 얼마나 바보 같은 짓인가! 사람을 놀리는 거야? 옷을 차려입고 비를 맞고 결국 술집에 갇히게 되다니! 싫다, 싫다, 이런 결혼식에는 질렸다. 차라리 집에 있는 편이 훨씬 낫다고. 쿠포와 로리외가 문 앞을 가로막자 그녀는 되풀이했다.

"비켜줘요! 난 가겠다니까!"

로리외가 아내를 그럭저럭 잘 달랬기 때문에, 쿠포는 구석 자리에서 시어머니와 포코니에 부인과 조용히 대화를 나누고 있는 제르베즈에게 다가갔다.

"당신은 아무 의견도 말하지 않는군요!" 쿠포는 아직 말을 놓지는 못했다.

"오! 나는 여러분이 하시는 대로 따라갈게요." 제르베즈는 웃으면서 대답했다. "난 어떻든 괜찮아요. 교외로 나가든 나가지 않든 상관없어요. 기분이 좋아서 아무런 불만도 없어요."

실제로 그녀의 얼굴은 평온한 기쁨으로 빛났다. 초대받은 사람들이 오기 시

---

*1 Pierre Abélard : 프랑스 스콜라 신학자(1079~1144). 수녀 엘로이즈와 연애편지를 주고받은 것으로 유명함.

작하면서부터 그녀는 지각 있게 논쟁에 끼여들지 않은 채, 조금 낮기는 하나 감동 어린 목소리로 손님 한 사람 한 사람에게 말을 건넸다. 소나기가 쏟아지는 동안 그녀는 번갯불을 응시하고 있었는데, 그 번득이는 빛 속에서 먼 장래에 있을 중요한 일들을 바라보는 듯했다.

마디니에 씨도 아직 아무런 제안도 하지 않았다. 그는 연미복 자락을 좌우로 걷어붙이고 짐짓 어른스러운 위엄을 유지하면서 카운터에 기대어 있었다. 그는 침을 뱉으며 부리부리한 눈을 굴렸다.

"그렇다면!" 그가 말했다. "미술관에라도 갈까요……"

그는 턱을 쓰다듬으며 눈을 깜박거림으로써 일행의 의견을 물었다.

"골동품과 판화와 그림 등 다양한 볼거리가 있어서 매우 유익할 거예요…… 아마도 여러분은 가본 적이 없어서 잘 모르겠지만. 오! 적어도 한 번쯤은 봐둬야 해요."

참석자들은 서로 얼굴을 마주 바라보면서 눈치를 살폈다. 물론 제르베즈는 그런 것에 대해선 아는 바가 없었다. 포코니에 부인도 보슈도 다른 사람들도 모두 마찬가지였다. 쿠포는 일요일에 한 번 가본 일이 있었던 것 같기도 했지만 기억이 잘 나지 않았다. 모두들 망설이고 있었다. 그러자 마디니에 씨의 위엄 있는 태도에 감명을 받은 로리외 부인이 이것이야말로 적절한 제안이라고 말했다. 그녀가 어쨌든 하루를 희생하고 외출복을 입고 나왔으니 무엇이건 유익한 것을 보러 가는 게 좋지 않겠느냐고 하자 모두들 찬성했다. 그때까지도 비가 조금씩 오고 있어서 그들은 손님들이 깜빡 잊고 술집에 두고 간 파란색, 녹색, 밤색 낡은 우산들을 빌려서 미술관을 향해 출발했다.

일행은 오른편으로 돌아 포부르 생드니 거리를 통해 파리 시내로 들어갔다. 쿠포와 제르베즈는 뛰다시피 걸어서 다른 사람들보다 앞장서서 나아갔다. 마디니에 씨는 이번엔 로리외 부인에게 팔을 주었다. 쿠포 어머니는 다리가 좋지 않아 술집에 남았다. 이어 로리외와 르라 부인, 보슈와 포코니에 부인, '불고기 졸병'과 르망주 양, 그리고 맨 뒤에 고드롱 부부가 따랐다. 모두 열두 사람으로, 때 긴 행렬이 이루어졌다.

"오! 맹세하건대, 우리는 이 결혼과 아무런 관계도 없어요." 로리외 부인이 마디니에 씨에게 설명했다. "동생이 어디서 저런 여자를 데려왔는지 모르겠어요. 아니, 오히려 너무나 잘 알고 있죠. 하지만 우리가 무슨 얘기를 할 수 있겠어요?…… 내 남편이 결혼반지를 사주어야 했답니다. 오늘 아침만 해도 일어나기가 무섭게 10프랑을 빌려줘야 했고요. 그 돈이 없었더라면 아무 일도 되지 않을 뻔했어요…… 결혼식에 일가 친척이 하나도 안 나오는 신부라니! 그 여자 말에 의하면 파리에서 반찬 가게를 하는 언니가 하나 있다지만요. 그렇다면 어째서 하객으로 부르지 않았을까요?"

그녀는 말을 멈추고 제르베즈를 가리켰다. 비탈길을 오르느라 제르베즈는 다리를 몹시 절었다.

"저것 좀 보세요! 이렇게 말해도 될는지!…… 오! 절름발이라니!"

그래서 절름발이라는 말이 금세 일행 사이에 퍼졌다. 로리외는 비웃으면서 당연히 그렇게 부를 일이라고 했다. 그러나 포코니에 부인은 제르베즈를 편들었다. 그녀를 우습게 여기는 것은 옳지 않다고 했다. 그녀는 1수짜리 새 동전처럼 대단히 청결하고, 필요하다면 몸이 가루가 되도록 일한다는 것이었다. 음란한 비유를 잘하는 르라 부인은 제르베즈의 다리를 '사랑의 다리'라고 부르며 남자들은 대개 그런 것을 좋아한다고 덧붙였으나 그 이상은 설명하려 하지 않았다.

일행은 생드니 거리를 빠져 큰길을 가로질렀다. 그들은 마차의 흐름에 부딪혀 잠시 멈추었다가 소나기 때문에 진흙탕이 되어 있는 차도로 내려섰다. 다시 소나기가 쏟아지기 시작했으므로 일행은 우산을 펴 들었다. 그리고 남자들의 손에서 흔들리는 너절한 우산 밑에서 여자들은 옷자락을 걷어올렸다. 행렬은 진창 속에서 간격이 벌어지고 인도에서 인도로 줄이 이어졌다. 그때 두 개구쟁이가 가장행렬이라고 소리쳤다. 거리를 산책하던 사람들이 모여들었다. 상인들은 재미있다는 듯이 진열장 뒤에서 발돋움을 했다. 많은 사람들이 들끓는 한가운데서 회색으로 축축이 젖은 거리를 배경으로 한둘씩 짝을 지어 이어지는 화려한 외출복 차림의 행렬이 돋보였다. 제르베즈의 짙푸른 드레스, 포코니에 부인의 꽃무늬 드레스, 보슈의 노란 바지 따위는 외출복 차림이 주는 특유의 어색함을 풍겼고, 쿠포의 번쩍번쩍 빛나는 프록코트와 마디니에 씨의 뒤꼬리가 늘어진 연미복은 사육제의 가장행렬처럼 우스꽝스러웠다. 한편 로리외 부인의 아름다운 옷차림, 르라 부인의 술 장식, 르망주 양의 꾸깃꾸깃 구겨진 치마, 이런 것들은 여러 가지 유행이 뒤범벅되어 마치 가난한 사람들이 입을 만한 사치품의 중고품 전시장과도 같았다. 그러나 특히 재미있는 것은 남자들 모자였다. 어두컴컴한 벽장 속에 넣어두어서 윤기가 없어진 낡은 것들뿐이었는데 높이가 높은 것, 끝이 벌어진 것, 뾰족한 것 등 각양각색이었고, 죄다 우스꽝스럽고 모자 테가 젖혀졌거나 납작하거나 너무 넓거나 좁거나 하여 제대로 된 것이라곤 하나도 없었다. 그리고 한층 더 웃음을 자아낸 것은 이 구경거리의 끝 장면으로, 맨 뒤에 고드롱 부인이 강렬한 보라색 드레스 차림에 임신한 배를 한껏 내밀고 다가온 것이었다. 하지만 일행은 모두 천진난만한 얼굴을 하고 있었고, 사람들이 놀려대도 재미있다는 듯 조금도 걸음을 서두르지 않았다.

"저 봐! 새색시다!" 개구쟁이 한 녀석이 고드롱 부인을 가리키며 외쳤다. "아! 가엾어라! 굉장히 큰 씨앗을 삼켜버렸네!"

모두들 웃음을 터뜨렸다. '불고기 졸병'이 돌아보면서 꼬마 녀석이 그럴듯한 소리를 한다고 말했다. 소모직공이 누구보다도 크게 웃으며 더욱더 배를 불쑥 내밀었다. 그녀는 이게 부끄러운 일은 아니며, 지나가면서 이쪽을 곁눈질하는 여자들은 모두들 부러워서 그러는 것이라고 생각했다.

일행은 클레리 거리를 지나 마이 거리로 접어들었다. 빅투아르 광장에서 잠시 쉬었다. 신부의 왼쪽 구두끈이 풀렸기 때문이다. 그녀가 루이 14세 동상 밑에서 끈을 다시 매는 동안 다른 사람들은 제르베즈 뒤에 바싹 붙어 서서 그녀의 드러난 장딴지에 대해 농담을 하며 기다렸다. 그런 뒤 일행은 크루아데프티샹 거리를 빠져나와 루브르 박물관에 다다랐다.

마디니에 씨가 일행의 앞에서 안내를 하게 해달라고 정중하게 부탁했다.

그곳은 매우 넓어서 서로 잃어버릴 염려가 있는 데다 그는 어디가 볼 만한 곳인지 잘 알고 있었기 때문이다. 그는 어느 화가와 여러 번 이곳에 왔는데, 그 화가는 머리가 좋은 젊은이로, 대형 종이상자 제작소가 그의 소묘를 사서 종이상자에 붙였다고 한다. 1층에서 아시리아관(館)에 들어서자 일행은 조금 오슬오슬했다. 이럴 수가! 거기는 전혀 덥지 않았다. 홀은 훌륭한 지하실 같았다. 그들은 두 사람씩 짝을 지어 턱을 치켜들고 눈을 깜빡이면서, 커다란 석상과 위엄 있게 앉아 있는 검은 내리석의 신들, 가느다란 코에 부푼 입술의 반은 고양이고 반은 여인인 괴물들 사이를 천천히 걸었다. 그것들은 모두 추하게 보였다. 돌을 깎아 만드는 것이라면 요즘 사람들이 훨씬 더 잘하리라 생각됐다. 그러나 페니키아 문자로 쓰인 비문에는 모두 놀랐다. 이런 괴상한 문자는 누구도 읽을 수 없을 것 같았기 때문이다. 하지만 로리외 부인과 함께 벌써 2층 층계참에 올라가 있던 마디니에 씨가 둥근 천장 밑에서 그들을 불렀다.

"자, 어서 오세요. 그런 건 아무것도 아니에요…… 볼 만한 것은 2층에 있어요."

아무런 장식도 없는 계단의 엄숙함이 일행을 숙연하게 했다. 빨간 조끼에 금줄이 있는 제복을 입은 수위의 당당한 모습이 일행을 한층 더 감동하게 했다. 그들은 되도록 조용히 걸어서 프랑스관으로 들어갔다.

그들은 황금으로 된 액자의 틀에 눈이 휘둥그레져서는 잇단 작은 진열실을 계속 지나쳤다. 그림이 워낙 많아 자세히 볼 수가 없었다. 이해하려고 들면 그림 하나에 한 시간은 걸릴 것이다. 제기랄! 그림은 끝없이 이어졌다. 돈으로 따진다면 분명히 광장한 액수일 터였다. 마침내 화랑 끝까지 오자, 갑자기 마디니에 씨가 일행을 〈메두사의 뗏목〉 앞에서 멈추게 했다. 그리고 그림의 주제를 설명해 주었다. 일행은 감동하여 말문을 열지 못했다. 이윽고 모두들 다시 걷기 시작하자 보슈가 일행의 감상을 요약했다. 대단하군.

아폴로관에서는 무엇보다도 바닥이 그들을 감탄하게 했다. 번쩍이는 거울처럼 투명한 바닥에는 의자의 다리까지 비쳤다. 르망주 양은 물 위를 걷는 것 같아 두 눈을 감았다. 그들은 고드롱 부인에게 임신 중이니 구두를 바닥에 꼭 붙여서 걸으라고 큰 소리로 주의를 주었다. 마디니에 씨는 일행에게 천장의 금박과 그림을 보여주고 싶었다. 그러나 일행은 그저 고개만 아플 뿐 뭐가 뭔지 알 수가 없었다. 그런 다음 네모난 진열실로 들어가려 하자 마디니에 씨는 몸짓으로 창 하나를 가리키며 말했다.

"저 발코니에서 샤를 9세가 백성들에게 총을 쏘았지요."

그러는 동안에도 마디니에 씨는 행렬의 뒤쪽에서 눈을 떼지 않았다. 네모난 전시실 한가운데까지 오자 그는 몸짓으로 정지를 명령했다. 안에 있는 것들은 모두 걸작뿐이라고, 그는 교회에라도 와 있는 것처럼 조그맣게 속삭였다. 일행은 전시실을 한 바퀴 돌았다. 제르베즈는 〈가나의 결혼식〉을 가리키면서 무엇을 그린 그림이냐고 물었다. 액자에 제목을 써넣지 않는 건 터무니없는 일이라고 했다. 쿠포는 〈모나리자〉 앞에 멈춰서더니 그의 친척 아주머니와 닮았다고 말했다. 보슈와 '불고기 졸병'은 벌거벗은 여자들을 서로 곁눈질로 가리키면서 싱글거리고 있었다. 안티오페의 넓적다리가 특히 그 두 사람을 들뜨게 했다.

그리고 행렬의 맨 끝에서는 고드롱 부부가 무리요*²의 〈성모상〉 앞에서, 남편은 입을 헤벌리고 부인은 두 손을 배에 얹고 감동한 얼굴로 멍하니 서 있었다.

방을 한 바퀴 돌고 난 일행에게 마디니에 씨는 다시 한 번 더 구경하라고 권했다. 그만한 가치가 있다는 것이었다. 그는 로리외 부인에게 이것저것 친절을 베풀었는데, 그것은 그녀가 비단 드레스를 입고 있었기 때문이다. 로리외 부인의 질문을 받을 때마다 마디니에 씨는 엄숙한 투로 침착하게 대답했다. 티치아노*³ 그림에 등장하는 여인이 자기처럼 노란 머리인 것을 보고 로리외 부인이 관심을 보이자, 마디니에 씨는 그것이 앙비귀 극장에서 상연된 연극의 주인공이었던 아름다운 페로니에르, 즉 앙리 4세의 애인이라고 알려주었다.

그리고 나서 일행은 이탈리아파와 플랑드르파의 그림이 걸려 있는 기다란 화랑으로 들어갔다. 누군지 잘 알 수 없는 성자들과 남녀의 초상, 암울한 풍경, 노랗게 된 동물들을 그린 유화가 늘어서 있었고, 차례차례로 나타나는 인물들과 사물들이 뒤섞여 범벅이 된 색채의 다양성 때문에 그들은 머리가 아팠다. 마디니에 씨는 이제 말없이 일행을 이끌었는데, 모두들 목을 비틀고 눈을 공중으로 치켜뜨고 질서 정연하게 뒤따라갔다. 정신이 얼떨떨해진 이 일행의 무지 앞을 수세기에 이르는 예술이, 베네치아파의 화려함과 네덜란드 화가들의 풍부한 빛이 지나갔다. 그러나 무엇보다도 그들의 흥미를 끈 것은 사람들이 오가는 한복판에 화판틀을 설치해 놓고 태연하게 그림을 모사(模寫)하고 있는 화가들이었다. 한 노부인이 커다란 사닥다리에 올라가서 엄청나게 큰 화포(畫布)에 엷은 빛 하늘을 그리느라 열심히 붓을 놀리는 데는 특히 놀랐다. 차츰 결혼식 참석자들이 루브르를 구경하고 있다는 소문이 퍼졌는지 화가들이 킬킬거리면서 달려왔다. 호기심 많은 이 사람들은 편안하게 행렬을 보기 위해 미리부터 걸상에 앉아 있었다. 한편 수위들은 야유의 말이 튀어나오려는 것을 억지로 참고 있었다. 일행은 이제 지칠 대로 지쳐서 경건한 마음도 잊고, 징 박은 구두를 질질 끌기도 하고 발꿈치로 툭툭 차기도 해가며 걸어갔다. 그 바람에 바닥이 크게 울렸는데, 그것은 장식 하나 없이 조용하고 깨끗한 큰 방 한가운데에 내던져진 가죽 떼가 몰려다니면서 내는 발 구름 소리 같았다.

---

*2 Bartolomé Esteban Murillo : 스페인 화가(1617~1682). 바로크 회화를 대표하며, 성모와 성자들을 생생하게 그림.
*3 Tiziano Vecellio : 이탈리아 화가(1490~1576). 베네치아파의 대표적 존재.

마디니에 씨는 침묵을 지킴으로써 어떤 효과를 얻고 있었다. 그는 곧바로 루벤스[*4]의 〈케르메스〉 앞으로 나갔다. 거기서도 여전히 입을 다문 채 장난스런 눈초리로 그림을 가리킬 뿐이었다. 부인들은 이 그림에 얼굴을 바싹 들이대고 바라보고는 작은 소리로 속닥거렸다. 그러고는 얼굴이 빨개져서 뒤로 물러섰다. 그러나 남자들은 여자들을 붙잡고 농담을 하고는 그림을 자세히 들여다보았다.

"자, 보시오!" 보슈가 되풀이해서 말했다. "이만하면 돈을 낼 만하군. 여긴 토하는 사람이 있고, 긴 오줌 누는 사람이 있어. 그리고 저 사람은, 오! 저 사람은…… 이런! 정말 청결한 사람들이군!"

"갑시다." 마디니에 씨가 뜻대로 된 것에 기뻐하며 말했다. "이쪽에는 이제 볼 만한 게 없어요."

일행은 온 길을 되돌아서 네모난 전시실과 아폴로관을 다시 한 번 가로질러 갔다. 르라 부인과 르망주 양이 다리가 아파서 더 걸을 수 없다고 투덜거렸다. 하지만 판지 제작소 주인은 로리외에게 옛날 보석류를 보여주고 싶어했다. 그것은 바로 옆의 작은 방 안쪽에 있었고, 눈을 감아도 찾아갈 수 있었다. 그러나 그는 길을 잘못 들어, 일행을 일고여덟 군데의 엉뚱한 방으로 끌고 다녔다. 그곳은 인적이 없는 싸늘한 방으로 진열장 안에 깨진 항아리와 더러운 인형이 수없이 널려 있을 뿐이었다. 일행은 부르르 떨었고 정말 지루했다. 그래서 출구를 찾았지만 그들은 소묘실로 잘못 들어가고 말았다. 그곳은 가도 가도 끝이 없었다. 소묘실은 이웃한 여러 방으로 이어져 있었는데, 재미있는 것이라곤 하나도 없었다. 아무렇게나 끄적거린 종이가 유리로 덮여 장식되어 있을 뿐이었다. 마디니에 씨는 당황했으나 길을 잃었노라고 자백하기가 싫어 계단이 보이자 재빠르게 일행을 위층으로 데리고 갔다. 이번에는 해군 전시관이어서 그들은 무기와 대포의 모형, 돋을새김된 설계도, 장난감 크기의 군함 따위의 사이를 돌아다니게 되었다. 15분쯤 걷자 계단이 하나 나왔다. 그런데 그 계단을 내려가니 또다시 소묘실의 한가운데였다. 절망에 사로잡힌 일행은 닥치는 대로 이 방 저 방을 헤맸다. 여전히 두 사람씩 짝을 이뤄 줄지어 선 다음 마디니에 씨를 앞세웠지만, 마디니에 씨는 계속 이마에 흐르는 땀을 닦으며 흥분하다

[*4] Peter Paul Rubens : 플랑드르 화가(1577~1640). 바로크 미술의 대표 작가.

가 관리소가 출입구를 바꾸어 놓았다고 화를 냈다. 수위들과 구경꾼들은 놀랍고 어이없다는 듯 일행이 지나가는 것을 바라보았다. 20분도 채 안 되어 그들은 다시 네모난 진열실과 프랑스관, 동양의 신들이 잠들어 있는 전시관이 있는 곳으로 왔다. 다시는 밖으로 나가지 못할 것 같은 두려움과 다리가 부러질 것 같은 고통으로 일행은 의기소침해 있었다. 게다가 배가 산만 한 고드롱 부인을 뒤에 떨어뜨려 놓아 큰 소동이 벌어졌다.

"문 닫을 시간입니다! 문 닫을 시간입니다!" 수위들이 큰 소리로 외쳐댔다.

일행은 안에 갇힐 뻔했다. 수위 한 사람이 그들을 인도하여 출입구까지 데려다주어야만 했다. 이어 루브르의 안마당, 휴대품 보관소에서 우산을 받아 들자 그들은 한숨을 돌렸다. 마디니에 씨는 자신감을 되찾고 왼쪽으로 돌지 않은 것이 실수였다고 말했다. 이제야 보석류가 왼편에 있었던 것을 기억해 냈다. 그래도 일행은 모두 썩 좋은 구경을 해서 만족스러운 척했다.

4시 종이 울렸다. 만찬까지는 아직도 두 시간이나 남아 있었다. 그래서 시간을 보내기 위해 주변을 한 바퀴 돌기로 했다. 몹시 피곤했던 부인들은 어디 좀 걸터앉아 쉬고 싶었다. 하지만 차라도 한잔 마시자고 하는 사람이 아무도 없어서 일행을 따라 다시 강가를 걸었다. 그때 또 소나기가 쏟아졌다. 우산은 쓰고 있었지만 부인들의 나들이옷은 엉망이 되어버렸다. 로리외 부인은 옷에 빗방울이 튈 때마다 조마조마해하며 루아얄 다리 밑에서 비를 피하자고 했다. 모두들 따라오지 않으면 자기 혼자서라도 내려가겠노라고 엄포를 놓았다. 그래서 일행은 루아얄 다리 밑으로 내려갔다. 그곳은 비를 피하기에는 더없이 좋은 장소였다. 부인들은 포석 위에 손수건을 펼쳐 놓고 다리를 뻗고 쉬면서, 시골로 나들이라도 온 것처럼 돌 틈에서 자라오르는 풀을 뜯거나 흘러가는 검은 물을 구경했다. 남자들은 큰 소리를 질러 눈앞의 아치에 메아리치게 하면서 좋아했다. 보슈와 '불고기 졸병'이 번갈아 가며 허공을 향해 목청껏 "더러운 놈아!" 외쳤고, 그 말이 메아리쳐 오자 깔깔거리며 웃었다. 그러다 목이 쉬어서 두 사람은 납작한 돌로 물수제비를 뜨면서 놀았다. 어느새 소나기가 멎었으나 모두들 기분이 좋았기 때문에 떠나려고 하지 않았다. 센강에는 기름기 묻은 식탁보, 닳아 찌그러진 병마개, 채소 부스러기 따위의 산더미 같은 쓰레기가 떠다니고 있었다. 그 쓰레기 더미는 다리의 아치 그림자로 어두컴컴해진 기분 나쁜 흐름에 휩싸이면서 잠시 동안 멈췄다가 다시 흘러갔다. 다리 위에서는 승합마차와 역마차가 덜거덕거리며 지나가면서 파리의 혼잡함을 느끼게 해주었지만, 다리 밑에서 보니 마치 구멍 속에서 보는 것처럼 겨우 마차의 지붕만이 왼쪽이나 오른쪽으로 보일 뿐이었다. 르망주 양은 한숨을 쉬며, 만약 여기 나뭇잎이라도 흘러 내려온다면 마른강의 한 모퉁이가 생각날 텐데 하고 말했다. 1817년께 어느 젊은이와 곧잘 그곳에 갔었는데, 지금도 그 일을 생각하면 눈물이 난다고 했다.

이윽고 마디니에 씨가 출발 신호를 했다. 튈르리 정원을 가로질러 아이들이 몰려 있는 한복판을 헤치고 지나가니 아이들의 굴렁쇠 놀이와 공놀이에 가로막혀 둘씩 한 쌍을 이룬 이 행렬의 질서가 흐트러지고 말았다. 일행이 방돔 광장에 도착하여 기념탑을 바라보고 있을 때, 마디니에 씨는 부인들에게 좀더 멋진 장면을 보여주고 싶은 마음에 기념탑에 올라가서 파리를 내려다보는 게 어떻겠느냐고 제안했다. 그렇게 하면 무척 재미있을 것 같았다. 그래, 그래, 꼭 올라가야 한다. 오래도록 기억할 수 있는 좋은 추억거리가 될 것이다. 단 한 번도 땅에서 발을 떼어본 일이 없는 사람들에게는 분명히 흥미로운 일이다.

"이보세요, 설마하니 당신은 저 절름발이가, 저 다리로 저곳에 올라갈 수 있다고 생각하시나요!" 로리외 부인이 낮은 소리로 속삭였다.

"난 기꺼이 올라가겠어요." 르라 부인이 말했다. "하지만 남자분이 뒤에 따라오는 건 싫어요."

그래서 일행은 올라갔다. 좁은 나선형 계단을 벽 쪽으로 붙어 한 줄로 기어 올라갔다. 주위가 완전히 컴컴해져서 아무것도 보이지 않게 되자 웃음이 터져나왔다. 부인들은 조그맣게 고함을 질렀다. 남자들이 여자들을 간질이기도 하고 다리를 꼬집기도 했던 것이다. 하지만 그렇다고 여자들이 불평을 한다면 그건 바보스러운 짓일 터였다! 모두들 그게 생쥐 때문이라고 믿는 체해야 하는 것이다. 게다가 별일은 없었다. 남자들은 예절을 존중하여 어디서 멈추어야 하는지를 잘 알고 있었다. 그러자 보슈가 우스갯소리를 했고, 모두들 그 농담을 되풀이하며 이야기를 부풀렸다. 일행은 고드롱 부인이 계단에서 멈춰 서기라도 한 것처럼 그녀를 불러대며 몸이 걸리지 않았느냐고 물었다. 만일 배가 걸려서 그녀가 계단을 올라가지도 내려오지도 못한다면 모두들 그곳에서 나갈 방법이 없을 게 아닌가. 사람들은 이런 농담을 하면서 기념탑이 떠나갈 정도로 떠들썩하게 임신부의 배를 두고 웃어댔다. 보슈는 아주 신이 나서, 이 굴뚝으로 올라가다가 우리 모두 늙어버릴 거라고 선언했다. 아무리 올라가도 끝이 없으니 하늘까지 가는 게 아닐까? 그러고 나서 그는 흔들린다고 소리치면서 부인들에게 겁을 주었다. 그러는 동안에도 쿠포는 아무 말이 없었다. 그는 제르베즈 뒤를 따라가며 그녀의 허리를 잡아주었고, 그녀가 자신에게 몸을 기대고 있음을 느꼈다. 그때 갑자기 일행은 밝은 곳으로 나왔는데, 쿠포는 제르베즈의 목에 키스를 하고 있었다.

"이런! 참 점잖기도 하지. 두 사람 다 거북해하지 말라고!" 로리외 부인이 얼굴을 찡그리면서 말했다.

'불고기 졸병'은 화가 난 듯했다. 그는 입속말로 되풀이했다.

"정말 시끄럽게도 구는군! 계단을 셀 수가 없잖아."

하지만 마디니에 씨는 이미 전망대에 올라가 이런저런 건물들을 가리키고 있었다. 포코니에 부인과 르망주 양은 계단에서 나오려 들질 않았다. 아래쪽 길을 내려다볼 생각만 해도 오싹했기 때문이다. 그들은 조그만 문을 통해서 잠깐 내다보는 것만으로 만족해했다. 담력이 센 르라 부인은 둥근 지붕의 청동에 달라붙은 듯하면서 좁은 발코니를 한 바퀴 돌았다. 그러나 한 발만 잘못 디디면 모든 게 끝이라고 생각하니 온몸에 소름이 끼쳤다. 곤두박질친다면 어떻게 될까. 제기랄! 남자들은 약간 창백해져서 광장을 내려다보았다. 주위의 것들로부터 떨어져서 공중에 붕 떠 있는 기분이었다. 아니, 정말 배 속까지 오싹해졌다. 그래도 마디니에 씨는 모두에게 눈을 들고 저 멀리 앞을 바라보라고 권했다. 그러면 어지럽지 않을 거라고. 그러고 나서 그는 앵발리드 기념관, 팡테옹 사원, 노트르담 성당, 생자크 탑, 몽마르트르 언덕 등을 계속해서 가리켰다. 로리외 부인이 샤펠 거리에서 이제부터 식사를 하러 갈 술집 '은 풍차'가 보이는지 물어보았다. 그러자 모두들 10분쯤 찾아본 다음 결국 말다툼까지 벌였다. 저마다 마음대로 술집이 이거다 저거다 하고 지적했던 것이다. 파리는 그들 주위의 푸르스름한 먼 풍경에 널따란 회색의 세계와 물결치는 지붕의 깊은 골짜기를 펼쳐 보였다. 오른편 기슭 전체는 커다란 구릿빛 구름에 묻혀 있었다. 그 구름 둘레에서 금빛 술 장식처럼 커다란 한 줄기 햇빛이 흘러나와 왼편 기슭에 있는 수천 장의 유리판을 다 불꽃처럼 빛나게 하고, 소나기에 씻긴 맑게 갠 하늘 속에 그 일대를 환하게 돋보여 주고 있었다.

"싸움을 하려고 일부러 여기까지 올라올 필요는 없었어." 보슈가 계단을 내려가면서 화를 내며 말했다.

일행은 뾰로통해서는 말없이, 구두 소리만 요란하게 내면서 계단을 내려갔다. 밑으로 내려간 마디니에 씨가 요금을 치르려 했다. 하지만 쿠포가 그건 안될 말이라고 하면서 한 사람당 2수, 합계 24수를 황급히 수위의 손에 쥐어주었다. 5시 반이 다 되었다. 이제 돌아가면 꼭 알맞은 시간이었다. 그래서 큰길과 포부르 푸아소니에르를 지나 돌아갔다. 하지만 쿠포는 산책을 이렇게 마쳐서는 안 된다고 생각하여 일행을 어떤 술집 안으로 몰아넣고 베르무트주(酒)를 한턱냈다.

식사는 6시부터 할 수 있도록 주문해 놓았다. '은 풍차'에서는 20분 전부터 일행을 기다리고 있었다. 관리실을 이웃 여자에게 맡기고 온 보슈 부인은 2층의 넓은 방에서 음식이 가득한 식탁을 앞에 두고 쿠포 어머니와 이야기를 하고 있었다. 그녀가 데리고 온 클로드와 에티엔은 식탁 아래 어지럽게 놓여 있는 의자 사이를 뛰어다녔다. 제르베즈는 방에 들어가 낮 동안 만나지 못한 아이들을 무릎에 앉히고 쓰다듬어 주면서 요란하게 입맞춤을 퍼부었다.

"애들이 얌전하게 놀았나요?" 그녀가 보슈 부인에게 물어봤다. "너무 귀찮게 굴진 않았나 모르겠어요."

보슈 부인이 그날 오후 개구쟁이들이 떠들어댄, 우스운 얘기를 들려주자 제르베즈는 또다시 강렬한 애정에 사로잡혀 두 아이를 꼭 끌어안았다.

"그래도 쿠포에게는 썩 기분 좋은 일은 아니에요." 방 안쪽에서 로리외 부인이 다른 여자들에게 말했다.

제르베즈는 오전에는 미소를 지으며 침착하게 지낼 수 있었다. 하지만 산책할 때부터는 이따금 견딜 수 없는 슬픈 감정에 사로잡혀, 남편과 로리외 부부를 생각에 잠긴 듯한 얼굴로 바라보았다. 쿠포는 누나 앞에서는 기를 못 펴는 것처럼 보였다. 하루 전만 해도 그는 큰 소리로 그 독설가 부부가 지나친 짓을 하면 가만있지 않겠다고 분명히 말했다. 그런데 로리외 부부와 함께 있으면 눈치를 살살 보면서 일일이 지시를 받고, 상대편이 언짢은 기색이라도 보이면 어쩔 줄 몰라했다. 그것만으로도 젊은 여자는 앞날에 대해 두려워졌다.

일행은 그때까지도 나타나지 않고 있는 '장화'를 기다리고 있었다.

"아, 젠장!" 쿠포가 외쳤다. "우리 식탁에 앉읍시다. 그 친구는 곧 올 겁니다. 그 녀석 개코라서 멀리서도 음식 냄새를 잘 맡는다고요…… 그 녀석이 생 드니 거리에서 여전히 기다린다면 그건 우스운 일이죠."

그러자 일행은 아주 기분이 좋아져서, 의자를 덜거덕거리면서 식탁 앞에 앉았다. 제르베즈는 로리외와 마디니에 씨 사이에, 쿠포는 포코니에 부인과 로리외 부인 사이에 자리를 잡았다. 다른 사람들은 저마다 마음에 드는 자리에 앉았다. 자리를 지정하면 반드시 질투와 말다툼으로 끝나기 때문이었다. 보슈는 르라 부인 옆에 끼어들었다. '불고기 졸병' 양옆에는 르망주 양과 고드롱 부인이 앉았다. 보슈 부인과 쿠포 어머니는 맨 구석에 가서, 아이들을 돌봐주면서 고기를 잘라주기도 하고 음료를 따라주기도 했다. 그러나 특히 포도주는 삼가도록 했다.

"아무도 식사 전에 기도를 안 하나?" 보슈가 물었다. 부인들은 치마에 얼룩이 질까 봐 식탁보로 가리느라 열심이었다.

로리외 부인은 보슈의 이런 농담을 좋아하지 않았다. 그녀는 거의 식어버린 국수를 후루룩 소리를 내며 재빠르게 먹어 치웠다. 기름때 묻은 짧은 윗옷에 더러운 흰 앞치마를 두른 웨이터 두 사람이 시중을 들었다. 안뜰의 아카시아 쪽으로 열려 있는 네 개의 창에서 비에 씻겨도 열기가 가시지 않는 소나기 뒤의 햇빛이 쏟아져 들어왔다. 한쪽 구석에 있는 습기를 머금은 나무들이 연기로 가득 찬 방 안을 녹색으로 물들이면서 희미한 곰팡내가 배어 있는 식탁보에 나뭇잎 그림자를 춤추게 하고 있었다. 파리똥이 잔뜩 눌어붙은 거울 두 개가 방 양쪽에 하나씩 걸려 있었는데, 그 속으로 식탁이 끝없이 뻗어 있는 것처럼 보였다. 노랗게 변색된 식탁에는 두꺼운 접시가 줄지어 놓여 있었고, 나이프로 긁힌 자국에 물때가 까맣게 끼여 있었다. 웨이터가 부엌에서 올라올 때마다 문짝이 덜컹덜컹 여닫히면서 고기 굽는 냄새가 물씬 풍겨왔다.

"모두가 한꺼번에 떠들지 맙시다." 모두들 접시에 코를 박고 먹느라고 말이 없었으므로 보슈가 말했다.

웨이터가 고기 파이를 두 개씩 나누어 주고 있는 모습을 눈으로 따라가면서 일행이 포도주 첫 잔을 마실 때 '장화'가 들어왔다.

"이럴 수가! 당신들은 지독한 사기꾼이요. 당신들 모두!" 그가 외쳤다. "나는 세 시간이나 거리를 어슬렁거리는 바람에 헌병한테 신분증 조사까지 받았소…… 친구를 이렇게 골탕 먹이는 법이 어디 있소! 심부름꾼이라도 시켜서 역마차라도 보내줬어야지. 아! 그뿐인가, 비는 또 얼마나 많이 퍼부었는지 내 주머니가 물구덩이가 되었단 말이오…… 진짜 저녁으로 먹을 생선 한 마리는 낚을 수 있을 거요."

일행은 배를 쥐고 웃어댔다. '장화'란 녀석은 얼굴이 벌겋군. 벌써 2리터는 마신 거 같은데, 아마도 소나기에 푹 젖어서 얼빠진 개구리 신세를 면하려고 한잔한 거겠지.

"이보게! '넓적다리 백작'!" 쿠포가 말했다. "저기 고드롱 부인 옆에 앉게나. 모두들 자네를 기다리고 있었네."

아! 그에게는 앉을 자리가 중요한 게 아니었다. 그는 재빨리 수프와 국수를 세 그릇이나 해치우고 그 속에 커다란 빵 조각을 잘라 넣었다. 이어서 고기 파이를 먹어치우려고 덤벼들었을 때는 벌써 식탁 전체의 경탄의 대상이 되었다. 정말 대식가였다! 기가 질린 웨이터들이 연달아 빵을 날라왔지만 그는 얇게 자른 빵 조각을 바로바로 한입에 삼켜버리고 말았다. 마침내 그는 화를 내면서 식탁에 빵 한 덩이를 놓고 가라고 했다. 술집 주인이 몸이 달았던지 홀 문턱에서 잠시 안을 기웃거렸다. 그러자 기다리기라도 한듯 모두 배를 쥐고 웃었다. 싸구려 식당 주인으로서는 정말 못 견딜 일이었다. 어쨌든 '장화'란 녀석은 별나군! 언젠가도 낮 12시에 시계가 종을 열두 번 치는 사이에 삶은 달걀 열두 개와 포도주 열두 잔을 해치웠으니 말이다! 이런 대식가는 흔하지 않다. 르망주 양은 '장화'가 씹어먹는 것을 감탄하며 바라보았고, 마디니에 씨는 그의 존경에 가까운 놀라움을 표현할 형용사를 이것저것 생각하다가 마침내 그런 능력은 비범한 것이라고 선언했다.

잠시 침묵이 흘렀다. 웨이터 하나가 샐러드 접시처럼 가운데가 움푹 팬 큰 접시에 토끼고기찜을 수북하게 담아서 식탁에 갖다 놓았다. 농담을 좋아하는 쿠포가 멋있는 농담을 하나 내던졌다.

"여보게, 웨이터, 이건 지붕 위 홈통을 돌아다니는 토끼*⁵가 아닌가. 이건…… 아직도 야옹야옹하고 있는걸."

사실상 진짜 고양이의 울음소리 같은 야옹 소리가 그 접시에서 들려오는 것 같았다. 쿠포가 입술을 움직이지 않고 목 속에서 그런 소리를 냈기 때문이다. 이것은 쿠포가 자주 써먹는 사교적인 재능으로서, 쿠포는 밖에서 식사할

---

*5 lapin de gouttière : '홈통(빗물받이)의 토끼'는 '고양이 고기'를 완곡하게 표현하는 말.

때면 언제나 토끼고기찜을 주문했다. 그러고 나서 그는 고양이처럼 가르랑거리는 소리를 냈다. 부인들은 너무나 우스워서 냅킨으로 얼굴을 가리고 말았다.

포코니에 부인은 토끼 머리 부분을 달라고 했다. 그녀는 머리 부분만 좋아한다고 했다. 르망주 양은 비계를 좋아했다. 보슈가 그것보다는 작은 양파를 노르스름하게 구운 것이 더 좋다고 하자, 르라 부인이 입술을 오므리면서 나지막이 말했다.

"그건 나도 알아요."

버팀나무같이 몹시 마른 그녀는 틀에 박힌 직공 생활을 하고 있었다. 과부가 되고부터는 집 안에서 남자 코빼기조차 보지 못했으므로 언제나 외설스러운 일에 마음이 쏠렸고, 자기밖에 모르는 의미심장하고 모호한 뜻의 얘기와 수상쩍은 암시를 좋아했다. 보슈가 허리를 굽혀 그녀의 귓전에 입을 대고 낮은 소리로 설명해 달라고 하자, 르라 부인이 말을 계속했다.

"물론 작은 양파란…… 내 생각으로는 그만해도 잘 아실 것 같은데요."

그러나 대화는 차츰 엄숙해져 갔다. 저마다 자신의 일에 대한 얘기를 했다. 마디니에 씨는 판지 제조업을 찬양했다. 그 방면에 참다운 예술가가 있다고 말하면서, 자신이 잘 알고 있는 선물 상자를 예로 들어 놀랄 만큼 호화스러운 것도 있다고 했다. 하지만 로리외는 비웃었다. 그는 금을 가공하는 것이 자랑거리였으며, 자신의 손끝에, 아니 몸 전체에 황금빛이 감돈다고 생각했다. 보석 세공사는 옛날에 흔히 칼을 차고 다녔다고 하면서, 아는 바도 없으면서 베르나르 팔리시*6를 예로 들었다. 쿠포는 쿠포대로 친구 하나가 만든 걸작인 바람개비 얘기를 했다. 그것은 한 개의 기둥에 보릿단과 과일 바구니와 깃발을 조합한 것으로, 모두가 함석을 잘라서 납땜하여 만든, 정말 멋진 것이라고 했다. 르라 부인은 가냘픈 손가락 사이로 빙글빙글 칼자루를 돌리면서, 어떤 식으로 줄기를 돌려서 조화(造花) 장미를 만드는가를 '불고기 졸병'에게 보여주었다. 그럭저럭하는 동안 모든 사람들의 목소리가 높아지고 서로 뒤섞였다. 시끄러운 속에서 포코니에 부인의 날카로운 목소리가 들렸는데, 부인은 그녀의 가게에서 일하는 여자들을 불평했다. 어제도 수습공 꼬마가 홑이불을 다림질하다가 태워 먹었다는 얘기를 하고 있었다.

---

*6 Bernard Palissy : 프랑스의 유명한 도예가·과학자·작가(1510~1590).

"당신네들이 아무리 뭐라 해도 소용없어요." 주먹으로 탁자를 치면서 로리외가 외쳤다. "금은 금이니까."

그리고 이 진리가 불러일으킨 침묵 속에서, 이제 르망주 양이 여전히 지껄여대는 가냘픈 목소리밖에 들리지 않았다.

"그리고 말이죠, 치마를 들어 올리고 그 속을 꿰매는 거예요…… 머리에 핀을 꽂아 모자를 씌우고…… 그렇게 완성되면 하나당 13수에 팔지요."

그녀는 '장화'에게 인형에 대해 설명해 주고 있었지만 '장화'의 턱은 느릿느릿 맷돌처럼 돌고 있었다. 그는 듣지 않고 그저 고개만 끄덕이면서 웨이터들의 행동을 살펴보다가 핥은 듯이 음식을 깨끗이 비운 뒤에야 접시를 가져가게 했다. 일행은 고기 국물에 찐 송아지 고기와 껍질째 익힌 완두콩을 먹었다. 그리고 두 마리의 앙상한 닭구이가 나왔다. 구운 닭요리는 오븐에서 타서 말라붙은 물냉이 위에 누워 있었다. 밖에서는 햇빛이 아카시아 나무의 높은 가지에서 기울고 있었고, 방 안에서는 파릇한 반사광이 식탁에서 서리는 김을 짙게 했다. 식탁은 술과 소스로 더럽혀지고, 그릇들이 가득 흩어져 있었다. 웨이터들이 벽 쪽으로 치워 놓은 더러운 접시며 빈 병들은 식탁보에서 쓸어내린 쓰레기와 같았다. 몹시 더웠다. 남자들은 프록코트를 벗고 와이셔츠 바람으로 식사를 계속했다.

"보슈 아주머니, 제발 아이들에게 너무 많이 먹이지 마세요." 제르베즈가 말했다. 그녀는 별로 말도 없이 멀리서 클로드와 에티엔을 지켜보고 있었다.

제르베즈는 일어서서 아이들이 앉아 있는 의자 뒤로 가서 선 채로 잠시 이야기했다. 어린애들은 분별이 없어 하나도 거절하지 않고 하루 종일 먹어대고 있었다. 그녀는 아이들에게 잘게 찢은 닭고기와 백포도주를 조금 주었다. 그러나 쿠포 어머니는 한 번쯤은 물릴 정도로 실컷 먹어도 괜찮다고 했다. 보슈 부인은 자기 남편이 르라 부인의 무릎을 꼬집는 것을 보고 작은 소리로 나무랐다. 오! 정말 능청맞은 사람이었다. 술을 마시며 흥청거리고 있었다. 그녀는 조금 전 그의 손이 사라지는 것을 분명히 보았다. 만일 다시 한 번 그런 일이 있으면 제삿날이다! 그녀는 물병으로 그의 머리를 갈겨주리라.

잠깐 동안 조용해지자 마디니에 씨가 정치 문제를 논하기 시작했다.

"그들의 5월 31일 법률은 가증스러워요. 이젠 정해진 주소에 2년 동안 살아야 하니까요. 덕분에 삼백만 시민이 선거인 명부에서 지워지게 됩니다…… 들리는 말로는 보나파르트가 몹시 기분 나빠 한다더군요. 왜냐하면 그는 민중을 사랑하고 있기 때문이죠. 그는 그 증거를 여러 가지로 보여주었잖아요."

그 자신은 공화파였다. 하지만 그는 이 군주를 숭배하고 있었다. 다시없을 위인인 나폴레옹이 그의 큰아버지였기 때문이다. '불고기 졸병'이 화를 냈다. 그는 전에 엘리제궁에서 일했을 때, 보나파르트를 지금 눈앞에서 '장화'를 보듯이 똑바로 본 일이 있었던 것이다. 그것참! 이 대통령이란 작자는 꼭 당나귀를 닮았단 말이다! 소문에 의하면 리옹 쪽을 돌아보고 있다는데, 도랑에 빠져서 목이나 부러진다면 속이 후련할 것이다. 이렇게 논쟁이 좀 험악하게 돌아가자 쿠포가 그 사이에 끼어들 수밖에 없었다.

"아, 이런! 당신들 정치 애기에 말려들다니 정말 순진하군요!…… 정치란 모두 사기죠! 도대체 그게 우리를 위해서 있는 거요?…… 국왕이고 황제고 맘대로 하라지. 누구도 우리가 하루에 5프랑을 벌고, 먹고 자고 하는 데 방해가 되는 게 아니오. 안 그렇습니까? 어리석은 짓이오!"

로리외는 고개를 끄덕였다. 그는 샹보르 백작*7과 같은 날인 1820년 9월 29일에 태어났다. 이 우연의 일치가 그의 마음에 강한 감동을 주었고, 그를 막연한 몽상에 잠기게 했으며, 또한 국왕의 프랑스 복귀와 자기의 개인적 운명 사이에 어떤 관계가 있는 것처럼 생각하게 만들었다. 그는 자신이 기대하는 바를 뚜렷이 입 밖으로 꺼낸 적은 없지만, 때가 되면 정말 굉장히 좋은 일이 자기에게 일어나리라는 걸 말끝마다 풍겼다. 그리하여 너무 지나치게 커서 이루어지지 않는 욕망이 생길 때마다, 그것을 그다음으로, 곧 국왕이 돌아오는 날까지 미뤄 두었다.

"게다가." 그가 말했다. "나는 어느 날 밤 샹보르 백작을 본 일이 있죠……."

모든 사람의 얼굴이 그에게로 향했다.

"그래, 정말이오. 짧은 외투를 입은 마음씨 좋아 보이는 뚱뚱한 남자였죠. 그때 나는 샤펠 대로에서 가구상을 하던 내 친구 페키뇨 집에 있었어요. 샹보르 백작은 그 전날 그 가게에 우산을 놓고 갔던 겁니다. 그는 가게 안으로 들어와

---

*7 Comte de Chambord : 앙리 5세(1820~1883). 샤를 10세의 손자인 그는 20분 남짓 왕위에 있었던 큰아버지 루이 앙투안에 이어 프랑스 왕위를 계승(재위 1830. 8. 2 -8. 9) 했지만 7월혁명의 물결로 상한 힘을 얻은 부르주아 세력에 의해 왕으로 인정받지 못했으며, 곧 시민왕 루이 필리프에게 왕위를 넘겨주고 가족과 함께 오스트리아로 망명함.

서 아주 간단히 말했죠. '내 우산을 돌려주겠소?' 어때요! 그게 바로 그였단 말이오. 페키뇨가 나에게 그렇다고 맹세했소."

참석자들 가운데 누구 하나 의심하는 사람이 없었다. 후식이 나오고 있었다. 웨이터들이 그릇을 덜그럭거리면서 식탁 위를 치웠다. 로리외 부인은 그때까지 귀부인인 척하고 얌전하게 있었는데, 갑자기 더러운 새끼! 하고 욕설을 뱉었다. 웨이터 하나가 접시를 집다가 그녀의 목 언저리에 음식 찌꺼기를 엎질렀기 때문이다. 틀림없이 그녀의 비단옷에도 얼룩이 졌을 것이다. 마디니에 씨는 그녀의 등을 살펴보았는데 아무 일도 없었다. 드디어 식탁 한가운데에 샐러드 그릇에 담긴 달걀흰자로 만든 과자가 놓였고, 그 옆에 치즈 두 접시, 과일 두 접시가 곁들여 나왔다. 너무 구워진 과자의 흰자위가 노란 크림 위에서 돋보였다. 모두들 황홀했다. 이런 것까지 나오리라고는 아무도 기대하지 못했던 것이다. 기품이 있었다. '장화'는 여전히 먹어대고 있었다. 빵을 하나 더 달라고 했다. 그리고 치즈를 두 개 더 먹어치웠다. 크림이 아직 남아 있는 것을 보자, 샐러드 그릇을 넘겨달라고 하여, 수프를 먹을 때처럼 큰 빵 조각을 그 안에 뜯어 넣었다.

"저분은 정말 대단하십니다." 마디니에 씨가 다시금 감탄하여 말했다.

그러자 남자들은 담배를 피우기 위해 일어섰다. 그들은 '장화' 뒤에서 잠시 멈추어 그의 어깨를 두드리며 기분이 좋아졌느냐고 물었다. '불고기 졸병'은 그를 의자째 들어 올렸다. 그런데 제기랄! 이 녀석 무게가 두 배나 무거워져 있었다. 쿠포는 우스갯소리로 이 친구는 이제 막 시작한 것이며, 지금부터 이렇게 밤새도록 빵을 먹을 것이라고 말했다. 웨이터들이 겁에 질려 모두 자취를 감춰버렸다. 조금 전에 아래로 내려갔던 보슈가 돌아와서 아래층에서 만난 술집 주인의 당황한 모습을 들려주었다. 주인 영감은 카운터에서 파랗게 질려 있었고, 마나님은 당황하여 빵집 문이 아직 열려 있는지 알아보려고 사람을 보낸 참이라 했다. 가게의 고양이까지 이 집은 파산했다는 듯이 낙심해 있었다. 정말 지나치게 우스꽝스러웠다. 이것만으로도 저녁 값을 치를 만했다. 저 대식가인 '장화'가 없는 잔치란 의미가 없다. 남자들은 담뱃대에 불을 붙이고 그에게 질투의 눈초리를 보냈다. 왜냐하면 결국 이렇게 먹어치우니 몸뚱이도 상당히 튼튼할 것이기 때문이었다!

"난 당신의 식사 책임은 안 맡겠어요." 고드롱 부인이 말했다. "아! 너무하는

군!"

"이봐요, 아주머니. 농담은 그만두세요." '장화'가 옆자리에 앉은 여자의 배를 곁눈질로 바라보며 말했다. "당신이 나보다 훨씬 더 먹어치우고서 뭘 그러시오."

모두들 손뼉을 치고 브라보를 외쳤다. 멋진 말이었다. 완전히 어두워져서, 홀에는 가스등 세 개가 타올랐고, 담배 연기가 자욱한 가운데 흐릿하게 커다란 불빛이 흔들리고 있었다. 웨이터들이 커피와 코냑을 내놓고 나서 더러워진 마지막 접시 더미를 들고 가버렸다. 아래쪽 세 그루 아카시아 나무 밑에서는 사람들이 춤을 추기 시작했고, 코넷 한 대와 바이올린 두 대가 무더운 밤 속에 요란하게 연주되고, 거기에 목이 좀 쉰 여자의 웃음소리가 뒤섞였다.

"화주(火酒)를 만듭시다!" '장화'가 외쳤다. "브랜디 강한 것 2리터와 레몬을 많이, 그리고 설탕을 조금!"

그러나 쿠포는 바로 눈앞에서 제르베즈가 걱정스러운 표정을 짓고 있는 것을 보자, 일어나서 이제 그만 마시자고 했다. 지금까지 25리터도 더 마셨다. 어린애들까지 한몫으로 따져도 한 사람이 1리터 반은 마신 셈이니, 지나칠 정도였다. 모두들 사이좋게 한자리에 모여 허세도 부리지 않고 간단한 식사를 함께 마친 참이었다. 서로가 존경하는 사이이며, 한가족처럼 축하해 주고 싶었기 때문이다. 모든 것이 다 기분 좋게 진행되었고, 또한 누구나 다 즐거웠다. 그러니 부인들에게 체면을 지키려면 곤드레만드레 취해서는 안 되었다. 마지막으로 한 번 더 말한다면, 모두들 결혼을 축하하여 축배를 들기 위해 모인 것이지 곤드레가 되기 위해 모인 것은 아니다. 가슴에 손을 얹고 말끝마다 확신에 찬 목소리로 이어진 함석장이의 짧은 연설은 로리외와 마디니에 씨의 열렬한 찬성을 얻었다. 그렇지만 다른 사람들, 보슈와 고드롱, '불고기 졸병', 특히 '장화', 이 네 사람은 모두 다 얼굴이 새빨개져서는 히죽거리며, 혀 꼬부라진 목소리로 자기들 안에는 갈증이라는 지독한 녀석이 있으니 물을 줘야 한다고 했다.

"갈증이 나는 사람은 마시고 싶을 게고, 그렇지 않은 사람은 마시지 않겠지." '장화'가 말을 덧붙였다. "그러니까 화주를 주문하자…… 억지로 하란 것은 아냐. 높으신 분들은 설탕물이라도 마시면 되지."

그리고 함석장이가 또다시 설교를 시작했기 때문에 이미 일어서 있던 사람들은 자기 엉덩이를 때리면서 이렇게 외쳤다.

"자! 여기, 키스나 해줘!······ 이봐, 웨이터, 묵은 포도주 2리터만!"

그러자 쿠포는 그것도 좋지만 당장 밥값 계산부터 하자고 했다. 그렇게 하면 이러쿵저러쿵 잔소리가 없을 것이며, 훌륭하신 분들이 술고래들을 위해서 술값을 낼 일도 없을 것이다. '장화'가 오랫동안 주머니를 뒤적거리더니 3프랑 7수밖에 없다고 했다. 그러니까 왜 생드니 거리에서 기다리게 했는가? 그는 그 비를 다 맞을 수는 없어서 100수짜리를 헐 수밖에 없었다. 이것은 그를 빼놓은 나머지 모두의 잘못이지 않은가! 결국 그는 다음 날의 담뱃값 7수를 남기고 3프랑을 내놓았다. 만일 제르베즈가 겁에 질려 애원하듯 쿠포의 프록코트를 잡아당기지 않았더라면, 쿠포는 분명히 장화를 후려쳤을 것이다. 그는 로리외에게 2프랑을 빌리기로 했다. 처음에는 거절하던 로리외는 아내 몰래 슬그머니 빌려주었다. 물론 아내가 결코 좋아하지 않을 것을 알고 있었기 때문이다.

그러는 동안 마디니에 씨는 접시를 하나 들고 있었다. 포코니에 부인, 르라 부인, 르망주 양 등, 아가씨와 부인들만이 먼저 얌전하게 저마다 100수씩 내놓았다. 이어서 남자들도 홀 건너편 구석에서 계산을 했다. 모두 열다섯 사람, 그러니까 합계 75프랑이었다. 이 75프랑이 접시에 모이자 남자들이 저마다 5수씩 웨이터 봉사료를 덧붙여 냈다. 누구나 만족할 때까지 열띤 계산을 15분 동안 해야만 했다.

그러나 마디니에 씨가 셈을 하려고 술집 주인을 불렀더니 주인이 미소를 지으면서 그 돈으로는 모자란다고 했다. 그래서 모두들 깜짝 놀라자 추가 비용이 있다는 것이다. 그런데 그 '추가'라는 말에 모두들 화가 나서 소리를 질렀고, 주인이 그 내역을 설명했다. 포도주는 미리 정해 놓았던 20리터가 아니라 25리터, 후식이 좀 빈약하다고 생각한 주인이 추가한 달걀흰자 과자, 그리고 럼주를 원하는 사람이 있을지도 모른다는 생각에 커피와 함께 내놓은 럼주 작은 병 하나, 이런 것들이 추가분이었다. 그래서 격렬한 논쟁이 벌어졌다. 쿠포도 거기에 말려들어 따졌다. 포도주 20리터란 말을 한 적이 없다. 달걀흰자 과자는 후식에 포함되는 것으로서, 주인 마음대로 추가한 것이라면 미안하지만 주인 사정이다. 또 하나 럼주 작은 병 하나는 손님이 별로 이상하다고 생각하지 않을 술을 식탁에 슬그머니 밀어넣어 계산을 늘리는 사기 수법이 아닌가.

"그것은 커피 쟁반 위에 놓여 있었소." 쿠포가 소리쳤다. "제기랄! 그러니까 커피 값에 포함되는 게 당연하지 않소······ 군소리 마시오. 이 돈을 가져가란 말이오. 이런 너절한 집에 두 번 다시 오나 봐라!"

"6프랑을 더 내시오." 술집 주인이 되뇌었다. "어서 6프랑을 주시오…… 그래도 저분이 먹은 세 덩어리 빵값은 계산에 넣지 않았단 말이오!"

일동은 모두 분노하고 흥분한 모습으로 술집 주인의 주변에 몰려들었다. 특히 여자들은 이성을 잃고 1상팀도 더 못 주겠노라고 했다. 이런! 고맙기도 하군요. 정말 결혼이란 좋은 거죠! 르망주 양이 말했다. 이런 잔치라면 다시는 안 낄 거예요! 포코니에 부인도 굉장히 뒷맛이 좋지 않은 식사라 했다. 그녀는 집에서라면 40수로 실컷 먹을 수 있었다. 고드롱 부인은 옆자리의 '장화'가 전혀 자기를 상대해 주지 않았으며 그저 식탁 한구석에 밀려 있었노라고 불평을 했다. 요컨대 이런 모임이란 언제나 끝에 가서는 말이 많은 법이다. 결혼식에 사람들을 모이게 하고 싶으면, 음식값은 본인이 모두 내는 것이 좋다! 그리고 제르베즈는 아무런 말 없이 창문 앞에 있는 쿠포 어머니 옆으로 피했다. 제르베즈는 이런 불평이 결국 모두 자기에게 돌아온다고 생각하고 부끄러워 몸둘 바를 몰랐다.

마디니에 씨는 마침내 주인과 함께 아래로 내려갔다. 아래층에서 두 사람이 논쟁하는 소리가 들려왔다. 30분쯤 지나서 판지 제조업자가 올라왔다. 3프랑을 더 주고서 결말을 지었다고 했다. 그래도 모두들 화가 덜 풀려 추가 금액을 들먹이며 분통을 터뜨렸다. 이 소동은 보슈 부인이 한바탕하는 바람에 한층 더 커졌다. 그녀는 사뭇 남편 보슈를 살피고 있다가, 그가 한쪽 구석에서 르라 부인의 허리를 꼬집는 것을 보았다. 그래서 그녀는 힘껏 물병을 집어 던졌는데, 그것이 벽에 부딪쳐서 박살이 났다.

"부인, 댁의 남편은 양복점을 하신다고 알고 있는데요." 키다리 과부가 의미심장한 말을 하며 입술을 삐죽거렸다. "여자 뒤를 쫓아다니는 데는 최고예요…… 그래서 내가 식탁 밑으로 호되게 걷어차 주었어요."

잔치는 망치고 말았다. 모두들 차츰 신경이 날카로워졌다. 마디니에 씨가 노래를 하자고 했지만, 목소리 아름다운 '불고기 졸병'이 사라져서 보이지 않았다. 그런데 창에 기대 서 있던 르망주 양의 눈에 보자를 쓰지 않은 어떤 소녀와 '불고기 병정'이 아카시아 나무 밑에서 춤추고 있는 게 보였다. 코넷과 두 대의 바이올린이 〈겨자 장수〉라는 카드리유 춤곡을 연주하고 있었고, 그 리듬에 따라 사람들은 손뼉으로 박자를 맞추고 있었다. 그러자 일행은 흩어져 버렸다. '장화'와 고드롱 부부는 아래층으로 내려갔다. 보슈도 도망쳐 버렸다. 창에서 보니 나뭇잎 사이에서 남녀 여러 쌍이 춤추며 돌고 있었는데, 그 나뭇잎 덤불이 가지에 매단 등불을 받아 연극의 무대장치처럼 흐릿한 초록으로 보였다. 밤은 바람 한 점 없이 지독한 더위에 정신을 못 차리고 잠들어 있었다. 홀에서는 로리외와 마디니에 씨가 진지하게 대화를 나누었다. 그러는 동안 부인들은 분통이 터질 것 같은 감정을 억누를 수가 없어서, 얼룩진 곳이 없나 하고 자기 옷을 살펴보았다.

르라 부인의 가장자리 술 장식은 커피에 젖었음이 틀림없었다. 포코니에 부인의 베이지색 드레스에는 온통 소스가 묻어 있었다. 쿠포 어머니의 녹색숄은 의자에서 흘러내려, 누군가에 의해 뒹굴리고 짓밟혀져 한쪽 구석에서 발견되었다. 그런데 특히 로리외 부인은 아무래도 기분이 좋아지질 않았다. 등에 얼룩이 졌다는 것을 알 수 있었다. 다른 사람들이 아무것도 묻지 않았다고 말했지만 그녀는 느낌으로 알 수 있다고 했다. 결국 거울 앞에서 몸을 비틀어 가며 그것을 찾아냈다.

"내가 뭐라고 했죠?" 그녀가 외쳤다. "닭고기 국물이에요. 웨이터한테 옷값을 물어내게 할 거예요. 차라리 소송을 걸어볼까 봐…… 아! 더할 나위 없는 하루군. 집에서 잠이나 잘 걸 그랬어…… 자, 난 가겠어요. 이런 불쾌한 결혼식에는 이제 질렸어요!"

로리외 부인은 화가 잔뜩 나서 뒤꿈치로 계단을 쾅쾅거리면서 내려갔다. 로리외가 뒤따라 나갔다. 그러나 그가 얻어낸 것은, 만약 사람들이 함께 가고 싶다면 길거리에서 5분만 기다리겠다는 아내의 대답뿐이었다. 그녀는 자기 생각대로 소나기가 끝난 뒤에 돌아갔어야 했다. 언젠가는 꼭 쿠포에게 그것을 보상하도록 할 것이다. 쿠포는 누나가 그토록 화가 났다는 것을 알고 당황한 듯했다. 그래서 제르베즈는 그의 난처함을 없애주기 위해 곧바로 돌아가기로 동의했다. 이리하여 일행은 서둘러 작별 인사를 나누었다. 마디니에 씨가 쿠포 어머니를 바래다주기로 했다. 첫날밤이라 해서, 클로드와 에티엔은 보슈 부인을 따라가 그 집에서 자기로 되어 있었다. 어머니가 걱정할 필요도 없이, 애들은 달걀환자 과자로 배가 가득 차서 의자에 축 늘어져 잠들어 있었다. 이윽고 신혼 부부는 나머지 손님들을 술집에 놔둔 채 로리외와 함께 나와버렸다. 바로 그때 아래층 무도장에서는 그들 한 패거리와 다른 한 패거리가 싸우고 있었다.

저마다 부인을 얼싸안고 춤추던 보슈와 '장화'가 그녀들을 짝꿍인 두 군인에게 돌려주려 하지 않고 폴카곡 〈진주〉를 연주하는 코넷과 바이올린 두 대의 요란한 음악 속에서, 이곳을 싹 쓸어버리겠다고 위협하고 있었다.

11시가 되어가는 시각이었다. 샤펠 대로와 구트도르 거리에서는 때마침 토요일이 두 주분(分) 급료를 지급하는 날이라서, 주정뱅이들이 굉장한 소란을 떨고 있었다. 로리외 부인은 '은 풍차'에서 스무 걸음쯤 앞에 있는 가스등 밑에 서서 기다리고 있었다. 로리외의 팔을 끼고 앞서 걸어가기 시작한 그녀는 뒤도 돌아다보지 않았고, 그 걸음걸이는 제르베즈와 쿠포가 뒤따라가기에 숨이 찰 정도로 빨랐다. 때때로 그들은 벌렁 자빠져 있는 주정꾼을 피하느라고 보도에서 내려섰다. 로리외가 돌아보면서 뒷마무리를 잘해 보려 애썼다.

"우리가 두 사람을 집 문 앞까지 바래다주지." 로리외가 말했다.

하지만 로리외 부인은 큰 소리로 첫날밤을 '봉쾨르 호텔' 같은 너절하고 냄새나는 굴속에서 보내다니 어처구니없는 일이라고 했다. 그럴 바에야 결혼을 뒤로 미루고, 조금이라도 저축해서 가구라도 하나 장만하고서 첫날밤을 자기 집에서 보내는 것이 좋지 않을까? 아! 다락방, 공기도 잘 통하지 않는 10프랑짜리 골방에 틀어박혀 둘이서 겹쳐 자다니 참으로 한심스러운 일이다.

"난 방을 내놓았어요. 다락방에서는 살지 않는다고요." 쿠포가 눈치를 살피면서 말했다. "우리는 제르베즈의 방에서 살 거예요. 그 방이 더 넓으니까요."

쿠포의 말에 로리외 부인이 자기도 모르게 휙 돌아보았다.

"거참, 장하구나!" 그녀가 소리쳤다. "절름발이 방으로 자러 가다니!"

제르베즈는 새파랗게 질렸다. 눈앞에서 처음으로 들은 별명이 제르베즈의 뺨을 치는 것처럼 큰 충격을 주었다. 곧이어 제르베즈는 이 시누이가 외친 말의 뜻을 뚜렷이 이해했다. 절름발이의 방이란, 그녀가 랑티에와 한 달 동안 동거했던 방, 과거 생활의 찌꺼기가 아직도 널려 있는 방을 뜻하는 것이었다. 쿠포는 짐작이 가지 않아 그저 별명을 부른 것에 기분이 상했을 뿐이었다.

"남의 별명을 부르면 좋지 않아요." 쿠포는 못마땅하다는 듯이 대꾸했다. "잘 모르고 있겠지만, 누나를 이웃에서는 '쇠꼬리'라고 불러요. 누나 머리 모양 때문이죠. 그렇게 부르면 누나도 기분 나쁘잖아요?…… 왜 우리가 2층 방을 쓰면 안 된단 말이죠? 오늘 밤엔 아이들이 없으니까 우리에게도 아주 좋을 텐데요."

로리외 부인은 자신이 '쇠꼬리'라 불리고 있다는 이야기에 몹시 화가 났지만 위엄을 갖추려고 더 이상 말을 하지 않았다. 쿠포는 제르베즈를 위로하기 위해 다정하게 그녀의 팔을 꼭 잡아주었다. 그리고 그녀의 귓전에 대고 두 사람이 우수리 없는 딱 7수, 즉 그가 바지 주머니에 손을 넣고 짤랑거려 보인 2수짜리 동전 세 개와 1수짜리 한 개로 살림을 시작하는 것이라고 얘기하여, 묘하게 그녀의 마음을 얼버무렸다. 봉쾨르 호텔에 도착했을 때, 그들은 시무룩한 표정으로 저녁 인사를 나누었다. 쿠포가 둘이 다 어리석다고 나무라며, 두 여자에게 사이좋게 포옹하고 작별 인사를 나누라고 하려는 참이었다. 오른쪽으로 지나치겠거니 생각한 한 주정뱅이가 갑자기 왼쪽으로 구부러지며 여자들 사이로 뛰어들었다.

"어허! 바주즈 영감이로군!" 로리외가 말했다. "오늘 급료를 받은 모양이지."

제르베즈는 겁이 나서 호텔 출입구에 찰싹 달라붙었다. 바주즈 영감은 오십 대의 장의사 일꾼으로, 흙투성이 검은 바지, 어깨에 단추가 달린 검은 망토 차림이었고, 검은 가죽 모자는 어디선가 넘어졌을 때 찌그러뜨렸는지 납작하게 되어 있었다.

"겁낼 것 없어요. 나쁜 사람이 아니니까." 로리외가 말했다. "이웃이오. 우리 집 복도에서 세 번째 방에 살지. 그의 소속 관청에서 이 꼴을 보면 큰일 날 텐데."

한편 바주즈 영감은 젊은 여자가 무서워하는 모습을 보고 기분이 나빠 화를 내고 있었다.

"아니, 왜 그러는 거야!" 영감이 더듬거리며 말했다. "장의사라고 해서 사람을 잡아먹지는 않아…… 다른 장사와 마찬가지지. 아가씨…… 하기야 한잔하긴 했어! 일해서 돈을 벌었으면 수레에 기름을 채워야 할 게 아니야. 600파운드짜리 남자를 운반해 내는 일이니까. 당신이나 옆에 있는 분이라면 어림도 없는 일이지. 그걸 우리 둘이서 5층에서 보도까지 실어 내렸단 말이야. 상처 하나 내지 않고 말이지…… 난 재미있는 사람이 좋단 말이야."

그러나 제르베즈는 출입구 구석에 더욱더 몸을 움츠리고 울고 싶은 심정에 사로잡혔다. 때문에 그녀는 그럭저럭 즐겁게 지냈던 오늘 하루의 기분을 단번에 상하고 말았다. 그녀는 이제 시누이를 포옹할 생각도 하지 못하고 주정뱅이를 멀리 쫓아달라고 쿠포에게 애원했다. 그러자 바주즈는 비틀거리면서 철학적인 멸시를 온몸으로 표시해 보였다.

"뭐라 해도 당신도 틀림없이 가게 될 거야, 아가씨…… 언젠가는 당신도 아마 가고 싶을 때가 있을 거야…… 그렇지, 내가 알고 있는 여자들 가운데에도 실어다 주면 고맙다고 할 그럴 사람이 꽤 많지."

그리고 로리외 부부가 애써 마음을 먹고 그를 데리고 가려 하자, 바주즈는 뒤돌아보더니 딸꾹질을 하면서 마지막 한 마디를 내뱉듯이 중얼거렸다.

"사람이란 죽으면…… 잘 들어두시오…… 사람이란 죽으면, 그뿐이오."

제4장

　견디기 힘든 노동으로 보낸 4년이었다. 동네에서 제르베즈와 쿠포는 사이좋은 부부였고, 자기들끼리 오붓하게 살며, 싸움도 하지 않고, 일요일이면 반드시 생투앙 쪽으로 한 바퀴 산책을 했다. 아내는 포코니에 부인의 가게에서 열두 시간 일을 하고, 집을 1수짜리 동전처럼 깔끔하게 해놓고, 아침저녁으로 집안 식구들의 식사를 준비했다. 남편은 술주정을 하는 일도 없고, 두 주일마다 꼬박꼬박 급료를 집에 가져오고, 밤이면 자기 전에 창가에서 담배를 피우면서 바람을 쐬었다. 그들은 얌전한 부부였기 때문에 사람들은 그들을 곧잘 본보기로 내세웠다. 게다가 둘이서 날마다 9프랑 가까이 벌고 있었으므로 이제 돈도 꽤 모았을 것이라고 사람들은 그들의 주머니 사정을 계산해 보곤 했다.

　그러나 처음에는, 특히 살림을 꾸려 나가며 두 사람은 많은 고생을 했다. 결혼으로 그들은 200프랑이라는 빚을 짊어지고 있었다. 게다가 '봉쾨르 호텔'에서 사는 게 싫었다. 지저분한 사람들을 언제나 만나게 되는 것이 역겨웠다. 그들은 자기 집에 그들만의 가구를 마련하고 그것을 소중히 다루며 사는 살림을 꿈꾸게 되었다. 그들은 스무 번이나 필요한 금액을 계산해 보았다. 먼저 자질구레한 세간을 간수하기에 걱정이 없고, 필요한 때에 큰 냄비 작은 냄비를 마음대로 사용하려면 그 비용만도 대략 350프랑은 되었다. 2년 동안 그런 큰 돈을 저축할 수는 없다고 절망에 빠져 있을 즈음, 갑자기 행운이 찾아들었다. 플라상의 어떤 노신사가 큰 아들 클로드를 그 고장의 중학교에 넣어주겠다고 했다. 그림을 좋아하는 이 괴짜 노인은 전에 클로드가 그린 서툰 그림에 매우 감동한 끝에, 이런 너그러운 제안을 열심히 설득했던 것이다. 클로드는 그때 이미 상당히 돈이 들어가는 나이가 돼 있었다. 에티엔만을 돌보게 되자, 그들은 일곱 달 반만에 350프랑을 모을 수가 있었다. 벨롬 거리 고물상에서 가구를 마련하던 날, 그들은 집에 돌아가기 전에 큰 기쁨으로 가슴이 부풀어 외곽대로를 산책했다. 침대 하나, 침실용 작은 탁자 하나, 위쪽이 대리석판으로 된 서랍장 하나, 찬장 하나, 방수포가 덮인 둥근 식탁 하나, 의자 여섯 개, 이것은 모두 낡은 마호가니 제품이었고, 그 밖에 침구와 리넨 제품과 거의 새것이나 다름없는 부엌 살림 도구였다. 그것은 그들에게 인생의 진지하고 결정적인 출발과 같은 것이었으며, 이러한 살림살이를 가지게 되었다는 것으로 이 주변의 안정적인 사람들 사이에서도 그럭저럭 한몫 낄 수 있게 되었다.

두 달 전부터 거처를 어디로 정하느냐가 그들의 문젯거리였다. 무엇보다도 그들은 구트도르 거리에 있는 큰 건물의 한 칸을 빌리고 싶었다. 하지만 비어 있는 곳이 하나도 없어서 오랜 꿈을 포기해야만 했다. 솔직히 말하면, 제르베즈는 마음속으로 별로 섭섭하지 않았다. 로리외 부부와 이웃에 사는 것이 몹시 두려웠기 때문이다. 그래서 그들은 다른 곳을 찾아보았다. 아주 당연하게도 쿠포는 포코니에 부인의 가게에서 멀지 않은 곳을 고르려고 했는데, 제르베즈가 어느 때고 쉽게 집에 돌아갈 수 있게 하기 위해서였다. 마침내 그들은 마땅한 집을 하나 발견했다. 뇌브드라구트도르 거리의, 세탁소 바로 건너편에 넓은 침실이 하나, 작은 방이 하나, 그리고 부엌이 딸린 집이었다. 작은 2층 건물로, 매우 가파른 계단 위에 오른편과 왼편에 오로지 한 집씩 있었다. 아래층에는 마차 임대업자가 살고 있었는데, 큰길로 난 넓은 안마당의 여러 곳간에는 도구류가 들어차 있었다. 젊은 아내는 그곳이 아주 마음에 들었고, 시골집에 돌아온 기분이었다. 이웃에는 시끄러운 여자들도 없고, 두려워해야 할 험담도 없는, 마치 플라상의 성채 뒤 골목길이 떠오르는 조용한 한 모퉁이었다. 게다가 운 좋게도 그녀는 일터에서 다리미질을 하다가도 고개를 들어 밖을 내다보면 언제든 자기 집 창문을 볼 수 있었다.

4월 끝 무렵에 이사했다. 이때 제르베즈는 임신 8개월이었다. 그럼에도 그녀는 훌륭한 솜씨로 꿋꿋하게 일하면서 배 속 아기도 도와준다고 말하며 웃었다. 그녀는 배 속 아기가 귀여운 손을 뻗쳐 자기에게 힘을 주는 것같이 느꼈다. 아, 정말! 그즈음 쿠포는 그녀가 좀 누워서 편하게 지냈으면, 생각하고 있던 터였다! 쿠포가 그녀를 좀 누워서 쉬게 하려 해도 그녀는 도무지 말을 듣지 않았다. 정말 못 견딜 만큼 힘이 들면 눕겠다며, 식구가 하나 더 늘면 더욱더 열심히 일해야 하기 때문에 게으름을 피울 틈이 없다고 그녀는 생각했다. 이런 식으로 제르베즈는 혼자서 집 청소도 하고, 남편을 거들어 가구를 제자리에 놓기도 했다. 그녀는 이 가구들에 대해서 어떤 종교적인 감정을 품었고,

자식을 대하듯이 정성 들여 걸레질을 했으며, 아주 작은 흠집에도 가슴 아파했다. 비질을 하다가 가구에 부딪치기라도 하면 자기 몸을 얻어맞은 것처럼 깜짝 놀라 멈추었다. 서랍장은 특히 소중하게 여겼다. 그것이 그녀에게 아름답고 탄탄하며 단정한 모습으로 보였다. 감히 말할 수 없었던 그녀의 꿈은 괘종시계를 하나 사는 것이었는데, 그것을 대리석판 한가운데 걸어두면 서랍장이 훨씬 더 돋보일 것이라고 생각했다. 곧 태어날 아기가 없었다면 용기를 내어 탁상시계를 사버렸을지도 모른다. 결국 그녀는 한숨을 쉬면서 시계는 나중에 사자고 마음먹었다.

부부는 새집을 마련한 것이 기뻐서 들뜬 마음으로 살았다. 에티엔의 침대는 작은 방에 놓아두었는데, 그곳에는 어린이용 침대를 하나 더 놓을 수 있었다. 부엌은 겨우 손바닥만 한 크기로, 좁고 어두웠다. 그러나 문을 열어놓으면 그런대로 밝았다. 제르베즈가 서른 사람 몫의 식사를 짓는 것도 아니고, 수프 냄비 하나만 올려놓을 자리만 있으면 충분했다. 가장 넓은 방, 그것은 그들의 자랑거리였다. 아침에 일어나면 그들은 곧바로 알코브*¹를 흰 광목 커튼으로 가렸다. 그러면 방은 식탁을 가운데 두고 찬장과 서랍장이 마주 보고 있는 식당으로 바뀌었다. 벽난로가 하루에 석탄 15수어치를 먹기 때문에 그들은 아궁이를 닫아버렸다. 대리석판 위에 올려놓은 조그만 무쇠 난로는 강추위에도 7수만 쓰면 그들을 따뜻하게 해주었다. 쿠포는 방을 장식하기 위해 될 수 있는대로 벽을 치장했다. 지휘봉을 들고 대포와 포탄 더미 사이를 오가는 프랑스의 한 원수(元帥)를 그린 고급 판화를 거울 대신 걸어놓았다. 서랍장 위에는 가족 사진을 황금빛 도기로 만든 오래된 성수반 좌우에 두 줄로 늘어놓았다. 그 성수반은 성냥갑을 넣는 통으로 사용했다. 찬장 선반 위에는 파스칼*²과 베랑제*³의 반신상이 뻐꾸기시계 곁에 있었는데, 파스칼은 엄숙하게 베랑제는 상냥하게 버티고 서서 째깍째깍 시계 초침이 움직이는 소리에 귀를 기울이는 듯이 보였다. 그것은 정말 아름다운 방이었다.

---

*1 서양식 건축에서, 벽의 한 부분을 쑥 들어가게 만들어 침대나 의자를 들여놓는 공간.
*2 Blaise Pascal : 프랑스 사상가·수학자·물리학자(1623~1662). 현대 실존주의 선구자로, 예수회 방법에 의한 이단심문(異端審問)을 비판함.
*3 Pierre Jean de Béranger : 프랑스 시인·샹송 작사가(1780~1857). 정치적·풍자적인 노래와 시를 씀.

"우리가 집세를 얼마나 내는지 한번 맞혀보시겠어요?" 제르베즈는 찾아오는 사람마다 붙들고 그렇게 물어보았다.

그리고 집세를 실제보다 비싸게 보는 사람이 있으면, 얼마 안 되는 돈으로 아주 여유롭게 살아가는 것이 기뻐서 우쭐거리며 외쳤다.

"150프랑, 그보다 한 푼도 더 내지 않아요!…… 어때요, 거저지요?"

뇌브드라구트도르 거리라는 사실 자체도 그들에게 커다란 만족감을 주었다. 제르베즈는 여기서 살면서부터 자기 집과 포코니에 부인 가게 사이를 끊임없이 오가고 있었다. 쿠포도 이제는 저녁때면, 아래층으로 내려와 현관 앞에서 담뱃대를 피워 물었다. 포석이 부서진 보도가 없는 거리는 오르막길이었다. 언덕 위 구트도르 거리 쪽에는 유리창이 더러운 상점들이 늘어서 있었다. 구둣방과 통을 만드는 공장, 너절한 식료품 가게, 파산한 술집, 몇 주일째 닫혀 있는 이런 가게들의 덧문에는 누덕누덕 종이가 붙어 있었다. 반대편 파리의 시내 쪽에는 5층 건물이 즐비하게 하늘을 가리고 있었고, 그 건물의 1층에는 세탁부들이 무더기로 몰려 살고 있었다. 다만 한 집, 촌스러운 이발소만이 초록빛 칠을 해놓고 있었는데, 그 가게 안에는 연한 빛의 자그마한 병들이 가득하고, 또 깨끗하게 닦아놓은 구리 접시가 번쩍여, 음침한 이 한 모퉁이를 제법 밝게 만들어 주었다. 그러나 이 거리 한가운데쯤은 붐비는 곳으로 건물들이 훨씬 드물고 낮아서 공기와 햇볕이 한길 아래까지 내려왔다. 마차 임대업자 곳간과 그 이웃의 탄산수 제조소 건물 건너편에 있는 세탁소들은 가로막는 것 하나 없는 고요하고 널찍한 자리를 차지했으며, 그 안에서 세탁부들의 낮은 목소리와 증기다리미의 규칙적인 숨소리가 한층 평온함을 더해 주었다. 안쪽이 깊숙한 지형과 검은 벽 사이로 들어간 골목길이 그곳을 마을처럼 보이게 했다. 쿠포는 어쩌다 끊임없는 비눗물의 흐름을 뛰어넘어 가는 행인을 보면, 다섯 살 때 삼촌을 따라서 갔던 시골이 생각난다고 했다. 제르베즈의 기쁨은 안마당에 심어진 아카시아나무였다. 그것은 창 왼쪽으로 가지 하나가 죽뻗어 있었는데, 별로 많지 않은 잎을 달고 있는 가지였지만 그 덕분에 거리 전체가 매력적으로 보였다.

젊은 아내가 해산을 한 것은 4월 그믐이었다. 오후 4시쯤, 포코니에 부인 가게에서 커튼을 다리고 있는데 진통이 시작되었다. 제르베즈는 곧 돌아갈 생각은 하지 않고, 의자에 앉아 고통을 견디며 가만히 참고 있다가 통증이 좀 가라앉을 때마다 한 번씩 다림질을 했다. 급한 일이었기 때문에 그녀는 고집스럽게 일을 끝마치려고 했다. 지나가는 통증일 것으로 여겼고 그래서 배가 아프다고 겁먹을 필요는 없다고 생각했다. 그러나 남자 와이셔츠를 다리기 시작했을 때 그녀는 창백해졌다. 그녀는 몸을 굽히고 벽에 기대면서 작업장을 떠나 거리를 가로질러 갔다. 여직공 한 사람이 따라가 주겠다고 했지만 사양하고, 대신 근처에 있는 샤르보니에르 거리의 산파 집에 가 달라고 했다. 물론 집에는 불기라곤 없었다. 아마 밤새도록 불기 없이 지내야 할지도 몰랐다. 집으로 가서 쿠포의 저녁을 짓고 나서 옷을 입은 채 잠시 침대에 누우면 되겠지, 생각했다. 하지만 계단을 오르려 하자 심한 통증이 일어나서 어쩔 수 없이 계단 중턱에 주저앉았다. 그녀는 두 주먹으로 입을 틀어막고는 소리를 내지 않으려고 애를 썼다. 혹시 지나가던 남자가 신음 소리를 듣고 올라와 그녀의 모습을 보는 게 그녀로서는 창피했기 때문이었다. 복통이 사라졌다. 제르베즈는 틀림없이 착각이었을 거라고 안심하면서 문을 열었다. 저녁 식사에는 맛있는 갈비로 양고기 스튜를 장만하려고 했다. 감자 껍질을 벗기고 있는 동안은 그래도 모든 것이 순조로웠다. 그러나 갈비가 작은 냄비 속에서 반쯤 익어가고 있을 때, 또다시 땀이 솟아나면서 진통이 일기 시작했다. 그녀는 쏟아지는 눈물 탓에 앞이 보이지 않을 지경인데도 화덕 앞에서 발을 구르면서 소스를 휘저었다. 비록 진통이 시작되었어도 쿠포를 굶길 수는 없었다. 안 그런가? 마침내 스튜는 재로 덮인 불 위에서 보글보글 끓었다. 그녀는 침실로 들어갔다. 식탁 끝에 한 사람 몫의 그릇을 늘어놓을 만한 시간은 있다고 생각했다. 하지만 포도주 병을 황급히 내려놓을 수밖에 없었다. 이미 침대까지 갈 힘도 없어 그 자리에 쓰러졌다. 제르베즈는 아기를 마룻바닥의 매트 위에서 낳고 말았다. 그리고 15분쯤 뒤에 도착한 산파는 그곳에서 뒤처리를 해주었다.

함석장이는 여전히 병원에서 일하고 있었다. 제르베즈는 남편을 찾아가서 방해하지 말라고 했다. 7시에 그가 돌아오자, 아내는 담요를 푹 뒤집어쓰고 몹시 창백한 얼굴을 베개에 묻고 있었다. 아기는 숄에 감싸여 어머니 발치에서 울고 있었다.

"아! 가엾은 당신!" 쿠포가 제르베즈에게 키스해 주며 말했다. "한 시간 전 당신이 아파서 소리치고 있는 동안에도 난 시시덕거리고만 있었으니!…… 하지만 순산이어서 다행이군. 눈 깜짝할 사이에 아기를 낳았으니 말이야."

그녀는 힘없이 미소를 지으면서 작은 소리로 중얼거렸다.

"계집애예요."

"잘됐어!" 함석장이는 아내를 안심시키려고 농담조로 말했다. "내가 딸을 주문했었거든! 우아! 내가 시킨 대로 내놓은 거야! 당신은 내가 바라는 것은 다 해줄 거지?"

그러고 나서 아기를 안아 올리면서 계속 말했다.

"어디 봅시다. 너절한 아가씨!⋯⋯ 꽤나 작고 검은 얼굴이군요. 하지만 곧 하얘질 테니까 걱정하지 말아요. 착한 아기가 되어야 해요. 방탕한 여자가 되어선 안 되고, 아빠나 엄마처럼 성실한 사람이 되어야 한답니다."

제르베즈는 매우 진지한 표정으로 딸을 바라보고 있었지만 크게 뜬 눈은 차츰 슬픔으로 흐려졌다. 그녀는 고개를 가로저었다. 그녀는 사내아이를 낳고 싶었다. 사내라면 이 파리라는 도시에서 언제라도 그럭저럭 살아갈 수 있고, 큰 위험을 무릅쓰지 않아도 될 것이기 때문이었다. 산파는 쿠포의 손에서 아기를 빼앗아야만 했다. 제르베즈에게도 말을 하지 말라고 주위를 주었다. 제르베즈 곁에서 이렇게 떠드는 것만도 몸에 좋지 못했다. 그러자 함석장이는 자기 어머니와 로리외 부부에게 알려야 한다고 말했다. 그러나 배가 고파서 먼저 저녁밥부터 먹고 싶었다. 그래서 남편이 직접 식탁을 차리고, 부엌으로 스튜를 가지러 가고, 큰 접시에 담긴 음식을 덜지 않고 그냥 먹는 것을 보고, 또 빵이 어디 있는지 몰라 쩔쩔매는 것을 보자 제르베즈는 매우 마음이 아팠다. 산파가 아무리 말려도 그녀는 울상이 되어 이불 속에서 몸을 비틀었다. 상을 차리지 못한 게 정말 바보스럽게 생각되었다. 몽둥이로 한 대 맞은 것처럼 그녀는 진통으로 마루에 주저앉아 버린 것이었다. 제르베즈는 가엾게도 맛없는 밥을 먹고 있는 남편이 제발 자신이 팔자 좋게 누워 있다고 원망하지 않기를 바랐다. 적어도 감자만은 잘 익었겠죠? 그녀는 물으면서 소금을 넣었는지 생각이 나질 않는다고 했다.

"조용히 좀 해요!" 산파가 큰 소리로 말했다.

"아! 아무리 당신이리도 제 아내가 걱정하는 걸 말릴 순 없을 거요!" 쿠포가 입 안에 음식을 가득 문 채 말했다. "당신이 여기 없다면 아내는 틀림없이 일어나서 내게 빵을 잘라줄 거요⋯⋯ 자, 당신은 가만히 누워 있어, 이 바보야! 몸을 망치면 안 되니까. 그러다가는 일어날 때까지 이 주일은 걸리겠어⋯⋯ 스튜가 무척 맛있군. 부인, 저랑 함께 드시겠어요?"

산파는 거절했다. 그러나 포도주는 한 잔 마시겠노라고 했다. 산모가 아기와 함께 신발 터는 매트 위에 누워 있는 광경을 보고 무척 놀랐기 때문이라 했다. 마침내 쿠포는 친척들에게 이 소식을 알리러 떠났다. 30분쯤 뒤에 쿠포는 그의 어머니와 로리외 부부, 그리고 마침 로리외 부부의 집에 와 있던 르라 부인 등 모두를 데리고 왔다. 로리외 부부는 쿠포네가 넉넉하게 사는 모습을 보고는 무척 친절해져서 제르베즈를 침이 마르도록 칭찬하면서도, 확실한 건 더 두고 봐야 한다는 투로 고개를 갸우뚱하면서 눈을 깜박거리며 의심하는 눈치였다. 그들은 제르베즈의 됨됨이는 잘 알고 있지만, 이웃 사람들의 의견을 외면할 순 없다고 생각했다.

"한 패거리를 데리고 왔어!" 쿠포가 외쳤다. "할 수 없었어! 모두들 당신이 보고 싶다는 거야…… 당신은 입을 열지 마. 금지되어 있으니까. 모두 당신을 가만히 바라보기만 할 거야. 기분 나빠 하지는 말아, 알았지?…… 내가 커피를 대접할게. 아주 맛있게!"

쿠포가 부엌으로 사라졌다. 쿠포 어머니는 제르베즈에게 입맞춤을 하고는, 아기가 크다며 깜짝 놀랐다. 다른 두 여인도 마찬가지로 산모의 두 볼에 요란하게 입맞춤을 해주었다. 그리고 세 사람은 모두 침대 앞에 서서 큰 목소리로 이번 해산에 대해서 이러쿵저러쿵 말하며 감탄했다. 마치 이를 한 개 뽑은 거나 다름없는 재미있는 해산이라고 했다. 르라 부인은 아기 몸을 여기저기 살펴보더니 꽤 잘생겼다고 하면서 이 애는 틀림없이 굉장한 여자가 될 거라고 의미심장하게 덧붙여 말했다. 그리고 아기의 머리가 뾰족한 것 같다며 아기가 우는 데도 개의치 않고 동그랗게 한다면서 머리를 가볍게 주물렀다. 그러자 로리외 부인이 화를 내며 아기를 빼앗았다. 아직도 연약한 머리를 그렇게 주물러대면 온갖 나쁜 것이 아기에게 다 들어간다고 했다. 그리고 그녀는 아기가 누구를 닮았나 살폈다. 그 때문에 하마터면 말다툼이 벌어질 뻔했다. 여자들 뒤에서 목을 내밀고 있던 로리외가 몇 번이고 되뇌인 바에 따르면 이 아이는 전혀 쿠포를 닮지 않았다. 코가 겨우 닮았을까 말까! 아이는 어머니를 빼닮았는데, 특히 눈이 그러했다. 틀림없이 이런 눈은 쿠포 집안에 없는 눈이었다.

그러는 동안 쿠포는 도무지 나타나지 않았다. 부엌에서 그가 커피포트와 씨름을 하고 있는 소리가 들려왔다. 제르베즈는 조바심을 쳤다. 커피를 타다니,

남자가 할 일이 아니었다. 그래서 그녀는 큰 소리로 커피 타는 방법을 남편에게 가르쳐 주었다. 쉿! 엄격하게 말리는 산파의 소리도 듣지 않았다.

"그 꾸러미 좀 치워주세요!" 쿠포가 소리치며 커피포트를 들고 들어왔다. "이런! 이 커피포트가 꽤나 귀찮게 구네요. 아마 악몽에 시달린 모양이에요······ 우리 유리잔에다 마십시다. 괜찮죠? 커피잔을 가게에다 두고 왔거든요."

모두들 식탁 주변에 둘러앉았다. 함석장이가 직접 커피를 따라주었다. 커피 냄새가 다시 진하게 풍겼다. 질 좋은 커피였다. 산파는 컵의 커피를 홀짝홀짝 마시고는, 바로 돌아갔다. 모든 것이 순조로우니, 이제 자신은 있을 필요가 없다고 했다. 만일 밤에 경과가 좋지 않으면 자기를 불러달라고 했다. 그녀가 아직 계단을 다 내려가기도 전에 로리외 부인은 산파가 술꾼이고 쓸모없는 여자라고 험담을 했다. 커피에는 각설탕을 네 개나 넣었고, 산모 혼자 해산하게 해 놓고 15프랑씩이나 받았다는 것이다. 그러나 쿠포는 산파를 변호했다. 그는 기꺼이 15프랑을 치를 것이며, 결국 그런 사람들은 젊어서 공부를 많이 했으니까 비싸게 받아도 무리는 아니라 했다. 이어서 로리외와 르라 부인의 말다툼이 시작되었다. 로리외는 사내아이가 소원이라면 침대 머리를 북쪽으로 두어야 한다 주장했고, 르라 부인은 그런 건 유치한 짓이라면서 어깨를 들먹이며 다른 방법을 가르쳐 주었다. 양지 쪽에서 뜯은 싱싱한 쐐기풀 한 줌을 아내 모르게 요 밑에 감춰 놓으면 된다는 것이었다. 식탁은 침대 옆에 붙여놓았다. 제르베즈는 차츰 더해 가는 피로를 느끼면서도 10시까지 베개 위에서 사람들 쪽을 바라보고 내내 미소를 지으며 멍하니 있었다. 눈도 보이고 귀도 들렸지만, 말 한마디나 손짓 하나 할 힘도 없었다. 마치 자신이 죽어버린 느낌이었지만, 그것은 조용한 죽음으로서 그 죽음 밑바닥에서 다른 사람들이 살아 있는 것을 바라보기가 즐거웠다. 때때로 아기의 울음소리가 어른들의 굵은 목소리 사이로 들려왔다. 그 전날 샤펠 거리 반대쪽 끝에 있는 봉퓌 거리에서 일어난 살인 사건을 화제 삼아 끝없는 토론을 벌이고 있는 어른들의 큰 목소리 사이로.

그러고 나서 모두들 돌아가려고 생각했을 때, 세례 이야기가 나왔다. 로리외 부부는 대부 대모기 되이주겠노라고 허락했다. 뒤에서는 씁쓸한 얼굴을 했지만, 만일 젊은 부부가 그들에게 그 역할을 부탁하지 않았더라면 그야말로 끔찍한 얼굴을 했을 것이다. 쿠포는 아기에게 세례를 주지 않기를 바랐다. 그런 짓을 해보았자 1만 프랑의 연금을 이 아기가 받는 것도 아니고, 오히려 감기만 걸릴지도 모를 일이다. 사제 따위는 상대를 하면 할수록 손해다. 그렇게 말하는 쿠포를 쿠포 어머니는 이교도로 취급했다. 로리외 부부는 영성체 빵을 먹으러 갈 정도는 아니었지만, 신앙심은 있다고 자랑했다.

"괜찮다면 일요일에 합시다." 사슬제조공이 말했다.

제르베즈가 고개를 끄떡이며 승낙하자 모두들 몸 조심하라며 그녀에게 키스를 해주었다. 아기에게도 작별 인사를 했다. 한 사람씩 아기 곁으로 가서 몸을 떨고 있는 가련한 작은 몸뚱이 위로 몸을 굽히고는, 웃어 보이거나 아니면 갓난아기가 알아듣기라도 하는 양 달콤한 말을 던지기도 했다. 대모인 안나의 애칭을 따서, 모두들 아기를 나나라고 불렀다.

"잘 자라, 나나야…… 자, 나나야, 예쁜 아가씨가 되는 거다……"

마침내 그들이 떠나자, 쿠포는 의자를 침대에 바싹 붙였다. 그리고 담뱃대를 입에 물고 마저 피우면서 제르베즈의 손을 잡았다. 그는 아주 감동하여 한 모금 빨 때마다 한마디씩 말하면서 천천히 담배를 피웠다.

"어때? 그들 때문에 골치 꽤나 아팠지? 어쩔 수 없었어. 아무래도 오고 싶어 하는데 막을 길이 없었어. 말하자면 그것이 그들의 우정이라는 거지…… 그렇지만 아무도 안 오는 게 좋지, 안 그래? 나도 이처럼 혼자 있고 싶었어. 늘 밤은 지독히도 길게 느껴지는구먼!…… 가엾게도! 꽤나 아팠겠네! 아기들은 태어날 때 자기가 얼마나 아픔을 주는지도 모르고, 무사태평이라니까. 정말, 허리가 끊어지는 것 같았을 거야…… 아픈 곳이 어디지? 내가 뽀뽀해 줄게."

그는 두툼한 손을 살그머니 그녀의 등 밑으로 집어넣었다. 그리고 아직 출산의 아픔이 가시지 않은 몸에 대해, 거친 남자다운 감동에 사로잡혀 그녀를 끌어당겨 이불이 덮인 배에 입 맞추었다. 그리고 자기가 어디 아프게 한 데는 없느냐고 물었다. 그는 그녀의 아픈 곳에 입김이라도 불어서 낫게 해주고 싶은 기분이었다. 제르베즈는 무척이나 행복했다. 그녀는 남편에게 아픈 곳이 전혀 없다고 했다. 이제는 팔짱만 끼고 우두커니 있을 수만은 없는 노릇이니 되도록 빨리 자리에서 일어나고 싶을 뿐이었다. 그러나 쿠포는 걱정 말라고 그녀를 안심시켰다. 아기에게 먹을 것을 주는 일은 그의 몫이 아닌가? 만일 아기 돌보는 책임을 아내에게 맡긴다면 그는 참으로 비겁한 놈이 될 터였다. 아기는 낳는 게 중요한 게 아니라 그 아기를 먹여 살리는 일이 더 중요한 게 아니겠느냐고 했다.

그날 밤 쿠포는 전혀 잠을 이루지 못했다. 그는 난롯불이 꺼지지 않게 해놓았다. 한 시간마다 일어나서 미지근한 설탕물을 몇 숟가락씩 아기에게 먹여야만 했다. 그리고 아침에는 언제나처럼 일하러 가야 했다. 뿐만 아니라 점심시간을 이용하여 시청에 가서 출생신고를 했다. 그러는 동안 보슈 부인이 이야기를 듣고 달려와서 그날 내내 제르베즈 옆에 있어주었다. 하지만 제르베즈는 열시간이나 푹 잠을 자고 나서, 이렇게 침대에 가만히 누워 있으려니 벌써 뼈마디가 죄다 아픈 것 같다고 불평을 늘어놓았다. 제르베즈는 일어나지 않으면 병에 걸릴 거라고 했다. 저녁때 쿠포가 돌아오자, 제르베즈는 자신의 고통을 호소했다. 물론 보슈 부인을 믿을 수는 있지만, 남의 집 여자가 자기 방에 주저앉아 있으면서 서랍을 열기도 하고 세간에 손을 대는 것을 보면 안절부절못할 지경이라고 했다. 이튿날 관리인 아주머니가 일을 끝내고 와보니, 제르베즈는 일어나 옷을 갈아입고서 청소를 하고 남편의 저녁을 준비하고 있었다. 그리고 다시는 자리에 누우려 하지 않았다. 아마도 모두들 그녀를 비웃고 있을 거다! 지친 척하는 것은 고귀하신 부인네들에게 어울리는 일이다. 부자도 아닌데 어디 감히 그럴 틈이 있겠는가? 해산 사흘 뒤에, 그녀는 포코니에 부인 가게에서 뜨거운 화덕 열기 때문에 땀을 흠뻑 흘리면서, 쇠다리미를 툭툭 치며 속치마들을 다림질하고 있었다.

토요일 밤이 되자, 로리외 부인이 대모로서 아기에게 줄 선물을 가지고 왔다. 35수짜리 보닛과 세례복으로 옷은 주름이 져 있었고 조그만 레이스가 달려 있었는데, 가게 앞에 걸어놓았던 물건이라 때가 묻어서 6프랑에 산 것이었다. 이튿날 로리외는 대부로서 산모에게 설탕 6파운드를 보내왔다. 이 부부는 그들의 의리를 다 지킨 셈이다. 뿐만 아니라 그날 밤 쿠포 집에서 열린 축하 식사 때에도 그들은 빈손으로 나타나지 않았다. 남편 로리외는 봉인(封印)이 찍힌 1리터짜리 고급 포도주를 두 팔에 한 병씩 끼고 왔으며, 아내는 클리냥쿠르 거리의 유명한 과자점에서 큼직한 크림 과자를 사가지고 왔다. 다만 로리외 부부는 20프랑 가까이 썼다면서 자기들의 후한 인심을 온 동네에 퍼뜨리고 다녔다. 제르베즈는 이 부부가 떠들고 다닌 것을 알고는 너무나 기가 막혀서 그들의 친절을 조금도 고맙게 생각지 않았다.

세례 축하 식사 이후, 쿠포 부부는 같은 층계참의 이웃들과 사이가 가까워졌다. 이 조그만 건물의 또 하나의 집에 구제라는 성(姓)을 가진 어머니와 아들이 살고 있었다. 그때까지는 계단이나 거리에서 서로 만났을 때 그저 인사만 주고받는 그런 사이였다. 이 이웃은 사람 사귀기를 좋아하지 않는 것 같았다. 그러나 해산한 다음 날, 그 어머니가 물을 한 양동이 들어 올려다 주었다. 제르베즈는 그들이 아주 착한 사람들이니까 두 사람을 저녁 식사에 초대하는 것이 예의라고 판단했다. 이렇게 해서 자연히 그들은 친하게 되었다.

구제 모자는 노르 지방 출신이었다. 어머니는 레이스 수선을 했고, 대장장이인 아들은 볼트 공장에서 일했다. 그들은 5년 전부터 층계참 건너편 집에서 살고 있었다. 그들의 생활에서 볼 수 있는 조용하고 평화로운 모습 뒤에는 지나간 날의 슬픔이 깔려 있었다. 릴*⁴에서 구제 아버지가 어느 날 몹시 취한 끝에 동료 한 사람을 쇠막대기로 때려죽였고, 그 일로 감옥에서 지내다가 손수건으로 목매 죽었다. 이런 불행이 있은 뒤 과부와 아이는 파리로 나왔으나, 이 비극이 늘 머리에서 떠나지 않아 엄격하리만치 성실하게 언제나 변함없는 친절과 용기로써 그들의 아픔을 보상하고 있었다. 그들의 태도에는 얼마간 자존심이 섞여 있었다. 왜냐하면 그들은 다른 사람들보다 자신들이 우월하다는 것을 알고 있었기 때문이다. 언제나 검은 옷을 입고 수녀의 머리쓰개로 이마를 가리고 있는 구제 부인은 마치 흰 레이스와 섬세한 손끝으로 만들어 내는 일들이 그녀의 정숙함을 반영한다고 생각할 만큼 귀부인다운, 조용하고 흰 얼굴이었다. 장밋빛 얼굴에 푸른 눈을 가진 구제는 헤라클레스처럼 힘이 센, 스물세 살의 당당한 남자였다. 멋진 노란 턱수염을 기르고 있었기 때문에 공장 동료들은 그를 '금 주둥이'라고 불렀다.

제르베즈는 이들에 대해 곧바로 깊은 우정을 느꼈다. 처음에 그들의 집에 들어갔을 때, 집 안이 깨끗한 데에 감탄하여 멍청하게 서 있었다. 탓할 데가 하나도 없고, 어디를 둘러보아도 먼지 하나 눈에 띄지 않았다. 유리창은 거울처럼 맑게 빛나고 있었다. 구제 부인은 아들 방을 보여주었다. 그 방은 여자아이 방처럼 예쁘고 깔끔했다. 모슬린 커튼을 늘어뜨린 작은 철제 침대와 탁자, 세면대, 벽에 매단 좁은 책장, 오려낸 인물화, 네 귀퉁이를 못질하여 걸어놓은 채색 판화, 신문에서 오려낸 가지각색 인물 초상화, 이런 그림들이 벽 위에서부터 아래까지 가득 붙어 있었다. 구제 부인이 미소를 지으며 말했는데, 그녀

---

*4 프랑스 북부, 벨기에 국경에 가까운 플랑드르 지방에 있는 공업 도시.

의 아들은 큰 아기 같아서, 밤에 책을 읽다가 피곤해지면 벽에 잔뜩 붙어 있는 그림을 보고 즐긴다고 했다. 창가 둥근 수틀에 다시 앉은 이 이웃집 여자 옆에서, 제르베즈는 한 시간 동안이나 자기를 잊고 있었다. 레이스에 꽂는 수백 개 바늘에 그녀는 흥미를 느꼈고, 이 섬세한 손끝 일들이 자아내는 차분한 조용함으로 가득 찬 이 집 안의 청결한 냄새를 들이마시면서 가만히 앉아 있는 것이 즐거웠다.

구제 가족은 사귀면 사귈수록 가치 있는 사람들이었다. 그들은 날마다 상당히 많은 돈을 벌었고, 이 주일에 한 번씩 수입의 사분의 일 이상을 은행에 예금했다. 동네 사람들은 그들을 만나면 인사를 했고, 또한 그들의 예금이 화제에 올랐다. 구제는 단 한 번도 구멍 난 옷을 입은 일이 없었으며, 일터로 나갈 때도 얼룩 하나 없는 깔끔한 작업복을 입었다. 매우 예의가 발랐으며, 어깨가 딱 벌어져 늠름하면서도 오히려 소심하기까지 했다. 거리 끝 외진 곳의 세탁부들은 그가 지나갈 때면 얼굴을 숙이는 것을 보고 재미있어했다. 그는 여자들의 천박한 얘기를 싫어했고, 여자들이 외설스러운 말을 지껄이는 것도 좋아하지 않았다. 그런데 어느 날 그가 술에 취해서 돌아온 일이 있었다. 그러자 구제 부인은 나무라는 대신에 아버지 초상화 앞에 그를 앉혔다. 그것은 서툴게 그린 초상화였지만, 서랍장 안에 소중히 간직해 두었던 것이었다. 이 일이 있은 다음 구제는 자기 주량만 마셨다. 그렇다고 술을 싫어하게 된 것은 아니었다. 노동자에게는 술이 필요했으니까. 일요일에는 어머니와 팔짱을 끼고 함께 나들이를 했다. 뱅센 쪽으로 가는 때가 가장 많았다. 또 어떤 때는 극장으로 모시고 가기도 했다. 어머니는 아직도 그의 정열의 대상이었다. 그는 어린애 같은 말투로 어머니에게 얘기했다. 머리에는 분별력이 생기고 몸은 쇠망치를 휘두르는 억센 일로 다져져서 묵직해졌지만, 그는 덩치 큰 바보 같았다. 지적인 면에서는 좀 둔하게 보여도 선량한 사나이였다.

처음 구제가 제르베즈를 만났을 때는 무척 수줍어했지만 몇 주일 지나자 곧 친해졌다. 구제는 제르베즈의 세탁물 보따리를 방까지 들어다 주려고 그녀를 기다리기도 하고, 갑자기 친절히 제르베즈를 누이처럼 대하면서 그녀를 위해 그림을 오려주기도 했다. 그런데 어느 날 아침, 그는 노크 없이 문을 열었다가, 반은 벗은 채 목 언저리를 씻고 있는 제르베즈를 보고 깜짝 놀랐다. 그래서 일주일 동안 그는 그녀를 똑바로 바라보지 못했고, 그 때문에 그녀도 그와 만나면 얼굴을 붉히게 되었다.

'카시스 도령'은 파리 사람 특유의 입심으로 '금 주둥이'를 바보 취급했다. 진탕 마시지 않는다든가 길에서 아가씨들에게 추근대지 않는 것은 좋다고 하더라도, 남자는 역시 남자여야만 한다. 그렇지 못하다면 일찌감치 여자의 속치마를 입는 편이 낫다. 그는 구제가 동네 여자라면 누구에게나 곁눈질을 한다고 비난하면서, 제르베즈 앞에서 그를 놀려댔다. 그러면 멋쟁이 구제는 기를 쓰고 변명했다. 이런 일이 있었어도 이 두 노동자는 사이좋은 친구가 되었다. 아침에는 서로 불러서 함께 일터에 나갔고, 때로는 집으로 돌아가기 전에 함께 맥주를 한 잔씩 마시기도 했다. 세례 기념 저녁 식사를 한 뒤로, 그들은 서로 너나들이했다. 왜냐하면 말을 할 때 언제나 '당신' 하고 부르다가는 얘기가 길어지기 때문이었다. 두 사람의 우정이 그런 정도에 머물러 있을 때, '금 주둥이'가 '카시스 도령'을 위하여 정말 훌륭한 일을, 한평생 기억할 훌륭한 일을 해주었다. 12월 2일의 일이었다. 함석장이는 장난삼아 파리 시내에 들어가서 폭동을 구경하고 싶었다. 그는 공화국이니 보나파르트니, 그 밖의 모든 것을 대수롭지 않게 여기고 있었다. 단지 쿠포는 화약을 아주 좋아했고, 총질하는 것이 재미있어 보였던 것이다. 만일 대장장이가 때마침 와서 그 커다란 덩치로 그를 지키면서 도망치도록 도와주지 않았더라면 그는 틀림없이 방어벽 뒤에서 잡혔을 것이다. 포부르푸아소니에르 거리를 올라와 황급히 걸어가는 구제의 표정은 진지했다. 그는 정치에 관심이 많았고, 현명하게도 정의와 모든 사람의 행복을 위한 공화파였다. 그렇다고 그는 총질 따위의 행동은 하지 않았다. 그 이유를 그는 이렇게 말했다. 민중이 자신의 손발에 화상을 입으면서까지도 불 속에서 밤을 주워 부르주아들에게 갖다 바치는 것은 진저리가 난다. 2월과 6월*5이 좋은 본보기다. 그래서 이제부터 변두리 노동자들은 시내 부르주아들이 원하는 대로 해결하도록 놔두는 게 좋다. 그렇게 말하며 푸아소니에르 거리에 다다르자, 그는 돌아서서 파리를 바라보았다. 그렇다고 해도 저기서는 하기 싫은 일을 꽤 신속하게 해치우고 있다. 언젠가 민중은 팔짱을 낀 채 아

---

*5 여기서 2월은 1848년 2월 22~24일, 파리를 중심으로 하는 민중 운동과 의회 내 반대파의 운동으로 루이 필리프 왕정이 무너지고 공화정이 성립된 혁명이며, 6월은 1848년 6월에 프랑스 정부가 국립작업장을 폐쇄하자 많은 노동자들이 바스티유 광장에 모여 벌인 시위를 말함.

무엇도 하지 않았다고 후회할지도 모른다. 그러나 쿠포는 비웃으며, 의회의 빌어먹을 게으름뱅이들에게 일당 25프랑을 주기 위해 목숨을 내거는 당나귀들은 어리석기 짝이 없다고 했다. 그날 저녁에 쿠포 부부는 구제와 그의 어머니를 식사에 초대했다. 저녁을 먹은 뒤 '카시스 도령'과 '금 주둥이'는 서로의 빰에 두 번이나 야단스럽게 키스를 했다. 두 사람은 이제 생사를 넘어선 친구가 되었다.

3년 동안 두 가족의 생활은 층계참 양쪽에서 아무 일 없이 흘러갔다. 제르베즈는 일주일에 이틀만 쉬면서 딸아이를 키웠다. 그녀는 다림질 솜씨를 익히고 자질구레한 일도 잘하게 되어, 하루에 3프랑까지 벌게 되었다. 그래서 여덟 살이 되는 에티엔을 샤르트르 거리에 있는 한 달에 100수짜리 작은 기숙학교에 넣기로 작정했다. 두 아이를 키우면서도 부부는 달마다 은행에 20프랑이나 30프랑씩 저축했다. 그 저금이 600프랑에 다다르자, 젊은 아내는 야심적인 꿈에 사로잡혀 이미 밤잠도 잘 이루지 못했다. 그녀는 독립하여 조그만 가게를 얻어서 자신이 세탁부들을 고용해 보고 싶었다. 그녀는 모두 계산을 해보았다. 일이 진척되면 스무 해 뒤에 부부는 어딘가 시골에 가서 연금으로 살아갈 수 있으리라. 그러나 그녀는 위험한 일은 하지 않았다. 입으로는 가게를 찾아보고 있다고 했지만, 시간을 두고 생각을 했다. 돈이라면 은행에 예금을 해놓았으니 아무런 걱정도 없었다. 그뿐이랴, 이자가 조금씩이나마 늘어가고 있었다. 3년 사이에 그녀는 여러 소망 가운데서 하나만은 이루었다. 괘종시계를 사들인 것이다. 나선형 기둥과 금도금 구리 시계추가 달린 자단나무로 만든 시계였는데, 매주 월요일에 20수씩 1년 동안 갚아 나가는 것이었다. 쿠포가 그 태엽을 감거나 조절해야겠다고 말하면 그녀는 화를 냈다. 마치 서랍장 위 대리석판이 교회당이라도 되는 것처럼 자기만이 그 반구형 유리 뚜껑을 젖히고 경건하게 장식 기둥들을 닦았다. 시계 유리 뚜껑 안쪽에 저축은행 통장을 감추어 두었기 때문이다. 그녀가 자신의 가게를 꿈꿀 때면, 결심을 굳히기 위해 곧잘 시계 앞에 서서 시간 가는 줄도 모르고 무엇인가 장엄하고 특별한 순간을 기다리는 표정으로 물끄러미 바늘의 움직임만 바라보았다.

쿠포 부부는 일요일이면 거의 반드시 구제 모자와 함께 외출했다. 그것은 즐거운 나들이였으며, 생투잉에서는 튀김 요리를, 뱅센에서는 토끼 고기 요리를 음식점 뜰에서 조촐하게 먹곤 했다. 남자들은 목이 마르면 술을 마셨고, 여자들에게 팔을 맡긴 채 기분 좋게 집으로 돌아왔다. 이 두 가족은 밤에 자기 전에 쓴 비용을 계산하여, 서로 반씩 냈다. 1수가 많으니 적으니, 하는 따위의 시비는 한 번도 없었다. 로리외 부부는 구제 모자를 시샘했다. 버젓이 친척이 있는데도 '카시스 도령'과 '절름발이'가 언제나 남과 만나 돌아다녀 기분이 나빴다. 아! 그렇다! 그 녀석들은 일가 친척쯤은 전혀 아랑곳하지 않는다! 저금을 좀 했다고 해서 젠체한단 말이다. 동생이 자기에게서 멀어지자 몹시 화가 난 로리외 부인은 또다시 제르베즈에 대해 욕설을 퍼붓기 시작했다. 반대로 르라 부인은 젊은 아내 편을 들어, 그 사람이 밤에 외곽 대로에서 여러 번 유혹을 받았지만, 연극의 여주인공처럼 치근거리는 사내 뺨을 때리고 도망쳐 왔다는 둥 엉뚱한 말로 그녀를 변호했다. 쿠포 어머니로 말하자면, 여러 사람들 사이를 화해시키며 자식들 모두의 마음에 들도록 노력했다. 시력이 점점 약해져서 일자리도 한 집에서밖에 얻을 수 없었으므로 때때로 여기 아니면 저기에서 100수씩 받아서 사는 데에 만족할 수밖에 없었다.

나나가 만 세 살이 되던 날이었다. 쿠포가 저녁에 집으로 돌아와 보니, 제르베즈가 몹시 당황한 표정이었다. 그녀는 말하려 들지도 않고, 그저 아무 일도 아니라고 말할 뿐이었다. 식사 시중도 엉성했고, 손에 접시를 든 채 우두커니 생각에 잠겨 있었다. 그래서 남편은 무슨 일이냐고 다그쳐 물었다.

"그래요! 말할게요." 제르베즈는 마침내 털어놓기 시작했다. "구트도르 거리의 작은 잡화 가게가 세를 내놨어요…… 한 시간 전에 실을 사러 나갔다가 봤는데, 정말 놀랐어요."

그건 정말 깨끗한 가게로, 이전부터 두 사람이 살고 싶었던 그 커다란 건물에 있었다. 가게와 뒷방, 그리고 좌우에 다른 방이 두 개 있었다. 그들에게는 꼭 알맞은 집으로, 방은 좀 작았지만 칸막이가 잘되어 있었다. 다만 집세가 너무 비싸게 생각되었다. 집주인이 집세가 500프랑이라고 말했다.

"그렇다면 안에 들어가서 집세를 물어봤단 말이지?" 쿠포가 물었다.

"오! 그래요, 그냥 호기심에서 그런 거죠!" 그녀는 아무렇지도 않은 척하면서 대답했다. "집을 찾고 있는 중이니 알림판만 있으면 어디건 들어가 봐야죠. 따로 돈이 드는 것도 아니니까요…… 하지만 그 집은 세가 너무 비싸요. 게다가 독립해서 가게를 내는 일 자체가 바보 같은 짓인지도 모르고요."

그러나 저녁 식사가 끝나자, 그녀는 또다시 잡화 가게 얘기를 꺼냈다. 신문지 귀퉁이 빈자리에 그 장소를 그렸다. 그러더니 차츰 그 집 얘기를 시작하여, 마치 내일이라도 가구를 날라야 한다는 듯이 방의 길이를 생각해 보기도 하고 방 모양을 꾸며보기도 했다. 쿠포는 그녀가 그 집을 몹시 마음에 들어하는 모습을 보고는, 세를 얻어보라고 부추겼다. 500프랑 아래로는 절대 마음에 드는 집을 찾아낼 수 없다. 게다가 조금쯤은 깎을 수도 있을 것이다. 하지만 한 가지 못마땅한 일이 있었다. 로리외 부부가 그 건물에 살고 있다는 점인데, 이것만은 제르베즈가 참기 어려우리라 했다. 그러자 제르베즈는 화를 내면서 자기는 아무도 싫어하지 않는다고 했다. 오직 그 집을 얻고 싶은 일념으로 그녀는 로리외 부부를 변호까지 해주었다. 사실은 그렇게 나쁜 사람들이 아니니 사이좋게 살아갈 수 있을 것이라고 했다. 그리고 두 사람은 침대에 누웠는데, 쿠포는 곧 잠이 들었으나 제르베즈는 방 안을 어떻게 꾸밀까 이런저런 생각을 하고 있었다. 그렇다고 단호히 얻기로 결심한 것도 아니었다.

다음 날 남편이 일을 가고 홀로 남게 되자 제르베즈는 도저히 마음을 가라앉힐 수가 없어 시계의 유리 뚜껑을 젖히고 예금통장을 들여다보았다. 서툰 글씨로 더럽혀진 이 통장 속에 그녀의 가게가 들어 있었다! 제르베즈는 일하러 가기 전 구제 부인과 가게를 얻는 것에 대해 상의했다. 구제 부인은 제르베즈의 자립 계획에 대찬성했다. 그녀의 남편처럼 술도 마시지 않는 훌륭한 사람과 함께라면 틀림없이 장사도 잘될 것이며, 또한 가게를 말아먹을 일은 없다고 확신하고 있었다. 점심때 그녀는 로리외 부부 집까지 올라가서 의견을 들었다. 친척에게 무엇인가 숨기고 있다는 인상을 주기 싫었기 때문이다. 로리외 부인은 깜짝 놀랐다. 뭐라고! 절름발이가 가게를 갖는다고! 로리외 부인은 속이 상해서 말을 우물거렸다. 그래도 그녀는 좋은 일이라며 만족한 모습을 해 보이지 않을 수가 없었다. 그러고 보니 그것은 적합한 가게다. 제르베즈가 얻고 싶어하는 것도 무리가 아니라고 했다. 그렇기는 했지만 마음이 좀 가라앉자 그녀는 남편과 함께 안마당이 질척하다느니, 1층 방에 햇빛이 잘 안 든다느니 하고 트집을 잡기 시작했다. 아! 정말 류머티즘에 걸리기에 알맞은 곳이다. 하지만 이미 세를 들기로 작정한 것이 아닌가? 그렇다면 그들이 뭐라 해도 제르베즈를 단념시킬 수는 없었다.

저녁에 제르베즈는 그날 있었던 일을 솔직하게 털어놓고, 만일 그들이 가게 차리는 일을 말렸다면 병이 났을지도 모를 일이라고 웃으면서 말했다. 그래도 그녀는 마음을 정했다고 딱 잘라 말하기 전에 쿠포를 그곳에 데려가서 보이고 집세를 깎게 하고 싶었다.

"그렇다면 형편을 봐서 내일 가보기로 하지." 쿠포가 말했다. "6시쯤에 내가 일하는 나시옹 거리 집으로 나를 부르러 와. 둘이서 돌아오는 길에 구트도르 거리에 들러보기로 하지."

그즈음 쿠포는 새로 짓고 있는 4층 건물의 지붕을 마무리하고 있었다. 그날은 마침 마지막으로 함석 몇 장을 깔 예정이었다. 거의 평평한 지붕이었기 때문에 그곳에 작업대를, 그러니까 사각대 두 개에 넓은 덧문을 걸쳐놓았다. 5월의 아름다운 햇살이 서쪽 하늘로 넘어가면서 여기저기 지붕 위 굴뚝을 황금색으로 물들이고 있었다. 그리고 조금 더 높이 밝은 하늘 아래에서, 함석장이는 마치 가게에서 반바지를 마름질하는 재단사처럼 작업대에 엎드려 큰 가위로 함석을 조용히 자르고 있었다. 금발 머리의 날씬한 열일곱 살 조수는 옆집 벽에 몸을 붙이고 큰 풀무로 화덕에 바람을 불어넣고 있었다. 풀무질을 할 때마다 불꽃이 툭툭 튀었다.

"야! 지도르, 인두를 넣어!" 쿠포가 소리쳤다.

조수는 대낮의 밝은 햇빛 속에서는 희미한 장밋빛으로 보이는 활활 타오르는 숯불 속에 납땜인두를 집어넣었다. 그러고 나서 그는 다시 풀무질을 시작했다. 쿠포는 마지막 함석 한 장을 들었다. 그것은 지붕 가장자리 물받이 옆에 깔려고 남겨둔 것이었다. 그곳은 급경사가 지고 길이 구멍처럼 열려 움푹 패여 있었다. 함석장이는 자기 집에 있는 것처럼 헝겊 실내화를 신고 발을 질질 끌면서, 〈어이! 어린양들!〉이라는 노래를 휘파람으로 나지막이 부르며 앞으로 나갔다. 구멍 앞에 이르자 몸을 살그머니 미끄러뜨리며 한쪽 무릎으로 굴뚝 벽돌에 굳건하게 버티고 보도 한가운데 허공에 멈춰 섰다. 한쪽 다리는 공중에 늘어져 있었다. 게으름뱅이 지도르를 부르기 위해 몸을 젖혔을 때, 그는 눈 아래가 보도였기 때문에 벽돌 기둥 한 귀퉁이를 붙잡고 있었다.

"제기랄, 느림보 녀석, 빨리 해!…… 인두를 달라고! 이 말라깽이 녀석아! 네가 아무리 하늘을 쳐다봐도 종달새 구이가 하늘에서 떨어져 내리진 않아!"

그러나 지도르는 서두르지 않았다. 그는 근처의 지붕이며 그르넬 쪽의 파리 중심부에 깔려 있는 꺼먼 연기를 흥미롭게 바라보고 있었다. 불이 났는지도 모를 일이었다. 그래도 그는 배를 깔고 구멍 위로 머리를 내밀었다. 그리고 쿠포에게 인두를 넘겨주었다. 그래서 쿠포는 함석에 납땜질을 시작했다. 한쪽 엉덩이로 앉기도 하고, 한쪽 다리의 발끝으로 서기도 하고, 손가락 하나로 매달리기도 하면서, 언제나 균형을 잡으며 몸을 구부렸다 폈다 했다. 그는 태연자약한 데다 더할 나위 없이 대담하고 익숙해져서 위험 따위는 개의치 않았다. 속속들이 다 알고 있는 일이라 도로 쪽이 오히려 자기를 두려워한다고 큰소리쳤다. 그는 담뱃대를 입에서 놓지 않기 때문에 이따금 돌아다보고 길바닥에 천연덕스럽게 침을 뱉곤 했다.

"앗! 보슈 부인이네!" 그가 별안간 소리쳤다. "여기예요! 보슈 아주머니!"

그의 눈에 차도를 건너고 있는 관리인 아주머니가 들어왔다. 얼굴을 쳐든 그녀는 목소리 주인이 쿠포임을 알았다. 그래서 지붕과 보도 사이에서 대화가 시작되었다. 그녀는 코를 하늘로 치켜들고 두 손을 앞치마 밑에 숨기고 있었다. 쿠포는 이미 일어서서 왼팔을 굴뚝에 휘어감고 몸을 아래로 굽혔다.

"내 아내를 못 보셨어요?" 쿠포가 물었다.

"아뇨, 못 봤어요." 관리인 아주머니가 대답했다. "여기에 오기로 했나요?"

"날 부르러 오기로 했죠…… 그런데 가족들은 모두 안녕하신가요?"

"네, 고맙습니다. 보시다시피 가장 시원찮은 건 나지요…… 클리냥쿠르 거리까지 양고기를 좀 사러 가는 참이에요. 물랭루즈 근처 푸줏간에서는 16수를 줘야 산답니다."

마차가 한 대 지나가고 있었기 때문에 두 사람은 목소리를 높여 말했다. 넓고 한적한 나시옹 거리에서 그들이 목청껏 대화하고 있는데도, 자그마한 할머니 한 사람만이 창가에 모습을 나타낼 뿐이었다. 이 할머니는 그곳에서 가만히 팔을 괴고는 금세라도 떨어지지 않나 하는 호기심에 찬 표정으로 건너편 지붕에 있는 남자를 바라보았다.

"그럼, 잘 있어요!" 보슈 부인이 다시 한번 큰 소리로 말했다. "일하는 데 방해가 되선 안 되죠."

쿠포는 돌아보며 지도르가 내미는 인두를 받았다. 그러나 관리인 아주머니는 그곳을 떠나려는 순간, 맞은편 보도에서 세브베즈가 나나의 손을 잡고 오는 것을 보았다. 보슈 부인이 바로 얼굴을 쳐들어 함석장이에게 그 사실을 알리려 하자, 젊은 아내는 격렬한 몸짓으로 그녀의 입을 막았다. 그리고 위에는 들리지 않도록 작은 목소리로 자기가 두려워하는 일을 얘기했다. 갑자기 자기가 소란을 떨어서 남편이 당황하여 떨어지면 어쩌나 꺼려했다. 그녀는 4년 동안 꼭 한 번 일터로 그를 찾아간 일이 있었다. 오늘이 두 번째였다. 하늘과 땅 사이의, 참새도 날지 않을 것 같은 곳에 남편이 있는 것을 보면 갑자기 피가 멈추어 몸이 마비될 지경이었다.

"그래요. 기분 좋은 일은 아니겠죠." 보슈 부인이 중얼거렸다. "우리집 그 양반은 재단사니까 그런 무시무시한 생각에 대해서는 난 모르지만요."

"처음엔 말이죠." 제르베즈가 말을 다시 받았다. "아침부터 밤까지 두려운 생각뿐이었어요. 그이 머리가 터져서 들것에 실려가는 모습이 언제나 머리에서 떠나지 않는 거예요…… 지금은 그렇게 골똘히 생각하지는 않지만요. 사람이란 무엇에건 익숙해지는 법인가 봐요. 먹고살기 위해서는 돈을 벌어야 하니까요…… 아무튼 꽤 비싼 빵을 먹는 셈이죠. 사람들은 차례를 기다릴 수 없어 빨리 죽기를 바라는 것처럼 꽤 자주 목숨을 내걸으니까요."

그녀는 입을 다물고 나나가 소리칠까 봐 치마 속에 아이를 감추었다. 그리고 새파랗게 질려서 자기도 모르게 바라보고만 있었다. 바로 그때 쿠포는 물받이통 옆에서 함석판 가장자리를 땜질하고 있었다. 그는 가능한 한 몸을 뻗어 보았지만 손이 끝에 닿지 않았다. 그래서 그는 노동자 특유의 여유만만하면서도 육중해 보이는 느린 몸놀림으로 대담한 모험을 했다. 잠시 동안 보도 위에 몸을 내민 채, 아무 데도 잡지 않고 침착하게 일에 집중했다. 아래에서 보니 주의 깊은 솜씨로 놀리는 인두질 밑에서는 납땜질의 하얗고도 조그마한 불꽃이 튀고 있었다. 제르베즈는 참을 수 없는 불안에 목이 죄는 듯해서 아무 말도 없이 두 손을 쥐고 애원하듯 기계적으로 추켜올렸다. 그런데 그녀가 크게 한숨을 내쉬었다. 쿠포가 마지막으로 다시 한 번 도로에 침을 내뱉고서, 조금도 서두르지 않고 지붕 위로 올라갔던 것이다.

"어라, 감시하는 거야!" 쿠포는 제르베즈의 모습을 보자 쾌활하게 소리쳤다. "보슈 아주머니, 집사람이 또 무슨 시시한 얘기를 했죠? 분명히 날 부르고 싶지 않았던 거예요…… 잠깐만 기다려, 10분 정도만 하면 끝나니까."

남은 것은 굴뚝에 갓을 씌우는 일이었지만, 그것은 전혀 힘든 일이 아니었다. 세탁부와 관리인 여자는 그대로 보도에 서서 자질구레한 주변 이야기를 나누면서, 나나가 시궁창을 허적거리며 작은 물고기를 찾지 못하도록 감시하고 있었다. 그리고 자주 지붕을 올려다보면서 지루하지 않다는 표시로 웃기도 하고 고개를 끄떡거리기도 했다. 길 건너 창가의 노파는 자리를 떠나지 않고 남자를 물끄러미 바라보며 기다리고 있었다.

"도대체 저 할망구는 무엇을 엿보고 있지?" 보슈 부인이 말했다. "흉한 상판 대기를 하고서!"

위쪽에서 함석장이가 〈아! 딸기 따기는 즐겁구나!〉라는 노래를 힘차게 부르는 소리가 들려왔다. 이제 그는 작업대에 몸을 굽히고 솜씨 있게 함석을 자르고 있었다. 컴퍼스를 한 바퀴 돌려서 줄을 긋고, 활처럼 휜 큰 가위로 커다란 부채꼴을 도려냈다. 그러고 나서 망치로 가볍게 두드려 이 부채꼴을 끝이 뾰족한 버섯 모양으로 구부렸다. 지도르는 또다시 화덕에 풀무질을 시작했다. 해는 그 건물 뒤, 서서히 엷어지면서 연한 보랏빛으로 변해 가는 커다란 장밋빛 속으로 가라앉고 있었다. 그리고 하루를 보낸 고요한 이 시각의 하늘에는, 터무니없이 커 보이는 두 노동자의 그림자가 작업대의 검은 가로대와 풀무의 괴상한 옆모습과 더불어 투명한 대기를 배경으로 뚜렷이 떠올랐다.

굴뚝 갓을 다 도려내자 쿠포가 불렀다.

"지도르! 인두!"

그러나 지도르는 온데간데없었다. 함석장이는 고래고래 소리를 지르면서 주위를 살펴보고, 열어놓은 다락방 천장을 통해 불러보았다. 마침내 바로 두어 채 떨어진 이웃집 지붕에서 그를 발견했다. 개구쟁이는 그 빈약한 금발 머리를 바람에 휘날리면서, 파리의 광대한 전망을 앞에 두고 눈을 깜박이며 근방을 살펴보고 있었다.

"이봐, 건달아! 너는 벌판에라도 있는 줄 아냐!" 쿠포가 화가 나서 소리쳤다. "넌 꼭 베랑제 선생 같구나. 아마 시라도 쓰려는 모양이지!…… 그 인두나 달란 말이다! 지붕 위에서 산책하는 놈은 처음 본다! 어서 네 애인을 끌고 와서 그 사랑의 노래를 불러주지그래…… 인두를 달란 말이다, 이 몹쓸 바보 녀석아!"

납땜질을 마치고 나서 그는 제르베즈에게 소리쳤다.

"자, 끝났어…… 이제 내려갈게."

갓을 씌워야 할 굴뚝은 지붕 한가운데에 있었다. 제르베즈는 마음이 가라앉아 남편의 몸놀림을 지켜보면서 계속 미소를 지었다. 나나는 갑작스레 아버지의 모습이 보이자 기뻐서 귀여운 두 손으로 손뼉을 쳤다. 그리고 쿠포가 있는 쪽을 더 잘 보려고 바닥에 주저앉았다.

"아빠! 아빠!" 나나가 온 힘을 다해 쿠포를 불러댔다. "아빠! 여기를 보세요!"

함석장이가 몸을 굽히려 했으나, 순간 발이 미끄러졌다. 그리고 갑자기, 다리가 꼬인 고양이처럼 힘없이, 무엇을 붙들 틈도 없이 비탈진 지붕에서 굴러떨어졌다.

"빌어먹을!" 그는 숨이 넘어가는 듯한 목소리로 외쳤다.

그리고 그는 떨어졌다. 그의 몸은 느슨한 곡선을 그리며 두 번 빙빙 돌고는, 높은 곳에서 내던져진 빨래 보따리처럼 둔탁한 소리를 내고 길 한복판에 내동댕이쳐졌다.

제르베즈는 목이 찢어질 정도로 큰 소리를 지르며 얼이 빠진 모습으로 두 팔을 쳐든 채 있었다. 지나가던 사람들이 달려와 무리를 이루었다. 보슈 부인은 몹시 당황해서 다리를 후들거리면서, 나나를 안고 얼굴을 가리어 그 광경을 보지 못하게 했다. 그동안 맞은편 작은 노파는 이제 만족한 듯 조용히 창문을 닫았다.

마침내 남자 네 명이 푸아소니에르 거리 모퉁이에 있는 약국으로 쿠포를 옮겼다. 사람들이 라리부아지에르 병원으로 들것을 가지러 간 동안, 그는 한 시간 가까이 약국 한가운데 담요 위에 누워 있었다. 아직 숨은 쉬고 있었으나, 약사는 고개를 흔들었다. 그제서야 제르베즈는 땅바닥에 무릎을 꿇고는, 얼굴이 온통 눈물로 뒤범벅되어 아무것도 눈에 보이지 않는 채로 넋을 잃고 끊임없이 흐느꼈다. 기계적인 동작으로 그녀는 손을 내뻗어 남편의 팔과 다리를 살그머니 만져보았다. 그러고는 약사가 만지면 안 된다고 했기 때문에 약사의 눈치를 살피며 손을 거두었다. 그러나 잠시 뒤 그녀는 남편의 몸에 온기가 남아 있나 확인해 보지 않고는 견딜 수가 없어서, 또 그렇게 하는 것이 그에게 좋으리라 생각되어서 다시 쿠포의 몸을 만지작거렸다. 겨우 들것이 도착하여 병원으로 데려가려고 하자 그녀는 벌떡 일어나서 사납게 외쳐댔다.

"안 돼요, 안 돼. 병원은 안 돼요!…… 우리는 뇌브드라구트도르 거리에 살고 있어요."

남편을 집으로 데리고 가면 치료비가 훨씬 비싸다고 설명했지만 소용이 없었다. 그녀는 고집스럽게 거듭 주장했다.

"뇌브드라구트도르 거리로 가세요. 내가 집을 가르쳐 드릴게요…… 당신들은 관계가 없잖아요? 돈은 가지고 있어요…… 내 남편이에요. 안 그래요? 내 남편이니까 나에게 맡기세요."

 그래서 그들은 쿠포를 집으로 데리고 갈 수밖에 없었다. 약국 앞에서 복닥거리고 있는 군중 속을 들것이 지나가자, 이웃 여자들은 흥분해서 제르베즈의 일에 대해 이러쿵저러쿵 떠들어댔다. 저처럼 절름발이이기는 하지만 근본은 굳건한 여자이니 틀림없이 남편을 살려내리라고 했다. 말하자면, 이렇게 심하게 다친 사람은 병원에 가면 의사들이 모두 죽이고 만다는 얘기였다. 보슈 부인은 나나를 자기 집으로 데려다 놓고 되돌아와서는 흥분하여 떨면서, 사고 내용을 매우 상세하게 끝없이 늘어놓았다.

 "나는 양고기를 사러 가는 중이었어요. 거기서 그가 떨어지는 것을 봤지 뭐예요." 보슈 부인은 몇 번이나 되뇌었다. "어린애 때문이었어요. 그 아이를 보려는 순간, 쾅! 아! 세상에! 사람이 떨어지는 건 두 번 다시 볼 게 못 돼요…… 어쨌든 양고기는 사러 가야겠네요."

 일주일 동안 쿠포는 위독한 상태였다. 집안 식구나 이웃 사람들도 모두 그가 곧 숨을 거둘 것이라고 생각했다. 진찰을 하러 온 의사는 한 번 왕진에 100수나 받는 비싼 의사였다. 그는 내부손상(內部損傷)을 염려하고 있었다. 내부손상이란 말에 모두들 겁을 먹었고, 근처에서는 함석장이가 그 충격으로 심장이 틀어져 버렸다고 떠들어댔다. 단 한 사람 제르베즈만은 날마다 계속되는 간병 때문에 얼굴은 창백했지만 진지한 표정으로 단호하게 어깨를 으쓱해 보였다. 그녀 남편은 오른쪽 다리가 부러졌다. 그건 누구나 다 알고 있는 사실이고, 그 다리는 의사가 고쳐줄 테니 더는 말할 필요도 없었다. 더구나 심장이 틀어졌다는 건 대수롭지 않았다. 그녀가 그 심장을 제자리로 돌려놓을 것이다. 심장을 원상 복귀하는 방법은 그녀가 알고 있었는데, 자상한 돌봄과 청결 그리고 변함없는 애정이었다. 그녀는 그가 틀림없이 회복하리라는 강한 확신을 보이면서 남편 곁을 지켰으며, 열이 날 때면 그의 손을 비벼주었다. 그녀는 단 한 순간도 의심하지 않았다. 일주일 내내 그녀는 선 채로 말없이 그를 구하겠다는 생각에만 빠져서 아이들, 거리, 도시 전체를 잊고 있었다. 아흐레째 되던 날 저녁, 의사가 마침내 환자의 목숨은 건졌다고 대답하자, 그녀는 다리 힘이 쭉 빠지고 등뼈가 으스러진 것처럼 의자에 쓰러져 하염없이 눈물을 흘렸다. 그날 밤, 그녀는 침대 끝에 머리를 기대고 두 시간 자기로 했다.

 쿠포의 사고 소식에 일가 친척들은 당황했다. 쿠포 어머니는 밤에는 반드시 제르베즈와 함께 지냈다. 하지만 9시만 되면 의자에서 잠들어 버렸다. 르라 부인은 밤마다 일터에서 매우 먼 길을 돌아서 무슨 좋은 소식이라도 있나 알고 싶어서 쿠포를 보러 들렀다. 로리외 부부는 처음에는 하루에도 두세 번씩 찾아와서 밤샘을 자청하기도 하고, 제르베즈를 위해 안락의자를 갖다주기도 했다. 그러나 얼마 가지 않아서 환자를 간호하는 방법 때문에 제르베즈와 싸움이 벌어졌다. 로리외 부인은 어떤 식으로 간호해야 좋은지 자신은 잘 알고 있기 때문에 지금까지 여러 사람을 구했다고 주장했다. 그녀는 또 제르베즈가 동생 침대에서 자기를 밀어내려 든다고 비난했다. 물론 저 절름발이가 쿠포를 구하려 하는 것은 당연한 일이다. 결국 그녀가 나시옹 거리에 가서 일을 방해하지만 않았더라면 동생이 떨어지지는 않았을 것이기 때문이다. 그렇지만 저런 식으로 간병을 한다면 동생은 틀림없이 죽고 말 것이다.

쿠포가 위험한 고비를 넘긴 것을 보자, 제르베즈는 전처럼 심한 질투심으로 남편의 병상을 독점하던 일은 그만두었다. 이제 죽을 염려는 없었기 때문에 안심하고 사람들이 다가가도록 놔두었다. 일가 친척들이 모두 방에 모였다. 완쾌까지는 매우 오랜 시간이 걸릴 것이다. 의사는 넉 달을 잡고 있었다. 그래서 함석장이가 잠들어 있는 동안 로리외 부부는 제르베즈를 멍청이라고 깎아내렸다. 남편을 집에 데리고 왔기 때문에 회복이 많이 늦어졌고, 병원에서 치료했더라면 두 배는 더 빨리 일어날 수 있었을 것이라고 말했다. 로리외는 자기라면 지체 없이 라리부아지에르에 입원시켰을 것임을 보여주기 위해, 어떤 작은 상처라도 입기를 바라기까지 했다. 로리외 부인은 그곳에서 퇴원한 한 부인을 알고 있었다. 아 글쎄! 그 부인은 아침저녁으로 닭고기를 먹었다. 그리고 로리외 부부는 회복 기간 넉 달 동안 쿠포에게 들어갈 치료비를 몇 번이고 계산해 보았다. 먼저 일을 못하게 되어 손해를 보는 임금, 왕진료와 약값, 좀더 지나면 먹여야 할 고급 포도주와 설익은 고깃값. 만일 쿠포가 얼마 안 되는 저축을 먹어치우는 것으로 끝난다면 그래도 다행스러운 일이다. 하지만 돈을 빌리게 될지도 모를 일이다. 그럴 수도 있다. 아! 그건 모두 그들의 책임이다. 특히 환자를 먹여 살릴 만큼 넉넉하지 못한 일가 친척에게 기대하는 건 안 될 말이다. 절름발이에게는 안쓰러운 일이지만 그렇지 않은가? 다른 사람들처럼 제르베즈가 남편을 병원으로 데려갔더라면 좋았을 것이다. 그랬다면 제르베즈가 그렇게 교만한 여자가 되지도 않았을 터였다.

어느 날 밤, 로리외 부인은 갑자기 짓궂게 제르베즈에게 물었다.

"아 참! 자네 가게는 언제 세낼 건가?"

"그래." 로리외가 히죽거렸다. "관리인이 아직도 자네를 기다리고 있지."

제르베즈는 숨이 탁 막혔다. 가게 일은 완전히 잊고 있었다. 하지만 쿠포의 사고로 가게 일이 무산되었다고 생각한 사람들은 짓궂게도 그 일을 들추며 좋아하고 있다는 것을 제르베즈는 알아차렸다. 실제로 그날 저녁부터 그들은 물거품이 되어버린 그녀의 꿈을 비웃어 줄 기회를 노렸다. 그리고 무엇이건 실현되지 못할 희망이 화제에 오르면, 제르베즈가 큰길가에 훌륭한 가게 여주인이 되는 날까지 미뤄 두자고 빈정거리는 것이었다. 그러면서 뒤로는 욕설을 늘어놓았다. 제르베즈는 그따위 좋지 못한 억측은 하고 싶지 않았지만, 틀림없이 지금 로리외 부부는 쿠포의 사고를 무척 즐기고 있는 것 같았다. 이번 일로 해서 제르베즈가 구트도르 거리에 세탁소를 차리는 일이 틀려버렸으니 말이다.

그래서 그녀로서도 짐짓 웃어대며 남편 치료비를 얼마나 아낌 없이 쓰고 있는가를 그들에게 보여주려 했다. 괘종시계 유리 뚜껑을 열고 예금통장을 그들 앞에서 꺼낼 때마다, 제르베즈는 즐거운 표정으로 말했다.

"나가서 가게를 얻어봐야죠."

그녀는 단번에 돈을 다 찾고 싶지 않았다. 서랍장 속에 많은 돈을 쌓아놓지 않기 위해서 100프랑씩 찾아왔다. 그리고 저금을 찾을 때마다 기적이 일어나서, 갑자기 병이 완쾌되어 저금을 다 찾지 않아도 되기를 막연하게 기대해 보기도 했다. 은행에 갈 때마다, 그녀는 집에 돌아와서 아직도 은행에 남아 있는 금액을 종이쪽지에 써서 계산해 보았다. 그것은 오직 확실하게 해두기 위해서였다. 금액은 눈에 띄게 줄어들었지만 그녀는 침착하게, 조용히 미소를 지으며 허물어져 가는 자기네 저금을 계산해 보았다. 돈을 이처럼 활용하고 있다는 것, 불행에 맞닥뜨렸을 때 쓸 돈이 손안에 있다는 것만으로도 벌써 큰 위안이 아니겠는가? 그렇게 생각하니 조금도 후회할 일이 아니어서 괘종시계의 유리 뚜껑을 열고 아래쪽에 조심스럽게 저금통장을 내려놓았다.

구제 모자는 쿠포가 병상에 누워 있는 동안 제르베즈에게 매우 친절했다. 구제 부인은 언제나 그녀의 일을 보살펴 주었다. 그녀는 내려오기만 하면 반드시 제르베즈에게 설탕이나 버터, 소금이 필요하지 않느냐고 물었다. 수프를 만드는 저녁이면, 언제나 가장 먼저 우러난 고기채소 수프를 가져다주었다. 뿐만 아니라 그녀가 바쁜 것 같으면, 부엌일을 도와주기도 하고 설거지도 해주었다. 구제는 아침마다 제르베즈의 양동이를 들고 푸아소니에르 거리의 공동 수도에 가서 물을 길어다 주었다. 그럼으로써 2수가 절약되었다. 그리고 친척들이 방문하지 않은 날이면 저녁을 먹고 구제 모자는 쿠포 부부를 찾아와 말벗이 되어주었다. 10시까지 두 시간 동안 대장장이 구제는 제르베즈가 환자를 돌보는 것을 보면서 담배를 피웠다. 그는 저녁 내내 열 마디도 하지 않았다. 딱 벌어진 어깨에 금발 머리의 큰 얼굴을 가진 구제는 제르베즈가 질그릇에 달인 약을 따르거나 스푼으로 설탕을 소리나지 않게 휘젓는 모습을 보고 감동했다. 그녀가 담요를 침대에 말아 넣기도 하고, 쿠포를 다정한 말로 격려하는 모습을 보고는 마음이 통째로 흔들렸다. 이렇게 충실한 여자를 본 일이 없었다. 다리를 절고 있는 모습도 전혀 우습지 않았다. 남편 곁에서 하루 종일 부지런히 움직이고 있는 것이 오히려 돋보일 정도였다. 말로 표현할 수 없는 일이다. 식사할 때조차 그녀는 15분도 가만히 앉아 있지를 않았다. 끊임없이 약국으로 달려가고, 더러운 것에 코를 들이대기도 하고, 모든 것을 처리하는 단 한 칸짜리 방이나마 잘 정돈하려고 무척이나 애를 썼다. 게다가 서서 눈을 뜨고 잘 정도로 피곤한 날 밤에도 불평 한 마디 없이 언제나 상냥한 모습이었다. 대장장이는 이 헌신적인 분위기 속에서, 가구들 위에 약품 따위가 흐트러져 있는 한가운데서 제르베즈가 쿠포를 사랑하며 정성껏 간호하는 모습을 보고 있는 동안, 그녀에 대해 깊은 애정이 솟구쳐 올랐다.

"이봐! 형, 이제 다 나았군요." 구제가 어느 날 회복기의 환자에게 말했다. "나는 걱정 안 했어요. 부인은 정말 천사 같은 분이에요!"

구제는 결혼하기로 되어 있었다. 그의 어머니는 자신처럼 레이스 만드는 일을 하는 아주 적당한 아가씨를 찾아내서, 그 아가씨와 구제를 어떻게든 결혼시키고 싶어했다. 어머니를 실망시키지 않기 위해서 구제는 승낙했고, 혼례 날짜도 9월 초로 결정이 된 터였다. 새 살림을 꾸미기 위한 비용은 오래전부터 은행에 잠들어 있었다. 그러나 제르베즈가 혼인에 대해 말을 꺼내자, 그는 고개를 저으며 느릿한 말투로 중얼거렸다.

"여자라고 모두 다 당신 같지는 않아요, 쿠포 부인. 만약 여자들이 부인 같다면, 열 번이라도 결혼할 거예요."

그러는 동안 두 달이 지나가서, 쿠포가 일어나게 되었다. 멀리까지는 가지 못해도, 제르베즈의 도움을 받아 침대에서 창문까지는 오갔다. 쿠포는 창가에서는 로리외 부부가 준 안락의자에 앉아 오른쪽 다리를 낮은 의자에 올려놓았다. 얼음판에서 누군가 미끄러져 다리가 부러졌다는 말을 들으면, 일부러 찾아갈 만큼 장난을 좋아하던 쿠포도 자신의 사고에는 몹시 화가 치밀었다. 그는 철학적일 수가 없었다. 신을 저주하고 모든 사람들을 괴롭히면서 지난 두 달 동안을 침대에서 보냈다. 정말 한쪽 다리를 소시지처럼 끈으로 꽁꽁 동여매고 벌렁 누워서 보내려니 살아 있다고 말할 수 없었다. 아! 이렇게 하고 있자니 천장 박사가 되었다. 알코브 구석진 곳에 틈새가 하나 있다. 눈을 감고서도 그 모양을 그려낼 수 있을 정도이다. 그리고 안락의자에 앉으니, 또 그런대로 다른 잔소리가 튀어나왔다. 미라처럼 언제까지 이런 곳에 못 박혀 있으란 말인가? 거리를 보아도 별 재미가 없다. 아무도 지나가지 않고 온종일 표백액 냄새만 난다. 아니, 정말 지겨워 죽을 지경이다. 파리 시의 성벽 공사가 어떻게 되었는지 그것만이라도 보러 갈 수 있다면, 생명을 10년 단축시켜도 좋다. 이런 불평을 하면서 결국에는 언제나 운명을 격렬하게 저주했다. 이런 사고는 불공평하다. 자기처럼 선량하고 게으르지도 않고 주정뱅이도 아닌 노동자에게 이런 일이 일어나다니, 정말 합당치 않다. 아마도 다른 사람들에게 이런 일이 일어났다면 이해가 갈 것이다.

"우리 아버지는 어느 날, 술에 취해서 목이 부러졌지." 그가 말했다. "자업 자득이라고까지는 못해도 그럴 만도 했어…… 그렇지만 나는 술 한 방울도 마시지 않고 바보처럼 조용히 일만 했지. 그저 나나에게 웃어주려고 돌아다보는 순간에 떨어졌단 말이야!…… 이건 좀 지나치지 않은가? 만일 신이 계시다면, 이상한 일이 아닌가. 아무리 생각해 봐도 알 수 없는 일이야."

다리가 회복되자, 그는 어렴풋이 자신이 하던 일에 울분을 느끼게 되었다. 날이면 날마다 고양이처럼 홈통을 따라다니며 하루를 보내는 건 비참한 직업이다. 부르주아들도 바보는 아니다! 그 녀석들은 아주 겁쟁이어서 위험한 사다리 타기를 못하니까, 생명과 관련된 일은 남에게 맡기고 자신들은 난로 옆에 버티고 앉아서 가난뱅이들을 비웃는다. 그는 마침내 자기집 지붕 함석은 자기가 깔아야 한다고까지 말하게 되었다. 그렇다! 당연히 그래야만 한다. 젖기 싫으면 무엇이든 뒤집어쓰면 된다. 그러고 나서, 그는 보다 더 그럴싸하고 위험이 적은 다른 직업, 말하자면 고급 가구를 만드는 일을 배워 두면 좋았을 텐데,

후회했다. 그것도 아버지의 잘못이다. 아버지란 어리석어서, 자식에게 기어이 자신의 직업을 강요하는 좋지 못한 버릇이 있다.

또다시 두 달 동안, 쿠포는 목발을 짚고 다녔다. 처음에는 길까지 내려가서 집 앞에서 담배를 피울 수 있을 정도였다. 다음으로 외곽 대로까지 햇살 속을 어슬렁거리기도 하고, 벤치에서 몇 시간이고 보내기도 했다. 그는 전처럼 다시 명랑해졌는데, 사람들과 엄청난 수다를 떨고 오래 산책을 하는 동안 점점 예민해졌다. 그리고 그는 살아 있다는 즐거움과 아무 일도 하지 않는 기쁨을 누리고, 팔다리를 제멋대로 버려둔 채, 근육을 달콤한 햇볕에 내맡기고 있었다. 그것은 어떤 게으름의 정복으로, 마치 게으른 버릇이 회복기를 틈타 쳐들어오듯 쿠포의 피부 속으로 파고들어가 간질이면서 그를 마비시켰다. 산책을 끝내고 집으로 돌아갈 때면 쿠포는 인생이 아름답다 느끼고 빈정대기도 하면서 그렇게 아름다운 인생이 왜 계속될 수 없는지 모르겠다고 생각했다. 더는 목발이 필요 없게 되자 쿠포는 더욱 멀리 산책을 갔고, 동료들을 만나러 그들의 일터로 찾아다녔다. 새로 짓는 건물 앞에서 팔짱을 낀 채 냉소를 머금고 머리를 흔들거리고 서 있거나 일꾼들과 잡담을 나누었다. 쿠포는 일꾼들에게 자신의 다리를 내보이며 안달복달 일해 봤자 이런 꼴이 되기 쉽다고 그들을 비웃기도 했다. 쿠포는 열심히 일하는 노동자들을 조롱하는 동안 그의 마음속에 쌓아왔던 노동에 대한 원한이 풀리는 것만 같았다. 물론 그도 다시 일할 것이고, 그렇게 해야만 했다. 하지만 가능한 한 그 시기를 늦출 것이다. 오! 이런 대가를 치렀으니 열정을 잃는 게 마땅하다. 게다가 조금쯤 게으른 것도 멋진 일 같았다!

오후에 심심할 때면 쿠포는 로리외 부부 집으로 올라갔다. 그는 자신을 몹시 동정하고 온갖 상냥한 말로 친절하게 맞아주는 부부에게 마음이 끌렸다. 결혼 뒤 몇 년 동안은 제르베즈의 영향으로 그들을 멀리했었다. 이제는 그들이 쿠포를 다시 사로잡고 아내가 무서우냐고 놀려댔다. 그렇다면 그는 남자도 아니다! 그러나 로리외 부부는 몹시 신중한 태도로 세탁부를 지나칠 정도로 칭찬했다. 쿠포는 아내와 말다툼을 할 정도는 아니었지만, 누나가 당신을 칭찬하더라고 전하며 좀더 누나에게 호의를 가져보라고 부탁했다. 맨 처음 부부 싸움은 어느 날 밤, 에티엔 때문에 일어났다. 함석장이는 그날 오후 내내 로리외 부부 집에서 지냈다. 집에 돌아와 보니 식사 준비도 안 되어 있는 데다 아이들은 수프를 달라고 울어댔다. 순간, 그는 갑자기 에티엔을 야단치며 살짝 머리를 두 번 때렸다. 그리고 한 시간 가까이 불평을 늘어놓았다. 이놈은 내 아이가 아닌데 왜 집에 있게 했는지 모르겠다고, 나중에는 내쫓아 버릴 수도 있다고 했다. 그는 지금까지 별 군소리 없이 아이를 키워온 것이다. 이튿날이 되자 그는 아버지로서의 위엄을 내세웠다. 사흘 뒤부터는 아침저녁으로 아이 엉덩이를 걷어차게 되었다. 그래서 아이는 그가 올라오는 소리가 들려오면 구제 집으로 도망갔다. 그곳에서는 레이스를 짜는 나이 든 부인이, 아이가 숙제를 할 수 있도록 탁자 한구석을 비워 주었다.

제르베즈는 오래전에 다시 일을 하기 시작했다. 괘종시계 유리 뚜껑을 열었다 닫았다 하는 따위의 일은 이제 안 해도 되었다. 저금을 모두 다 써버렸기 때문이었다. 그리고 뼈가 부서지게 일을 해야 했다. 네 사람을 위해서 열심히 일했다. 네 식구를 그녀 혼자서 먹여 살렸다. 사람들이 그녀를 동정하는 소리를 들으면, 그녀는 재빨리 쿠포를 변명해 주었다. 생각해 봐요! 그는 그토록 커다란 고통을 겪었어요. 성격이 까다로워졌어도 놀랄 만한 일이 못 돼요! 하지만 건강을 회복하면 그것도 좋아질 거예요. 쿠포가 이제는 일터로 돌아갈 수 있을 만큼 튼튼해졌다고 누군가 말하면, 그녀는 다시 외쳤다. 아녜요, 아녜요, 아직 안 돼요! 그이를 다시 자리에 눕게 하고 싶진 않아요. 의사 선생님도 틀림없이 같은 말씀을 하실 거예요! 쿠포에게 일을 못하게 하는 것은 바로 그녀였으며, 아침마다 그녀는 남편에게 서두르지 마라, 무리하지 마라, 되풀이해서 다짐했다. 심지어 그의 조끼 주머니에 20수 동전 몇 닢을 넣어주기도 했다. 쿠포는 그것을 당연한 일로 받아들였다. 그리고 여기가 아프네 저기가 아프네 하면서 응석까지 부리려 들었다. 반년이 지났는데 회복기는 여전히 계속되었다. 이제는 남들이 일하는 모습을 구경하러 간 날이면, 자청해서 동료들과 술도 한잔씩 마셨다. 어쨌든 술집이란 그리 기분 나쁜 곳은 아니다. 그곳에서 농담도 하고 얼마 동안 쉬기도 하니까. 이 정도라면 별로 부끄러운 일은 아니다. 잘난 체하는 녀석들이나 문간에서 목 말라 죽을 지경인 표정을 하고 있다. 이전에 모두들 나를 놀려댄 것도 무리는 아니다. 포노주 한두 잔으로 사나이가 죽는 일은 절대로 없을 테니까. 이렇게 말하면서 그는 포도주만 마신다고 자랑하며 가슴을 쳤다. 언제나 포도주만 마신다. 브랜디는 절대로 입에 대지 않는다. 포도주는 수명이 연장되고 몸을 불편하게 만들지 않는다. 또 곤드레만드레도 되지 않는다. 그렇게 일터에서 일터로, 카바레에서 카바레로 떠돌아다니며 거나하게 취해서 집으로 돌아가는 일이 몇 번 있었다. 그런 날이면 제르베즈는 머리가 몹시 아프다는 핑계로, 쿠포의 주정을 구제 모자에게 들키지 않게 하려고 문을 닫아버렸다.

그러는 동안 젊은 아내는 조금씩 울적해져 갔다. 아침저녁으로 그녀는 구트도르 거리로 으레 가게를 보러 갔고, 그곳은 아직도 세를 내놓은 채였다. 그러고 나면 그녀는 어른이 해서는 안 될 어린애 짓을 한 것처럼 사람들 눈을 피했다. 그 가게가 또다시 그녀를 들뜨게 했다. 밤이 되어 불을 끄면 눈을 뜬 채로 그 일을 생각하며 금지된 쾌락이 지니는 매력을 마음껏 맛보았다. 계산을 또 한 번 해보았다. 집세 250프랑, 도구와 설비비 150프랑, 이 주일 동안 생활비 100프랑, 합계 500프랑, 이것이 최저 금액이었다. 그녀가 계속 이런 얘기를 입 밖에 내지 않은 것은 자기가 쿠포의 부상 때문에 써버린 저금을 아까워하는 것처럼 오해할까 봐서였다. 그녀는 자기 희망을 실수로 내뱉을 뻔하다가는 어쩐지 천박한 것 같은 생각이 들어 말을 삼켜버리고 파랗게 질리는 때가 있었다. 이제 그렇게 큰돈을 저축하려면 4년 내지 5년은 일해야 할 것이다. 지금 당장 가게를 차릴 수 없다는 게 제르베즈는 슬펐다. 쿠포에게 의지하지 않고, 그가 일할 기분이 날 때까지 몇 달쯤 내버려 두었어도 살림살이는 그럭저럭 꾸려 나갈 만했다. 그래도 가끔씩 쿠포가 기분 좋게 돌아와서, 술을 한잔 산 '장화' 녀석의 재미있고 우스운 얘기를 한바탕 늘어놓으며 노래를 할 때면, 그녀도 때때로 밀어닥치던 공포에서 벗어나 앞날에 대한 확신이 생겼고, 마음도 편해졌다.

어느 날 밤 제르베즈 혼자 집에 있었는데, 구제가 들어오더니 여느 때처럼 곧바로 돌아가려 하지 않았다. 그는 자리를 잡고 앉아서 그녀의 얼굴을 바라보며 담배를 피웠다. 분명히 무엇인가 그녀에게 중요한 할 말이 있는데 적당한 말이 떠오르지 않아 궁리하고 되새기는 것 같았다. 마침내 무거운 침묵 끝에 그는 결심을 했는지, 담뱃대를 입에서 떼고서 단숨에 이렇게 말했다.

"제르베즈 부인, 내가 당신에게 돈을 꾸어드려도 괜찮을까요?"

제르베즈는 서랍장 한 칸에 몸을 굽히고 걸레를 찾고 있었다. 그녀는 새빨개진 얼굴로 몸을 들었다. 아침에 자기가 10분 가까이 그 가게 앞에서 홀린 듯이 서 있는 것을 구제가 보았단 말인가? 상대방의 자존심을 건드렸다고 생각했는지 구제가 어색하게 웃었다. 그러나 그녀는 단호하게 거절했다. 언제 갚을지도 모르는 돈을 빌릴 수는 없는 일이다. 그리고 그건 정말 너무 큰돈이다. 그가 당황하여 계속 고집하자, 그녀는 마침내 이렇게 소리쳤다.

"하지만 당신 결혼은 어쩌려고요? 당신 결혼 비용을 내가 쓸 수는 없어요."

"아! 그런 걱정은 마십시오." 이번에는 그가 얼굴을 붉히면서 대답했다. "나는 결혼하지 않을 겁니다. 실은 좀 생각해 볼 일이 있어서…… 정말 당신에게 돈을 빌려드리고 싶어요."

그러자 두 사람 다 고개를 숙이고 말았다. 둘 사이에는 말은 없었지만, 아주 감미로운 그 무엇이 있었다. 그리고 제르베즈는 그 제안을 받아들였다. 구제는 그의 어머니에게 미리 말을 해놓았었다. 두 사람은 층계참을 질러서 곧바로 구제 어머니를 만나러 갔다. 레이스 직공은 자수틀 위에 그 조용한 얼굴을 숙이고 있었는데, 엄숙하고 약간 슬픈 기색이었다. 그녀는 아들에게는 반대하지 않았지만 제르베즈의 계획에는 찬성하지 않았다. 그리고 그 이유를 분명히 말해 주었다. 쿠포가 타락했기 때문에 그가 그녀의 재산을 들어먹게 되리라는 것이다. 특히 그녀는 회복기에 책 읽기를 가르쳐 주겠다고 제안했다가 함석장이에게 거절당한 일로 그를 용서할 수 없었다. 대장장이가 가르쳐 주겠노라고 했는데도 쿠포는 학문 따위는 사람을 비쩍 마르게 한다고 비난하면서 퇴짜를 놓았다. 그 일로 이 두 노동자는 사이가 틀어져 서로 상대방의 일에 참견하지 않게 되었다. 하지만 구제 부인은 자기 큰 아기의 애원하는 듯한 눈초리를 보고 제르베즈를 매우 친절하게 대해 주었다. 그리고 이웃 부부에게 500프랑을 빌려주기로 하되, 다달이 20프랑씩 돌려받기로 했으며, 기간도 따로 정하지 않았다.

"이봐! 대장장이 녀석이 당신에게 눈독을 들이고 있는 거야." 쿠포는 그 이야기를 듣고 웃으면서 큰 소리로 말했다. "오! 난 아무렇지도 않아. 그 녀석은 얼간이니까…… 물론 돈은 갚아야지. 하지만 사기꾼한테 걸리면, 그 녀석 꼼짝없이 당하고야 말걸."

이튿날 쿠포 부부는 그 가세를 빌렸다. 제르베즈는 하루 종일 뇌브 거리에서 구트도르 거리로 뛰어다녔다. 그녀가 그처럼 가볍게, 다리도 절지 않을 정도로 들떠서 오가는 것을 보고, 이웃 사람들은 그녀가 수술을 받은 게 틀림없다며 수군거렸다.

제5장

　때마침 보슈 부부는 바로 푸아소니에르 거리를 떠나, 4월 말부터 구트도르 거리의 큰 건물 관리실로 옮겨와 있었다. 어쨌든 얼마나 운이 좋은가! 그러나 이제까지 뇌브 거리의 작은 집에서 관리인 없이 조용한 생활을 해왔던 제르베즈인지라, 물을 엎질렀느니, 저녁때 문을 너무 세게 닫았느니 하는 일로 말다툼을 벌이게 될지도 모르는 심술궂은 남자의 지배 밑으로 들어가 감시를 받아야 한다는 점이 걱정스러웠다. 정말 관리인이란 귀찮은 존재이다! 하지만 보슈 부부와 함께라면 즐겁게 지낼 수 있을 것이다. 잘 아는 사이니까 서로 잘 통할 것이다. 결국 한 식구처럼 지내게 되리라.

　집을 얻은 날, 부부가 함께 임대차계약에 서명하러 갔을 때, 제르베즈는 건물의 높은 문을 들어가면서 가슴이 뿌듯해지는 기분이었다. 작은 도시처럼 드넓은 이 건물, 계단이나 복도가 끝없는 거리처럼 길게 이어지고 교차하는 이 건물에, 이제 그녀가 들어와 살게 된다. 창문마다 누더기를 햇볕에 내걸고 있는 회색 바깥벽, 광장처럼 여기저기 포석이 움푹 패여 있는 음산한 안마당, 집집 벽에서 새어나오는 일하는 소리, 이러한 것들에 그녀는 매우 동요되어 마침내 오랜 염원이 이루어지고 있다는 기쁨도 맛보았고, 일에 실패하여 일찍이 겪어본 굶주림과의 격심한 싸움에 짓눌릴지도 모른다는 두려움도 느꼈다. 열쇠장이의 쇠망치와 고급 가구를 만드는 목수의 대패로 아래층 작업장 안에서 울리는 소리를 듣고 있자니 그녀 자신이 아주 터무니없는 짓을 저질렀고, 또한 진동하고 있는 기계 속에 뛰어드는 기분이었다. 그날, 현관 아래를 흐르는 염색집의 물은 아주 엷은 사과빛 녹색이었다. 그녀는 미소를 지으며 그 물을 건너뛰었다. 그리고 그 물빛에서 희망을 보았다.

　보슈 부부의 관리실에서 집주인을 만났다. 라페 거리에서 식칼 장사를 크게 벌이고 있는 마레스코 씨는, 예전에는 거리를 돌아다니며 회전숫돌로 칼을 갈았었다. 들리는 바에 의하면 지금은 백만장자라고 했다. 뼈마디가 불거져 나온 건장한 쉰다섯 살 남자로, 훈장을 달고서 노동자 출신다운 커다란 손을 자랑삼아 내보였다. 그의 즐거움 가운데 하나는 세든 사람들의 식칼이나 가위를 가지고 와서 재미로 직접 가는 것이었다. 그는 거만하지 않다는 평을 듣고 있었는데, 집세를 받을 때면 관리실 한구석에 쪼그리고 앉아 몇 시간이고 가만히 있었기 때문이다. 그는 모든 일을 그곳에서 처리했다. 쿠포 부부가 들어섰을 때, 마침 그는 보슈 부인의 기름때 묻은 식탁 앞에서, A 계단 3층에 사는 재봉집 여자가 불쾌한 투로 집세를 낼 수 없다고 했다는 말을 관리인에게서 듣고 있는 중이었다. 그리고 계약 서명이 끝나자, 그는 함석장이에게 악수를 청했다. 그는 노동자들을 좋아했다. 옛날에는 그도 무척 고생을 했다. 하지만 노동이야말로 모든 것에 다다르는 길이었다. 그는 처음 반년 치의 250프랑을 계산하여 큼직한 주머니에 집어넣고는, 자신의 생애를 얘기하고 훈장을 보여주었다.

그동안 제르베즈는 보슈 부부의 태도를 보면서 약간 거북한 느낌을 받았다. 그들은 제르베즈를 모르는 척했다. 집주인에게 친절을 다하고, 굽실거리고, 말이 떨어지자마자 기다렸다는 듯이 끄떡이며, 그 말에 동의했다. 보슈 부인은 재빨리 나가서 공동 수도 앞에서 수도꼭지를 한껏 틀어 포석을 흠뻑 적시고는, 물속에서 진흙을 튀기며 놀고 있는 애들을 쫓아버렸다. 그리고 치맛자락 속에서 몸을 똑바로 세우고, 엄격한 표정으로 이 건물의 질서가 바로잡혀 있나 확인하듯이 모든 창을 천천히 살펴보며 안마당을 가로질러 돌아왔다. 삼백 가구가 넘는 셋집을 지배하게 된 지금, 자기에게 어떤 권위가 주어졌는가를 말하고 싶은 듯, 입술을 꽉 오므리고 새침한 표정을 짓고 있었다. 보슈는 3층 재봉사 얘기를 다시 꺼냈다. 보슈는 그 여자를 내쫓자는 의견이었다. 그리고 직무를 침해당한 관리인답게 거드름을 피우면서 밀린 집세를 계산했다. 마레스코 씨는 내쫓자는 의견에 동의했으나, 이번 반기(半期)가 끝날 때까지 기다려 보자고 했다. 그들을 거리로 내쫓는 것은 가혹하다, 더구나 그것이 집주인 주머니에 한 푼의 이익도 안 된다면야 더더욱 그러하다는 것이었다. 이런 얘기를 듣고 제르베즈는 가벼운 진율을 느끼며, 자기도 언젠가 불행하게도 집세를 못치르게 되면 한길에 내쫓기게 되는 것이 아닌가, 마음속으로 자신에게 물어보았다. 연기로 그을린 관리실은 침침한 가구들로 어수선하고 습했으며, 지하실 같은 납덩이 빛으로 우중충했다. 창으로 들어오는 빛은 모두 바로 앞 재단대 위에 떨어졌다. 거기에는 헌 프록코트가 뒤집어진 채 펼쳐져 있었다. 한편 보슈 부부의 딸인 네 살 난 붉은 머리 폴린은 바닥에 앉아서 송아지 고기가 익어가는 모습을 얌전히 바라보며, 냄비에서 피어오르는 강한 요리 냄새에 취해 넋을 잃고 있었다.

　마레스코 씨가 또다시 함석장이에게 악수를 하자고 손을 내밀자, 함석장이 쿠포는 집수리 얘기를 꺼내며, 그 얘기는 나중에 하자고 한 집주인의 말을 상기시켰다. 그런데 집주인은 버럭 화를 내며 약속한 적은 없고, 또한 가게를 수리해 주는 경우는 없다고 했다. 그러나 쿠포 부부와 보슈와 함께 현장을 보러 가자는 데는 동의했다. 그 잡화상은 선반과 카운터 설비 일체를 갖고 나가버렸다. 텅 빈 가게는 컴컴한 천장과 틈이 난 벽을 드러내고 있었는데, 그 벽에는 낡아빠진 누런 벽지 조각이 매달려 있었다. 소리가 울리는 그 텅 빈 방 안에서 맹렬한 말다툼이 벌어졌다. 마레스코 씨는 가게를 꾸미는 일은 상인 몫이라고 했다. 상인이라면 누구나 할 것 없이 가게를 번쩍이게 하고 싶은 법이지만, 집주인은 그렇게 할 수 없기 때문이라는 것이다. 그리고 라페 거리에 2만 프랑 넘게 들인 자기 가게 설비 얘기를 했다. 제르베즈는 여자 특유의 고집스러움으로, 그녀가 생각하기에 반박의 여지가 없을 듯한 이론을 늘어놓았다. 주택이라면 벽지를 발라주어야 당연하지 않은가? 그런데 왜 가게는 주택으로 간주하지 않는가? 그녀의 요구는 별다른 게 아니라 천장을 하얗게 칠하고 벽지를 다시 발라달라는 것뿐이었다.

　그러는 동안 보슈는 냉랭하고 태연한 태도를 버리지 않았다. 말없이 돌아다니며 허공을 바라보곤 했다. 쿠포가 아무리 눈짓을 해봐야 소용이 없었다. 집주인의 기분을 움직일 만한 상당한 힘이 있으면서도 그것을 함부로 쓰지 않으려는 눈치였다. 그러나 마침내 표정을 내보여 웃음을 띠면서 고개를 끄덕였다. 그래서 마레스코 씨는 매우 화가 났지만 어쩔 수 없이 돈을 빼앗기는 수전노처럼, 슬픈 표정으로 떨리는 열 손가락을 벌리고서 제르베즈에게 양보하며 천장과 벽지를 발라주겠노라고 약속했다. 하지만 그것도 그녀가 벽지 비용의 반을 낸다는 조건부였다. 그리고 그 이상은 더 들으려 하지 않고 재빨리 달아나 버렸다.

　그리하여 보슈는 쿠포 부부만이 남자, 매우 다정한 태도로 그들의 어깨를 탁탁 두드렸다. 어때? 멋지게 잡았지! 내가 없었더라면 벽지도 천장도 얻지 못했을 것이다. 집주인이 나에게 눈짓으로 어떻게 할까 묻기에 내가 미소를 지었더니 급하게 결정을 내렸는데, 그걸 알아차렸나? 그러고는 비밀 얘기를 하듯이 이 건물의 진짜 지배자는 자기라고 털어놓았다. 그가 내쫓는 일을 결정하고, 마음에 드는 사람에게는 빌려주며, 집세를 받아서 이 주일 동안은 서랍장에 넣어둔다고 했다. 그날 밤 쿠포 부부는 감사의 표시로 보슈 부부에게 포도주 2리터쯤을 선물로 보내주어야 예의라고 생각했다. 선물할 만한 값어치가 있었다.

그리고 월요일이 되자 일꾼들이 가게를 꾸미기 시작했다. 벽지를 사들이는 일이 특히 힘들었다. 제르베즈는 벽을 밝고 산뜻하게 꾸미고 싶어서 회색 바탕에 파란 꽃무늬가 있는 벽지로 하고 싶었다. 보슈가 그녀를 데리고 가서 마음에 드는 벽지를 고르게 하겠다고 했다. 그러나 보슈는 한 두루마리에 15수를 넘어서는 안 된다고 집주인에게서 엄명을 받았다. 두 사람은 벽지 가게에서 한 시간이나 써버렸다. 다른 벽지가 형편없는 것을 보고 세탁부는 실망하여, 18수짜리 아주 점잖은 페르시아 융단 모양의 벽지를 꼭 쓰겠노라고 했다. 결국 관리인이 양보하여 자기가 어떻게든 해결해 보고, 할 수 없으면 두루마리를 하나 더 산 걸로 달아놓겠다고 했다. 제르베즈는 집으로 돌아가는 길에 폴린에게 줄 과자를 선물로 샀다. 그녀는 자존심이 강해서, 누군가 자기에게 친절을 베풀면 반드시 답인사를 했다.

나흘 동안에 가게 꾸미기를 마칠 예정이었다. 그런데 그 일은 삼 주일이나 걸려서 끝났다. 처음에는 칠이 된 곳을 잿물로 닦아내기만 할 생각이었다. 그런데 전에 칠해 놓은 붉은 보랏빛이 너무나 지저분하고 볼품없어 보여서, 제르베즈는 마침내 가게 앞머리 전체에 노란 줄이 간 밝은 청색을 칠하기로 했다. 이리하여 수리는 한없이 길어졌다. 여전히 일터에 나가지 않는 쿠포는 아침부터 나와서 가게 수리 과정을 지켜보았다. 보슈도 프록코트나 바지의 단춧구멍을 꿰매고 있다가 집어치우고, 쿠포 옆으로 와서 똑같이 일꾼들을 감독했다. 그래서 둘 다 일꾼들 앞에 서서 뒷짐을 지고는, 담배를 피우기도 하고 침을 내뱉기도 하면서, 붓질을 할 때마다 뭐라고 잔소리를 늘어놓으며 하루하루를 보냈다. 못 하나를 뽑는 데도 한없이 생각하고 궁리를 거듭했다. 칠장이는 둘 다 마음 좋고 몸집이 큰 사나이이었으나, 이 사람들 또한 쉴 새 없이 사다리에서 내려와서 똑같이 가게 한가운데 서서는, 몇 시간씩이고 의논에 가담하여 고개를 끄덕이며 막 시작한 자기네 일을 바라보았다. 천장 애벌칠은 어렵지 않게 끝났다. 그러나 페인트칠은 도무지 끝날 것 같지 않았다. 페인트가 좀처럼 마르지를 않았다. 칠장이들은 9시쯤에 페인트통을 들고 나타나서 그것을 한쪽 구석에 놓고, 잠시 그 주위를 둘러보고는 사라져 버렸다. 그리고 다시는 모습을 보이지 않았다. 그들은 아마도 점심을 먹으러 갔거나, 아니면 가까운 미라 거리로 자질구레한 일을 끝마치러 갔음에 틀림없었다. 때로는 쿠포가 그들 모두를, 즉 보수와 칠장이와 지나가던 동료들을 데리고 한잔하러 가기도 했다. 그러면 또다시 오후를 허탕치는 것이었다. 제르베즈는 안타까웠다. 그런데 갑자기 이틀 사이에 모든 것이 완성되었다. 페인트칠이 다 되고, 벽지도 발라지고, 쓰레기는 쓰레기차에 내던져졌다. 일꾼들은 사다리를 타고서 휘파람을 불기도 하고, 이웃 사람들이 놀랄 만큼 노래도 부르며, 마치 장난을 치듯 후다닥 일을 해치웠다.

이사는 곧바로 이루어졌다. 제르베즈는 처음 며칠 동안은, 볼일을 보고 집으로 돌아가다가 가게 앞길을 가로지를 때면 어린애 같은 기쁨을 느꼈다. 일부러 천천히 걸어가면서 미소를 짓고 자기 가게를 바라보았다. 멀리서 보면 다른 가게들이 거무죽죽한 줄을 이루어 늘어서 있는 한복판에서, '고급 세탁소'라는 노란색 글씨가 크게 쓰인 연푸른색 간판 덕분에 자기 가게만이 아주 밝고 새로운 활기를 띠고 있는 듯했다. 작은 모슬린 커튼을 치고 세탁물의 흰빛이 돋보이도록 파란 종이를 깐 진열창 안에는 남자 와이셔츠가 진열되어 있었고, 부인용 보닛 모자의 턱걸이가 철사에 매달려 있었다. 그녀는 하늘색으로 칠한 자기 가게가 예쁘다고 생각했다. 가게 안은 온통 파란색으로 덮여 있었다. 퐁파두르식*1 페르시아 융단을 본뜬 벽지는 메꽃이 주렁주렁 매달린 포도 덩굴 모양이었다. 작업대는 방의 삼분의 이를 차지하는 큰 탁자로, 그 위에 두툼한 다리미 담요를 깔고, 파릇하고 큰 꽃가지 무늬가 있는 무명천 보자기를 덮어 탁자 다리를 가려놓았다. 제르베즈는 걸상에 앉아 새 도구들을 둘러보고는, 그 아름다운 청결함에 행복을 느끼며 얼마간 기쁨의 한숨을 내쉬었다. 그런데 그녀의 기구들 가운데 그녀 눈길이 가장 먼저 닿은 곳은 다리미를 데우는 난로였다. 그 화덕 주위에 열 개의 다리미가 나란히, 비스듬한 철판 위에서 동시에

---

*1 루이 15세의 애첩인 퐁파두르의 이름을 단 로코코 양식 가운데 하나. 나뭇잎과 꽃다발이 장식된 무늬가 대표적임.

데워지고 있었다. 그녀는 주의력이 부족한 수습공이 코크스를 너무 많이 집어 넣어 난로가 터질까 봐 늘 걱정스러워서 무릎을 꿇고 살폈다.

가게 뒤쪽의 거처는 매우 편리했다. 쿠포 부부는 첫 번째 방에서 잤는데, 그곳은 부엌도 되고 식당도 되었다. 방 안쪽에 있는 문은 안마당으로 통했다. 나나의 침대는 오른쪽 방에 있었는데, 천장 가까이 있는 둥근 창에서 빛을 받아 들이는 약간 넓은 골방이었다. 에티엔은 더럽혀진 세탁물들이 늘 산더미처럼 쌓여 있는 왼쪽 방을 썼다. 그런데 한 가지 불편한 점이 있었다. 쿠포 부부는 그 점에 신경을 쓰지 않으려 했지만, 벽에서 습기가 스며들고, 오후 3시쯤이면 벌써 방 안이 어두워졌다.

이 새로운 가게는 동네에서 요란한 평판을 일으켰다. 쿠포 부부가 너무나 잽싸게 굴고, 너무 젠체한다고 비난을 했다. 사실 그들은 구제 모자에게 빌린 500프랑을 가게 꾸미기에 다 써버리고 처음에 예정해 놓았던 두 주일 분 생활비조차 남기지 않았다. 제르베즈가 가게 문을 열던 첫날, 그녀의 지갑에는 단돈 6프랑뿐이었다. 그러나 그녀는 걱정하지 않았다. 손님들이 계속 찾아와서 장사의 전망이 매우 좋은 편이었다. 일주일이 지난 토요일, 잠자리에 들기 전에 그녀는 두 시간이나 걸려서 종잇조각 위에 계산을 했다. 그러고 나서 환한 얼굴로 자고 있는 쿠포를 깨워, 제대로만 하면 몇백 프랑, 아니 몇천 프랑까지도 벌 수 있다고 말했다.

"이럴 수가!" 로리외 부인은 구트도르 거리를 돌아다니면서 외쳐댔다. "바보 같은 동생 녀석이 병신 취급을 받고 있다니까! 저 절름발이 여자의 말이라면 꼼짝을 못하니 말이야. 그 여자가 그러고도 남지, 안 그래요?"

로리외 부부는 제르베즈와는 완전히 틀어지고 말았다. 가게를 수리할 때부터 로리외 부부는 화가 치밀어서 죽을 지경이었다. 멀리서 칠장이의 모습을 보기만 해도 그들은 반대쪽 길을 통해 이를 부득부득 갈며 집으로 돌아갔다. 저 하찮은 계집이 파란 칠을 한 가게를 갖다니, 성실하게 사는 사람들의 기를 꺾는 일이지! 이튿날에도 일이 벌어졌다. 마침 로리외 부인이 외출하려 했을 때였다. 수습공 소녀가 그릇에 남긴 녹말가루 물을 거리로 세차게 끼얹었는데 로리외 부인은 동네 사람들을 불러 모아 올케가 여공을 시켜서 자기를 모욕했느라고 하소연했다. 이리하여 로리외 부부와의 관계가 끊기고, 서로 마주쳐도 눈을 흘기는 사이가 되어버렸다.

"그렇고말고, 훌륭하신 생활이지!" 로리외 부인은 되뇌었다. "그 너절한 가게의 돈이 어디서 나왔는지는 누구나 다 알고 있어! 그년이 대장장이한테 우려 냈지…… 그리고 그 대장장이 또한 대단한 사람이고! 아비가 단두대에서 죽기 싫어서 칼로 제 목을 자른 그런 위인이잖아? 이런 일에는 뭔가 구린 데가 있는 법이야!"

그녀는 제르베즈가 구제와 잠자리를 함께한다고 공공연히 지껄여댔다. 거짓말을 지어내어, 어느 날 밤 두 사람이 교외의 큰길 곁 벤치에 함께 앉아 있는 것을 보았다고 퍼뜨렸다. 그런 관계와, 올케가 맛보고 있음에 틀림없는 즐거움을 상상하면, 못생긴 여자로서 정숙하게 살고 있는 그녀의 마음에는 더더욱 울화가 치밀었다. 날이면 날마다 마음속 절규가 입에서 튀어나왔다.

"하지만 저 절름발이가 어디에 매력이 있다고 사내들이 좋아한단 말인가! 누군가 나 같은 것도 좋아해 줄까?"

그리고 이웃 여자들과 끝없는 험담을 늘어놓게 되었다. 그녀는 이제까지의 모든 얘기를 털어놓았다. 그래, 결혼식 날만 해도 나는 시무룩했다! 아! 냄새를 잘 맡으니까 일이 어떻게 돌아갈지 나는 이미 짐작했었지. 하지만 결혼을 하고 난 뒤에는 정말 어쩔 수 없잖은가! 절름발이가 가면을 쓰고 아양을 떨기에 나와 내 남편은 쿠포를 생각해서 나나의 대부 대모 노릇을 승낙했지. 그와 같은 세례식에는 돈도 상당히 드는데 말이야. 그러나 이제 두고 봐라! 절름발이가 아무리 죽어가며 물 한 모금만 달라고 애원해도 절대로 안 줄 테니. 난 뻔뻔스런 년이나 화냥년, 버르장머리 없는 년은 질색이다. 하기야 나나가 대부 대모를 만나러 온다면 언제든 반갑게 만나줘야지. 어미에게 죄가 있지, 어린아이가 무슨 잘못을 했겠는가? 쿠포 자신은 남의 충고가 필요 없다. 쿠포의 처지가 되면 어떤 남자고 여편네 엉덩이를 두서너 번 걷어차고, 양동이 속에 처넣을 텐데. 결국 동생 일이니까 우리는 지켜볼 수밖에 없지만 일가붙이들을 존중할 줄은 알아야잖아. 세상에! 만약 로리외였다면, 만약 로리외가 나라는 여자의 부정을 보았다면! 절대로 그냥 두지 않고 틀림없이 가위로 배를 찔렀을 거야.

그러나 이 건물에서 일어나는 싸움의 엄정한 재판관인 보슈 부부는 로리외 부부 쪽이 나쁘다고 했다. 확실히 로리외 부부는 더할 나위 없는 인물로서 얌전하고, 온종일 일만 하고, 집세도 제날짜에 꼬박꼬박 잘 냈다. 하지만 이번 경우에는 솔직히 말해서 질투심에서 화를 내고 있었다. 게다가 그들은 지독한 구두쇠였다. 쩨쩨한 사람들이지 뭔가! 누군가 찾아오면 술 한 잔도 주기가 아까워서 술병을 감추는 그런 사람들이었다. 어느 날 제르베즈가 보슈 부부에게 탄산수에 탄 카시스주를 한턱내어 관리실에서 마시고 있었는데, 마침 로리외 부인이 어깨를 으쓱거리며 지나가다가 관리실 앞에 침 뱉는 시늉을 했다. 그래서 그때부터 보슈 부인은 토요일마다 계단과 복도를 청소할 때 로리외 집 문 앞에는 쓰레기를 남겨두었다.

"아무렴!" 로리외 부인이 소리쳤다. "절름발이가 저 식충이 부부에게 진탕 먹였군! 아! 모두 다 같은 년놈들이야!…… 하지만 날 괴롭히게 놔두지는 않을 거야! 집주인에게 가서 일러줄 테다…… 어제만 해도 그 엉큼한 보슈 놈이 고드롱 부인의 치마에 손대는 모습을 보았지. 나이깨나 먹은, 게다가 자식이 여섯이나 되는 여편네를 노리다니, 응? 그런 잡놈이 어디 있담!…… 그런 추잡한 짓을 한 번만 더 하면 보슈 할멈한테 일러서 영감을 두들겨 패게 할 거야…… 그렇고말고! 조금쯤은 웃음거리가 되겠지."

쿠포 어머니는 여전히 이 두 집에 드나들며 양쪽 다 거슬리지 않게 말을 했으며, 하루씩 교대로 대개는 저녁 식사 때 찾아가서 딸과 며느리의 이야기를 들어 주었다. 지금 르라 부인은 쿠포 집에는 발을 끊었다. 애인의 코를 면도날로 자른 어느 알제리 보병의 사건으로 절름발이와 말다툼을 했기 때문이다. 르라 부인은 그 알제리 보병 편을 들며, 이유는 뚜렷이 말하지 않았지만 면도칼을 휘두른 것은 아주 정열적이라고 했다. 또한 르라 부인은 로리외 부인의 분노에 불을 지펴놓았다. 그 절름발이가 열댓 명 내지 스무 명 앞에서 거침없이 로리외 부인을 '쇠꼬리'라 불렀다고 일러바쳤던 것이다. 맙소사! 그래서 보슈 부부와 이웃 사람들도 이제 그녀를 '쇠꼬리'라고 불렀다.

이런 험담을 들으면서도, 제르베즈는 가게 문턱에서 조용히 미소를 지으며, 친구들을 보면 다정하게 머리 숙여 인사를 했다. 다림질하는 틈틈이 문 앞에 나와서는, 장사하는 여자답게 보도 한 모퉁이가 자기 소유라는 허영심으로 가슴을 부풀리며 거리를 향해 웃음 짓기를 좋아했다. 구트도르 거리도, 이웃의 거리도, 아니 이 주변 전체가 그녀의 것이었다. 흰 블라우스를 입고, 팔을 걷어붙이고, 더위 속에서 일하면서 흐트러진 금발 머리를 하고, 목을 길게 빼고서, 그녀는 좌우로 시선을 던지고 끝에서 끝까지 바라보며 오가는 사람들과 늘어선 집들, 보도, 하늘을 단번에 눈 속에 집어넣으려 했다. 왼쪽으로는 구트도르 거리가 시골 구석처럼 인기척도 없이 조용히 이어져 있고, 여자들 몇 명이 문턱에서 수다를 떨고 있었다. 오른쪽 바로 가까이로 푸아소니에르 거리에서는 마차들이 요란한 소리를 내고, 쉴 새 없는 군중의 발소리가 밀려오고 밀려가면서 이 지역을 시민들이 들끓는 거리로 만들고 있었다. 제르베즈는 큰 거리를 좋아했다. 심하게 울퉁불퉁한 도로의 구멍 때문에 털털거리는 운송 마차와, 여기저기에 높이 쌓아 올린 자갈 더미 때문에 좁다란 보도로 밀려드는 인파 따위를 보는 게 좋았다. 가게 앞을 흐르는 넓이 3미터 도랑을 그녀는 매우 중요하게 생각했기에, 이 커다란 개울이 깨끗했으면 하고 바랐다. 살아 있는 듯 기묘한 이 개울물을, 이 건물의 염색업자가 가장 부드러운 애정으로 시커먼 진흙 한가운데서 물들이고 있었다. 가느다란 망에 든 마른 과일을 늘어놓은 커다란 식료품 가게, 다리와 팔을 활짝 편 모양으로 매달린 바지와, 푸른 작업복이 가벼운 바람에 하늘거리는 노동자 옷 가게도 그녀의 흥미를 끌었다. 카운터 모퉁이가 건너다보이는 과일 가게와 내장(內臟) 장사집에는 털이 아름다운 고양이가 야옹거리고 있었다. 이웃 석탄 가게 주인인 비구루 부인이 제르베즈의 인사에 답했다. 얼굴이 검고 눈이 반짝이며 키가 작달막한 오똥통한 이 여자는, 검붉은 천에 장작 더미를 그려 간판으로 달았기 때문에 그 모양이 오두막집처럼 보이는 가게 앞에 기대서서 남자들과 낄낄거리며 시간을 보내고 있었다. 또 다른 이웃인 퀴도르주 부인과 그녀의 딸은 우산 가게를 꾸려가고 있었는데, 결코 그 모습을 보인 적이 없었으며, 진열창은 어두웠고, 새빨갛고 두툼하게 칠한 함석 우산 두 개로 장식된 문은 닫힌 채로 있었다. 그러나 제르베즈는 안으로 들어가기 전에 반드시, 창문 하나 없이 커다란 대문이 뚫려 있는 맞은편 커다란 흰 담벼락을 힐끗 바라보았다. 그 대문을 통해 짐차와 이륜마차들이 수없이 드나들고 공중에 끌채를 흔들고 있는 혼잡한 안마당에 화덕불이 활활 타오르고 있는 광경이 보였다. 담벼락에는 '제철 공장'이라는 글자가, 부채꼴의 말발굽 모양을 본떠서 커다랗게 쓰여 있었다. 온종일 철판 위에서 망치 소리가 나고, 붉은 불티가 안마당의 희끄무레한 어둠을 밝혔다. 그리고 담벼락 끝에는 고철상과 감자튀김집 사이에 찬장만 한 조그만 시계방이 있었다. 프록코트를 입은 단정한 차림의 신사가 작업대 앞에서 작은 기구를 사용하여 부지런히 시계를 만지작거리고 있었는데, 그 작업대에는 자질구레한 물건들이 유리 상자 속에 잠들어 있었다. 그 뒤쪽에는 두서너 타(打)나 되는 조그만 뼈꾸기시계의 추가 큰 거리의 어두운 비참함과 제철 공장에서 울리는 규칙적인 음향 사이에서 한꺼번에 소리를 맞추어 똑딱거리고 있었다.

이 동네 사람들의 평판에 의하면 제르베즈는 매우 친절한 여자였다. 개중에는 좋지 않게 말하는 사람도 있었지만, 그녀는 눈이 크고, 이가 새하얀 입은 눈만큼 크지 않다는 점에서 모두의 의견이 일치했다. 결국 금발의 미인이며, 다리만 절지 않는다면 대단한 미인이라고 할 수 있었을 것이다. 스물여덟 살인 그녀는 벌써 살이 붙었다. 가냘픈 몸이 뚱뚱해지고 느릿느릿 여유롭게 움직였다. 이제 그녀는 이따금 의자 끝에 걸터앉아 다리미가 뜨거워지기를 기다리면서 흐뭇하게 식사를 한 기쁨을 얼굴 가득 내보이며, 어슴푸레한 미소를 띠고 우두커니 스스로를 잊고 있는 때도 있었다. 그녀는 식도락가가 되어버린 것이다. 다른 사람들도 모두 그렇게 말하고 있었다. 하지만 그렇다고 해서 그것이 천한 결점은 아니었다. 맛있는 것을 사먹을 만한 돈을 벌고 있는데, 감자 껍질을 먹는 따위는 어리석은 일이 아닌가? 일이 많을 때면 덧문을 닫고 자기 혼자 며칠씩 밤을 새우며 언제나 고객을 위해서는 몸이 가루가 될 정도로 힘껏 일하다 보니, 그만큼 많이 먹게 되었다. 이웃 사람들이 말하듯, 그녀는 운수가 좋았다. 모든 일이 잘되어 갔다. 마디니에 씨, 르망주 양, 보슈 부부 등, 이 건물에 사는 사람들은 그녀의 고객이었다. 뿐만 아니라 옛 주인이었던 포코니에 부인은 물론 포부르푸아소니에르 거리에 사는 파리의 부인네들까지도 고객으로 만들었다. 가게를 연 지 보름이 되자, 그녀는 벌써 두 사람을 고용하지 않을 수 없었다. 퓌투아 부인과, 전에 이 건물 7층에 살던 클레망스라는 키다리 처녀였다. 그리고 수습공으로, 거지 볼기짝같이 못생긴 얼굴의 사팔뜨기인 오귀스틴까지 해서 종업원이 셋이었다. 다른 여자였다면 틀림없이 이런 예기치 못했던 행운에 정신을 잃었으리라. 그러니까 한 주일 내내 열심히 일하고 나서 월요일 하루쯤 잘 먹는 것은 잘못이 아니었다. 더구나 그녀에게는 그것이 필요하기도 했다. 만일 그녀가 가슴에 벨벳 냅킨을 걸치지 않는다면, 위장이 쑤실 정도로 먹고 싶은, 맛있는 음식을 못 먹는다면 비록 셔츠가 저절로 다림질되는 것을 보고 있기만 하면 된다 해도, 그녀는 살맛이 나지 않으리라.

지금까지 제르베즈가 이처럼 상냥했던 적은 없었다. 그녀는 양처럼 온순했고, 빵저림 진절했다. 보복하는 기분으로 '쇠꼬리'라 불렸던 로리외 부인을 빼놓고는 제르베즈는 아무도 미워하지 않았다. 모두를 용서했다. 점심을 푸짐하게 먹고 커피를 마신 뒤에, 포만감 때문에 일어나는 얼마쯤 단념하는 기분으로 누구에게나 너그럽고 싶었다. "서로가 용서해야 하지 않을까요? 야만인처럼 살고 싶지 않다면 말이죠." 제르베즈는 입버릇처럼 그렇게 말했다. 사람들이 착하다고 말하면 그녀는 웃었다. 그녀가 심술궂은 여자였다면 그야말로 큰일 날 뻔했을 것이다! 그녀는 자신이 착한 여자가 될 자격이 없다고 했다. 그녀의 꿈 모두가 이루어지지 않았나? 이 세상에서 또 무엇을 바라겠는가? 보도에서 있노라면 그녀는 옛날 꿈이 생각났다. 일하고, 밥을 먹고, 자신의 집을 갖고, 아이들을 키우고, 얻어맞지 않고 자신의 침대에서 죽어간다는 그 소망. 이제 그녀는 그런 소망을 넘어서 있다. 그녀는 무엇이든 가지고 있다. 게다가 꿈꾸던 이상으로 훌륭한 것을. 자신의 침대에서 죽는 것에 대해서도, 그럴 생각이기는 하지만 물론 되도록 뒤로 미룰 작정이라며 그녀는 농담조로 덧붙여 말하곤 했다.

특히 쿠포에게 제르베즈는 다정하게 대해 주었다. 뒤에서 남편의 험담을 하거나 불평을 늘어놓는 일은 결코 없었다. 함석장이도 그즈음에는 일을 다시 시작했다. 일터가 파리와는 반대쪽이었기 때문에, 그녀는 아침마다 점심 값과 술값, 담뱃값으로 40수씩 그에게 주었다. 쿠포는 엿새 중 이틀은 일터로 가다가 발을 멈추었고, 그 40수를 가지고 누군가 친구와 함께 술을 마셔버리고는 점심때쯤 돌아와서 거짓말을 꾸며대었다. 한번은 멀리도 안 가고, 샤펠 시문의 '카쾨생'에서 달팽이 요리에 불고기, 봉인을 뜯지 않은 질 좋은 포도주 등 고급 요리를 '장화'와 그 밖의 친구들 서너 명에게 사준 일이 있었다. 그리고 40수로는 부족해서 종업원을 통해 계산서를 아내에게 보내놓고, 자기가 볼모로 잡혀 있노라고 했다. 그녀는 웃으면서 어깨를 으쓱했다. 남편이 좀 놀았다 해서 기분 나쁠 게 있나? 집안에서 평화롭게 살려면 남자의 고삐를 길게 풀어줄 필요가 있다. 흔히 한두 마디로 다투다가 금세 치고받기 마련이다. 오, 저런! 모든 것을 이해해 주어야 한다. 쿠포는 아직도 다리가 아픈 데다가 끌려다닐 뿐이며, 유혹을 받았을 때 형편없는 놈이라는 소리를 안 듣기 위해서 함께 어울린다. 더군다나 그건 대수롭지 않은 일이다. 그는 취해서 들어오면 잠을 자고, 두 시간만 지나면 깨끗이 깨니까.

그럭저럭하는 동안 심한 더위가 몰아닥쳤다. 6월 어느 날 오후, 일이 붐비는 토요일에, 제르베즈는 손수 다리미 가열기에 코크스를 집어넣었다. 기계 주위에는 다리미 열 개가 가열되어 있었고, 굴뚝에서 윙윙 소리가 나고 있었다. 햇볕은 이 시각에 가게 앞에 수직으로 내리쬐고, 길바닥이 되쏘는 강렬한 반사광이 커다랗게 일렁이며 상점 천장에서 춤추고 있었다. 이 광선은 선반과 진열창 벽지의 반사로 푸른빛을 띠면서 비단을 통해 비쳐진 햇빛처럼 눈부신 빛을 작업대 위로 내쏟았다. 가게 안은 숨 막힐 듯이 더웠다. 거리로 난 문은 열어젖힌 채였지만, 바람 한 점 들어오지 않았다. 철사줄에 매달아 공중에 널어놓은 세탁물들은 김이 나면서 말라갔고, 겨우 45분도 안 돼서 대팻밥처럼 바삭바삭하게 말라버렸다. 조금 전부터 이 가마솥 같은 무더위 속에서 견딜 수 없는 침묵이 계속되었고, 오직 다리미만이 두툼한 광목 담요에서 질식하는 듯한 둔한 소리를 내고 있었다.

"아 이런!" 제르베즈가 말했다. "오늘은 정말 몸이 녹아버릴 것 같군요! 속옷도 벗어버리고 싶어요!"

제르베즈는 양동이를 앞에 두고 바닥에 쭈그리고 앉아 세탁물에 풀을 먹이고 있었다. 흰 속치마를 입고 블라우스의 소매는 걷어올린 채 어깨 부분을 쑥 내밀었기 때문에 팔과 목덜미가 완전히 드러나 있었고, 온통 땀에 젖은 장밋빛 살갗에는 헝클어진 금발 머리가 몇 가닥 달라붙어 있었다. 그녀는 우윳빛 액체 속에 보닛과 남자 와이셔츠의 앞면, 속치마와 여자 속바지 장식 따위를 조심스럽게 담갔다. 그러고서 손을 양동이 속에 집어넣어 아직 풀이 먹지 않은 셔츠와 속바지를 흔들어서 적신 다음 세탁물을 둘둘 말아서 네모진 바구니 속에 넣었다.

"퓌투아 부인, 이 바구니는 아주머니 몫이에요." 그녀가 말을 이었다. "서둘러야겠죠? 금방 말라버리니까 한 시간만 지나면 다시 해야 할 거예요."

퓌투아 부인은 마흔다섯 살 된 마르고 작달막한 여자로, 낡은 밤색 웃옷을 입고 그 단추를 모두 채웠는데도, 땀 한 방울 흘리지 않고 다림질을 하고 있었다. 그뿐 아니라 누렇게 색이 바랜 초록색 리본이 달린 검은색 보닛조차도 벗지 않았다. 그녀는 지나치게 높은 작업대 앞에 어색하게 서서, 두 팔꿈치를 허공에 띄우고 꼭두가시 같은 동작으로 다리미를 밀고 있었다. 갑자기 그녀가 외쳤다.

"어머나! 안 돼요, 클레망스 양. 블라우스를 제대로 잘 입어요. 나는 단정하지 않은 옷차림을 싫어해요. 그러고 있으면 속살이 다 보이잖아요. 벌써 남자들이 셋이나 가게 앞에서 기웃거리고 있어요."

키다리 클레망스는 늙은 할멈 같으니, 라며 입속말을 했다. 그녀는 숨이 막힐 것 같았다. 편하게 있을 수도 있는 게 아닌가. 모두가 불쏘시개 같은 피부를 갖지는 못한다. 게다가 무엇이 보인단 말인가? 그래서 그녀는 두 팔을 번쩍 쳐들었고, 그러자 아름다운 여인의 탐스러운 가슴 탓에 속옷이 터질 것 같았으며, 어깨에 붙은 짧은 소매가 찢어질 듯했다. 클레망스 양은 서른 살도 안 됐지만, 뼛속까지 방탕에 젖어 있었다. 깊은 향락에 빠져 있었던 다음 날이면, 머리와 배에 넝마가 가득 찬 것 같아서 포석을 밟아도 허공에 뜬 듯 감각이 없었고, 일을 하면서도 졸았다. 그래도 그녀는 쫓겨나지 않았다. 어느 누구도 클레망스만큼 말쑥하게 남자 셔츠를 다림질할 수 없었기 때문이다. 그녀는 남자 셔츠를 잘 다리는 특별한 솜씨를 가지고 있었다.

"내 마음대로 하게 내버려 둬요!" 마침내 클레망스는 가슴을 치면서 외쳤다. "누구를 물어뜯지도 않고, 아프게 하지도 않는데 왜 그래요."

"클레망스, 블라우스를 바로 입어요." 제르베즈가 말했다. "퓌투아 부인 말이 옳아요. 그런 옷차림은 좋지 않아요…… 사람들이 우리 가게를 이상하게 볼지도 모르니까."

그리하여 키다리 클레망스는 투덜거리면서 옷을 바로잡아 입었다. 생트집이지! 그럼 거리를 지나가는 남자들은 여자 젖가슴을 아예 보지 않는단 말인가! 그래서 클레망스는 홧김에 수습공에게 분풀이를 했다. 사팔뜨기 오귀스틴은 그녀 곁에서 양말과 손수건 따위의 평평한 천들을 다리고 있었다. 그녀는 이 수습공을 떼밀며 팔꿈치로 툭 쳤다. 그러나 오귀스틴도 평소에 무시당하고 있는 사람의 삐뚤어진 심술로, 슬그머니 뒤에서 그녀 등에 보복의 침을 뱉었다.

그때 제르베즈는 보슈 부인의 보닛을 매만지기 시작했는데, 정성 들여서 할 작정이었다. 새 모자 못지않게 하기 위해 끓인 풀까지 준비해 두었다. 폴란드 다리미라고 하는, 두 끝이 둥근 작은 다리미를 모자 속에서 조용히 움직이고 있는데, 얼굴에 붉은 반점이 있고 광대뼈가 나온 한 여자가 치마를 흠뻑 적신 상태로 들어왔다. 구트도르 거리 빨래터에서 세 여자를 고용하고 있는 세탁부였다.

"너무 일찍 왔네요, 비자르 부인!" 제르베즈가 외쳤다. "저녁에 오라고 말씀드렸는데…… 이 시간에는 너무 바빠서 일하는 데 방해가 돼요!"

그러나 그 세탁부가 울상이 되어 그날 일거리를 공치게 될 것 같다고 하자, 제르베즈는 바로 마음을 바꾸어 여자에게 더러운 빨랫감을 내주리라 생각했다. 두 사람은 에티엔의 침실이기도 한 왼쪽 방으로 세탁물 꾸러미를 가지러 들어갔다. 큼직한 보따리를 짊어지고 나온 두 여인은 가게 안쪽 타일 위에 쌓아놓았다. 가려내는 데 반 시간이나 걸렸다. 제르베즈는 남자 와이셔츠, 여자 블라우스, 손수건, 양말, 행주 등을 한 뭉치씩 꾸려 자기 둘레에 여러 더미를 만들었다. 새 고객의 물건에는 구별을 위해 빨간 실로 십자형 표시를 해놓았다. 무더운 공기 속에서 무어라 말할 수 없는 악취가 더러운 세탁물을 휘젓는 가운데 풍겨 나왔다.

"아! 지독한 냄새로군!" 클레망스는 코를 틀어막으면서 말했다.

"그렇고말고! 깨끗하다면 그걸 우리집에 가져오지 않겠죠." 제르베즈가 차분하게 설명했다. "어쨌든 저마다 그 냄새로 내용물을 알 수 있으니까요!…… 여자 블라우스를 열넉 장까지 세었지요, 비자르 부인?…… 열다섯, 열여섯, 열일곱……."

제르베즈는 큰 소리로 계속 수를 세어 나갔다. 악취에 익숙해 있는 터라 별로 언짢은 생각도 들지 않았다. 때 묻은 와이셔츠와 기름이 배어 뻣뻣해진 행주와 땀에 절어 냄새나는 양말 속으로 그녀는 드러낸 불그스름한 팔을 들이밀었다. 그러나 산더미처럼 쌓인 세탁물을 들여다보며, 강한 악취가 풍겨도 그녀는 태연하기만 했다. 의자 끝에 앉아서 몸을 앞으로 굽히고, 느긋한 몸짓으로 손을 좌우로 뻗고 있는 그녀는 마치 사람 냄새에 취한 듯이 어렴풋하게 미소를 짓고, 눈에는 눈물조차 글썽이고 있었다. 여느 때에는 전혀 보이지 않던 이런 나른한 태도는 아마도 주변 공기를 흐리게 하는 헌 속옷들의 냄새에 질식되어서인 듯했다.

완전히 오줌이 배어서 무어라 분간하기도 어려운 어린 애 배내옷을 마침 그녀가 흔들고 있는데, 쿠포가 들어왔다.

"빌어먹을!" 그는 중얼거렸다. "지독한 뙤약볕인걸!…… 머릿속까지 타들어가는 것 같아!"

함석장이는 쓰러질 것 같아서 작업대를 잡았다. 그가 이렇게 취한 적은 처음이었다. 지금까지는 정확하게 기분 좋을 정도로만 취해서 돌아왔었다. 하지만 이번에는 눈두덩을 얻어맞고 돌아왔다. 친구들끼리 밀치락거리다가 잘못하여 얻어맞은 것이다. 이미 흰머리털이 보이기 시작한 고수머리에는 술집의 어느 수상쩍은 방구석을 총채질하고 왔는지, 거미줄이 목덜미 쪽 머리칼 끝에 엉겨 있었다. 그래도 그는 여전히 익살쟁이였다. 얼굴은 살도 조금 빠지고 늙어 턱도 뾰족해졌지만, 그 자신의 말대로라면 여전히 사람이 좋고, 피부는 아직도 공작부인이 녹아날 정도로 보드라웠다.

"내가 그 이유를 설명해 주지." 쿠포가 제르베즈를 바라보며 얘기를 계속했다. "'셀러리 다리'라는 녀석이지. 당신도 알고 있잖아, 그 목발잡이 녀석을…… 글쎄 그 녀석이 고향에 돌아간다고 우리에게 한턱을 낸다는 거야…… 제기랄! 빌어먹을, 이런 뙤약볕만 아니라면 좋을 텐데…… 거리에 나가 보면 모두 병든 사람들 같지. 정말 모두가 비틀거리고 있어……."

그리고 키다리 클레망스는 길거리 사람들이 모두 취해 있는 꼴을 보았다고 쿠포가 말했기 때문에, 재미있어했다. 그래서 쿠포도 아주 좋아라 지껄여댔는데, 목이 멜 지경이었다. 그가 소리쳤다.

"흥! 저 주정뱅이들! 그들은 정말 우스워!…… 하지만 그들 잘못은 아냐, 태양 탓이지……."

가게 안에 있던 모든 사람들이 웃었다. 주정뱅이를 좋아하지 않는 퓌투아 부인까지 웃었다. 사팔뜨기 오귀스틴도 입을 벌리고 암탉처럼 킬킬거리며 숨이 막힐 듯 웃었다. 그러나 제르베즈는 쿠포가 곧장 집으로 돌아오지 않고 로리외 부부 집에서 한 시간가량 머물며 좋지 못한 잔꾀를 배워 온 것이 아닌가, 걱정했다. 그런 일이 없다고 그가 맹세하자, 그녀는 완전히 누그러져서 웃으며, 그가 또 하루 품을 까먹은 일도 책망하지 않았다.

"맙소사! 그런 어리석은 말이 어딨어요." 그녀가 중얼거렸다. "그런 어리석은 소리일랑 작작하세요!"

그리고 어머니 같은 말투로 말을 이었다.

"자, 가서 주무실 거죠? 보다시피 우린 지금 바쁘답니다. 방해가 되니…… 이것으로 손수건이 서른두 장이죠, 비자르 부인. 또 두 장이 더 있으니까 서른네 장……."

하지만 쿠포는 졸리지 않았다. 그는 그대로 가게에 남아서 시계추처럼 몸을 좌우로 흔들며 끈덕지게 사람들을 놀려댔다. 제르베즈는 비자르 부인을 상대하고 싶지 않아, 클레망스를 불러서 세탁물을 계산하게 하고 자신은 장부에 적어 넣었다. 그러자 이 키 큰 망나니는 한 장 한 장 셀 때마다 노골적인 말과 더러운 말을 내뱉었다. 그것을 한 장씩 집을 때마다 세탁물 주인의 가난함이라든가 잠자리 비밀을 지껄여대면서, 세탁물에 구멍이 뚫려 있거나 얼룩이 있을 때면 노동자 특유의 농담을 퍼부었다. 오귀스틴은 겉으로 아무것도 모르는 척했지만, 사실은 불량소녀처럼 귀를 기울이고 있었다. 퓌투아 부인은 입술을 오므리고, 쿠포 앞에서 그런 소리를 떠들어대다니 바보라고 생각했다. 남자는 세탁물을 보는 법이 아니다. 점잖은 집안에서는 가진 걸 모두 노출해서는 안 된다. 제르베즈로 말하자면, 자기 일에 열중하느라고 그런 이야기 따위는 귀에 들어오지 않는 모양이었다. 장부에 적으면서 그녀는 조심성 있게 눈초리를 돌리며, 넘기는 세탁물들을 정확히 보고 있었다. 그녀는 결코 틀리지 않았으며, 냄새와 빛깔로 하나하나 그 주인의 이름을 붙여 나가는 것이었다. 그 냅킨은 구제의 것이다. 보기만 해도 금세 알 수 있다. 냄비 바닥을 문지른 흔적이 없기 때문이다. 이것은 틀림없이 보슈 부부가 보낸 베갯잇이다. 보슈 부인이 모든 옷가지에 묻히는 머릿기름이 묻어 있기 때문이다. 마디니에 씨의 플란넬 조끼는 코를 바싹 대보지 않아도 곧 알 수 있다. 그 사람은 굉장히 지방질이 많아 모직물 빛깔이 변하기 때문이다. 그 밖에도 그녀는 단골손님들의 여러 특징, 저마다의 청결함에 대한 비밀, 비단 치마를 입고 거리를 가로지르는 이웃 여자들의 속옷 상태, 일주일 동안에 더럽히는 스타킹, 손수건, 속치마의 개수, 또 사람들이 언제나 같은 곳을 몇 조각으로 해지게 만드는 특징까지 알고 있었다. 따라서 그녀는 수많은 일화를 알고 있었다. 말하자면 르망주 양의 블라우스에 대해서 제르베즈는 한없이 논평을 붙일 수가 있었다. 그것은 위쪽이 해졌다. 이 노처녀는 틀림없이 어깨뼈가 뾰족하다. 또한 그 블라우스는 두 주 동안이나 입고 있는데 도무지 더럽지가 않았다. 그것은 그만한 나이가 되면 나무토막이나 마찬가지로 물기 한 방울 짜내기가 여간 어렵지 않다는 것이다. 가게에서 세탁물을 가려낼 때마다 제르베즈는 이처럼 구트도르 일대를 샅샅이 벗겨 놓았다.

"야, 이건 정말 본 만한데." 클레망스가 새 보따리를 펴면서 소리쳤다.

제르베즈는 갑자기 지독한 혐오감에 사로잡혀 뒷걸음질을 쳤다.

"고드롱 부인의 보따리군." 제르베즈가 말했다. "이건 세탁하고 싶지 않아. 무엇이든 핑계를 만들어서…… 아니, 내가 남보다 까다로운 것도 아니고, 지금까지도 꽤 더러운 것을 다루어 봤지만, 이건 정말 못 견디겠어. 구역질이 날 것 같아…… 그 여자는 도대체 뭘 하기에 속옷을 이렇게까지 더럽히는지 모르겠어!"

그리고 나서 제르베즈는 클레망스에게 빨리 해달라고 요구했다. 하지만 클레망스는 이것저것 계속 토를 달면서 속옷 구멍에 손가락을 들이밀고는 의미 있다는 듯이 빗대며, 그 속옷을 명예로운 오물의 깃발인 양 흔들어댔다. 그러는 동안 제르베즈 주위에 세탁물이 산더미처럼 쌓였다. 그녀는 여전히 걸상 끝에 앉아 있었지만, 이제는 블라우스와 속치마 사이에 가려지고 말았다. 앞에는 셔츠와 바지, 식탁보 등 불결한 것들이 흩어져 있었다. 그래서 그 속, 세탁물이 마구 흩어져 있는 한가운데에서, 그녀는 귀여운 금발 머리를 관자놀이에 철썩 들러붙게 하고, 팔과 목덜미를 드러낸 채 한층 더 붉어지고 한층 더 노곤한 표정이 되었다. 그러나 그녀는 벌써 침착한 태도와 주의 깊고 조심성 있는 여주인다운 미소를 되찾고는, 고드롱 부인의 속옷이라는 것도 잊고, 그 냄새도 느끼지 못하면서 틀림없는지 확인하기 위해 세탁물 산더미를 손으로 휘저었다. 사팔뜨기 오귀스틴은 다리미 난로에 삽으로 코크스를 퍼 넣기를 좋아했는데, 방금 주물판이 빨갛게 달아오르도록 코크스를 넣고 난 참이었다. 저무는 햇살이 진열창에 부딪혔고 가게는 불타는 듯했다. 그때 쿠포는 심한 더위 때문에 한결 더 취기가 돌아 갑자기 애정을 느꼈다. 그는 완전히 흥분하여 팔을 벌린 채 제르베즈 쪽으로 걸어왔다.

"당신은 좋은 아내야." 그가 더듬더듬 말했다. "키스해 주어야지."

그러나 그는 길을 막고 있는 속치마 더미에 걸려서 자칫 넘어질 뻔했다.

"귀찮게 구시네요!" 제르베즈는 그렇게 말했지만 화가 나지는 않았다. "가만히 계세요, 이제 곧 끝날 테니까요."

아니다, 아내에게 키스를 해주고 싶다. 아내를 사랑하고 있기 때문에 그럴 필요가 있다. 그런 사연을 중얼거리면서, 그는 속치마 더미를 오른쪽으로 돌았는데 이번에는 셔츠 더미에 부딪혔다. 그래도 무작정 앞으로 나가려다가 발이 걸려서 넘어지며 행주 더미 한가운데에 코를 들이박았다. 제르베즈는 은근히 화가 나서 모두 다 엉망이 된다고 고함을 지르며 그를 밀어젖혔다. 그러자 클레망스도 퓌투아 부인도 제르베즈를 나쁘다고 했다. 결국 남편은 다정한 사람이다. 그는 키스를 하고 싶어하니까, 하도록 놔두면 좋지 않겠느냐는 것이었다.

"이봐요, 쿠포 부인, 당신은 정말 행복하군요!" 비자르 부인이 말했다. 그녀의 남편은 주정뱅이 열쇠장이로서, 밤마다 집에 돌아오기만 하면 죽도록 매질을 했다. "우리 영감이 술에 취해서 이렇게만 해준다면 난 정말 즐겁겠어요!"

마음이 가라앉은 제르베즈는 자신이 성급히 군 일을 이미 후회하고 있었다. 그녀는 쿠포를 부축하여 바로 일으켰다. 그리고 싱긋 웃으면서 볼을 내밀었다. 그런데 함석장이는 사람들이 보는 앞에서 서슴지 않고 제르베즈의 가슴을 잡았다.

"할 소리는 아니지만." 그는 중얼거렸다. "네 속옷에서는 지독한 냄새가 난단 말이야! 그래도 난 네가 좋단 말이야!"

"놔줘요. 간지러워요!" 제르베즈가 한층 더 크게 웃으면서 소리쳤다. "망측해라! 이런 망측스런 사람이 어디 있담!"

쿠포는 아내를 잡고서 놓지 않았다. 제르베즈는 세탁물 더미 때문에 가벼운 현기증을 일으켜, 멍하니 그가 하는 대로 자신을 내맡기고 있었다. 쿠포의 숨결에서는 술 냄새가 났지만 싫은 줄 몰랐다. 이처럼 그들은 가게의 더러운 세탁물 속에서 혐오스러운 입 냄새를 물씬 풍기며 진한 입맞춤을 했다. 그런데 그들의 입맞춤이야말로 두 사람의 생활이 서서히 무너져 내리기 시작하는 첫 단계였던 것이다.

그러는 동안 비자르 부인은 세탁물을 꾸렸다. 그녀는 윌랄리라는 자기 딸 이야기를 했는데, 그 아이는 두 살인데도 벌써 다 자란 여자처럼 분별력이 있다고 말했다. 혼자만 놔둘 수도 있었다. 절대로 울지 않으며, 성냥으로 장난을 치지도 않았다. 이윽고 그녀는 세탁물 보따리를 하나씩 옮겼는데, 그 무게로 커다란 몸이 휘고, 얼굴에는 보랏빛 기미가 떠올랐다.

"더는 못 견디겠어. 더워서 타죽을 것 같군." 제르베즈가 얼굴의 땀을 닦으며, 다시 보슈 부인의 보닛을 매만지기 시작했다.

그리고 다리미 가열기가 새빨갛게 달아 있는 것을 깨닫자, 모두들 오귀스틴을 때려주자고 했다. 다리미도 시뻘겋게 달아 있었다. 저 계집애 속에는 악마가 있는 게 분명해! 사람이 등을 놀리면 무엇이건 반드시 심술궂은 일을 저지르니 말이다. 다리미를 쓰려면 15분은 기다려야 했다. 제르베즈는 불에 재를 두어 삽 퍼부었다. 그리고 생각이 나서, 햇볕을 가리기 위해 홑이불 두 장을 발처럼 천장 철삿줄에 매달았다. 그러자 가게 안은 한결 나아졌다. 더위도 상당히 누그러졌다. 홑이불 저편에서는 빠른 걸음으로 보도를 걸어가는 사람들의 소리가 들렸지만, 모두들 세상과는 동떨어진 채 자기 집 안에 틀어박혀, 대낮의 햇빛으로 밝은 침실에 있는 느낌이었다. 게다가 마음대로 편안하게 있을 수가 있었다. 클레망스는 블라우스를 벗어버렸다. 쿠포가 여전히 자러 가기 싫다고 해서 가게에 있도록 허락은 했지만, 한구석에서 조용히 있겠다는 약속을 받아내야만 했다. 그 시각에 우물거리며 게으름을 피워서는 안 되기 때문이었다.

"저 바보 같은 아이가 폴란드 다리미를 또 어떻게 한 걸까?" 제르베즈가 오귀스틴에 대해서 중얼거리며 말했다.

작은 다리미가 안 보일 때마다 찾아보면 반드시 엉뚱한 곳에 있었다. 아무래도 저 수습공 아가씨가 일부러 감추는 것만 같다고들 했다. 제르베즈는 겨우 보슈 부인의 보닛 안을 다렸다. 보닛의 레이스는 손으로 잡아당겨 늘여서 살짝 다리미로 모양을 갖추어 손질해 놓았다. 그것은 좁은 단과 자수 장식이 엇갈려 있는, 해가리개가 아주 요란한 모자였다. 그래서 그녀는 단과 수탉 모양의 자수 장식을 다림질할 때면 나무 막대 끝에 대를 꽂은 달걀 모양 인두를 사용해서 말없이 정성을 다해 다렸다.

가게 안이 조용해졌다. 잠시 다림질 소리밖에는 들리지 않았다. 네모난 넓은 탁자 양쪽에 여주인과 두 점원, 수습공이 선 채로 저마다의 일에 몸을 기울여, 어깨를 둥글게 하고 쉴 새 없이 팔을 움직였다. 저마다 모두 오른쪽에는 가열된 다리미로 누른 듯한 자국이 난 편편한 벽돌이 놓여 있었다. 탁자 한가운데에는 깊은 접시에 깨끗한 물을 채워 놓고 있었는데, 그 가장자리에 헝겊 조각과 솔이 잠겨 있었다. 평소에 버찌술을 담아두던 낡은 병에 꽂힌 커다란 백합꽃 다발이 활짝 피어, 그 눈같이 흰 꽃송이들이 왕궁의 정원 한 모퉁이 같은 정취를 풍겼다. 퓌투아 부인은 냅킨과 바지, 블라우스, 소매 등 제르베즈가 준비한 세탁물 바구니를 처리했다. 오귀스틴은 날아다니는 커다란 파리 한 마리에 정신이 팔려 허공을 바라보며 자기 몫인 양말과 행주 따위를 어지르고 있었다. 키다리 클레망스는 아침부터 벌써 서른다섯 장째 와이셔츠를 다리는 중이었다.

"언제나 포도주지. 독한 브랜디는 전혀 마시지 않아." 함석장이가 갑작스레 말했는데, 확실하게 다짐해 둘 필요를 느꼈기 때문이었다. "브랜디는 내 몸에 해롭지. 마시면 안 돼!"

클레망스는 철판에 가죽을 입힌 다리미 손잡이를 가열기에서 집어 들어 볼에 가까이 가져다 대면서 충분히 뜨거워졌는지 확인했다. 그리고 옆에 있는 받침돌에 문질러 허리에 찬 헝겊으로 닦은 다음, 서른다섯 장째 와이셔츠를 다리기 시작했다. 어깻죽지와 양 소매를 먼저 다렸다.

"설마요! 쿠포 씨." 클레망스는 잠깐 사이를 두고 말했다. "브랜디를 가볍게 한잔해도 나쁘지는 않겠죠. 난 그것으로 힘이 난다니까요…… 그리고 순식간에 취기가 도니 재미있지 뭐예요. 오! 내가 흥분해서 하는 소리가 아니라, 나는 내가 오래 살지 못하리라는 것쯤은 알고 있죠."

"어처구니없게 무슨 죽는 얘기를 해요!" 우울한 얘기를 싫어하는 퓌투아 부인이 말을 가로막았다.

쿠포는 일어섰으나, 브랜디를 마신 일로 비난받고 있다고 생각하여 화가 나 있었다. 그는 자기의 목과 마누라와 어린애의 목을 걸고서 브랜디는 절대로 한 방울도 몸속에 흘려 넣지 않았다고 맹세했다. 그리고 클레망스에게 다가가서 그 얼굴에 입김을 불어주면서 냄새를 맡게 했다. 그러고 나서 그녀의 드러낸 어깨를 바라보며 실실거리기 시작했다. 그는 들여다보고 싶었던 것이다. 클레망스는 와이셔츠의 등을 접어, 그 양쪽에 가볍게 다림질을 하고 나서 손목과 옷깃을 다렸다. 그러나 그가 자꾸만 달려드는 바람에 주름을 잘못 만들어서, 우묵한 접시에서 솔을 집어 들어 녹말풀을 다시 발랐다.

"아주머니!" 클레망스가 말했다. "남편분이 내 뒤에서 귀찮게 하지 못하게 해줘요!"

"그 애를 좀 내버려 둬요. 점잖지 못하게." 제르베즈가 조용히 나무랐다. "우린 바쁘답니다. 아시겠어요?"

바쁘다고, 흥! 그래서? 그게 내 탓인가. 아무 나쁜 짓도 하지 않았는데. 만지지 않고 그저 보기만 했다. 하느님이 만들어 주신 아름다운 것을 보지도 못한단 말인가? 그건 그렇고, 이 약빠른 클레망스는 말이지, 정말 굉장한 팔을 가졌어. 2수씩 받고 팔을 보여주기도 하고 만져보게도 하면 좋을 거야. 아무도 돈이 아깝다고 생각지는 않을 거니까. 한편 여자 쪽도 더는 저항하지 않고 주정뱅이 사내의 노골적인 찬사에 대해 웃고 있었다. 오히려 그를 상대로 농담까지 주고받을 정도였다. 그는 와이셔츠를 가지고 그녀를 놀려댔다. 그렇다, 그녀는 언제나 남자의 와이셔츠 속에 있다고 했다. 당연하지 않은가? 그녀는 남자의 와이셔츠 속에서 살고 있다. 오! 세상에! 그녀는 와이셔츠라면 정말 너무나 잘 알고 있으며 그 만듦새도 꿰뚫고 있었다. 벌써 수백 장, 수백 장이 그녀의 손을 거쳐갔으니 말이다! 동네의 금발 머리 남자도 갈색 머리 남자도 모두 그녀의 손이 스쳐간 셔츠를 몸에 걸치고 다닌다. 그러나 그녀는 어깨를 으쓱하고 웃으면서 일을 계속했다. 앞자락이 벌어진 곳으로 다리미를 들이밀어서 등에 커다란 주름 다섯 개를 판판하게 내었다. 그리고 앞자락도 다리고 거기에도 커다란 줄을 냈다.

"여기가 깃발처럼 펄럭인다는 말이죠!" 그녀는 더욱 큰 소리로 웃으면서 말했다.

사팔뜨기 오귀스틴이 웃음을 터뜨렸다. 오귀스틴은 그 말이 그토록 우스웠던 것이다. 사람들이 오귀스틴을 야단쳤다. 이 조무래기가 뜻도 모르면서 웃어대다니! 클레망스가 오귀스틴에게 자기 다리미를 넘겨주었다. 다리미가 식어서 풀 먹인 세탁물에 사용할 수 없게 되면, 이 수습공은 행주나 양말을 다려 열이 다 식을 때까지 썼다. 그런데 오귀스틴이 그것을 잘못 잡아서 손목에 길게 화상을 입었다. 오귀스틴은 훌쩍거리며 클레망스가 일부러 화상을 입혔다고 원망했다. 셔츠 앞쪽을 다리기 위해 뜨겁게 달아오른 다리미를 집으러 갔던 클레망스는 계속 투덜거리면 양쪽 귀를 다려주겠다고 위협하여 곧 오귀스틴의 마음을 가라앉혔다. 그사이에 클레망스는 와이셔츠 가슴 밑에 모직 헝겊을 구겨 넣고 다리미를 서서히 눌러대며, 풀이 먹어 들어가면서 마를 시간을 주었다. 그래서 셔츠 앞자락이 빳빳해졌고, 두꺼운 종이처럼 윤기가 났다.

"오, 대단한데!" 주정뱅이의 끈질긴 습성으로 그녀 뒤에서 쿠포가 발을 굴러댔다.

그는 기름이 마른 도르래 같은 소리를 내고 웃으면서 발돋움을 했다. 클레망스는 소매를 걷어 올리고 팔꿈치로 허공을 휘저으며, 목을 구부리고 작업대에 잔뜩 엎드려 있었다. 그래서 그녀의 속살이 부풀어 오르고, 어깨는 매끈한 피부 밑에서 맥박치고 있는 근육의 완만한 움직임으로 솟아오르고, 가슴은 늘어진 셔츠의 장밋빛 그늘에서 땀에 젖은 채 불룩해졌다. 그러자 그는 손을 내밀어 만져보려 했다.

"아주머니! 아주머니!" 클레망스가 소리쳤다. "아저씨를 제발 가만히 있게 해

주세요!…… 계속 이러면 난 가버릴래요. 무시당하고 싶지는 않아요."

제르베즈는 헝겊을 씌운 모자걸이에 보슈 부인의 보닛을 막 걸고서, 자그마한 인두로 세심하게 가두리 레이스를 다리고 있었다. 쳐다보니 마침 함석장이가 또 손을 내밀어 속옷 안을 더듬고 있었다.

"쿠포, 당신은 정말 철이 없군요." 마치 잼을 빵에 바르지 않고 그냥 먹겠다고 졸라대는 어린애를 나무라듯 못마땅한 표정으로 제르베즈가 말했다. "어서 가서 주무세요."

"그래요. 가서 주무세요, 쿠포 씨. 그러는 게 좋아요." 퓌투아 부인도 거들어 말했다.

"암, 좋고말고!" 쿠포가 계속 싱글거리면서 더듬더듬 말했다. "당신은 정말 돌았군!…… 그럼 장난도 못 친단 말이야? 여자들 일이라면 맡겨둬. 한 번도 다치게 한 적 없으니까. 조금 꼬집었을 뿐이잖아? 그 이상은 아무 일도 없단 말이야. 오직 여성에게 경의를 표할 뿐이지…… 그리고 물건을 늘어놓는 것은 고르라는 뜻 아닌가? 그렇다면 이 키다리 금발 머리 아가씨가 왜 자기 물건을 드러내 놨겠어? 안 되지, 그건 옳지 않단 말이야……."

그리고 클레망스 쪽을 돌아보면서 이렇게 말했다.

"이봐, 귀여운 아가씨, 우쭐거리는 건 나빠…… 만일 사람들이 있어서 그렇다면……."

그렇지만 그는 말을 계속할 수가 없었다. 제르베즈가 한쪽 손으로 그를 잡고, 세게는 아니었지만 다른 손으로 입을 틀어막았기 때문이다. 그녀가 그를 가게 안쪽 침실 쪽으로 떠밀고 가는 동안 그는 장난기 어린 태도로 몸을 비틀었다. 그리고 입을 틀어막은 손을 뿌리치며 자기는 물러가서 자고 싶지만, 저 키다리 금발 머리 아가씨가 발을 녹여주었으면 좋겠다고 했다. 이어서 제르베즈가 구두를 벗겨주는 소리가 들려왔다. 그녀는 엄마처럼 잠시 잔소리를 하고 나서 그의 옷을 벗겼다. 그녀가 반바지를 잡아당기자, 그는 몸을 내맡기고 침대 한복판에 벌렁 자빠져서 웃어댔다. 그리고 발버둥을 치면서 간지럽다고 했다. 그녀는 이윽고 그를 어린아이에게 해주듯 담요로 감쌌다. 자, 이제 되었나요? 그러나 그는 그 말에 대답은 하지 않고 클레망스에게 외쳐댔다.

"이봐, 귀여운 아가씨, 나 여기 있어. 여기서 기다릴게."

제르베즈가 가게로 돌아왔을 때, 사팔뜨기 오귀스틴이 클레망스에게 따귀를 얻어맞고 있었다. 가열기에 올려놓은 다리미 하나가 더러운 채 있는 것을 퓌투아 부인에게 들켰기 때문이다. 퓌투아 부인은 그걸 모르고 다림질을 하다가 블라우스 한 장을 완전히 더럽혔다. 클레망스는 다리미 뒤처리를 안 한 것을 속이느라고 오귀스틴을 나무라며, 다리미 바닥에 풀이 눌어붙어 있는데도 그 다리미는 자기가 쓴 것이 아니라고 맹세를 했다. 수습공은 그런 터무니없는 소리에 분개하여 이번에는 피하지 않고 당당히 앞에서 클레망스 옷에 침을 뱉었다. 그래서 호되게 따귀를 얻어맞은 것이다. 사팔뜨기는 눈물을 억누르며 양초 끝으로 다리미를 문질러 손질했다. 하지만 클레망스 뒤를 지나갈 때면, 언제나 침을 모아두었다가 살그머니 뱉어서, 그것이 치마에 묻어 흘러내리는 것을 보며 속으로 웃었다.

제르베즈는 또다시 보닛 레이스 장식을 다리기 시작했다. 그래서 가게 안이 갑자기 조용해지자, 안쪽 방에서 술에 취해 혀가 잘 돌지 않는 쿠포의 목소리가 들려왔다. 여전히 어린애 같은 소리로 혼자 웃어대며 띄엄띄엄 중얼거렸다.

"바보야, 내 마누라는!…… 날 재우다니 바보란 말이야!…… 흥! 너무 멍청이란 말이다. 이 대낮에, 잠잘 시간도 아닌데!"

그러나 갑자기 그는 코를 골기 시작했다. 그래서 제르베즈는 안도의 한숨을 내쉬었다. 그제야 그가 잠들어 두 장의 요 위에서 취기를 깨우고 있다는 사실을 알고 기뻐했다. 그녀는 둥근 단에 사용하는 작은 인두에서 눈을 떼지 않고, 그것을 재빨리 움직이면서, 침묵 속에서 천천히 말을 이어갔다.

"할 수 없는 일이지. 그이는 철없는 사람이라서 화를 낼 수도 없어. 밀어 내봤자 별수 없는 일이고. 그이가 하자는 대로 하고는 재우는 것이 상책이야. 어쨌든 바로 해치웠으니 이제 안심이군…… 그리고 그이는 나쁜 사람은 아니야. 나를 끔찍이 사랑하고 있으니까. 조금 전에도 봤듯이, 내게 키스를 하기 위해서는 물불을 가리지 않을 거야. 무척 다정한 편이지 뭐. 마시기만 하면 으레 여자를 찾아다니는 남자들이 많으니까…… 그이는 곧장 여기로 돌아오고, 여러 사람들에게 장난을 치기는 하지만, 별일은 없지 뭐야. 클레망스, 이해하고 기분 나쁘게 생각하지는 마. 주정뱅이가 어떤지 잘 알잖아. 어머니 아버지를 죽일 듯이 괴롭히고도 자기가 무슨 짓을 저질렀는지 기억도 못 하니까…… 오! 난 그이를 진심으로 용서해. 그이도 세상 남자들과 똑같을 뿐이야!"

이미 쿠포의 술주정에 익숙해 있던 그녀는 자기가 남편에게 친절하게 구는 이유를 늘어놓으면서, 이렇게 되는 대로 아무 열정도 없이 지껄이고 있었지만, 이제 그녀는 쿠포가 여직공의 허리를 꼬집는 정도쯤은 나쁘다고 생각하지 않았다. 그녀가 입을 다물자, 가게 안은 또다시 침묵이 감돌았는데, 그 침묵을 어지럽히는 것은 아무것도 없었다. 퓌투아 부인은 무명천을 씌운 작업대 밑에 밀어넣은 바구니에서 세탁물을 하나씩 꺼냈다. 이어 다림질이 끝나면 자그마한 팔을 들어서 그것을 선반 위에 올려놓았다. 클레망스는 서른다섯 장째 와이셔츠에 다림질로 주름을 잡은 참이었다. 일거리는 넘칠 정도로 많았다. 따져보니 아무리 서둘러도 밤 11시까지 일을 해야만 했다. 그야말로 작업장 전체가 눈코 뜰 새 없이 일하며, 힘차게 다리미를 움직이고 있었다. 드러난 팔이 왔다 갔다 하며 흰 세탁물에 장밋빛 그림자를 아로새겼다. 다리미 가열기에는 또다시 코크스가 채워지고 커튼 대신 쳐놓은 홑이불 사이로 비쳐 드는 햇살이 난로 위에 가득히 내리쬐어서, 공기를 뒤흔드는 보이지 않는 불꽃이, 강한 열기가 빛줄기 속에서 솟아오르고 있음을 알 수 있었다. 천장에 널려 있는 치마와 식탁보 아래서, 실내의 더운 공기는 한층 더 심해져 사팔뜨기 오귀스틴은 침이 말라 입술 끝에 혀끝을 내밀고 있을 정도였다. 지나치게 가열된 주물(鑄物)과 쉰내 나는 풀, 다리미의 타는 냄새가 목욕탕에서 나는 미지근한 역겨운 냄새처럼 피어오르고 있었고, 그 냄새는 바쁘게 일하는 네 여자의 땀에 절은 목덜미에서 나는 강한 냄새와 뒤섞여서 코를 간질이고 있었다. 또 한편에서는 병에 담긴 초록빛 물에 꽂아놓은 큼직한 백합 다발이 시들면서 순수하고도 강한 향기를 풍기고 있었다. 그리고 이따금 다림질 소리와 부지깽이로 가열기를 휘젓는 소리가 나는 가운데, 쿠포의 코 고는 소리가 괘종시계의 똑딱 소리처럼 규칙적으로 작업장의 요란한 노동에 운율을 맞춰 주었다.

과음을 한 다음 날이면, 함석장이는 으레 온종일 머리가 아프고 입이 쓰고 턱이 부어서 일그러져 있었다. 그는 늦게 일어나 8시쯤 되어서야 기지개를 켰다. 그러고도 침을 뱉으며 가게 안에서 얼쩡거릴 뿐, 일터로 나갈 결심을 못했다. 그날도 일하지 않고 헛되이 시간만 보냈다. 아침에 그는 다리에 힘이 없다고 투덜댔다. 그렇게 폭음을 하면 결국 몸을 망칠 텐데 자기도 참 미련하다고 했다. 그러면서도 술꾼들과 마주치면, 팔을 잡고 놓아주지를 않기 때문에 마음에도 없이 마시러 간다는 것이다. 그래서 모두들 부어라 마셔라 하면, 결국에는 빠져나오지를 못하고 만다! 아, 안 된다! 그런 짓은 결코 다시 해서는 안 된다. 한창나이에 술집에서 객사해서야 되겠느냐고도 했다. 점심을 먹고 나서 그는 기운을 되찾아, 아직도 그 멋진 저음(低音)이 나오는지 아닌지 확인하기 위해서 흠! 흠! 하고 목청을 돋우어 보았다. 그리고 어제의 폭음에 대해 부정하며 잠깐 기름을 친 것일 뿐이라고 했다. 그처럼 철통같이 단단하고, 팔심도 악마같이 세며, 눈 한 번 깜짝 않고 술을 마실 수 있는 사람은 아무도 없다는 것이었다. 그래서 그는 오후 동안 동네 안을 어슬렁거렸다. 여공들을 놀려먹으면 아내가 20수를 주어서 밖으로 내쫓았다. 그는 도망쳐서 푸아소니에르 거리의 '작은 사향고양이'로 담배를 사러 갔는데, 그곳에서 친구를 만나면 대개는 브랜디에 절인 자두를 먹었다. 그러고 나면 구트도르 거리 모퉁이에 있는, 목을 축일 맛있는 포도주가 있는 프랑수아의 가게로 갔고, 그곳에서 20수를 홀랑 써버렸다. 프랑수아 가게는 전에 도박장이던 술집인데, 천장이 얕고 지저분했으며, 옆쪽에는 수프를 파는 연기 가득한 방이 붙어 있었다. 쿠포는 저녁때까지 이곳에 앉아 회전 게임판에 술을 걸고 놀았다. 마누라에게는 절대로 계산서를 넘기지 않는다고 굳게 약속하는 이 가게를 그는 신뢰했다. 그렇지 않은가? 어제 묻은 때를 씻어버리기 위해서는 조금만 마셔야지. 그런데 술이란 결코 첫 잔으로 끝나지 않지. 하지만 나라는 인간은 언제나 사람이 좋다고. 그야 장난은 좋아하지만 결코 여자를 못살게 굴지는 않지. 취하기는 하지만 깨끗한 내가, 언제나 알코올에 젖어 맑은 정신이 든 날이 없는 형편없는 놈들과 똑같은 대접을 받으면 곤란한 일이지! 이리하여 그는 방울새처럼 유쾌하고 상냥한 모습으로 집에 돌아갔다.

"당신 애인이 왔었나?" 그는 때때로 제르베즈를 놀리느라고 그렇게 물어보았다. "요즘에는 도무지 보이질 않는데, 어디 내가 불러다 줄까?"

애인이란 구제를 말하는 것이었다. 실제로 구제는 일에 방해가 되거나 쓸데없는 얘기를 시켜서는 안 되겠다고 생각하여 되도록 자주 오지 않았다. 그래도 적당한 핑계를 만들어 세탁물을 가져오기도 하고, 가게 앞길을 몇 번이고 지나가기도 했다. 그는 이 가게 안쪽 한 모퉁이에서 담뱃대를 피워 물고 몇 시간이고 앉아 있기를 좋아했다. 열흘에 한 번은, 밤에 저녁 식사를 끝낸 뒤에 놀러 와서 앉아 있었다. 그러나 거의 말은 하지 않았다. 입을 다물고 제르베즈를 바라보면서, 그녀가 무엇이든 말을 할 때마다 입에서 담뱃대를 떼고 웃기만 했다. 토요일에 작업장을 밤늦게까지 열 때면, 우두커니 넋을 잃고 앉아서 연극 구경을 가느니 이편이 낫다는 표정을 지었다. 여자들이 새벽 3시까지 다림질을 하는 일이 가끔 있었다. 천장 철삿줄에 매달려 있는 램프 하나가 환한 불빛으로 커다란 무늬를 만들고, 그 불빛 속에서 세탁물이 눈처럼 보드라운 흰빛으로 빛났다. 수습공이 가게 덧문을 닫았다. 하지만 7월의 밤은 찌는 듯이 더웠기 때문에 큰길로 난 문만은 열어놓았다. 그래서 밤이 깊어짐에 따라 여자들은 단단히 매었던 허리띠를 풀고 편한 자세를 취했다. 그녀들의 매끄러운 피부는 램프 불빛을 받아 황금색으로 빛났다. 특히 오동통하게 살찐 제르베즈의 황금빛 어깨가 비단처럼 윤이 났고, 그 목에는 갓난아기 같은 주름이 져 있었다. 구제는 그 겹쳐진 주름을 머릿속으로 그려낼 수 있을 정도로 잘 알고 있었다. 그때, 그는 다리미 가열기의 심한 열기와 다리미 밑에서 모락모락 피어오르는 내복 냄새에 사로잡혔다. 그러고는 가벼운 현기증을 일으켜 생각조차 둔해졌다. 그리고 동네 사람들이 일요일에 입을 나들이옷을 다리느라 정신없이 팔을 휘두르며 밤일을 서두르는 여자들을 멀거니 바라볼 뿐이었다. 가게 근처 이웃집들은 잠들어 버리고 수면의 깊은 정적이 서서히 덮여왔다. 12시가 울렸다. 이어서 1시, 그리고 2시가 울렸다. 마차도 사람의 발길도 끊어졌다. 이제 인기척 하나 없이 어두워진 큰길에는, 이 가게의 열린 문틈에서 흘러나오는 노란 천 조각 하나를 땅에 깐 것 같은 한 줄기 불빛이 있을 뿐이었다. 어쩌다가 사람이 지나가는 발소리가 멀리서 들리나 싶더니 한 남자가 가까이 다가왔다. 그 남자는 불빛 줄기를 가로질러 지나가면서, 다리미 소리에 놀라 목을 빼고, 다갈색 김 속에서 가슴팍을 드러낸 여자들을 힐끗 훔쳐보았다.

구제는 제르베즈가 에티엔 때문에 난처해하는 모습을 보고서, 또 에티엔을 쿠포의 발길질로부터 구해 주려고 에티엔에게 자기가 다니는 볼트 공장에서 풀무질하는 일자리를 얻어주었다. 못 제조공이라는 신분은 공장도 더럽고 언제나 똑같은 쇠붙이만 싫증이 나도록 두들겨대기 때문에 그 자체로서는 전혀 재미없는 일이지만, 하루에 10프랑에서 12프랑까지 벌 수 있을 정도로 수입이 좋은 직업이었다. 이 아이도 이제는 열두 살이니까 만일 이 직업이 마음에 들면 그럭저럭 이 일을 시작해도 괜찮을 터였다. 이리하여 에티엔은 세탁부와 대장장이 사이에 한 가닥 끈이 되었다. 대장장이는 에티엔을 데려다주며 아이의 품행이 단정하다고 말해 주었다. 모두들 웃으면서 제르베즈에게, 구제가 그녀에게 홀딱 반했다고 말했다. 제르베즈도 그렇게 느끼고 있었지만 그녀의 볼은 잘 익은 붉은 사과처럼 생기 있게 달아올랐다. 아! 가엾고 착한 젊은이, 그는 전혀 귀찮지 않았다! 자신의 기분을 말한 적도 없으며, 추잡한 행동을 하거나 천박한 말을 한 적도 없었다. 그처럼 점잖은 사람도 별로 없을 것이다. 제르베 즈는 스스로 털어놓고 싶지는 않았지만, 이렇게 성모마리아처럼 사랑을 받는 데 대해 큰 기쁨을 느꼈다. 무엇이든 큰 걱정거리가 생기면 그녀는 대장장이를 생각했다. 그로써 위안을 느꼈다. 둘이서만 있어도 어색하지 않았다. 마주 바라보고 미소 지으며 얼굴만 건너다볼 뿐이었다. 마음속은 얘기할 필요도 없었다. 그것은 천한 짓을 생각하지 않는 분별 있는 애정이었다. 가만히 있어도 행복해진다면, 가만히 있는 편이 훨씬 더 좋은 일이기 때문이다.

그런데 여름이 다 지나갈 무렵, 나나가 집 안을 뒤집어 놓았다. 여섯 살이 된 나나는 이미 한 사람 몫의 완벽한 말썽꾸러기 소질을 엿보이기 시작했다. 어머니는 아이가 거치적거리지 않도록, 아침마다 조스 양이 운영하는 폴롱소 거리의 조그만 기숙학교에 아이를 데려다주었다. 그녀는 거기서 친구들의 옷을 뒤에서 맞잡아 매놓기도 하고, 여선생님 담뱃갑에 재를 집어넣기도 했으며, 그 밖에도 말도 못할 정도의 못된 장난을 생각해 냈다. 조스 양은 그 애를 두 번이나 내쫓았지만, 매달 6프랑 수입이 줄어드는 것이 아까워서 다시 데려갔다. 나나는 학교가 끝나면 그때까지 갇혀 있던 분풀이로 현관 아래나 안마당에서 실컷 장난질을 쳤다. 시끄럽게 굴기 때문에 다림질하는 여공들이 그곳에서 놀라고 일러두었다. 나나는 그곳에 가서 보슈의 딸 폴린과 제르베즈의 옛날 여주인의 아들 빅토르와 함께 어울렸다. 빅토르는 열 살 난, 몸집이 큰 멍청이로 여자애들과 놀기를 좋아했다. 포코니에 부인은 쿠포 부부와 싸운 일이 없기 때문에, 자기가 아들을 직접 데리고 왔다. 어쨌든 이 집에는 짜증이 날 정도로 어린애들이 우글거렸고, 낮에는 패를 가리지 않고 꼬마들 한 떼가 계단 네 개를 우당탕거리며 달려 내려와서, 마치 먹을 것을 찾아다니는 참새 떼처럼 와자지껄 복도 위로 뛰어나왔다. 고드롱 부인만 해도 자식이 아홉이나 되었다. 금발 머리도 있고, 갈색 머리도 있었다. 그러나 머리는 헝클어지고, 코 흘리개이며, 바지는 가슴까지 추켜올린 데다 양말은 구두 위로 흘러내렸고, 저고리는 찢어져서 때 묻은 하얀 살이 드러나 보이기까지 했다. 또 빵 배달을 하는 6층 여자는 아이가 일곱이나 되었다. 그래서 어느 방에서나 아이들이 쏟아져 나왔다. 비가 올 때마다 빨간 낯짝의 땟국이 지워지는 이 버러지들 속에,

약아 보이는 키다리와, 벌써 어른처럼 배가 나온 뚱보가 있는가 하면, 요람에서 굴러떨어져서 아직 꼿꼿하게 서지도 못하고 뛰려 해도 기어야만 하는 짐승 같은 꼬마에 이르기까지 온갖 아이들이 다 있었다. 나나는 이 개구쟁이들을 지배했다. 자신보다 곱절이나 큰 여자애들을 상대로 여왕 노릇을 하며, 자기 뜻을 거스르지 않고 따르는 폴린과 빅토르에게만 권력을 나누어 주었다. 이 골칫거리 말괄량이는 늘 엄마놀이를 하자고 해놓고는 가장 작은 아이들의 옷을 벗기기도 하고, 아무 집에나 드나들며 그 집 어린애를 주물러대는 등, 행실 나쁜 어른처럼 이상한 행동을 서슴지 않았다. 무슨 일이건 뒤에 알고 보면 매 맞을 짓을 한 것은 모두 나나가 꾸민 일이었다. 이 애들은 염색집의 염료 물속을 첨벙거리고 다니며, 다리를 무릎까지 푸른빛 붉은빛으로 물들였다. 그리고 열쇠장이 집으로 달려가서 못이나 줄밥을 훔쳐내어, 그 집을 나오면 목공소의 산더미 같은 대팻밥 속으로 뛰어들어서는 그 속에서 궁둥이를 다 내놓고 데굴데굴 굴렀다. 안마당은 그들의 세상이었으며, 뛰어다니는 작은 구둣발 소리와 떼지어 달음박질을 할 때마다 울려 퍼지는 요란한 고함 소리가 메아리쳤다. 때로는 안마당만으로는 부족할 때도 있었다. 그런 때는 지하실로 뛰어들어 갔다가 계단을 기어올라 복도를 지나, 다시 내려가서 다른 계단을 올라 다른 복도를 달음질쳤다. 그렇게 몇 시간씩 지칠 줄 모르고 법석을 떠는 통에, 제아무리 큰 건물일지라도 이 쇠사슬에서 풀려난 맹수들 같은 아이들이 구석구석을 뛰어다니는 바람에 흔들거릴 정도였다.

"저것들 정말 골칫거리로군!" 보슈 부인이 소리쳤다. "정말 모두들 할 일이 그렇게도 없었나, 이렇게도 많은 애들을 만들다니…… 그러고는 먹을 음식이 없다고 넋두리를 하니 말이 안 되지!"

퇴비 더미에서 버섯이 솟아나듯, 애들은 가난 위에 생기는 법이라고 보슈는 말했다. 건물 관리인 여자는 온종일 고함을 치며, 빗자루로 어린애들을 위협했다. 마침내 지하실 문을 닫아버렸다. 딸아이 폴린이 두서너 대 맞더니, 나나가 어둠 속에서 의사놀이를 하자고 하고는 몽둥이로 위협하여 다른 애들에게 치료를 받게 했다고 털어놓았기 때문이다.

그런데 어느 날 오후, 끔찍한 장면이 벌어졌다. 그것은 당연히 일어날 수 있는 일이었다. 나나가 매우 기묘한 장난을 생각해 냈다. 그녀는 먼저 관리실 앞에서 보슈 부인의 나막신 한 짝을 훔쳐냈다. 그러고는 그것을 끈으로 잡아매어 마차처럼 끌고 다녔다. 그때 빅토르가 그 나막신에 사과 껍질을 채워 넣는 일을 생각해 냈다. 행렬이 이루어졌다. 나나가 나막신을 질질 끌면서 앞장섰다. 폴린과 빅토르는 나나의 양옆에서 따라갔다. 이어서 많은 꼬마들이, 큰 녀석은 앞에서 작은 녀석은 뒤에서 서로 밀치락달치락하며 줄을 만들어 걸어갔다. 치마를 입은 조그만 아이가 장화만 한 길이의 밑 빠진 모자를 귀까지 내려쓰고 꽁무니를 따라갔다. 오! 아! 하며 무엇인지 서글픈 소리로 뇌까렸다. 나나는 장례놀이를 하고 있다 말했고, 사과 껍질이 시체라고 했다. 안마당을 한 바퀴 돌고 또 돌며 아이들은 그것이 무척 재미있는 모양이었다.

"도대체 얘들이 무엇을 하고 있을까?" 언제나 수상쩍게 여겨 감시하던 보슈 부인이 아이들의 행동을 보려고 나오면서 중얼거렸다.

그리고 상황을 알아차렸다.

"어머, 내 나막신 아냐!" 그녀가 무섭게 소리쳤다. "아! 저 못된 놈들이!"

그녀는 어린애들을 모조리 후려갈겼다. 나나의 두 볼에 따귀를 올려붙이고, 어머니의 나막신을 가져가게 한 바보 같은 폴린을 발로 걸어찼다. 마침 그때 제르베즈는 공동 수도에서 양동이에 물을 받고 있었다. 나나가 코피를 흘리며 목놓아 울고 있는 모습을 보고, 당장에 관리인 여자의 머리채라도 휘어잡을 듯이 소리쳤다. 황소를 몰아세우듯 어린애를 두들기는 사람이 어디 있담? 인정이라고는 눈곱만큼도 없는 인간말짜이지. 물론 보슈 부인도 대꾸했다. 저런 망나니 계집애를 가졌으면 자물쇠로 잠가서 집에 가두어 두어야지. 마침내 보슈까지 관리실 문간에 나와서, 그따위 더러운 것하고 이러쿵저러쿵할 것 없어서 들어오라고 아내에게 소리쳤다. 그래서 그들의 사이는 완전히 틀어지고 말았다.

사실은 한 달 전부터 보슈 부부와 쿠포 부부는 아주 서먹서먹한 사이였다. 본디 남 주기를 좋아하는 제르베즈는 포도주라든지, 수프와 오렌지, 과자 따위를 언제나 가져다주었다. 어느 날 밤, 관리인 마누라가 샐러드를 매우 좋아한다는 사실을 알고, 제르베즈는 그릇에다 먹다 남은 꽃상추와 사탕무를 담아 가지고 갔다. 그런데 그다음 날, 보슈 부인이 사람들이 보는 가운데, 고맙게도 남이 먹다 남은 음식을 거두어 먹을 정도로 몰락하지는 않았다고 하면서 아주 불쾌한 듯이 사탕무를 버리더라는 얘기를 르망주 양한테서 듣고서, 제르베즈는 새하얗게 질려버렸다. 그리하여 그때부터 그녀는 물건을 남에게 주는 일을 딱 끊어버렸다. 포도주든 수프든, 오렌지든 과자든 어디 주나 봐라. 보슈 부부의 상판을 좀 봐야지! 그런데 보슈 부부 편에서는 마치 쿠포 부부에게 도둑질이라도 당하는 것처럼 생각했다. 제르베즈는 자신의 실수를 깨달았다. 그녀가 그처럼 마구 물건을 퍼주는 어리석은 짓을 안 했다면, 상대방도 그런 나쁜 습관이 들지 않았을 테고, 계속 친절히 대해 주었을 것이다. 이제 관리인 마누라는 제르베즈에 대해 죽여도 시원찮다는 식으로 욕설을 퍼부었다. 10월분 집세를 낼 때가 되자, 보슈 부부는 세탁부가 식도락으로 있는 대로 다 먹어 치우고 집세를 하루 늦게 냈다고 하면서 집주인 마레스코 씨에게 이런저런 나쁜 소문을 늘어 놓았다. 그런데 마레스코 씨 또한 별로 예절 바른 사람이 아니기 때문에, 모자를 쓴 채로 가게 안에 들어와서 집세를 청구했다. 하지만 그 돈은 즉시 지불되었다. 당연히 보슈 부부는 로리외 부부에게 손을 뻗었다. 이제 관리실 안에서 먹고 마시며 화목을 다지는 그들의 상대가 된 것은 로리외 부부였다. 그 절름발이만 없었으면 누구도 사이가 나빠질 리 없었다. 그 절름발이는 산(山)끼리도 싸움을 붙일 정도니까. 정말 보슈 부부는 이제 비로소 그 여자의 정체를 알았다는 식이었다. 로리외 부부가 얼마나 애를 먹었을지 짐작된다는 투였다. 그리하여 제르베즈가 지나가노라면, 모두들 문간에 나와 비웃는 시늉을 했다.

그러던 어느 날 제르베즈는 로리외 집으로 올라갔다. 예순일곱 살인 쿠포 어머니에 대한 일 때문이었다. 쿠포 어머니는 이제 시력을 완전히 잃었다. 다리도 도무지 쓸 수가 없었다. 그래서 가정부로 가 있던 마지막 집에서도 할 수 없이 일을 그만두었고, 누구든 도와주지 않으면 굶어 죽을지도 몰랐다. 그 나이의 노파가 자식을 셋씩이나 두고서 하늘에서도 땅에서도 버림을 받다니 정말 부끄러운 일이라고 제르베즈는 생각했다. 그런데 쿠포는 로리외 부부에게 얘기하기를 꺼려하여 제르베즈에게 그 일을 시켰고, 그녀는 화가 나서 내친김에 찾아갔다.

단숨에 올라간 제르베즈는 노크도 하지 않고 거센 바람처럼 로리외 집으로 들어갔다. 로리외 부부와 처음 만났을 때 그들에게서 몹시 불쾌한 대접을 받았던 그날 밤부터 이제까지, 집 안은 무엇 하나 바뀌지 않았다. 색이 바랜 모직물 누더기로 작업장과 거실을 갈라놓은 집으로, 뱀상어같이 좁고 기다란 곳이었다. 안쪽에서는 로리외가 작업대에 몸을 구부리고 원기둥꼴 사슬고리를 하나하나 집고 있었고, 로리외 부인은 바이스 앞에 서서 쇠철 제조기에 낀 금줄을 당기고 있었다. 조그만 화덕이 대낮의 햇빛 아래 장밋빛으로 빛났다.

"그래요, 나예요!" 제르베즈가 말했다. "놀랐죠? 우리는 서로 칼을 빼든 처지니까요. 하지만 내 일 때문도 당신들 일 때문도 아니에요, 아시겠어요…… 어머님 때문이죠. 그래요, 그분이 남의 신세를 지면서 빵 조각을 얻어먹게 내버려 두어도 좋은지 어떤지 들어보려고 왔어요."

"이런! 드디어 나타났군!" 로리외 부인이 중얼거렸다. "뻔뻔스럽기도 하지."

그녀는 등을 돌리고 올케 따위의 존재는 무시하듯 또다시 금줄을 당기기 시작했다. 그러나 로리외는 파랗게 질린 얼굴을 쳐들면서 외쳤다.

"뭐라고요?"

그리고 이야기 내용을 다 알아들었는지 이렇게 말했다.

"또 골치 아픈 얘기로군, 응? 장모님도 성실하시군. 어딜 가나 늘 돈이 없다고 우는소리를 하니 말이야!…… 그렇지만 그저께는 여기서 식사를 하고 갔단 말이오. 우리는 할 수 있는 데까지는 하고 있소. 엄청난 재물을 가진 것도 아니고…… 그런데도 남의 집으로 수다 떨며 다닌다면 그대로 그 집에 있게 하면 될 것 아니오. 우린 염탐꾼들이 질색이니까."

그는 또다시 사슬 끝을 잡고 마누라와 마찬가지로 등을 돌리며 귀찮다는 듯이 말했다.

"모두들 달마다 100수씩 낸다면 우리도 100수씩 내겠소."

제르베즈는 로리외 부부의 광대뼈가 툭 튀어나온 얼굴을 보자 찬물을 뒤집어쓴 것처럼 흥분이 가라앉았다. 그들 집에 발을 들여놓고 불쾌하지 않은 적은 한 번도 없었다. 제르베즈는 금가루가 떨어져 있는 나무 햇빛가리개의 마름모꼴에 시선을 떨어뜨린 채 겨우 분별을 잃지 않은 태도로 설명했다. 어머님의 자녀가 셋이니까 한 사람이 100수씩 낸다면 합계 15프랑밖에 되지 않는다. 그것으로는 많이 부족해서 도저히 살아갈 수 없다. 적어도 그 돈의 세 배는 있어야 한다. 하지만 로리외는 고함을 쳤다. 달마다 15프랑이라니, 그 돈을 어디서 훔쳐 오란 말인가? 집에 금이 있다고 해서 자기를 부자로 아는 것은 가소로운 일이라고 했다. 그리고 쿠포 어머니를 다시 깎아내렸다. 그녀는 아침에는 커피가 없으면 안 되고, 술도 마신다. 재산을 모아놓은 사람처럼 행세한다. 누구나 다 호강하고 싶지. 안 그런가? 하지만 한 푼이라도 저축할 수 없다면 남들처럼 허리띠를 졸라매야 한다. 그리고 쿠포 어머니가 아직 일을 못할 나이도 아니고, 접시에서 맛있는 음식을 집어 갈 때 보면 정말 두 눈이 빛난다. 그러니까 그 능청스런 할망구는 놀고먹으려는 심보이며, 설령 자기에게 돈이 있다고 해도 노는 사람을 거둔다는 것은 좋지 않게 생각한다고 했다.

그러나 제르베즈는 타협적인 태도로, 로리외의 잘못된 생각에 조용히 반대했다. 그리고 로리외 부부의 동정심에 호소해 보려고 애썼다. 하지만 이제 로리외는 대꾸하지 않았다. 마누라는 화덕 앞에 서서 묽은 초산이 가득 든, 긴 자루가 달린 구리 냄비에서 사슬 끝을 닦고 있는 중이었다. 마치 100리나 떨어져 있는 것처럼 아까부터 일부러 등을 돌린 채였다. 그래도 제르베즈는 얘기를 계속하면서, 작업장의 더러운 먼지를 뒤집어쓰고 누덕누덕 기운 기름때 긴 옷을 휘감은 몸을 구부리면서 일에 매달려 있는 그들을 물끄러미 바라보았다. 그들은 불편한 동작으로 기계 일을 하고 있는 사이에 낡은 연장처럼 어리석고 메마른 인간으로 굳어버린 것만 같았다. 그런데 그때 갑자기 분노가 가슴에 복받쳐 와서 제르베즈는 고함을 질렀다.

"그래요, 나도 그 편이 좋겠어요. 당신들 돈은 잘 간수해 두세요!…… 어머님은 내가 맡을 테니까, 아시겠어요! 지난번에는 고양이를 주워 왔으니까 당신네 어머니도 주워 드리죠. 그분에게 아무 부족함도 없게 해드리죠. 커피도 포도주도 드리죠!…… 맙소사! 별 더러운 집안도 다 있구나!"

이번에는 로리외 부인이 돌아다보며, 묽은 초산을 올케 얼굴에 내던질 것 같은 기세로 냄비를 휘둘렀다. 그리고 빠른 말로 퍼부었다.

"꺼져. 그렇지 않으면 큰코다칠 거야!…… 100수는커녕 1수나 줄 줄 알아! 한 푼도 못 줘…… 쳇! 그래, 100수를 뭣하러 줘! 어머니가 너희 집 식모 노릇이나 하고 너희들은 우리가 낸 100수로 실컷 처먹으라고! 어머니가 너희 집에 가시거든 일러드려. 죽게 돼도 물 한 모금 안 준다 하더라고…… 어이! 여기서 당장 꺼져버려!"

"정말 짐승 같은 여자로군!" 제르베즈는 거칠게 문을 닫으며 말했다.

바로 나음 날 세르베즈는 구포 어머니를 맞아들였다. 그리고 나나가 자는 방, 천장 쪽 둥근 채광창에서 햇살이 들어오는 넓은 방에 어머니 침대를 놓아주었다. 이사는 오래 걸리지 않았다. 쿠포 어머니의 가재도구라야 침대와 더러운 세탁물을 넣어두는 낡은 호두나무 장롱, 그리고 탁자 하나와 의자 두 개였다. 탁자는 팔아치우고, 의자는 두 개 다 속을 갈아 넣었다. 노파는 이사한 날 저녁, 비질도 하고 접시도 닦고 제법 도움이 되었다. 한때 막막한 처지였다가 그런대로 일이 잘되어 무척 기뻐했다. 로리외 부부는 분통이 터질 지경이었는데, 그 분노는 르라 부인이 마침 쿠포 부부와 화해를 한 다음이었기 때문에 더더욱 컸다. 어느 날, 이 조화공과 사슬장이 자매는 제르베즈의 일로 주먹다짐을 했다. 언니는 대담하게도 어머니에 대한 제르베즈의 태도를 칭찬했다. 그리고 동생이 무척 약이 오른 모습을 보고 놀려주려고 세탁부의 눈이 멋있다고 하면서, 종이쪽지를 대면 불이라도 붙을 것 같은 눈이라고 했다. 두 사람은 그 일로 주먹다짐을 하고는 두 번 다시 서로 안 보겠다고 맹세를 했다. 이제 르라 부인은 밤이면 가게에 와서 시간을 보내며, 키다리 클레망스의 음탕한 농담을 은근히 즐겼다.

3년이 흘렀다. 그들은 서로 틀어졌다가 또다시 화해를 몇 번이나 했다. 제르베즈는 로리외 부부와 보슈 부부, 그 밖에 자기 의견과 상반되는 사람들은 개의치 않았다. 어차피 이쪽에서 하는 일은 마음에 들지 않을 터이니 내버려 둘 수밖에. 필요한 것이 있으면 내가 일해서 얻으면 된다. 그게 중요한 일이다. 마침내 동네에서는 그녀를 크게 존경하게 되었다. 계산은 틀림이 없었으며, 물건 값을 깎지도 않고 불평하지도 않는 훌륭한 단골은 그리 흔치 않았다. 그녀는 빵을 푸아소니에르 거리의 쿠들루 부인 가게에서, 쇠고기는 폴롱소 거리의 뚱보 샤를의 푸줏간에서, 그리고 식품은 구트도르 거리의 자기 가게 건너편 르옹그르 가게에서 샀다. 길모퉁이 술집 주인인 프랑수아는 포도주를 50리터들이 바구니로 배달해 주었다. 비구루는 여편네가 남자들한테 늘 꼬집혀서 엉덩이께에 시퍼런 멍이 들어 있을 것이 뻔했는데, 그는 가스 회사와 같은 도맷값으로 제르베즈에게 코크스를 팔았다. 상인들은 제르베즈에게 친절하게 해주면 돈을 많이 벌 수 있다는 것을 알고서 양심적으로 거래를 했다. 그래서 그녀는 헌 신을 신고 모자도 안 쓴 채 가까운 거리에 나가도 사방에서 인사를 받았다. 자기 가게에 있는 기분이었다. 보도로 향한 근처 거리는 그 보도와 같은 평면에 출입구가 달린 그녀 집의 자연적인 부속물 같았다. 이제 그녀는 밖에 나가서 아는 사람들에게 둘러싸여 있는 것이 즐거워져서, 볼일이 있어 나가는 날이면 시간이 지체되기도 했다. 음식을 장만할 시간이 없는 날에는 만들어져 있는 반찬을 사러 나가서는 이 건물 반대편에 있는 음식점 주인과 수다를 떨었다. 그곳은 먼지투성이의 커다란 유리문이 달린 넓은 가게로, 지저분한 유리 너머로 안쪽 마당의 흐린 불빛이 보였다. 또 그런가 하면, 접시나 사발을 양손에 들고 아래층 창 앞에 선 채로 얘기를 했다. 그곳에서는 구두 수선집 안이 들여다보였으며, 흐트러진 침대와 마루에 널려 있는 누더기, 다리가 짝짝이인 요람, 검은 물이 가득 든 송진 그릇 따위가 있었다. 그러나 그녀가 가장 존경하는 이웃 사람은 건너편 시계방 주인으로서, 이 사람은 단정하게 프록코트를 입고 앙증맞은 도구로 끊임없이 시계를 살펴보고 있었다. 그녀는 이따금 그에게 인사를 하기 위해 거리를 가로질렀다. 찬장같이 좁다란 가게 안에서 조그만 뻐꾸기시계가 수없이 시계추를 흔들며 당치도 않은 시간에 일제히 시간을 울렸는데, 그녀는 그 쾌활한 모양을 바라보고서 기분 좋게 웃어댔다.

제6장

어느 가을날 오후, 제르베즈는 포르트블랑슈 거리의 단골집에 세탁물을 건네주고서, 해질 무렵에 푸아소니에르 거리 아래쪽을 걸어가고 있었다. 아침나절에 비가 왔을 뿐 날씨는 매우 온화했으나 진창길에서는 냄새가 났다. 이 세탁소 여주인은 커다란 바구니를 주체스럽게 들고 걸음도 느릿느릿하게 몸을 축 늘어뜨리고 약간 숨이 차서 길을 올라가고 있었다. 피로와 아울러 관능의 욕망이 부풀어 올랐다. 그녀는 그것을 어슴푸레 느꼈다. 무엇인가 맛있는 것을 먹고 싶었다. 그때, 눈을 치켜떠 보니 마르카데 거리의 표지판이 보여서, 문득 제철 공장으로 구제를 찾아가 볼 생각이 들었다. 그렇지 않아도 구제는 그녀에게 쇠를 어떻게 가공하는지 보고 싶으면 잠시 들르라고 여러 번 이야기했었다. 게다가 다른 직공들 앞에서 에티엔을 찾으면 어린애 때문에 공장에 들른 것처럼 보일 터였다.

볼트와 리벳 공장은 이 근처 마르카데 거리의 끝에 있었지만 그녀는 어디인지 정확히는 몰랐다. 군데군데 빈 땅이 있고 누추한 집들이 늘어서 있었는데 대부분 문패가 없어서 찾기가 더 어려웠다. 이 거리는 세상의 황금을 다 준다 해도 그녀라면 살지 않을 것 같은, 넓고 지저분한 거리로, 인근 공장의 매연 때문에 거무튀튀한 데다 포장 길은 구멍투성이고, 차바퀴 자국이 물웅덩이를 이루고 있었다. 거리 양쪽으로는 창고와 큰 유리창을 낀 공장, 벽돌과 뼈대를 드러낸 미완성 회색 건물들이 늘어서 있고, 또 흔들흔들한 벽돌집들이 수상쩍은 셋집과 이상야릇한 싸구려 요릿집 사이에 끼여 여기저기 흩어져 있었는데, 그 사이로 시골로 빠지는 길이 있었다. 제르베즈는 자신이 찾는 공장이 넝마와 고철 저장고 옆에 있으며, 그 저장고란, 구제의 말에 따르면 땅과 같은 높이의 노천 쓰레기터와 같은 곳으로서 몇백만 프랑의 가치가 나가는 물건이 잠들어 있다는 것만이 생각났다. 그곳에서 여러 공장의 소음에 둘러싸여 어느 쪽으로 가야 좋을지 생각해 봤다. 공장 지붕 위에서는 가느다란 굴뚝이 맹렬한 기세로 연기를 내뿜고, 제재소에서는 무명천을 찢는 것 같은 날카로운 소리가 규칙적으로 들려왔으며, 단추 공장에서는 기계가 돌아가며 탕탕거리는 소리가 땅을 흔들었다. 그녀는 더 가야 할지 어떨지 몰라서 우두커니 몽마르트르 쪽을 바라보았는데, 한 줄기 바람이 높다란 굴뚝으로부터 그을음을 훅 불어내려 거리를 더러운 냄새로 덮어씌웠다. 숨이 막힐 것 같아 그녀가 눈을 감았을 때 쇠망치를 휘두르는 규칙적인 소리가 들려왔다. 자기도 모르는 사이에 마침 공장 앞에 도착했던 것이다. 바로 옆에 넝마가 가득 차 있는 작은 건물이 있었기 때문에 그녀는 금세 알아챘다.

그렇다고는 하지만, 어디로 들어가야 할지 몰라서 그녀는 또다시 망설였다. 울타리가 부서진 곳에 길이 하나 나 있는 것으로 보아, 허물어진 건물의 벽토 부스러기를 쌓아 올린 그 안쪽으로 길이 있는 것 같았다. 탁하게 흐린 물웅덩이가 길을 가로막고, 널빤지 두 개가 가로놓여 있었다. 그녀는 널빤지를 건너 왼쪽으로 돌아갔다. 그러자 기묘한 숲속으로 빠져들고 말았다. 헌 짐수레 여러 대가 말에 매는 긴 막대를 허공에 뒤집어 내놓은 채로 있었고, 허물어진 집의 대들보 골격이 여기저기 서 있었다. 그 안쪽에 해질 무렵의 어둠을 꿰뚫고 빨간 불이 하나 빛났다. 쇠망치 소리는 이미 들리지 않았다. 그녀가 조심스럽게 불빛 쪽으로 나아가자, 석탄으로 더럽혀진 얼굴에 덥수룩한 염소 수염을 한 직공 한 사람이 그녀 곁을 지나치면서 파르스름한 눈초리를 흘깃 던졌다.

"여보세요." 제르베즈가 물었다. "에티엔이라는 아이가 여기서 일하고 있나요…… 내 아들입니다."

"에티엔, 에티엔." 직공은 몸을 뒤틀면서 쉰 목소리로 되풀이했다. "에티엔, 아니 모르겠소."

그가 입을 열자, 브랜디의 헌 술통에서 마개를 빼내었을 때처럼 술 냄새가 풀풀 났다. 이런 컴컴한 곳에서 여자와 단둘이 마주쳤기 때문에 남자가 놀리려는 기색을 보여서 제르베즈는 물러서면서 나지막한 소리로 말했다.

"그러면 구제 씨가 일하고 있는 곳은 여기죠?"

"아! 구제라면 있지!" 직공이 말했다. "구세라면 알지!…… 구제를 만나고 싶으면 안쪽으로 가보시오."

그리고 돌아서면서, 금이 간 동판이 울리는 듯한 소리로 외쳤다.

"이보게나, '금 주둥이', 자네한테 어떤 여인이 찾아왔다네!"

그러나 쇠붙이 소리가 그 고함 소리를 삼켜버렸다. 제르베즈는 안쪽으로 들어갔다. 출입구에 다다르자 제르베즈는 목을 길게 빼어 내밀었다. 그곳은 널따란 방으로, 처음 그녀는 도무지 분간할 수가 없었다. 화덕은 죽은 사람처럼 오직 한쪽 구석에서 벌겋게 파릇한 불을 비치며, 그대로 어둠의 침입을 밀어내고 있었다. 커다란 그림자가 몇 개 가물거렸다. 불 앞으로 이따금 검은 덩어리가 불빛의 마지막 한 점을 가로막으면서 지나갔다. 팔다리가 매우 크게 생각되는 그림자였다. 제르베즈는 감히 더 들어갈 용기가 없어 출입구에서 낮은 목소리로 불렀다.

"구제 씨, 구제 씨……."

갑자기 주위가 환해졌다. 풀무가 덜커덕거리고 한 줄기 하얀 불꽃이 용솟음쳐 나왔다. 판자 칸막이로 빈틈을 마구 막고, 구석을 벽돌담으로 보강한 창고가 나타났다. 석탄가루가 날아 그 넓은 방을 회색 그을음으로 칠하고 있었다. 몇 년씩 쌓이고 쌓인 먼지 때문에 거미줄이 무겁게 늘어져, 누더기를 못에 걸어놓기라도 한 것처럼 들보에 매달려 있었다. 벽 가장자리와 선반들 위에는, 고철이랑 찌부러진 기구, 큼직한 도구들이 못에 걸려 있거나 함부로 널브러져 있어 그 부서진 둔중한 빛깔의 딱딱한 모습을 드러냈다. 하얀 불꽃은 여전히 빛나며, 밟아 굳어진 땅을 햇빛처럼 비추었다. 그곳에는 틀에 끼워 놓은 매끄러운 강철 모루 네 개가 금빛 섞인 은빛으로 반짝거렸다.

그때, 제르베즈는 화덕 앞에서 노란 수염이 멋진 구제를 발견했다. 에티엔이 풀무질을 하고 있었다. 그리고 다른 직공 두 사람도 있었다. 그녀는 구제만 바라보며 앞으로 걸어 나가서 그의 앞에 섰다.

"아니! 제르베즈 부인!" 구제가 환한 얼굴로 외쳤다. "이거 정말 웬일이십니까!"

그러나 동료들이 이상한 표정을 지어서 그는 에티엔을 어머니에게 밀어 보내며 말을 이었다.

"아드님을 보러 오셨군요…… 이 애는 얌전하지요. 힘도 붙기 시작했어요."

"아!" 그녀가 말했다. "여기까지 오기가 정말 쉽지 않네요…… 이 세상 끝까지 온 기분이에요……."

그리고 제르베즈는 거기까지 오는 동안 있었던 일을 이야기했다. 그러고 나서 작업장 사람들이 왜 에티엔의 이름을 모르느냐고 물었다. 구제는 웃으면서,

그 애가 알제리 보병처럼 머리를 짧게 깎았기 때문에 모두들 '꼬마 주주'라 부른다고 설명했다. 두 사람이 얘기하는 동안 에티엔이 풀무질을 멈추고 있었기 때문에, 화덕의 불이 약해져서 장미색 불빛이 금세라도 꺼질 것같이 되어 공장 안은 또다시 어두워졌다. 그 어둠 속에서, 말할 수 없이 싱싱하게 보이는 이 젊은 여자의 웃음 띤 얼굴을 대장장이는 감동하여 물끄러미 바라보았다. 그리고 두 사람 모두 어둠 속에 묻혀 아무 말도 없었다. 그는 문득 생각난 듯이 침묵을 깨뜨렸다.

"제르베즈 부인, 미안합니다. 난 끝내야 할 일이 있어요. 조금만 기다려 주시겠어요? 전혀 방해가 되지는 않습니다."

그녀는 그대로 그 자리에 머물러 있었다. 에티엔도 다시 풀무에 매달렸다. 화덕은 불꽃을 튀기면서 타올랐다. 소년이 어머니에게 자신의 힘을 자랑하기 위해 태풍 같은 바람을 불어넣었으므로, 불길은 그만큼 더 타올랐다. 구제는 선 채 차츰 달아오르는 쇠막대기를 지켜보면서 손에 집게를 들고 기다렸다. 강한 빛이 그를 환하게 비춰 그림자가 진 부분이 한 군데도 없었다. 셔츠 소매를 걷어붙이고 깃을 열어젖히고 있었기 때문에 그의 팔과 가슴이 다 드러나 처녀처럼 불그스레한 피부에 곱슬한 금빛 털이 보였다. 근육이 불룩한 억센 어깨 사이로 얼마간 고개를 숙이고는, 긴장된 얼굴에 파릇한 눈으로 불꽃을 바라보며 눈 하나 깜빡하지 않았다. 그것은 자기 힘에 자신을 갖고 편안히 쉬고 있는 거인과도 같은 표정이었다. 쇠막대기가 최고 상태에 이르러 하얗게 변하자 그는 집게로 그것을 집어서 모루 위에 놓고, 유리 토막을 가볍게 두드려 꺾듯 일정한 길이로 잘라냈다. 이어서 그렇게 자른 것을 또다시 불 속에 집어넣은 뒤, 하나씩 하나씩 꺼내어 세공해 나갔다. 육각형 리벳을 만드는 것이다. 짧게 끊은 쇠붙이를 못 제조틀 속에 집어넣어 대가리 부분을 뭉개고, 여섯 면(面)을 평평하게 한 뒤에, 벌건 채로 완성된 리벳을 또다시 내던지면 검은 땅바닥 위에서 시뻘건 반점이 조금씩 식어갔다. 오른손으로 5파운드짜리 망치를 휘두르면서, 한 대씩 두드릴 때마다 그는 능란한 솜씨로 쇠붙이를 뒤집고 다듬었는데 사람들을 쳐다보기도 하고 이야기를 나누기도 했다. 그는 땀 한 방울 안 흘리며 아무 힘도 안 들이고 장난하듯, 밤에 집에서 그림을 오려낼 때처럼 쉽게 두드렸다.

"오! 이거 말이죠, 이건 20밀리의 소형 리벳입니다." 구제는 제르베즈의 질문에 대답했다. "하루에 삼백 개까지 만들죠…… 익숙하지 못하면 안 됩니다. 금방 팔이 아프니까요……."

그래서 그녀가 하루 일이 끝나면 손목이 저리지 않느냐고 묻자, 그는 밝은 웃음을 지었다. 나를 아가씨로 생각하십니까? 이 손목은 열다섯 살 때부터 온갖 것을 겪어왔기에 지금은 마치 무쇠 같습니다. 정말 온갖 도구를 다 만져보며 단련했습니다. 하지만 당신이 그렇게 생각하는 것도 무리는 아니죠. 단하나의 리벳이나 볼트도 만들어 본 일이 없는 처지에, 이 5파운드짜리 쇠망치를 장난감 다루듯 하고 싶은 신사라면 단 두 시간만에 지독한 근육통으로 축늘어질 겁니다. 언뜻 보기에는 아무것도 아닌 것 같지만 튼튼한 젊은이도 몇년 안 되어 포기하는 수가 많습니다. 이런 얘기를 주고받는 사이에도 다른 직공들은 모두 열심히 쇠붙이를 두드렸다. 그들의 큼직한 그림자가 불빛 속에서 춤추며 쇠붙이의 시뻘건 광채를 숯불 속에서 끄집어내었고, 그 쇠붙이는 안쪽의 어둠을 가로질러 쇠망치 밑에서 불꽃이 일며 햇빛처럼 번쩍였다. 제르베즈는 이글거리는 화덕불 기운에 홀린 듯 마음까지 흐뭇해져 비켜서려고도 하지 않았다. 손에 화상을 입지 않으려고 멀리 돌아서 에티엔에게 다가가려 할 때, 안마당에서 그녀가 말을 붙였던 지저분하고 수염이 난 직공이 들어오는 것이 보였다.

"오, 부인 찾으셨군요." 그는 주정뱅이다운 장난기 어린 말투로 말했다. "이봐 '금 주둥이', 이 부인에게 자네가 있는 곳을 일러준 사람이 바로 나란 말이야……."

이 사나이로 말하자면 '소금 주둥이'라고 불리는 술주정뱅이로, 솜씨는 아주 훌륭한 볼트 제조공이며 날마다 싸구려 브랜디 1리터를 몸속에 흘려 넣으면서 쇠망치를 휘두르고 있었다. 기름이 다 되어 아무래도 6시까지 견딜 수 없다 생각하고, 가볍게 한잔 걸치고 온 참이었다. 주주의 진짜 이름이 에티엔이라는 것을 알자, 그는 그것이 무척 재미있다고 검은 이를 내보이며 웃어댔다. 그리고 제르베즈가 누구인지도 알게 되었다. 술주정뱅이가 말을 이었다. 바로어제도 쿠포와 함께 한잔 걸쳤소. 쿠포에게 '소금 주둥이'에 대해서 물어보면금세 그놈은 괴짜야! 말할 거요. 아! 정말 쿠포는 좋은 녀석이오! 얻어먹기보다는 사주는 편이니까.

"그 녀석의 부인을 만나니 참 기쁘군요." 술주정뱅이가 되풀이했다. "녀석은 미인을 얻을 자격이 있소…… 안 그런가, '금 주둥이'? 부인이 정말 미인이구먼."

주정뱅이가 능청을 떨면서 세탁부 곁으로 다가가자 제르베즈가 바구니를 집어 들어 앞으로 안고는, 사나이가 너무 가까이 오지 못하도록 했다. 구제는 동료가 장난치려 하는 것을 눈치채고 제르베즈에 대한 우정에서 버럭 소리쳤다.

"이봐, 게으름뱅이! 40밀리미터짜리들은 언제 만들 거야?…… 배 속이 찼으니 힘내서 시작하는 게 어때, 이 소금 주둥이야?"

구제는 모루를 둘이 마주 때려야 하는 대형 볼트의 주문 얘기를 한 것이었다.

"당장에라도 하지. 자네만 좋다면, 큰 아기야." 주정뱅이, 소금 주둥이가 대답했다. "아직도 엄지손가락을 빠는 주제에 어른인 척하는구먼! 덩치만 컸지 별수 있나. 난 이래 봬도 덩치 큰 놈을 여럿 해치웠다니까!"

"좋다, 당장 시작하자. 그래, 우리 둘이 해보자."

"좋다, 버릇없는 녀석!"

제르베즈가 옆에서 보고 있었기 때문에 두 사람은 서로 우쭐하여 대들었다. 구제는 미리 잘라놓았던 쇠붙이를 불 속에 집어넣고, 이어 큰 못 제조 틀을 모루 위에 고정시켰다. 상대는 벽에 기대 놓았던 20파운드짜리 큰 쇠망치 두 개를 가져왔다. 그것은 이 공장에서 가장 큰 쇠망치 한 쌍이었고 직공들은 그것에 '피핀'과 '데델'이라는 별명을 붙였다. 그는 여전히 자랑을 하면서 됭케르크의 등대용으로 만든 여섯 타(打)의 리벳 얘기를 늘어놓았다. 그것은 모두가 보석이며, 미술관에 전시해 놓을 만하며, 정말 공들여 만들었다. 쳇 어림도 없지! 경쟁은 두렵지 않네. 너 같은 녀석을 상대하기보다는 온 파리를 뒤져 상대를 찾아냈어야 하는데. 웃기는구먼. 어디 두고 보자.

"부인이 심판관이 되어주시죠." 젊은 여인을 바라보며 주정뱅이가 말했다.

"어지간히 지껄여라!" 구제가 소리쳤다. "주주야 힘껏! 그 정도로는 뜨거워지질 않는단다, 얘야."

그러나 '소금 주둥이', 술주정뱅이가 다시 물었다.

"그럼 같이 때리는 거냐?"

"절대 아니지! 각자 볼트를 때리는 거지, 이 친구야!"

이 제안에 분위기가 얼어붙었다. 상대는 입심은 좋았지만 그 순간에는 한 마디 말도 하지 못했다. 40밀리미터 볼트를 혼자 만들다니, 그런 것은 본 일이 없다. 더구나 볼트의 대가리를 둥글게 해야 하기 때문에 무척 힘이 드는 일이다. 다 만들 수 있다면야 걸작이겠지만. 작업장에 있던 다른 세 직공이 구경하려고 일을 멈추었다. 키가 크고 홀쭉한 직공이 구제의 패배에 술 1리터를 걸었다. 그러는 동안에 두 대장장이는 저마다 눈을 감고서 큰 쇠망치를 들었다. 그것은 피핀이 데델보다 반 파운드 더 무거웠기 때문이다. '소금 주둥이'가 운 좋게도 데델을 거머쥐었다. '금 주둥이'는 피핀을 잡았다. 그리고 쇠붙이가 백열 상태로 되기를 기다리면서 '소금 주둥이'는 또다시 뻐기기 시작하며 모루 앞에서 자세를 취하고 세탁소 여주인에게 다정한 눈길을 던졌다. 그는 딱 버티고 선 채 격투할 때의 신사처럼 발을 구르면서 공격 신호를 하며 어느새 데델을 힘껏 휘두르는 시늉을 해 보였다. 자, 빌어먹을! 이거야말로 내 전공이지. 나야 방돔 광장의 기념기둥으로 케이크라도 만들어 낼 수 있지!

"자, 시작하세!" 구제는 여자아이 손목 굵기만 한 쇠붙이를 못 제조틀에 꽂고서 말했다.

'소금 주둥이'는 윗몸을 젖히고, 두 손으로 데델을 휘둘렀다. 염소 수염, 빗질도 제대로 하지 않은 헝클어진 머리 밑에서 늑대 같은 눈이 번득이고 있는 이 깡마르고 작은 남자가 쇠망치를 휘두를 때마다 허리가 흔들거리며 망치 힘에 이끌리듯 땅에서 몸이 떴다. 화를 잘 내는 그는 쇠가 너무나 단단하다고 짜증을 내면서 온 힘을 쏟았다. 그는 내리친 것이 잘 맞았다고 생각되면 도리어 불평하듯이 중얼거렸다. 다른 놈 같으면 브랜디가 팔을 나약하게 하겠지만 나로 말하면 혈관에 피가 아니라 브랜디가 필요하다. 좀 전에 마신 한 잔의 술로 몸속이 온통 가마솥처럼 확확 달아오른다고. 증기기관처럼 힘이 마구 치솟는단 말이다. 그러기에 오늘 저녁에는 쇠붙이 쪽이 나를 두려워한단 말이야. 이런 것쯤은 씹는 담배보다도 보드랍게 펴주지. 보라고, 데델이 왈츠를 추잖아! 작은 발로 껑충껑충 허공으로 뛰면서 속옷을 넘실거리는, 엘리제몽마르트르를 어슬렁거리는 여자 같지 뭐야. 어쨌든 우물쭈물할 수는 없지. 쇠붙이란 금방 식어버리는 망나니라 쇠망치 같은 건 우습게 안단 말이야. '소금 주둥이'는 서른 번 때려서 볼트 대가리를 만들었다. 그러나 그는 눈이 튀어나와서는 숨을 헐떡거렸고, 팔에서 우두둑거리는 소리가 나자 버럭 화를 냈다. 흥분한 그는 자기도 모르게 날뛰고 고함을 지르면서 오로지 자신의 분풀이로 다시 두 번 더 두들겼다. 못 제조틀에서 꺼내어 보니, 볼트는 그 대가리가 일그러져서 곱사등처럼 되어 있었다.

"에헴! 잘되었죠?" 그는 뻔뻔스럽게 말하면서 자기 작품을 제르베즈에게 내밀었다.

"전 잘 모르겠어요." 세탁부는 조심스럽게 대답했다.

그러나 그녀는 볼트 위에서 데델의 마지막 두 차례 타격의 흔적을 분명히 보고는 너무 기뻐서 웃음을 참느라고 입술을 오므렸다. 그렇게 되면 구제에게 충분한 승산이 있었기 때문이다.

이번에는 '금 주둥이' 차례였다. 그는 시작하기 전에 세탁소 여주인에게 애정 어린 침착한 시선을 보냈다. 그러고 나서 조금도 서둘지 않고 거리를 재고 나서 쇠망치를 크게 규칙적으로 내려쳤다. 그 움직임은 전통적이고 정확하며 균형 잡히고 유연했다. 그의 두 손에 쥐어진 피핀은 춤을 추었는데, 너절한 선술집에서 흔히 볼 수 있듯이, 다리를 치마 위로 번쩍번쩍 쳐드는 그런 식의 값싼 춤이 아니었다. 그 옛날 진지한 태도로 미뉴에트를 추는 귀부인처럼 단정하게 박자에 맞추어 올라갔다 내려왔다 했다. 피핀의 발뒤꿈치는 엄숙하게 박자를 맞추었다. 붉게 달궈진 쇠 중심부를 먼저 망가뜨리고, 이어 정확한 솜씨로 백열한 쇠붙이 볼트 대가리로 내려갔다. 물론 '금 주둥이'의 혈관을 흐르는 것은 브랜디가 아니라 피였다. 그의 쇠망치에까지 힘차게 맥박치며 일을 지배하는 순수한 피였다. 이 젊은이가 작업하는 늠름한 모습! 그는 화덕의 큰 불꽃을 받고 있었다. 나지막한 이마 위에서 곱슬거리는 짧은 머리와 고리를 이루고 늘어진 아름다운 노란 수염이 불붙 듯하며 얼굴 전체를 황금의 실로 빛나게 하여, 그야말로 에누리 없는 황금의 얼굴을 만들어 놓고 있었다. 거기에 기둥 같은, 어린애처럼 흰 목덜미, 여자 하나쯤은 잠재울 만한 넓은 가슴팍, 거인을 그대로 베꼈다 싶을 정도의 근육 골격 덕분에 어깨와 팔은 늠름해 보였다. 그가 펄쩍 뛰는 것 같은 자세를 취하면, 근육이 부풀어 오르고 피부 밑에서 살이 꿈틀거리며 산처럼 굳어지는 것이 보였다. 어깨도 가슴도 목도 부풀었다. 그는 주변을 밝히며 신과 같이 홀읍하고 선능한 존재가 되었다. 벌써 스무 번이나 피핀을 내리쳤는데, 눈은 쇠붙이를 응시하고서 한 번 때릴 때마다 숨을 내쉬었지만 이마에는 오지 커다란 땀방울 두 개가 흐르고 있을 뿐이었다. 그는 스물하나, 스물둘, 스물셋 하며 치는 횟수를 세었다. 피핀은 침착하게, 귀부인다운 상하 운동으로 인사를 계속했다.

"잘난 척하기는!" 소금 주둥이'가 비웃었다.

그리고 제르베즈는 '금 주둥이'의 맞은편에서 온화한 미소를 띠고 지켜보고 있었다. 맙소사! 정말 남자란 어리석기도 하지! 이 두 사람은 내 마음을 사려고 볼트를 두드리고 있단 말이야! 아! 나는 다 알고 있어. 한 마리 작고 하얀 암탉 앞에서 위세를 부리는 커다란 수탉 두 마리처럼 두 남자는 서로 나를 차지하려고 쇠망치 대결을 벌이는 거야. 온갖 수단을 다 부려야 할 것이 아닌가? 어쨌든 마음이란 이따금 그것을 표현하느라고 묘한 방법을 쓰는 법이다. 그렇지, 모루 위에서 데델과 피편이 쾅쾅대는 우렛소리도 나 때문이며, 으스러진 쇠붙이도 모두 나 때문이고, 요란하게 불똥을 튀기면서 불이 난 것처럼 흔들리는 화덕도 나 때문이다. 이 남자들은 거기서 나에게 보내는 사랑을 단련하고 있다. 누가 쇠를 잘 단련하느냐를 가지고 나를 쟁탈하려고 한다. 그렇게 생각하니 그녀는 마음속으로 기뻤다. 결국 여자란 달콤한 말을 좋아한다. '금 주둥이'의 망치 소리가 유별나게 그녀의 가슴에 울렸다. 모루 위에서와 마찬가지로, 그녀의 가슴속에도 크나큰 피의 고동을 반주 삼아 밝은 음악이 울리고 있었다. 어리석은 것같이 생각되었지만, 그래도 무엇인지 볼트의 쇠처럼 단단한 것이 몸속에 박히는 듯한 느낌이었다. 해 질 무렵 여기 들어오기 전에 그녀는 습한 보도를 따라 걸어오면서 걷잡을 수 없는 욕망을, 무엇인가 맛있는 음식을 먹고 싶다는 욕망을 느꼈었다. 그런데 '금 주둥이'가 내리치는 쇠망치가 음식을 준 것처럼 그녀는 매우 만족스러웠다. 아! 틀림없이 이 사람의 승리다. 난 그의 것이 되는 것이다. 너절한 바지와 작업복을 입고 도망친 원숭이처럼 날뛰는 '소금 주둥이'의 모습은 꼴불견이다. 이리하여 그녀는 호된 열기에도 행복한 마음으로 얼굴을 붉힌 채, 피편의 마지막 내리침 덕분에 발끝에서 머리끝까지 흔들리는 데 쾌감을 느끼며 기다렸다.

구제는 여전히 수를 세고 있었다.

"스물여덟!" 마침내 외치고 나서 쇠망치를 땅바닥에 내려놓았다. "다 되었습니다. 와서 보시오."

볼트의 대가리는 매끈하고 상처 하나 없었다. 틀림없는 귀금속 세공으로, 거푸집에서 만든 구슬처럼 동그랬다. 직공들이 고개를 끄덕이며 바라보았다. 흠잡을 데 없는, 무릎을 꿇고 우러러볼 정도의 됨됨이였다. '소금 주둥이'는 실없이 놀려보려 했으나 횡설수설하다가 시무룩해져서 자기 모루 쪽으로 돌아갔다. 한편 제르베즈는 볼트를 더 잘 보고 싶다는 듯이 구제에게 몸을 기울였다. 에티엔이 풀무에서 손을 뗐기 때문에 화덕은 갑자기 어둠 속으로 가라앉는 붉은 해처럼 다시금 검은 그림자에 싸여갔다. 그리고 대장장이와 세탁소 여주인은 고철 냄새가 코를 찌르고 그을음과 쇳가루로 검게 된 이 건물 속에서 밤의 장막에 감싸여 가는 것을 느끼면서 달콤한 기쁨에 젖어 있었다. 뱅센 숲의 풀덤불 속에서 밀회를 했더라도 이처럼 단둘이 되었다는 느낌은 아니었으리라. 그는 마치 그녀를 쟁취한 듯이 그녀의 손을 덥석 잡았다.

이어 두 사람은 밖으로 나갔으나, 서로 말 한 마디 주고받지 않았다. 그는 말머리를 찾지 못한 채, 일이 끝나려면 아직 30분을 더 기다려야 해서 에티엔을 데리고 가지 못한다고 아쉬워했을 뿐이었다. 이윽고 그녀가 돌아가려고 하자 그는 몇 분이라도 더 그녀를 잡아두려고 불러 세웠다.

"이리 오세요, 아직 다 보여드리지 못했습니다…… 그래요, 정말 재미있습니다."

그는 오른쪽에 있는 다른 창고로 그녀를 데리고 갔다. 그곳은 공장 주인이 기계장치의 제조 설비 한 벌을 설치해 놓은 곳이었다. 문턱에서 그녀는 본능적인 공포에 사로잡혀 머뭇거렸다. 넓은 방이 기계의 움직임으로 흔들리고 있었다. 그리고 커다란 그림자들이 여기저기서 붉은 불을 붙이면서 감돌았다. 그러나 그는 미소를 지으면서 여자를 안심시켰고, 두려울 게 없다고 말했다. 다만 치맛자락이 톱니바퀴 가까이 가지 않도록 조심하라고 했다. 귀가 먹을 것 같은 소음 속을 그가 앞섰고, 그녀는 뒤따라갔다. 그녀로서는 하나하나 분간할 수 없이 바빠 보이는 사람의 검은 그림자와 팔을 작동하는 기계류, 그리고 정확하게 형체를 알아볼 수 없는 것들이 엉클어져 있는 연기 속에서, 여러 가지 소리들이 횡횡거리기도 하고 부르릉거리기도 했다. 통로가 지독히 좁아서 장애물을 몇 개 건너뛰고, 구멍을 피하고, 짐수레 옆으로 비켜서야만 했다. 서로 이야기를 해도 들리지 않았다. 그녀에게는 아직 아무것도 뚜렷이 보이지 않았고, 모든 것이 춤추고 있었다. 문득 머리 위에 커다란 날개깃이 스쳐가는 것 같은 느낌이 들어 우뚝 서서 벨트를 쳐다보니, 긴 테이프 같은 그 벨트는 천장에 쳐놓은 거대한 거미줄 하나하나를 끝없이 당겨가고 있는 것처럼 보였다. 증기 엔진은 한 모퉁이 조그만 벽돌담 뒤에 가려 있어서, 마치 벨트가 어둠 속에서 쉴 새 없이 규칙적으로 밤새가 날듯이 조용히 미끄러져서 기계에 회전운동을 전해 주는 것 같았다. 하지만 그녀는 송풍관에 걸려서 하마터면 넘어질 뻔했다. 그것은 다져진 바닥에 가지를 뻗고, 여기저기 있는 기계 곁의 조그만 화덕들로 바람을 나누어 주는 것이었다. 구제가 그녀에게 그것을 가리키며 한 화덕에 강한 바람을 일으켰다. 큰 불길이 사방에서 부채 모양으로 퍼져 나갔다. 그것은 톱니 모양의 눈부신, 약한 래커 색을 지닌 주름 장식이 달린 불꽃이었다. 불빛이 무척 강했기 때문에, 직공들의 조그만 등불은 양지 쪽의 작은 그림자와 같았다. 그리고 그는 큰 소리로 설명을 하고 여러 가지 기계로 옮겨 갔다. 쇠몽둥이를 물어뜯어 한입씩 저며내고 그것을 뒤로 토해 내는 금속 절단기. 강력한 나선을 잠깐만 누르면 볼트와 리벳 대가리를 만들어 내는 키가 크고 복잡한 볼트와 리벳 제조기. 주철로 만든 구형(球形) 제동기가 붙어 있어 금속의 홈을 깎아낼 때마다 요란한 소리를 내는 성형기(成型機). 기름으로 번들거리는 강철 톱니바퀴가 여직공의 조작으로 소리를 내며 볼트와 너트의 나선을 깎아가는 나선 제조기. 그래서 그녀는 벽에 세워 둔 쇠막대기에서부터 상자 가득히 담아서 구석구석에 쌓아 올려둔 완성품 볼트와 리벳에 이르기까지 모든 제조 공정을 볼 수 있었다. 제르베즈는 이해가 되는지 고개를 끄덕이며 웃어 보였다. 그러나 이처럼 거센 금속노동자들에 비해 자기는 아주 조그맣고 연약한 게 불안하여 어쩐지 가슴이 조금 죄어드는 것 같았고, 재단기의 둔한 소리가 울릴 때마다 피가 얼어붙는 듯 섬뜩하여 뒤돌아보았다. 어둠에 익숙해진 그녀의 눈에 안쪽 깊숙한 곳에서 남자들이 꼼짝 않고 제동기의 성급한 춤을 조정하고 있는 모습이 보였다. 그때 갑자기 화덕 하나가 주름 장식과 같은 불꽃을 확 뿜어냈다. 그녀는 자기도 모르는 사이에 천장으로 시선을 던졌다. 기계의 생명이며 핏줄인 벨트가 허공을 부드럽게 날아오르고 있었다. 그 거대하고 묵묵한 공장 골격의 어슴푸레한 어둠 속으로 그것이 오가는 것을 그녀는 눈을 들어 물끄러미 바라보았다.

그러는 동안 구제는 어느 리벳 제조기 앞에 멈추어 섰다. 고개를 숙이고 눈은 한 지점만을 바라보며 생각에 잠겨 있었다. 기계는 거인처럼 침착하고 여유 있게 40밀리미터 리벳을 만들어 냈다. 게다가 간단하기란 또한 말할 수 없을 정도였다. 화부(火夫)가 화덕에서 쇳조각을 꺼낸다. 직공은 강철이 물러지지 않도록 끊임없이 한 줄기 물을 흘려 넣고 있는 못 제조기 속으로 그것을 넣는

다. 그러면 끝나는 것이다. 나사못이 내려오고, 거푸집에 부어 넣은 것처럼 둥근 대가리의 볼트가 지면으로 튀어나왔다. 이 굉장한 기계는 열두 시간에 몇백 킬로미터나 되는 볼트를 만들었다. 구제는 심술궂지는 않았지만, 그래도 때때로 이 고철 덩어리가 자신보다 억센 것을 보고는 화가 치밀어 피핀을 집어들어서 때려누이고 싶을 때도 있었다. 육체와 쇠붙이의 싸움이 되지 않는다고 생각은 했지만, 이것을 보고 있자니 정말 서글픈 마음에 사로잡혔다. 언젠가는 틀림없이 기계가 노동자를 죽일 것이다. 현재도 자기들이 그날그날 받는 급여가 12프랑에서 9프랑으로 떨어졌고, 또 더 떨어지리라는 이야기다. 결국 소시지라도 만드는 것처럼 리벳과 볼트를 만들어 내는 이 거대한 짐승들이 기분 좋을 것은 하나도 없었다. 그는 30분 동안은 한 마디도 하지 않고 그 기계를 응시했다. 눈살을 찌푸리고 아름다운 노란 수염이 위협하듯 곤두섰다. 그러나 바로 평온한 체념의 모습이 차츰 그의 표정을 누그러뜨려 갔다. 그는 자기에게 바짝 붙어 있는 제르베즈를 돌아보면서 서글픈 미소를 지었다.

"자! 이놈이 우리를 깨끗이 내쫓는단 말입니다! 하지만 앞으로는 우리 모두가 행복해질 수 있도록 도울지도 모르죠."

제르베즈는 이것이 모든 사람의 행복이 될 것 같지는 않았다. 기계가 만든 볼트는 좋지 않다고 생각했다.

"당신은 내 생각을 알고 있겠죠." 그녀는 열정적으로 외쳤다. "그것들은 너무나 판에 박힌 듯 만들어져 있어요…… 나는 당신이 만든 것이 더 좋아요. 적어도 예술가의 손길이 느껴지니까요."

제르베즈의 말을 듣고 구제는 무척이나 흐뭇했다. 기계를 보고 난 제르베즈가 자신을 얕보지 않을까 두려웠기 때문이다. 빌어먹을! 자신이 '소금 주둥이'보다 더 힘이 세다 해도 기계는 자기보다 한 수 위니까. 마지막으로 안마당에서 헤어질 무렵 그는 몹시 기뻐서 그녀의 손을 으스러지도록 쥐었다.

세탁소 여주인은 토요일마다 세탁물을 가져다주러 구제 집에 들렀다. 구제 모자는 여전히 뇌브드라구트도르에 있는 작은 집에 살고 있었다. 첫해에는 500프랑 중 달마다 20프랑씩 꼬박꼬박 갚아 나갔다. 계산을 복잡하게 만들지 않기 위하여 월말에 정확히 한 번만 계산했다. 구제 모자의 세탁비는 한 달에 7, 8프랑이었기 때문에 거기에다 차액을 너해서 20프랑으로 했다. 이렇게 해서 그녀는 빚진 돈의 절반쯤을 갚았다. 그런데 어느 날 집세 납부일에, 손님들이 약속을 어겨서 급히 돈을 돌려야 할 때가 있었다. 제르베즈는 하는 수 없이 구제 모자에게 달려가서 집세를 빌려왔다. 그리고 고용한 여자들에게 급료를 주기 위해 두 번이나 더 구제 모자에게 빚을 져야만 했다. 그런 일로 빚은 425프랑으로 다시 올라갔다. 이제는 한 푼의 돈도 갚지 못했고, 오로지 세탁비로 빚을 조금씩 갚아가고 있을 뿐이었다. 제르베즈가 전보다 일을 덜하는 것도 아니며, 손님이 줄어들지도 않았다. 그 반대였다. 그러나 살림에 문제가 있었다. 마치 돈이 녹아 없어지는 것 같았다. 수지 계산만 맞으면 그녀는 만족했다. 에라, 모르겠다! 그럭저럭 먹고살 수만 있으면 되잖아? 그녀는 살이 쪄갔다. 그러자 자질구레한 일을 내동댕이치고 앞날을 생각할 기력조차 없어졌다. 할 수 없지! 돈이란 돌고 도는 것인데, 놓아두면 녹슬어. 그럼에도 구제 부인은 제르베즈에게 여전히 어머니 같은 태도를 보여주었다. 때때로 그녀를 따뜻하게 타이르기도 했지만 꾸어준 돈 때문이 아니라 그녀를 사랑하고 그녀의 파멸을 보게 될까 두려웠기 때문이었다. 돈 이야기는 전혀 입 밖에 내지도 않았다. 그 일에 대해서는 무척 조심을 했다.

제르베즈가 제철 공장을 찾아갔던 다음 날이 마침 그달의 마지막 토요일이었다. 반드시 자신이 직접 가져다주는 구제의 집에 다다랐을 때, 바구니 무게로 팔이 떨어질 것 같아서 2분 동안은 숨을 쉴 수 없을 정도였다. 세탁물이 얼마나 무거운지, 특히 깔개 같은 것이 들어 있을 때는 사람들이 짐작도 못할 정도였다.

"다 가져왔나요?" 구제 부인이 물었다.

그런 점에 있어서 그녀는 매우 엄격했다. 그녀는 세탁물은 하나도 남김없이 배달해 주기를 바랐다. 정확하게 결말을 지어야 한다고 했다. 또 하나의 요구는 정해진 날에 언제나 같은 시간에 틀림없이 와달라는 것이었다. 그러면 아무도 시간을 낭비하지 않는다고 했다.

"오! 물론 모두 가져왔어요." 제르베즈는 미소를 지으며 대답했다. "아시다시피 언제나 하나도 빠뜨리지 않고 배달해드리죠."

"그건 맞는 말이에요." 구제 부인도 인정했다. "당신에게 여러 가지 탐탁지 않은 점이 있기는 하지만, 그 점에 있어서는 아직은 틀림없었죠."

세탁소 여주인이 바구니를 열고 세탁물을 침대 위에 늘어놓는 동안, 이 노부인은 그녀를 칭찬해 주었다. 제르베즈는 다른 세탁소처럼 세탁물을 태우거나 찢거나 하지도 않고 다리미로 단추를 떨어지게 하지도 않는다. 다만 표백제를 좀 지나치게 사용하며 와이셔츠 가슴에 풀을 너무 먹이는 것이 흠이다.

"이것 봐요, 꼭 마분지 같죠." 노부인은 셔츠 가슴팍을 바스락 소리가 나게 만지면서 말을 계속했다. "내 아들은 잔소리는 안 하지만, 이 셔츠에 목이 베이겠는걸…… 내일 뱅센에서 돌아오면 그 애 목이 피투성이가 되겠어요."

"어쩜, 그런 말씀 마세요!" 제르베즈는 서글픈 마음으로 외쳤다. "단정한 옷차림을 하려면 와이셔츠는 좀 빳빳해야 하죠. 누더기를 걸친 것처럼 보이지 않으려면 말이지요. 다른 남자들을 보세요…… 아주머니 댁 세탁물은 전부 제가 직접 해요. 가게 사람들은 누구도 아주머니 댁의 물건에는 손을 대지 않아요. 정말입니다. 제가 온갖 정성을 들여 해요. 아주머니 댁의 일이라면 열 번이라도 다시 할 수 있어요."

그녀는 약간 얼굴을 붉히고, 말끝을 얼버무렸다. 자신이 구제의 와이셔츠를 다리면서 느끼는 기쁨을 노부인이 알아차리지나 않을까 해서였다. 물론 천박한 생각은 없었다. 그래도 역시 얼마간은 부끄러웠다.

"오! 당신이 한 일을 탓하는 것은 아니에요. 완벽하다는 것은 나도 잘 알지요." 구제 부인이 말했다. "이봐, 이 보닛만 해도 잘됐지요. 이처럼 자수를 돋보이게 할 수 있는 것은 당신뿐이에요. 둥근 단도 맵시 있고! 그래서 난 당신의 솜씨를 바로 안다니까요. 행주 한 장이라도 가게 사람들에게 시켰을 때는 알 수 있어요…… 그렇죠? 풀만 좀더 엷게 먹여줘요, 그뿐이에요! 구제는 신사인 체하려는 것이 아니니까."

그러는 동안 제르베즈는 장부를 꺼내 세탁물 품목에 하나하나 줄을 그어 지워 나갔다. 전부 틀림이 없었다. 둘이서 총액을 계산했을 때 구제 부인은 제르베즈가 보닛을 6수로 달아놓은 것을 보았다. 그녀는 이의를 제기했으나 그것이 시세로서는 결코 비싸지 않다는 것을 인정할 수밖에 없었다. 와이셔츠가 5수, 여자 속바지가 4수, 베갯잇 1수 반, 앞치마 1수. 이 정도의 값은 보통 세탁소에서는 이런 물건 하나에 2리아르*¹에서 때로는 1수(sou)까지 더 받는 것으로 보아 비싼 편은 아니었다. 이어서 제르베즈는 노부인이 기록한 빨랫감을 하나하나 읽고 나서 바구니에 그것을 넣었으나 가려 하지 않고, 무척 하기 어려운

---

*1 liard : 프랑스의 화폐 단위. 1수(sou)의 4분의 1.

부탁을 감히 하지 못한 채 머뭇거리고 있었다.

"구제 부인!" 그녀는 마침내 입을 열었다. "만일 지장이 없으시다면 이 달 세탁비는 주셨으면 좋겠는데요."

마침 이달 치는 꽤 많아서 좀 전에 둘이서 맞춰 본 계산으로, 10프랑 7수나 되었다. 구제 부인은 순간 정색을 하고 제르베즈를 바라보다가 대답했다.

"이봐요, 당신이 그러길 바라면 그렇게 해요. 당신이 필요하다는데 내가 그 돈을 안 주겠다는 것은 아니에요······ 하지만 이런 식으로 꾸어간 돈을 갚을 수 있을지 모르겠군요. 당신을 위해서 하는 말인데, 정말 정신 차려야겠어요."

제르베즈는 고개를 떨구고 우물쭈물 변명을 하면서 그 훈계를 들었다. 10프랑은 코크스 상인이 써준 차용증서의 돈을 갚아줄 예정이었다. 그러나 차용증서라는 말을 듣고 구제 부인은 더욱더 엄격한 표정을 지었다. 그녀는 자기 자신을 본보기로 들어 훈계를 계속했다. 구제의 하루 품삯이 12프랑에서 9프랑으로 깎인 뒤로는 지출을 줄였다. 젊어서 생각 없이 굴면, 늙어서 굶어 죽는다고 했다. 그래도 그녀는 자제하여, 세탁물을 내주는 것이 오로지 그 빚을 갚게 하기 위해서라고는 제르베즈에게 말하지 않았다. 예전에는 모두 부인 자신이 빨았다. 만일 세탁비 때문에 앞으로 이렇게 지출이 늘어난다면 모두 자신이 집에서 빨겠노라고 했다. 제르베즈는 10프랑 7수를 받아 들고는 인사를 하고 줄행랑치듯 나왔다. 층계참에 이르자 그녀는 숨을 내쉬고 춤이라도 추고 싶은 심정이었다. 그녀는 돈 문제로 옥신각신하고 창피당하는 일에는 이제 익숙해졌기에 그저 그것이 끝났을 때의 즐거움밖에는 느끼지 못했고 다음 일은 잊어버렸다.

바로 그 토요일, 제르베즈가 구제 집 계단을 내려가다가 뜻하지 않은 사람을 만났다. 그녀는 바구니를 든 채 난간 쪽에 몸을 기대고, 밑에서 올라오는 여자에게 길을 비켜줬다. 모자도 쓰지 않은 키 큰 여자는 아가미에 피가 묻은 싱싱한 고등어를 종이에 싸서 손에 들고 있었다. 그런데 그녀는 제르베즈가 이전에 세탁장에서 치마를 걷어붙였던 바로 그 여자, 비르지니였다. 두 여자는 마주 서서 서로 물끄러미 바라보았다. 제르베즈는 눈을 감았다. 고등어가 순식간에 자기 얼굴에 날아오리라고 생각했기 때문이다. 하지만 그렇게 되지는 않았고, 비르지니는 미소를 지었다. 그래서 바구니로 계단을 막고 있던 제르베즈는 상냥하게 대해 주려고 했다.

"지난번에는 미안했어요." 제르베즈가 말했다.

"이제 다 잊어버렸는데요, 뭐." 키 큰 갈색 머리 여자가 대답했다.

그리고 두 여자는 계단 중턱에 선 채로 화해를 하고, 지난 이야기는 전혀 꺼내지 않고 여러 얘기를 나누었다. 이제 스물아홉 살이 된 비르지니는 앞가르마를 탄 새까만 머리카락 사이로 약간 긴 얼굴에 늘씬한 미인이 되어 있었다. 비르지니는 얕보이지 않으려고 금세 자신의 이야기를 하기 시작했다. 지금은 결혼한 몸으로, 지난봄에 고급 가구점의 세공사였던, 병역을 막 마치고 돌아온 남자와 결혼했는데, 남편은 현재 경찰관이 되려고 원서를 내고 있다고 했으며, 정해진 직장이 있는 편이 안심도 되고 체면도 선다면서, 마침 지금은 그 남편을 위해 고등어를 사오는 길이라고 했다.

"그이는 고등어를 무척 좋아해요." 비르지니가 말했다. "남자들이란 애들 같아요. 안 그래요?…… 하지만 잠깐 들어와요. 우리집 구경도 하고…… 여긴 통풍이 잘되지요."

이번에는 제르베즈가 자기 결혼 얘기를 꺼내 역시 이 집에 살면서 딸아이까지 낳았다고 하자, 비르지니는 한층 더 열심히 자기 집에 들렀다 가라고 권했다. 행복하게 살았던 곳을 다시 본다는 것은 즐거운 일이라고 했다. 그녀는 5년 동안 강 건너편 그로카이유에 살고 있었다. 거기서 군복무하던 지금의 남편과 알게 되었다. 그러나 그곳에 있기가 싫어서 아는 사람들이 사는 구트도르 구역으로 되돌아오고 싶었다. 간신히 두 주 전에 구제네 맞은편 집을 빌렸다. 아직 모든 것이 어수선한 채라 조금씩 정리해 가고 있다고 했다.

그리고 층계참에서 이 두 여자는 서로 통성명을 했다.

"쿠포 부인이라고 합니다."

"푸아송 부인이랍니다."

그리고 그때부터 이 두 여자는 푸아송 부인이니 쿠포 부인이니 하고 아주 어머어마하게 서로를 불러댔는데, 그것은 오직 그다지 떳떳하지 못한 처지에서 서로 알게 되었던 그들이 이제는 어엿한 주부가 되었다는 기쁨 때문이었다. 하지만 제르베즈는 마음속으로는 경계했다. 이 살색 머리의 키다리 여자는 틀림없이 어떤 흑심을 품고 음모를 꾸미며, 빨래터에서 볼기를 두들겨 맞은 복수를 하려고 화해한 것같이 생각되었다. 제르베즈는 계속 조심하리라고 마음먹었다. 15분 동안 비르지니는 지나칠 정도로 친절했다. 그래서 제르베즈도 상냥하게 굴어야만 했다.

위층 그 방에는 남편 푸아송이 있었는데, 흙빛 얼굴에 붉은 콧수염과 입술 밑 황제 수염을 기른 서른다섯 살의 이 남자는 창가 탁자 앞에서 일을 하고 있었다. 그는 조그마한 상자를 만들고 있었다. 도구는 작은 칼과 손톱 다듬는 줄처럼 작은 톱, 그리고 아교풀 단지뿐이었다. 사용하고 있는 나무는 헌 담배 상자와 막 깎은 얇은 마호가니 널빤지로, 그는 그것을 아주 솜씨 있게 오려 내고 장식하느라 바빴다. 하루 종일 그리고 일년 내내 그는 가로 8센티미터 세로 6센티미터의 똑같은 상자를 되풀이해서 만들었다. 다만 상자에 반점 무늬를 넣거나, 뚜껑 모양을 여러 가지로 연구하여 칸막이를 붙여보기도 했다. 그것은 경찰관으로 임명되기까지의 심심풀이이며, 시간을 보내는 방법이었다. 예전의 고급 가구 세공사라는 직업이 남겨준 열정은 단 하나, 작은 상자를 만드는 일이었다. 그는 그 상자를 팔기보다는 친지에게 선물로 보냈다.

푸아송은 일어나서 아내가 옛 친구라고 소개한 제르베즈에게 공손히 인사를 했다. 그러나 말이 많지 않은 그는, 바로 작은 톱을 다시 들었다. 때때로 서랍장 옆에 놓아둔 고등어를 힐끗 바라볼 뿐이었다. 제르베즈는 전에 살던 집을 다시 볼 수 있어 매우 기뻤다. 그녀는 가구를 어디에 놓아두었었는지 얘기해 주고 그녀가 아기를 낳은 마룻바닥을 가리켜 주기도 했다. 그건 그렇고 이 무슨 인연이란 말인가! 전에 둘이서 서로 만나지 않게 되었을 때는 설마 하니 그들이 앞뒤로 이어서 같은 방에 세들어 살거나 이처럼 또 한 번 만나리라고는 생각지도 못했다. 비르지니는 자기와 남편 얘기를 또다시 세세하게 덧붙였다. 그녀의 남편은 숙모에게 유산을 조금 받았는데 언젠가는 그 돈으로 사업을 해보겠지만, 지금은 자기가 바느질 일을 계속하고 있으며, 여기저기서 부탁받는 옷들을 그런대로 제법 잘 만들고 있다고 했다. 반 시간은 넉넉히 머물렀다고 생각한 세탁소 여주인은 마침내 일어났다. 푸아송은 그저 힐끗 돌아볼 뿐이었다. 배웅을 나온 비르지니는 한번 찾아가겠노라 약속하고는 세탁물도 보내주겠다고 했다. 그런데 제르베즈는 층계참에서 그녀가 다시 잡아당기는 바람에 상대방이 랑티에와 금속연마공인 동생 아델 얘기를 하려 한다고 생각했다. 그래서 마음속으로 무척 당황했다. 하지만 두 여자는 그다지 반갑지 않은 일에 대해서는 서로 말하지 않고 아주 다정하게 인사를 나누고 헤어졌다.

"또 봐요. 쿠포 부인."

"안녕히 계세요. 푸아송 부인."

그것이 깊은 우정의 출발점이었다. 그 일주일 뒤부터 비르지니는 제르베즈의 세탁소 앞을 지나갈 때마다 꼭 인사를 나누었다. 그리고 두 시간이고 세 시간이고 수다를 떨었다. 때로는 푸아송이 비르지니가 마차에라도 치이지 않았나 하고 걱정이 되어 심각한 얼굴로 찾아올 정도였다. 제르베즈는 이렇게 날마다 비르지니와 만나면서 마침내 이상한 일에 마음을 쓰게 되었다. 비르지니가 한 마디만 얘기를 시작하면 금세라도 랑티에가 화제에 오르지나 않을까 하는 생각이었다. 비르지니가 눈앞에 있는 동안은 랑티에 일이 머리에서 떠나질 않았다. 그건 정말 어리석은 짓이었다. 왜냐하면 제르베즈는 랑티에나 아델이라든지, 또 그 두 사람이 어찌 되었는지를 전혀 문제삼지 않았기 때문이었다. 제르베즈는 결코 랑티에나 아델의 일을 묻지 않았다. 또한 두 사람의 근황을 알고 싶지도 않았다. 그러나 그녀 의지와는 반대로 그 두 사람 생각이 그녀를 사로잡고 놓아주지를 않았다. 대수롭지 않은 노래의 후렴이 입가에 달라붙어 떨어지지 않듯이 그녀는 두 사람의 일이 머리에 달라붙어 잊히질 않았다. 게다가 비르지니한테는 아무런 원한도 없었다. 분명히 이 여자 탓은 아니었으니까. 제르베즈는 비르지니와 함께 있는 게 무척이나 즐거워서 비르지니가 돌아가겠노라고 말하면 열 번이나 붙잡았다.

그럭저럭하는 동안 겨울이 왔다. 쿠포 부부가 구트도르 거리에서 보내는 네 번째 겨울이었다. 그해 섣달과 정월은 유난히 추위가 심했다. 돌도 부서질 정도로 얼어붙었다. 정월 초하루 이후 삼 주일이나 눈이 녹지를 않았다. 그러나 그것은 조금도 일에 방해가 되진 않았다. 오히려 그 반대였다. 겨울이란 다림질하는 여자들에게는 좋은 계절이었다. 세탁소 안의 그 쾌적한 기분이란! 세탁소에서는 건너편 식료품 가게나 모자 가게처럼 유리창에 낀 성에를 전혀 볼 수가 없었다. 코크스를 가득 집어넣은 다리미 가열기가 가게 안에 욕실 같은 온기를 유지해 주고, 세탁물은 김을 내뿜어 한여름 같았다. 게다가 문이란 문은 모두 닫혀 있었기 때문에 어디나 따뜻하여 정말로 눈을 뜬 채 잠이 들 정도로 기분이 좋았다. 제르베즈는 웃으면서 시골에 와 있는 것 같다고 했다. 사실 마차들은 눈 위를 달렸기 때문에 시끄러운 소리를 전혀 내지 않았다. 오가는 사람들의 발소리도 어렴풋이 들릴 뿐, 차갑고 깊은 침묵 속에서 아이들 목소리만이 들려왔다. 제철소 긴 개울에 커다란 얼음판을 만든 개구쟁이들이 떠드는 소리였다. 그녀는 가끔 유리창에 다가가서 손으로 김을 문지르고, 이 혹독한 추위 때문에 변해 버린 주위를 바라보았다. 이웃 가게에서는 내다보는 사람 하나 없이 주변은 눈에 포근하게 감싸여 등을 굽히고 있는 것만 같았다. 그리고 옆집 석탄 가게 여주인과는 그저 고갯짓으로 인사를 나눌 정도의 사이였다. 추위가 심해지고부터 석탄 가게 여자는 모자도 쓰지 않고 입을 귀에까지 닿게 벌리고 돌아다녔다.

이처럼 몹시 추운 계절에도 특별히 기분이 좋을 수 있는 까닭은 정오에 따끈한 커피를 한 잔 마시기 때문이었다. 여자 직원들도 불평할 이유가 없었다. 여주인이 커피를 아주 열심히 만들어 주었고, 커피 안에 불순물을 섞는 일도 없었다. 정말 멀건 수프 같은 포코니에 부인의 커피와는 전혀 달랐다. 다만 쿠포 어머니가 커피 끓이는 일을 맡았을 때에는 주전자 앞에서 졸기가 일쑤여서 도무지 끝나질 않았지만, 그래도 여자들은 점심 식사를 마치고서 다림질을 하며 커피를 기다리고는 했다.

마침 주현절(主顯節)*² 다음 날의 일이었는데, 12시 반이 되었는데도 아직 커피가 준비되지 않았다. 이날따라 커피가 잘 걸러지질 않았다. 쿠포 어머니는 조그만 스푼으로 여과기 위를 두드렸다. 그러자 커피가 한 방울 한 방울 떨어지는 소리가 들렸으나 그보다 빨리 걸러지지는 않았다.

"내버려 둬요." 키다리 클레망스가 말했다. "그렇게 두들기면 커피가 탁해지잖아요…… 오늘은 정말 형편없는 것을 마시게 되겠군."

키다리 클레망스는 새로 남자 와이셔츠를 앞에 놓고 손톱 끝으로 단을 펴고 있었다. 그녀는 지독한 감기에 걸려 눈이 부었으며, 목구멍이 터져라 기침을 해댔다. 그런데도 머리에 머플러 하나 두르지 않고 싸구려 모직 옷을 걸친 채 떨고 있었다. 곁에는 퓌투아 부인이 귀밑까지 두꺼운 플란넬 옷을 휘감고, 의자 등받이에 옷 끝을 조금 걸친 드레스용 다리미판 둘레에서 속치마 하나를 돌려가며 다리고 있었다. 마룻바닥에는 깔개가 한 장 놓여 있어 속치마가 바닥에 스쳐도 더러워지지 않도록 되어 있었다. 제르베즈는 혼자서 작업대의 반 이상을 차지하고 있었다. 그녀는 자수가 놓인 모슬린 커튼에 주름이 잘못

*2 1월 6일. 공현절(公現節)이라고도 함. 그리스도가 하느님의 아들로서 온 세상 사람들 앞에 나타났던 날, 곧 예수가 제30회 탄생일에 세례를 받고 하느님의 아들로서 공증(公證)을 받은 날을 기념하는 축절.

가지 않도록 힘껏 팔을 뻗고 똑바로 다림질을 했다. 갑자기 커피가 소리를 내고 넘쳐서 그녀는 고개를 들었다. 사팔뜨기 오귀스틴이 스푼을 여과기 속에 넣고 찌꺼기 한가운데에 구멍을 뚫은 것이다.

"얌전히 좀 있어!" 제르베즈가 소리를 질렀다. "도대체 왜 그러는 거니? 우리가 찌꺼기를 마셔야 하잖아."

쿠포 어머니가 작업대 한 모퉁이 빈자리에 커피 잔 다섯 개를 늘어놓았다. 그래서 여자들은 일손을 놓았다. 여주인은 언제나 잔 하나하나에 각설탕을 두 개씩 집어넣고서 자신이 직접 커피를 따라주었다. 하루 중에서 가장 기다려지는 시간이었다. 그날도 저마다 잔을 들고 다리미 가열기 앞 작은 긴 의자에 웅크리고 앉아 있을 때 문이 열리며 비르지니가 와들와들 떨면서 들어왔다.

"아이고! 여러분." 그녀가 말했다. "추워서 죽을 것 같아요! 귀가 꽁꽁 얼어버렸어요. 웬 추위가 이렇게 매섭죠!"

"어머! 푸아송 부인!" 제르베즈가 외쳤다. "마침 잘 왔어요…… 우리랑 커피나 한잔해요."

"어머나! 싫다고는 못하겠는데요…… 길을 조금 걸었을 뿐인데, 뼛속까지 얼어붙었지 뭐예요."

다행히도 커피는 좀 남아 있었다. 쿠포 어머니가 여섯 번째 잔을 가져왔고, 제르베즈는 예의상 비르지니에게 각설탕을 직접 넣어주었다. 직원들은 옆으로 당겨 앉아 이 손님을 위해 다리미 가열기 옆에 조그만 자리를 만들어 주었다. 코가 빨간 비르지니는 몸을 녹이기 위해 고운 손으로 커피 잔을 감싸 들고서 한동안 떨고 있었다. 식료품 가게에서 오는 길인데, 거기서 그뤼에르 치즈를 사는 얼마 안 되는 사이에 몸이 얼어붙었던 것이다. 그녀는 이 세탁소가 너무나 따뜻해서 깜짝 놀랐다. 실제로 화로 안에 들어앉아 있는 느낌이었다. 이 정도라면 죽은 사람도 되살아날 것 같았다. 그리고 기분이 좋아 살결이 꿈틀거리는 것 같기도 했다. 그녀는 이윽고 몸이 녹자 두 다리를 죽 뻗었다. 그래서 여섯 사람이 모두 일을 내던진 채 세탁물에서 나오는 촉촉한 김 속에서 저마다 커피를 천천히 마셨다. 쿠포 어머니와 비르지니만이 의자에, 다른 여자들은 땅바닥에 앉아 있는 것처럼 보이는 나지막한 걸상에 앉아서. 사팔뜨기 오귀스틴조차 속치마 밑에서 깔개 끝을 잡아당겨 몸을 편히 뻗었다. 모두들 커피 잔에 코끝을 박고 커피를 마시고 있었기 때문에 잠시 동안 아무 말도 하지 않았다.

"역시 맛이 좋은데요." 클레망스가 외쳤다.

그러나 그녀는 갑자기 기침이 나서 목이 멜 것 같았다. 그녀는 벽에 머리를 기대고 한층 더 심하게 기침을 했다.

"단단히 걸렸군요." 비르지니가 말했다. "도대체 어디서 그런 병에 걸린 거죠?"

"누가 알겠어요!" 클레망스는 얼굴을 소매로 문지르면서 대답했다. "틀림없이 요 전날 밤이었을 거예요. '그랑 발콩' 문 앞에서 여자 둘이 맹렬하게 싸우고 있었어요. 구경하느라고 줄곧 눈 속에 있었죠. 아! 얼마나 뒤엉켜 굴러대던지 우스워 죽을 뻔했다니까요. 한쪽은 코가 찢어져서 땅바닥에 피를 흠뻑 흘렸고, 상대방은 나처럼 키다리였는데, 피를 보더니 그만 걸음아 날 살려라 하고 뺑소니를 쳤지요…… 그날 밤부터 기침이 나기 시작했어요. 게다가 남자란 정말 이상해요. 여자와 잘 때면 밤새도록 옷을 벗겨놓지 뭐예요……."

"훌륭한 행실이로군." 퓌투아 부인이 중얼거렸다. "이봐, 그러다간 죽고 말겠어요."

"하지만 난 죽는 것이 재미있는걸요!…… 게다가 인생이란 우습고요. 55수를 벌기 위해 온종일 뼛골이 빠지도록 일을 하고, 다리미 가열기 앞에서 아침부터 밤까지 내 피를 불사르고 있으니 정말 지겨워요!…… 자, 이 감기조차도 나를 저승으로 데려다주지 않고, 올 때처럼 그냥 가버릴 텐데 말이죠."

잠시 침묵이 흘렀다. 이 형편없는 클레망스는 선술집에서는 쇳소리를 내며 소동을 피는 주제에 일터에 오면 언제나 죽는 얘기만 하여 모든 사람의 마음을 울적하게 했다. 그런 그녀를 잘 아는 제르베즈가 이렇게 말했다.

"진탕 놀고 난 다음 날에는 유쾌하지 못하군요!"

사실 제르베즈는 여자들이 싸운 얘기 따위는 듣고 싶지 않았다. 자기와 비르지니가 있는 앞에서, 나막신을 던졌느니, 손자국이 나도록 때렸느니 하는 얘기가 나오면, 세탁장에서 엉덩이를 때려누인 생각이 나서 거북했다. 마침 그때 비르지니가 미소를 지으며 그녀를 바라보고 있었다.

"아!" 비르지니가 중얼거리듯 말했다. "나도 어제 머리채를 잡고 싸우는 걸 보았어요. 서로 뒤엉켜 구르더라니까요……."

"도대체 누가 그랬죠?" 퓌투아 부인이 물었다.

"이 거리 끝의 산파와 그 집 식모죠, 그 조그만 금발 머리 계집애 말예요……

그 아이 정말 고약하던데요! 큰 소리로 산파한테, '그래, 그래, 넌 과일 가게 여자애를 낙태시켰지. 나에게 한몫을 안 주면 경찰에 고발할 거야' 떠들어대더군요. 볼만했어요! 그러자 산파가 그 애의 상판에 찰싹! 따귀를 올려붙였어요. 그랬더니, 그 화냥년이 당장에 주인 여자의 눈을 후벼낼 것처럼 덤벼들어 할퀴고 머리칼을 잡아당겼지요. 어찌나 악착스럽던지! 돼지고기 장수가 그 계집애 손발을 산파한테서 떼어놓아야만 할 정도였어요."

여자들은 재미있다는 듯이 웃었다. 그러고 나서 모두들 맛있게 커피를 한 모금씩 마셨다.

"당신들은 그 산파가 참말로 아기를 낙태시켰다고 믿어요?" 클레망스가 물었다.

"그럼요! 그 소문이라면 동네에서 모르는 사람이 없는데." 비르지니가 대답했다. "알다시피 내가 직접 보지는 못했지만…… 그게 장삿속이에요. 산파라면 누구나 낙태를 시킨단 말예요."

"맙소사!" 퓌투아 부인이 말했다. "산파에게 부탁하다니 정말 어리석은 일이죠. 불구가 되는 일인데, 그러면 안 되지!…… 틀림없는 방법이 있어요. 밤마다 배 위에 엄지손가락으로 십자를 세 번 긋고, 성수(聖水)를 한 잔씩 마시는 거죠. 그러면 바람처럼 깨끗이 없어지죠."

잠든 줄 알았던 쿠포 어머니가 고개를 내저으며 반대했다. 그녀는 절대로 틀림없는 다른 방법을 알고 있다고 했다. 곧 두 시간마다 삶은 달걀을 한 개씩 먹고 허리에 시금치 잎을 붙여두면 된다는 것이다. 다른 네 여자는 진지한 표정이었다. 그런데 웬일인지 제풀에 유쾌해지는 버릇이 있는 사팔뜨기 오귀스틴이 암탉 우는 소리 같은 그녀의 독특한 웃음소리를 터뜨렸다. 모두들 그녀의 존재를 잊고 있던 참이었다. 제르베즈가 그 아이의 치마를 들추어 보니, 그녀는 깔개 위에서 발을 천장으로 치켜들고 새끼돼지처럼 뒹굴고 있었다. 그래서 제르베즈는 그녀를 끌어내어 한 대 때려 주려고 일으켜 세웠다. 이 못난 계집애야, 뭐가 우습니? 어른들이 얘기하고 있을 때에는 얌전히 듣는 거야! 자, 바티뇰에 있는 르라 부인의 친구에게 세탁물을 가져다줘. 여주인은 오귀스틴의 팔에 바구니를 들려주며 문간으로 내밀었다. 사팔뜨기는 얼굴을 찡그리고 훌쩍이며 눈 속으로 발을 끌고 나갔다.

그러는 동안 쿠포 어머니, 퓌투아 부인과 클레망스는 삶은 달걀과 시금치 잎의 효능에 대해서 토론하고 있었다. 그러자 커피 잔을 손에 든 채 생각에 잠겨 있던 비르지니가 나지막한 목소리로 말했다.

"정말이지! 서로 치고받고 엉키고 해도 착한 마음만 가지고 있으면 언제나 잘돼 간다고……."

그리고 제르베즈에게 몸을 기울이면서 웃음을 띠며 말했다.

"그렇고말고, 나는 당신을 원망하지 않아요…… 빨래터 사건을 기억해요?"

세탁소 여주인은 몹시 난처해했다. 그녀가 두려워하던 바로 그 일이었다. 이제 랑티에와 아델 얘기가 나오리라고 생각했다. 다리미 가열기는 웅웅거리고 빨갛게 단 굴뚝에서는 더욱 세찬 열기가 뿜어나왔다. 직원들은 졸음에 사로잡혀 조금이라도 일을 늦게 시작하려고 커피를 천천히 마시며, 배가 불러 노곤한 얼굴로 거리의 눈을 바라보고 있었다. 그녀들은 속내 이야기로 건너갔다. 1만 프랑의 연금이 있다면 어떻게 할 것인가 따위의 얘기도 나왔다. 아무 일도 하지 않겠다고 했다. 오후가 되면 이처럼 따뜻하게 불이나 쬐고, 일은 쳐다보지도 않겠다고 했다. 비르지니는 다른 여자들에게 이야기가 들리지 않도록 제르베즈에게 다가갔다. 제르베즈는 너무나 따뜻했던 탓인지 축 늘어져서 화제를 바꿀 기력도 없었다. 게다가 그녀는 입 밖에 내놓지는 않았지만 마음 한구석에 어리는 감동으로 마음이 무거워져 이 갈색 머리 키다리 여자의 얘기를 은근히 기다리기까지 했다.

"적어도 내가 당신을 괴롭히는 건 아니죠?" 바느질장이가 이어 말했다. "지금까지 몇 번이나 혀끝에서 맴돌았어요. 결국 여기까지 말이 나왔으니…… 그저 시시한 잡담이잖아요?…… 아! 물론 지난 일로 당신을 원망하지는 않아요. 맹세해요! 당신을 털끝만큼도 원망하지 않아요."

그녀는 설탕을 완전히 녹이려고 잔 밑바닥에 있는 커피를 휘젓고 나서 입맛을 가볍게 다시며 아주 조금씩 세 모금을 마셨다. 제르베즈는 목이 죄어드는 듯해서 말도 못하고 여전히 기다리고만 있었다. 그리고 비르지니가 엉덩이를 얻어맞은 일을 정말 그렇게까지 대수롭지 않게 생각하고 있을까, 의심스러웠다. 비르지니의 검은 눈동자에 노란 불꽃이 타오르는 것을 보았기 때문이다. 이 키다리 마녀는 틀림없이 원한을 주머니 속에 넣어두고, 그 위에 손수건을 덮어 시치미를 떼고 있는 것이리라.

"당신은 그럴 만했어요." 비르지니가 이어 말했다. "당신은 비열하고 지독한 일을 당했으니까…… 오! 난 공평해요! 나 같으면 정말 칼이라도 휘둘렀을 거예요."

그녀는 커피 잔 가장자리에서 입맛을 다시며 다시 세 모금을 홀짝였다. 그리고 빠른 말투로 단숨에 덧붙여 말했다.

"그런 짓을 했으니 그들이 행복해지겠어요? 아! 정말이지! 행복은 무슨 행복!…… 두 사람은 글라시에르라는 낯선 곳으로 살러 갔어요. 그곳은 더러운 동네로, 일 년 내내 진창이 무릎까지 빠지는 곳이죠. 이틀 뒤에 나는 그들과 점심을 함께 먹기 위해 아침에 떠났죠. 보란 듯이 승합마차로요! 그런데 이럴 수가! 내가 그들을 만났을 때 둘은 벌써 싸우고 있었어요. 나 원 참, 서로 따귀를 때리고 있더라니까요. 맙소사! 사랑하는 연인이라고 요란하더니!…… 당신도 알다시피 아델은 목을 매어 죽으려고 해도 목맬 줄이 아까울 정도의 여자죠. 내 동생이기는 하지만, 아무리 보아도 형편없는 진짜 갈보년이에요. 나한테도 못할 짓을 많이 했죠. 얘기를 하자면 길어지니까 나중에 우리끼리 해결하기로 하고…… 랑티에로 말하자면 도무지 원! 당신도 알다시피 그 사람도 신통치 못하죠. 형편없는 남자예요, 안 그래요? 조그만 일에도 여자의 엉덩이를 차붙이니 말예요! 손만 들었다 하면 주먹질이고…… 그래서 그 사람들 진짜로 치고받고 싸웠단 말입니다. 계단을 올라가니 두들기는 소리가 들렸어요. 언젠가는 경찰이 왔었대요. 랑티에가 남프랑스에서 먹는 기름진 수프, 그 뭉클한 수프를 먹고 싶다고 했다는군요. 그래서 아델이 그런 건 냄새가 난다고 했고 결국 그 일로 기름병이랑 냄비, 수프 접시, 거기 있던 물건들을 서로 얼굴에 내던지고, 결국에는 이웃이 모두 떠들썩하게 소동을 일으켰다는 거예요."

그녀는 그 밖에도 끔찍한 싸움 얘기를 했는데, 이 부부에 대해서는 아무리 얘기해도 끝이 없었고, 머리털이 오싹할 정도의 일도 알고 있었다. 제르베즈는 한 마디도 못하고 새파랗게 질린 얼굴로 그 이야기를 모두 들었으나, 그 입가에는 비웃는 듯한 신경질적인 주름이 자리잡고 있었다. 그럭저럭 7년 동안 랑티에의 소문 같은 것은 들은 적이 없었다. 그런데 지금처럼 랑티에의 이름이 귓전에서 속삭여지기만 해도 명치께가 뜨거워시리라고는 생각지 못했다. 아니, 자신에게 그와 같이 못된 짓을 한 미운 남자의 일에 이처럼 마음이 쏠릴 줄은 상상도 못했다. 이제는 아델에게 질투를 느끼지 않았다. 그러면서도 마음속으로는 그 부부의 싸움을 비웃으며, 시퍼런 멍투성이가 되었을 아델의 몸을 상상해 봤다. 그것이 분풀이도 되고 고소하기도 했다. 그러니까 그녀는 비르지니의 애기를 듣기 위해서라면 이튿날 아침까지라도 그곳에 남아 있었을 것이다. 제르베즈는 아무것도 묻지 않았다. 그만큼 관심을 가지고 있다는 인상을 주기 싫어서였다. 그녀로서는 비르지니의 애기로 갑작스레 마음의 빈자리가 메워진 느낌이었다. 이제야 비로소 그녀의 과거가 현재와 직접 연결된 것이다.

그러나 비르지니는 겨우 애기를 끝내고 다시 커피 잔에 코를 쑤셔 박고, 눈을 반쯤 감은 채 남은 설탕물을 홀짝였다. 그래서 제르베즈는 자신이 무엇인가 말을 해야만 될 것 같아 천연덕스럽게 물었다.

"그런데 그 사람들 지금도 글라시에르에 살고 있나요?"

"아뇨!" 상대방이 대답했다. "내가 그 애기 안 했던가요?…… 일주일 전부터 그들은 함께 살지 않아요. 이른 아침 아델이 보따리를 싸들고 나갔는데, 랑티에가 그 뒤를 쫓아가지 않았어요. 정말이에요."

세탁소 여주인은 자기도 모르게 가벼운 고함을 지르고, 큰 소리로 되풀이했다.

"이젠 함께 살지 않는단 말인가요!"

"도대체 누구 애기죠?" 클레망스가 쿠포 어머니와 퓌투아 부인의 애기를 끊고서 물었다.

"아무 얘기도 아니에요." 비르지니가 말했다. "당신이 모르는 사람들이에요."

하지만 비르지니는 제르베즈를 살펴보며 그녀가 상당히 흥분해 있다고 생각했다. 그래서 또다시 몸을 바싹 붙였다. 그녀는 애기를 계속하는 데에 짓궂은 기쁨을 느꼈다. 그러고 나서 갑자기 만일 랑티에가 당신 주위를 어슬렁거린다면 어떻게 할 테냐고 물었다. 남자들이란 정말 이상해서, 랑티에가 첫사랑에게 되돌아올 수도 있지 않느냐고 했다. 제르베즈는 몸을 똑바로 하고 단호히 위엄 있는 태도를 보였다. 자신은 결혼한 몸이니 랑티에가 돌아온다면 밖으로 내쫓을 거고, 오직 그뿐이다. 랑티에와의 사이에는 이미 아무런 관계도 없다. 악수조차 하지 않을 것이다. 그리고 언젠가 그와 마주친다 해도 전혀 마음이 움직이지 않을 것이다.

"나도 알아요." 제르베즈가 말했다. "에티엔이 그의 자식이니, 내가 끊을 수 없는 관계가 있죠. 랑티에가 에티엔에게 키스를 해주고 싶다면 그 애를 그 사람에게 보내주긴 하겠어요. 아버지가 자기 자식 사랑하는 걸 막을 순 없으니까…… 하지만 난 말이죠, 푸아송 부인, 그의 손가락 하나라도 내 몸에 닿는다면, 차라리 갈기갈기 찢기는 편이 나을 거예요. 이제 다 끝난 일이니까요."

이 마지막 말을 하고 나서 제르베즈는 자기 맹세를 영원히 봉인하는 것처럼 공중에 십자를 그었다. 그리고 얘기를 걷어치우고 싶었기 때문에 갑자기 잠에서 깬 듯 직원들에게 외쳤다. "이봐, 당신들! 세탁물이 저절로 다려진다고 생각해요?…… 빈둥거리지 말아요!…… 자, 일들 하자고요!"

직원들은 서둘지 않았다. 나태라는 무기력함에 마비되어, 치마 위에 팔을 늘어뜨리고, 한 손에는 커피 찌꺼기가 조금 남은 빈 잔을 아직도 들고 있었다. 그리고 계속 지껄여댔다.

"그것은 셀레스틴이라는 조그만 아이였어요." 클레망스가 말했다. "난 그 애를 알고 있죠. 그 애는 고양이 털을 무척 좋아했어요…… 어디를 보나 고양이 털투성이였죠. 언제나 이렇게 혀를 돌리고 있었어요. 고양이 털이 입 가득히 있다고 생각했기 때문이죠."

"나도 한 친구가 있었죠." 퓌투아 부인이 이어서 말했다. "배 속에 기생충 한 마리를 기르고 있는 여자였어요…… 오! 그 기생충이라는 것이 얼마나 변덕스러운지!…… 병아리를 먹이지 않으면 배 속을 마구 쑤시며 아프게 한단 말예요. 그런데 남편의 벌이는 7프랑이니 모두 기생충 모이 값으로 없어지는 셈이죠……."

"나라면 당장 고쳐줄 수 있는데." 쿠포 어머니가 얘기를 가로막았다. "그렇고말고, 구운 생쥐를 먹는 거지. 그럼 기생충 같은 것은 당장에 처치된다고."

제르베즈 자신도 기분 좋은 나태 속에 빠져들었다. 하지만 몸을 털고 일어섰다. 아! 쓸데없는 말을 하느라고 오후를 헛되이 보내버렸다! 이러니 돈주머니가 채워지질 않지! 그녀는 앞장서서 다리다 만 커튼을 집어들었다. 그러나 커피 얼룩이 조금 있었기 때문에, 다림질을 하기 전에 젖은 물수건으로 그것을 문질러 없애야만 했다. 직원들은 다리미 가열기 앞에서 기지개를 켜고는 시무룩한 표정으로 저마다 다리미 손잡이를 더듬었다. 클레망스는 몸을 움직이자마자 심한 기침을 하여 혀까지 토해 낼 것 같았다. 그래도 이윽고 와이셔츠를 마치고 소매 끝과 깃을 핀으로 꽂았다. 퓌투아 부인은 아직 속치마에 매달려 있었다.

"그럼, 또 봐요!" 비르지니가 말했다. "나는 그뤼에르 치즈를 조금 사려고 나왔는데, 집에 있는 푸아송은 내가 너무 추워서 길에서 얼어붙은 줄 알겠는걸요."

그러나 그녀는 보도를 세 걸음쯤 가다가 되돌아와서 다시 문을 열고, 오귀스틴이 거리 끄트머리에서 개구쟁이들과 얼음을 지치고 있다고 외쳤다. 그 장난꾸러기가 밖으로 나간 지 넉넉잡아 두 시간은 되었다. 그 애는 바구니를 팔에 끼고 머리에는 눈 뭉치를 달고 숨을 헐떡이며, 얼굴이 시뻘겋게 되어 달려왔다. 그러고는 빙판이 져서 걸을 수가 없었다고 엉큼한 표정으로 투덜거렸다. 누군가 악동이 장난삼아 얼음 조각들을 오귀스틴의 주머니에 집어넣었음에 틀림없었다. 15분쯤 지나자, 그 주머니가 깔때기처럼 가게 안에 물을 뿌리기 시작했다.

그즈음은 오후를 언제나 이처럼 보냈다. 세탁소는 동네에서 추위를 타는 사람들의 피난처가 되어버렸다. 따뜻한 곳이라고 구트도르 거리의 모든 사람들에게 알려졌다. 언제나 수다쟁이 아낙네들이 여기 모여 다리미 가열기 앞에서 치마를 무릎까지 걷어붙이고 불을 쬐었다. 제르베즈는 이 쾌적한 난방이 자랑스러웠다. 그리고 로리외 부부나 보슈 부부의 악의에 찬 말에 의하면, 그녀는 많은 사람을 모아놓고 살롱을 열었다. 사실 그녀는 가난한 사람들이 밖에서 떨고 있는 것을 보면 안으로 불러들일 만큼 여전히 친절하고 남 돕기를 좋아했다. 그중에서도 칠십이 된, 예전에 칠장이였던 노인에게는 특히 친절했다. 그 노인은 이 건물 고미다락에 살고 있었으며, 굶주림과 추위로 죽어가고 있었다. 세 아들을 크리미아 전쟁*3에서 잃은 그는 2년 전부터 붓질도 못하게 되어 비참한 생활을 하고 있었다. 이 브뤼 영감이 몸을 녹이기 위해 눈 속에서 서성거리고 있는 것을 보면 제르베즈는 당장에 불러들여 난롯가에 자리를 만들어 주었다. 이따금은 억지로 치즈를 끼운 빵을 먹게 했다. 브뤼 영감은 굽은 등과, 새하얀 수염과, 말라빠진 사과처럼 주름투성이 얼굴을 하고 몇 시간이고 말 한 마디 없이 코크스 튀는 소리에 귀를 기울이고 있었다. 아마도 사다리를 타고서 일했던 50년이라는 세월을, 파리 곳곳에서 문을 칠하고 천장을 하얗게 손질하면서 지낸 반세기를 떠올리고 있는 것이리라.

"저 좀 보세요! 브뤼 영감님." 제르베즈는 어쩌다 한 번씩 물어보았다. "영감

---

*3 크림 전쟁이라고도 함. 1853~1856년 제정러시아가 크림 반도와 흑해를 둘러싸고 터키, 영국, 프랑스, 사르디니아 연합군과 벌인 전쟁. 연합군이 승리함.

님은 무슨 생각을 하고 계시죠?"

"아무것도 아냐. 그저 여러 가지 일이지." 영감은 맥없이 대답했다.

직원들은 재미있어 하면서 영감님에게는 사랑의 고민이 있다고 했다. 하지만 영감은 그런 말은 들으려고 하지도 않고, 또다시 조용히 음울한 생각에 잠겼다.

그즈음부터 비르지니는 제르베즈에게 랑티에 얘기를 자주 했다. 그녀를 당황스럽게 하는 재미에 일부러 그녀에게 옛 애인을 생각나게 만들어 여러 억측을 하도록 하는 게 즐거운 것 같았다. 어느 날 비르지니는 랑티에를 만났노라고 했다. 그러나 세탁소 여주인이 가만히 있었기 때문에 그 이상 더 말을 하지는 않았다. 이튿날에야 비로소 랑티에가 굉장히 다정한 말투로 그녀의 얘기를 오래오래 하더라고 전했다. 제르베즈는 세탁소 구석에서 나지막한 소리로 속삭여진 이 말에 적잖이 가슴이 설렜다. 랑티에라는 이름을 들으면 언제나 명치께가 타들어 가는 느낌이었다. 물론 제르베즈는 자신을 굳센 사람으로 생각하고 있었으며, 정숙함이 행복의 지름길이 되느니만큼 정숙한 아내로 살려고 마음먹었다. 그래서 제르베즈는 이 사건으로 남편을 배반하는 일은 결코 하지 않으려 했고, 사실 생각조차 안 하고 있었기 때문에 쿠포 생각은 전혀 들지 않았다. 그녀는 오히려 가슴을 죄며 대장장이를 생각했다. 랑티에 생각이 되살아나면서 차츰 그 일에 사로잡혀 간다는 것은 구제에 대해, 아직 말로는 표현하지 않았지만, 달콤한 우정과도 같은 두 사람의 사랑에 대해 배반 행위를 하고 있는 것처럼 여겨졌다. 그 착한 친구에게 죄를 짓고 있다는 생각만 해도 그녀는 하루하루 사는 게 슬퍼졌다. 집 밖에서는 그 남자 말고는 애정을 갖고 싶지 않았다. 그것은 그녀의 마음속 아주 깊은 곳에, 곧 비르지니가 그녀의 얼굴에 불타오르기를 살피며 기다리던 모든 불결성을 초월한 곳에 있었다.

봄이 되자 제르베즈는 피난 삼아 구제 곁으로 가는 일이 많아졌다. 그녀는 이제 의자에 앉아 무엇인가 생각에 잠겨 있자면, 이미 첫 번째 애인의 일이 반드시 머릿속에 떠오르게끔 되어버렸다. 그가 아델과 헤어지고, 헌 옷가지들을 챙겨 옛적에 쓰던 헌 트렁크 속에 치렁이 가시고 마차에 싣고서 그녀에게 돌아오는 모습이 눈앞에 떠올랐다. 그녀는 외출하는 날에는, 거리에서 갑자기 어리석은 공포감에 사로잡히곤 했다. 자기 뒤에서 랑티에의 발소리가 들리는 것 같았지만 뒤돌아볼 용기도 나지 않았고, 두 손으로 허리를 잡힌 듯싶어서 온

몸을 부르르 떨기도 했다. 그 사람은 분명히 나를 노리고 있다. 언제건 오후에 딱 마주치고 말 것이다. 그렇게 생각하면 식은땀이 났는데, 예전에 짓궂게 굴던 것처럼 그는 분명히 귀에 키스하려 들 터였다. 그녀가 두려워한 것은 바로 그 키스였다. 그것이 벌써부터 그녀를 귀머거리로 만들고 요란하게 귀울림을 일으켜, 힘차게 고동치는 심장 소리조차 들리지 않았다. 그래서 이런 공포감에 사로잡히면 제철 공장만이 피난처로 생각되었다. 그곳에 가서 구제의 보호 아래에 있으면 구제의 드높은 쇠망치 소리가 그녀의 악몽을 쫓아주어, 그녀는 평온과 미소를 되찾을 수 있었다.

얼마나 행복한 계절인가! 세탁소 여주인은 포르트블랑슈 거리에 사는 단골 손님을 특히 소중히 여겨, 언제나 그 세탁물은 자신이 직접 배달해 주었는데, 그것은 금요일마다 이 배달이 마르카데 거리를 지나서 제철 공장에 들어가기에 좋은 핑계가 되었기 때문이다. 제르베즈는 마르카데 거리의 모퉁이를 돌아서 회색 공장이 양쪽에 빽빽하게 늘어서 있는 흐릿한 땅에 들어서면, 소풍이라도 온 것처럼 마음이 들뜨고 기분이 좋아졌다. 석탄으로 검게 더럽혀진 도로와 지붕 위로 뭉게뭉게 피어오르는 수증기가 크나큰 초록 덤불 속으로 사라져 가는 교외의 숲, 이끼 낀 오솔길만큼이나 그녀를 기쁘게 해줬다. 그리고 공장들의 높은 굴뚝이 줄무늬를 짓고 있는 희끄무레한 지평선과, 창구멍이 규칙적으로 뚫린 흰 벽의 집들이 온통 하늘을 가로막고 있는 몽마르트르의 언덕을 그녀는 무척이나 좋아했다. 공장에 다다르면 그녀는 걸음을 늦추어 물웅덩이를 뛰어넘고 폐물을 쌓아둔 작업장의 인기척 없는 복잡한 구석을 빠져나가는 것이 즐거웠다. 안쪽에서는 대낮인데도 화덕이 번쩍이고 있었다. 쇠망치 춤에 맞추어 그녀의 심장도 뛰었다. 안에 들어서면, 그녀는 밀회를 하러 온 여자처럼 목덜미의 짧은 금발 머리를 휘날리며 얼굴을 붉혔다. 구제는 그런 날이면, 멀리서도 그녀에게 들리도록 한층 더 강하게 모루를 두드리며, 팔도 가슴팍도 내놓은 채 그녀를 기다렸다. 구제도 그녀의 속마음을 알고, 노란 수염에 조용하고 선량한 미소를 지으면서 그녀를 맞아들였다. 그러나 그녀는 그의 일을 방해하고 싶지 않다며 그에게 다시 망치를 잡으라고 부탁했는데, 근육이 솟아오른 억센 팔로 쇠망치를 휘두르고 있을 때의 그를 더 좋아했기 때문이다. 그녀는 풀무에 매달려 있는 에티엔에게 가서 뺨을 가볍게 두드려 주고는 볼트를 바라보며 한 시간쯤 그곳에 머물렀다. 구제와는 열 마디 말도 나누지 않았다.

이중으로 밀폐된 방 안에 있다 해도 서로 간의 애정을 이보다 만족시킬 수는 없었을 것이다. '소금 주둥이'가 비웃어도, 그런 말은 이미 두 사람의 귀에는 들리지 않았기 때문에 별로 신경 쓰이지 않았다. 15분쯤 지나자, 그녀는 숨이 조금 가빠졌다. 열기와 강렬한 냄새, 솟아오르는 연기로 감각이 마비되었고, 게다가 기계의 육중한 소리가 발뒤꿈치에서 가슴팍까지 그녀를 뒤흔들었다. 이쯤 되면 그녀는 이미 아무런 욕망도 없고 그저 즐거울 뿐이었다. 비록 구제가 그 억센 팔로 그녀를 힘차게 끌어안는다 해도, 이처럼 강렬하게 감동하지는 않으리라. 그녀는 쇠망치가 일으키는 바람을 뺨에 느끼고, 망치로 두드린다는 것 그 자체 속에 있으려고 그에게 다가갔다. 불꽃이 튕겨 자신의 보드라운 손을 쏘아도 그녀는 움츠리려 하지 않았다. 아니, 오히려 몸을 찌르는 그 불의 비를 즐겼다. 구제도 물론 그녀가 그렇게 마주 보고 있는 행복을 눈치챘다. 그는 온 힘을 다해서 기술을 보여, 여자의 마음에 들려고 금요일을 위해 어려운 일을 남겨두었다. 그는 제르베즈를 기쁘게 해주려고 숨을 헐떡거리며 허리를 뒤틀면서 모루가 두 동강이 나도록 내리쳤다. 이미 몸을 돌보는 일도 잊고 있었다. 봄 동안 이처럼 두 사람의 사랑은 폭풍 같은 소리로 제철 공장을 가득 채웠다. 그것은 석탄이 불타오르고 그을음으로 더럽혀진 작업장의 골조가 진동 때문에 삐걱거리는 속에서 생겨난 거인이 작업하는 목가였다. 빨간 초처럼 뭉개고 이기고 하는 쇠에는 어느 것에나 두 사람 애정의 억센 각인이 남아 있었다. 금요일 '금 주둥이'와 헤어지면 그녀는 충족된, 노곤한 기분으로 몸과 마음의 평온을 되찾아 천천히 푸아소니에르 거리를 올라서 돌아갔다.

랑티에에 대한 공포심이 조금씩 수그러들면서 그녀는 분별을 되찾았다. 완전히 타락한 쿠포만 없다면, 이 시기에 그녀는 아주 행복하게 살 수 있었을지도 모를 일이다. 어느 날, 마침 제철 공장에서 돌아오는 길에 콜롱브 영감네 목로주점에서, 쿠포 같은 사람이 '장화'랑 '불고기 졸병'과 '소금 주둥이'와 함께 싸구려 브랜디를 주거니 받거니 하는 모습을 그녀는 본 것 같았다. 남편의 행동을 살피고 있는 것처럼 보이기가 싫어서 그녀는 급히 그 자리를 지나쳐 버렸다. 그렇지만 그녀가 돌아보니, 아주 익숙한 솜씨로 싸구려 브랜디를 작은 잔으로 마시고 있는 것은 바로 쿠포였다. 그러니까 그가 거짓말을 했던 것이며, 그는 지금 브랜디를 마시고 있었다! 무척 실망한 그녀는 집으로 향했다. 그리고 브랜디의 공포감에 또다시 사로잡혔다. 포도주라면 일하는 사람에게 영양을 주니까 봐주었지만, 독한 술은 반대로 더없이 해롭고 일꾼에게서 삶의 의욕을 앗아가는 독이었다. 아! 그렇게 혐오스러운 술의 제조는 정부가 금지했어야 한다!

제르베즈가 구트도로 거리에 와보니, 온 건물이 떠들썩했다. 세탁소 직원들도 작업대를 떠나서, 안마당에 나와 위쪽을 쳐다보고 있었다. 제르베즈가 클레망스에게 물었다.

"비자르 영감이 마누라를 때리고 있어요." 다림질하는 여자가 대답했다. "저 영감은 폴란드 사람처럼 잔뜩 취해 가지고 마누라가 빨래터에서 돌아오기를 문간에서 기다리고 있었대요…… 그리고 주먹다짐으로 마누라를 계단으로 기어오르게 했고, 지금은 자기 방에서 때려 죽이려는 참이에요…… 저 보세요, 비명소리가 들리죠?"

제르베즈는 서둘러 올라갔다. 자기 가게의 세탁을 도맡아 온 착실한 비자르 부인에게 그녀는 호감을 가지고 있었다. 싸움을 말리고 싶었다. 7층까지 올라가 보니 방문은 활짝 열려 있고, 층계참에서 몇몇 세든 사람들이 고함을 치고 있었으며, 보슈 부인도 문간에서 소리치고 있었다.

"그만들 두세요!…… 경찰을 불러오겠어요, 아시겠어요!"

비자르가 술에 취하면 야수처럼 되는 사실을 알고 있었기 때문에, 누구 하나 방 안으로 들어가려 하지 않았다. 게다가 그는 절대로 술에서 깨어나는 일이 없었다. 어쩌다 일하러 나가는 날이 있어도 열쇠장이용 바이스 곁에 1리터들이 브랜디 병을 놓고 30분마다 병째 들이마셨다. 그렇게라도 하지 않으면 몸을 지탱할 수 없었는데, 입가에 성냥이라도 켜 대면 횃불처럼 타올랐으리라.

"하지만 그녀가 맞아 죽게 둘 수는 없어요!" 제르베즈가 몸을 떨며 말했다.

그리고 그녀는 안으로 들어갔다. 경사진 천장에 창이 있는 그 방은 정말 깔끔했지만, 침대 홑이불까지 벗겨서 술값을 치르는 남편의 술버릇 때문에, 무엇 하나 없이 텅텅 비어 서늘한 느낌마저 들었다. 싸움통에 탁자는 창가까지 밀려나 있었고, 두 개의 의자는 뒤집혀진 채 다리를 위로 하고 나동그라져 있었다. 타일 바닥 한가운데서, 빨래를 하다가 물에 젖은 듯 치마가 넓적다리까지 찰싹 달라붙은 비자르 부인이 머리채를 꺼들린 채 피투성이가 되어 남편이 발길질을 할 때마다, 아! 아! 신음 소리를 내며 길고 거친 숨결로 허덕이고 있었다. 처음에는 두 주먹으로 때리던 비자르는 이젠 발로 짓밟고 있었다.

"아! 이 잡년!…… 아! 이 잡년!…… 아! 이 잡년아!……" 그는 발로 짓이길 때마다 그렇게 소리치며 숨가쁜 듯이 으르렁거렸고, 정신없이 그 말을 되풀이하여 숨이 막히게 되자 더욱더 심하게 때렸다.

그 뒤에 목소리도 나오지 않자, 그는 누더기 바지와 작업복 속에서 굳은 몸을 뻣뻣이 하고 미친 사람처럼 아내를 때렸는데, 지저분하게 수염이 난 얼굴은 푸르스름하고 벗겨진 이마는 커다란 붉은 반점으로 얼룩져 있었다. 층계참에서 이웃 사람들이 하는 얘기를 들으니, 그날 아침에 20수를 내놓으라는 것을 비자르 부인이 주지 않았기 때문에 때리는 것이었다. 계단 밑에서 보슈의 목소리가 들려왔다. 자기 부인을 불러대며 이렇게 외쳤다.

"내려오라고, 서로 죽이든 말든 내버려 두란 말이야. 그래야 형편없는 인간들이 줄어들 게 아냐!"

그러는 동안 브뤼 영감도 제르베즈를 따라 방으로 들어왔다. 두 사람은 어떻게 해서라도 열쇠장이를 설득하여 문간 쪽으로 밀어내리려고 했다. 그러나 그는 말없이 입술에 거품을 물고 돌아보았다. 그의 창백한 눈에는 알코올이 타올라, 살인의 불길이 엿보였다. 세탁소 여주인은 손목에 상처를 입었고, 늙은이는 탁자 위에 쓰러질 뻔했다. 방바닥에서는 비자르 부인이 입을 크게 벌리고 눈을 감은 채 더욱 거칠게 숨을 몰아쉬고 있었다. 이제 마누라를 손에서 놓친 비자르는, 다시 돌아와 쫓아가서 미친 듯이 날뛰며 때렸지만 빗나갔고, 허공을 치다가 자기 자신을 때려댔다. 이 참극이 벌어지고 있는 동안, 제르베즈는 방 한구석에 있는 작은 랄리를 보았다. 네 살배기 그 여자아이는 아버지가 어머니를 때려누이고 있는 광경을 물끄러미 바라보고만 있었다. 그리고 바로 그 전날 젖을 뗀 동생 앙리에트를 보호하려는 듯이 두 팔로 감싸안고 있었다. 그 아이는 인도사라사로 만든 모자를 반듯하게 쓰고, 새파랗게 질린 채 진지한 표정으로 서 있었다. 그 커다란 검은 눈동자는 생각에 잠긴 듯이 눈물 한 방울도 없이 똑바로 바라보기만 했다.

비자르가 의자에 걸려서 바닥에 자빠져 움직이지 않게 되자, 그대로 쓰러져 있게 내버려 두고, 브뤼 영감은 제르베즈를 놓아 비자르 부인을 일으켰다. 그러자 그녀는 심하게 흐느껴 울었다. 가까이 다가간 랄리는 이런 일에는 익숙했기 때문에 벌써 체념하고서, 우는 어머니를 쳐다보고만 있었다. 조용해진 건물 한복판을 내려가는 세탁소 여주인의 눈에는 그 네 살배기 아이의 눈동자가,

마치 다 큰 여자처럼 진지하고 꿋꿋한 그 눈동자가 계속 어른거렸다.

"쿠포 씨가 건너편 보도에 있어요." 클레망스가 제르베즈를 보자 소리쳤다. "무척 취한 것 같아요!"

쿠포가 마침 거리를 건너오고 있었다. 그는 문을 잘못 밀다가 하마터면 어깨로 유리를 깰 뻔했다. 그는 몹시 취하여 창백하게 이를 악물고 있었는데, 불만이 가득해 보였다. 그의 살갗을 창백하게 만든 나쁜 피 속에는 '목로주점'의 싸구려 브랜디가 들어 있음을 제르베즈는 금세 알아보았다. 그녀는 전에 그가 포도주를 마시고 어린애같이 순진하게 굴던 때처럼 웃으며 재워 주려고 했다. 그런데 그는 아무 말도 없이 그녀를 밀어젖히고 그대로 혼자 침대까지 가려고 하며, 그녀에게 주먹을 쳐들었다. 그 꼴은, 때리다 지쳐서, 저 윗방에서 코를 골고 있는 또 하나의 주정뱅이와 똑같았다. 그러자 그녀는 몸도 마음도 얼어붙었고, 결코 행복해질 수 없으리라는 절망감에 가슴이 저미어서 남자들에 대하여, 남편과 구제와 랑티에에 대하여 생각해 보았다.

제7장

제르베즈의 영명축일(靈名祝日)*¹은 6월 19일이었다. 가족의 축일이면 쿠포네에서는 손님들을 초대하여 큰 잔치를 벌였다. 모두들 일주일 치 배를 채우고, 공처럼 뚱뚱해져서 나올 정도였다. 있는 돈을 몽땅 털어버리는 것이다. 집 안에 한 푼이라도 남아 있으면 당장 먹어치웠다. 달력에 성자(聖者)들을 적어놓은 것도 실컷 먹고 마시기 위한 핑계였다. 비르지니는 제르베즈가 맛있는 음식을 잔뜩 먹는 것을 칭찬했다. 몽땅 마셔버리는 남자가 있는데, 집 안이 술로 떠내려 가기 전에 먼저 배 속을 채워 두는 게 훨씬 낫지 않은가? 어차피 돈이란 없어지게 마련이니까, 푸줏간 주인에게 돈벌이를 시켜주건 술집 주인에게 돈벌이를 시켜주건 마찬가지다. 그런 말을 듣고 보니 식탐쟁이인 제르베즈는 그런 핑계가 그럴싸하다고 생각했다. 하는 수 없지! 그들이 동전 한 닢도 모으지 못하게 된 것은 쿠포 때문이었다. 그녀는 점점 더 살이 찌고, 지금까지보다 다리를 더 절게 되었다. 지방질이 붙어 뚱뚱해진 다리가 그만큼 짧아 보였으므로 더욱 두드러졌던 것이다.

그해에는 한 달 전부터 축일이 화제에 올랐다. 여러 가지 요리 생각을 하고서 모두들 입맛을 다셨다. 가게 사람들이 모두 진탕 마시고 먹으려고 기다리고 있었다. 완전히 기발하고 멋진 놀이를 꼭 해야지. 제기랄! 우리는 날이면 날마다 즐겁지는 않으니까. 세탁소 여주인이 가장 신경 쓴 일은 누구를 초대할까였다. 그녀는 더도 말고 덜도 말고 식탁에는 열두 사람만 앉히고 싶었다. 그녀 자신과 남편, 시어머니, 르라 부인, 이렇게 집안 식구만 해도 벌써 넷이었다. 구제 모자와 푸아송 부부도 초대할 것이었다. 처음에 그녀는 세탁소에서 일하는 퓌투아 부인과 클레망스는 부르지 않을 삭정이었다. 너무 허물없이 지내고 싶지 않았기 때문이다. 그러나 그녀들 앞에서 늘 축일 얘기가 나오고, 그럴 때

---

*1 기틀릭에서 영세·견진성사 때 받은 세례명을 기념하는 날. 곧 그 이름을 가진 성인이나 복자(福者)들의 축일.

마다 그녀들이 시무룩한 얼굴을 했기 때문에, 그만 그녀들에게 와달라고 말해 버렸다. 네 사람 더하기 네 사람으로 여덟 사람, 거기에 또 둘을 더해서 열 사람이 되었다. 아무래도 열두 사람을 채우고 싶었는데 마침 얼마 전부터 그녀 주위를 맴돌고 있던 로리외 부부와 화해를 했다. 어쨌든 로리외 부부가 식사를 하러 내려오면 와인을 한 잔씩 나누며 나쁜 감정을 풀기로 결정했다. 물론 친척끼리 언제까지나 뚱하게 지낼 수도 없는 일이고, 게다가 축일이라고 생각하니 양쪽의 기분도 부드러워졌다. 이럴 때에는 여간해서 거절할 수 없는 법이었다. 그러자 이 화해를 알아차리고 보슈 부부는 금세 상냥하게 미소를 짓고 친절한 태도로 제르베즈에게 다가왔다. 그래서 그들에게도 잔치에 참석해 달라고 부탁했다. 아차! 아이들을 빼놓더라도 열네 사람이었다. 그녀는 이런 정도의 모임을 가져본 일이 없었다. 그래서 당황했으나 또한 자랑스럽기도 했다.

축일은 마침 월요일이었다. 운이 좋았다. 제르베즈는 일요일 오후부터 요리를 준비할 생각이었다. 토요일에 다리미질하는 여자들은 일을 날림으로 해치우고 상에 올릴 음식을 확실히 정하기 위해서 오래도록 가게에서 의견을 주고받았다. 한 가지 요리만은 삼 주 전부터 정해져 있었는데 살찐 거위 구이였다. 모두들 식탐에 빠진 눈초리로 그 얘기를 했다. 더구나 거위는 벌써 사다놓았다. 쿠포 어머니는 일부러 그것을 가지고 나와 클레망스와 퓌투아 부인 손에 올려놓고 손으로 무게를 가늠해 보게 했다. 감탄의 소리가 일었다. 노란 기름으로 부풀고, 우툴두툴한 껍질에 싸여 있는 그 새는 무척이나 커 보였다.

"그보다 먼저 포토푀가 나와야 좋잖아요?" 제르베즈가 말했다. "수프에 삶아서 작게 썬 소고기가 들어 있어요. 그건 언제나 맛이 있죠…… 그리고 소스를 친 요리도 한 접시 있어야 할 거예요."

키다리 클레망스가 토끼 고기를 제안했다. 하지만 언제나 그것만 먹었기 때문에 모두들 싫증을 냈다. 제르베즈는 무엇이고 고급 요리만을 생각하고 있었다. 퓌투아 부인이 송아지 스튜를 하자고 하자, 그녀들은 서로 얼굴을 바라보면서 모두 미소를 지었다. 그것은 좋은 생각이었다. 송아지 스튜만큼 적절한 것은 없었다.

"그다음에는요." 제르베즈가 말을 이었다.

"소스 요리가 한 접시 있어야 해요."

쿠포 어머니는 생선을 생각했다. 그러나 다른 여자들은 얼굴을 찌푸리고 다리미를 탕탕 두드렸다. 아무도 생선은 좋아하지 않았다. 배가 부르지도 않고 가시도 많다. 사팔뜨기 오귀스틴이 건방지게 가오리를 좋아한다고 참견하자 클레망스가 한 대 찰싹 때려 입을 틀어막았다. 마침내 여주인이 감자를 섞은 돼지 등갈비를 생각해 내자 또다시 모두들 얼굴이 밝아졌다. 그때 마침 비르지니가 붉어진 얼굴로 허둥지둥 들어왔다.

"잘 왔어요!" 제르베즈가 외쳤다. "어머니, 거위를 좀 보여주세요."

그래서 쿠포 어머니는 또다시 살찐 거위를 가지러 가고, 비르지니는 그것을 두 손으로 들어보지 않을 수 없었다. 그녀는 탄성을 질렀다. 굉장하네요! 꽤나 무겁기도 하네! 그렇지만 그녀는 거위를 곧바로 작업대 끝 속치마와 와이셔츠 뭉치 사이에 놓았다. 다른 일에 정신이 팔려 있었던 것이다. 그녀는 제르베즈를 뒤쪽 방으로 데리고 갔다.

"이봐요." 그녀는 빠른 말로 속삭였다. "당신에게 말해 주고 싶은 것이 있어요…… 거리 모퉁이에서 내가 누굴 만났는지 알아요? 랑티에란 말예요! 그가 거기서 어슬렁거리며 엿보고 있었어요…… 그래서 뛰어왔죠. 당신이 걱정돼서. 알겠어요?"

세탁소 여주인은 얼굴이 새파랗게 질렸다. 그 비열한 놈이 도대체 무슨 일로 온 거지? 그것도 축일 준비가 한창인 이때 오다니. 나는 정말 재수없는 여자야. 조용히 즐길 수도 없으니 말이다. 그러나 비르지니는 그녀에게 그런 걱정을 하다니 당신은 참 착하기도 하다고 했다. 만일 랑티에가 그녀를 쫓아다닌다면 경찰을 불러서 유치장에 처넣으면 된다! 한 달 전에 남편이 경찰로 임명되고부터, 이 갈색 머리 키다리는 우쭐하여 누구나 할 것 없이 잡아간다고 떠들어댔다. 비르지니는 목소리를 높여 자기 힘으로 그 건달 패거리를 파출소로 끌고 가서 푸아송에게 넘겨주고 싶다며, 길거리에서 랑티에와 시비가 벌어졌으면 좋겠다고 했다. 그래서 제르베즈는 세탁소 여자들이 엿들으니까 조용히 하라고 몸짓을 했다. 그리고 앞장서서 세탁소로 돌아가, 매우 냉정한 체하면서 다시 입을 열었다.

"이제 채소도 있어야죠?"

"베이컨을 넣은 완두콩은 어때요?" 비르지니가 말했다. "난 그것만 먹을 거예요."

"그래요, 그래. 베이컨을 넣은 완두콩!" 다른 여자들이 모두 찬성하고, 오귀스틴도 좋아하며 다리미 가열기 속을 부지깽이로 쑤셔댔다.

이튿날인 일요일, 쿠포 어머니는 3시부터 집에 있는 두 개의 화덕과 보슈네에서 빌려온 흙화덕에 불을 피웠다. 3시 반에는 포토푀가 큰 냄비에서 부글부글 끓고 있었다. 집에 있는 냄비로는 작을 것 같아서 이웃 식당에서 빌려온 큰 냄비였다. 송아지 스튜와 돼지 등갈비는 다시 데우면 맛이 좋기 때문에 전날부터 만들기로 했던 것이다. 단, 송아지 스튜 소스만은 먹기 바로 전에 진하게 하는 게 좋았다. 그래도 수프랑 베이컨을 넣은 완두콩과 거위 구이 등, 월요일에 할 일은 아직도 많이 남아 있었다. 세 개의 화덕불로 뒤쪽 방은 아주 밝아졌다. 작은 냄비 속에서는 브라운소스가 밀가루 타는 요란한 연기와 함께 기름 탄내를 풍기고 있었다. 한편 큰 냄비는 부글부글 둔탁한 소리를 내고 옆구리를 흔들면서, 마치 보일러처럼 증기를 내뿜고 있었다. 쿠포 어머니와 제르베즈는 흰 앞치마를 걸치고 바쁘게 방 안을 돌아다니며, 파슬리를 고르기도 하고, 후추와 소금을 찾기도 하고, 나무 주걱으로 고기를 휘젓기도 했다. 두 사람은 일하는 데 방해가 되어서 쿠포를 밖으로 내보냈다. 그래도 오후 내내 여러 훼방꾼이 있었다. 건물 안에 온통 맛있는 냄새가 풍기자, 이웃 여자들이 연이어 내려와서 무슨 요리를 만들고 있나 알고 싶은 나머지 별의별 핑계를 다 붙여서 들어왔다. 그녀들은 세탁소 여주인이 하는 수 없이 뚜껑을 들어 보일 때까지 기다리며 나가지 않았다. 그리고 5시쯤에 비르지니가 나타났다. 그녀는 또 랑티에를 보았다. 이제 한 발자국만 거리에 나서도 틀림없이 랑티에를 만난다. 보슈 부인도 길 모퉁이에서 음침한 표정으로 고개를 내밀고 있는 그를 방금 전에 보았다고 했다. 마침 포토푀에 쓸 구운 양파를 조금 사러 나가려고 했던 제르베즈는 부들부들 떨며 집을 나가려 들지 않았다. 관리인 여자와 바느질장이가 웃옷 밑에 단도나 권총을 숨기고 여자를 기다리는 사내들의 무서운 얘기를 들려주어, 그녀를 매우 놀라게 했기 때문에 더욱더 그러했다. 그렇다! 거짓말이 아니다. 신문에도 날마다 나지 않는가. 그런 건달들은 행복하게 사는 옛 여자를 만나고 싶을 때면 무슨 짓이든 한다. 비르지니는 친절하게도 구운 양파를 사다 주겠노라고 했다. 여자들끼리 서로 도와야 한다. 이 가엾은 사람이 맞아 죽을지도 모르는 일을 그대로 둘 수는 없다. 양파를 사서 집에 돌아온 비르지니는 이제 랑티에는 없더라고 했다. 들킨 줄 알고 그가 도망친 게 분명하다는 것이다. 그래도 냄비 주위에서 저녁때까지 주고받은 잡담은 랑티에 얘기가 대부분이었다. 보슈 부인이 쿠포에게 알리면 어떠냐고 권유하자, 제르베즈는 몹시 자지러지며 제발 남편에게는 한 마디도 말아 달라고 했다. 오! 절대 안 된다! 그녀의 남편이 이미 그 일을 어렴풋이 눈치채고 있는 것 같으며, 며칠 전부터 잘 때마다 욕설을 퍼부으며 벽을 주먹으로 친다고 했다. 두 사나이가 자기 때문에 서로 다툰다고 생각하니, 제르베즈는 손이 와들와들 떨렸다. 쿠포가 어떤 사람인지 제르베즈는 잘 알고 있었다. 질투가 많으니 큰 가위를 가지고 랑티에에게 덤벼들지도 모를 일이었다. 이렇게 네 여자가 이 비극적인 사건에 대하여 이러쿵저러쿵하는 동안에, 재로 뒤덮인 화덕 위에서는 수프가 부글부글 끓고 있었다. 쿠포 어머니가 뚜껑을 열었을 때, 송아지 고기와 돼지고기는 어렴풋한 소리를 내며 조용히 흔들리고 있었다. 포토푀는 배를 햇볕에 드러내고 잠든 가수가 코를 고는 듯한 소리를 냈다. 여자들은 결국, 고깃국 맛을 보기 위해서라며 저마다 찻잔에 한 조각씩 빵을 찢어 넣고 수프로 적셨다.

마침내 월요일이 되었다. 이제 제르베즈는 만찬에 열네 사람이 오게 되었으니, 다 함께 방에 들어가지 못하면 어쩌나 하고 걱정스러웠다. 그래서 그녀는 가게에다 상을 차리기로 했다. 또한 식탁을 어디다 놓을 것인가를 정하기 위해 아침부터 자로 방 안을 재보았다. 이어서 세탁물을 정리하고 작업대를 떼어내야 했다. 그 작업대를 다른 발틀 위에 올려놓고 식탁 대신 쓸 생각이었다. 그런데 이처럼 한창 떠들썩한 가운데 여자 손님이 하나 찾아와서 금요일부터 세탁물이 다 되기를 기다리고 있는 중이라고 하자 한바탕 소동이 벌어졌다. 모두들 상대도 하지 않았지만, 그 여자 손님은 당장에 세탁물을 내놓으라고 했다. 그래서 제르베즈는 변명을 하며 천연덕스럽게 거짓말을 했다. 자기네 실수가 아니라, 오늘은 세탁소 대청소 날로 내일이 돼야 직원들이 출근한다고 했다. 내일은 꼭 손님의 세탁물을 가장 먼저 해주겠노라 약속하고 그 여자 손님을 잘 달래서 보냈다. 그 손님이 밖으로 나가자, 제르베즈는 마구 욕설을 늘어놓았다. 정말 손님이 하는 말을 하나하나 듣고 있자면, 밥 먹을 시간도 없다 손님의 마음에 들려고만 하다가는 수렁이 굴어늘 판이다! 끈에 매어놓은 개도 아닌데! 그렇다! 터키 황제가 손수 옷깃을 가지고 와서, 그것을 다려주면 10만 프랑을 준다고 해도 월요일인 오늘은 다림질을 못한다. 왜냐하면 오늘은 나도 좀 즐겨야 하니까.

아침나절은 물건 사는 데 시간을 보냈다. 제르베즈는 세 번이나 나가서 나귀처럼 물건을 짊어지고 들어왔다. 그러나 포도주를 주문하러 나가려던 참에 이미 돈이 얼마 남지 않았음을 깨달았다. 포도주야 외상으로도 살 수 있지만, 살림을 하자면 예상치 않은 자질구레한 비용이 들기 마련이어서 집에 돈이 한 푼도 없으면 안 되었다. 그래서 그녀는 뒤쪽 방에서 쿠포 어머니와 걱정을 하며 적어도 20프랑은 필요하다고 계산했다. 그러니 100수짜리 넉 장을 어디서 찾아낸단 말인가? 옛날 바티뇰 극장에서 단역 여배우의 살림을 해주던 쿠포 어머니가 공영 전당포에 가보면 어떻겠느냐고 했다. 제르베즈는 웃음을 지으며 한숨을 돌렸다. 참, 어리석기도 하지! 그녀는 그 생각을 못했던 것이다. 그녀는 서둘러 검은 비단 드레스를 보자기에 싸서 핀으로 꽂았다. 그리고 직접 쿠포 어머니의 앞치마 밑에 그 꾸러미를 감추어 주면서, 이웃 사람들에게 자랑할 것이 못 되니 배 위에 납작하게 붙여 가져가라고 부탁했다. 그렇게 보내놓고 나서, 그녀는 문턱에서 누가 늙은 여인 뒤를 따라가나 않나, 주위를 살폈다. 그런데 제르베즈는 쿠포 어머니가 석탄 가게 앞까지 갔을 때 불러 세웠다.

"어머님! 어머님!"

제르베즈는 시어머니를 가게로 불러들여 손가락에서 결혼반지를 뽑으면서 말했다.

"자, 이것도 가져가세요. 더 빌릴 수가 있을 테니까요."

그리고 쿠포 어머니가 25프랑을 들고 돌아오자, 그녀는 춤출 듯이 기뻐했다. 그녀는 구이를 먹을 때 마실 밀봉된 고급 포도주 여섯 병을 추가로 주문하러 갔다. 아마도 로리외 부부가 자지러질 정도로 놀랄 것이다.

쿠포 부부는 이 주일 전부터 로리외 부부를 짓밟는 꿈을 꾸었다. 남편이고 마누라고 그 음흉한 로리외 부부는 맛있는 음식을 먹을 때마다 마치 훔쳐온 것처럼 방문을 걸어 잠그잖아? 그들은 그래, 창문에 담요를 걸어 빛을 막고, 잠자는 것처럼 보이게 하는 거야. 그러면 물론 아무도 찾아올 수 없지. 그래서 둘만이 게걸스럽게 먹는 거야. 큰 소리라고는 전혀 내지 않고 급하게 배 속에 구겨 넣지. 그다음 날이 돼도 쓰레기통에 뼈다귀 하나 버리질 않고. 그런 짓을 했다가는 무엇을 먹었나 남들이 알 테니까, 마누라가 저 멀리 길 모퉁이까지 가서 시궁창에 버리지. 어느 날 아침, 제르베즈는 로리외 부인이 굴 껍데기가 가득 든 바구니를 그곳에서 털어내는 것을 우연히 보았다. 아! 아니야, 틀림없이 저 욕심쟁이들은 자기 자신에게는 인색하지 않다. 남이 안 보는 데서 우물우물 먹는 것도, 어떻게든 자기들을 애써 가난하게 보이려는 수작이다. 좋다! 그것들에게 한 가지 가르쳐 주자. 인간이 개가 아니라는 것을 보여주자. 제르베즈는 가능하다면 한길 한가운데에 음식을 차려놓고 지나가는 사람 모두에게 식사 대접을 하고 싶었다. 돈이란 곰팡이가 슬게 하려고 발명한 것이 아니잖는가? 햇빛에 비쳐서 반짝일 때에 돈이란 아름답다. 이제 제르베즈는 로리외 부부와는 전혀 다른 사람이 되어, 20수를 가지고 있으면 40수를 가지고 있는 것처럼 보이려고 했다.

쿠포 어머니와 제르베즈는, 3시부터 벌써 식탁에 음식을 차리며 로리외 부부 얘기를 했다. 두 사람은 진열대에 큰 커튼을 쳤다. 그러나 지독히 더운 날씨였기 때문에 문을 활짝 열어 놓아 동네 사람들이 지나가다가 다 볼 수 있게 되었다. 그녀들은 물병 하나, 포도주 한 병, 소금 그릇 하나를 놓는데도 어떻게든지 로리외 부부를 괴롭히려고 생각했다. 로리외 부부의 자리도 미리 정하여, 그 자리에는 특히 값비싼 포크와 나이프 등을 놓았으며, 접시가 로리외 부부를 깜짝 놀라게 하리라 예측하고 예쁜 도자기 그릇을 마련해 두었다.

"아녜요, 아녜요, 어머님." 제르베즈가 외쳤다. "그 냅킨은 그 사람들에게는 쓰지 마세요! 무늬 있는 것이 두 개가 있으니까요."

"그래!" 노파가 중얼거리듯 말했다. "그들은 기가 질릴 게다. 틀림없어."

두 여자는 흰 보를 덮은 큰 식탁 양쪽 끝에 서서 서로 미소를 주고받으며, 식탁에 늘어놓은 열네 사람의 그릇들로 그녀들의 자존심을 크게 부풀리고 있었다. 가게 안에 신성한 제단을 차려놓은 것 같았다.

"그건 그렇고요." 제르베즈가 말을 이었다. "그 사람들이 어째서 그렇게 인색한지 모르겠어요!…… 어머님도 알고 계시죠. 지난달 물건을 돌려주러 갔다가 금사슬 하나를 잃어버렸다고 형님이 여기저기 퍼뜨리고 다녔지만, 그건 다 거짓말이에요. 그럼요! 절대로 물건을 잃어버릴 여자가 아니죠!…… 오로지 돈이 없다고 우는소리를 해서 어머니께 100수를 안 드리려는 속셈일 뿐이라고요."

"나는 이제까지 100수를 두 번밖에 못 받았다." 쿠포 어머니가 말했다

"내기를 해도 좋아요! 다음 달에는 또 다른 핑계를 꾸며낼 테니까 두고 보세요…… 토끼 고기를 먹을 때 창문을 가리는 이유를 이제 알겠어요. 그렇죠? 사람들한테 '토끼 고기를 먹으니 어머니께 100수쯤은 드릴 수 있겠네요'라는 말

을 들을까 봐서죠. 아! 정말 못된 사람들이에요…… 우리가 모시지 않았더라면 어머님은 어떻게 되셨을까요?"

쿠포 어머니는 고개를 끄덕였다. 오늘 그녀가 완전히 로리외 부부의 적이 된 것은 쿠포 부부가 큰 잔치를 벌였기 때문이다. 어머니는 요리랑 스튜 냄비 주변에서의 수다, 잔칫날의 법석, 이러한 집 안 분위기를 좋아했다. 그리고 평소부터 제르베즈하고는 서로 마음이 잘 통하는 사이였다. 그러나 어느 집에나 흔히 있듯이 고부간에 불화가 생길 때면, 노파는 투덜거리며 이처럼 며느리 신세를 지고 사는 것이 몹시 불행하다고 뇌까렸다. 어머니는 마음속으로는 로리외 부인에게 애정을 지니고 있을 수밖에 없었다. 어쨌든 친딸이니 말이다.

"네?" 제르베즈가 되풀이해서 말했다. "그 집에 계셨으면 어머님도 지금처럼 살이 찌지는 못 하셨을걸요? 그리고 커피도 담배도 맛있는 음식도 드시지 못했을 거고요!…… 그리고 침대에 담요를 두 장씩이나 깔아드렸을까요, 네?"

"어림없는 말이지." 쿠포 어머니가 대답했다. "그 부부가 들어올 때, 난 문 앞에서 그들이 어떤 꼴을 할 것인지 두고 보겠어."

로리외 부부가 어떤 꼴을 할지 상상만 해도 이 두 여인은 즐거웠다. 하지만 지금은 식탁을 바라보며 멍청히 서 있을 때가 아니었다. 쿠포 부부는 1시쯤에 반찬 가게에서 사온 간단한 음식으로 아주 늦은 점심을 때웠다. 세 개의 화덕이 계속 닫혀 있는 데다, 저녁때 쓰려고 닦아놓은 접시를 더럽히고 싶지 않았기 때문이다. 4시가 되자, 두 여자는 더욱더 바빠졌다. 거위는 열린 창가의 벽 밑에 놓아둔 냄비에서 익고 있었다. 냄비에 억지로 쑤셔 넣어야 할 정도로 큰 거위였다. 사팔뜨기 오귀스틴이 작은 의자에 앉아 얼굴 가득 냄비 불빛을 받으면서, 진지한 표정으로 손잡이가 긴 숟가락으로 거위에 국물을 치고 있었다. 제르베즈는 베이컨을 넣은 완두콩 요리에 매달려 있었다. 쿠포 어머니는 많은 요리에 둘러싸여 어찌할 바를 몰라 왔다 갔다 하면서 등갈비와 스튜를 다시 데울 때를 기다리고 있었다. 5시쯤에 손님들이 오기 시작했다. 처음에 세탁소에서 일하는 클레망스와 퓌투아 부인이 차례로 들어왔는데, 먼저 들어온 사람은 파란색의, 뒤에 들어온 사람은 검은색의 나들이옷을 입고 있었다. 클레망스는 제라늄 꽃을, 퓌투아 부인은 헬리오트로프 꽃을 들고 있었다. 마침 밀가루로 손을 하얗게 하고 있던 제르베즈는 손을 뒤로 돌린 채 양쪽 볼에 그녀들의 키스를 받았다. 이어 비르지니가, 길을 하나 건너는 거리인데도, 무늬가 있는 모슬린 드레스에 스카프와 모자를 쓰고 귀부인 같은 옷차림으로 들어왔다. 그녀는 붉은 카네이션 화분을 가지고 왔다. 그리고 세탁소 여주인을 크게 두 팔로 힘차게 껴안았다. 다음으로 보슈가 오랑캐꽃 화분을, 보슈 부인이 물푸레나무 화분을, 르라 부인이 시트로넬라 화분을 들고 나타났는데, 르라 부인의 보랏빛 메리노 모직 레이스가 화분의 흙으로 더럽혀져 있었다. 모두들 키스를 주고받았고, 세 개의 화덕과 고기 굽는 냄비에서 숨막히는 열기가 뿜어 나오는 가운데, 방 안이 사람으로 가득 찼다. 사람들의 말소리는 작은 소스 냄비를 몇 개나 써서 튀김질을 하는 소리로 지워졌다. 누군가의 드레스가 고기 굽는 냄비에 걸려 모두들 가슴이 철렁 내려앉았다. 거위 굽는 냄새가 코를 찔러서 사람들 콧구멍이 크게 벌렁거렸다. 그리고 제르베즈는 매우 상냥한 태도로 한 사람 한 사람에게 꽃을 가져다주어서 고맙다고 인사를 했다. 그러나 오목한 접시에서 크림 스튜를 만드는 손은 쉬지 않았다. 화분은 위쪽의 하얀 종이 장식을 떼지 않고서 세탁소 탁자 가장자리에 놓아두었다. 향기로운 꽃 냄새가 요리 냄새와 뒤섞였다.

"도와줄까요?" 비르지니가 말했다. "당신은 사흘 전부터 요리를 만드느라 애를 쓰는데 우리는 눈 깜짝할 사이에 먹어치울 테니 말이에요!"

"천만에요!" 제르베즈가 대답했다. "혼자서 한 일이 아니에요…… 손을 더럽힐 필요는 없으니까 그만둬요. 보다시피 다 준비되었어요. 남은 건 수프뿐이에요……."

그래서 모두들 편하게 앉았다. 부인들은 침대 위에 숄과 보닛을 놓고, 치마를 더럽히지 않으려고 걷어 올려 핀으로 꽂았다. 보슈는 식사 시간까지 관리실을 지키도록 아내를 돌려보내 놓고, 클레망스를 구석으로 밀어붙이고는 본디 간지럼을 잘 타느냐고 물었다. 클레망스는 공처럼 몸을 움츠리고 옷이 터질 만큼 가슴이 부푼 모습으로 숨을 몰아쉬며 몸을 뒤틀었다. 간질인다는 생각만 해도 온몸이 짜릿했기 때문이다. 다른 여자들은 음식 차리는 사람에게 방해가 될까 봐 모두 세탁소로 옮겨 앉아 탁자를 앞에 두고 벽에 기대어 있었다. 그러나 열어놓은 샛문 너머로 얘기가 계속되었기 때문에, 말하는 소리가 잘 안 들리자 사람들은 뒤쪽 방으로 들락날락하고, 갑자기 큰 소리를 지르며 방으로 뛰어들어 제르베즈를 둘러싸기도 했다. 그녀는 김이 오르는 숟가락을 손에 들고 대답하기에 바빴다. 모두들 웃어대고 큰 소리로 떠들어댔다. 비르지니가 오늘을 기다려 이틀 전부터 굶었노라 하니까, 난잡한 키다리 클레망스는 한술 더 떠서 자기는 영국 사람처럼 아침에 관장을 해서 배 속이 텅 비었노라 했다. 그러자 보슈가 빨리 소화시키는 방법을 일러주었다. 한 접시 먹을 때마다 몸뚱이를 문짝에 바싹 대고 누르라는 것이었다. 이것도 영국 사람들이 하는 짓으로, 그처럼 하면 열두 시간을 계속 먹어도 위장이 끄떡하지 않는다고 했다. 식사에 초대를 받았을 때는 먹어주는 게 예의 아닌가? 고양이에게 먹이기 위해 송아지와 돼지, 거위 요리를 늘어놓은 것이 아니다. 오! 여주인은 꼼짝하지 않아도 된다. 내일 접시를 씻을 필요가 없도록 모두가 이 음식을 깨끗하게 먹어치울 테니까. 그리고 모두는 식욕을 돋우려는 듯이 작은 소스 냄비와 고기 굽는 냄비에 코를 갖다 대고 냄새를 맡았다. 부인들은 마침내 아가씨들처럼 까불기 시작했다. 밀치락달치락 노는가 하면 이 방에서 저 방으로 뛰어다니며 바닥을 울리고, 속치마로 요리 냄새를 실어 나르며 귀가 멍할 정도로 큰 소리를 지르며 소란을 피웠다. 그리고 그 여인들의 웃음소리에 섞여 베이컨을 써는 쿠포 어머니의 칼 소리가 들려왔다.

이렇게 법석을 떨며 장난질을 치고 있을 때 마침 구제가 나타났다. 그는 큰 백장미 화분을 끌어안은 채, 부끄러워서 냉큼 들어오려 들지 않았다. 줄기가 그의 얼굴까지 올라오는 훌륭한 장미로, 그의 수염 속에 꽃이 피어 있는 것 같았다. 화덕 불에 두 볼이 빨갛게 익은 제르베즈가 구제에게로 달려갔다. 그러나 구제는 화분을 어떻게 해야 좋을지 몰라서, 그녀가 손을 내밀어 그것을 받았는데도, 감히 그녀에게 키스도 못하고 우물쭈물 입을 움직여 인사를 했다. 그녀가 발돋움을 하여 그의 입술에 볼을 갖다 대주어야만 했다. 그런데 그는 아주 당황하여, 그녀의 눈 위에 애꾸눈이 될 정도로 거칠게 키스를 했다. 두 사람 다 몸을 떨면서 서 있었다.

"어머! 구제 씨, 정말 아름다워요." 제르베즈가 나뭇잎이 무성하게 솟아오른 장미꽃 화분을 다른 화분 옆에 놓으며 말했다.

"천만에, 천만에요." 구제는 다른 말이 생각나지 않아 그렇게 되풀이할 뿐이었다.

그러고 나서 마음이 좀 가라앉자, 크게 한숨을 쉬고 어머니는 오지 못할 것 같다고 했다. 좌골신경통 때문이었다. 제르베즈는 실망하여 무슨 일이 있어도 구제 부인에게 드리고 싶으니 이 거위 고기를 좀 남겨두겠노라고 했다. 이제 더 기다릴 사람이 없었다. 쿠포는 점심 식사를 마치고 푸아송을 집까지 데리러 가서, 지금쯤은 근처에서 함께 어슬렁거리고 있을 것이 뻔했다. 곧 돌아올 것이다. 6시 정각에 오겠노라고 약속했으니까. 그래서 수프도 거의 다 되었으므로, 제르베즈는 르라 부인을 불러서 이제 그럭저럭 로리외 부부를 부르러 갈 시간이라고 했다. 그 순간 르라 부인은 매우 엄숙한 표정을 지었다. 모든 교섭을 도맡고 두 집안 사이에서 일을 어떻게 처리할지를 결정지은 사람은 그녀였다. 그녀는 숄을 두르고 보닛을 쓰고서, 뻣뻣하게 긴장한 몸으로 근엄한 표정을 지으며 로리외 부부가 있는 위층으로 올라갔다. 세탁소 여주인은 아래층에서 한 마디 말도 없이 버미첼리 수프를 계속 휘젓고 있었다. 모두들 갑자기 진지하고 숙연하게 기다렸다.

르라 부인이 먼저 나타났다. 그녀는 이 화해를 더욱더 빛나게 하기 위해 한 길을 한 바퀴 돌아왔다. 그녀가 가게 문을 활짝 열어 손으로 잡고 있자, 비단 드레스를 입은 로리외 부인이 문턱에 서 있었다. 손님 전체가 일어서고, 제르베즈가 앞서 나가서, 정해진 대로 시누이에게 키스를 하고 이렇게 말했다.

"자, 들어오세요. 이젠 다 지나간 일이에요, 그렇죠?…… 이제부터 우리 친하게 지내요."

그러자 로리외 부인이 대답했다.

"오래오래 이렇게 다정하게 지내고 싶어."

그녀가 들어서자, 이어 로리외도 똑같이 문턱에 서서, 세탁소 안에 들어가기 전에 키스해 주기를 기다리고 있었다. 두 사람 다 꽃다발은 가져오지 않았다. 일부러 가져오지 않은 것이다. 처음으로 절름발이 집에 가는데 꽃다발을 들고 가면 굴복한 꼴이 된다고 생각했기 때문이다. 그러는 동안 제르베즈는 오귀스틴에게 포도주 두 병을 내놓으라고 소리쳤다. 그리고 식탁 끝에서 술잔에 포도주를 따른 다음 모든 손님을 불렀다. 곧 저마다 술잔을 들어 가족의 화합을 축하하며 건배를 했다. 잠시 침묵이 흘렀다. 모두들 마셨다. 부인들도 팔꿈치를 쳐들고 마지막 한 방울까지 단숨에 마셔버렸다.

"수프를 먹기 전에는 이것이 으뜸이지." 보슈가 입맛을 다시며 말했다. "엉덩이를 걷어차이기보다는 이것이 훨씬 좋아."

쿠포 어머니는 로리외 부부의 모양새가 어떤지 보려고 문 맞은편에 자리를 잡고 있었다. 그녀는 제르베즈의 치맛자락을 잡아끌며 뒤쪽 방으로 데리고 갔다. 그리고 둘이서 수프 위에 몸을 기울이고 나지막한 소리로 재빨리 말을 주고받았다.

"흥! 그 꼴이라니!" 노파가 말했다. "너는 못 봤겠지만, 난 자세히 봤단다. 그 애는 식탁을 보자, 먹어요! 하며 몸을 비비 꼬더니, 입꼬리가 올라가서 눈을 건드려 찌그러뜨렸지 뭐야. 로리외도 기가 질린 모양이야. 갑자기 기침을 하는 걸 보니…… 저 봐, 저 꼴을. 군침도 말라서 입술을 깨물고 있다고."

"참, 괴롭군요. 저렇게 샘이 많으니 말예요." 제르베즈가 속삭였다.

정말로 로리외 부부는 우스운 꼴을 하고 있었다. 하기야 누군들 기가 죽기를 바랄 사람은 없겠지만, 특히 집안에서는 성공하는 자가 생기면 반드시 기분 나쁜 사람이 생기는 법이다. 당연한 얘기지. 다만 모두들 그것을 참고, 세상 사람들의 웃음거리가 되지 않으려고 할 뿐이다. 그런데, 로리외 부부는 그것을 참지 못한다. 아무리 해도 얼굴에 나타난다. 곁눈질을 하고 입을 삐죽이는 등 그 표정이 너무나 노골적이어서, 결국 다른 사람들이 물끄러미 바라보다가 어디 불편하냐고 물어볼 정도였다. 그들 부부는 열네 사람 몫의 그릇을 늘어놓고, 흰 식탁보를 씌우고, 빵도 미리 잘라놓은 식탁을 도무지 견딜 수 없었던 것이다. 큰 거리의 요릿집에 온 기분이었다. 로리외 부인은 한 바퀴 돌아보았으나, 꽃이 눈에 띄자 고개를 숙였다. 그리고는 커다란 식탁보가 새것임에 틀림없다고 생각되자 속이 상해서 은근슬쩍 만져보았다.

"자, 다 됐어요!" 큰 소리를 치면서 다시 나타난 제르베즈는 미소를 지었는데, 두 팔을 드러내고 관자놀이에 짧은 금빛 머리카락을 흐트러뜨리고 있었다.

손님들은 식탁 주위에서 서성거렸다. 모두들 배가 고파서 지겨운 듯이 가볍게 하품을 삼키고 있었다.

"남편만 오면 시작할 수 있을 텐데요." 세탁소 여주인이 말했다.

"글쎄 말야!" 로리외 부인이 말했다. "수프는 아직 안 식겠지만…… 쿠포는 잘 잊어버리는 사람이니 내보내지 말았어야 했어."

벌써 6시 반이었다. 이제 모든 음식이 눌어붙고 있었다. 거위 고기가 지나치게 구어질지 모를 일이다. 실망한 제르베즈는 누군가 근처 선술집에 가서 쿠포가 있는지 찾아보았으면 좋겠다고 했다. 그러자 구제가 자청했기 때문에 그녀는 함께 가보고 싶은 생각이 들었다. 남편 일이 걱정되어 비르지니도 그 두 사람을 따라나섰다. 세 사람은 모자도 쓰지 않고 길을 가득 메우며 걸어갔다.

프록코트를 입은 대장장이는 왼팔에 제르베즈를, 오른팔에 비르지니를 부축하고는, 손잡이가 둘 달린 바구니를 들고 있는 것 같다고 했다. 그 말이 너무나 우스웠고, 세 사람은 웃느라고 걸음을 옮기지 못할 지경이어서 멈추고 말았다. 그리고 반찬 가게 거울에 비친 자기들 모습을 보고 한층 더 심하게 웃어댔다. 바느질장이 여자는 장밋빛 무늬를 넣은 모슬린 옷을 입고 있었고, 세탁소 여주인은 파란 물방울 모양의 하얀 무명 드레스로 손목을 드러내고 목에는 조그만 회색 비단 넥타이를 매고 있었다. 두 여자는 검정 옷차림의 구제와 비교하면 얼룩진 암탉 두 마리 같았다. 사람들은, 평일인데도 정장을 하고 6월의 무더운 초저녁에 푸아소니에르 거리의 혼잡을 헤치며 몹시 즐겁고 활기차게 지나가는 그들을 돌아다보았다. 그러나 시시덕거릴 때가 아니었다. 한 집씩 선술집 문간에 들러서 목을 빼고 카운터 앞을 살펴보았다. 쿠포라는 사람, 술마시러 개선문까지 간 것일까? 브랜디에 담근 자두로 유명한 '작은 사향고양이', 오를레앙의 포도주를 8수에 파는 바케 아주머니 가게, 까다로운 마부들이 모여드는 '나비' 등을 다 뒤졌지만 쿠포는 없었다. 그래서 큰길 쪽으로 내려가서 모퉁이의 선술집, 프랑수아네 가게까지 다다랐을 때 제르베즈는 가볍게 소리를 질렀다.

"왜 그러세요?" 구제가 물었다.

세탁소 여주인은 이미 웃고 있지 않았다. 그녀는 새파랗게 질리고, 매우 흥분하여 쓰러질 것 같았다. 비르지니는 금방 알아차렸다. 프랑수아네 가게에서 랑티에가 식탁에 앉아 태연하게 식사를 하는 모습이 보였다. 두 여자는 대장장이를 끌고 갔다.

"발이 접질렸어요." 그녀는 말할 수 있게 되었을 때, 그렇게 뇌까렸다.

마침내 거리 아래쪽까지 가서, 그들은 콜롱브 영감의 목로주점에서 쿠포와 푸아송을 찾아냈다. 이 두 사람은 사내들이 꽉 차 있는 한가운데 서 있었다. 회색 작업복을 입은 쿠포는, 분연한 태도로 카운터를 주먹으로 치면서 외쳐댔다. 오늘 비번이었던 푸아송은 꽉 끼는 밤색 헌 외투를 입고, 생기 없는 뚱한 얼굴로 붉은 황제수염과 코밑수염을 곤두세우고, 상대방 얘기를 듣고 있었다. 구제는 여자들을 길에 남겨둔 채 들어가서 함석장이 어깨에 손을 얹었다. 하지만 함석장이는 밖에 제르베즈와 비르지니가 있는 것을 보자 버럭 화를 냈다. 누가 저런 암컷들을 데리고 왔지? 이젠 이런 데까지 치맛자락이 따라오고!

좋아! 나는 꼼짝 않을 테니, 여편네들끼리 시시한 만찬을 먹으라고 해. 그를 달래기 위하여 구제는 술 한 잔을 받아야만 했다. 그래도 쿠포는 심술궂게 카운터 앞에서 5분 동안은 꾸물거렸다. 겨우 밖으로 나오자, 그는 아내에게 이렇게 말했다.

"이따위 짓은 나에게 어울리지 않아…… 볼일이 있으니 상관 마. 알았어?"

제르베즈는 아무 대답도 하지 않았다. 온몸이 떨렸다. 그녀는 비르지니와 랑티에에 대해서 이야기한 게 틀림없었다. 제르베즈가 자기 남편과 구제를 떠밀며 앞서 가달라고 큰 소리를 쳤기 때문이다. 두 여자는 함석장이가 한눈을 팔지 않도록 그의 양옆에 붙어 섰다. 그는 거의 취하지 않았으며, 마셔서라기보다 고래고래 소리를 질렀기 때문에 머리가 멍해져 있었다. 여자들이 왼쪽 보도를 걸으려는 것을 알아차리자, 쿠포는 짓궂게도 그녀들을 밀치고 오른쪽 보도로 옮겼다. 그녀들은 놀라 달음질을 치며 프랑수아네 가게 문을 어떻게든 감추려 했다. 그러나 쿠포는 랑티에가 거기 있는 것을 틀림없이 알고 있는 듯했다. 제르베즈는 쿠포가 투덜거리는 말을 듣고 소스라치게 놀랐다.

"그렇지, 여보! 거기 우리가 잘 알고 있는 그 누군가가 있지. 나를 멍텅구리로 생각하면 안 되지…… 당신이 곁눈질이나 치면서 이 근처를 어슬렁거린다면 두고 보라고!"

그리고 제르베즈에게 노골적인 말을 줄줄이 늘어놓았다. 쿠포는 제르베즈가 팔뚝을 드러내고 얼굴에 분이나 바르고 찾아다니는 사람은 자기가 아니라 옛날 정부라고 했다. 그러고는 갑자기 랑티에에 대한 참을 수 없는 분노에 사로잡혔다. 야! 이 날강도, 야! 이 사기꾼아! 너와 나 둘 중에 누구 하나가 토끼처럼 창자가 터져서 길바닥에 나자빠질 때까지 해보자고. 그렇지만 랑티에는 그 소리가 들리지 않는지 참소리쟁이 잎을 곁들인 송아지 고기를 천천히 먹고 있었다. 사람들이 하나둘 몰려들었다. 비르지니가 겨우 쿠포를 끌고 갔고, 그는 길모퉁이를 돌아서자 갑자기 조용해졌다. 어쨌든 네 사람은 가게로 돌아왔으나, 문을 나설 때보다는 맥이 풀려 있었다.

식탁 주위에서는 손님들이 기다리다가 지쳐 울적하니 있었다. 함석장이는 악수를 하고 돌아다니며, 부인들 앞에 와서 좌우로 건들거렸다. 제르베즈는 가슴이 좀 답답하여 나지막한 소리로 모두 자리에 앉혔다. 그러나 구제 어머니가 오지 않았기 때문에, 로리외 부인의 옆자리 하나가 비어 있음을 느닷없이 깨달았다.

"모두 열세 사람이네요!" 조금 전부터 위태로움을 느끼며 떨고 있던 제르베즈는 또다시 불행의 새로운 증거를 보고는 몹시 당황하여 말했다.

이미 앉아 있던 부인들은 불안한 듯 유감스러워하며 일어섰다. 퓌투아 부인이 자기가 물러나겠다고 자청했다. 이런 일을 가볍게 여겨서는 안 된다는 것이다. 게다가 그녀는 아무것도 손대지 않을 테니, 아무리 먹을 것이 있어봐야 소용없다고 했다. 하지만 보슈는 비웃었다. 열네 사람보다 열세 사람이 좋다. 더 많은 몫을 먹을 수 있고, 그뿐이 아니냐고 했다.

"기다려요!" 제르베즈가 다시 말을 이었다. "어떻게 되겠죠."

그렇게 말하고 그녀는 밖으로 나가서, 마침 찻길을 건너고 있는 브뤼 영감을 불렀다. 등이 굽고 몸이 뻣뻣한 노인은 말없이 들어왔다.

"영감님, 거기 앉으세요." 세탁소 여주인은 말했다. "우리와 함께 저녁 식사나 하지 않겠어요?"

영감은 그저 고개만 끄덕였다. 그는 그러고 싶었다. 어떻든 상관이 없었으니까.

"어때요? 다른 사람보다 영감님이라도 더 낫지 않겠어요?" 그녀는 작은 소리로 계속했다. "영감님은 배가 고파도 못 드실 때가 많거든요. 어쨌든 한 번 더 잡숫는 셈이죠…… 이렇게 해서 머릿수가 차면 우리도 좋고요."

구제는 눈시울을 적시고 있었다. 그는 그토록 감동했던 것이다. 다른 사람들도 가엾은 노인이니 정말 좋은 생각이라고 말하면서, 이렇게 좋은 일을 하면 자기들에게도 행운이 오리라고 덧붙였다. 그러나 로리외 부인은 노인 옆에 있기가 언짢은 모양이었다. 그녀는 몸을 빼며, 영감의 꺼칠꺼칠한 손과 누덕누덕 기운 빛 바랜 작업복에 혐오의 눈초리를 던졌다. 브뤼 영감은 단정하게 냅킨이 놓인 접시가 자기 앞에 놓이자 아무래도 거북살스러워져서 고개를 숙이고 있었다. 그래도 영감은 마침내 냅킨을 집어 들었으나 무릎에 펴려 들지도 않고 식탁 끝에 살그머니 놓았다.

마침내 제르베즈는 버미첼리 수프를 내놓았다. 손님들이 숟가락을 들자, 쿠포가 또 사라졌다고 비르지니가 말했다. 아마도 콜롱브 영감 가게로 다시 가버렸는지도 모른다. 그러자 손님들이 화를 냈다. 이번에는 할 수 없지! 누가 찾으러 갈 줄 알고. 배가 고프지 않으면 언제까지라도 밖에 있으면 될 일이지. 그리하여 모두들 열심히 음식을 먹고 있는데 쿠포가 꽃무와 봉선화 화분을 양 겨드랑이에 끼고 다시 나타났다. 식탁 앞에 앉은 사람들이 모두 박수를 쳤다. 그는 정중한 태도로 가서, 그 화분을 제르베즈의 술잔 좌우에 하나씩 놓았다. 그러고 나서 허리를 굽혀 그녀에게 키스를 했다.

"내가 너무나 무심했었군, 여보…… 하지만 오늘 같은 날에는 서로 사랑해야 지."

"정말 멋있어요, 오늘 밤의 쿠포 씨는." 클레망스가 보슈의 귀에 대고 속삭였 다. "해야 할 일을 알아차리고, 알맞게 애교도 있고요."

남자 주인의 능숙한 솜씨로 한때 위태롭던 명랑한 분위기가 되살아났다. 제 르베즈는 기분이 안정되어 완전히 웃음을 되찾았다. 손님들은 수프를 다 먹었 다. 이어 포도주 몇 리터가 돌려지고, 모두들 처음 한 잔은 버미첼리를 씻어내 리기 위하여 물을 타지 않은 포도주로 아주 조금 마셨다. 옆방에서 애들이 싸 우는 소리가 들려왔다. 거기에는 에티엔, 나나, 폴린과 어린 빅토르 포코니에 가 있었다. 얌전하게 있으라고 당부하며, 이 네 아이를 위해 식탁 하나를 차려 주기로 결정했던 것이다. 사팔뜨기 오귀스틴은 화덕을 지키면서, 무릎 위에 음 식을 놓고 먹어야만 했다.

"엄마! 엄마!" 갑자기 나나가 외쳤다. "오귀스틴이 고기 굽는 냄비 속에 빵을 떨어뜨려요!"

달려온 세탁소 여주인은 끓고 있는 거위 기름에 빵을 흠뻑 적셔 급하게 삼 키려다가 사팔뜨기가 목구멍을 데는 것을 보았다. 이 고약한 말괄량이가 그건 사실이 아니라고 소리치는 바람에 제르베즈는 그 애의 뺨을 때렸다.

소고기 다음에 샐러드 그릇에 담은 스튜 요리가 나오자, 모두 웃음을 터뜨 렸다. 이 집에는 그것을 담을 만한 큰 접시가 없었기 때문이다.

"이거 점점 대단해지는걸." 좀처럼 입을 열지 않는 푸아송이 말했다.

7시 반이었다. 이웃 사람들이 들여다보지 못하도록 가게 문은 닫혀 있었다. 특히 맞은편 시계방의 작은 남자가 눈을 접시처럼 뜨고, 사람들이 입에 넣는 음식을 빼앗고 싶다는 표정으로 바라보고 있는 바람에 마음 편하게 식사도 할 수 없을 정도였다. 유리창 앞에 늘어뜨린 커튼은 한결같이 그림자 하나 없 이 매우 밝은 빛을 비쳐주었다. 그리고 아직도 가지런한 그릇들과, 하얗고 긴 종이에 싸여 있는 화분들이 놓인 식탁이 그 빛에 젖어 있었다. 그 파릇한 밝음, 서서히 밀려드는 땅거미가 모두에게 기품 있는 분위기를 만들어 주었다. 비르지니가 멋있는 말을 생각해 냈다. 모슬린을 둘러친 방 안을 바라보며, 참 매력적이라고 했던 것이다. 짐수레 한 대가 거리를 지나가자 식탁에 있던 컵들이 서로 부딪히며 소리를 내어 부인들도 남자들처럼 소리를 지르지 않을 수 없었다. 그러나 모두들 말을 많이 하지 않고 단정하게 점잔을 빼고 있었다. 쿠포만이 작업복 차림이었는데, 그의 말에 의하면 친구 사이에는 스스럼이 없고, 또 작업복이란 일꾼의 나들이옷이기 때문이라고 했다. 부인들은 몸에 꽉 끼는 블라우스를 입고, 머리는 앞가르마를 타서 포마드를 발라놓았는데 거기에 햇빛이 비치고 있었다. 신사들은 프록코트가 더러워질까 두려워서 식탁에서 멀찍이 떨어져 앉아 가슴을 내밀고는 팔꿈치를 뻗치고 있었다.

아! 제기랄! 스튜에 구멍이 났다! 모두들 거의 말이 없었던 까닭은 정신없이 먹고 있었기 때문이다. 샐러드 접시는 어느새 바닥을 보였고, 진한 소스에는 숟가락이 하나 꽂혀 있었는데, 맛있어 보이는 노란 국물은 젤리처럼 흐늘거리고 있었다. 모두들 그 속에서 송아지 고기 조각들을 집어냈다. 그것은 연달아 나오고, 샐러드 접시는 손에서 손으로 넘어갔으며, 여러 얼굴들이 그것을 들여다보며 버섯을 찾았다. 손님들 뒤로, 벽에 기대 놓은 커다란 빵이 녹아서 없어지는 것 같았다. 입에 음식을 집어넣자마자 술잔을 식탁에 내려놓는 소리가 들렸다. 소스가 좀 짰기 때문에, 또 크림처럼 삼켜버린 스튜가 배 속에서 화끈거리는 바람에 그것을 달래느라고 포도주가 4리터나 필요했다. 이어 숨 돌릴 사이도 없이 커다란 둥근 감자를 곁들인, 깊은 접시에 수북이 담은 돼지 등갈비가 무럭무럭 김을 내면서 운반되었다. 함성이 터졌다. 어머나! 멋지군! 모든 사람들이 다 좋아하는 요리였다. 이번에야말로 실컷 먹어야지. 그렇게 생각하며 저마다 나이프를 빵으로 문지르면서 돌격 태세를 갖추고 곁눈질로 접시를 따라갔다. 그러고는 제각기 몫을 챙기고 팔꿈치를 맞부딪치면서 입 안 가득 음식을 물고 얘기들을 했다. 음! 버터같이 고소하고 부드럽군! 무엇인지 달콤하고도 단단한 것이 창자를 지나 구두 속까지 흘러내리는 것 같았다. 감자는 꼭 설탕 같았다. 그것은 짜지 않았다. 그러나 바로 감자이기 때문에 빡빡해서 물기가 필요했다. 또다시 포도주 4리터를 비웠다. 누구나 다 접시에 묻은 국물을 빵으로 말끔히 닦아 먹었기 때문에, 베이컨이 들어간 완두콩을 먹기 위해 접시를 바꿀 필요가 없었다. 뭐! 채소는 얼마든지 먹어치울 수 있다. 모두들 즐거위하며 숟가락 가득히 떠서 먹었다. 이것이야말로 진짜 식도락을 위한 요리, 곧 부인들의 즐거움이다. 완두콩 요리에서 으뜸가는 것은, 적당히 구워져서 말 발굽 냄새가 나는 베이컨 조각이었다. 포도주는 2리터로 충분했다.

"엄마! 엄마!" 갑자기 나나가 소리쳤다. "오귀스틴이 내 접시에 있는 음식을 집어 가요!"

"귀찮게 구는구먼! 한 대 후려갈기렴!" 완두콩을 한창 먹으면서 제르베즈가 대답했다.

옆방 아이들 식탁에서는 나나가 여주인 역할을 했다. 자기는 빅토르 옆에 앉고, 오빠 에티엔은 꼬마 폴린 옆에 앉혔다. 이렇게 해서 그들은 연회석상에서의 부부가 되어 소꿉놀이를 했다. 처음에 나나가 어른처럼 상냥한 표정으로 아주 능란하게 손님 접대를 했다. 그런데 그 애는 잘게 썬 베이컨을 좋아했기 때문에 그것을 독차지해 버렸다. 그러자 사팔뜨기 오귀스틴이 아이들 주변을 살그머니 돌고 있다가, 바로 이때라고 생각하고 몫을 다시 분배한다는 핑계로 베이컨을 한 움큼 집어 들었다. 나나가 화가 나서 손목을 물고 늘어졌다.

"아! 두고 봐." 오귀스틴이 속삭였다. "스튜를 먹은 뒤에 빅토르에게 키스해 달라고 했다고 엄마에게 일러줄 테니까."

그러나 모든 것이 질서를 되찾았다. 제르베즈와 쿠포 어머니가 거위 고기를 꼬치에서 뽑아 주려고 건너왔기 때문이다. 큰 식탁 쪽에서는 모두들 의자 등에 기대어 한숨 돌리고 있었다. 남자들은 조끼 단추를 풀고, 부인들은 냅킨으로 얼굴을 닦았다. 식사는 중단된 것처럼 보였다. 단지 몇몇 손님만이 그런 줄도 모르고, 턱을 실룩거리며 빵을 큰 입 속으로 계속 쑤셔 넣고 있었다. 그렇게 먹는 사람은 내버려 두고 기다릴 사람은 기다렸다. 밤이 서서히 내려앉았고, 잿빛 햇살이 커튼 너머에서 짙어지고 있었다. 오귀스틴이 식탁 양쪽 끝에 불붙인 램프를 하나씩 놓자 기름에 번쩍이는 접시와 포크, 흐트러진 빵 부스러기와 술에 얼룩진 식탁보 등으로 어수선한 식탁이 밝은 빛으로 환하게 드러났다. 무엇인지 강한 냄새에 숨이 막힐 것 같았다. 그래도 부엌에서 뜨거운 공기가 뿜어 들어오자, 모든 사람의 코가 그쪽으로 향했다.

"거들어 줄까요?" 비르지니가 큰 소리로 말했다.

그녀는 의자에서 일어나 옆방으로 들어갔다. 여자들이 줄줄이 비르지니 뒤를 따랐다. 그리고 고기 굽는 냄비를 둘러싸고는 거위 고기를 잡아당기고 있는 제르베즈와 쿠포 어머니를 매우 흥미롭게 바라보았다. 이윽고 함성이 터졌고, 아이들 고함 소리와 좋아라 날뛰는 소리가 섞여서 들렸다. 이어 승리의 개선이 있었다. 제르베즈가 땀에 젖은 밝은 얼굴에 조용히 미소를 짓고, 팔에 힘을 주어 버티며 거위 고기를 들고 들어왔다. 같이 있던 여자들도 함박웃음을 지으며 그녀의 뒤를 따라 들어왔다. 한편 나나는 눈을 동그랗게 뜨고 맨 끝에서 발돋움을 하여 보고 있었다. 커다란 황금빛 거위가 식탁에 놓였으나 모두들 바로 덤벼들지는 않았다. 감탄한 나머지 경건한 마음이 되어서 말도 나오지 않았던 것이다. 서로 거위를 바라보면서, 눈짓도 하고 고개를 끄덕이기도 했다. 대단한데! 훌륭한 여인이지! 저 넓적다리에 저 배라니!

"이렇듯 살찐 걸 보면 벽만 핥고 있었던 것은 아니지, 이건 말이야." 보슈가 말했다.

그리하여 그 거위에 대한 자세한 얘기가 시작되었다. 제르베즈는 여러 사실을 분명하게 밝혔다. 이 새는 포부르푸아소니에르 거리의 가금류 가게에서 찾아낸 가장 좋은 것으로, 석탄집 저울로 12파운드 반이나 나갔고, 그것을 익히는 데 석탄 1부아소*² 가 들었으며, 기름이 세 사발이나 나왔다고 했다. 비르지니가 그 말을 가로막으며 자기는 그 고기가 생것일 때 보았노라고 자랑했다. 그대로 먹고 싶을 정도였는데, 껍질이 매우 하얗고 보드라웠으며 마치 금발머리 여자의 피부 같았다고 말했다. 남자들은 그 게걸스러운 식탐으로 입술을 벌름거리며 웃고 있었다. 그러나 로리외 부부는 이렇게 훌륭한 거위가 절름발이의 식탁을 장식하고 있는 것을 보고 숨이 막혀 불쾌한 표정을 감추지 못했다.

"그런데, 자! 이것을 통째로 먹을 수도 없고," 세탁소 여주인이 마침내 입을 열었다. "누가 잘라주지 않겠어요?…… 못해요, 나는 못해요! 너무 커서 무서워요."

쿠포가 자청하여 나섰다. 제기랄! 그까짓 것 간단하지. 발을 잡아당기면 되는 거야. 그래도 고기 맛은 좋아. 하지만 모두들 반대하고 학석장이에게서 강제로 칼을 빼앗았다. 그가 자르면 접시 안이 그야말로 묘지가 될 판국이었다. 모두들 잠시 동안 이 위험한 일을 누가 잘해 낼 수 있을까, 생각했다. 마침내

＊2 boisseau : 곡물을 재는 옛 용량 단위로 약 13리터.

르라 부인이 상냥한 말소리로 말했다.

"어떨지 모르겠어요. 푸아송 씨에게 부탁드리면요…… 틀림없이 푸아송 씨라면……."

모두들 이해되지 않는다는 표정이었기 때문에 르라 부인은 더욱더 애교를 부리며 덧붙여 말했다.

"확실히 그래요. 푸아송 씨라면 칼 쓰기에 익숙한 분이시니까요."

그리고 나서 그녀는 손에 들고 있던 식칼을 그 경찰에게 넘겨주었다. 식탁의 모든 사람은 만족과 찬성의 웃음을 터뜨렸다. 푸아송은 군대식으로 딱딱하게 고개를 숙이고, 자기 앞에 있는 거위를 집었다. 곁에 있던 제르베즈와 보슈 부인은 몸을 빼서 그의 팔꿈치에 방해되지 않도록 했다. 그는 거위를 접시 바닥에 못 박아 놓기라도 하는 것처럼 뚫어지게 바라보며 과장된 몸짓으로 천천히 잘랐다. 깊게 내려간 식칼이 뼈에 부딪혀서 소리를 냈을 때, 로리외는 애국심이 용솟음치는 것을 느끼며 외쳤다.

"어떤가! 그것이 카자흐 기병이라면!"

"푸아송 씨, 당신은 카자흐 기병들과 싸워 본 일이 있나요?" 보슈 부인이 물었다.

"아뇨, 베두인족(族)과는 싸워 봤습니다." 한쪽 날개 부분을 잘라내면서 경찰이 대답했다. "이젠 카자흐 기병 같은 것은 없지요."

잠시 깊은 침묵이 감돌았다. 사람들은 목을 길게 빼고, 눈으로 칼의 움직임을 좇고 있었다. 푸아송은 모든 사람들을 깜짝 놀라게 해줄 생각이었다. 느닷없이 최후의 일격을 가하자 꽁무니가 잘리며 거위가 꽁지를 위로 하고 곤두섰다. 마치 주교관(主教冠) 같았다. 그러자 감탄의 소리가 터져 나왔다. 연회에서 전직 군인만큼 친절한 사람은 없었다. 거위 꽁무니로 즙이 왈칵 쏟아져 나왔다. 그러자 보슈가 히히거렸다.

"저것처럼 누가 내 입 안에다 오줌을 싸줬으면 좋겠네." 보슈가 속삭이듯 말했다.

"으악! 더러워라!" 부인들이 소리쳤다. "정말 지저분하시네!"

"난 이렇게 역겨운 사람인 줄 정말 몰랐어요!" 보슈 부인이 다른 누구보다 더 화를 내며 말했다. "제발 입 좀 다물어 줄래요! 당신이 사람들을 역겹게 하잖아요…… 이건 모두가 먹을 음식이에요!"

그때, 그 소란 속에서 클레망스가 집요하게 되풀이하여 말했다.

"이봐요, 푸아송 씨, 푸아송 씨…… 꽁지 부분을 나에게 주세요, 네!"

"꽁지는 당연히 당신 것이지." 르라 부인이 예의 외설스러운 표정으로 말했다.

이렇게 거위 고기는 조각이 났다. 모든 사람들을 주교관으로 잠시 감탄케 해 놓고서, 경찰은 고기를 잘게 썰어서 접시 가장자리에 늘어놓았다. 저마다 마음대로 집을 수 있었다. 그러나 부인들은 드레스의 갈고리쇠를 풀면서 더워서 못 견디겠다고 투덜거렸다. 쿠포는 제집에 있는데 어떠냐며 이웃 사람들에게 보여주자고 외쳐댔다. 그가 거리 쪽 문을 활짝 열었기 때문에 잔치는 역마차 소리와 보도를 오가는 사람들로 혼잡한 가운데서 벌어졌다. 마침 고기를 씹던 턱도 한동안 휴식을 취했고, 위장에도 새로운 구멍이 뚫렸기 때문에 회식 참석자들은 다시 저녁 식사를 시작하며 맹렬한 기세로 거위 고기에 달려들었다. 거위 고기 자르는 것을 보면서 기다리느라고 송아지 스튜와 돼지 등갈비는 소화가 되어 이제 장딴지까지 내려가 버렸다고 익살쟁이 보슈가 말했다.

예컨대 이거야말로 포크의 일대 돌격이었다. 여기 있는 사람들 가운데 그 누구도 이처럼 질리도록 위장 속에 음식을 처넣어 본 기억은 없었다. 통통하게 살찐 제르베즈는 두 팔꿈치를 대고 한 입이라도 더 먹기 위해 하얗고 커다란 고기를 꾸역꾸역 먹어댔다. 다만 구제에게만은 고양이처럼 식탐쟁이인 자신을 보이기 싫어 얼마간은 부끄러웠다. 물론 구제도 먹을 만큼 먹으면서, 열심히 먹느라고 아주 불그스레해진 그녀의 얼굴을 보고 있었다. 이 여자는 먹는 데 정신을 못 차리면서도 얼마나 친절하고 마음이 착한가! 그녀는 말은 없었지만 사뭇 먹는 손을 멈추고 브뤼 영감의 시중을 들고, 그 접시에 맛있어 보이는 것을 놓아주었다. 이 식탐쟁이 여자가 날갯죽지 밑동을 자기 입에 넣지 않고 노인에게 주는 모습은 감동스러웠다. 하지만 노인은 맛도 모르는지 지나친 폭식에 넋이 나가 고개를 숙인 채 무엇이고 그저 삼켜버렸다. 그 위장은 빵의 맛 같은 것은 완전히 잊고 있었다. 로리외 부부는 이 구운 고기에 달라붙어 원한을 풀고 있었다. 그들은 사흘 치는 넉넉히 쑤셔 넣었다. 절름발이를 파산시키기 위해서라면 접시와 탁자, 그리고 가게까지 삼켜버렸을 것이다. 부인들은 누구나 뼈 부위를 좋아했으며 여자들 몫으로 알고 있었다. 르라 부인, 보슈 부인, 그리고 뤼투아 부인은 뼈를 발라 먹고 있었으며, 쿠포 어머니는 목을 좋아하여, 두 개밖에 남지 않은 이로 그곳에 붙어 있는 고기를 뜯고 있었다. 비르지니는 살짝 구워진 껍질을 좋아했다. 그래서 모두들 환심을 사려고 그녀에게 껍질을 내주었다. 그 때문에 푸아송은 무서운 눈초리로 아내를 노려보며, 이미 너무 많이 먹었으니 이제 그만두라고 나무랄 정도였다. 전에도 거위 구이를 과식하여 배가 불러서 이 주일이나 앓아누운 일이 있잖은가. 그러나 쿠포는 분개하여 허벅지 고기를 비르지니에게 내밀면서 이렇게 소리쳤다. 제기랄! 이 고기를 깨끗이 해치우지 못한다면 여자가 아니지. 거위 고기 먹고 탈났다는 말은 못 들어봤어. 탈나기는커녕 거위 고기는 위장병을 고쳐준다고. 빵도 없이 후식처럼 씹어 먹을 수 있단 말이야. 나 같으면 밤새도록 먹어도 끄떡없다. 그러면서 과시하느라고 다리 하나를 통째로 입에 구겨 넣었다. 그동안에 클레망스는 꼬리 고기를 먹어치우고, 보슈가 낮은 목소리로 외설스러운 소리를 속삭였기 때문에 우스워 못 견디겠다는 듯이 의자 위에 몸을 꼬고 킬킬거리며 국물을 마시고 있었다. 아! 제기랄! 실컷 먹었다! 먹을 때는 먹어야지, 그렇지 않은가? 그리고 진탕 먹기란 그리 흔한 일이 아니니, 귓구멍까지라도 구겨 넣어야 한다. 정말 모두들 배가 불룩 나와 있었다. 부인들도 애를 밴 것같이 배가 불렀다. 이 굉장한 대식가들은 당장에라도 뱃가죽이 터질 것만 같았다! 입은 벌리고, 턱은 기름투성이가 되어, 그 얼굴은 잘 먹어 부풀어 오른 부자 엉덩이처럼 시뻘갰다.

그런데 포도주로 말하자면, 여러분! 그것은 센강에 흐르는 물처럼 식탁 주위에 흐르고 있었다. 땅이 메말라 갈증을 느낄 때, 비가 내려 그곳에 흐르는 작은 개울과 같은 모습이었다. 쿠포는 붉은 포도주가 쏟아져 나와 거품이 이는 모양을 보기 위해 그것을 훨씬 더 높이 들어 따랐다. 그리고 병이 비자, 그것을 거꾸로 들고 암소 젖을 짜는 여자의 솜씨로 병을 짜는 시늉을 하면서 장난질을 쳤다. 또 한 병의 마개가 열렸다! 세탁소 한구석에는 병의 시체가 점점 높이 쌓였고, 그 무덤 위에 모두들 식탁의 찌꺼기를 버렸다. 뤼투아 부인이 물을 좀 달라고 하자, 함석장이는 골이 나서 물병을 치워 버렸다. 정상적인 사람이라면 물을 마실까? 그렇다면 그녀는 배 속에 개구리를 기를 작정인 건가? 술잔은 당장에 비워지고 단숨에 목구멍으로 흘러내려가 버린 액체가 소나기 오는 날 홈통을 흘러내리는 빗물 같은 소리를 냈다. 싸구려 포도주가 비처럼 오는구나, 이건! 처음에는 헌 술통 맛이 나더니 이젠 익숙해져서, 마침내 개암 냄새가 나는구먼. 아! 빌어먹을! 예수회 수사들이 무어라고 하건 포도즙이란 역시 대단한 발명이다! 모두 웃어대며 찬성의 박수를 쳤다. 결국 노동자란 술 없이 살 수 없다. 말하자면 노아*3 영감님은 분명히 함석장이, 양복장이, 대장 장이를 위해 포도나무를 심으셨을 테니까. 술은 노동의 때를 씻어내 주고 노 동에 휴식을 주며, 게으름뱅이 배 속에 불을 붙여준다. 그리고 그 어릿광대란 놈이 자네들에게 장난질을 쳤을 때도 말일세! 왕들은 당신들의 아저씨가 아니 었지만, 파리는 온통 당신들 것이다. 고생이 심하고, 빈털터리며, 부르주아들 에게 멸시당하는 노동자들이 즐길 거리를 제법 많이 가지고 있다고 생각하면 안 된단 말이다! 다만 장밋빛 인생을 보고 싶은 나머지 이따금 취하는 것을 일 일이 나무라서야 되겠는가! 흥! 요즘은 황제까지도 우습게 아는 세상이다. 아 마 황제도 취하기야 할 것이다. 하지만 우리 또한 그를 우습게 안다. 우리처럼 곤드레만드레 취하거나 놀 수가 없다는 것이지. 귀족 따위는 엿 먹어라! 쿠포 는 이처럼 모든 것을 깎아내렸다. 하지만 여자란 멋진 것이라고 하면서, 3수가 짤랑거리는 주머니를 두드리며 100수짜리 동전이 엄청나게 많은 것처럼 몸을 흔들며 웃어댔다. 보통 때 같으면 매우 절제하던 구제까지도 취하도록 마셨다. 보슈의 눈은 가늘어지고, 로리외는 창백해졌다. 한편 푸아송은 군인 출신의 붉은 얼굴에 점점 엄격해지는 눈을 번득이고 있었다. 그들은 이미 몹시 취해 있었다. 부인들도 얼근하게 취해서, 오! 아직 별로 취하지 않았어요, 하며 볼이 발그스레해져 가지고 옷을 벗고 싶어서 스카프를 풀고 있었다. 클레망스만이 몸을 가누지 못할 정도로 취해 있었다. 제르베즈는 밀봉된 고급 포도주 여섯 병이 있다는 생각이 갑자기 들었다. 거위 고기와 함께 내놓는 것을 잊었던 것이다. 그녀가 술 여섯 병을 가져왔고, 모두의 잔이 채워졌다. 그러자 푸아송이 일어나, 손에 유리잔을 들고 말했다.

"여주인의 건강을 위해 건배합시다."

모든 사람들은 의자를 덜그럭거리면서 일어났다. 시끄러운 속에서 팔이 뻗 어졌고 유리잔이 부딪혔다.

"앞으로 50년 뒤까지!" 비르지니가 외쳤다.

---

*3 《구약성경》 〈창세기〉에 나오는 대홍수 이야기의 주인공.

"안 돼, 안 돼요." 제르베즈는 감동하여 미소를 지으며 대답했다. "그때면 파파 할머니가 되어버린다고요. 두고 봐요, 세상을 뜨고 싶은 날이 올 테니까."

그러는 동안, 활짝 열린 문으로 이웃 사람들이 들여다보며 잔치에 합석하고 있었다. 지나가던 사람이 보도에 퍼진 밝은 불빛 속에 멈추어 서서, 그들이 아주 기분 좋게 마시고 먹는 것을 보고 즐겁게 웃었다. 마부는 마부석에서 몸을 내밀고, 심술쟁이 말에 채찍질을 하며 힐끗 시선을 던지고는 농담을 걸었다. "어때, 공짜 술맛은?…… 여봐, 뚱뚱보 아줌마, 산파를 불러다 주리까!……" 그리하여 거위 고기 냄새가 온 거리를 즐겁게 해주고 밝게 해주었다. 식료품 가게 점원들도 건너편 보도에 서서 거위 고기를 먹는 기분이었다. 과일 가게 아주머니와 내장집 아주머니도 마냥 가게 앞에 서서 입맛을 다시며 냄새를 맡고 있었다. 확실히 동네 안이 온통 포만감으로 터질 듯했다. 여느 때에는 한 번도 볼 수 없었던 이웃 우산집 퀴도르주 모녀도 빵을 굽고 났을 때처럼 새빨간 얼굴로 곁눈질을 하면서 앞뒤로 서서 차도를 가로질러 갔다. 시계방의 작은 남자는 작업대 앞에 있긴 했지만, 술병을 세는 것만으로도 취해 가지고 쾌활한 뻐꾸기시계 한가운데서 완전히 흥분하여, 그야말로 일이 손에 잡히지 않았다. 그래, 이웃 사람들은 화가 나기도 하겠지! 쿠포가 소리쳤다. 그렇다면 뭐 숨어서 할 필요가 있는가? 한창 먹고 마시고 하던 사람들은 누가 보아도 부끄럽지 않았다. 부끄럽기는커녕 오히려 많은 사람들이 천박하게 입을 헤벌리고 있는 꼴을 보고서 기분이 좋아 신이 났다. 가능한 한 가게 앞을 터놓고, 식탁을 차도까지 밀어내 놓고 덜그덕거리는 거리 한복판에서, 구경꾼들 눈앞에서 후식을 먹고 싶은 생각이었다. 보아서 기분 나쁠 것도 없지 않은가? 그렇다면 이기주의자들처럼 집구석에 숨어서 먹을 필요는 없다. 쿠포는 시계방의 작은 남자가 건너편에서 입에 가득 찬 침을 뱉고 있는 것을 보고 멀리서 술병을 보여주었다. 상대방이 고개를 끄덕이자 쿠포는 술병과 잔을 들고서 그곳으로 갔다. 거리 사이에서 우정이 생겼다. 그들은 지나가는 사람들과도 건배를 했다. 얘기가 통할 듯한 사람들을 불러 세웠다. 잔치가 퍼져 연달아 손에서 손으로 넘어갔기 때문에, 구트도르 거리 일대의 모든 이들이 시끌벅적한 속에서 맛있는 냄새를 맡으며 배를 움켜잡았다.

조금 전부터 석탄집 여주인 비구루 부인이 문 앞을 왔다 갔다 했다.

"이봐요, 비구루 부인! 비구루 부인!" 음식을 먹던 사람들이 부르짖었다.

비구루 부인은 깔끔하게 세수를 한 얼굴로 바보같이 웃으며 들어왔다. 윗옷이 터질 지경으로 뚱뚱했다. 남자들은 그녀를 꼬집기를 좋아했다. 어디를 꼬집어도 뼈에 닿질 않았기 때문이다. 보슈가 그녀를 자기 옆에 앉혔다. 그리고 곧장 식탁 밑으로 해서 슬그머니 그녀의 무릎을 꼬집었다. 그러나 그녀는 그런일에 이골이 나서 침착하게 술을 마시며 이웃 사람들이 창으로 들여다보고, 건물 사람들은 화를 내기 시작했다고 이야기했다.

"아! 그런 것이라면 우리 일이죠." 보슈 부인이 말했다. "관리인은 우리니까. 조용히 하고 안 하고는 우리 책임이지…… 잔소리하러 온다면 깨끗이 받아주죠."

안쪽 방에서는 나나와 오귀스틴이 맹렬한 싸움을 벌인 참이었다. 서로 고기굽는 판에 남아 있는 국물을 빵에 발라 먹겠다고 다투었다. 15분 동안 불판은 헌 냄비 소리를 내며, 몇 번이고 타일 바닥에서 뒹굴었다. 이제는 나나가 목에 거위 뼈가 걸린 꼬마 빅토르를 돌봐주고 있었다. 그녀는 빅토르의 턱 밑에 손가락을 받치고 치료제로 커다란 사탕 조각을 삼키라고 강요했다. 그러면서도 나나는 큰 식탁의 감시를 게을리하지 않았다. 에티엔와 폴린에게 준다고 연방 포도주와 고기를 달라고 했다.

"어머! 배가 터지겠다!" 나나의 어머니가 말했다. "제발 부탁이니 조용히 좀 있어라!"

아이들은 배가 불러 더 이상 삼킬 수 없었는데도, 흥을 내느라고 찬송가 가락에 맞추어 포크로 식탁을 두드리면서 계속 밀어넣었다.

그런데 이 시끄러운 속에서 브뤼 영감과 쿠포 어머니 사이에 이야기가 시작됐다. 아무리 맛있는 음식을 먹고 포도주를 마셔도 여전히 혈색이 좋지 못한 영감은, 크리미아 전쟁에서 전사한 아들들의 이야기를 했다. 아! 그 애들이 살아 있다면 날마다 빵을 먹을 수 있을 텐데. 그러자 쿠포 어머니가 약간 혀 꼬부라진 소리로 몸을 굽히며 말했다.

"이봐요, 자식이 있으면 또한 있는 대로 괴롭답니다! 나만 해도 여기 이렇게 있으면 행복히게 보이죠? 선반에요! 얼마나 많이 울었는지 몰라요…… 정말, 무자식이 상팔자예요."

브뤼 영감은 고개를 끄덕였다.

"어딜 가도 나에게는 일자리를 주지 않아요." 그는 중얼거렸다. "난 너무 늙었어요. 일터에 가보면 젊은 것들이 놀려대며 앙리 4세의 장화에 니스 칠을 영 감이 했냐는 거예요…… 작년만 해도 다리에 칠을 해서 하루 30수는 벌었지요. 흐르는 개울을 굽어보며, 고개를 쳐들고 일해야만 했습니다. 그런데 그 뒤로 기침이 나기 시작했지요…… 이젠 끝났어요. 어디에서도 받아주질 않으니."

영감은 뻣뻣해진 가련한 두 손을 바라보며 덧붙여 말했다.

"이해는 됩니다. 난 이제 쓸모없는 사람이 되었으니까요. 그들이 그렇게 말하 는 것도 당연하지요. 나라도 그들처럼 했을 테니까요…… 그러니 죽지 못하는 것이 불행입니다. 그렇지, 다 내 탓이지요. 이제 일할 수 없으면 누구든 누워서 죽어버려야 한단 말입니다."

"정말로 그래요." 그 얘기에 귀를 기울이고 있던 로리외가 말했다. "아무래도 이해가 안 간단 말이오. 어째서 정부는 일할 수 없게 된 노동자들에게 구원의 손길을 뻗지 않는지…… 언젠가 그런 얘기를 신문에서 읽은 기억이 있어요."

그러나 푸아송은 정부를 변호해야 한다고 생각했다.

"노동자는 병사가 아닙니다." 그는 힘주어 말했다. "상이군인회관은 군인을 위한 곳이죠…… 되지도 않을 일을 조르면 안 됩니다."

후식이 나왔다. 한가운데 사원 모양의 스펀지케이크가 있었고, 멜론 줄기가 있는 둥근 지붕 위에는 조화 장미가 한 송이 꽂혀 있었으며, 그 옆에 은박지로 만든 나비가 철삿줄 끝에서 달랑달랑 움직이고 있었다. 그리고 왼쪽에는 크림 치즈 한 조각이 깊은 접시 속에 떠 있고, 오른쪽 다른 접시에는 뭉그러져서 즙 이 흐르는 커다란 딸기가 수북이 쌓여 있었다. 그러나 아직도 기름에 재운 커 다란 상추 샐러드가 남아 있었다.

"자, 보슈 부인." 제르베즈가 친절하게 말했다. "아직 샐러드가 좀 남아 있어 요. 부인은 그걸 아주 좋아하시죠. 다 알고 있답니다."

"고맙지만 더는 안 되겠어요, 안 돼요! 먹을 만큼 먹었다니까요." 관리인 여자 가 대답했다.

세탁소 여주인이 비르지니 쪽을 바라보자, 비르지니는 자기 입 속에 손가락 을 쑤셔 넣고서 먹은 음식에 손가락이 닿는다는 시늉을 해 보였다.

"정말 꽉 찼어요." 비르지니가 중얼거렸다. "이젠 더 들어갈 자리가 없어요. 단 한 입도 더 들어가지 않아요."

"오! 조금만 무리하면 될 텐데." 제르베즈가 미소를 지으며 말했다. "언제고 조그만 틈은 있는 법이에요. 샐러드쯤은 배가 안 고파도 먹을 수 있죠…… 상추를 버리게 할 작정은 아니겠죠?"

"절여두었다가 내일 먹으면 되겠지." 르라 부인이 말했다. "훌륭한 겉절이가 될 테니까."

부인들은 유감스러운듯이 샐러드 그릇을 바라보면서 숨을 헐떡거렸다. 클레 망스가 언젠가 점심때 물냉이를 세 다발이나 먹은 일이 있다고 말했다. 퓌투아 부인은 한 수 더 위였다. 그녀는 씻지도 않은 상추를 송두리째 먹어치웠다고 했다. 그것도 소금에만 묻혀서 먹었다는 것이다. 여자란 샐러드로 살고 있는 셈이어서 한 번에 여러 통씩 산다고 했다. 이런 얘기 덕분에, 결국 부인들은 샐 러드 그릇을 다 비웠다.

"나는 들판에서 네 발로 엉금엉금 기어다닐 것 같아요." 관리인 여자가 입에 샐러드를 가득히 물고 몇 번이고 되풀이하여 말했다.

그러나 모두들 후식을 앞에 두고 싱글싱글 웃음을 지었다. 후식은 계산에 넣지 않았다. 말하자면 후식이 좀 늦게 나온 셈이다. 하지만 문제는 없다. 어쨌 든 귀여워해 주자. 폭탄처럼 터진다 해도 새삼 딸기나 케이크쯤에서 물러설 수 는 없는 노릇이다. 게다가 서두를 필요도 없다. 시간은 충분하니까. 밤새도록 먹은들 무슨 상관이랴. 그리하여 먼저 딸기와 크림치즈를 접시에 가득 담았다. 남자들은 담뱃대에 불을 붙였다. 그리고 고급 포도주를 다 마셨기 때문에 싸 구려 포도주를 마시며 담배를 피웠다. 그러나 모두들 제르베즈가 스펀지케이 크를 바로 잘라주었으면 하고 생각했다. 푸아송은 매우 공손히 일어나서 장미 꽃을 뽑아 여주인에게 바쳐, 사람들의 갈채를 받았다. 제르베즈는 꽃을 왼쪽 가슴에 핀으로 꽂았다. 그녀가 움직일 때마다 나비가 팔랑거렸다.

"그렇지!" 로리외가 대단한 발견이라도 한 것처럼 크게 소리를 질렀다. "지금 우리는 작업대에서 음식을 먹고 있는 거로군!…… 아, 이런! 이 작업대 위에서 이렇게 열심히 일해 본 적은 없을걸!"

이 심술궂은 농담이 큰 성공을 거뒀다. 재치 있는 암시가 빗발치듯 쏟아져 나왔다. 클레망스는 잠깐 다림질을 해야겠나고 하면서 딸기를 한 스푼 삼켜 버렸다. 르라 부인은 크림치즈에서 세탁용 풀 냄새가 난다 우기고, 한편 로리 외 부인은 뼛골이 빠지게 고생해서 번 돈을 이런 작업대 위에서 이렇게 재빨 리 먹어치우다니 정말 멋진 생각이라고 입 속으로 되풀이하여 중얼거렸다. 웃음과 고함의 폭풍이 일었다.

그러나 갑자기 큰 목소리가 모든 사람을 침묵케 했다. 보슈가 일어서서 볼품없는 천박한 꼴로 〈사랑의 화산〉 일명 〈매력적인 병사〉를 노래 부르기 시작한 것이다.

나는 볼라뱅, 어여쁜 아가씨를 꾀어내어…….

1절이 끝나기를 기다렸다는 듯이 우레와 같은 박수갈채가 일었다. 그렇다, 그래, 다 함께 노래하자! 저마다 애창곡을 부르는 것이 가장 재미있다. 그리고 모두들 식탁에 팔을 괴기도 하고, 의자 등에 덜컹 기대기도 하고, 가락이 멋지게 넘어가는 곳에서는 고개를 끄덕이기도 하고, 후렴에서는 한 모금 마시기도 했다. 보슈라는 친구는 이상한 녀석으로, 웃기는 유행가를 특히 잘 불렀다. 그가 모자를 뒤로 쓰고 손가락을 벌려서 병사 흉내를 내면 물병까지도 웃을 것 같았다. 〈사랑의 화산〉이 끝나자 바로 이어서 또 하나의 애창곡 〈폴비슈 남작부인〉을 노래하기 시작했다. 3절까지 부르고는 클레망스 쪽을 바라보며 천천히 외설스런 목소리로 속삭이듯 노래했다.

남작부인에게는 따라다니는 사람이 많지만,
그건 그의 네 자매이며,
갈색 머리가 셋이고 금빛 머리가 하나,
그 여덟 개 눈이 사람을 이다지도 끄는구려.

그러자 사람들은 모두 열광하여 후렴을 불러댔다. 남자들은 발꿈치로 박자를 맞췄으며, 부인들은 나이프로 박자를 맞추며 유리잔을 두드렸다. 모두가 큰 소리로 노래 불렀다.

에라! 술값이야 누가 치르건
한잔 주게나 저 척……, 저 척…… 척……에게
에라! 술값이야 누가 치르건
한잔 주게나 척……, 척…… 후…… 병에게!

가게 유리창이 울렸고, 노래하는 사람들의 큰 숨결이 모슬린 커튼을 펄럭이게 했다. 그렇게 노래하는 사이에 비르지니는 두 번이나 사라졌다가 돌아오더니, 제르베즈의 귓전에 입을 대고 작은 소리로 무엇인가 알려주었다. 세 번째에는 몹시 시끄러운 때에 돌아와서 그녀에게 이렇게 말했다.

"이봐요, 그 사람, 여전히 프랑수아네 가게에 있어요. 신문을 읽고 있는 척하며…… 틀림없이 좋지 않은 일을 꾸미고 있는 거예요."

랑티에에 대한 얘기였다. 그녀는 랑티에를 살피고 온 것이다. 새로운 정보를 가져올 때마다 제르베즈는 심각해졌다.

"취해 있던가요?" 그녀가 비르지니에게 물었다.

"아뇨." 키다리 갈색 머리 여인이 대답했다. "멀쩡해 보였어요. 그게 오히려 걱정이 되죠. 정신이 멀쩡한데 무엇 때문에 그 술집에 있겠어요?…… 맙소사! 제발! 아무 일도 없었으면!"

세탁소 여주인은 몹시 불안하여 아무에게도 말하지 말라고 그녀에게 부탁했다. 갑자기 깊은 침묵이 찾아들었다. 퓌투아 부인이 일어서더니 〈적선(敵船)으로 돌격!〉이라는 노래를 불렀다. 모두들 묵묵히 생각에 잠긴 듯 그녀를 바라보고 있었다. 푸아송까지도 식탁 끝에 담뱃대를 놓고 귀를 기울였다. 그녀는 검은 보닛 밑에서 창백해진 얼굴로 작은 몸집이 긴장된 채 열을 올리고 있었다. 그리고 자신만만하고도 자랑스럽게 왼쪽 주먹을 앞으로 내밀며, 그 몸집에 어울리지도 않는 굵은 목소리로 으르렁거렸다.

대담무쌍한 강도가
바람을 타고 우리를 쫓아온다!
해적들에게 죽음이 있으리라!
가차 없이 해치워라!
모두들, 대포를 쏘아라!
럼주를 실컷 마셔라!
해적들도 강도들도
밧줄의 사냥감이 되리라!

이거야말로 진지한 노래였다. 하지만 제기랄! 그건 사실 그대로란 말이다. 항해 경험이 있는 푸아송이 가볍게 긍정하는 듯이 고개를 끄덕이면서 가사 하나하나마다 동의했다. 게다가 그것이 뛰투아 부인의 기분과 꼭 맞는 노래라는 것도 모두가 잘 느낄 수 있었다. 쿠포는 몸을 앞으로 숙이면서 어느 날 밤 뛰투아 부인이 풀레 거리에서 그녀에게 장난을 치려던 사내 넷에게 어떻게 따귀를 올려붙였는지 얘기했다.

그러는 동안, 제르베즈는 모두들 아직 스펀지케이크를 먹고 있는데도 쿠포 어머니의 도움을 받아 커피를 내놓았다. 사람들은 그녀가 그대로 의자에 앉게 놓아두질 않았다. 그녀가 노래할 차례라고 외쳐댔다. 그녀는 핏기 없는 얼굴로 거북한 표정을 지으며 거절했다. 혹시 거위 고기 때문에 속이 안 좋으냐고 사람들이 물어볼 정도였다. 그래서 가냘프고 부드러운 목소리로 〈아! 나를 잠들게 해주오!〉라는 노래를 했다. 아름다운 꿈에 젖은 잠을 자고 싶다는 후렴에 이르자, 그녀는 눈을 지그시 감고 눈물 어린 눈으로 거리의 어둠 속을 우두커니 바라보았다. 이어서 바로 푸아송이 갑자기 부인들에게 꾸벅 인사를 하고 〈프랑스 포도주〉라는 권주가를 불렀는데, 그 노래 솜씨는 형편없었다. 마지막 애국적인 1절만이 성공적이었다. 삼색기(三色旗)를 노래하는 가사에서, 유리잔을 높이 들어 좌우로 흔들고 나서, 크게 벌린 입 속에 단번에 부어 넣었기 때문이다. 그러고 나서 사랑의 노래가 몇 곡 이어졌다. 보슈 부인의 뱃노래에서는 베네치아와 곤돌라 사공들이 주제가 되고, 로리외 부인의 볼레로*4에서는 세비야와 안달루시아 여자들이 주제가 되었으며, 또한 로리외까지도 무용수 파티마의 수많은 사랑 노래로 아라비아 향수가 어쩌고저쩌고하는 대목까지 하게 되었다. 기름때가 묻은 식탁 둘레에서, 소화 불량의 숨결로 무거워진 공기 속에서 금빛 지평선이 펼쳐지고, 상아인가 싶은 목덜미, 칠흑의 머리채, 기타가 울리는 달빛 아래서의 입맞춤, 그리고 발아래 진주와 보석을 뿌리는 인도 무희(舞姬)들이 지나갔다. 그리고 남자들은 포식하여 담뱃대를 피워 물고, 부인들은 즐거움에 그대로 미소를 머금고, 누구나가 다 먼 나라로 가서 그윽한 향기를 맡고 있는 것 같은 기분이었다. 클레망스가 목청을 떨면서 부르는 〈보금자리를 만듭시다〉라는 노래 또한 모두를 즐겁게 해주었다. 그것이 시골,

---

*4 4분의 3박자로 된 스페인의 민속 무용 또는 그 춤곡. 흔히 캐스터네츠로 리듬을 반주함.

가볍게 나는 새들, 나무 그늘 밑의 춤, 꿀이 가득한 꽃받침을 지닌 꽃들, 말하자면 뱅센 숲으로 토끼 사냥을 가던 날 본 것들을 생각나게 했기 때문이다. 비르지니가 〈나의 귀여운 술〉을 노래하여 장난기 어린 기분을 되살려 놓았다. 그녀는 팔꿈치를 구부려 한 손을 허리에 갖다 대고 전쟁터의 여자 상인 시늉을 하며, 다른 한 손으로 손목을 공중에서 돌려 술 따르는 흉내를 냈다. 그러자 모두가 쿠포 어머니에게 〈생쥐〉 노래를 해달라고 했지만, 노파는 그런 천한 노래 따위는 모른다고 거절했다. 하지만 노파는 쉰 목소리로 가냘프게 노래하기 시작했다. 그리고 작은 눈이 반짝이는 주름투성이 얼굴로 생쥐를 본 리즈 아가씨가 겁이 나서 치맛자락을 움츠리는 느낌을 잘 표현했다. 식탁의 모든 사람들이 웃어댔다. 여자들은 새침하게만 있을 수도 없어서 번득이는 시선을 주위 남자들에게 보냈다. 결국 천박한 노래는 아니었다. 노골적인 낱말은 없었으니까. 사실을 말하자면, 보슈는 석탄집 여주인의 장딴지를 생쥐처럼 더듬고 있었다. 구제가 제르베즈의 눈짓으로 저음으로 웅얼거리며 〈아브델카데르의 작별〉을 노래하여 모두를 진정시키고 진지한 태도를 되찾게 하지 않았던들, 정말 꼴사나운 추태가 벌어졌을지도 모를 일이다. 아, 사나이의 저음이야말로 정말 멋졌다! 그 목소리는 구리 나팔에서 나오는 것처럼, 풍성하고 노랗고 아름다운 수염에서 흘러나오고 있었다. 그가 소리를 높여 전사(戰士)의 검은 암말을 두고서 '오, 나의 거룩한 동무여!'라고 노래하자, 모든 사람의 심장은 뛰었고, 노래가 끝나기도 전에 박수갈채가 쏟아졌다. 그럴 정도로 그는 힘찬 소리를 냈다.

"영감님, 브뤼 영감님, 영감님 차례입니다!" 쿠포 어머니가 말했다. "애창곡을 불러보세요. 흘러간 노래가 제일 좋아요. 자, 이제 부르세요!"

모두들 노인을 재촉하며 용기를 북돋워 주었다. 노인은 약간 햇볕에 그을은 무표정한 얼굴로, 영문을 모르고 멀거니 모든 사람을 바라보고 있었다. 누군가가 〈다섯 개 모음〉을 알고 있느냐고 묻자 영감은 고개를 숙이고 말았다. 이미 그것을 잊어버렸던 것이다. 젊은 시절의 유행가가 머릿속에서 모두 뒤범벅되었다. 이 영감을 조용히 놔두기로 의신이 모아졌을 때, 영감은 생각이 떠오른 듯 공허한 목소리로 우물거렸다.

트루 라 라, 트루 라 라,

트루 라, 트루 라, 트루 라 라!

그의 얼굴에 생기가 돌았다. 후렴구가 오래전 즐거웠던 때를 그의 마음속에서 일깨웠기에 그는 어린아이처럼 기꺼운 마음으로 점점 더 잦아드는 자신의 목소리에 귀를 기울이며 혼자서 즐겼다.

트루 라 라, 트루 라 라,
트루 라, 트루 라, 트루 라 라!

"이봐요." 비르지니가 제르베즈 귓전에 대고 속삭였다.
"나 또 갔다 왔어요. 신경이 쓰이니 어떡해요…… 그런데요! 랑티에가 프랑수아네 가게에서 사라지고 없었어요."
"밖에서 만나지 않았어요?" 세탁소 여주인이 물었다.
"아뇨, 빨리 걸어갔기 때문에 만나려니 하는 생각도 하지 않았지요."
그러나 비르지니는 눈을 쳐들면서 얘기를 멈추고 한숨을 몰아쉬었다.
"아! 맙소사!…… 그가 건너편 보도에서 이쪽을 바라보고 있어요."
제르베즈는 가슴이 덜컥 내려앉아 용기를 내어 힐끗 바라보았다. 회식 참석자들의 노래를 들으려고 거리에는 많은 사람들이 몰려 있었다. 식료품 가게 점원들, 내장집 아주머니, 시계방 작은 남자 등이 한 덩어리를 이루어서 마치 공연이라도 보는 것 같았다. 군인도 있었고, 프록코트 차림 신사들도 있었으며, 손을 잡고 엄숙하게 놀란 표정을 한 대여섯 살짜리 여자아이 셋도 있었다. 그리고 랑티에가 정말로 그 맨 앞줄에 버티고 서서 침착한 태도로 귀를 기울이고 조용히 이쪽을 바라보고 있었다. 정말 뻔뻔스러웠다. 제르베즈는 다리에서 심장까지 섬뜩하니 한기가 올라오는 느낌이 들었으며, 이제 꼼짝할 수가 없었다. 그러는 동안에도 브뤼 영감은 노래를 계속했다.

트루 라 라, 트루 라 라,
트루 라, 트루 라, 트루 라 라!

"아, 그만! 이제 됐어요, 영감님. 이제 그만두세요!" 쿠포가 말했다. "영감님은 그것을 끝까지 알고 있나요?…… 다음 기회에 또 불러주세요! 우리가 기분 좋을 때 말이죠.”

웃음소리가 일었다. 노인은 갑자기 노래 가사가 막히자 빛 잃은 눈초리로 식탁 둘레를 훑어보고, 또다시 생각에 잠긴 짐승 같은 모습이 되었다. 커피를 마시고 나자, 함석장이가 또 술을 내놓으라고 했다. 클레망스는 다시 딸기를 먹기 시작했다. 잠시 유행가가 멈추고, 오늘 아침 이 근처 집에서 목을 매어 죽은 여자에 대한 이야기가 나왔다. 이어서 르라 부인 차례였는데, 그녀는 준비가 필요했다. 그녀는 냅킨 자락을 유리잔 물에 적시어 관자놀이에 갖다 댔다. 너무나 더워서였다. 그리고 나서 브랜디를 조금 얻어 마시고는, 오랫동안 입술을 문질렀다.

“〈하느님의 자녀〉인가?” 그녀는 중얼거렸다. “〈하느님의 자녀〉……”

그리고 뼈마디가 드러나는 코와 헌병처럼 네모진 어깨에, 덩치 큰 사내 같은 그녀는 노래하기 시작했다.

어머니에게 버림받아 갈 곳 잃은 아이는,
언제나 교회당에서 안식처를 찾네.
하느님이 그 아이를 옥좌에서 보살펴 주시네.
갈 곳 없는 아이, 바로 하느님의 자식이로다.

그녀의 목소리는 몇몇 구절에서 떨렸고, 촉촉한 가락으로 길게 끌었다. 그녀는 눈을 치켜떠 하늘을 바라보며, 오른손을 가슴 앞에서 좌우로 흔들면서 감동스러운 몸짓으로 심장 위를 눌렀다. 그러자 랑티에가 바로 옆까지 와 있어 몹시 괴롭던 제르베즈는 눈물을 억제할 수가 없었다. 이 노래가 자신의 고통을 그대로 노래하고 있는 것 같아서, 자신이야말로 버려진 아이, 하느님이 살펴주실 갈 곳 없는 아이라고 생각했다. 완전히 취해 버린 클레망스가 갑자기 울음을 터뜨렸다. 식탁 모퉁이에 얼굴을 대고 식탁보로 흐느낌 소리를 틀어막고 있었다. 전율이 감도는 침묵이 흘렀다. 부인들은 손수건을 꺼내어 얼굴을 똑바로 한 채 눈물을 닦아, 자신들의 감동을 자랑스럽다는 듯이 내보였다. 남자들은 얼굴을 숙이고 눈을 깜빡이면서 앞을 우두커니 바라보았다. 푸아송은 목이 메어 이를 악물고, 담뱃대 끝을 두 번이나 물어뜯어 땅바닥에 내뱉었다. 그래도 담배 피우는 것은 멈추지 않았다. 보슈는 석탄집 여자의 무릎 위에 손을 놓고 있었으나, 어쩐지 후회와 경건한 생각이 들어 이제는 꼬집기를 그만 두었다. 오히려 커다란 눈물방울이 두 볼을 따라 흘러내렸다. 이 주정뱅이들은 재판관처럼 뻣뻣해지고, 또한 어린양처럼 유순해졌다. 술이 그들의 눈을 통해 흘러내리고 있었다! 후렴이 한층 부드럽게 눈물겨운 가락으로 다시 시작되었을 때, 모두 마음속 생각을 털어놓고 싶을 정도로 감동하여 더 이상 견디지 못하고 저마다 접시에 쓰러져 울었다.

그러나 제르베즈와 비르지니는 맞은편 보도에서 도저히 눈을 돌릴 수가 없었다. 보슈 부인까지도 랑티에를 발견하고, 여전히 눈물로 얼룩진 얼굴인 채, 가볍게 외쳤다. 그래서 세 사람은 다 근심스러운 표정으로 자기도 모르는 사이에 서로 고개를 끄덕였다. 큰일났군! 만일 쿠포가 돌아다본다면, 쿠포가 저 사내를 본다면 죽이려고 달려들겠지! 피비린내 나는 싸움이 벌어지겠지! 그녀들이 너무나 안절부절못했기 때문에 함석장이가 물었다.

"도대체 무얼 보고 있습니까?"

그는 몸을 돌려 랑티에를 확인했다.

"맙소사! 이건 너무하군." 그는 중얼거렸다. "아! 더러운 놈. 아! 더러운 놈…… 아니, 이건 너무해. 끝장을 내야겠어……."

그가 몹시 끔찍한 말을 더듬으며 일어섰기 때문에, 제르베즈는 작은 소리로 애원했다.

"이봐요, 제발 부탁이에요…… 칼을 내려놓아요…… 제발 가만히 있어요. 불행해질 일은 하지 마요."

식탁에서 그가 칼을 집었기 때문에 비르지니는 그 칼을 빼앗아야만 했다. 하지만 그가 밖으로 나가서 랑티에에게 다가가는 것은 막을 수가 없었다. 다른 사람들은 차츰 고조되는 감정에 싸여 아무것도 눈에 들어오지 않았고, 점점 더 심하게 울었다. 그런 분위기 속에서 르라 부인이 애절한 가락으로 노래하고 있었다.

갈 곳 없는 고아 소녀,
그 우는 소리를 듣는 이는
높다란 나무와 바람뿐일세.

이 마지막 구절은 폭풍의 비통한 숨결처럼 지나쳐 갔다. 마침 술을 마시고 있던 뛰투아 부인이 너무나 감동하여 식탁보 위에 포도주를 엎지르고 말았다. 그러는 가운데에도 제르베즈는 소리를 지르지 않으려고 주먹을 입에 처박은 채 얼어붙은 자세로, 공포로 눈을 깜박이며 당장에라도 건너편 거리 한가운데에서 두 사나이 가운데 어느 한쪽이 맞아 쓰러지지나 않나 하여 지켜보고 있었다. 비르지니와 보슈 부인도 몹시 걱정이 되어, 그 과정을 눈으로 뒤쫓았다. 쿠포는 갑자기 바깥 공기를 쐬었기 때문에 랑티에에게 덤벼들려고 하다가 하마터면 도랑에 빠질 뻔했다. 랑티에는 손을 주머니에 넣은 채, 몸을 비켰을 뿐이었다. 그리하여 두 사내는 서로 욕설을 퍼부었다. 특히 함석장이는 상대방을 병든 돼지라고 부르며 창자를 빼 먹겠다고 했다. 고래고래 욕설하는 소리가 들리고 성난 몸짓이 보였다. 당장에 주먹다짐이 벌어지고 팔을 꺾어버릴 기세였다. 제르베즈는 아찔하여 눈을 감았다. 그 욕설 퍼붓기가 너무 오래 계속돼서 금세라도 멱살잡이가 벌어질 듯 아슬아슬했기 때문이다. 그렇게 두 사나이는 서로 바짝 붙어서 얼굴을 맞대고 있었다. 아무 소리도 나지를 않아 눈을 떠보니, 두 사람이 조용히 얘기하고 있어서 그녀는 혼란스러웠다.

르라 부인의 목소리가 서글픈 가락으로 고조되어 다음 구절로 접어들고 있었다.

    이튿날 죽어가는 고아 소녀를,
    누군가 그 가련한 아이를 거두었다네……

"어쨌든 갈보 같은 년들도 있지!" 로리외 부인이 모두들 입을 모아 노래를 칭찬하고 있는데 이렇게 말했다.

제르베즈는 보슈 부인과 비르지니와 서로 눈짓을 교환했다. 그렇다면 일이 해결됐단 말인가? 쿠포와 랑티에는 길가에서 계속 얘기하고 있었다. 아직도 서로 욕설은 하고 있었으나 다정한 욕설이었다. 서로 "이 새끼" 하고 부르고 있었지만, 그 말투에는 우정 같은 것이 엿보였다. 사람들이 보고 있었기 때문에 두 사람은 어깨를 나란히 하고 열 걸음쯤 집들을 따라 걷다가 다시 돌아오고는 했다. 얘기가 좋은 분위기 속에서 오갔다. 그러다 갑자기 쿠포가 화를 내는 것 같았고, 상대방은 부탁을 받았으나 사양했다. 그래서 함석장이는 랑티에를 떼밀며 억지로 거리를 가로질러 가게로 들어가게 했다.

"난 진심으로 말하는 거야!" 쿠포가 소리쳤다. "포도주를 한잔하게나…… 남자는 남자란 말이야, 안 그래? 서로 통하게 마련이지……."

르라 부인이 마지막 후렴을 마쳤다. 부인들은 손수건을 돌돌 말면서 모두 함께 되풀이하여 노래했다.

　　갈 곳 없는 아이, 바로 하느님의 자식이로다.

모두들 노래하는 사람을 칭찬했는데, 당사자인 르라 부인도 몹시 지쳤다는 시늉을 하면서 주저앉았다. 그녀는 무엇이든 마실 것이 없느냐고 물었다. 이 노래에 지나치게 감정을 쏟아서 기력을 잃지나 않았나 사뭇 걱정했기 때문이라고 했다. 그러나 식탁을 앞에 두고 모든 사람들은 랑티에가 쿠포 옆에 조용히 앉아 이미 스펀지케이크 남은 것을 잔에 담긴 포도주에 적셔 먹고 있는 모습을 지켜보고 있었다. 비르지니와 보슈 부인 말고는 아무도 그를 알지 못했다. 로리외 부부는 무엇인지 수상쩍다고 생각했지만, 사정을 잘 몰라서 시치미를 떼고 있었다. 구제는 제르베즈가 흥분해 있는 것을 눈치채고 새로 들어온 사나이를 곁눈질하여 보았다. 어색한 침묵이 감돌자 쿠포가 간단하게 말했다.

"이 사람은 내 친구입니다."

그리고 자기 아내에게 이렇게 말했다.

"이봐, 수고 좀 해줘!…… 아직 뜨거운 커피가 남아 있지?"

제르베즈는 말없이 멍한 모습으로 그 두 사나이를 번갈아 바라보았다. 처음에 남편이 자기 옛 애인을 가게 안으로 떼밀고 들어왔을 때, 그녀는 자신도 모르게 두 주먹으로 머리를 감싸고 말았지만, 그것은 심하게 소나기가 오는 날, 천둥이 칠 때마다 하는 동작과 마찬가지로 본능적인 동작이었다. 이런 일이 있을 수 있나, 당장이라도 벽이 무너져 모두가 깔려 죽을 것만 같았다. 하지만 두 사나이가 자리에 앉아 있는 동안 모슬린 커튼조차 움직이지 않는 것을 보고서, 그녀는 갑자기 상황이 자연스럽다고 느꼈다. 거위 고기를 많이 먹어 체했는지 배 속이 좋지 않았다. 그러니 생각도 잘 정리되지 않았다. 그녀는 편안한 노곤함에 몸이 마비되어 오직 누군가 자신을 귀찮게 굴지만 않으면 된다고 생각하면서 식탁 한편에 웅크리고 있었다. 맙소사! 혼자 조바심친들 무슨 소용이 있겠는가. 남들은 별반 관심도 없거니와 복잡한 일들도 만족할 만하게 잘 풀려가지 않는가. 그녀는 벌떡 일어서서 커피가 남아 있나 보러 갔다.

안쪽 방에서는 애들이 잠들어 있었다. 사팔뜨기 오귀스틴은 아이들이 후식을 먹을 때 겁을 주어 딸기를 훔치기도 하고, 꼼짝 못하게도 했다. 그 오귀스틴도 지금은 속이 몹시 거북한지 조그만 의자에 웅크리고 앉아 창백한 얼굴로 한 마디 말도 없었다. 에티엔도 뚱뚱보 폴린의 어깨에 머리를 기대고, 식탁 가장자리에서 잠들어 있었다. 나나는 침대 깔개 위에 앉아서, 옆에 있는 빅토르의 목에 팔을 돌려 감고 자기에게 기대게 했다. 그리고 눈을 감고 꾸벅꾸벅 졸며 가냘픈 소리로 계속 이렇게 말했다.

"오! 엄마, 머리가 아파…… 오! 엄마, 머리가 아파……"

"그럼 그렇지!" 오귀스틴이 머리를 어깨 위에서 건들거리며 중얼거렸다. "이놈들이 취해 가지고, 어른들처럼 유행가나 부르고 말이야."

제르베즈는 에티엔을 보고서, 또다시 충격을 받았다. 이 애의 아버지는 아이와 입맞춤을 하고 싶다는 기색도 없이 바로 옆에서 케이크를 먹고 있다. 그렇게 생각하니 그녀는 숨이 막힐 것 같았다. 그녀는 당장에라도 에티엔을 일으켜 세워 그의 품으로 데리고 가려 했다. 그러다가 다시 한 번, 모든 일은 조용히 처리하는 게 좋으리라고 생각했다. 잔치도 다 끝나 가는데, 새삼 귀찮은 일을 일으키면 바람직하지 않다. 그녀는 커피포트를 가지고 돌아와서, 랑티에에게 커피를 한 잔 따라주었다. 그러나 랑티에는 그녀에게 신경을 쓰는 것 같지도 않았다.

"그러면 이번에는 내 차례군요." 쿠포가 걸걸한 소리로 말했다. "어때! 나를 입가심으로 남겨놓았지…… 좋아! 〈정말 못된 개구쟁이〉를 해보겠소."

"그래, 그래, 〈정말 못된 개구쟁이〉!" 모든 사람들이 외쳤다.

소동이 다시 벌어지고, 랑티에의 일은 잊혔다. 부인들은 후렴의 반주를 넣으려고 유리잔과 나이프를 준비했다. 함석장이가 불량스럽게 두 다리를 버티고 서 있는 모습을 보고, 노래가 시작되지 않았는데도 모두들 웃어댔다. 그는 노파처럼 쉰 목소리를 낸다.

아침마다 일어날 때면
내 가슴은 답답해.

싸구려 생선 한 마리 사오라고
그레브 광장으로 녀석을 보냈더니,
녀석은 길에서 45분쯤 보내고
다시 돌아와서는,
내 술을 반이나 마셔버렸네.
정말 못된 개구쟁이!

부인들은 유리잔을 두드리며 엄청난 흥겨움 속에서 입을 모아 계속했다.

정말 못된 개구쟁이!
정말 못된 개구쟁이!

구트도르 거리가 이제는 합창에 휘말려 들었다. 동네 사람들도 〈정말 못된 개구쟁이〉를 불러댔다. 앞에서는 시계방 작은 남자와 식료품 가게 점원, 내장 집 여자, 과일 가게 여자 등, 이 노래를 알고 있는 사람들이 합창에 끼어들어 서로 상대편을 툭툭 치면서 웃고 있었다. 결국 동네가 온통 다 취한 셈이다. 쿠 포네 가게에서 흘러나오는 음식 냄새만으로도 보도 위 사람들이 술렁거렸다. 이제 가게 안 사람들은 몹시 취해 있었다. 수프 다음에 최고급 포도주의 첫 잔을 마시고 나서부터 조금씩 취기가 돌았다. 이제는 누구나 다 그을음을 내 고 있는 램프 두 개가 피우는 불그스름한 안개 속에서 떠들어대며, 음식으로 배가 터질 정도가 되어서, 막판으로 달리고 있었다. 마지막 마차 소리조차 안 들릴 정도로 난리법석 그 자체였다. 경찰 두 사람이 폭동이라도 났나 하고 달 려왔으나 푸아송을 보고는 알은척하며 가벼운 인사를 했다. 그리고 컴컴한 집 들 옆에 나란히 서서 천천히 멀어져 갔다.
　쿠포가 다음 1절로 들어갔다.

일요일에는 더위가 가신 뒤,
프티빌레트로,
티네트 아저씨 댁으로,
거름 푸는 아저씨네로 나는 간다.

이제 돌아가려다가,

버찌에 마음이 쏠려 거름 속에 빠지고 마네.

정말 못된 개구쟁이!

정말 못된 개구쟁이!

　그러자 집 전체가 삐걱거리고, 밤의 미적지근하고 조용한 공기 속에서 함성이 터져 올랐는데, 고함을 지른 사람들이 스스로 박수를 쳤다. 그보다 더 큰 소리는 지를 수 없을 정도의 고함이었기 때문이다.

　그 누구도 잔치가 어떻게 끝났는지를 정확히 기억해 내지 못했다. 틀림없이 어쨌든 무척 늦었으리라. 그것만은 확실했다. 거리에는 새끼 고양이 한 마리 지나가지 않았으니까. 그리고 아마 모두들 식탁 둘레에서 손을 잡고 춤을 추었던 것 같았다. 비록 입을 귀밑까지 찢어질 정도로 크게 벌리고 날뛰며 춤추던 불그레한 얼굴들과 더불어 노란 안개 속에서 어렴풋하기는 했지만 말이다. 분명히 끝날 무렵에는 프랑스식으로 술잔을 주고받기도 한 것 같았다. 다만 누군가의 장난으로 술잔 속에 소금을 넣었는지 어쩐지는 이미 알 수 없는 일이었다. 아이들은 혼자서 옷을 벗고 잔 것이 틀림없었다. 다음 날 보슈 부인은, 남편이 석탄집 여자와 구석에서 찰싹 붙어 얘기하고 있었으므로, 뺨을 두 대나 때려주었다고 자랑을 했다. 하지만 보슈는 무엇 하나 기억이 나지 않아 농담이라고 얼버무렸다. 아무래도 온당치 않았다고 모두가 주장한 것은 클레망스의 행동이었다. 정말로 다시는 손님으로 초대할 만한 처녀가 아니다. 마지막에 가서는 알몸을 다 드러냈고, 게다가 속에 있는 것을 게워 내어 모슬린 커튼 하나를 완전히 못쓰게 했으니까. 남자들은 어쨌든 밖으로 나갔다. 로리외와 푸아송은 속이 울렁거려 반찬 가게까지 정신없이 달려갔다. 가정 교육을 제대로 받은 사람들은 언제나 다르기 마련이다. 퓌투아 부인, 르라 부인, 비르지니 등 여자들은 더위를 견디지 못해서 코르셋을 벗으러 안쪽 방으로 들어갔을 뿐이었다. 비르지니도 피로를 풀기 위해 잠시 침대에 눕고 싶어했다. 그러고 나서 모두가 곧 헤어진 것 같았다. 사람들은 서마다 끼리끼리 자취를 감추고, 로리외 부부의 시끄러운 말다툼과 브뤼 영감의 끈덕지고 처량한 "트루 라 라, 트루 라 라" 소리는 마지막 기세를 올리며 어두운 거리 안으로 사라져 갔다. 제르베즈는 구제가 돌아갈 무렵에 그에게 가서 흐느껴 운 것같이 생각되었다. 쿠포는 여전히 노래하고 있었다. 랑티에는 분명히 마지막까지 남아 있었을 것이다. 제르베즈는 한순간, 자기 머리 위로 풍겨온 숨결을 분명히 느꼈다. 그러나 그것이 랑티에의 숨결이었는지 아니면 무더운 밤의 바람기였는지 알 수가 없었다.

그렇지만 르라 부인이 이런 시각에 바티뇰까지 돌아가기는 싫다고 해서 식탁을 한쪽으로 밀어붙이고, 침대에서 요를 하나 꺼내서 가게 한구석에 펴주었다. 그녀는 그 만찬의 찌꺼기 한복판에서 잠을 잤다. 쿠포 일가가 정신없이 잠에 빠져 만찬에서 얻은 취기를 몰아내고 있는 동안, 옆집 고양이가 열린 창문으로 들어와서 밤새도록 작은 소리를 내며 예리한 이빨로 거위 뼈를 오도독 깨물어 완전히 해치워 버렸다.

제8장

　다음 토요일, 저녁 식사 때 돌아오지 않은 쿠포는 10시쯤에야 랑티에를 데리고 들어왔다. 두 사람은 몽마르트르의 토마 식당에서 함께 양 다리를 먹고 온 참이었다.

　"투덜거리지 마, 마누라님." 함석장이가 말했다. "보다시피 우리는 얌전하니까…… 오! 이 친구와 함께 있으면 위험하지 않다고. 정말 올바른 길을 걷게 해주니까 말이지."

　그리고 그는 두 사람이 로슈슈아르 거리에서 어떻게 만났는지를 말해 주었다. 저녁을 먹고 나서, 카페 '검은 공'에서 한잔하자고 하니까, 랑티에가 상냥하고 정직한 여자와 결혼한 사람은 술집 따위를 어슬렁거리면 안 된다고 거절했다는 얘기였다. 제르베즈는 살짝 미소를 지으며 듣고 있었다. 물론 잔소리할 생각은 없었다. 그러기에는 너무나 당황한 상태였기 때문이다. 축일 잔치 이래로, 언젠가는 옛 애인과 다시 만나리라 각오는 하고 있었지만 이런 시각에, 그것도 잠자리에 들려는 때에 두 남자가 들이닥치리라고는 예상치 못했다. 놀란 그녀는 떨리는 손으로 목에 걸린 머리채를 다시 걸어 올렸다.

　"사실은 말이야." 쿠포가 다시 말을 이었다. "이 친구가 세심하게도 밖에서 마시는 것을 마뜩잖게 생각해서 당신이 주는 술 한잔 얻어 마시려고…… 아무렴! 당신은 우리에게 그 정도는 해줘야 해!"

　여직원들은 벌써 돌아간 지 오래였다. 쿠포 어머니와 나나는 방금 잠자리에 들었다. 제르베즈가 문단속을 하려던 참에 두 사람이 나타났기 때문에, 그녀는 가게를 열어둔 채 작업대에서 유리잔과 마시다 남은 코냑을 가져왔다. 랑티에는 제르베즈에게 직접 말하기를 꺼리며 서 있었다. 그러나 그녀가 술을 부어주자 큰 소리로 말했다.

　"아주 조금만 주십시오, 부인."

　쿠포는 그 두 사람을 보면서 아주 확실히 깨달았다. 이들은 어리석은 짓은 하지 않을 것이다. 틀림없다! 과거는 과거 아닌가? 9년이나 10년씩 원한을 품고 있으면 누구나 나중에는 얼굴을 맞댈 수 없게 되는 법이다. 아니, 아니, 그는 마음을 탁 터놓고 있다, 그는! 게다가 그는 당사자들이 어떤 사람인지 잘 알고 있다. 성실한 여자와 성실한 남자, 두 사람은 친구이다. 그렇다! 쿠포는 마음이 편해졌다. 그들이 성실하다는 사실을 알고 있으니까.

"오! 물론이죠…… 물론……." 제르베즈는 눈을 내리깔고 자신이 무슨 말을 하고 있는지도 모르면서 되풀이하여 말했다.

"지금은 누이동생, 누이동생일 뿐이지요!" 이번에는 랑티에가 중얼거렸다.

"자, 악수하게나!" 쿠포가 큰 소리로 말했다. "부르주아들이 다 뭐야! 속에 이것만 들어가면 백만장자보다 더 근사하지. 난 친구를 사귀는 것이 제일 좋단 말이야. 우정은 우정이니까. 그리고 그보다 더 나은 것이 없으니까."

쿠포가 어찌나 흥분했던지 자기 가슴을 주먹으로 몇 번 세게 때렸기 때문에 두 사람은 그를 진정시켜야만 했다. 세 사람은 조용히 잔을 부딪쳤다. 그래서 제르베즈는 마음 편하게 랑티에를 바라볼 수가 있었다. 왜냐하면 축일 잔칫날 밤에는 너무나 취하여 잘 볼 수가 없었기 때문이다. 그는 포동포동하고 둥글게 살이 찐 데다 키가 작은 탓에 팔다리 움직임이 둔해 보였다. 게으른 생활로 얼굴은 부어 있었지만, 이목구비는 그전처럼 멋졌다. 게다가 얄팍한 코밑수염은 여느 때처럼 손질이 잘되어 있어, 그 때문에 서른다섯이라는 그의 나이를 정확히 알 수 있을 정도였다. 그날 그는 신사처럼 회색 바지와 진남색 외투 차림에 둥근 모자를 쓰고 있었다. 그리고 은사슬이 달린 시계를 지니고 있었는데, 사슬에는 추억이 깃든 듯싶은 반지가 매달려 있었다.

"난 그만 가겠소." 그가 말했다. "집이 너무 멀어서."

랑티에는 이미 보도에 나가 있었는데, 함석장이가 그를 불러 세우더니, 이제부터는 집 앞을 지나칠 때면 잠시라도 들렀다 가라 말했고, 그는 그러겠다고 약속했다. 그러는 동안 살그머니 자리를 뜬 제르베즈가 졸려서 정신이 없는 셔츠 바람의 에티엔을 앞세우고 왔다. 아이는 미소를 지으며 눈을 비볐다. 그러나 랑티에를 보자, 어머니와 쿠포에게 불안한 시선을 돌리며 멈칫거리면서 몸을 떨었다.

"저분을 모르겠니?" 쿠포가 물었다.

아이는 대답은 하지 않고 고개를 숙였다. 그러고는 그를 알고 있다는 표시로 가볍게 끄덕였다.

"아니, 그렇다면 멍청히 있지 말고 어서 입맞춰 드려야지!"

랑티에는 엄숙한 표정으로 조용히 기다렸다. 에티엔이 결심을 하고 랑티에에게 다가가자, 그가 몸을 굽혀 뺨을 내밀었다. 그리고 자기도 아이 이마에 소리를 내며 입맞춤을 해주었다. 그러자 아이는 용기를 내어 자기 아버지를 바라보았다. 하지만 갑자기 아이는 울음을 터뜨렸는데, 쿠포가 버릇이 없다고 야단을 치자 흐트러진 옷차림으로 미친듯이 도망쳤다.

"가슴이 벅찬 거예요." 제르베즈 자신도 충격을 받은 듯 창백한 얼굴로 말했다.

"그래! 저 녀석은 평소에 아주 얌전하고 착하다고." 쿠포가 설명했다. "곧 알게 되겠지만 난 엄하게 기르고 있지…… 곧 당신과도 친숙해질 거야. 그리고 사람도 사귈 줄 알아야지…… 결국 이 아이만이 문제라면, 우리가 아웅다웅할 필요는 없네. 안 그런가? 저 녀석을 위해서라도 진작 이렇게 해야만 했어. 아버지가 자식 만나는 걸 방해할 정도라면, 나는 차라리 목이 잘리는 편이 더 낫겠네."

그 일을 핑계로 쿠포는 코냑 병을 비우자고 말했다. 세 사람은 다시 건배를 했다. 랑티에는 놀라지 않았고, 이제 침착해졌다. 돌아가기 전에 함석장이에게 얻어먹은 인사치레로 가게 문을 함께 닫아주겠노라고 고집했다. 그리고 나서 더러워진 손을 털고서 주인 부부에게 인사를 했다.

"그럼, 안녕히 주무시오. 난 승합마차라도 잡아 타겠소. 머잖아 또 찾아뵙겠소."

그날 밤 뒤로 랑티에는 구트도르 거리에 자주 나타났다. 그는 언제나 함석장이가 있을 때 왔으며, 문턱에서 안부를 묻고, 오직 그만을 만나러 온 체 했다. 언제나 말쑥하게 수염을 깎고 단정하게 머리를 빗고 외투 차림으로 진열창 옆에 앉아 제대로 교육을 받은 사람처럼 예의 바르게 말을 했다. 이리하여 쿠포 부부는 그의 생활을 조금씩 자세하게 알게 되었다. 지난 8년 동안 그는 한때 모자 공장을 경영했다. 왜 그만뒀냐고 사람들이 물으면 동료가 나쁜 놈이었다고만 대답했다. 그 동료는 한 고향 사람으로 여자 때문에 신세를 망친 악당이었다. 그래도 공장 주인이었던 그의 직함이 주었던 품위는 여전히 그의 몸에 배어 있었다. 그는 늘 굉장한 계약을 맺을 것 같다면서, 그것이 결정되면 자신의 생활도 안정될 테고, 큰 이익을 얻게 된다고 말했다. 그때까지는 부자처럼 아무 일도 하지 않고, 두 손을 주머니에 집어넣고 햇볕을 쬐며 산책이나 하겠다는 것이다. 그가 신세 한탄을 할 때 직공을 구하는 공장이 있다고 일러주면, 그는 아주 가련하다는 듯이 피식 웃으면서 남을 위해 고생하며 굶어 죽고 싶지는 않다고 했다. 그렇지만 쿠포의 말대로, 랑티에라고 해서 언제까지나 시간이라는 공기를 마시고 살지는 않을 터였다. 아무렴! 그야말로 빈틈없는 사람이며, 요령도 좋고, 무엇인가 사업에 손을 대고 있다. 그 증거로 그는 잘나가는 듯한 얼굴을 하고 있는데, 흰 와이셔츠에다 이름 있는 집안 젊은이가 맬 듯한 넥타이를 사는 데는 돈도 꽤 많이 들 테니까. 함석장이는 어느 날 아침, 그가 몽마르트르의 큰 거리에서 구두를 닦게 하고 있는 모습을 본 일도 있었다. 사실 남의 일이라면 말도 많은 랑티에지만, 자기 일이라면 입을 다물거나 거짓말을 했다. 그는 자기가 어디에 사는지조차 말하려 들지 않았다. 아니, 좋은 일자리를 찾을 때까지는 여기저기 친구 집에서 더부살이하고 있었다. 하지만 좀처럼 그곳에 붙어 있지 않는다는 핑계로 누구든 만나러 오면 거절했다.

"좋은 일자리란 열에 하나도 찾기가 힘들지." 그는 자주 말했다. "상자 같은 시시한 공장이라면 들어가는 데 문제는 없지만, 하루도 견디지 못한단 말이야…… 그래서 월요일 아침에는 몽루즈의 샹피옹네 공장에 들어가도 저녁때 샹피옹이 정치 문제로 나를 지겹게 한다면, 그 녀석과 의견이 다른 나는 화요일 아침이면 도망을 쳐버린다는 말일세. 지금은 노예 시대가 아닐뿐더러, 하루 7프랑에 몸을 팔 수는 없는 노릇이니까."

11월 초순이었다. 랑티에는 점잖게 제비꽃 다발을 가지고 와서, 그것을 제르베즈와 두 여직원에게 나누어 주었다. 차츰 찾아오는 횟수가 늘어, 거의 날마다 오게 되었다. 그는 이 집뿐만 아니라 이 동네 전체를 정복하려는 듯싶었다. 먼저 클레망스와 퓌투아 부인을 유혹하여, 나이에 상관없이 갖은 친절을 다 베풀었다. 한 달쯤 지나자, 이 두 여자는 그에게 홀딱 빠졌다. 보슈 부부도 랑티에가 관리실까지 찾아가서 매우 떠받들자 그의 예의범절에 반하고 말았다. 한편 로리외 부부는 잔칫날 후식 때 나타난 남자의 정체를 알고 나서는 옛 정부를 끌어들인 제르베즈에게 온갖 욕설을 퍼부었다. 그렇지만 어느 날 랑티에가 찾아와서 그가 알고 있는 어떤 부인을 위하여 사슬을 하나 주문하고 아주 상냥하게 굴었기 때문에, 그들은 그에게 의자를 권하기까지 했으며 랑티에의 이야기에 황홀해하면서 한 시간이나 그를 붙잡아 두었다. 뿐만 아니라 이처럼 훌륭한 남자가 어떻게 그따위 절름발이하고 함께 살 수 있었을까 하고 이상하게 생각했다. 이윽고 그 모자장이가 쿠포 부부를 찾아와도, 이젠 아무도 화를 내지 않고 당연한 일로 여기게 되었다. 이렇게 랑티에는 구트도르 거리 전체의 마음을 사로잡는 데 성공한 것이다. 구제만이 시무룩했다. 구제는 랑티에가 오면 나가버리렸는데, 그런 녀석과 억지로 친구가 되는 일은 어림도 없다는 식이었다.

그렇게 해서 누구나가 다 랑티에에게 호의를 갖고 있는 가운데, 제르베즈는 처음 몇 주 동안은 몹시 불안한 마음으로 살았다. 그녀는 비르지니의 고백을 듣던 날과 같은 열기를 명치께에 느꼈다. 그녀가 가장 두려워했던 것은 밤에 혼자 있을 때 랑티에가 갑자기 들어와서 도저히 반항할 힘이 없는 그녀를 끌어안고 입맞춤을 하면 어쩌나 하는 것이었다. 그녀는 랑티에에 대해 지나치게 생각하고 있었다. 여전히 그의 일로 마음속이 꽉 차 있었다. 그러나 랑티에가 아주 예의 바르고, 그녀를 똑바로 보지도 않고, 다른 사람들이 등을 돌리고 있을 때도 손끝조차 만지려 들지 않는다는 사실을 깨닫고서는 차츰 마음이 안정되어 갔다. 그리고 비르지니가 그녀의 마음을 짐작했는지, 그런 생각은 옳지 못하다고 그녀를 나무랐다. 무엇 때문에 제르베즈는 떨었단 말인가? 그보다 더 점잖은 남자는 만나기 힘들다. 정말로 이제 그녀는 두려워할 필요가 없다. 그리고 어느 날 갈색 머리 키다리 여자는 교묘히 그 두 사람을 한쪽 구석으로 밀어넣어 둘이 이야기할 수 있는 기회를 만들어 주었다. 랑티에는 말을 골라가며 신중한 목소리로, 자기 마음은 이미 죽었고, 이제는 다만 자기 아들의 행복만을 생각하고 있다고 했다. 하지만 그는 끝내 남프랑스에 있는 클로드에 대해서는 전혀 말을 안 했다. 그는 밤마다 에티엔의 이마에 키스를 해주었으나, 어린애가 그대로 곁에 있으면 무어라고 해야 좋을지를 몰라 어린애를 제쳐놓고 클레망스에게 찬사를 늘어놓았다. 그래서 제르베즈는 안심하고, 마음속에서 과거가 사라져 간다고 느꼈다. 랑티에가 눈앞에 있다는 그 사실이 '플라상'과 '봉쾨르 호텔'의 추억을 흐리게 했다. 랑티에와 끊임없이 만나고 있기 때문에, 그녀는 이미 그를 몽상하는 일이 없게 되었다. 뿐만 아니라 옛날의 두 사람 관계를 생각만 해도 혐오감에 사로잡힐 정도였다. 아! 그런 일은 끝났다. 정말로 끝났다. 랑티에가 옛날 관계로 되돌아가자고 한다면, 대답 대신 따귀를 두 대 갈겨주고, 차라리 남편에게 일러줄 터이다. 그리고 그녀는 다시금 아무런 가책도 느끼지 않고, 더할 나위 없이 달콤한 기분에 잠겨 구제의 다정한 우정을 생각했다.

어느 날 아침 작업장에 나가니, 클레망스가 어젯밤 11시쯤에 랑티에가 어떤 여자와 팔짱을 끼고 걸어가는 것을 보았다고 말했다. 그녀는 짓궂게 굴 생각이 들어서 몹시 추잡한 말투로 그런 얘기를 하고, 여주인의 낯빛을 살펴보았다. 그래요, 랑티에 씨는 노트르담드로레트 거리를 올라가고 있었어요. 여자는 노랑머리로, 비단 드레스 밑은 알몸으로 볼 장 다 본 갈보 같았어요. 그래서 나는 장난삼아 그 뒤를 따라가 봤죠. 갈보는 작은 새우와 햄을 사러 푸줏간으로 들어갔어요. 그리고 라로슈푸코 거리에 이르자, 랑티에 씨는 집 앞 보도에서 위를 바라보며 먼저 방으로 올라간 갈보가 창에서 올라오라고 신호하기를 기다리고 있었어요. 그러나 클레망스가 아무리 추잡하게 설명을 덧붙여도 소용없었다. 제르베즈는 침착하게 하얀 드레스를 계속 다리고 있었다. 가끔 얘기를 듣고 그녀는 입술에 미소를 머금었다. 프로방스 사내들이란, 그녀가 말했다. 누구나 다 정신없이 여자들 꽁무니를 따라다니죠. 그들은 언제나 여자가 필요하고, 쓰레기 더미에서라도 삽질을 해서 여자를 주워 내는 거예요. 그리고 밤에 모자장이가 오자, 클레망스는 노랑머리 여자의 일로 그를 놀려주며 재미있어 했다. 그런데 랑티에는 들킨 것을 오히려 좋아하는 눈치였다. 젠장! 그 여자는 옛 친구야. 지금도 아무에게 방해가 안 될 때에는 가끔 만나곤 하지. 무척 멋쟁이로 자단(紫檀)나무 가구를 가지고 있으며, 그 여자의 옛 애인으로는 자작(子爵)도 있었고 대단한 도자기 상인도 있었으며 공증인의 아들도 있었다고 떠벌렸다. 자기는 향수 냄새가 나는 여자가 좋다고 하면서, 그 여자가 향수를 뿌려준 손수건을 클레망스의 코끝에 내밀었다. 그때 에티엔이 들어왔다. 그러자 랑티에는 준엄한 표정으로 아이에게 키스를 하고 여자 놀이란 별 볼 일 없다며, 자기 마음은 이미 죽은 거나 마찬가지라고 덧붙여 말했다. 제르베즈는 몸을 움츠리고 일을 계속하면서 그 말에 일리가 있다고 고개를 끄덕였다. 클레망스에게는 짓궂은 심통의 벌이 돌아왔다. 왜냐하면 랑티에가 시치미를 떼면서 벌써 두세 차례나 그녀의 몸을 꼬집었기 때문이다. 그리고 그녀는 그 거리의 갈보처럼 사향 냄새를 풍길 수 없어서 질투심에 불타 있었다.

봄이 돌아오자, 이미 한 식구나 다름없게 된 랑티에가 친구들 곁에 더 가까이 있기 위해 근처에 살고 싶다고 말했다. 그는 깔끔한 집으로 가구가 딸린 셋방을 원했다. 보슈 부인만이 아니라 제르베즈까지도 그런 방을 찾아주려고 애를 썼다. 가까운 동네를 샅샅이 뒤졌다. 그러나 그는 너무 까다롭게 굴었다. 큰 안마당이 있어야 한다느니, 1층이어야 한다느니 하며, 상상할 수 있는 모든 편의를 조건으로 내세웠다. 이젠 밤마다 쿠포 부부 집에 와서 천장 높이를 재보기도 하고, 방의 배치를 살피면서 마치 똑같은 방이 필요하다는 듯한 표정을 지었다. 사실 다른 방은 눈에도 차지 않았다. 쿠포 부부 방의 조용하고 따뜻한 한구석이라면 기꺼이 잠자리로 받아들이겠다고 했다. 그리고 언제나 같은 말을 하면서 집 안 살피기를 그만두곤 했다.

"제기랄! 당신들 방은 정말 좋소, 어쨌든!"

어느 날 밤 그가 이 집에서 저녁을 먹고, 후식 때 또다시 그런 얘기를 하자, 이미 그와는 허물없는 사이가 된 쿠포가 갑자기 큰 소리를 쳤다.

"여보게, 그럴 생각이 있다면, 여기 머물러 있게나…… 어떻게든 잘되겠지……."

그리고 그는 세탁물을 넣어둔 방은 청소만 하면 훌륭한 방이 된다고 설명했다. 에티엔은 가게 마룻바닥에 이부자리를 펴고 재우면 모든 일이 해결된다는 것이었다.

"아니, 아니." 랑티에가 말했다. "그럴 수는 없네. 그건 너무나 폐가 되니까. 호의는 고맙지만, 그렇게 비좁으면 너무 더울 거야…… 게다가 저마다 사생활이 있잖은가. 나는 자네들 방을 지나가야만 하고, 그건 언제나 곤란한 일이지."

"아! 이런 악당!" 함석장이는 웃다가 목이 막혀, 목소리를 가다듬으려고 기침을 하며 탁자를 꽝 때리고 말했다. "여전히 바보 같은 생각을 하고 있군!…… 정말 어리석어. 창의성이 있어야지! 그렇지 않은가? 그 방에는 창이 두 개 있어. 그래, 창 하나를 바닥까지 터서 출입문으로 만들면 된단 말이야. 그렇게 하면 자네는 안마당으로 드나들 수 있어. 원하면 샛문을 막아도 좋고. 그러면 자네는 자네 집에서, 우리는 우리 집에서 생활할 수 있단 말일세."

삼시 짐북이 감돌았다. 모자장이가 중얼거리듯 말했다.

"아! 그래, 그렇게 된다면야 내가 무슨 말을 하겠는가…… 하지만 역시 안돼. 자네늘에게 너무 신세를 지게 될 테니 말야."

그는 제르베즈를 되도록 바라보지 않았다. 그러나 그는 분명히 그녀가 받아주겠다고 한마디 해주기를 기다리고 있었다. 그녀는 남편의 제안에 몹시 당황했다. 랑티에가 이 집에 들어와 산다는 생각이 불쾌하거나 불안하지는 않았다. 지저분한 세탁물을 어디에 둘까 하고 고심했던 것이다. 하지만 함석장이는 랑티에가 그들 집에 머무를 경우의 여러 가지 편리한 점들을 늘어놓았다. 500프랑의 집세는 좀 비싼 편이다. 그런데 이 친구가 가구 딸린 방에 다달이 20프랑만 치러준다면, 그에게도 그리 비싼 게 아니고 우리에게도 집세를 낼 때 도움이 된다. 그는 그 동네의 모든 세탁물이 다 들어갈 큰 상자를 어떻게 해서라도 침대 밑에 마련해 주겠다고 덧붙여 말했다. 그래서 제르베즈는 마음을 정하지 못하고 눈으로 쿠포 어머니에게 의견을 물어보는 시늉을 했으나, 랑티에는 몇 달 전부터 카타르염*¹에 잘 듣는 껌을 가지고 와서 이 할머니의 마음을 사로잡아 놓았다.

"폐가 될 일은 없어요, 전혀." 마침내 제르베즈가 말했다. "어떻게라도 방법이 있겠죠……."

"아니에요, 아닙니다. 마음은 감사합니다." 모자장이가 되풀이해서 말했다. "당신들은 너무 친절해요. 그렇게 되면 그 친절을 악용하게 됩니다."

이번에는 쿠포가 버럭 화를 냈다. 도대체 언제까지 우물쭈물할 텐가? 진심으로 말하고 있는데! 그렇게 하면 우리도 편리하다는데 모르겠단 말인가! 그러고 나서 쿠포는 분노한 어조로 소리쳤다.

"에티엔, 에티엔!"

아이는 탁자에 엎드려 잠자고 있다가 깜짝 놀라 머리를 들었다.

"어서 그렇게 해주십시오, 라고 해라…… 그렇지, 이분한테 말이다…… 그렇게 해주십시오, 하고 큰 소리로 말해 봐!"

"그렇게 해주십시오." 에티엔이 졸음이 가득 밴 목소리로 말했다.

모두들 웃어댔다. 하지만 랑티에는 곧 엄숙하고 감동 어린 표정을 짓고 탁자 너머로 쿠포의 손을 잡으면서 말했다.

"그렇게 하겠네…… 서로에게 좋은 우정이니 말일세. 그렇지? 좋아, 이 아이를 위해서 그렇게 하겠네."

다음 날, 집주인 마레스코 씨가 보슈 부부의 관리실에 한 시간쯤 들렀기 때

---

*¹ catarrh炎 : 점액 분비가 많아지고 점막 꺼풀이 벗겨져 떨어지는 삼출염, 위염, 기관지염 따위.

문에, 제르베즈는 바로 그 문제에 대해 얘기를 했다. 수상쩍다는 표정으로 얘기를 듣고 있던 집주인은 그녀의 제안을 거부하고, 마치 그녀가 집의 옆면 전체를 부숴 달라고 부탁이나 한 듯이 화를 버럭 냈다. 그리고 나서 그 장소를 자세히 돌아본 뒤, 위층이 흔들리게 되지나 않을까 올려다보고서, 겨우 허락을 했다. 그러나 비용은 한 푼도 줄 수 없다는 조건이었다. 쿠포 부부는 임대차 기간이 다 되었을 때에는 원상 복구를 하겠다는 서약을 한 서류에 서명해야만 했다. 그날 밤 함석장이는 당장에 동료들인 미장이, 목수, 칠장이들을 데리고 왔다. 하루 일을 끝내고 이 자질구레한 일을 해주겠다는 착한 친구들이었다. 일하는 데 들어간 포도주 몇 리터 값은 별도로 하고서도 새로 문짝을 달고 방을 정리하는 데 그럭저럭 100프랑은 들었다. 함석장이는 친구들에게 품삯은 나중에 하숙인의 첫 방세로 치러주겠다고 했다. 다음에는 방에 가구를 넣는 일이었다. 제르베즈는 그 방에 쿠포 어머니의 옷장을 놓고, 자기 방에서 가져온 탁자 한 개와 의자 두 개를 보냈다. 그래서 결국 탁자보와 침대, 침구 일체는 사들여야만 했다. 합해서 130프랑이었는데, 그녀는 그것을 다달이 10프랑씩 갚기로 했다. 열 달쯤은 랑티에의 20프랑이 빚 갚는 데 다 들어가더라도, 그 뒤에는 그런대로 짭짤한 수입이 될 수도 있을 것이다.

모자장이가 이사한 때는 6월 초순이었다. 그 전날 쿠포는 그의 집까지 트렁크를 가지러 가자고 했다. 역마차 값 30수가 절약된다고 했으나, 랑티에는 난처한 표정으로 끝까지 살고 있는 곳을 숨기려는 듯, 트렁크가 너무 무겁다는 등 핑계를 붙였다. 그는 오후 3시쯤에 도착했다. 쿠포는 집에 없었다. 가게 앞에서 역마차에 싣고 온 트렁크를 본 제르베즈는 새파랗게 질려 버렸다. 그것은 두 사람의 옛 트렁크, 플라상에서 여행을 떠났을 때 그녀가 가지고 나왔던 트렁크였다. 그것이 이제는 해지고 망가져서 끈으로 묶여 있었다. 트렁크가 그렇게 돌아온 장면은 그녀가 이따금 꿈속에서 보던 그대로였다. 그 금속연마공 창녀가 자기를 업신여기며 타고 간 역마차, 그와 같은 역마차가 그 트렁크를 다시 싣고 왔다고까지 상상했다. 그러는 동안에 보슈는 랑티에를 거들어 주고 있었다, 세탁소 여주인은 멍청한 모습으로 그늘의 뒤를 따라갔다. 그들이 방 한복판에 짐을 풀자, 그녀는 가만히 있을 수도 없어서 이렇게 말했다.

"자, 이제 큰일은 마친 거죠?"

그러고는 제정신을 차리고, 랑티에가 끈을 푸느라고 몰두하여 자기를 바라보지도 않자 덧붙여 말했다.

"보슈 씨, 한잔하세요."

그녀는 술병과 잔을 가지러 갔다. 마침 그때, 제복 차림의 푸아송이 보도를 지나가고 있었다. 그녀는 미소를 지으며 눈짓으로 오라는 시늉을 했다. 경찰은 금방 그 뜻을 알아차렸다. 일하는 사람에게 눈짓을 했으니 한잔 내겠다는 뜻이다. 사실, 그는 세탁소 문턱을 몇 시간이고 어슬렁거리면서 그녀의 눈짓을 기다리고 있었다. 그래서 사람들 눈을 피하여 안마당을 통해서 들어가, 숨어서 단숨에 잔을 들이켰다."

"아! 아!" 그가 들어오는 것을 보고서 랑티에가 말했다. "자넨가, 바댕그."*2

랑티에는 황제를 조롱하기 위해 농담으로 경찰을 바댕그라고 불렀다. 그렇게 불리자 푸아송은 표정이 굳어졌지만 그가 정말로 마음이 언짢았는지 어떤지는 알 수 없었다. 게다가 이 두 사람은 정치적인 신념은 달랐지만 아주 사이 좋은 친구가 되어 있었다.

"알고 있겠지만, 황제도 런던에서는 경찰이었단 말일세." 이번에는 보슈가 말했다. "그래, 정말이지! 그 황제도 주정뱅이 계집들을 섭렵하고 다녔지."

그러는 동안 제르베즈는 식탁 위에 놓인 술잔 세 개에 술을 가득 따르고 있었다. 그녀 자신은 마실 생각이 없었다. 가슴이 울렁거려서였다. 그래도 트렁크 속 내용물이 궁금해서 그 자리에 남아 랑티에가 마지막 끈을 끄르는 것을 지켜보고 있었다. 그녀는 트렁크 한구석에, 양말 더미와 더러운 셔츠 두 장, 그리고 헌 모자가 하나 들어 있었던 게 생각났다. 아직도 그런 것들이 들어 있을까? 그 옛날의 누더기를 또다시 보게 될까? 랑티에는 트렁크 뚜껑을 열기 전에 술잔을 들어 건배했다.

"당신들의 건강을 위해."

"당신도." 보슈와 푸아송이 답했다.

세탁소 여주인은 또다시 잔을 채웠다. 세 남자는 손으로 입술을 닦았다. 마침내 모자장이가 트렁크 뚜껑을 열었다. 신문, 책, 헌 옷, 속옷 꾸러미 따위가

─────────

*2 바댕그(Badingue)는 나폴레옹 3세의 별명 바댕게(Badinguet)의 변형임. 제1제정이 붕괴된 뒤 망명생활을 하던 그는 은밀히 프랑스로 돌아와 반란을 꾀하다 체포되어 수감생활을 하던 중, 요새에서 일하는 바댕게라는 이름의 석공과 옷을 바꿔 입고 탈출에 성공한다. 이후 정적들은 그를 경멸하는 의미로 바댕게라고 부름.

엉망진창으로 가득 차 있었다. 그는 거기서 냄비, 장화, 코가 부서진 르드뤼롤
랭*3의 흉상, 수를 놓은 셔츠, 작업 바지를 연달아 꺼냈다. 몸을 숙이고 있던
제르베즈에게 담배 냄새와 겉치레만 신경 쓰는 불결한 남자의 냄새가 올라왔
다. 그야말로 그의 인품에 어울리는 냄새였다. 아니, 이젠 그 헌 모자가 왼쪽
구석에 없었다. 거기에는 어떤 여자의 선물인 듯, 그녀가 알지 못하는 바늘꽂
이가 들어 있었다. 그래서 그녀는 마음이 가라앉았지만, 어쩐지 서글퍼져서 여
러 물건들을 눈으로 좇으며 자신과 살던 때의 것인지 다른 여자와 살던 때의
것인지 생각해 보았다.

"이봐, 바댕그, 자네 이건 모르지?" 랑티에가 말했다.

그가 경찰의 코밑에 갖다 댄 것은 브뤼셀에서 인쇄된 《나폴레옹 3세의 사
랑》이라는 판화가 곁든 작은 책자였다. 그 책에는 여러 일화와 더불어 황제가
열세 살짜리 요리사 여자아이를 어떻게 유혹했는지가 적혀 있었다. 삽화는 나
폴레옹 3세가 다리를 드러낸 채, 레지옹 도뇌르 훈장*4을 걸친 모습으로, 그의
음탕한 손길에서 도망치려는 소녀를 뒤쫓고 있는 그림이었다.

"아! 그러면 그렇지!" 은근히 음란한 본능에 쏠린 보슈가 외쳤다.

"언제나 그 모양이라고!"

푸아송은 충격을 받고 크게 놀랐다. 그는 황제를 변호할 말을 도저히 찾아
낼 수 없었다. 책에 그렇게 쓰여 있으니, 거짓말이라고 할 수도 없는 노릇이다.
랑티에가 놀리는 듯한 표정으로 그 삽화를 언제까지나 코밑에 들이대는 바람
에 그는 팔짱을 끼고 다음과 같이 말했다.

"그러니 어쩌란 말이야? 그도 사람이니 당연하지 않은가?"

랑티에는 그 대답에 말문이 막혀버렸다. 그는 책과 신문을 옷장 속 선반에
늘어놓았다. 그리고 탁자 위에 조그마한 책꽂이라도 하나 있었으면 하는 눈치
였기 때문에 제르베즈는 하나 마련해 보겠노라고 약속했다. 제1권은 전부터
없었지만 루이 블랑의 《10년의 역사》,*5 한 권에 2수짜리 라마르틴의 《지롱드

＊3 Alexandre-Auguste Ledru-Rollin : 프랑스 정치가(1807~1874), 7월왕정(1030 1848) 아래에서
　 공화구의를 옹호. 무르주아계층을 대표하는 급진주의자로 2월혁명 때는 임시정부 내무장관
　 을 지냈음. 루이 나폴레옹 및 보수파와 대립하고 반정부시위운동으로 탄압받아 망명함.
＊4 Légion d'Honneur : 프랑스 최고 권위 훈장으로 1802년 나폴레옹 1세가 제정함. 5계급으로
　 나뉘며, 프랑스의 정치·경제·문화 등의 발전에 공적이 있는 사람에게 대통령이 직접 수여함.
＊5 프랑스 역사학자 장 루이 블랑(1811~1882)이 7월왕정의 처음 10년 동안을 신랄하게 공격하

당사(黨史)》,*⁶ 웨젠 쉬의 《파리의 비밀》과 《방황하는 유대인》, 그 밖에 전당포에서 흘러나온 철학과 인도주의의 헌책 더미 등을 그는 간직하고 있었다. 그러나 그 가운데에서 특히 그가 감동과 경의의 눈초리로 바라보는 것은 신문이었다. 그것은 그가 몇 년 동안 수집한 것들이었다. 카페에서 신문을 읽고 자신과 의견이 같은 좋은 논설을 찾아낼 때마다, 그는 그 신문을 사서 모았다. 그리하여 그는 온갖 날짜와 온갖 제목의 신문을 뒤죽박죽으로 묶어놓은 큰 다발을 가지게 되었다. 트렁크에서 신문 다발을 꺼낸 그는 그것을 정답게 두들기며 두 사나이에게 말했다.

"이봐, 이런 것 보았나? 이것은 진정 아버지를 위한 것이지. 이렇게 훌륭한 것을 가지고 있다고 자랑할 수 있는 사람은 아무도 없어…… 그 속에 무엇이 쓰여 있는지 당신들은 상상도 못해. 여기 적혀 있는 생각을 반쯤이라도 실행한다면 사회는 당장에 깨끗해질 거야. 그렇지 당신들 황제도, 그 졸개 경찰도 벌벌 떨게 될 걸세……"

그러나 경찰이 그의 말을 막았다. 경찰의 얼굴은 하얗게 질려 붉은 코밑 수염과 황제 수염이 떨리고 있었다.

"그럼, 군대는 어떡하나?"

그러자 랑티에가 화를 버럭 냈다. 그는 신문을 주먹으로 두드리며 고래고래 소리를 쳤다.

"나는 군국주의의 소멸과 인민의 우애를 요구한다…… 특권, 지위, 독점의 폐지를 요구한다…… 급료의 평등, 이윤의 재분배, 프롤레타리아의 영광을 요구한다…… 모든 자유, 알겠는가! 모든 것!…… 그리고 이혼의 자유도!"

"그래, 그래, 이혼의 자유, 그건 도덕을 위해서지!" 보슈가 지지했다.

푸아송은 위엄 있는 태도를 취했다. 그리고 그는 대답했다.

"하지만 나는 자네들이 말하는 자유를 바라지 않는데도, 충분히 자유롭단 말일세."

"자네가 자유를 바라지 않는다면, 자네가 자유를 바라지 않는다면……" 랑

여 쓴 책으로 1841년에 출간됨.

*6 지롱드당(Girondins)은 프랑스혁명 때 입법의회와 국민공회의 당파로, 지롱드주(州) 출신 의원이 많다고 하여 이렇게 불렸다. 1847년 라마르틴의 《지롱드 당사》가 나온 뒤부터 역사적으로 공식 명칭이 됨.

티에가 말이 막힐 정도로 흥분하여 소리쳤다. "아냐, 자네는 자유롭지 않아!…… 자유를 바라지 않는다면 내가 카옌의 감옥으로 보내주지! 그래, 카옌으로. 자네의 황제와 그 일당인 돼지들을 모조리 묶어서!"

그들은 만날 때마다 이처럼 서로 독설을 퍼부었다. 논쟁을 싫어하는 제르베즈가 언제나 끼어들어 말렸다. 그녀는 그 옛사랑의 썩은 냄새로 가득 찬 트렁크를 바라보는 동안 멍해지고는 했지만, 그 상태에서 깨어나자 세 사나이에게 술잔을 권했다.

"그래요." 바로 마음을 진정시킨 랑티에가 술잔을 집어 들며 말했다. "당신의 건강을 위하여."

"당신의 건강을 위하여." 보슈와 푸아송이 대답하며 랑티에와 술잔을 부딪쳤다.

그러나 보슈는 불안한 마음에 사로잡혀, 몸을 흔들면서 경찰을 곁눈으로 바라보았다.

"지금 한 말은 모두 우리끼리 얘기지. 안 그런가, 푸아송 씨?" 마침내 보슈가 중얼거리듯 말했다. "당신에게 다 말하고 보여주기는 했지만……."

그러나 푸아송은 그가 끝까지 말하게 놓아두지는 않았다. 그는 모든 것이 거기에 있다는 듯이 가슴에 손을 댔다. 물론 친구를 밀고하는 짓은 하지 않을 것이다. 쿠포가 돌아왔기 때문에 두 번째 포도주 병을 비웠다. 그러고 나서 경찰은 안마당을 지나쳐 보도로 나서자, 언제나처럼 규칙적인 발걸음으로 몸을 젖히고 엄격한 모습으로 걷기 시작했다.

처음 며칠은, 세탁소 안이 온통 엉망이었다. 랑티에는 독립된 방과 전용 출입문과 열쇠를 가지고 있었으나 결국에 가서는 샛문을 막지 않기로 했기 때문에, 대개의 경우 그는 가게로 드나들게 되었다. 더러워진 세탁물 처리에도 제르베즈는 크게 어려움을 겪었다. 남편이 자기 입으로 말해 놓고서도 큰 상자를 만들어 주지 않기 때문이다. 할 수 없이 그녀는 세탁물을 거의 구석 바닥에, 주로 자기 침대 밑에 쑤셔 넣게 되었는데, 여름밤에는 기분 좋은 일이 아니었다. 또 한 가지, 밤마다 가게 한복판에 에티엔의 잠자리를 마련해 주어야 한다는 것이 그녀는 몹시 귀찮았다. 여직원들이 밤샘을 할 때면, 어린애는 기다리는 동안 의자에서 잠들었다. 그래서 구제가, 전에 자기 주인이었던 기계공이 릴에서 수습공을 구하고 있는데 그곳으로 에티엔을 보내면 어떻겠느냐고 제안하자, 그녀는 그 말에 마음이 움직였다. 게다가 아이도 집에서는 별로 재미가 없었기 때문에 독립하고 싶어했으며, 그녀에게 허락해 달라고 졸랐다. 다만 그녀는 랑티에가 거절하지 않을까 걱정이었다. 그녀는 그가 오로지 아들 가까이에 있고 싶은 나머지 여기에 살게 되었으니까 이사 온 지 겨우 이 주일만에 아들을 내보낼 마음은 없으리라고 생각했다. 그러나 그녀가 떨면서 그 얘기를 꺼내자 그는 그 생각에 흔쾌히 찬성하면서, 젊은 노동자는 여러 지방을 둘러볼 필요가 있다고 했다. 에티엔이 출발하는 날 아침, 랑티에는 노동자의 여러 권리에 대하여 한바탕 늘어놓은 다음 그에게 키스를 해주며 엄숙하게 말했다.

"생산자는 노예가 아니며, 생산자가 아닌 자는 모두 기생충이라는 사실을 명심해야 해."

그리하여 집안의 그러저러한 사정들은 평범한 생활로 되돌아갔다. 그리고 모든 일이 안정되고 새로운 습관에 젖게 되었다. 제르베즈는 너절하게 널브러져 있는 더러운 세탁물에도, 어슬렁거리는 랑티에에게도 익숙해졌다. 랑티에는 언제나 그의 큰 사업들에 대해 지껄였다. 머리를 단정하게 빗질하고 하얀 와이셔츠를 입고 외출하는 일이 많았으며, 행방을 숨기고 외박하는 일도 있었다. 그러다가 돌아올 때는 기진맥진하여 머리가 깨질 것 같다는 표정을 했다. 마치 스물네 시간 내내 중대한 일이라도 의논하고 돌아온 모습이었지만 사실은 건들거리며 놀다 온 뒤였다. 아무렴! 이 사나이는 손에 못이 박일 염려는 없었다! 그는 보통 10시쯤 일어나서 햇빛 색깔이 마음에 들면 오후에 산책을 하고, 비라도 오는 날에는 가게에 앉아서 신문을 훑어보았다. 그곳이야말로 그에게 안성맞춤의 장소였다. 치맛자락에 둘러싸이면 더할 나위 없이 편안했고, 여자들의 천박한 말을 좋아하여 여자들이 가장 많이 모인 곳에 끼어들어 어떻게든 그런 말을 하게끔 부추기면서도, 자기 자신은 지극히 품위 있는 말을 골라 하는 그런 사내였다. 그래서 그는 세탁부나 정숙하지 않은 여자와 친하게 어울리는 것을 그렇게도 좋아했다. 클레망스가 설교를 마구 늘어놓고 있는 동안 그는 멋진 수염을 매만지며 상냥하게 미소 짓고 있었다. 작업장 냄새, 벌거벗은 팔로 다림질하는 땀투성이 여자들, 침실인 것처럼 동네 부인들의 속옷이 흐트러져 있는 이 한 모퉁이가 그에게는 꿈꾸던 안식처, 오랫동안 찾아다니던 나태와 쾌락의 피난처 같았다.

처음 얼마 동안, 랑티에는 푸아소니에르 거리 모퉁이에 있는 프랑수아네 가게에서 식사를 했었다. 그리고 한 주에 서너 번은 쿠포 부부와 함께 저녁을 먹었다. 그리고 마침내는 토요일마다 15프랑을 내놓을 테니 식사를 제공해 달라고 했다. 그렇게 되자 그는 도무지 집을 떠나지 않고, 완전히 눌러앉고 말았다. 아침부터 저녁까지 셔츠 바람으로 가게와 방을 오가며 소리를 높여 일을 지시하고 있는 그의 모습이 보였다. 그는 손님들까지 상대하며 세탁소를 지배했다. 프랑수아네 술맛이 마음에 안 든다고 제르베즈를 설득하여, 앞으로 술은 이웃 석탄집 비구루네에서 사오게 했다. 거기서 물건 사는 일을 이용하여 그는 그 집 부인을 보슈와 함께 집적거리려고 노린 것이다. 다음으로 그는 쿠들루네 빵은 잘못 구워졌다고 하며 포부르푸아소니에르에 있는 비엔나식 빵집 메예르 집으로 오귀스틴을 보내 빵을 사오게 했다. 또 식료품 가게 르옹그로도 바꾸고 말았다. 폴롱소 거리의 푸줏간장이, 뚱뚱보 샤를만은 그대로였으나 이것은 정치적인 견해가 그와 같았기 때문이다. 한 달이 지나자, 그는 어떤 요리에나 기름을 치려고 했다. 클레망스가 그를 놀리며 말한 것처럼, 이 신성한 프로방스 사람한테서조차 기름 얼룩이 가실 날이 없었다. 랑티에는 스스로 오믈렛을 만들었는데, 양쪽으로 뒤집어 크레이프보다 더 구운 오믈렛으로 과자라고 할 만큼 딱딱했다. 그는 쿠포 어머니를 감독하며 구두창처럼 바싹 구운 비프스테이크를 주문했고, 무엇에나 마늘을 넣었다. 샐러드의 곁들이를 썰고 있노라면, 이따위 찌꺼기 채소에는 독이 들어 있을지도 모른다고 외치며 화를 버럭 냈다. 그가 가장 좋아하는 것은 삶은 국수를 넣은 진한 수프로, 기름을 반병이나 들이부어야 했다. 그와 제르베즈만 그 수프를 먹었다. 다른 파리 태생의 사람들은 어느 날 그것을 먹어보다가 하마터면 토할 뻔했다.

조금씩 랑티에는 집안일에까지도 간섭하게 되었다. 로리외 부부가 쿠포 어머니에게 선뜻 100수를 내놓으려 하지 않았으므로 그들을 상대로 소송을 걸 수도 있는 일이라고 그는 설명했다. 로리외 부부는 세상을 깔보고 있는 것이 아닌가! 한 달에 10프랑은 내놓아야 한다! 그렇게 말하고 그는 10프랑을 받으러 올라갔는데, 그 태도가 정말로 대담하고 상냥해서 사슬장이도 차마 거부하지 못했다. 이제는 르라 부인도 100수짜리 동전 두 닢을 내고 있었다. 쿠포 어머니는 랑티에의 두 손에 키스라도 할 기세였다. 게다가 랑티에는 이 노파와 제르베즈 사이에 다툼이 일어나면 멋시게 해결했다. 세탁소 여주인이 참을 수가 없어서 시어머니에게 심하게 굴어, 시어머니가 침대로 가서 울기라도 하면,

그는 두 사람을 한꺼번에 야단치며 당신들은 그 알량한 인품으로 세상 사람들을 즐겁게 해주고 있다고 생각하느냐고 물으면서 억지로 두 사람을 입맞추게 했다. 나나에 대해서도 마찬가지였다. 그의 생각으로는, 이 아이의 교육은 완전히 잘못되었다. 그 점에 있어서 그의 생각은 틀리지 않았다. 아버지가 딸을 때리면 어머니는 감싸고, 거꾸로 어머니가 때리면 아버지가 덤벼드는 꼴이었다. 나나는 부모님이 말다툼하는 광경을 보고서 좋아하며, 무슨 짓을 해도 야단맞지 않는다는 사실을 처음부터 알아차리고 멋대로 장난질을 쳤다. 이제는 건너편 제철 공장으로 놀러 가는 버릇까지 생겨서, 온종일 짐수레 막대에 매달려 시소를 타거나, 대장간의 붉은 불에 비친 컴컴한 안마당 안쪽에서 개구쟁이 동무들과 숨바꼭질을 하기도 했다. 그러다가 갑자기 머리는 헝클어뜨린 채 얼굴은 진흙투성이가 되어 소리를 지르며 나나가 달려 들어왔는데, 그 뒤로는 쇠망치가 뒤쫓기라도 하는 듯 도망친 개구쟁이들이 우르르 따르고 있었다. 랑티에만이 이 아이를 야단칠 수 있었다. 게다가 이 아이는 랑티에를 잘 구슬리는 재주를 갖고 있었다. 이 열 살짜리 풋내기는 마치 성숙한 여자처럼 랑티에 앞을 교태 부리며 걸어가면서, 음란한 눈초리로 그에게 추파를 던졌다. 결국 그가 나나의 교육도 맡게 되어, 춤과 방언을 가르쳐 주었다.

이렇게 해서 한 해가 흘러갔다. 동네 사람들은 랑티에가 연금을 타는 줄 알고 있었다. 그게 아니라면 쿠포 집안의 넉넉해진 생활이 설명되지 않았기 때문이다. 틀림없이 제르베즈는 쉴 새 없이 돈을 벌고 있었다. 그러나 지금에 와서는 빈둥거리는 두 사나이를 먹여 살려야 했으며, 가게에서 버는 것만으로는 충분할 리가 없었다. 더더욱 세탁소 경기가 나빠지고, 단골은 줄어들고, 고용한 여자들이 아침부터 밤까지 흥청망청하고 있으니 말할 나위도 없었다. 사실을 말하자면 랑티에는 방값도 밥값도 전혀 내지 않고 있었다. 처음 몇 달 동안은 돈을 얼마씩 냈으나 마침내는 큰돈이 들어올 예정이니까 그때 한꺼번에 지불하겠다며 그냥 지내왔다. 제르베즈는 그에게 1상팀이라도 내라고 할 용기조차 없었다. 그녀는 빵도 포도주도 고기도 외상으로 샀다. 곳곳에서 외상값이 불어나서, 날마다 3프랑 내지 4프랑씩 늘어났다. 그녀는 가구상에게도, 미장이와 목수와 칠장이 세 동료에게도 단 한 푼도 갚지 못했다. 이들은 불평을 늘어놓기 시작했으며, 상점들도 그녀에게 불친절해졌다. 그녀는 막대한 빚 때문에 넋이 나간 것 같았다. 공연히 멍청하게 있고, 가장 비싼 물건만 사고, 그 돈을 치를 수 없게 되자 예의 식도락에 한껏 묻혀버렸다. 하지만 근본이 매우 성실한 여자였기 때문에, 어떻게 하면 좋을지 방법은 모르는 채로, 어쨌든 드나드는 공급업자들한테 100수짜리를 한 움큼씩 나누어 주고 싶어서 아침부터 밤까지 수백 프랑씩 버는 꿈만 꾸었다. 마침내 그녀는 꼼짝 못하게 되었다. 그리고 형편이 기울수록 가게를 확장하는 얘기를 했다. 그런데 한창 더위가 심한 여름에 키다리 클레망스가 가게를 그만두었다. 직원이 둘 있을 정도의 일거리도 없었고, 몇 주씩이나 급료가 밀렸기 때문이다. 이 파산 상태 한가운데에서도, 쿠포와 랑티에는 그저 먹어대기만 했다. 이 사내들은 턱을 식탁에까지 늘어뜨리고 가게를 들어먹으며 엉망으로 만들고 살만 피둥피둥 쪄 있었다. 그리고 서로 경쟁하여 두 사람 몫씩 먹어치우고 난 뒤에는 소화를 돕기 위해서라고 장난질을 하며 서로 배를 두들겼다.

동네에서 가장 큰 이야깃거리는 제르베즈와 랑티에가 정말로 그전의 관계를 회복했느냐는 것이었다. 그 점에 있어서 의견이 나뉘었다. 로리외 부부가 하는 말에 의하면 그 절름발이는 모자장이를 다시 손아귀에 넣으려고 갖은 수단을 다 부렸지만 사내 쪽은 전혀 그럴 생각이 없으며, 그녀가 너무나 늙어 빠졌다고 생각하여 얼굴이 예쁘장한 어린 계집애를 도시에 몇 씩이나 갖고 있다고 했다. 보슈 부부의 말은 그와 정반대로, 세탁소 여주인은 첫날 밤부터 얼간이 쿠포가 코만 골기 시작하면 당장에 옛 남편을 만나러 간다고 했다. 어쨌든 그런 생활은 바람직하지 못하지만, 세상에는 추잡한 일이 아주 많으며 그보다더 고약한 일도 너무 많아서 사람들은 결국 이 삼각관계를 자연스러운 일, 아니 오히려 좋은 일이라고 생각하게 되어버렸다. 왜냐하면 세 사람은 싸움 같은 것은 결코 하지 않았고, 예의도 제대로 지키고 있었기 때문이다. 확실히 이 동네의 다른 집 살림살이를 들여다보면, 훨씬 더 심한 악취를 풍기고 있을 것이다. 적어도 쿠포 부부 집에서는 다정한 분위기가 감돌았다. 세 사람이 다 먹는데에 사족을 못 쓰고, 술에 취해 얌전히 함께 잠이 들어, 이웃 사람들의 단잠을 방해하는 따위의 일은 없었다. 게다가 이 동네 사람들은 랑티에의 예절 바른 태도에 녹아버렸다. 이 아첨쟁이 사나이는 수다 떠는 여자들 앞에서는 입을 다물고 있었다. 제르베즈와의 관계에 대하여 모두들 의심을 품고 있을 때조차, 곧 과일 가게 여자가 내장 가게 여자 앞에서 그런 관계를 부정하자, 내장 가게 여자가 그건 정말 유감스러운 일이라고 말할 때조차 입을 다물고 있었다. 그렇게 되면 쿠포네 집안일이 흥미가 없어지기 때문이었다.

그러나 제르베즈는, 그런 일에는 별로 신경 쓰지 않고 그런 추잡한 것은 생각지도 않았다. 매정한 여자라고 비난을 받을 정도였다. 집안사람들에게는 모자장이에 대한 그녀의 원한이 이해되질 않았다. 연인들에 대한 일이라면 만사를 제쳐놓고 끼여드는 르라 부인은 밤마다 찾아왔다. 그녀의 말에 의하면, 랑티에에게는 어쩔 수 없는 매력이 있어서, 아무리 의젓한 부인이라도 그 품 안에 굴러떨어지지 않을 수 없는 그런 남자이며, 보슈 부인이라 할지라도 열 살만 더 젊다면 도저히 그 정조를 지키지 못할 것이라고 했다. 음모가 소리 없이 계속되고 커가며 천천히 제르베즈를 압박했다. 마치 주변의 모든 여자들이 그녀에게 연인을 붙여주지 않고는 못 배기겠다는 식이었다. 하지만 제르베즈의 생각은 달랐다. 랑티에에게 그다지 매력을 느끼지 못했다. 물론 그는 옛날과 다르게 좋아졌다. 언제나 외투를 입고 있었고, 카페나 정치 집회에서 교양도 쌓았다. 다만 제르베즈는 그를 너무나 잘 알고 있었기에, 그의 두 눈을 통해 그의 영혼까지 환히 들여다보았고, 그녀를 몸서리치게 했던 수많은 일들을 떠올렸다. 그리고 그토록 여자들한테 그가 좋게 보인다면 어째서 그녀들은 랑티에를 차지하지 않는 거지? 어느 날 제르베즈는 랑티에에게 가장 열광하고 있는 비르지니에게 그런 생각을 넌지시 말했다. 그러자 르라 부인과 비르지니는 그녀를 부추기려고 랑티에와 키다리 클레망스와의 정사를 얘기해 주었다. 그랬다. 제르베즈는 아무것도 모르고 있었다. 하지만 그녀가 볼일이 있어 외출을 하면 모자장이는 곧바로 그 여직원을 방으로 데리고 들어갔다. 이즈음에는 두 사람이 함께 있는 걸 본 사람도 있으니, 그는 분명히 그 여자 집으로 만나러 갔을 것이다.

"그래서요?" 조금 떨리는 목소리로 세탁소 여주인이 말했다. "그게 나와 무슨 관계가 있단 말이죠?"

그리고 제르베즈는 비르지니의 노란 눈동자를 들여다보았다. 거기에는 고양이 눈처럼 금빛 불꽃이 반짝이고 있었다. 그렇다면 이 여자는 아직도 제르베즈를 원망하여 그녀로 하여금 질투를 느끼게 하려는 것일까? 그러나 바느질장이는 모르는 체하며 이렇게 대답했다.

"물론 당신과는 아무 관계도 없겠죠…… 하지만 그런 여자와는 손을 끊으라고 랑티에에게 일러줘야죠. 그따위 계집과 어울리면 결국 귀찮은 일들이 생길 테니까."

　무엇보다도 좋지 못한 일은 랑티에가 주변 사람들의 지지를 느끼면서 제르베즈에 대한 태도를 바꾸었다는 것이다. 이제는 그녀와 악수라도 하면 한참 동안 손을 놓지 않았다. 그는 뻔뻔스러운 눈초리로 훑어보며 그녀를 짜증나게 했다. 그럴 때 그녀는 그 눈초리에서 그가 무엇을 바라는지를 확실히 읽을 수가 있었다. 그는 그녀 뒤를 지나갈 때면 무릎을 그녀의 치마 속으로 집어넣고 그녀를 녹이려는 듯이 목덜미에 숨결을 불어댔다. 그러나 난폭한 짓을 하거나 자기 마음을 고백하지는 않았다. 그런데 어느 날 밤, 그녀와 단둘이 있게 되자 그는 아무 말 없이 그녀에게 달려들어 벌벌 떠는 그녀를 가게 안벽까지 밀고 가서 키스하려 들었다. 마침 그때 우연히도 구제가 들어왔다. 그래서 그녀는 몸부림치면서 빠져나왔다. 세 사람은 아무 일도 없었던 것처럼 두세 마디 말을 나누었다. 구제는 하얗게 질린 얼굴로 고개를 숙였다. 자기가 두 사람을 방해한 것이며, 제르베즈가 몸부림친 것은 다른 사람 앞에서 키스하는 모습을 보이고 싶지 않았기 때문이라고 그는 상상했다.

　다음 날, 제르베즈는 가게에서 발을 굴러댔다. 자신이 너무나 비참하게 생각되어 손수건 하나도 다릴 수가 없었다. 구제를 만나서 랑티에가 어떻게 자기를 벽으로 밀어붙였는지를 설명해 주고 싶었다. 하지만 에티엔이 릴로 가고부터는 이제 제철 공장으로 구제를 찾아갈 용기가 나지 않았다. '술꾼', 곧 '소금 주둥이'가 짓궂은 웃음을 띠며 그녀를 맞이했기 때문이다. 그래도 그녀는 참을 수가 없어서 오후가 되자, 빈 바구니를 들고 포르트 블랑슈 거리의 단골집까지 속치마를 가지러 간다는 핑계로 나갔다. 그리고 마르카데 거리의 볼트 공장 앞에서 우연히 구제와 만나게 되기를 기대하면서 어슬렁거렸다. 구제 쪽에서도 그녀를 기다리고 있었던 것이 틀림없다. 기다린 지 5분도 채 못 되어서 그가 우연인 것처럼 문을 열고 나왔기 때문이다.

　"아니! 볼일이 있었군요." 그는 희미하게 웃으면서 말했다. "돌아가는 길인가 봅니다……."

　제르베즈에게 말을 건네려고 그는 그렇게 물었다. 제르베즈는 마침 푸아소니에르 거리를 등지고 있었다. 그리하여 두 사람은 어깨를 나란히 했지만 팔짱은 끼지 않은 채 몽마르트르 쪽으로 올라갔다. 공장 문 앞에서 밀회하고 있다는 소문이 돌지 않도록, 그들은 공장에서 멀리 떨어질 생각뿐이었다. 고개를 숙인 채, 두 사람은 귓가를 맴도는 공장의 소음 속에서 울퉁불퉁한 길을 따라 걸었다. 200걸음쯤 가자 그 주변의 지리를 잘 알고 있는 듯 여전히 아무 말 없이 왼쪽으로 자연스럽게 꺾어져 공터로 나갔다. 그곳은 기계톱을 설치한 제재소와 단추 공장 사이에 아직 초록빛이 남아 있는 풀밭으로, 햇볕에 타서 누렇게 된 풀이 여기저기를 덮고 있었다. 말뚝에 매어놓은 염소가 울면서 말뚝을 빙빙 돌고 있었고, 안쪽에는 죽은 나무 한 그루가 강하게 내리쬐는 햇빛에 부서질 것 같았다.

"진짜!" 제르베즈가 중얼거렸다. "시골에 온 것 같아요."

두 사람은 죽은 나무 아래까지 와서 앉았다. 세탁소 여주인은 바구니를 발밑에 놓았다. 두 사람 앞 몽마르트르 언덕에는 녹음이 빈약한 수풀 속에 노란색과 회색의 높은 집들이 잇달아 층을 이루고 있었다. 고개를 더 젖히자, 거리 위에는 빛날 정도로 맑게 갠 하늘이 펼쳐져 있고 북쪽에는 하얀 구름송이들이 흘러가고 있었다. 그러나 강한 빛에 눈이 부셔서, 두 사람은 평평한 지평선에 닿을락 말락 하게 교외 아득히 이어 나간 흰 벽을 바라보며, 특히 제재소의 가느다란 관에서 솟아오르는 증기를 눈으로 좇았다. 증기의 그 큰 한숨이 두 사람의 답답한 가슴을 가라앉혀 주는 것 같았다.

"그래요." 제르베즈는 서로 묵묵히 있는 것이 어색하여 말문을 열었다. "단골 집들을 돌아보려고 나오는 길이에요……."

그렇게도 변명하고 싶었는데 그녀는 갑자기 말문이 열리질 않았다. 그녀는 몹시 부끄러웠다. 그래도 그녀는 그 이야기를 하기 위해 두 사람이 일부러 여기까지 왔다는 사실을 잘 알고 있었다. 아니, 한마디 말도 할 필요 없이 두 사람은 그 이야기를 하고 있었다. 어젯밤 일이 무거운 짐처럼 두 사람 사이에 가로놓여 그들을 거북하게 만들었다.

그래서 그녀는 참을 수 없는 슬픔으로 두 눈에 눈물을 글썽이며, 심한 고통 끝에 오늘 아침에 죽은 세탁부, 곧 비자르 부인의 임종 모습을 얘기했다.

"비자르가 발로 차서 그렇게 되었어요." 그녀는 부드럽고 단조로운 목소리로 말했다. "배가 부풀어 올랐어요. 틀림없이 내장 어딘가가 터졌을 거예요. 맙소사! 그녀는 사흘 동안 고통스러워하다가…… 아! 감옥에 갈 악당이라도 그렇게 지독한 짓은 안 할 거예요. 하지만 남편에게 맞아 죽은 여자의 일까지 걱정하다가는 재판소에도 너무 일이 많아지겠지요. 날이면 날마다 발길질을 당하고 있었으니 한 번쯤 더 차이건 덜 차이건 문제가 되겠어요? 불쌍한 여자였어요. 자기 남편을 교수대에서 구하고 싶은 나머지 물통 위에 넘어져서 배를 부딪쳤다고 했으니 더 할 말이 없죠…… 그녀는 죽기 전에 밤새도록 신음했어요."

대장장이는 입을 다문 채, 떨리는 손으로 풀을 뜯고 있었다.

"아직 두 주일도 안 됐어요." 제르베즈는 계속했다. "막내 쥘이 젖을 뗀 게 말이죠. 하지만 잘된 거죠. 어린애가 괴로워하지 않아도 될 테니까요…… 할 수 없는 일이죠. 이제 꼬마 랄리가 갓난아기 둘을 돌보게 됐어요. 아직 여덟 살도 안 되었지만 진짜 엄마처럼 성실하고 분별력 있는 아이예요. 그런데도 아버지라는 자는 그 애를 마구 때린다잖아요…… 아, 정말! 고통받기 위해 태어나는 사람도 있는가 봐요."

구제는 그녀를 바라보고 있다가 갑자기 입술을 떨면서 말했다.

"당신이야말로 어제 나에게 그런 고통을 줬어요. 오! 그래요, 커다란 고통을……."

제르베즈는 창백해지면서 두 손을 모았다. 그러자 그가 말을 이었다.

"나도 압니다. 어차피 그렇게 될 줄 알고 있었습니다…… 다만 나를 믿고서 사정을 털어놓았더라면 좋았을 것. 그랬으면 나도 애태우지 않아도 좋았을 텐데요……."

그는 끝까지 말할 수가 없었다. 제르베즈가 갑자기 일어났기 때문이다. 동네 사람들 말대로 구제도 그녀가 랑티에와의 관계를 회복했다고 믿음을 깨달은 것이다. 제르베즈는 두 팔을 뻗으며 외쳤다.

"아녜요, 아녜요, 맹세하겠어요…… 랑티에가 나를 억지로 밀고 가서 키스하려 했어요. 정말이에요. 하지만 그의 얼굴은 내 얼굴에 닿지도 않았어요. 그 사람이 그런 짓을 한 것도 처음이었고요…… 오! 믿어줘요. 내 목숨, 내 아이들 목숨, 내가 가지고 있는 가장 소중한 것을 다 걸고서 맹세합니다!"

그러나 대장장이는 고개를 내저었다. 그는 믿을 수가 없었다. 여자란 언제나 이런 경우에 부정하는 법이니까. 그러자 제르베즈는 매우 진지한 표정으로 말을 이었다.

"구제 씨, 당신은 나를 잘 알고 있어요. 내가 거짓말쟁이가 아니라는 걸요…… 정말이에요! 그런 일은 없었어요. 맹세코 말예요!…… 앞으로도 그런 일은 절대 없을 거예요. 아시겠죠? 절대로! 만일 그런 꼴이 된다면, 나는 그야말로 쓸모없는 인간이죠. 그리고 다시는 당신 같은 진실한 사람과도 친할 수 없지요."

이렇게 말하는 제르베즈의 얼굴이 어찌나 아름답고 솔직하던지 그는 그 손을 잡아 다시 앉혔다. 이제 그는 느긋한 마음으로 숨을 돌렸다. 그리고 그는 마음속으로 웃고 있었다. 이처럼 그녀의 손을 잡고, 자기 손안에서 꼭 쥐어보기는 처음이었다. 두 사람 모두 말이 없었다. 하늘에는 흰 구름이 백조가 노닐 듯 천천히 흘러가고 있었다. 들판 한 모퉁이에서는 염소가 두 사람 쪽으로 몸을 돌리고 물끄러미 바라보면서, 규칙적으로 긴 간격을 두고 아주 부드럽게 울었다. 두 사람은 서로 손가락을 얽어 쥔 채 감동에 젖은 눈으로 저 멀리 흐릿한 몽마르트르 언덕과, 그 주위 지평선에 줄무늬를 이루고 있는 높다란 공장 굴뚝 숲을 망연히 바라보면서, 뿌연 담벼락이 즐비한 이 황량한 교외의 여기저기에 흩어져 있는 싸구려 음식점의 푸른 숲에 눈물이 날 정도로 가슴이 벅차올랐다.

"당신 어머니는 나를 원망하시겠지요. 나도 알고 있습니다." 제르베즈가 나지막한 소리로 말했다. "그렇지 않다고는 말하지 마세요…… 당신에게 많은 돈을 꾸었으니까요!"

그러나 그는 여자의 말을 막기 위해 거친 태도를 취했다. 그는 그녀의 손을 으스러뜨릴 듯이 흔들었다. 제르베즈가 돈 이야기를 하는 걸 바라지 않았다. 그는 잠시 망설이더니 마침내 떠듬떠듬 말하기 시작했다.

"잘 들어요. 오래전부터 당신에게 하고 싶은 말이 있었습니다…… 당신은 행복하지 못합니다. 내 어머니도 분명히 말씀하시기를 당신의 생활이 점점 더 어려워지고 있다고……."

그는 약간 숨이 막히는 듯 말을 멈추었다.

"그래요! 우리는 함께 어디로든 떠나야 합니다."

제르베즈는 구제를 뚫어지게 바라보았다. 이제까지 한 번도 애정을 털어놓은 일이 없었던 그가 이처럼 당돌하게 자신의 뜻을 내보여서 너무나 놀란 그녀는 그가 무슨 말을 하는지 처음에는 잘 몰랐다.

"어떻게 그런 일을 해요?" 그녀가 물었다.

"그래요." 그는 고개를 숙이고 말을 이었다. "우리 함께 떠나서 어디서든 같이 살아요. 좋다면 벨기에라도…… 거기라면 내 고향이나 다를 바 없으니까요…… 둘이서 일하면 바로 형편도 필 테지요."

그러자 그녀는 얼굴이 새빨개졌다. 비록 그가 키스를 하려고 끌어안았다해도 이렇게 부끄럽지는 않았을 것이다. 이 사람은 역시 별난 사람이다. 함께 도망치자고 하다니. 그런 일은 소설이나 상류 사회에서밖에는 없는 일인데. 쳇! 내 주변에서는 남의 아내에게 추파를 던지는 노동자들도 있지만, 그들은 상대방을 생드니에조차 데리고 가지 않는다. 일은 그 자리에서, 그저 간단하게 행해지고 만다.

"아! 구제 씨, 구제 씨······." 그녀는 다른 말을 찾지 못해 중얼거렸다.

"그러니까, 우리 둘만이 되고 싶다는 겁니다." 그가 말을 계속했다. "다른 사람들이 있으면 신경 쓰입니다. 아시겠어요?······ 나는 누군가에게 애정을 느끼면 그 사람이 다른 사람들과 함께 있는 것을 볼 수가 없단 말입니다."

그러나 제르베즈는 마음의 안정을 되찾고, 분별 있는 태도로 거절했다.

"그런 짓은 못 해요, 구제 씨. 아주 좋지 못한 짓이죠······ 나는 결혼한 몸입니다. 자식도 있고요. 나 때문에 당신이 많이 괴로워하는 것도 잘 알고 있어요. 하지만 그런 짓을 한다면, 우린 후회하게 될 뿐, 아무런 즐거움도 누리지 못할 거예요······ 나도 당신을 좋아해요. 당신을 많이 좋아해서 더더욱 당신이 어리석은 짓을 하게 놔둘 수가 없어요. 그런 짓은 어리석죠, 정말····· 안 돼요. 그냥 이대로가 더 좋아요. 서로 존경하고 마음도 꼭 맞고요. 그것으로 만족해요. 덕분에 나는 몇 번이나 용기를 얻었는지 몰라요. 우리처럼 참다운 교제를 하면 언제든 좋은 보답이 있을 거예요."

그녀의 말을 들으면서 그는 고개를 끄덕였다. 그녀가 하는 말이 옳다고 생각되어 반대할 수가 없었다. 그러나 갑자기, 그는 대낮인데도 제르베즈를 두 팔로 으스러져라 끌어안으며 살을 집어삼킬 듯이 목덜미에 입을 맞추었다. 그러고는 그녀를 놓아주었다. 그 이상은 아무것도 요구하지 않았다. 더는 그들의 사랑에 대해서도 말하지 않았다. 그녀는 몸을 흔들었다. 화를 내지도 않았다. 이 작은 쾌락이 두 사람에게는 그야말로 좋은 소득이었던 것처럼 느껴졌다.

그런데 대장장이는 머리끝에서 발끝까지 와들와들 떨면서 다시 한 번 제르베즈를 끌어인고 싶은 욕망에 굴하지 않으려고 그녀로부터 떨어졌다. 그는 무릎을 꿇은 채로 손을 어떻게 처리해야 좋을지 몰라 민들레꽃을 뜯어 가지고 그것을 멀리서 바구니 속에 넌셨다. 그 주변 가득히, 햇빛에 불붙는 듯한 풀밭 속에 노란 민들레가 찬란하게 피어 있었다. 이렇게 노는 동안에 그는 조금씩 마음이 가라앉고 즐거워졌다. 쇠망치를 사용하는 일로 단련된 뻣뻣하게 굳은 손가락으로 살그머니 꽃을 꺾고 하나씩 던져서 용케도 바구니에 들어가면 순한 눈으로 활짝 웃었다. 세탁소 여주인은 죽은 나무에 기대 서서, 제재소의 요란한 소음에도 눌리지 않을 만큼 큰 소리로 말했다. 릴에서 재미있게 지내고 있는 모양인 에티엔에 대한 얘기를 하면서 두 사람이 어깨를 나란히 하고 그곳을 떠날 즈음, 제르베즈는 민들레꽃으로 가득한 바구니를 들고 있었다.

솔직히 제르베즈는 랑티에에 대해 자신의 입으로 말한 만큼 단호한 태도를 취할 수 있다고는 생각하지 않았다. 분명 그에게 손끝 하나 건드리지 못하게 하리라고 굳은 결심은 하고 있었다. 하지만 그가 다가오면 옛날처럼 겁을 먹고 그의 뜻대로 힘없이 질질 끌려다니게 되어 주위 사람들의 웃음거리가 되지나 않을까, 걱정이었다. 그러나 랑티에는 두 번 다시 그런 시도를 하지 않았다. 몇 번이나 그녀와 단둘이 있게 되었지만 얌전했다. 이번에는 아무래도 내장 가게 여자에게 마음이 있는 듯했는데, 이 여자는 마흔다섯 살이었지만 매우 젊어 보였다. 제르베즈는 구제를 안심시키려고 그에게 내장 가게 여자 얘기를 해주었다. 비르지니와 르라 부인이 그녀에게 모자장이를 칭찬하면, 그녀는 이웃 여자들이 몰려들어 랑티에를 치켜세우고 있으니 자기까지 떠받들지 않아도 좋을 것이라고 대답했다.

쿠포는 동네에 랑티에가 자신의 진정한 친구라고 떠들고 다녔다. 그리고 사람들은 그에 대해 제멋대로 얘기하고 있지만, 쿠포도 그에 대해 알 만큼은 다 알고 있으며, 자기가 옳다고 믿은 순간부터는 누가 뭐라고 지껄이든 아랑곳하지 않았다. 일요일이면 셋이서 외출을 했는데, 쿠포는 이웃 사람들에 대한 허세로 자기 앞에 아내와 모자장이가 팔짱을 끼고 걷게 했다. 그리고 조금이라도 엉뚱한 소리를 하면 몽둥이질을 하겠다는 듯 주변 사람들을 노려봤다. 물론 그는 랑티에를 조금 거만하다고 생각했으며, 책을 읽을 줄 알고 변호사처럼 말을 하기 때문에 독설과 허풍 앞에서는 유난히 새침데기라고 놀리기도 했다. 하지만 그런 점을 빼놓고선 그가 그런대로 괜찮은 녀석이라고 했다. 샤펠 거리를 샅샅이 뒤져봐도 그만한 녀석은 둘도 없다고 했다. 두 사람은 서로 이해하고 배짱이 맞는다는 말이었다. 사나이끼리의 우정이란 남녀 간의 애정보다 더 굳은 법이다.

여기서 꼭 해두어야 할 말이 하나 있는데, 그것은 쿠포와 랑티에가 한통속이 되어 먹고 마시며 흥청댔다는 사실이다. 이제 랑티에는 집 안에서 돈 냄새만 맡으면 제르베즈에게 10프랑이고 20프랑이고 꾸어댔다. 언제나 이른바 그 큰 사업이 핑계였다. 또한 돈을 꾼 날이면, 그는 쿠포를 부추겨 먼 곳에 볼일이 있다고 하면서 끌어냈다. 그리고 근처 음식점 안쪽 탁자에 마주 앉아, 집에서는 먹지 못하는 요리를 배 속에 처넣고 밀봉된 고급 포도주를 마셨다. 함석장이는 차라리 싸구려 술집에서 진탕 먹고 마시는 편이 좋았다. 그러나 차림표에서 특별 소스의 이름을 찾아내는 모자장이의 귀족적 취미에는 눈이 휘둥그레졌다. 이처럼 나약하고 이처럼 까다로운 녀석도 드물 것이다. 남프랑스에서는 모두가 그런가 보다. 그러니까 랑티에는 자극적인 음식은 전혀 좋아하지 않았고, 몸에 좋으니 어쩌니 하며 음식이 나올 때마다 잔소리를 늘어놓으면서 고기가 짜거나 맵거나 하면 바꿔 오게 했다. 문틈 바람에 대해서는 더 심했다. 그 점을 굉장히 두려워하여 문이 하나라도 열려 있으면 건물 전체를 헐뜯었다. 게다가 굉장한 구두쇠로 7, 8프랑의 식사를 하고서도 보이에게는 봉사료를 2수밖에 주지 않았다. 하지만 그런 일은 예사였다. 사람들은 그들을 보면 벌벌 떨었다. 바티뇰에서는 두 사람을 모르는 이가 없었다. 그들은 조그만 풍로에 얹어서 내놓는 캉식(式) 내장 요리를 먹기 위해서 바티뇰 큰 거리로 갔다. 몽마르트르 언덕 아래에거는, 그 근방에서 가장 맛있는 굴을 내놓는 '바르르뒤크 도시'란 음식점을 발견했다. 몽마르트르 언덕 위의 '갈레트 풍차'까지 나가보면 버터로 튀긴 토끼 고기가 있었다. 마르티르 거리에 있는 식당 '라일락'의 특별요리는 송아지 머리였다. 또한 클리냥쿠르 거리에서는 '황금 사자'와 '마로니에 두 그루' 같은 음식점에서 버터에 튀긴 콩팥 요리에 입맛을 다셨다. 그러나 왼쪽으로 돌아서 벨빌 쪽으로 가는 일이 많았고, '부르고뉴 포도'라든가 '푸른 시계판'이라든가 '카퓌생'이라든가 하는 식당에서 식사를 했다. 모두 믿을 수 있는 음식점으로 눈을 감고도 무엇이든지 주문할 수가 있었다. 이런 일은 모두 숨어서 하는 식도락으로, 이튿날 아침에 두 사람은 제르베즈가 차려내는 감자를 깨지락거리며, 자기들끼리만 통하는 말로 그 얘기를 했다. 어느 날인가는 '갈레트 풍차'의 숲으로 랑티에기 여자를 네리고 왔기 때문에, 쿠포는 후식이 나오자 두 사람을 남기고 식당을 나왔다.

물론 흥청거림과 일은 양립할 수 없었다. 그러므로 모자장이가 이 집에 들어오고부터, 그렇잖아도 상당히 게으름뱅이였던 함석장이는 연장에는 손도 대지 않게 되었다. 가난한 살림에 진저리가 나서 다시 일을 나가면, 이 모자장이란 친구는 일터까지 따라와서 줄사다리 끝에 매달리며 훈제 햄 같지 않냐고 그를 놀려대면서 한잔하게 내려오라고 소리쳤다. 언제나 이런 식이어서 함석장이는 일거리를 내던진 채, 며칠이고 몇 주일이고 연달아 마셔댔다. 오! 예컨대 굉장한 순례, 동네 모든 선술집에 대한 일제 검점, 아침에 마신 술이 점심에 깨면 저녁에 또다시 마시는 술잔치, 축제날 초롱처럼 밤이 깊어가는 줄도 모르고 거리의 마지막 촛불이 마지막 술잔과 함께 꺼질 때까지 계속되는 독한 브랜디의 순회였다! 그 모자장이 녀석은 곤드레만드레가 되도록 마시는 일이 절대로 없었다. 상대방을 취하게 만들어 놓고 내버려 둔 채, 상냥하게 웃음 띤 얼굴로 돌아갔다. 많이 취했을 때도 겉으로는 표시가 나지 않았다. 단지 그를 잘 알고 있다면, 눈이 아주 가늘어지고 여자에 대해서는 한결 더 뻔뻔스러워지는 면으로 알아챌 수 있을 뿐이었다. 함석장이는 그와 반대로 상스러워지기 시작하여, 술을 마시기만 하면 반드시 눈 뜨고 볼 수 없을 정도로 추태를 부렸다.

이리하여 11월 초순쯤의 일이었는데, 쿠포는 지독히 술을 마시며 돌아다녀, 자기에게나 남에게나 처치 곤란한 결과를 저지르고 말았다. 그 전날, 그는 일거리를 찾아냈다. 랑티에가 이번에는 아주 기특하게도 노동은 인간을 훌륭하게 한다고 떠벌이며 일하기를 권했다. 그뿐만 아니라 아침에는 램프를 켜고 일어나서, 쿠포야말로 참된 노동자라는 이름에 걸맞는 사람이라고 찬양하고서 위엄을 부리며 일터까지 따라가겠노라고 했다. 그러나 문을 연 '작은 사향고양이' 앞에 이르자, 성실하게 일하라는 격려와 축하로 브랜디에 절인 자두를, 그것도 하나만 먹자며 들어갔다. 카운터 앞 의자에는 '불고기 졸병'이 벽에 기대어 앉아 시무룩한 모습으로 담배를 피우고 있었다.

"어라! '졸병' 녀석이 한가롭게 앉아 있네." 쿠포가 말했다. "이봐, 빈둥거리고 있구먼?"

"아니, 아니야." 기지개를 켜면서 동료가 대답했다. "주인이란 자들이 도무지 지겹단 말이야…… 나는 어제 일터에서 튀어나왔지…… 어느 놈이고 모두가 방탕한 데다 건달이란 말이야……."

그리고 '불고기 졸병'은 자두가 곁든 술을 한 잔 얻어먹었다. 그는 그곳에서 긴 의자에 앉아 공짜 술을 기다리고 있었음에 틀림없다. 그런데 랑티에는 주인들을 변호하기 시작했다. 그 녀석들도 때때로 몹시 괴로울 때가 있다. 나는 사업을 해봤으니까 그런 속사정을 알 수 있다. 하지만 노동자란 족속도 결국은 건달이다! 언제나 부어라 마셔라 하며 일 따위는 뒷전에 두고, 좋은 일거리 주문을 맡아도 땡땡이를 부리고선, 돈이 없어지면 또다시 어슬렁거리며 나타난다. 나는 전에 피카르디 태생의 키 작은 녀석을 고용한 적이 있는데, 그 녀석은 마차를 몰고 다니는 일에 완전히 빠져 있었다. 그래서 일주일 치 품삯을 받으면 며칠씩 계속해서 역마차를 탔다. 도대체 그런 일이 노동자의 취미라고 할 수 있을까? 그리고 나서 랑티에는 갑자기 업주들에 대한 공격을 시작했다. 아! 나는 그 사정을 잘 알고 있다. 업주들 모두의 속사정을 줄줄이 이야기할 수 있다. 요컨대 더러운 녀석들이고, 부끄러운 줄 모르는 착취자들이며, 사람을 잡아먹는 녀석들이지. 하지만 얼마나 다행인지! 나는 발을 뻗고 잘 수가 있다. 부리고 있던 사람들에게 언제나 친구 대접을 하며, 다른 녀석들처럼 수백만장자가 되겠다는 따위는 생각지도 않았으니까.

"자, 나가세." 랑티에가 쿠포에게 소리쳤다. "성실해야지, 꾸물대다가는 늦겠어."

'불고기 졸병'은 두 팔을 흔들거리면서 두 사람과 함께 나왔다. 밖은 겨우 밝아지기 시작해서, 포장도로의 진흙이 되비치어 더러워진 새벽녘이었다. 전날 밤에 비가 내려서 아주 따뜻했다. 방금 가스등이 꺼진 뒤라, 푸아소니에르 거리는 그때까지도 집들이 늘어선 속에서 밤의 흔적이 감돌고 있었다. 그러나 거리는 파리 쪽으로 내려가는 노동자들의 둔탁한 발소리로 가득 차 있었다. 쿠포는 연장이 들어 있는 자루를 어깨에 걸머지고, 한번 우연하게 일손을 잡은 시민처럼 힘차게 걸어갔다. 그는 돌아다보면서 물었다.

"졸병, 자네 일하고 싶지 않나? 할 수 있다면 친구를 하나 데려오라고 주인이 말했는데 말이야."

"고맙네." '불고기 졸병'이 대답했다. "내 일일랑 염려 말게…… 그건 '장화' 녀석에게나 권해 보게. 녀석이 어제 어디 일자리가 없느냐고 묻더구먼…… 가만있지, '장화' 녀석 틀림없이 서기 있을 거야."

그리고 그들이 언덕길 아래로 내려가자, 정말로 '장화'가 콜롱브 영감 집에 있었다. 아침인데도 선술집은 문을 열어젖히고 가스등을 켜놓아 환했다. 랑티에는 쿠포에게 이제 10분밖에 남지 않았으니 어서 서두르라고 재촉하며 문 앞에서 기다리고 있었다.

"뭐라고! 자네가 그 부르고뉴 출신의 나귀 같은 녀석한테 간다는 건가!" '장화'가 함석장이의 애기를 듣고서 소리쳤다. "그따위 일자리에서 착취를 당하다니, 천만에! 안 돼. 나는 차라리 내년까지 굶고 있겠네…… 이보게, 자네는 거기서 단 사흘도 견디지 못할 걸세. 나는 분명히 말했네!"

"그토록 지독한 곳인가?" 불안해진 쿠포가 물었다.

"아이고! 지독하다마다…… 옴짝달싹 못한다고. 주인은 줄곧 잔소리만 퍼붓고. 그리고 예절이 어떠니 하며 주인 마누라는 우리를 술망나니 취급을 하며, 작업장 안에서는 침도 못 뱉게 한단 말이야…… 나는 첫날 저녁에 손들고 나와버렸어, 알겠나."

"알았네! 좋은 얘길 들었군. 그따위들한테서 나 역시 입에 풀칠할 생각은 없어…… 오늘 아침에는 꼴을 좀 살피러 가보겠지만, 주인 녀석이 귀찮게 굴면 먹살을 잡아서 그 녀석 마누라 위에다 엎어놓을 테니까. 보라고, 저 말굽 밑바닥 한 쌍처럼 납작하게 말일세."

함석장이는 좋은 정보를 알려준 답례로 '장화'와 악수를 나누었다. 그리고 그가 나가려 하자 '장화'가 화를 냈다. 어림없는 얘기다! 그 부르고뉴 출신 녀석 때문에, 그들이 술도 한 잔 못할까? 그래서야 사람이 사람다울 순 없지. 그 원숭이 같은 업주 녀석이 5분쯤 기다리면 될 일이 아닌가. 그래서 랑티에는 한 잔 얻어 마시기 위해 끼어들었다. 결국 네 노동자가 카운터 앞에 버티어 섰다. 그동안 뒤축이 찌그러진 구두에 때묻은 작업복 차림으로 정수리에 헌팅캡을 눌러쓴 '장화'가 자기 세상인 것처럼 큰 소리로 외치며 목로주점 안을 둘러보았다. 그리고 자기는 살아 있는 풍뎅이 샐러드를 먹었고, 죽은 고양이 고기를 씹었으니, 주정뱅이 황제이자 돼지들 왕이라고 뽐냈다.

"여보시오, 보르자*7 같은 영감!" 그는 콜롱브 영감에게 소리쳤다. "저 노란 것을 주시오. 제일 고급인 당나귀 오줌으로 말이오."

그리고 파란 뜨개옷을 입은, 얼굴색이 좋지 못한 콜롱브 영감이 유리잔 네 개에 술을 가득 따르자, 그 손님들은 술기운이 날아가기 전에 다시금 단숨에 들이켰다.

---

*7 르네상스 시대 이탈리아의 전제군주 체사레 보르자(Cesare Borgia, 1475~1507)에 빗댄 표현으로 보인다. 보르자는 권모술수에 뛰어난 냉혹한 인물.

"이게 목구멍을 지나갈 때의 기분은 어쨌든 최고지." '불고기 졸병'이 중얼거렸다.

그러나 '장화' 녀석이 재미있는 이야기를 하나 했다. 금요일에 자기가 술이 잔뜩 취해 있자니까, 친구들이 담뱃대에 회반죽 한 움큼을 채워서 자기 입에 쑤셔 넣었다고 했다. 다른 놈 같으면 녹초가 되어버렸겠지만, 자기는 등을 둥글게 하고 당당한 걸음걸이로 걸어갔노라고 뻐겨댔다.

"손님들, 한 잔 더 안 하겠소?" 콜롱브 영감이 기름진 목소리로 물었다.

"그러죠, 한 잔씩 더 주시오." 랑티에가 말했다. "이번에는 내가 내지."

이제 여자 이야기가 나왔다. '불고기 졸병'은 지난 일요일에 마누라를 몽루즈의 숙모님 댁에 데리고 갔다. 쿠포가, 이 가게에 잘 알려져 있는 샤이오 지역의 세탁부인 '인도 트렁크'의 근황을 물었다. 그곳에 있던 사람들이 술을 마시려는데 '장화'가 큰 소리로 마침 지나가던 구제와 로리외를 불렀다. 이 두 사람은 문턱까지 왔으나, 안에 들어가기를 거부했다. 대장장이는 아무것도 마시고 싶지 않았다. 사슬장이는 창백한 얼굴로 와들와들 떨면서 배달하고 있던 금사슬을 주머니 속에서 꽉 거머쥐었다. 그리고 기침을 하면서 브랜디를 한 방울이라도 마시면 금세 쓰러져 버린다고 변명을 늘어놓았다.

"이 위선자!" '장화'가 투덜거렸다. "그러면서도 숨어서는 진탕 마시겠지."

그러고 나서 그는 술잔을 코에 갖다 대더니 콜롱브 영감에게 소리쳤다. "이 형편없는 늙은이, 술병을 바꿔치기 했구먼!…… 나를 속이려 해봤자 소용없다고!"

해는 높이 떠 있었다. 흐릿한 햇빛이 목로주점을 환하게 밝혀주었기 때문에 주인이 가스등을 껐다. 그리고 쿠포는 술을 못 먹는 매부를 용서해 주었다. 마시지 못해도 그건 그의 죄가 아니다. 마시고 싶지 않아서 다행이라며 구제의 변명까지 인정해 줬다. 그리고 일하러 가겠다고 했다. 그러자 랑티에가 신사인 척하면서 그에게 설교를 했다. 도망칠 작정이면 그 전에 한 잔쯤 내는 법이며, 일하러 가기 위해서일지라도 친구를 내버려 두고 가면 비겁한 짓이라고 했다.

"일, 일 하면서 언제까지 우리를 귀찮게 할 셈이냐!" '장화'가 소리쳤다.

"그렇다면, 이건 당신이 내는 거죠?" 콜롱브 영감이 쿠포에게 물었다.

쿠포가 자기가 낼 술값을 치렀다. 그러나 '불고기 졸병'이 술값을 낼 차례가 되자 그는 몸을 굽히고 영감의 귓전에 소곤거렸다. 영감은 천천히 고개를 내저으며 거절했다. 일이 어떻게 되어가는지를 알아차린 '장화'가 또다시 영감에게 욕설을 퍼부었다. 뭐라고! 형편없는 영감. 친구에게 그런 짓을 하다니 정말! 술 꾼이라면 으레 외상이지! 설마하니 모욕을 받으려고 일부러 술집에 오려고! 주인은 태연하게 카운터 앞에 버티고 서서 그 가장자리에 큰 두 주먹을 짚고, 몸을 좌우로 흔들며 친절하게 되풀이하여 말했다.

"이분에게 돈을 꿔주시오. 그 편이 더 간단하겠습니다."

"빌어먹을! 좋소, 내가 꾸어주지." '장화'가 소리 질렀다. "이봐 졸병, 이 악당 녀석 얼굴에 술값을 던져줘!"

그러고 나서 '장화'는 아까부터 어깨에 연장 주머니를 걸머진 채 서 있는 함석장이에게 화가 나서 쿠포를 바라보며 말했다.

"자네는 유모 같군. 아기를 좀 내려놓지그래. 그러다 곱사등이가 되겠어."

쿠포는 잠시 망설였다. 그러고 나서 깊이 생각한 끝에 결심이 선 것처럼 조용히 연장 주머니를 바닥에 내려놓고 말했다.

"시간이 너무 늦었어. 부르고뉴 녀석에겐 점심이나 먹고 나서 가야겠다. 여편네가 복통이 나서 그랬다고 하면 되겠지…… 이봐요, 콜롱브 영감, 연장을 이 걸상 밑에 좀 둡시다. 점심때 가지러 올 테니 말이오."

랑티에는 고개를 끄떡이며 그 타협에 찬성했다. 사람은 노동을 해야 한다. 그것은 의심의 여지가 없다. 다만 친구와 함께 있을 때는 의리가 앞선다. 실컷 먹고 마시고 싶은 생각이 조금씩 고개를 들어, 네 사람 다 몸이 쑤시는 듯 손이 무거워져서 서로서로 상대방을 살펴보고 있었다. 그리고 앞으로 다섯 시간은 건들거리며 놀 생각을 하니 갑자기 즐거워져 떠들어대기 시작했다. 서로 어깨를 두들기고 상대방의 얼굴을 바라보며 우정 어린 얘기를 했다. 특히 쿠포는 무거운 짐을 벗고는 생기가 나, 다른 사람들을 보고 "내 옛 친구여!" 하고 불러댔다. 모두 다시 한 잔씩 마시고, 당구대가 하나 있는 술집, '코를 훌쩍이는 벼룩'으로 내려갔다. 그 술집은 별로 깔끔하지 못해서 모자장이는 한순간 실망한 표정을 지었다. 거기서는 싸구려 증류주 1리터에 1프랑, 두 컵짜리 반 리터에 10수였다. 단골손님들이 당구대를 몹시 더럽혀 놓았기 때문에 당구공이 그대로 달라붙어 있었다. 그러나 한바탕 승부가 시작되자, 큐를 멋지게 쓰는 랑티에는 기분이 좋아서 윗몸을 쭉 펴고 공을 때렸다.

점심때가 되자, 쿠포가 문득 생각난 듯이 발을 구르며 소리쳤다.

"'소금 주둥이'를 잡으러 가자. 내가 녀석이 일하고 있는 곳을 알고 있으니까…… 루이 아주머니 집으로 병아리 다리를 먹으러 그 녀석을 데리고 가잔 말이다."

그 생각은 모두에게 환영을 받았다. 그렇다, 술꾼 '소금 주둥이'는 분명히 병아리 다리를 먹을 필요가 있을 것이다. 그들은 출발했다. 거리는 노랗게 밝아졌고, 가랑비가 내리고 있었다. 그러나 그들은 이미 속이 후끈하게 달아올랐기 때문에 팔다리가 조금 젖는 것쯤은 느끼지도 못했다. 쿠포는 그들을 마르카데 거리의 볼트 공장으로 데리고 갔다. 그들은 점심때의 휴식 시간보다 반 시간이나 일찍 도착했기 때문에 함석장이가 심부름꾼 아이에게 20수를 주고, '소금 주둥이'에게 부인이 편찮으니 곧 돌아와 달라는 쪽지를 갖다주게 했다. 대장장이는 맛있는 음식 냄새를 맡았는지, 몸을 건들거리면서 점잖은 태도로 곧장 나타났다.

"야! 주정뱅이들인가!" '소금 주둥이'는 문 뒤에 숨어 있는 그들을 발견하자 그렇게 외쳤다. "그럴싸한 냄새가 나더라니까…… 그런데? 뭘 먹지?"

루이 아주머니 집에서 닭다리를 뜯으면서 그들은 또다시 업주들을 욕했다. 술꾼 '소금 주둥이'의 말에 의하면 자기 일터에서는 지금 급한 주문이 들어온 참이라고 했다. 오! 그 원숭이 같은 주인 녀석은 15분쯤은 문제도 삼지 못한다. 작업 시작 신호에 늦어도 별문제가 없고, 녀석은 얌전하다. 그가 돌아오기만 하면 틀림없이 고마워할 테니까. 먼저 주인이 '소금 주둥이'를 쫓아낼 위험은 없다. 이 정도 솜씨를 가진 자를 찾아내지는 못할 테니까. 닭다리를 먹고 나서 그들은 오믈렛을 먹었다. 저마다 포도주를 1리터씩 마셨다. 루이 아주머니는 오베르뉴에서 술을 가져오고 있었는데, 그것은 칼로 베었을 때 나는 핏빛 포도주였다. 차츰 모두들 흥겨워져서 활기를 띠었다.

"그 원숭이 같은 주인 녀석은!" 후식이 시작되자 '소금 주둥이'가 소리쳤다. "그 녀석이 작업장에 종을 달아맬 생각을 했단 말이야. 종이라니, 흥, 노예도 아닌데…… 빌어먹을! 오늘도 그 종이 울리겠지! 그따위가 울린다고 모루로 끌려가다니! 시난 낫새 동안 나는 뼛골이 닳도록 일해 왔지만, 그따위 녀석의 집에서 쫓겨나도 난 괜찮아…… 잔소리만 해봐라, 그냥 두지 않을 테니."

"나는 말이야." 쿠포가 정색을 하고 말했다. "난 먼저 가야겠네. 가서 일을 해야겠어. 실은 마누라한테 맹세를 했거든…… 재미들 보게나. 친구들하고 함께 놀고 싶은 마음은 태산 같지만 말일세."

다른 친구들이 놀려댔다. 그러나 쿠포의 결심이 굳은 것 같아서, 그가 콜롱
브 영감 집으로 연장을 찾으러 간다고 하자, 모두들 그를 따라나섰다. 그가 의
자 밑에서 연장 주머니를 집어 자기 앞에 놓았을 때 그들은 마지막 술잔을 비
우고 있었다. 1시가 되었는데도 그들은 아직 술을 주거니 받거니 하고 있었다.
그러자 쿠포는 짜증 난 표정으로 연장을 또다시 의자 밑에 놓았다. 친구들이
몹시 신경 쓰여서, 카운터 가까이에 다가서며 아무래도 거기에 기대서지 않
을 수 없었다. 너무나 어리석은 짓이다. 부르고뉴 녀석한테는 내일 가보기로 하
자. 품삯 문제로 논의를 하고 있던 다른 네 사람은, 함석장이가 별안간 다리가
저리니 운동 삼아 잠시 거리를 한 바퀴 돌자고 제안했을 때 별로 놀라지 않
았다. 비는 멈추어 있었다. 이 짧은 산책은 한 줄로 서서 팔을 흔들며 200걸음
쯤 걷고는 끝났다. 바깥 공기가 매우 차서 몸이 움츠러들자, 밖에 있기가 싫어
진 그들은 말 한 마디 없이, 팔꿈치로 서로 툭툭 찌르는 일도 없이 본능에 따
라 천천히 푸아소니에르 거리를 올라가서 프랑수아네 가게로 포도주를 마시
러 들어갔다. 진정 마음을 가라앉히기 위해서는 그것이 필요했다. 거리는 너무
나 우울했고, 경찰조차 서성대지 않을 정도의 진창이었다. 랑티에는 친구들을
작은 방으로 밀어 넣었다. 그곳은 탁자 하나만 놓여 있는 좁은 구석으로, 반투
명 유리 칸막이로 홀과 나뉘어져 있었다. 그는 보통 이런 작은 방에서 곤드레
가 되었었다. 그러는 게 더 마음 편했기 때문이다. 다른 친구들도 모두 그렇지
않을까? 자기 집에 있는 기분이며, 거리낄 것 하나 없이 잠도 잘 수 있을 것이
다. 그는 신문을 가져오게 하여 방 가득히 펼쳐 놓고 눈살을 찌푸리며 쭉 훑어
보았다. 쿠포와 '장화'는 트럼프 놀이를 시작했다. 술병 두 개와 유리잔 다섯 개
가 탁자에 널려 있었다.

"어때? 신문에 뭐 좋은 거라도 나 있나?" '불고기 졸병'이 모자장이에게 물
었다.

랑티에는 바로 대답하지 않았다. 그러고 나서 눈도 들지 않고 말했다.

"나는 의회를 지지하네. 공화주의자들은 아무런 가치도 없지. 정말 게으름뱅
이란 말이야, 그 좌파들은! 달콤한 말이나 듣자고 민중이 그들을 뽑은 게 아
니야!…… 민중은 신을 믿고 있지. 그리고 이따위 형편없는 대신들을 떠받들어
주고 있단 말일세! 만일 내가 뽑힌다면 난 연단에 올라가서 이렇게 말해 줄 걸

세. '빌어먹을 놈들아!' 그래, 더 말할 것도 없지. 그것이 바로 내 의견일세!"

"언젠가 밤에, 바댕그가 신하들이 보고 있는 가운데 그 마나님과 서로 주먹다짐을 했다지 뭔가."'소금 주둥이'가 말했다. "맹세코 거짓은 아니지! 그것도 하찮은 일로 그런 모양이야. 바댕그가 좀 취했었거든."

"귀찮다니까, 그따위 정치 얘기는 그만두라고!" 함석장이가 소리쳤다. "살인 사건 기사나 읽어주게. 그게 훨씬 재미있지."

그리고 트럼프로 되돌아가서, 같은 패의 7, 8, 9 석 장과 퀸 석 장을 뒤집어 보이면서 떠들어댔다.

"나는 하수구 석 장과 숫처녀 석 장을 가졌어…… 언제나 나에게는 치맛자락이 붙어 다닌단 말이야."

모두들 술잔을 비웠다. 랑티에가 큰 소리로 읽기 시작했다.

"끔찍한 범죄가 가이용(센에마른) 마을에서 공포를 자아냈다. 아들이 30수를 훔치기 위해 아버지를 삽으로 때려 죽였다……."

모두들 공포의 외침을 질렀다. 그런 놈이 목이 잘려 죽는다면 기꺼이 그들은 구경을 갈 것이다. 아니다, 단두대만으로는 충분치 못하다. 산산조각을 내어 죽여버려야 한다. 영아 살해 사건도 매한가지로 그들을 분노케 했다. 그러나 모자장이는 제법 도덕가처럼 여자를 변호하며 죄는 모두 그 여자를 유혹한 남자에게 있다고 했다. 결국 그 난봉꾼이 그 불행한 여자에게 어린애를 갖게 하지 않았다면 여자는 어린애를 변소에 던져 넣지 않아도 됐을 게 아닌가. 모두를 열광시킨 것은 T……후작의 무용담이었다. 새벽 2시쯤에 무도회에서 돌아오는 길에, 후작은 앵발리드 거리에서 깡패 세 놈에게 습격을 당해 그들과 싸웠다. 후작은 장갑도 안 벗고, 처음 두 악당의 배를 머리로 들이받아 쫓아버린 다음, 세 번째 놈의 귀를 잡아 끌고 파출소까지 갔다. 뭐라고? 대단한 힘이다! 다만 그 친구가 귀족이라는 게 마음에 들지 않았다.

"자, 이제 잘 들어보게." 랑티에가 계속했다. "상류 사회 소식이야. 브레티니 백작 부인은 맏딸을 황제 폐하의 부관인 젊은 발랑세 남작에게 시집보낸다. 그 꽃바구니 장식의 레이스 값만 해도 30만 프랑 이상이……."

"그게 우리와 무슨 상관이 있어!"'불고기 졸병'이 말을 가로막았다. "그들의 속옷 색깔을 알아서 뭘 하겠다는 건가…… 그 계집애가 아무리 레이스를 가지고 있다고 해도, 사내를 알게 되는 것은 보통 여자들과 다를 게 없지 않은가."

랑티에가 그 기사를 다 읽으려고 하자, '소금 주둥이'가 신문을 빼앗아 엉덩이 밑에 깔고 이렇게 말했다.

"아! 됐어, 그만둬!…… 녀석 열을 올리는군…… 신문은 이런 데 쓰는 거야."

그러는 동안 그의 트럼프를 바라보고 있던 '장화'가 기세등등하게 탁자를 두드렸다. 93점을 따내었다.

"자, 공화국 대혁명*8이다." 그가 외쳤다. "암소 풀이 낀 연속 번호 다섯 장…… 20점, 맞지?…… 그리고 유리 장수 장교가 석 장, 이것으로 23점. 거기다 황소 셋이니까 26점, 종놈 셋이면 29점, 애꾸눈 셋이니까 92점…… 그리고 공화력 1년으로 93점이다."*9

"여보게, 자네가 털렸네." 다른 친구들이 쿠포에게 소리쳤다.

그들은 또다시 포도주 2리터를 주문했다. 이제는 술잔이 비어 있을 사이가 없었으며, 취기가 돌았다. 5시쯤 되자 술자리가 문란해져서, 랑티에는 입을 다물고 도망쳐 나갈 궁리를 했다. 모두들 고래고래 소리치며 술을 바닥에 마구 뿌려대자, 랑티에는 견딜 수 없었다. 마침 그때, 쿠포가 주정뱅이의 십자는 이렇게 긋는 것이라며 벌떡 일어섰다. 머리에서는 몽페르나스, 오른쪽 어깨에서는 메닐몽트,*10 왼쪽 어깨에서는 쿠르티유, 배 한복판에서는 바뇰레, 명치에서는 토끼 튀김을 세 번 외었다. 그래서 모자장이는 이 동작 때문에 모두들 왁자지껄 떠들어대고 있는 틈을 타서 살그머니 도망쳐 나왔다. 친구들은 그가 떠난 것을 눈치채지 못했다. 그도 상당히 취해 있었다. 그러나 밖에 나와서 몸을 추스르자 당장에 말끔히 깨어났다. 그는 조용히 가게에 돌아와서 쿠포는 친구들과 함께 있다고 제르베즈에게 알려주었다.

이틀이 지났다. 그런데도 함석장이는 나타나지 않았다. 그는 온통 거리를 비틀거리며 돌아다녔다. 그가 어디에 있는지 아무도 몰랐다. 바케 아주머니 집에 있었다고 하는 사람이 있는가 하면, '나비' 기침하는 꼬마에서 보았다는 사

---

*8 1789년 7월부터 1794년 7월에 걸쳐 일어난 프랑스의 시민혁명 가운데, 루이 16세를 처형하고 공포정치를 시작한 1793년을 일컬음.

*9 '암소 풀'은 클로버 에이스, '유리 장수 장교'는 다이아몬드 스트레이트, '황소'는 킹, '종놈'은 잭, '애꾸눈'은 에이스를 뜻한다. 그리고 '공화력'은 1973년 국민공회가 그레고리력을 폐지하고 개정한 달력으로, 1792년 9월 22일을 원년으로 함.

*10 '몽페르나스'는 파리 남부 지역인 몽파르나스를, '메닐몽트'는 파리 교외 벨빌의 한 구역인 메닐몽탕을 잘못 말한 것임.

람도 있었다. 그리고 그가 혼자였다고 하는 사람이 있는가 하면 일고여덟 명의 주정뱅이들과 함께 있었다는 사람도 있었다. 제르베즈는 체념한 것처럼 어깨를 추켜올렸다. 맙소사! 정말 좋지 못한 버릇이 생긴 것이다. 그녀는 남편을 쫓아다니지는 않았다. 그러기는커녕 그녀는 술집에서 그를 보아도 화나지 않게 하기 위해 멀찌감치 피해서 돌아갔다. 그리고 밤이 되면 그가 돌아오기를 기다리며, 혹시나 그가 문 앞에서 코라도 골고 있지나 않을까, 하여 귀를 기울이곤 했다. 쿠포는 쓰레기 더미, 벤치 위, 빈터, 개울 둔덕 등 아무 데서나 잤다. 이튿날이 되면, 술이 깨지 않은 채로 또다시 거리를 나돌며 여기저기 술집 문을 두들기고는 미친 듯이 마셔댔다. 조그만 유리잔들과 크고 작은 술병 속에서 친구들과 엇갈리고 만나고 하며 근처를 두루 여행하고 다니다가는 멍청한 모습으로 돌아왔다. 거리가 춤추는 것처럼 보이고, 날이 저물든지 날이 새든지 그저 술이나 마시고 곤드레만드레가 될 생각밖에는 없었다. 취해서 뻗어버려야 끝이 났다. 그러나 제르베즈는 이틀째가 되자 콜롱브 영감의 목로주점으로 형편을 살피기 위해 가보았다. 그는 다섯 번 모습을 나타냈으며 그 이상은 모르겠다고 했다. 그녀는 의자 밑에 남겨져 있는 연장 주머니만을 가지고 돌아올 수밖에 없었다.

저녁이 되자 랑티에는 지루해하는 세탁소 여주인을 보고, 카페 콩세르로 안내할 테니 심심풀이로 가보지 않겠냐고 제안했다. 그녀는 처음에는 도저히 웃을 기분이 아니라고 거절했다. 이런 일이 없었더라면 제르베즈도 싫다고는 하지 않았으리라. 왜냐하면 모자장이는 매우 진지한 태도로 말했고, 어떤 속셈이 있어 보이지는 않았기 때문이다. 랑티에는 제르베즈의 불행을 동정하고 있는지 마치 아버지처럼 굴었다. 지금까지 쿠포가 이틀 밤이나 연달아 외박한 일은 한 번도 없었다. 그래서 그녀는 자기도 모르는 사이에 다리미를 든 채, 10분마다 문간에 다가서서 남편이 돌아오지 않나 하고 밖을 살펴보았다. 그녀의 말에 의하면 다리가 저리고 근질근질해서 가만히 있을 수가 없었다. 분명히 쿠포는 팔다리가 부러졌거나 마차에 깔려서 쓰러져 있을 것이다. 그렇다면 그녀에게는 정말 골치 아픈 일이 사라지는 셈이다. 그따위 고약한 남자에 대하여 자신의 가슴에 아직도 조금이나마 애정이 남아 있다고는 생각하고 싶지 않았다. 그러나 과연 그가 돌아올지 아닐지, 마냥 애를 태우는 것도 못 견딜 노릇이었다. 그래서 가스등이 켜질 무렵, 랑티에가 또다시 카페에 가자고 하자 그녀는

는 승낙해 버리고 말았다. 아무튼 남편이 사흘 전부터 주책없이 마시고 다니는데, 심심풀이를 거절하다니 너무나 어리석은 것같이 생각되어서였다. 남편이 돌아오지 않으니 그녀 또한 외출할 수 있지 않은가. 집에 불이라도 났으면 좋으련만. 시장까지도 불을 질러버리고 싶었다. 그토록 그녀는 지금의 생활이 지겨워지기 시작했던 것이다.

급하게 저녁 식사를 마쳤다. 제르베즈는 8시에 모자장이와 팔짱을 끼고 나가면서 쿠포 어머니와 나나에게 바로 자라고 일렀다. 가게는 이미 닫혀 있었다. 그녀는 안마당으로 통하는 문으로 빠져나가서, 보슈 부인에게 열쇠를 맡기고, 만일 자기 남편이 돌아오면 미안하지만 그를 재워달라고 부탁했다. 모자장이는 단정한 옷차림으로 휘파람을 불면서 출입문에서 기다리고 있었다. 그녀는 비단 드레스를 입고 있었다. 두 사람은 꼭 붙어서, 조용히 보도를 걸어갔다. 미소를 띠고서 작은 소리로 이야기하며 걸어가는 두 사람의 모습이 거리에 늘어선 상점에서 흘러나온 불빛을 받아 또렷이 드러나 보였다.

카페 콩세르는 로슈슈아르 거리에 있는 오래된 작은 카페로, 안마당에 판자로 증축한 임시 건물이었다. 출입문에는 유리알을 꿰어 만든 장식등이 있어 문이 환하게 비쳐 보였다. 긴 광고지를 붙인 널빤지가 세워져 있었는데 그 광고지는 얕은 도랑에 닿을락 말락 했다.

"여기요." 랑티에가 말했다. "오늘 밤, 유행 가수 아망다 양이 데뷔한답니다."

그러나 그는 자기와 마찬가지로 광고지를 읽고 있는 '불고기 졸병'을 보았다. 그 전날 누구에게 얻어맞기라도 했는지 한쪽 눈언저리에 멍이 들어 있었다.

"이런! 그러면 쿠포는?" 모자장이는 주위를 둘러보면서 물었다. "쿠포와는 헤어졌단 말인가?"

"오! 오래전에 헤어졌지. 어제 말야." 상대방이 대답했다. "바케 아주머니 집을 나오면서 주먹다짐이 벌어졌었어. 나는 주먹질은 좋아하지 않거든. 바케 아주머니 집의 보이가 술 한 병 값을 두 번씩이나 받으려 한 것이 원인이었지⋯⋯ 그래서 난 슬그머니 피해서 잠깐 자러 갔어."

그는 아직도 하품을 했다. 열여덟 시간이나 잠을 잤는데도 말이다. 게다가 취기도 가셨는데 멍청한 표정으로 있었고, 낡은 저고리는 보풀투성이였다. 옷을 입은 채로 잔 모양이었다.

"그런데 내 남편이 어디 있는지 모르세요?" 세탁소 여주인이 물었다.

"몰라요, 전혀…… 그가 바케 아주머니 집을 나온 게 5시였죠. 참, 그렇군!……아마도 그는 거리를 내려가고 있었던 것 같은데요. 아니, 어떤 마부하고 '나비'로 들어가는 것을 내 눈으로 분명히 봤어요…… 아! 정말 바보예요, 그 녀석은! 할 수 없는 녀석이지!"

랑티에와 제르베즈는 카페 콩세르에서 아주 즐겁게 저녁을 보냈다. 11시에 가게 문이 닫히자, 두 사람은 서두르지도 않고 산책하듯이 집으로 돌아갔다. 찬 공기가 살갗에 스며들어 사람들은 삼삼오오 떼를 지어 걸었다. 남자들이 곁에서 장난질을 치는 바람에 나무 밑 어둠 속에서 허리를 잡고 웃는 여자도 있었다. 랑티에는 아망다 양이 부른 노래 가운데 하나인 〈콧속이 간지러워요〉를 흥얼거렸다. 제르베즈는 얼빠진 채 취한 모양새로 후렴을 되풀이하여 불렀다. 무척이나 몸이 화끈거렸다. 게다가 조금 전에 마신 술 두 잔과 자욱한 담배 연기, 많은 사람들의 냄새로 가슴이 뛰고 있었다. 특히 아망다 양의 인상이 강하게 남았다. 사람들 앞에서 그렇게 벌거벗다니, 그녀는 도저히 할 수 없는 일이다. 하지만 당연하지 않은가. 그 여자는 사람을 반하게 하는 피부를 가졌으니까. 그리고 제르베즈는 랑티에가 그 여자에 대하여 자세하게 설명하는 말을 들었던 기억이 났다. 랑티에는 그 여자의 갈비뼈를 하나하나 세어본 듯 말했다. 그리고 제르베즈는 관능적인 호기심을 불태우며 그의 말에 귀를 기울였었다.

"모두들 자고 있군요." 제르베즈는 세 번이나 초인종을 눌러도 보슈 부부가 문을 열어주지 않자 그렇게 말했다.

문이 열렸다. 그러나 현관은 어두웠다. 열쇠를 돌려받으려고 관리실 창문을 두드리자, 관리인 마누라가 졸던 눈으로 뭐라고 소리쳤으나, 제르베즈는 바로 알아들을 수가 없었다. 경찰 푸아송이 곤드레만드레가 된 쿠포를 데리고 왔다는 말, 그리고 열쇠는 열쇠 구멍에 꽂혀 있을 것이라는 말을 간신히 알아들을 수 있었다.

"이게 뭐야!" 두 사람이 안으로 들어서자 랑티에가 중얼거렸다. "그 녀석이 도대체 여기서 뭘 했지? 냄새가 정말 고약한데."

정말 고약한 냄새가 났다. 제르베즈가 성냥을 찾으려고 걸어가자 발이 젖었다. 겨우 초 한 자루를 찾아 불을 켜고 보니 그들 앞이 엉망진창인 상태였다. 쿠포가 위장 속의 것을 모두 토해 내어 방 안이 오물투성이였다. 침대는 흠뻑 더러워졌고, 양탄자도 마찬가지였으며 서랍장에도 오물이 튀어 있었다. 게다가 쿠포는 푸아송이 눕혔을 침대에서 굴러떨어져 오물 한가운데서 코를 골고 있었다. 돼지처럼 나동그라져서 길게 뻗어 있던 그의 딱 벌어진 입에서는 고약한 냄새가 풍겼고 머리 주위에 퍼진 늪을 이미 반백이 된 머리카락이 쓸고 있는 것처럼 보였다.

"아! 돼지 같군! 돼지!" 제르베즈는 화가 버럭 나서 거듭 소리쳤다. "온통 다 더럽혀 놓았어…… 개라도 이러지는 않을 거야. 죽은 개가 훨씬 더 깨끗할 거야."

두 사람 다 몸을 움직일 수가 없었다. 발 둘 데가 없었다. 함석장이가 이토록 취해 돌아온 일은 없었으며, 또한 이토록 방 안을 더럽힌 일도 없었다. 그러므로 이런 광경은 아직 그에 대해 남아 있는 아내의 애정에 가차 없는 주먹을 날리고 말았다. 예전에는 그가 거나하게 취하여 돌아와도, 그녀는 상냥하게 맞이하고 싫은 얼굴을 보이지 않았다. 그러나 이번에는 너무 지나쳐서 참을 수가 없었다. 그녀는 속이 메스꺼웠다. 핀셋으로조차 그를 집기 싫을 정도였다. 이 더러운 남자의 살이 자기 살에 닿는다는 생각만으로도, 몹쓸병으로 죽은 시체 옆에서 함께 자라는 당부를 받은 것처럼 온몸이 오싹했다.

"하지만 잠은 자야겠고." 제르베즈가 중얼거렸다. "거리로 나가서 잘 수도 없으니…… 아! 차라리 그의 몸을 넘어가야지."

그녀는 주정뱅이의 몸을 넘어가면서 오물에 미끄러지지 않으려고 서랍장 모퉁이를 잡아야 했다. 쿠포는 침대 앞을 완전히 가로막고 있었다. 그러자 랑티에는 그녀가 오늘 밤 그녀 침대에서 잘 수 없다는 것을 눈치채고, 씽긋 웃음을 띠며 그녀의 손목을 잡고 나지막하고도 열띤 목소리로 말했다.

"제르베즈…… 이봐, 제르베즈……."

그런데 제르베즈는 그 뜻을 알아차리고 격렬하게 손을 뿌리치며, 옛날처럼 친근한 말투로 말했다.

"안 돼요, 놔줘요…… 제발, 오귀스트. 당신 방으로 돌아가 줘요…… 난 괜찮아요. 침대로 올라가 보겠어요……."

"자, 제르베즈, 어리석은 짓은 하지 마." 랑티에가 되풀이해서 말했다. "지독한 냄새야. 못 견딜 거라고…… 자, 뭘 두려워하지? 이 녀석은 모른단 말이야, 자!"

그녀는 저항했다. 강하게 머리를 내저으며 싫다고 했다. 너무나 당황한 그녀는 거기서 자겠다는 의지를 보이고자 비단 드레스를 벗어 의자에 내던지고서 재빠르게 새하얀 속옷과 속치마 차림이 되어 목덜미와 두 팔을 드러내 놓았다. 침대는 그녀의 것이다. 그렇지 않은가? 제르베즈는 그녀의 침대에서 자고 싶었다. 그녀는 두 번이나 되풀이해서, 깨끗한 구석을 찾아내더니 그 속으로 기어 들어갔다. 하지만 랑티에는 단념하지 않고, 그녀의 허리를 끌어안고서, 욕정에 불을 붙이려고 속삭였다. 아! 그녀는 옴짝달싹 못하게 되었다. 앞에서는 남편이 늘어져서, 얌전하게 이불 속으로 들어가는 것을 방해하고, 뒤에서는 비열하기 짝이 없는 사내가 그녀의 불운을 기회로 다시 한 번 자기 것으로 만들려고 노리고 있다! 모자장이가 목소리를 높였기 때문에 그녀는 입을 다물어 달라고 애원했다. 그리고 나나와 쿠포 어머니가 자고 있는 작은 방 쪽으로 귀를 기울였다. 딸과 노파는 잠이 푹 들었는지 잠결에 내는 숨소리가 크게 들려왔다.

"오귀스트, 날 놔줘요. 다들 깨잖아요." 그녀는 두 손 모아 애원했다. "분별이 있어야죠. 다음에 딴 곳에서…… 여기서는 안 돼요. 딸 앞에선 안 된단 말이에요……."

그는 이제 말을 하지 않았다. 오직 싱글거리고만 있었다. 그리고 느긋이 그녀의 귀에 입을 맞추었다. 옛날에 키스로 짓궂게 굴며 그녀를 몸달게 했던 요령이었다. 그러자 그녀는 온몸에 힘이 빠지고 나른해져, 심하게 귀가 울리고, 큰 전율이 몸속에서 달음박질하는 기분이었다. 그래도 그녀는 한 발자국 앞으로 나섰다. 그리고 또다시 뒷걸음질을 하지 않을 수 없었다. 어떻게 할 수가 없었다. 구역질이 날 것 같았다. 악취가 너무나 심해서 그녀도 깔개에다 토를 할 것 같았다. 쿠포는 침대에 편안하게 누워 있는 듯이 취해 쓰러져, 손발은 죽은 사람처럼 내던지고 입은 일그러진 채 연일 계속된 취기를 삭이고 있었다. 동네의 모든 사내들이 들어와서 그녀를 껴안아도 그는 몸뚱이의 털 하나 꼼짝 못할 것이다.

"'할 수 없지." 그녀는 중얼거렸다. "이건 그이 살못이니까. 나는 어쩔 수 없어…… 아! 어쩌면 좋지! 그이 때문에 침대에서 쫓겨나서 난 잘 곳이 없어…… 그래, 난 어쩔 수 없어, 그이 잘못이니까."

그녀는 와들와들 떨었다. 정신이 없었다. 그리고 랑티에가 그녀를 자기 방으로 밀고 가는 동안, 나나의 얼굴이 작은 방 문의, 유리를 끼운 칸막이 뒤에 나타났다. 잠에서 깨어 살그머니 일어난 소녀는 속옷 바람으로, 졸려서 창백한 얼굴을 하고 있었다. 소녀는 자기 아버지가 토해 낸 오물 속에 딩굴고 있는 것을 바라보았다. 그러고 나서 얼굴을 유리에 갖다 댄 채, 어머니의 속치마가 맞은편 다른 남자의 방으로 사라져 가는 모습을 지켜보았다. 몹시 진지한 표정이었다. 그 악습에 젖은 듯한 어린이의 커다란 눈은 관능적인 호기심으로 반짝였다.

제9장

그해 겨울에 쿠포 어머니는 호흡 곤란 발작을 일으켜 하마터면 죽을 뻔했다. 해마다 12월이 되면, 그녀는 으레 천식으로 이삼 주 동안 자리에 누웠다. 그녀는 이제 열다섯 살도 아니며 성(聖) 앙투안 축제일에는 일흔셋이 된다. 게다가 살은 뚱뚱하게 쪘지만, 무척이나 허약해서 조그만 일에도 숨을 헐떡였다. 의사는 이 노파가 기침을 하면서 "잘 자거라, 잔통, 촛불이 꺼졌다!" 소리치는 동안에 세상을 떠나리라고 말하곤 했다.

침대에 누워 있을 때 쿠포 어머니는 옴이 오른 것처럼 다루기 힘든 상태가 됐다. 확실히 그녀가 나나와 함께 자는 작은 방은 기분 좋은 점이라고는 하나도 없었다. 손녀딸 침대와 그녀의 침대 사이에는, 꼭 의자 두 개가 들어갈 자리밖에 없었다. 빛바랜 회색 벽지가 너덜너덜 떨어져서 매달려 있었다. 천장 가까이 있는 둥근 채광창은 지하실처럼 스산하고 희미한 햇빛을 내려보냈다. 이런 곳에 있자면 누구나 늙어버리고 말리라. 숨 쉬기가 곤란한 사람에게는 더더욱 그렇다. 밤에 잠이 안 올 때면, 그녀는 손녀딸의 잠든 숨소리에 귀를 기울였고, 그러면 그런대로 심심풀이가 되었다. 그런데 낮 동안은 아침부터 밤까지 상대해 주는 사람이 없었기 때문에 침대에서 엎치락뒤치락하면서 울고 불평을 하며 몇 시간씩 혼자서 투덜거렸다.

"맙소사! 난 얼마나 불행한지 몰라!…… 아, 나는 얼마나 불행한가!…… 감옥이란 말이야. 그래, 쟤들이 나를 이런 감옥에서 죽게 하려는 거야!"

그리고 비르지니든 보슈 부인이든 누군가 그녀를 찾아와서 상태를 물으면, 그녀는 대답도 하지 않고 곧장 자주 뇌까리던 불평을 터뜨렸다.

"아! 비싸다니까, 내가 여기서 머는 뼹이 밀이야! 아냐, 남의 집에서라도 이렇게 괴롭진 않을 거야!…… 글쎄, 내가 탕약을 한 잔 부탁하면, 세상에! 주전자에 가득 담아 가져오지 뭐야. 내가 많이 마신다고 비난하는 거지…… 나나도 마찬가지야. 내가 길러준 아이인데, 아침에 맨발로 뛰쳐나가서는 하루 종일 보이지도 않아. 나한테서 고약한 냄새라도 난다는 식이지. 그러면서도 밤에는 쿨 쿨 잘 자고, 단 한 번도 깨어나서 내가 어떤지 물어보는 일도 없다니까…… 그 러니까 나는 이 집에서 성가신 존재이지. 모두들 내가 거꾸러지기를 기다리고 있어. 오! 내가 바로 그렇게 해주지. 나에게는 이제 아들도 없어. 저 방탕한 세 탁부 여자가 훔쳐가 버렸어. 그 여자는 법이 무섭지만 않으면 나를 때려죽일 거야."

사실 제르베즈는 때때로 좀 거친 태도를 보였다. 세탁소는 잘 안 되었고, 모 두들 짜증이 나서 툭하면 고함을 쳤다. 쿠포는 숙취로 머리가 무거웠던 어느 날 아침 이렇게 소리를 질렀다. "저 할망구는 늘 죽겠다고 하면서, 도무지 죽지 를 않아!" 이 말은 쿠포 어머니의 가슴에 못을 박았다. 부부는 어머니한테 돈 이 많이 든다고 하면서, 그녀가 없으면 살림이 한결 나아질 것이라고 무심코 말했다. 사실상 노파도 해서는 안 될 행동을 했다. 맏딸인 르라 부인을 만나면, 청승맞게 울면서 아들과 며느리가 자기를 굶겨 죽이려 한다고 악담을 늘어놓 는데, 그것은 오직 딸한테서 20수짜리 동전을 하나 얻어내려는 속셈이었고, 노 파는 그 돈으로 군것질을 했다. 로리외 부부 앞에서도 고약한 험담을 늘어놓 으며, 세탁부가 그들이 내놓는 10프랑을 변덕이 나는 대로 새 모자도 사고, 숨 어서 과자도 사 먹고, 말로는 다 할 수 없는 더러운 일에 쓰기도 한다고 말했 다. 노파의 말 때문에 두 번인가 세 번 한집안 사람들끼리 싸움이 벌어질 뻔했 다. 노파 자신은 이쪽에 붙었다, 저쪽에 붙었다, 하다가 결국에는 문자 그대로 처치 곤란한 존재가 되어버리고 말았다.

그해 겨울, 노파의 발작이 가장 심했던 무렵의 어느 날 오후, 로리외 부인과 르라 부인이 환자의 머리맡에 모이자 쿠포 어머니는 눈짓으로 두 사람에게 몸 을 굽히라고 했다. 그녀는 거의 말도 못할 지경이었다. 그녀는 숨을 헐떡이면서 작은 목소리로 말했다.

"큰일났다!…… 간밤에 내가 그것들이 하는 소리를 들었어. 그래, 그래, 절름 발이와 모자장이가 하는 소리를…… 그 연놈들이 잘하고 있더라니까! 쿠포야 말로 꼴좋게 됐지. 기가 막힌 노릇이야!"

기침을 하고 헐떡이면서 노파는 떠듬떠듬 말하기를, 아들 녀석이 틀림없이 어젯밤에 곤드레만드레가 되어 돌아왔을 거라고 했다. 그때, 자기는 잠들어 있 지 않았던 터라 모든 소리를 다 알아들을 수 있었다는 것이다. 절름발이가 마룻바닥을 걷는 발소리도, 모자장이가 작은 소리로 그 계집을 부르는 소리도, 샛문을 살그머니 여는 소리도, 또한 그 밖의 모든 소리도 다 들었노라고 했다. 정확한 시간은 모르지만 분명히 새벽녘까지 계속되었다는 얘기였다. 그리고 잠들지 않으려고 무척이나 애를 썼지만, 결국 잠이 들고 말았다고도 했다.

"더 역겨운 것은, 나나가 그 소리를 들을 수도 있었다는 점이지." 노파는 말을 이었다. "그 증거로 나나는 보통 때는 금방 골아떨어지는 아이인데, 그날따라 밤새도록 침대에서 가만히 있지를 않았어. 잠자리 속에 숯불 덩어리라도 들어 있는 것처럼 벌떡 일어나기도 하고 뒤척이기도 하더란 말이다."

두 여자는 놀란 것같이 보이지 않았다.

"그랬겠죠!" 로리외 부인이 속삭이듯 말했다. "그건 첫날부터 시작됐을 거예요…… 하지만 쿠포가 좋다고 하니 우리가 이러쿵저러쿵할 일은 아니죠. 어쨌든! 가족으로서는 전혀 명예로운 일이 아녜요."

"내가 그 자리에 있었더라면." 르라 부인이 입술을 삐죽거리며 말을 늘어놓았다. "절름발이에게 겁을 주고 무슨 큰 소리라도 질렀을 텐데. 내가 봤다!라든가, 경찰이 왔다!라든가 말이죠…… 의사 선생님 댁 하녀에게서 들은 얘기지만, 그 선생님 말로는 그렇게 관계를 하다가 어느 순간 여자가 죽을 수가 있대요. 절름발이가 그 자리에서 죽기라도 했다면 어땠을까요? 그렇게 되면 자업자득이겠죠. 죄를 진 장소에서 벌을 받는 거니까요."

제르베즈가 밤마다 랑티에를 찾아간다는 소문이 곧 온 동네에 퍼졌다. 로리외 부인은 이웃 여자들 앞에서 요란한 소리로 분개했다. 머리 꼭대기에서 발끝까지 계집한테 속아 넘어가다니, 정말 등신이라고 동생을 흉보았다. 그녀 말로는, 자기가 그런 무질서한 곳에 여전히 드나드는 이유는 구역질 나는 상황 속에서 살아야 하는 어머니가 불쌍해서라고 했다. 그러자 이웃이 온통 제르베즈에게 관심을 쏟았다. 분명히 여자 쪽에서 모자장이를 유혹했겠지. 눈을 보면 바로 알 수 있는 일이다. 그랬다, 여러 가지 추잡한 소문에도, 뱃속이 엉큼한 악당 랑티에는 여전히 존경을 받고 있었다. 그 이유인즉, 그는 누구에게나 신사 같은 태도를 잃지 않고, 신문을 읽으면서 실겅이를 걸으며, 여자들에게는 언제나 사탕과 꽃을 주었기 때문이다. 하느님 맙소사! 이 남자는 수탉 역할을 했다. 남자는 어디까지나 남자이니까, 그의 목에 매달리는 계집을 거절하라고 요구할 수는 없다. 하지만 그녀는 변명의 여지가 없다. 그녀는 구트도르 거리의 명예를 더럽혔으니까. 그래서 로리외 부부는 대부 대모로서 자세히 알아보기 위해 나나를 집으로 불렀다. 부부가 빗대어 묻자 이 소녀는 바보스런 표정으로, 이글거리는 시선을 길고 부드러운 눈꺼풀 속으로 감추며 대답했다.

이런 공공연한 분개 한가운데에서, 제르베즈는 침착한 모습으로 지루해하거나 조금씩 졸면서 살아가고 있었다. 처음에는 자신이 큰 죄를 지은 더러운 인간으로 생각되어 자기혐오에 빠져 있었다. 랑티에의 침실에서 나올 때마다 손을 씻었고, 그의 추악함을 씻어내려는 듯이 행주를 적셔서 살갗이 벗겨질 정도로 어깨를 비벼댔다. 그럴 때 쿠포가 장난을 치려고 덤벼들면 그녀는 신경질을 냈고, 추위에 떨면서 세탁소 안으로 들어가 옷을 입었다. 그녀가 무엇보다 견디기 힘든 일은 남편과 입맞춤을 한 바로 뒤에 모자장이가 자신을 만지는 것이었다. 남자를 바꿀 때마다 피부도 바꾸고 싶었다. 그런데 그녀는, 차츰 익숙해졌다. 매번 몸을 닦기가 귀찮아졌다. 게으름이 그녀를 풀어지게 했고, 행복하고 싶다는 욕구가 짜증나는 생활 속에서 가능한 모든 행복을 끌어냈다. 그녀는 자기에게나 남에게나 다 너그러웠으며, 그 누구도 짜증내지 않고 일을 처리해 나가는 데에만 애를 썼다. 안 그런가? 남편도 애인도 만족스럽게 생각하고, 집안도 하루하루 탈없이 굴러가고, 가족 모두가 아침부터 밤까지 농담하고, 모두가 살이 찌고, 모두가 부족을 느끼지 않고 편안하게 살 수만 있다면, 그 무슨 불평이 있겠는가. 게다가 모든 일이 저마다 만족할 만큼 다 잘되어 가고 있으니, 그녀도 그렇게 많이 나쁜 짓을 저질렀다고는 할 수 없었다. 보통 나쁜 짓을 하면 벌이 따르기 마련이니까. 그래서 그녀의 방탕은 습관이 되고 말았다. 이제는 그것이 먹고 마시는 것처럼 규칙적인 일이 되어버렸다. 쿠포가 술에 취해 돌아올 때마다, 그녀는 랑티에의 침실로 갔다. 일주일에 적어도 월요일, 화요일, 수요일은 그렇게 되기 마련이었다. 그녀는 밤을 두 사나이에게 나누어 주고 있었다. 뿐만 아니라 함석장이가 너무 크게 코를 골기 시작하면, 깊이 잠든 남편 곁을 빠져나와 이웃 남자의 침대로 잠을 자러 갔다. 모자장이에게 보다 더 애정을 느껴서가 아니다. 다만 모자장이가 더 깨끗하게 느껴졌으며, 그저 목욕탕에 들어가는 기분으로 모자장이의 침실에서 자는 편이 더 편하게 쉴 수 있었기 때문이다. 요컨대 그녀는 하얀 천 위에서 동그랗게 등을 구부리고 자기를 좋아하는 암고양이 같았다.

쿠포 어머니는 이 사건에 대해 깊이 꼬집어 말하려 들지 않았다. 그러나 말다툼 끝에 세탁소 여주인이 그녀를 호되게 공격하면, 노파도 노골적으로 빈정 댔다. 사내들은 모두 짐승 같고, 여자들도 대단한 망나니이니 다 뻔한 일이라 고 말했다. 그리고 예전 조끼 직공 시절에 배웠던 속어로, 더욱더 심한 욕설을 마구 퍼부어댔다. 처음에 제르베즈는 대답도 하지 않고 노파를 노려보고만 있 었다. 그다음에 그녀는 분명하게 사실을 털어놓기를 피하면서 일반적인 이유 를 대며 자신을 변명했다. 주정뱅이로 썩어빠진 생활을 하고 있는 더러운 남자 를 남편으로 삼고 있으면 여자가 다른 곳에서 깨끗한 남자를 찾고 싶은 것도 무리는 아니라고 했다. 그녀는 좀더 멀리 나아가, 랑티에는 쿠포와 마찬가지로, 아니 그보다 더 자기 남편이나 다를 바 없는 사람이라고 말했다. 그녀는 열네 살 때부터 그와 알고 지내지 않았나? 그의 자식을 둘이나 낳지 않았나? 그 러니 이런 상황에 있어서는 모든 것을 용서받을 수 있다. 아무도 그녀에게 돌 을 던질 수는 없다. 그녀는 자신이 자연의 법칙에 따르고 있다고 말했다. 따라 서 그녀를 괴롭히려고 해도 소용없다. 언제라도 바로 누구에게나 호되게 갚아 줄 테니까. 구트도르 거리는 그다지 좋은 곳이 못된다! 키 작은 비구루 부인은 아침부터 밤까지 석탄 더미 속에서 어쩔 줄 모르고 있다. 식료품 가게 르옹그 르 부인은 아무짝에도 쓸모없는 건장한 시동생과 동침을 하고 있다. 건너편 점 잔 빼는 시계장이만 해도 못된 짓을 해서 하마터면 중죄 재판소에 끌려갈 뻔 했다. 큰 거리를 굴러다니는 친딸하고 붙기까지 했으니 말이다. 이리하여 그녀 는 허풍스러운 몸짓으로 동네 사람들을 모두 끌어내어 그 사람들의 지저분한 속사정을 폭로하고, 짐승처럼 아비와 어미, 자식이 뒤범벅이 되어 잠자리를 같 이한다고 한 시간 동안이나 얘기했다. 아! 그녀가 알고 있듯이, 더러운 일이란 여기저기에서 새고 있다. 그래서 근처 집들에 독을 섞었다! 그래, 그래, 가난 때 문에 서로서로 겹쳐서 살아가는 파리의 이 구석에서는 남자든 여자든 고상해 질 수만은 없다! 남자와 여자를 회반죽에 넣어 짓찧어 봐야 생드니 벌판의 벚 나무 비료로나 쓸 테니까.

"하늘을 바라보고 침 뱉는 일은 하지 않는 게 좋을 거예요. 그건 자기 얼굴 에 침 뱉기일 테니까." 그녀가 참을 수 없다는 듯 소리쳤다. "저마다 제 구멍에 들어박혀 있으면 되죠, 안 그래요? 성실한 사람들이 자기 나름대로 살고 싶다 면 그냥 두면 되는 거지요…… 나는 모든 일이 살된다고 봐요. 먼저 시궁창에 빠진 사람들에게 머리를 끌려 들어가지만 않는다면 말이에요."

그리고 어느 날, 쿠포 어머니가 더욱 분명하게 꼬집어 말하자, 제르베즈는 이를 갈면서 말했다.

"어머니는 침대에 누워서, 그런 거나 즐기고 있군요…… 보세요, 어머니, 어머니 생각은 잘못이에요. 내가 너그럽다는 건 어머니도 알잖아요. 어머니의 지난 일을 어머니 앞에서 한 번이라도 얘기한 적이 있나요? 오! 나도 알고 있어요. 대단한 인생이었다죠. 쿠포 아버지가 살아 계실 때부터 두세 명씩 남자들을 알고 있었다니 말예요…… 소용없어요, 기침으로 얼버무려도 할 말은 다 했으니까. 나를 가만히 내버려 둬요. 어머니한테 바라는 건 그뿐이에요!"

노파는 하마터면 숨이 막힐 뻔했다. 다음 날 제르베즈가 집을 비운 사이에 구제가 어머니의 세탁물을 재촉하러 오자 쿠포 어머니는 그를 불러서 오랫동안 침대 머리맡에 앉아 있게 했다. 노파는 대장장이가 제르베즈를 좋아한다는 것을 잘 알고 있었고, 그가 무엇인가 불미스러운 일이 생긴 것이 아닌가 하고 의심하여 얼마 전부터 우울해하며 슬퍼하고 있는 것도 알고 있었다. 그래서 전날 말다툼한 이야기도 하고 분풀이도 할 겸, 마치 제르베즈의 좋지 못한 행실 때문에 특히 자기가 피해라도 입은 것처럼, 울며불며 푸념과 함께 그에게 노골적으로 사실을 알려주었다. 방을 나오자 구제는 슬픔에 숨이 막혀 벽에 몸을 기댔다. 얼마 지나지 않아 세탁소 여주인이 돌아오자, 쿠포 어머니는 그녀에게 다림질을 했든 안 했든 세탁물을 가지고 당장 구제 부인에게 와달라는 요청이 있었다며 소리쳤다. 노파의 활기찬 태도로 보아 험담이 오갔음을 눈치챈 제르베즈는 자신에게 곧 슬프고 가슴 아픈 일이 닥치리라 생각했다.

제르베즈는 창백해져서, 벌써부터 손발이 마비되어 바구니 속에 세탁물을 넣고 밖으로 나갔다. 몇 년 전부터 그녀는 구제 모자에게 진 빚을 1수도 갚지 못하고 있었다. 빚은 늘기만 하여 425프랑이나 되었다. 세탁물을 돌려줄 때마다 그녀는 살림이 궁색하다는 얘기를 하여 언제나 세탁료를 받아 갔다. 이런 일이 그녀는 매우 부끄러웠다. 왜냐하면 대장장이를 속이기 위해서 자신을 좋아하는 구제의 마음을 이용하고 있는 것 같았기 때문이다. 쿠포는 이미 전만큼 빚에 대해 신경도 쓰지 않았고, 이제는 비웃으며 구제가 아무도 없는 곳에서 그녀를 껴안을 테니 빚은 그것으로 갚은 거나 마찬가지라고 했다. 그러나 제르베즈는 랑티에와 관계를 맺고 있는 주제에, 남편에게 몹시 화를 내며 정말 그렇게 되기를 바라느냐고 물었다. 그녀는 눈앞에서 구제에 대한 험담을 들을 수가 없었다. 대장장이에 대한 애정은 명예심의 마지막 한 조각으로서 그녀 가슴속에 남아 있었다. 그래서 그녀는 이 착실한 가정에 세탁물을 건네주러 갈 때마다, 계단을 하나씩 올라설 때마다 가슴이 죄는 듯 슬픔에 빠지고는 했다.

"아, 마침내 왔군요." 구제 부인이 문을 열어주면서 무뚝뚝하게 말했다. "내가 죽는다고나 하면 찾아올 줄 알았지."

제르베즈는 당황하여 한 마디 변명도 못하고 방으로 들어갔다. 그녀는 이제 이전처럼 정확하지 못하여, 약속 시간도 전혀 지키지 않았고, 한 주씩 늦어지기도 했다. 점점 자포자기하더니 방탕한 생활에 빠져버렸다.

"일주일이나 기다렸지 뭐예요." 레이스 제조공이 말을 이었다. "게다가 당신은 거짓말까지 하는군요. 수습공을 보내어 말까지 꾸며대고. 지금 그 세탁물을 처리 중이니 오늘 밤에라도 곧 보내겠다느니, 실수로 다 된 세탁물 보따리를 양동이에 떨어뜨렸다느니 하고 말이에요. 그러는 동안 나는 온종일 헛되게 시간만 보냈어요. 세탁물은 오지 않고 속만 태우고 있었죠. 그래요, 당신은 정말 희미한 사람이에요…… 자, 그 바구니 속에 뭐가 들어 있죠? 어쨌든 다 가져온 거죠? 한 달 전에 맡겨둔 깔개 두 장은요? 그리고 전번에 미루어 두었던 내 속옷은요?"

"네, 네." 제르베즈는 작은 목소리로 대답했다. "부인의 속옷은 여기 있습니다, 이겁니다."

하지만 구제 부인은 화가 나서 소리쳤다. 그 속옷은 그녀의 것이 아니었다. 부인은 그것을 받을 수 없었다. 옷이 바뀌다니 터무니없었다. 먼저 주에도 부인의 표시가 없는 손수건이 두 장이나 있었다. 어디서 왔는지 모르는 세탁물에는 마음이 끌리지 않았다. 그녀는 자기 물건을 되돌려 받기를 원했다.

"그런데 깔개는?" 부인이 말을 이었다. "잃어버린 거 아니에요?…… 세상에! 이봐요, 정신 좀 차려야지요. 내일 아침에는 그것이 꼭 필요해요. 알아들었죠?"

잠시 침묵이 흘렀다. 제르베즈는 뒤편 구제의 방문이 반쯤 열린 듯 느껴졌기 때문에 혼란에 빠졌다. 대장장이가 거기에 있는 게 틀림없다. 분명히 그러리라고 그녀는 생각했다. 변명의 여지가 없는 이 마땅한 비난의 소리를 그가 듣고 있다고 생각하니 너무 싫었다! 그녀는 아주 유순하게, 아주 얌전하게 고개를 숙이고 세탁물을 재빨리 침대에 늘어놓았다. 그러나 구제 부인이 세탁물을 하나하나 조사하기 시작하자, 일은 더 난처하게 되었다. 구제 부인은 물건을 하나씩 집어 던지면서 이렇게 말했다.

"아! 이제 당신도 솜씨가 아주 나빠졌어. 이래서야 언제까지나 칭찬만 할 수는 없겠어요…… 그래요, 이번에는 일도 거칠고 더럽고…… 자, 이 와이셔츠 앞부분을 좀 봐요. 눌어서 주름 위에 다리미 자국이 났고, 단추도 다 떨어져 나가고, 어떻게 된 거죠? 단추가 하나도 안 남았어요…… 이런! 블라우스가 이 지경이면 값을 치를 수가 없지. 좀 봐요. 때가 묻어 있고, 그저 주름만 폈을 뿐이잖아. 됐어요! 세탁물이 깨끗하지도 않으면……."

그녀는 말을 멈추고 세탁물을 세었다. 그러더니 이렇게 외쳤다.

"어떻게 된 거예요! 가져온 것이 이게 다인가요?…… 스타킹 두 켤레, 냅킨 여섯 장, 식탁보 한 장, 그리고 행주도 모자라니 말예요…… 그러니까 당신은 날 놀리고 있군! 다림질을 했든 안 했든 전부 돌려달라고 당신에게 전했잖아요. 한 시간 뒤에도 수습공 아이가 나머지 세탁물을 가지고 오지 않으면 정말 화를 내겠어요. 알겠죠, 쿠포 부인."

바로 그때, 구제가 방 안에서 기침을 했다. 제르베즈는 가볍게 몸을 떨었다. 그의 앞에서 자신을 이렇게 취급하다니, 아아, 맙소사! 제르베즈는 난처하여 정신을 차리지 못한 채, 방 한가운데서 빨랫감을 기다리고 있었다. 그러나 구제 부인은 세탁물 세기를 멈추고 조용히 창가의 자리로 되돌아가서 레이스 숄을 수선했다.

"그런데 빨랫거리는 없나요?" 세탁소 여주인은 머뭇거리며 물었다.

"아니, 됐어요." 노파가 대답했다. "이번 주에는 아무것도 없어요."

제르베즈는 파랗게 질렸다. 단골손님을 잃은 것이다. 그렇게 생각하니 머리가 멍하고, 두 다리 힘이 쭉 빠져 의자에 주저앉지 않을 수 없었다. 그리고 그녀는 변명하려고도 하지 않고 겨우 이렇게 말했다.

"구제 씨는 편찮으신가요?"

그랬다, 그는 몸이 불편해서 대장간에도 못 가고 집으로 와서 지금 침대에 누워 쉬고 있었다. 구제 부인은 여느 때처럼 검은 옷을 입고, 수녀 같은 그녀의 모자로 하얀 얼굴을 감싸고 엄숙하게 말했다. 볼트 직공들 일당이 또 내려서 9프랑에서 7프랑이 되었다고 했다. 이제는 모든 일을 기계가 하기 때문이다. 그래서 그들도 모든 것을 아껴야 한다고 설명했다. 세탁도 다시 자기가 해야 한다는 것이었다. 물론 쿠포 씨가 자기 아들이 꾸어준 돈을 돌려주면 사정은 좀 나아지겠지만, 제르베즈가 빚을 갚을 수 없다고 해서 집달리를 보낼 생각은 없다고 했다. 구제 부인이 꾸어준 돈 얘기를 시작하자, 제르베즈는 고개를 숙이고 하나씩 하나씩 코를 떠가는 상대방의 재빠른 손놀림을 눈으로 좇고 있는 것 같았다.

"하지만 말예요." 레이스 직공은 계속했다. "조금만 절약하면 빚도 갚을 수 있으리라고 생각해요. 왜냐하면 당신 집에서는 푸짐하게 잘 차려 먹어서 틀림없이 음식값도 많이 들 테니까…… 달마다 10프랑씩만 갚아준다면……."

노파의 말은 구제 목소리에 중단되었다.

"어머니! 어머니!"

부인은 곧 되돌아와 자리에 앉더니, 화제를 바꾸었다. 분명히 대장장이는 돈 갚으라는 말을 제르베즈에게 하지 말아달라고 부탁했을 것이다. 그러나 노파는 5분도 채 안 되어서 자기도 모르는 사이에 다시 빚 얘기를 하고 있었다. 오! 구제 부인은 처음부터 제르베즈의 앞일이 어떻게 될지 잘 알고 있었다. 함석장이가 가게를 다 말아먹어 버리고 아마도 그녀를 고생시키게 되리라는 것을 알고 있었다고 했다. 또한 자기 아들은 자기 말만 잘 들었어도 결코 500프랑을 꾸어주지 않았을 것이다. 그리고 지금쯤은 아들도 결혼했을 테고, 평생 불행한 채 끝날 것 같다는 슬픔을 터트리지도 않을 것이다. 부인은 흥분해서 준엄한 말투로 제르베즈가 쿠포와 짜고 착하기만 한 자기 아들을 속였다고 비난했다. 그렇다, 여러 해 동안 양가죽을 쓰고 있다가, 마침내는 좋지 못한 본색을 드러내는 여자들도 있다.

"어머니! 어머니!" 구제가 더 큰 목소리로 외쳤다.

노파는 일어섰다. 다시 방으로 돌아온 노파는, 레이스 일을 시작하면서 말했다.

"들어가 봐요, 그 애가 당신을 만나고 싶다니까."

제르베즈는 떨면서 열린 문으로 들어갔지만 문을 닫지 않고 그대로 두었다. 이런 행동은 그녀를 감동시켰다. 왜냐하면 그것은 구제 부인 앞에서 두 사람의 애정을 고백하는 것이었기 때문이다. 벽에 그림이 몇 장 붙어 있고 좁은 쇠 침대가 놓여 있었다. 열다섯 살 소년의 방처럼 조용한 이 작은 방을 그녀는 다시 보았다. 구제의 큼직한 몸은 쿠포 어머니가 했을 속내 이야기 때문에 맥이 빠졌는지 팔다리를 늘어뜨린 채 침대에 길게 누워 있었다. 눈은 울어서 충혈되고, 노랗고 깔끔한 수염도 아직 눈물에 젖어 있었다. 울컥 분노가 치민 순간에 그 무시무시한 주먹으로 베개를 내리친 게 틀림없었는데, 터진 베갯잇 사이로 새털이 삐져나와 있었다.

"이봐요, 어머니가 틀렸습니다." 구제는 나지막한 목소리로 세탁소 여주인에게 말했다. "당신은 내게 아무런 빚도 없어요. 난 그런 얘기는 듣고 싶지 않습니다."

구제가 자리에서 일어나 그녀를 바라보았다. 금세 큰 눈물방울이 그의 눈에서 솟아났다.

"구제 씨, 많이 아파요?" 그녀가 속삭였다. "무슨 일이에요, 네?"

"아무것도 아닙니다. 고마워요. 어제 너무 과로한 겁니다. 좀 자야겠어요."

그러고 나서 그는 가슴이 뻐개질 것 같아서 자신도 모르게 이렇게 소리쳤다.

"아! 맙소사! 맙소사! 결코 이렇게 돼서는 안 돼, 결코! 당신은 맹세했었소. 그런데, 이렇게 되다니, 이제 이렇게 되다니!…… 아! 맙소사! 이건 너무하잖소. 나가줘요!"

그러고 그는 손짓으로 애원하듯 부드럽게 돌아가 달라고 했다. 그녀는 침대 가까이 가지도 못하고 멍한 모습으로 어떻게 위로해야 할지 몰라 아무 말도 건네지 못한 채 방을 나섰다. 옆방으로 가서 바구니를 들었으나 여전히 나가려 하지 않고 무언가 한 마디 하려고 했다. 구제 부인은 고개도 들지 않고 계속 옷을 고치고 있었다. 마침내 구제 부인이 먼저 말을 꺼냈다.

"그럼, 잘 가요! 세탁물은 나한테 보내주고요. 계산은 나중에 할게요."

"네, 그러겠습니다. 안녕히 계세요." 제르베즈는 우물우물 말했다.

그녀는 깨끗하게 정돈된 이 집 안에 마지막 시선을 던지고서 천천히 문을 닫았다. 마치 자신의 성실한 부분을 그곳에 남겨두고 가는 느낌이 들었다. 그녀는 집으로 돌아가는 암소처럼 얼빠진 모습으로, 어느 길을 어떻게 왔는지도 모르게 가게로 돌아왔다. 쿠포 어머니는 다리미 가열기 옆에 놓인 의자에 앉아 있었다. 노인은 처음으로 자리에서 일어나 나왔다. 그러나 세탁소 여주인은 노인에게 잔소리 한마디도 하지 않았다. 제르베즈는 너무나 피로했다. 두들겨 맞은 것처럼 뼈마디가 쑤셨다. 인생이란 결국 괴로움뿐이다. 곧 죽어버리면 좋으련만, 그렇지 않고서야 자기 스스로 심장을 잡아 빼낼 수도 없는 노릇이라고 생각했다.

　이제 제르베즈는 그 무엇이든 전혀 관심을 두지 않았다. 그리고 막연한 손짓으로 가서 자라고 사람들을 모두 돌려보냈다. 새로운 걱정거리가 생길 때마다 하루에 세 번 식사를 하는 단 한 가지 기쁨에 잠겼다. 가게는 무너질 수도 있었다. 그 밑에 깔리지만 않는다면 그녀는 기꺼이 속옷 한 벌 없어도 떠나버릴 것이다. 그리고 현재 가게는 무너져 가고 있었다. 단번에가 아니라, 아침저녁으로 서서히. 단골손님이 하나씩 화를 내면서 세탁물을 다른 곳으로 가지고 갔다. 마디니에 씨, 르망주 양, 보슈 부부까지도 일을 더 잘해 주는 포코니에 부인의 가게로 되돌아가고 말았다. 모두들 양말 한 켤레를 찾는 데 삼 주 동안이나 재촉해야 하고, 지난주 일요일에 얼룩졌던 기름기가 그대로 남은 셔츠를 돌려받는 데 짜증이 났다. 제르베즈는 마구 말대꾸를 하며 손님과 싸웠고, 다시는 그런 사람들의 더러운 물건을 뒤적거리지 않게 되었으니 고맙지 뭐야, 혼자서 중얼거리며 퉁명스레 손님들을 대했다. 쳇! 이웃 사람들이 모두 자기를 상대하지 않을지도 모른다. 그렇게 되면 이쪽은 산더미 같은 쓰레기 더미에서 해방된다. 물론 그만큼 일거리는 자꾸자꾸 줄어들겠지. 이제 제르베즈의 가게에 오는 손님은 돈을 제때 못 내는 사람들이거나 매춘부들, 즉 지독한 냄새가 나서 뇌브 거리 세탁부들이 누구 하나 세탁하려 들지 않는 고드롱 부인 같은 여자들뿐이었다. 가게는 회복 불가능한 상태가 되어, 마지막까지 남아 있던 여직원 퓌투아 부인까지 내보내야만 했다. 제르베즈는 수습공인 사팔뜨기 오귀스틴과 단둘만 남게 되었다. 게다가 이 아이는 나이를 먹을수록 더 바보가 되었다. 그 두 사람에게조차도 언제나 일이 있지는 않았으며, 그녀들은 오후 내내 의자에 주저앉아 게으름을 피우는 실정이었다. 요컨대 완전한 몰락이었다. 그곳에서 파멸이 느껴졌다.

　당연히 나태와 빈곤이 침입함에 따라 불결 또한 들어왔다. 이제는 그 누구 하나 이곳이 지난날 제르베즈의 자랑거리였던, 하늘빛으로 파랗게 칠해졌던 아름다운 세탁소라고는 생각할 수 없었다. 벽도 유리상노 청소하지 않은 채, 온통 마차가 튀기고 간 흙탕물이 묻어 있었다. 선반에는 병원에서 죽은 손님이 찾아가지 않은 헌 회색 옷 서 장이 놋쇠 가로대에 걸려 있었다. 가게 안은 더욱더 초라해 보였다. 천장에서 말리는 세탁물의 습기 때문에 벽지는 벗겨져 있었다. 퐁파두르 양식의 인도사라사 천은 누더기가 되어서 먼지로 무거워진 거미줄처럼 매달려 있었다. 다리미 가열기는 부젓가락으로 너무나 쑤셔대서 부서지고 구멍이 나 있었으며, 고물상의 고철처럼 한쪽 구석에 내던져져 있었다. 작업대는 일개 주둔군의 식탁으로 사용됐던 것처럼 커피와 술로 온통 얼룩지고, 잼이 눌어붙어 있었으며, 휴일인 월요일 식사 때 떨어뜨린 기름으로 번들번들했다. 게다가 시큼한 풀 냄새와 곰팡이, 기름 찌꺼기와 때의 악취가 물씬하게 풍겼다. 그러나 제르베즈는 그런 속에 있으면서도 굉장히 기분이 좋았다. 그 가게가 더러워져 가는 광경을 그녀는 본 적이 없었다. 그녀는 그 속에 자신을 맡겨버리고, 찢어진 벽지와 기름때 묻은 벽에 익숙해져 버렸다. 뜯어진 치마를 입고 다니기에 이르렀고, 귓바퀴도 안 씻게 되었다. 불결도 하나의 따뜻한 보금자리로, 그녀는 그런대로 즐겁게 그곳에서 웅크리고 지냈다. 모든 것을 아무렇게나 늘어놓고, 먼지가 구멍을 메워 온통 비로드(벨벳 무늬)를 놓게 되기까지 기다리며, 집 안이 자기 주변에서 무기력하게 마비되어 가는 느낌이 들었다. 그리고 그것은 그녀가 얼근하게 취하는 쾌락이었다. 조용하게 살아가는 것만을 생각했으며, 그 밖의 일들은 전혀 개의치 않았다. 계속 늘어나는 빚도 더는 그녀를 괴롭히지 못했다. 그녀는 성실한 마음을 잃었다. 돈을 치렀는지 안 치렀는지 도무지 불분명했으며, 그녀로서는 오히려 알지 못한 채 지내고 싶었다. 어떤 가게에서 외상을 거절당하면 그 옆 가게에서 외상 거래를 했다. 그녀는 동네 안의 모든 사람들한테 신용을 잃고, 가는 곳마다 외상값을 떼어먹었다. 구트도르 거리에만 해도 석탄 가게와 식료품 가게, 과일 가게 앞을 지나갈 수가 없어서, 빨래터에 갈 때면 멀리 돌아서 푸아소니에르 거리를 지나가야 했기 때문에 10분은 넉넉히 걸렸다. 상인들은 그녀를 망나니로 취급하게 되었다. 어느 날 밤, 가구를 판 남자가 랑티에에게 만일 그녀가 돈을 내지 않으면, 이웃 사람들을 모아놓고 엉덩이를 걷어차 창피를 주겠노라고 윽박질렀다. 물론 그런 일이 벌어지면 제르베즈는 온몸이 떨렸지만, 그래도 매맞는 개처럼 몸을 흔들어댈 뿐이고, 저녁이 되면 아무렇지도 않게 밥을 먹었다. 나를 괴롭히는 무례한 사람들이다! 나는 돈이 없고, 더군다나 만들어 낼 수도 없지 않은가! 장사꾼들이 폭리를 취하려고 기다리는 것은 당연한 일이다. 그러면서 그녀는 언젠가 닥쳐올 사태를 생각하고 싶지 않아 자기 은둔처에서 잠들어 버렸다. 결국 끝장이 나겠지, 그렇고 말고! 하지만 그때까지 그녀는 속 썩고 싶지가 않았다.

그런데 쿠포 어머니가 건강을 회복했다. 다시 한 해 동안, 집안 식구들은 그럭저럭 살아갔다. 물론 여름에는 언제나 일거리가 좀 늘어난다. 남자들을 유혹하여 외곽 대로를 어슬렁거리는 여자들의 흰 속치마와 엷은 무명 드레스 따위가 찾아드는 것이다. 그 때문에 몰락의 속도가 느려졌지만, 또 형편이 잠깐 좋아졌다 나빠졌다 했지만 날이 갈수록 차츰 진창 속으로 깊이 코를 처박는 것에는 변함이 없었다. 텅 비어 있는 찬장 앞에서 배를 쓰다듬는 저녁이 있는가 하면, 배부르게 송아지 고기를 먹는 저녁도 있었다. 보도에서는 쿠포 어머니가 앞치마 밑에 보따리를 감추고 산보하는 걸음걸이로 폴롱소 거리의 전당포로 가는 모습밖에는 볼 수가 없었다. 노파는 등을 구부리고, 미사를 보러 가는 신자처럼 신앙심에 굳어버린 탐욕스러운 표정으로 걸었다. 왜냐하면 노파는 이렇게 전당포에 왔다 갔다 하는 일이 그다지 싫지 않았기 때문이다. 또한 돈을 가지고 뒷거래하는 게 재미있었고, 자질구레한 옷 거래가 이 수다스러운 노파의 열정을 북돋웠기 때문이다. 폴롱소 거리의 전당포 점원들은 그녀를 잘 알게 되었다. 그들은 그녀를 "4프랑짜리" 할머니라고 불렀다. 변변찮은 작은 보따리를 들고 와서, 3프랑을 꾸어주면 언제나 4프랑을 달라고 보채기 때문이었다. 제르베즈는 집을 몽땅 팔아치울 기세였다. 전당포 병에 걸려서, 머리카락이라도 잡혀서 돈을 꿀 수만 있다면 머리를 깎았을지도 모를 일이었다. 전당포는 정말 편리했다. 빵이 4파운드 필요하다면, 아무래도 그곳으로 돈을 얻으러 갈 수밖에 없었다. 속옷, 옷가지, 도구, 가구에 이르기까지 모든 물건을 전당포로 옮겨갔다. 처음에는 경기가 좋은 주일의 수입으로 전당 잡힌 물건을 찾아오고, 다음 주에는 다시 그 물건을 잡히고는 했다. 그러나 마침내, 그런 물건은 아무래도 좋다고 생각하여 찾지 않았으며 전당표까지도 팔아버렸다. 단 한 가지 그녀가 마음 아프게 생각한 점은 차압을 나온 집달리에게 20프랑짜리 수표를 지불하기 위하여 벽시계를 저당잡힌 일이었다. 그때까지는 이 시계에 손을 댈 정도라면 차라리 굶어 죽겠다고 맹세까지 한 터였다. 쿠포 어머니가 그것을 조그만 모자 상자에 넣어 가지고 나가자, 그녀는 자신의 재산을 빼앗겨 버린 사람처럼 팔을 늘어뜨리고 맥없이 의자에 주저앉아 하염없이 눈물을 흘리고 말았다. 하지만 쿠포 어머니가 25프랑을 내밀자, 뜻밖에 5프랑을 더 받아 왔다고 기뻐하며 마음을 가라앉혔다. 그녀는 100수짜리를 환영하는 뜻에서, 냉큼 어머니를 보내어 컵에다 술을 조금 사오게 했다. 이즈음, 두 사람의 기분이 잘 맞으면, 곧잘 브랜디와 카시스 주를 반반씩 섞어서 작업대 한구석에서 둘이 홀짝이곤 했다. 쿠포 어머니는 가득 채운 술잔을 한 방울도 흘리지 않고 앞치마 주머니에 넣어 가지고 오는 요령을 알고 있었다. 이웃 사람들에게 알릴 필요는 없었다. 안 그런가? 그 진실은 이웃 사람들도 완벽하게 알고 있었다. 과일 가게 여자도, 내장 가게 여자도, 식료품 가게 점원들도 "어머! 저 노파가 전당포에 간다" 하기도 하고, "어머나! 노파가 브랜디를 주머니에 넣고 돌아오네" 하기도 했다. 그건 마땅히 제르베즈가 뭇사람들의 비난을 살 만한 일이었다. 제르베즈는 닥치는 대로 다 먹어치웠다. 얼마 안 가서 그 가게도 끝장날 테지. 그렇다, 그렇고말고. 앞으로 서너 입이면 그곳도 행주처럼 깨끗해질 것이다.

이처럼 거의 다 무너져 가는 마당에, 쿠포는 모양새가 더 좋아 보였다. 언제나 술을 마시는 이 주정뱅이는 마술에 걸린 것처럼 기운이 왕성했다. 싸구려 포도주나 강렬한 싸구려 브랜디로 그는 눈에 띌 정도로 살이 쪘다. 그는 많이 먹었고, 술은 사람을 죽인다고 비난하는 빼빼 마른 로리외를 비웃으며, 북통에 씌운 가죽처럼 지방질로 퉁퉁한 뱃가죽을 두들겨 보였다. 그러고는 그걸 음악이라고도 하고, 주정뱅이의 저녁 기도라고도, 이를 뽑는 사람을 부자로 만들어 주는 큰북의 난타라고도 하며 노닥거렸다. 그러나 로리외는 자기 배가 나오지 않은 데에 약이 올라서, 그런 것은 누런 비곗덩어리이며, 악성 지방질이라고 독설을 퍼부었다. 쿠포는 그런 말에 상관하지 않고 몸에 좋다고 더욱더 심하게 마셔댔다. 그의 헝클어진 회색 머리는 불꽃처럼 곤두섰다. 원숭이 턱 모양의 술 취한 얼굴이 술독으로 푸르죽죽하니 포도주 빛깔이 되었다. 그래도 그는 여전히 수선스러운 어린애였다. 아내가 살림살이에 대해 의논하려 들면 호통을 쳤다. 사내가 그따위 시시한 일까지 머리를 써야 한단 말인가? 집에 빵이 없어도 그가 알 바 아니다. 하지만 아침저녁 먹을 음식은 있어야 한다. 그것이 어디서 굴러들어 오는지는 그가 상관할 바 아니다. 몇 주일씩 일을 안 하고 있으면, 그는 더욱더 까다롭게 굴며 요구가 많아졌다. 그러면서도 랑티에의 어깨는 여전히 다정하게 두들겨 주었다. 물론 그는 아내의 좋지 못한 행실을 몰랐다. 적어도 보슈 부부라든지 푸아송 부부 같은 사람들은 쿠포가 그런 일들에 대해 전혀 모르고 있으며, 갑자기 알게 되면 큰일 날 것이라고 단언했다. 그러나 친누나인 르라 부인은 고개를 흔들며, 그런 일로도 전혀 화를 내지 않는 남편들을 알고 있다고 했다. 어느 날 밤, 제르베즈는 모자장이 방에서 돌아오는 순간, 어둠 속에서 엉덩이를 얻어맞고 섬뜩했다. 하지만 곧 침대 모서리에 부딪친 모양이라고 여기며 가슴을 쓸어내렸다. 정말 오싹한 상황이었다. 사실을 알게 되면 남편인들 장난칠 수는 없었을 테니까.

랑티에 또한 기력을 잃지 않았다. 그는 건강에 무척 신경을 썼으므로, 바지허리띠로 배를 재보면서 버클을 줄여야겠다느니 늘려야겠다느니 하며 늘 조심했다. 그는 건강 상태가 매우 좋았지만, 멋지게 보이려고 그 이상 더 살찌고 싶지도 않았고 마르고 싶지도 않았다. 그래서 음식에 대해서도 까다로웠다. 몸매가 변하지 않도록 하려고 음식마다 모두 계산하고 있었다. 집 안에 돈 한 푼 없을 때에도 그에게는 달걀과 갈비처럼 영양가 많은 가벼운 음식이 필요했다. 안주인을 그의 남편과 공유하게 되면서부터, 살림에 있어서도 남편과 완전히 대등하다고 생각하게 되었다. 굴러다니는 20수짜리 동전을 주워 모아놓고는 제르베즈를 손가락질이나 눈짓으로 불러들여 잔소리를 하거나 고함을 질러댔는데, 남편인 함석장이보다 더 당당했다. 그러니까 이 집에는 남편이 둘이나 있었다. 그리고 임시 남편 쪽이 훨씬 더 질이 나빴으며, 분배 몫도 더 많이 갈취하여 마누라도 음식물도, 또한 그 밖의 무엇이나 가장 좋은 것은 그의 차지였다. 그는 쿠포네 집에서 갖은 단물을 빨아먹고 있었다! 이미 사람들 앞에서도 태연히 제멋대로 행동했다. 그는 나나를 좋아했다. 예쁘고 귀여운 계집애를 좋아했기 때문이다. 그러나 에티엔에 대해서는 차츰 관심을 갖지 않게 되었다. 그는 사내아이란 자기 스스로 자기 일을 감내해야 한다고 했다. 사람들이 쿠포를 찾아오면, 언제나 랑티에가 속옷 바람에 슬리퍼를 끌며, 일에 방해를 받은 남편처럼 무뚝뚝한 표정으로 가게 안쪽에서 나왔다. 그리고 쿠포 대신 대답하면서 어느 쪽이든 다 마찬가지라고 했다.

제르베즈는 이 두 남편 사이에 끼여, 날이면 날마다 웃고만 지낼 수는 없었다. 다행히도 그녀는 건강이 좋은 편이었다! 그녀 또한 좀 지나치게 살이 쪘다. 그러나 두 사내를 등에 업고 시중을 들며, 만족하게 해주기란 힘겨운 일이다. 아! 맙소사! 남편 하나만으로도 몸이 지친다! 너욱너 나쁜 일로, 이 두 건달은 서로 죽이 잘 맞았다. 그들은 결코 서로 말다툼하는 일도 없었다. 저녁마다 식사가 끝나면, 그들은 식탁에 팔을 괴고 앉아 얼굴을 마주대고 히죽거렸다. 두 사람은 쾌락을 섭렵하는 고양이 두 마리처럼, 온종일 서로 들러붙어 있었다.

그들은 화가 나서 집에 돌아오는 날에는, 제르베즈에게 분풀이를 했다. 자! 저 바보 같은 년을 매우 쳐라! 그녀는 꾹 참고만 있었다. 두 사내는 입을 모아 호통을 치면서 더욱더 사이가 좋아졌다. 말대꾸할 생각조차 할 수가 없었다. 처음에는 한 사내가 호통을 치면 또 한 사내에게 애원하는 눈짓으로 다정한 말이라도 한 마디 건네주기를 바랐다. 하지만 거의 성공하지 못했다. 이제 그녀는 고분고분했다. 둘이서 자기를 못살게 굴며 즐거워하고 있다는 사실을 알고 제르베즈는 토실한 어깨를 둥글게 움츠렸다. 그럴 때 그녀는 진짜 공처럼 보였다. 입이 험한 쿠포는 아주 더러운 말로 악담을 퍼부었고, 반대로 랑티에는 욕설을 골라 가며 했는데, 아무도 써먹지 않은, 그녀에게 아주 사무치는 말만 찾아서 했다. 다행히도 사람은 무엇에나 익숙해지기 마련이다. 이 두 사내의 욕설과 트집도 마침내는 방수포 위를 미끄러지듯, 그녀의 보드라운 피부에 전혀 상처를 주지 않고 미끄러지게 되어버렸다. 오히려 그들이 화를 내고 있는 편이 마음 편하다고까지 생각하게 되었다. 왜냐하면 그들이 얌전할 때면 마냥 그녀 꽁무니에 매달려서 귀찮게 굴어 모자 하나 제대로 다리게 놔두질 않았기 때문이다. 그러고는 그들은 술안주를 좀 내놓으라고 보채었다. 그녀는 꾸짖고 타이르고 별별 말을 다해 가며 비위를 맞춰 한 사람씩 잠자리에 눕혀줘야만 했다. 주말이면, 몸도 마음도 지쳐서 녹초가 되었고, 미친 사람 같은 눈으로 멍하니 있었다. 이런 일은 여자를 소모시킨다.

그렇다, 쿠포와 랑티에는 그녀를 소모시켰다. 글자 그대로 말이다. 흔히 양초를 양쪽 끝에서 불태운다고 하는 말이 있지만, 그들이야말로 그녀를 양쪽 끝에서 불태우고 있었다. 확실히 함석장이는 교양이 없었고, 모자장이는 그와는 반대로 교양이 너무 많거나 적어도 불결한 인간들이 셔츠 밑에 때를 묻혀 두고 하얀 셔츠를 입고 있듯이 교양을 지니고 있었다. 어느 날 밤, 제르베즈는 우물가에 있는 꿈을 꾸었다. 쿠포는 그녀를 후려갈겨 우물에 빠뜨리려고 했으나, 랑티에는 보다 더 빨리 뛰어들게 하기 위해 그녀의 허리를 간질였다. 이럴 수가! 그 꿈이야말로 그녀의 생활과 꼭 같았다. 아! 그녀는 좋은 것을 배운 셈이다. 그녀가 기진맥진해지는 것도 당연했다. 이웃 사람들이 그녀의 행실에 대해 어쩌고저쩌고하지만, 그것은 옳지 않다. 왜냐하면 이토록 당하는 그녀의 불행은 그녀 잘못이 아니기 때문이다. 때때로 곰곰이 생각해 보면 그녀는 오싹 소름이 끼쳤다. 그러다가 결국 그녀는 어쩌면 자기에게 보다 더 나쁜 일이 일어났을지도 모른다고 생각했다. 이를테면 두 팔을 잃느니보다는 두 남편을 갖는 편이 낫지 않겠느냐는 생각이었다. 그리하여 그녀는 자기 처지를 자연스러운 것으로, 세상에 흔히 있는 일로 생각하고, 그 속에서 어떻게든지 조촐한 행복이나마 만들어 보고자 애를 썼다. 그것이 얼마나 철없고 단순한 생각이었는가는, 그녀가 쿠포도 랑티에도 싫어하지는 않았다는 사실로 증명된다. 게테 극장의 어느 연극에서, 애인이 생긴 여자가 남편이 싫어져서 독살하려는 장면을 보고 있자니 전혀 그런 생각을 해본 일이 없던 그녀로서는 화가 치밀었다. 세 사람이 서로 사이좋게 사는 편이 훨씬 더 지혜롭지 않은가? 안 된다. 그런 어리석은 짓은 안 된다. 그런 짓이 본디부터 재미라고는 하나도 없는 인생을 더욱 망가뜨린다. 결국 아무리 빚이 있고 가난 때문에 위협을 받는다 해도, 만약에 함석장이와 모자장이가 지금처럼 때리고 욕설을 퍼붓지만 않는다면, 그녀는 아주 속 편하고 만족스럽다고 말했을 것이다.

가을이 되었을 즈음, 불행하게도 살림살이는 더욱 어렵게 되었다. 랑티에는 몸무게가 줄어든다며 나날이 성화가 심해졌다. 사사건건 불평을 늘어놓았으며, 감자 스튜를 싫어하여 이런 형편없는 스튜를 먹다가는 복통이 날 것이라고 했다. 이제는 대수롭지 않은 갈등도 반드시 심한 말다툼으로 번졌고, 궁해진 살림을 서로 상대방 탓으로 돌리며 욕지거리를 퍼부었다. 저마다 잠자리에 들기 전에는 도저히 화해하기가 어려웠다. 여물이 없으면 당나귀도 서로 싸운다. 안 그런가? 랑티에는 파멸의 냄새를 맡았다. 온통 빈털터리가 되도록 집안을 먹어치웠기 때문에, 언젠가는 모자를 쓰고 어디든 잠자리와 먹을 것을 찾아 나가야 할 날이 오리라 생각하니 화가 울컥 치밀어 올랐다. 그는 이 굴속에 익숙해졌고, 이곳에서의 자질구레한 습관도 몸에 배었으며, 모든 사람들에게 떠받들어졌다. 그것은 진정 별천지이며, 다른 곳에서였다면 그런 즐거움을 결코 얻지 못했을 것이다. 아무렴! 귀까지 차도록 먹고도 접시에 아직 먹을 음식이 남아돈다니 다른 곳에서는 도저히 생각도 못할 일이었다. 결국 랑티에는 자기 배에 대하여 화를 냈다. 왜냐하면 쿠포 부부의 모든 것을 그가 삼켜버린 결과가 되었기 때문이다. 그러나 그는 망한 이유가 자신 때문이라고는 생각하지 않았다. 2년 만에 알거지가 되어버린 걸 다른 사람들 잘못으로 돌렸다. 정말이지 쿠포 부부는 미덥지가 못했다. 그래서 그는 제르베즈에게 절약을 모른다고 고함쳤다. 빌어먹을! 도대체 이제 어떻게 되는 거지? 어느 공장에서 봉급

6000프랑이라는 훌륭한 조건으로 나를 고용하겠다는 판에, 친구가 나를 저버리다니. 그 돈으로 이 작은 식구가 호화롭게 살 텐데 말이야.

12월 어느 날 저녁, 그들은 끼니를 걸렀다. 집 안에 동전 한 푼 없었다. 랑티에는 아주 우울해져서, 일찌감치 집을 나와 요리 냄새로 흐뭇한 집을 찾아 거리를 어슬렁거리다가 돌아왔다. 그러고 나서, 다리미 가열기 옆에서 몇 시간 동안이나 이런저런 생각에 잠겨 있었다. 그러다가 문득 푸아송 부부를 찾아가 무척 친한 사이처럼 굴었다. 그는 이제 경찰을 '바댕그'라고 놀리기는커녕, 그에게 한 걸음 더 양보하여 황제는 아마 좋은 사람일 거라고 말할 정도였다. 특히 비르지니를 높이 평가하면서, 살림을 짜임새 있게 잘 꾸려가는 지혜로운 여자라고 했다. 속이 들여다보일 만큼 랑티에는 그들에게 아양을 떨었다. 뿐만 아니라 그들 집에서 하숙이라도 하고 싶은 모양이었다. 하지만 랑티에의 머릿속은 다른 생각으로도 가득 차서 보기보다 훨씬 더 복잡했다. 비르지니가 무슨 장사이든 시작하고 싶다고 말하자, 그는 그녀 앞에서 수다를 떨며 무척 멋진 계획이라고 단언했다. 그렇다, 그녀는 장사에 소질이 있을지도 모른다. 몸집도 크고, 애교도 있고, 활동적이니까. 오! 그녀는 벌고 싶은 만큼 벌 수 있으리라. 숙모의 유산으로 돈은 전부터 마련되어 있으니, 계절마다 드레스를 두어 벌 지어 입는 따위의 시시한 일은 집어치우고, 사업에 뛰어든다는 생각은 정말 좋다. 랑티에는 그렇게 말하고서 길모퉁이 과일 가게 아주머니라든가 교외 큰 거리에 있는 조그만 도기(陶器) 장수 아주머니들처럼 많은 돈을 벌고 있는 사람들을 예로 들었다. 왜냐하면 지금이 아주 좋은 때이며, 카운터에 올려놓기만 하면 쓰레기라도 다 팔릴 시기이기 때문이라고 했다. 그래도 비르지니는 망설였다. 그녀는 세 얻을 가게를 찾으면서, 그 지역을 떠나지 않으려 했다. 그러자 랑티에는 그녀를 한구석으로 데리고 가서 10분 동안 은밀하게 소곤거렸다. 무엇인가 강제로 권하는 모양으로, 그녀는 이제 싫다고 하지는 않고, 마음대로 해도 좋다고 허락한 분위기였다. 이것은 눈짓과 짤막한 말로 서로 뜻이 통하는 두 사람만의 비밀 같은 것이었으며, 손을 맞잡으면 드러나는 은밀한 음모였다. 그때부터 모자장이는 아무것도 바르지 않은 맨 빵을 먹으면서, 쿠포 부부를 살펴보며, 온갖 수다를 떨고 쉴 새 없이 푸념을 늘어놓아서 부부는 어리둥절해했다. 온종일 제르베즈는 그가 즐겁게 늘어놓는 비참함 속을 걸었다. 제기랄, 그는 그 자신을 위해서 말을 하고 있는 것이 아니다! 상대방이 좋다면, 그는 친구와 더불어 굶어 죽어도 좋다. 단지 분별이 있어서, 지금의 상황을 정확히 깨달았다. 현재 적어도 동네 안에 빚이 500프랑이나 있다. 빵집과 석탄 가게, 식료품 가게, 그 밖의 다른 가게에 말이다. 게다가 집세가 여섯 달 치나 밀려 있다. 빚이 250프랑 더 있다는 말이다. 집주인 마레스코 씨는 연말까지 지불하지 않으면 내쫓겠다고 했다. 마침내 모든 것을 다 전당포에 잡혀 이제는 전당거리가 3프랑 어치도 남아 있지 않다. 그토록 집 안은 말끔히 씻겨버렸다. 벽에는 아직 못이 몇 개 남아 있지만 그뿐이며, 다만 3수짜리 책이 두 권 있었다. 제르베즈는 그와 같은 계산을 듣자 몹시 당황하여 두 팔의 힘이 쭉 빠지고 화가 치밀어 탁자를 주먹으로 치기도 하고 마구 울어대기도 했다. 어느 날 밤 그녀는 외쳤다.

"나는, 나는 내일 집을 나갈래요!…… 이렇게 공포 속에서 살아가느니 차라리 몰래 달아나서 길거리에서 자는 편이 훨씬 낫죠."

"아니, 그렇지 않아." 랑티에가 음흉하게 말했다. "사람을 찾아서 권리를 양도하는 편이 훨씬 슬기롭지…… 당신들이 가게를 내놓을 결심만 선다면 말이야……."

제르베즈가 매우 거칠게 랑티에의 말을 가로막았다.

"당장이라도 좋아요, 당장!…… 아! 그러면 속이 후련하겠어요!"

그러자 모자장이가 잘 생각했다며 냉큼 다가섰다. 권리를 넘기면 아마도 새로 인수할 사람이 밀린 집세 여섯 달 치를 낼 거라고 했다. 그러면서 감히 푸아송 부부에 대한 이야기를 꺼내며 비르지니가 가게를 구하고 있다고 말했는데, 아마도 이 가게라면 그녀 마음에 들 것이라고 했다. 비르지니가 이런 가게를 갖고 싶다고 말하는 것을 들은 기억이 있다고도 했다. 그러나 비르지니라는 이름을 들은 세탁소 여주인은 바로 냉정을 되찾았다. 생각해 볼 만한 일이었다. 화만 나면, 언제나 가게를 집어치우겠다고 말했지만, 곰곰이 생각해 보니 일이 그렇게 간단하지 않았다.

그날 이후 랑티에가 아무리 불평을 늘어놓아도 소용이 없었으며, 제르베즈는 사기도 너한 손성에 빠졌다가 벗어난 적이 있다고 대답했다. 가게를 넘긴다고 생활이 나아질까! 그거로는 빵도 얻지 못한다. 오히려 그녀는 세탁부를 새로 고용하여 난꿀손님을 다시 만들 생각이라고 했다. 모자장이의 그럴듯한 논리에 넘어가지 않으려고 그녀는 이렇게 말했던 것이다. 랑티에는, 제르베즈가 끝내는 지출 비용에 짓눌려서 잃어버린 재산을 만회할 희망 따위는 없다고 했다. 하지만 서툴게도 그는 또다시 비르지니라는 이름을 입에 담았다. 그래서 그녀는 화가 복받치고 말았다. 안 돼, 안 돼, 결코 안 된다! 그녀는 늘 비르지니를 의심했다. 비르지니가 이 가게에 야심을 품었다면, 자기에게 치욕을 주려는 속셈이다. 모르는 사람에게라면 아마도 가게를 넘겨도 좋겠지만, 몇 년 전부터 분명히 자기가 망하기만 기다렸을 그 키다리 위선자에게는 안 될 말이다. 오! 이제서야 모든 의혹이 풀렸다. 그녀는 이제야 그 못된 고양이 눈 같은 비르지니의 눈 속에 왜 노란 불꽃이 튀었는지 알 것 같았다. 그래, 비르지니는 빨래터에서 볼기짝을 얻어맞은 앙심을 품고, 그 원한을 지니고 있었다. 좋다! 또 한 번 매를 맞고 싶지 않으면 엉덩이를 감추고 조심해야 할 것이다. 그것도 오래 가지는 못할 것이다. 제르베즈는 화가 치밀어 언제 폭발할지 몰랐기 때문이다. 랑티에는 그러한 욕설의 홍수를 뒤집어쓰고, 먼저 그녀를 윽박질렀다. 그리고 그녀를 고집불통이라고도 부르고 험담꾼, 거만한 마님이라고 욕설을 늘어놓았다. 그는 흥분한 나머지 쿠포를 무식한 놈이라면서, 여편네한테 친구를 존중하는 예법도 제대로 가르칠 줄 모른다고 깎아내렸다. 그러나 곧 화만 내다가는 아무 일도 안 된다는 것을 깨닫고, 자기는 이제 남의 일에는 절대로 상관하지 않겠다면서 터무니없는 보복을 받을 뿐이라고 했다. 실제로 그는 가게의 권리에 대한 이야기는 더 이상 하지 않았지만, 기회를 봐서 그 이야기를 다시 꺼내어 세탁소 여주인에게 결심시키려는 것 같았다.

1월이 되었다. 습하고 추운 고약한 날씨였다. 12월 내내 기침을 하고 숨을 헐떡이던 쿠포 어머니는 주현절 뒤로는 사뭇 자리에 누워 있었다. 그것은 이 노파의 연금 기간으로, 겨울이면 으레 그녀는 그것을 기다렸다. 하지만 이번 겨울에는 주위 사람들도 노파는 이제 죽어서나 이 방을 나갈 수 있으리라고 했다. 노파는 실제로 뚱뚱하게 살은 쪘지만 숨이 끊어질 듯이 괴롭게 헐떡거리면서, 이미 눈은 죽은 사람 같았고, 얼굴은 반쯤 일그러져 있었다. 물론 자식들로서는 그녀의 죽음을 재촉할 생각은 없었지만, 너무나 오래 질질 끌고 있었기 때문에, 그만 지쳐서 마음속으로는 끝장을 내주었으면 하는 형편이었다. 노파 자신도 그편이 훨씬 행복했을 것이다. 왜냐하면 그녀는 살 만큼 살지 않았는가? 사람은 살 만큼 살면 여한이 없는 법이다. 한 번 불려온 의사는 두 번 다시 오지 않았다. 탕약을 끓여주었는데, 노파를 그대로 방치해 둘 수가 없었기 때문이다. 사람들이 줄곧 방에 들어가 보았지만 단지 노파가 아직도 살아 있나를 확인하기 위해서였다. 그녀는 이미 말을 하지 못하고 있었다. 그토록 노파는 숨이 막힐 지경이었다. 그러나 아직 생기 있고 잘 보이는 한쪽 눈으로 사람들을 뚫어지게 보았다. 그 눈 속에는 갖가지 일들이 깃들어 있었다. 젊은 시절에 대한 후회, 자신을 귀찮은 존재로 여기는 가족을 바라보는 슬픔, 밤이 면 이제 속옷 바람으로 스스럼 없이 유리문으로 동정을 살피러 가는 나나에 대한 노여움 등이 그 노파의 눈에 서려 있었다.

어느 월요일 밤, 쿠포는 술에 취해서 돌아왔다. 어머니가 위독해진 뒤부터 그는 줄곧 측은한 마음속에서 살고 있었다. 쿠포가 잠이 들어 코를 골기 시작 하면 제르베즈는 잠시 몸을 뒤척이며 잠을 이루지 못했다. 그녀는 밤마다 몇 시간 동안은 쿠포 어머니를 돌봐주었다. 게다가 나나가 매우 용감하게도 언제 나 노파 곁에서 자면서, 할머니가 위태로우면 모두에게 알리겠노라고 했다. 그 날 밤에는 딸도 잠들고, 환자도 조용히 잠든 듯해서, 여주인은 옆방에서 그만 잠자러 오지 않겠느냐고 권하는 랑티에를 결국 따르고 말았다. 두 사람은 촛 불 하나를 켜서 옷장 뒤 마룻바닥에 놓아두었다. 그렇지만 3시쯤에 제르베즈 는 갑자기 불안감에 휩싸여 벌벌 떨면서 침대에서 벌떡 뛰어내렸다. 찬바람이 세차게 몸을 스치고 지나간 것 같았다. 촛불은 거의 다 타 있었다. 칠흑 같은 어둠 속에서 그녀는 당황하여 열이 나는 손으로 속치마를 주워 입었다. 가구 에 부딪치면서 노파가 있는 방까지 가서 겨우 작은 램프에 불을 붙였다. 어둠 에 짓눌린 정적 속에서 함석장이의 코 고는 소리는 두 개의 낮은음을 내고 있 었다. 나나는 반듯하게 누워서 부풀어 오른 입술 사이로 작은 숨소리를 내고 있었다. 제르베즈는 춤추는 듯한 큰 그림자를 던지고 있는 램프를 밑에 내려놓 고 쿠포 어머니의 얼굴을 비쳐 보았다. 노파는 창백한 얼굴로 고개를 어깨 위 에 떨구고 눈을 부릅뜬 채였다. 쿠포 어머니는 죽어 있었다.

세탁소 여주인은 비명도 지르지 않고, 냉정하고 침착하게 천천히 랑티에의 방으로 돌아갔다. 그는 잠들어 있었다. 그녀는 몸을 굽혀 속삭였다.

"이봐요, 끝났어요. 어머니가 돌아가셨어요."

랑티에는 잠기운에 젖어 설게 깨어나서 처음에는 투덜거렸다.

"귀찮게 하지마, 자라고…… 죽었어도, 우리가 해줄 일이 없잖아."

그러더니 팔꿈치를 괴고 일어나며 물었다.

"몇 시지?"

"3시요."

"겨우 3시야! 그럼 자라고. 몸에 좋지 않아…… 날이 새면 사람들이 가볼 거야"

그러나 그녀는 그의 말은 듣지 않고 옷을 입었다. 그러자 랑티에는 이불 속으로 기어들어가서 여자들이란 머리가 모자라다고 욕을 하며 벽 쪽을 바라보고 누웠다. 집 안에 죽은 사람이 있다고 알리는 데 그렇게 서두를 필요가 있는가? 한밤중에 그 말을 듣고 기쁘게 생각할 사람은 아무도 없다. 그는 침울한 생각으로 잠을 설친 데에 화가 났다. 한편 자기 방으로 자신의 물건들을 머리핀까지 몽땅 가지고간 제르베즈는 모자장이와 함께 있던 것을 들킬 염려 없이 편안히 앉아 흐느껴 울었다. 처음에는 다만 노파가 하필이면 왜 이런 시간에 죽었나 하여 두렵고 당황스러울 뿐이었지만, 마음속으로는 쿠포 어머니를 무척 사랑하고 있었기 때문에 제르베즈는 매우 슬펐다. 그녀는 오직 혼자 고요 속에서 통곡했다. 함석장이는 여전히 코를 골고 있었다. 그에게는 아무 소리도 들리지 않았다. 제르베즈는 그를 부르기도 하고 흔들기도 했지만, 그가 눈을 뜨면 다시 귀찮은 일이 생길 것 같아서 그대로 자게 두기로 마음먹었다. 시체 곁으로 되돌아가 보니, 나나가 침대 위에 앉아서 눈을 비비고 있었다. 이 여자아이는 사태를 알아차리고 장난꾸러기다운 호기심으로 할머니의 모양을 더 잘 살펴보려고 목을 길게 빼고 있었다. 나나는 아무 말이 없었다. 죽음과 마주하여 좀 떨고 놀라면서도 만족스러워하는 모습이었다. 나나는 마치 나쁜 짓을 하듯이, 어린애 눈에는 숨겨지고 금지되어 있는 죽음을 이틀 전부터 기다리고 있었다. 살고 싶다는 일념으로 죽을 때까지 허덕인 이 창백한 죽은 얼굴을 앞에 두고, 나나는 어린 고양이 같은 눈동자를 크게 뜨고 있었다. 그리고 유리문 뒤에 달라붙어 코흘리개들에게는 금지된 일을 엿볼 때처럼, 나나는 등뼈가 저려오는 기분이 들었다.

"자, 일어나거라." 낮은 목소리로 제르베즈가 말했다. "여기 있으면 안 돼."

나나는 마지못해서 뒷걸음질을 치며 시체에서 눈을 떼지 않고 침대에서 빠져나갔다. 제르베즈는 아침까지 나나를 어디에 두어야 할지 몰라 무척 난처해졌다. 그러나 어쨌든 그 애에게 옷을 입히기로 마음먹었을 때, 랑티에가 바지를 입고 슬리퍼를 질질 끌며 들어왔다. 그는 더 이상 잘 수가 없었는데, 조금

전 자신의 행동을 좀 부끄럽다고 생각했다. 그래서 모든 일이 잘 수습되었다.

"그 애를 내 침대에 재우도록 하지." 그는 중얼거렸다. "잠자리는 넉넉하니까."

나나는 새해 첫날 초콜릿을 받았을 때처럼 멍청한 표정으로, 어머니와 랑티에를 향해 맑고 큰 눈을 들어 쳐다보았다. 물론 딸을 억지로 밀어 보낼 필요는 없었다. 아이는 속옷 바람에 맨발이 거의 마룻바닥에 닿지 않을 정도로 재빨리 뛰어나갔다. 그러고는 아직 체온이 남아 있는 침대 속으로 뱀처럼 기어들어가서 몸을 쭉 뻗었는데, 그 가냘픈 몸으로는 침대에 덮인 이불이 그다지 부풀지 않았다. 어머니가 들어올 때마다 아이는 말없이 눈만 반짝이며 상대방을 쳐다보았다. 잠도 자지 않고 몸 하나 까딱하지 않고, 벌겋게 달아오른 얼굴로 나나는 여러 일들을 생각하고 있는 듯 보였다.

그러는 동안, 랑티에는 제르베즈를 도와서 쿠포 어머니에게 옷을 입혔다. 시신이 무거웠기 때문에 간단한 일이 아니었다. 이 노파는 믿을 수 없을 정도로 풍성하고 또 하얬다. 두 사람은 양말과 흰 속치마, 블라우스를 입히고 보닛을 씌웠다. 그녀의 옷들 중에 가장 좋은 것이었다. 쿠포는 언제나 두 박자로 코를 골았는데, 한 번은 무겁게 내려가는 소리로, 또 한 번은 메마르게 다시 올라가는 소리로 골았다. 마치 성(聖)금요일 의식 때 반주하는 교회 음악 같았다. 죽은 이에게 옷을 입히고 침대에 가지런히 눕힐 때, 랑티에는 마음을 가라앉히려고 유리잔에 포도주를 따랐다. 속이 몹시 울렁거렸다. 제르베즈는 노파가 플라상에서 가져온 구리 십자가를 찾으려고 서랍장을 뒤졌다. 그러나 그녀는 쿠포 어머니 자신이 그것을 팔아버렸던 일이 기억났다. 두 사람은 난로에 불을 피웠다. 그들은 의자에 앉아서 반쯤 졸며, 먹다 남은 술병을 기울이고, 이 죽음이 자기들 때문인 것처럼 침통한 마음으로 밤을 보냈다.

날이 새기 전 7시쯤, 마침내 쿠포는 잠에서 깨어났다. 불행을 알고도 왠지 놀림을 당하는 기분이 들어 그는 처음에는 눈물도 나지 않았고 말을 더듬었다. 그러고 나서 잠시 뒤 그는 마룻바닥으로 뛰어내려, 죽은 어머니 앞으로 가서 몸을 던졌다. 그리고 어머니를 끌어안고 송아지처럼 울어댔는데, 어찌나 눈물을 흘렸던지 얼굴이 닿았던 밀개가 흠뻑 젖어 있었다. 제르베즈도 남편이 슬퍼하자 크게 마음이 동요되어 다시 흐느끼기 시작했다. 그렇다, 그도 근본이 착한 사람이다. 쿠포의 슬픔은 격렬한 두통에 섞였다. 그는 손가락으로 머리카락을 쥐어뜯었다. 10시간이나 잤는데도 아직 깨어나지 않은 숙취로 입 안이 끈적끈적했다. 그리고 그는 두 주먹을 거머쥐고 한탄했다. 맙소사! 그렇게도 그가 사랑했던 어머니였는데, 가엾게도 세상을 뜨셨다! 아! 그는 머리가 아팠고, 정신을 잃은 듯했다. 진짜 숯 가발을 머리에 쓴 것 같고, 게다가 그 때문에 가슴이 찢어질 것만 같다! 한 사나이를 이렇게 뒤에서 공격하다니, 운명도 정의롭지가 못하다!

"자, 힘을 내, 이 사람아." 그를 부추겨 일으키면서 랑티에가 말했다. "정신 차려야 해."

그는 쿠포에게 포도주를 한잔 따라주었지만, 쿠포는 마시려고 하지 않았다. "도대체 왜 이럴까? 내 위 속에 구리가 들어 있으니…… 어머니, 어머니를 보았을 때 구리 맛이 났어…… 어머니, 아! 어머니, 어머니……."

쿠포는 다시 어린애처럼 울기 시작했다. 그래도 그는 가슴에 타오르는 불길을 끄기 위해 부어놓은 포도주를 마셨다. 랑티에는 곧 친척들에게 알리고, 시청에 신고하러 간다는 핑계로 도망쳐 나왔다. 랑티에는 바깥 공기를 쐬지 않고는 못 배길 심정이었다. 그래서 그는 담배도 피우고, 아침의 차갑고 생생한 공기를 마시며 별로 서두르지 않았다. 르라 부인의 집에서 나와, 바티뇰의 간이식당에 들러 따끈한 커피를 한 잔 마셨다. 그리고 그곳에서 족히 한 시간은 생각에 잠겨 머물러 있었다.

그러는 동안, 9시쯤에 가족이 가게에 모였다. 덧문을 닫아둔 채였다. 로리외는 더 이상 울지 않았다. 게다가 그는 급한 일이 있다고 하면서 짐짓 꾸민 표정으로 잠시 몸을 흔들며 바로 작업장으로 돌아가 버렸다. 로리외 부인과 르라 부인은 쿠포 부부와 부둥켜안고 눈을 닦았는데, 그 눈에는 눈물방울이 조금 어려 있었다. 그러나 시체 주위로 재빨리 시선을 던진 로리외 부인은 시체 옆에 램프를 켜놓다니 상식에 어긋난다고 갑자기 목소리를 높이며 말했다. 촛불을 켜놓아야 하는 법이다. 나나를 시켜 커다란 초를 한 갑 사오게 했다. 맙소사! 절름발이 집에서 죽으면, 우스꽝스런 방법으로 처리되는군! 죽은 사람에 대해 어떻게 예를 갖추는지도 모르고 정말 얼간이로군! 이 여자는 평생 장례식도 치러본 일이 없지? 르라 부인은 십자가를 빌리러 이웃집에 가야만 했다. 그녀는 너무나 큰 것을 빌려왔다. 검은색 나무 십자가로, 색칠을 한 판지에 예수가 못 박혀 있었다. 그것은 쿠포 어머니의 가슴 전체를 가렸고, 그 무게로 그녀를 짓누르는 것같이 보였다. 이어서 사람들이 성수를 찾았으나 아무도 가지고 있지 않았기 때문에, 나나가 교회까지 달려가서 한 병을 얻어왔다. 순식간에 작은 방은 모양이 달라졌다. 작은 탁자 위에 촛불이 켜지고, 그 옆에 성수로 가득 찬 컵이 놓여지고, 거기에 회양목 가지 하나가 꽂혔다. 이제 사람들이 와도, 최소한 적당히 준비는 된 셈이다. 그러고는 조객을 맞기 위해 가게 안에 의자를 둥글게 놓았다.

랑티에는 11시에 겨우 돌아왔다. 장의사에 가서 여러 얘기를 묻고 왔다.

"관은 12프랑이야." 랑티에가 말했다. "미사를 원한다면 10프랑이 더 들고, 영구차는 장식에 따라 값이 달라……."

"오! 그건 필요 없어요." 로리외 부인이 놀라서 불안한 태도로 고개를 쳐들면서 중얼거렸다. "어머니가 다시 살아나는 것도 아니잖아요?…… 그리고 주머니 사정도 생각해야죠."

"물론 나도 그렇게 생각해요." 모자장이가 말을 받았다. "참고 삼아 값만 알아왔습니다…… 적당한 것을 말해 보세요. 점심을 먹고 나서 주문하러 갈 테니까요."

덧문 사이로 흐릿한 햇빛이 스며드는 방 안에서 모두 작은 소리로 의논을 했다. 작은 방의 문은 활짝 열려 있고, 그곳에서 죽음의 무거운 정적이 흘러나왔다. 어린애들의 웃음소리가 안마당에서 들려왔다. 겨울의 창백한 햇빛 아래서, 여자아이들이 원을 그리며 돌고 있었다. 갑자기 나나의 말소리가 들렸다. 보슈 부부에게 맡겨놓았더니, 그곳에서 도망쳐 온 것이다. 나나가 날카로운 소리로 명령을 내렸다. 그러면 신발 뒤축이 하나같이 길바닥을 때렸고, 뒤이어 시끄럽게 조잘거리는 새소리처럼 노랫말이 날아올랐다.

당나귀야, 당나귀야,
그는 다리가 아프단다.
그래서 부인이 만들어 주었지,
예쁜 양말과 라일락 구두를,
라, 라, 라일락 구두를!

제르베즈는 자기가 얘기할 차례를 기다렸다.

"그래요, 분명 우린 부자가 아녜요. 하지만 행세만은 올바르게 하고 싶어요…… 어머니는 아무것도 남겨주진 않으셨지만, 그렇다고 해서 개처럼 땅바닥에 내던지듯 할 순 없어요…… 네, 미사는 꼭 올려야 해요. 그리고 영구차도 좋은 걸로……."

"그런데 누가 그 비용을 대지?" 로리외 부인이 격한 어조로 물었다. "우리는 그럴 수 없어. 지난주에 돈을 잃어버렸거든. 자네도 안 되겠지. 빈털터리니까…… 아! 세상을 깜짝 놀라게 하려고 애쓰는 것도 좋지만, 그 때문에 자네들이 어떻게 될지도 생각해야지!"

쿠포는 의논을 해도 전혀 관심 없다는 몸짓으로 말을 더듬다가 의자에서 잠들고 말았다. 르라 부인은 자기 몫만은 치르겠노라고 했다. 그녀는 제르베즈와 같은 의견으로서, 할 일은 마땅히 해야 한다는 생각이었다. 그래서 둘이서 종이쪽지에 계산해 보았다. 모두 합쳐서 약 90프랑이 필요했다. 오랫동안 얘기한 끝에 지붕에 장식이 달린 영구차로 결정했기 때문이었다.

"우리는 셋이니까요." 세탁소 여주인이 결론을 지었다. "한 집에서 30프랑씩 내면 되겠어요. 그 정도로 파산하진 않을 거예요."

그러나 로리외 부인이 화를 내면서 소리쳤다.

"뭐라고! 난 그렇게 못해. 그래, 못하고말고!…… 30프랑이 아까워서가 아니야. 나한테 10만 프랑이 있고 만약 그 돈으로 어머니가 되살아만 나신다면 서슴지 않고 다 내겠어…… 다만 나는 겉치레가 싫다고. 자네는 가게를 가지고 있으니까 동네 사람들에게 허세라도 부려보고 싶을 테지. 하지만 우리는 그런 일에 끼고 싶지 않아. 잘난 체하기 싫어…… 아! 좋을 대로 해봐. 원하면 영구차에 깃털 장식도 달고."

"당신한테는 절대 부탁하지 않겠어요." 마침내 제르베즈가 대답하며 끝을 맺었다. "내가 몸을 팔아야 한다고 해도, 내 일에는 절대로 참견 마세요. 난 당신의 도움 없이 어머니를 보살펴 왔어요. 장례식도 당신 없이 치를 거예요…… 지금까지 단 한 번도 싫은 소리를 한 적은 없지만, 난 집 없는 고양이를 주워다 키웠어요. 당신 어머니를 진흙탕 속에 내버려 둘 수가 없었기 때문이죠."

그러자 로리외 부인은 울기 시작했으며, 랑티에는 나가버리려는 그녀를 붙잡아야만 했다. 말다툼이 너무나 소란스러워져서 르라 부인은 세차게 쉿! 소리를 내고서, 살며시 작은 방으로 가야겠다고 생각했다. 그러고는 화가 난 불안한 눈초리를 시체에 던졌다. 죽은 사람이 곁에서 말다툼하는 소리를 듣고서 금방이라도 눈을 뜰 것 같아 르라 부인은 두려웠다. 그때 안마당에서 여자애들의 춤이 다시 시작되어, 나나의 목소리가 다른 목소리보다 유난히 높게 들려왔다.

　　당나귀야, 당나귀야,
　　그는 배가 아프단다.
　　그래서 부인이 만들어 주었지,
　　예쁜 배덮개와 라일락 구두를,
　　라, 라, 라일락 구두를!

"맙소사! 아이들이 노래해서 정말 짜증스럽네!" 제르베즈는 견디다 못해 몸을 떨면서 당장에라도 울음을 터뜨릴 것 같은 모습으로 랑티에게 말했다. "쟤네들 입을 좀 다물게 해줘요. 그리고 나나를 관리인 아주머니한테 데려다 주세요. 아무 데나 팽개쳐 두면 돼요!"

르라 부인과 로리외 부인은 다시 오겠다 약속하고 점심을 먹으러 갔다. 쿠포 가족은 식탁에 앉아 돼지고기를 먹었으나 식욕이 없었고, 감히 포크 소리도 내지 못했다. 그들은 가련한 쿠포 어머니가 그들의 어깨를 누르며 방에 있는 것만 같은 기분이 들어, 난처해서 얼이 빠져 있었다. 그들의 생활은 엉망으로 흐트러져 버렸다. 처음에는 어떻게 해야 좋을지 몰라서 발을 동동 구를 뿐, 혼례식을 치른 다음 날처럼 완전히 지쳐 있었다. 르라 부인의 30프랑과, 제르베즈가 모자도 쓰지 않고 미친 여자처럼 구제에게 가서 꾸어 온 60프랑으로, 랑티에는 곧장 장의사에게 다시 갔다. 문상객이 몇 사람 오기는 했지만 모두가 다 호기심에서 온 동네 아낙네들로, 한숨을 쉬며 눈물 어린 눈을 두리번거렸다. 그녀들은 작은 방에 들어가서 성호를 긋고, 성수에 축인 회양목 가지를 흔들고, 죽은 사람의 얼굴을 뚫어지게 바라보았다. 그런 다음 그들은 가게에 주저앉아, 몇 시간 동안이나 지치지 않고 같은 말을 되풀이하면서 죽은 여자에 대하여 끝없이 말했다. 르망주 양은 쿠포 어머니의 오른쪽 눈이 감겨지지 않았다고 일러주었고, 고드롱 부인은 그녀가 나이에 비해서는 무척 살집이 좋다고 끄덕지게 되풀이했으며, 포코니에 부인은 사흘 전에 그 부인이 커피 마시는 모습을 보았는데, 하고 놀라는 표정이었다. 정말 인생은 덧없다. 누구나 죽음에 대비해야만 한다. 저녁때가 되자, 쿠포 부부는 짜증이 나기 시작했다. 시체를 이렇게 오랫동안 집에 놔두다니, 가족으로서 도저히 견딜 수 없다. 정부는 장례에 대해 별도로 법률을 만들어야 한다. 다시 오늘 하룻밤과 내일 아침 내내 이러고 있으란 말인가. 싫다! 끝이 없을 것이다. 눈물도 마르면, 안 그런가? 슬픔이 짜증으로 변한다. 마침내는 싸움이라도 할 판국이니까. 좁다란 작은 방 안에 말없이 뻣뻣해져 있는 쿠포 어머니는 차츰 집 안 가득히 확대되어 사람들을 짓누를 정도로 무거워졌다. 그래서 집 안은 할 수 없이 여느 때 생활로 돌아가고, 죽은 이를 받드는 기분 따위는 사라져 버렸다.

"우리와 함께 조금이라도 드셔야죠." 제르베즈는 르라 부인과 로리외 부인이 다시 나타나자 그녀들에게 말했다. "쓸쓸해서 못 견딜 지경이니, 함께 있어주세요."

작업대에 식사가 마련됐다. 저마다 접시를 보면서, 바로 이 장소에서 그전에 먹었던 멋진 잔치 생각을 했다. 랑티에가 돌아오기로 돼 있었다. 로리외도 내려왔다. 과자 장수가 파이를 가져왔다. 왜냐하면 세탁소 여주인은 도저히 요리를 생각할 여유가 없었기 때문이다. 모두들 자리에 앉았을 때, 보슈가 들어와서 마레스코 씨가 문상을 오고 싶어한다고 했다. 집주인은 프록코트에 커다란 훈장을 달고서, 아주 엄숙한 표정을 지으며 나타났다. 그는 묵묵히 인사를 하고, 똑바로 작은 방으로 가서 무릎을 꿇었다. 그는 독실한 신자였다. 마치 사제(司祭)처럼 명상에 잠겨 기도를 드리고 나서 허공에 십자를 긋고, 회양목 가지로 시체에 성수를 뿌렸다. 가족 모두가 식탁에서 물러나, 강한 감동을 느끼며 선 채로 그를 바라보고 있었다. 마레스코 씨는 기도를 마치고 가게로 나가 쿠포 부부에게 이렇게 말했다.

"나는 밀린 집세 2기분을 받으러 왔소. 줄 수 있겠소?"

"아뇨, 어르신, 전부는 안 되겠어요." 제르베즈는 로리외 부부 앞에서 그런 소리를 듣고 난처해서 말을 더듬었다. "이해하시겠죠, 이런 불행을 당해서……."

"물론 그렇다마다요. 하지만 사람마다 다 고통이 있는 법입니다." 집주인은 이전 노동자였던 굵직한 손가락을 펴면서 말을 받았다. "슬픈 일이지만, 나는 더 이상 기다릴 수 없습니다…… 모레 아침까지 치러주지 않으면, 별수 없이 퇴거 명령장을 발부하겠습니다."

제르베즈는 두 손을 모으고 눈에 눈물을 글썽이며 말없이 애원을 했다. 상대방은 모질게 큰 머리를 강하게 내저으며, 아무리 간청해도 소용없음을 그녀가 깨닫게 했다. 게다가 죽은 이에 대한 마땅한 경의의 표시로 말다툼 따위는 할 수도 없었다. 집주인은 뒷걸음질을 치며 조용히 물러갔다.

"혼란스럽게 해서 죄송합니다." 마레스코 씨가 중얼거렸다. "모레 아침입니다. 잊지 마세요."

그리고 돌아가는 길에 작은 방 앞을 지나치게 된 그는, 활짝 열려 있는 문 앞에서 경건하게 무릎을 꿇고 죽은 이에게 마지막으로 인사를 했다.

사람들은 식사를 즐기고 있는 것처럼 보이지 않으려고 처음에는 서둘러 먹었다. 그러나 후식이 들어오자 잘 음미하고 싶어서 속도를 늦추었다. 때때로 제르베즈나 두 자매 가운데 한 사람이 입에 음식을 가득 물고, 냅킨을 든 채 작은 방을 들여다보았다. 그러고 나서 자리로 돌아와 앉아서 입 속 음식을 삼키면, 다른 사람들은 옆방에 아무 일도 없었나 하고 얼굴 표정을 힐끗거리며 살펴보았다. 그러다가 아낙네들이 일어서는 횟수도 줄어들고, 쿠포 어머니도 잊히고 말았다. 밤샐할 준비로 진한 커피를 큰 그릇에 가득히 채워 놓았다. 푸아송 부부가 8시쯤에 왔다. 커피라도 한잔 들라고 권했다. 그러자 제르베즈의 표정을 살피던 랑티에는 아침부터 기다리고 있던 기회가 이제야 왔다고 생각했다. 랑티에가 불쑥, 죽은 사람이 있는 집 안에 들어와서 돈 재촉을 하는 집주인은 비열하다고 말했다.

"그놈, 더러운 위선자야. 미사 드릴 때처럼 행동하다니!…… 내가 당신이라면 가게를 당장 버리고 떠날 거야."

제르베즈는 지쳐서 두렵고 약한 마음에 될 대로 되라는 기분으로 대답했다.

"그래요, 물론, 나는 법정 집달리들이 오기를 기다리진 않겠어요…… 아! 지긋지긋해요. 정말 지겨워요."

로리외 부부는 이것으로 이제 절름발이가 가게를 잃게 된다는 생각에 흐뭇해져서, 그 말에 크게 찬성했다. 가게를 하나 운영하려면 비용이 얼마나 드는지는 의심할 바가 없다. 남의 가게에 가서 일하면 3프랑밖에 벌지 못하지만, 그래두 경비 지출이 없으니 손해 볼 서성은 없다. 그들은 쿠포를 충돌질하여 그런 논의를 되풀이하게 했다. 쿠포는 술을 퍼마시며 여전히 슬픔에 젖어 오직 혼자서 접시 위에 눈물올 흘리고 있었다. 여주인이 설득당한 것처럼 보여서 랑티에는 푸아송 부부를 바라보며 눈짓했다. 그러자 키다리 비르지니가 끼어

들어 아주 상냥하게 말했다.

"이봐요, 우리는 서로 이해할 수 있을 거예요. 내가 얼마 동안 셋집을 떠맡아, 집세 문제를 집주인과 매듭지을게요…… 그러면 당신도 한동안 걱정은 덜 테니까."

"아니, 고맙지만 염려 말아요." 제르베즈는 오한이 난 사람처럼 몸을 흔들면서 말했다. "집세쯤은 만들려고만 하면 구할 수 있어요. 나는 일을 하겠어요. 고맙게도 두 팔도 있고! 그럭저럭 견딜 수 있어요."

"그런 얘기는 나중에 합시다." 모자장이가 서둘러 말했다. "오늘 밤은 피하는 게 좋겠어요…… 다음에 합시다. 내일이든지."

바로 그때, 작은 방에 들어가 있던 르라 부인이 가볍게 소리쳤다. 촛불이 끝까지 다 타 꺼져버려서 그녀는 무서웠다. 모두들 당황하여 다른 초에 불을 붙이고, 죽은 사람 옆에서 불이 꺼지는 것은 좋은 징조가 아니라고 되풀이하여 말하며 머리를 끄떡였다.

밤샘이 시작되었다. 쿠포는 길게 누웠으나 잠자기 위해서가 아니라 생각하기 위해서라고 말했다. 그리고 5분도 못 되어 코를 골기 시작했다. 나나를 보슈 부부에게 보내어 재우려 하자, 나나는 울어댔다. 아이는 자기와 친한 랑티에의 큰 침대에서 따뜻하게 잘 생각에 아침부터 좋아하고 있었다. 푸아송 부부는 자정까지 머물러 있었다. 커피가 부인들의 신경을 너무 자극했기 때문에 모두들 결국 프랑스식으로 샐러드 그릇에 포도주를 따라 돌려 가며 마시기로 했다. 화제가 바뀌어, 서로에게 다정하게 말했다. 비르지니는 시골 이야기를 했다. 그녀는 죽으면, 어느 숲속 한구석의 들꽃으로 장식된 무덤에 묻히기를 바랐다. 르라 부인은 벌써 옷장 속에 수의를 준비해 두었고, 그것에서는 언제나 라벤더 향내가 풍기게 해놓았다고 했다. 죽어서 묻힌 뒤에 좋은 냄새를 맡으며 있고 싶다고 했다. 그것이 그녀의 소원이었다. 이어서 경찰이 느닷없이 그날 아침 돼지고기 가게에서 도둑질을 한 키 크고 예쁜 여자애를 붙잡았다고 얘기했다. 경찰서에서 옷을 벗겨보니, 몸 앞뒤에 소시지가 열 개나 매달려 있었다고 했다. 그 말을 듣고 로리외 부인이 매우 불쾌한 표정으로 그런 곳에 있는 소시지는 안 먹겠다고 하여 모두가 조용히 웃었다. 밤샘은 예법을 지키는 가운데서도 흥겨웠다.

프랑스식으로 데운 포도주를 다 마셨을 때, 이상한 소리가, 조용하게 물이 넘치듯 흐르는 소리가 작은 방에서 들려왔다. 모두들 고개를 들어 서로 바라보았다.

"아무것도 아닙니다." 랑티에가 목소리를 낮추어 말했다. "그녀가 속을 비우고 있는 거예요."

그 말을 듣고서 모두들 안심한 표정으로 고개를 끄덕였고, 여자들은 유리잔을 탁자에 놓았다.

마침내 푸아송 부부가 나갔다. 랑티에도 그들과 함께 나갔다. 그는 부인들에게 침대를 내주려고 친구 집으로 가며, 서로 교대해서 한 시간씩 쉬어도 좋다고 말했다. 로리외도 결혼한 뒤 처음으로 혼자 자본다고 여러 번이나 말하며 잠을 자러 올라갔다. 제르베즈와 두 자매는 잠들어 버린 쿠포와 함께 남아서 난롯가에 모여 앉아 커피가 식지 않도록 불에 올려놓았다. 허리를 굽히고 앞치마 밑에 두 손을 찌른 그녀들은, 얼굴을 불 위에 내밀고, 동네 안이 온통 고요한 가운데서 낮은 소리로 소곤대었다. 로리외 부인이 불평을 늘어놓았다. 상복은 없지만, 가능하면 사지 않았으면 좋겠다고 했다. 살림이 몹시 쪼들린다고 말하며 제르베즈에게 어머니 생일 선물로 사주었던 검은 치마가 아직도 있느냐고 물었다. 제르베즈는 그 치마를 찾아보러 가지 않을 수 없었다. 허리 품을 줄이면 그런대로 쓸 만했다. 그런데 로리외 부인은 헌 속옷도 탐내고, 침대와 옷장, 의자 두 개 등 나누어 가질 자질구레한 실내 장식품들을 눈여겨보았다. 싸움이 날 뻔했으나 르라 부인이 나섰다. 그녀가 더 공정한 편이었다. 쿠포 부부는 어머니를 돌보았으니, 약간의 헌 옷 정도는 얻을 만하다는 의견이었다. 그리고 나서 세 사람이 난로 위에 다시 몸을 쭈그리고, 반쯤 졸면서, 단조로운 얘기들을 했다. 밤은 그녀들에게 너무 길게 느껴졌다. 그녀들은 이따금 몸을 흔들고, 커피를 마시고, 작은 방 쪽으로 목을 길게 뺐다. 그곳에서는 꺼져서는 안 되는 촛불이 타들어가는 심지에 의해 커다랗게 불꽃을 이루며 빨갛게, 그리고 슬프게 타고 있었다. 날이 밝을 무렵에는 난로가 뜨겁게 달아 있었는데도 그녀들은 몸을 떨었다. 마음의 고뇌와 지나치게 지껄인 피로 때문에 숨이 마치고, 혀가 미르고, 눈이 심심했다. 르라 부인은 랑티에의 침대에 뛰어들어 남자처럼 코를 골았다. 남은 두 여자는 무릎에 닿을 정도로 고개를 숙이고, 불 앞에서 잠들었다. 이른 아침, 그녀들은 추위 때문에 으슬으슬 몸을 떨며 잠에서 깨어났다. 쿠포 어머니의 촛불이 또 꺼져버렸다. 그리고 어둠 속에서 조용하게 물 흐르는 소리가 다시 나기 시작했다. 로리외 부인은 스스로 마음을 진정시키려고 큰 소리로 설명했다.

"어머니가 속을 비우고 있는 거야." 그녀는 또 다른 촛불을 켜면서 되풀이해서 말했다.

장례식은 10시 30분에 치러질 예정이었다. 죽은 날 밤과 어제 하루에다, 아침까지 또 허비하다니! 제르베즈는 동전 한 푼 없었지만, 세 시간만 더 빨리 쿠포 어머니를 데리러 온 사람이 있었다면 100프랑은 주고 싶었을 것이다. 그래, 사람을 사랑해 봤자 무의미하고, 죽으면 너무 짐스럽다. 또한 그들을 사랑하면 할수록 그만큼 더 빨리 그들에게서 손을 떼고 싶어지는 거다.

장례식 날 아침은, 다행히도 기분 전환할 거리가 많았다. 갖은 준비를 다 해야 한다. 먼저 아침 식사를 했다. 그런 다음 관과 겨가 든 자루를 가지고 온 것은, 바로 7층에 살고 있는 장의사 인부 바주주 영감이었다. 선량한 이 영감은 언제나 술에 취해 있었다. 이날도 아침 8시밖에 안되었는데, 그는 지난밤에 마신 술이 채 깨지 않아 우스꽝스런 익살을 부리고 있었다.

"오, 여기로군요. 그렇죠?" 그가 말했다.

그리고 그는 관을 내려놓았는데, 새 나무로 만든 그 관에서 삐걱거리는 소리가 났다.

그러나 그는 한쪽 옆에 겨자루를 내던지고는 자기 앞에 있는 제르베즈를 보더니 눈을 둥그렇게 든 채 입을 딱 벌렸다.

"미안합니다, 용서하세요. 내가 잘못 알고 왔습니다." 그가 어물거리며 말했다. "댁에 갖다드리라는 말로 들었어요."

그가 다시 겨자루를 집어 들자 세탁소 여주인이 외쳤다.

"그냥 놔두세요. 여기가 맞아요."

"제기랄! 잘못 말해 줬어!" 넓적다리를 탁탁 두드리며 그가 말했다. "알았소, 할머니가……."

제르베즈는 새하얗게 질려버렸다. 바주주 영감은 그녀를 위해 관을 가져온 거였다. 영감은 변명을 하려고 애써 상냥하게 굴었다.

"안 그래요? 어제, 1층에서 여자가 죽었다고 들었으니 말이오. 그래서 난 그렇게 생각했지요…… 하지만 직업상, 이런 소리는 한쪽 귀로 듣고 또 한쪽 귀로 흘려버린답니다요…… 그래도 당신에게는 다행이군요. 네? 늦게 죽을수록 좋은 일이죠. 삶이 언제나 재미있지만은 않더라도요. 아! 아니, 말하자면 그렇단 말입니다."

영감의 말을 듣고 있던 그녀는 그가 그 더럽고 큰 손으로 자기를 잡아 관속에 집어넣지나 않을까 겁이 나서 뒷걸음질을 쳤다. 이미 한 번은 그녀의 결혼식 날 밤에 그가 술에 취해서, 그가 데려가면 고맙게 생각하는 여자들이 있다고 그녀에게 말한 적이 있다. 그거참! 자기는 아직 그럴 지경은 아니라고 생각했지만 그래도 제르베즈는 등골이 오싹해지는 기분이 들었다. 생활은 엉망진창이 되어버렸으나 그녀는 아직 그렇게 빨리 세상을 떠나고 싶지는 않았다. 그렇다, 비록 죽음이 한순간의 이야기라 해도, 죽기보다는 몇 년이고 굶주림에 시달리는 게 더 나았다.

"이 양반 지독하게 취했네." 그녀는 불쾌감과 공포가 뒤섞인 표정으로 중얼거렸다. "시청에서도 참, 적어도 주정뱅이는 보내지 말아야지. 돈도 상당히 치르고 있는데."

그러자 장의사 인부는 빈정거리듯 무례한 태도를 보였다.

"그럼, 아주머니, 다음에 또 보기로 합시다. 언제든지 일은 봐드리겠어요. 아시겠죠? 그저 신호만 보내면 됩니다. 내가 바로 부인들을 위로해 주는 사람이니까…… 그리고 이 바주주에게 침을 뱉지 말아요. 나는 당신보다 훨씬 더 예쁜 여자도 팔에 안아봤으니 말이오. 어둠 속에서 계속 잠자는 게 무척이나 기쁜 모양인지 불평 없이 정리하게 두더군요."

"조용히 해요, 바주주 영감!" 말소리를 듣고 달려온 로리외 부인이 엄하게 말했다. "그런 농담은 이럴 때 하는 게 아니에요. 만약 우리가 가서 항의라도 하면 당신은 해고예요…… 자, 돌아가요. 당신은 예절을 모르는군요."

장의사 인부는 돌아갔지만, 거리에서 오랫동안 중얼거리는 소리가 들려왔다. "뭐라고, 예절!…… 예절 따위가 어디 있어…… 그런 게 어디 있어…… 오직 정직만이 있을 뿐이지!"

마침내 10시가 울렸다. 영구차는 늦어지고 있었다. 가게에는 이미 마디니에 씨와 '장화', 고드롱 부인, 르망주 양, 친구들과 이웃 사람들이 와 있었다. 그리고 닫아놓은 덧문 사이와 활짝 열어놓은 문으로 사람들의 목이 끊임없이 들락거리며 영구차가 왔는지 내다보았다. 가족들은 안방에 모여 앉아, 문상객에게 악수로 답하고 있었다. 좀 조용해졌나 싶더니, 재빠르게 속삭이는 소리에

고요는 깨지고, 모두들 초조하게 흥분하여 기다리고 있었다. 갑자기 옷 스치는 소리가 났는데, 그것은 손수건을 잊고 온 로리외 부인과 기도서를 빌리러 가는 르라 부인이었다. 누구나 가게에 들어오면, 작은 방 한가운데 침대 앞에 놓여 있는 뚜껑 열린 관으로 눈길이 갔다. 그리고 모두가 그 관 속에 살집 좋은 쿠포 어머니가 들어갈 수 있을까 의심스러워져 곁눈질로 관의 크기를 재어 보았다. 사람들은 저마다 그런 생각을 눈에는 내보이면서도 말은 하지 못하고 서로 바라보고만 있었다. 그러나 바로 그때, 도로 쪽 문에서 소란스러운 소리가 들려왔다. 마디니에 씨가 팔짱을 끼고, 엄숙하고 차분한 목소리로 알리러 왔다.

"그들이 왔습니다!"

아직 영구차는 오지 않았다. 장의사 인부 네 명이 한 줄로 서서 바쁜 걸음으로 들어왔다. 모두들 붉은 얼굴에, 이삿짐 인부처럼 손이 곱았으며, 오줌 냄새가 나는 검은 옷이 관에 스쳐 희끗희끗 닳아 있었다. 바주주 영감은 매우 취했으나, 점잔을 빼며 맨 앞에 서 있었다. 영감은 일을 시작하자마자 다시 몸이 꼿꼿이 펴졌다. 인부들은 말없이 머리를 약간 숙여 재빨리 쿠포 어머니의 무게를 가늠했다. 일은 오래 걸리지 않았다. 순식간에 쿠포 어머니가 관을 채웠다. 키가 가장 작은 사팔뜨기 젊은이가 관 속에 겨를 쏟아붓고, 빵이라도 만들고 싶은 것처럼 휘저으며 폈다. 그러고는 하나, 둘, 들어! 네 사람은 시체를 들어올렸다. 두 사람은 발을, 다른 두 사람은 머리를 잡았다. 크레이프 빵이라 할지라도 이렇게 빨리 뒤집을 수는 없다. 목을 빼고 구경하던 사람들은 쿠포 어머니가 자기 스스로 관 속에 뛰어들었다고 생각할 수도 있었다. 그녀는 자기 집에 들어가는 듯이 그곳으로 미끄러져 들어갔다. 오! 아주 꼭 끼었다. 너무나 딱 들어맞아서, 관의 새 널빤지에 옷이 가볍게 스치는 소리가 들릴 정도였다. 그녀는 액자에 넣은 그림처럼 모든 아귀가 사방으로 빈틈없이 들어맞았다. 그러나 어쨌든 관에 들어간 데에 사람들이 모두 놀랐다. 분명히 전날 밤부터 몸이 줄어든 모양이었다. 그동안 장의사 인부들은 일어나서 기다리고 있었다. 꼬마 사팔뜨기는 가족들에게 마지막 인사를 하게 하려고 뚜껑을 들어올렸다. 한편 바주주 영감은 못을 입에 물고 망치를 손에 잡았다. 그래서 쿠포와 두 자매, 제르베즈, 그 밖의 사람들은 무릎을 꿇고 커다란 눈물방울을 흘리면서 저승으로 가는 어머니에게 키스를 했다. 그 뜨거운 눈물방울이 이제는 굳어서 얼음처럼 차디찬 얼굴에 떨어졌다. 훌쩍이는 울음소리가 한동안 계속됐다. 뚜껑이 닫히자, 바주주 영감은 짐 꾸리는 사람처럼 잽싼 솜씨로 못 한 개를 두 번씩 때려 박았다. 가구를 수선하는 듯한 이 소음 속에서 모두들 자기 울음소리조차 들리지 않았다. 다 끝났다. 출발이다.

"이런 때에 어쩌면 저렇게 허세를 부린담!" 로리외 부인이 현관 앞 영구차를 보고서 남편에게 말했다.

영구차 때문에 온 동네에 한바탕 소동이 벌어졌다. 내장 가게 여자는 식료품 가게 점원을 부르고, 키 작은 시계장이는 보도로 뛰쳐나왔으며, 이웃 사람들은 창문으로 몸을 내밀었다. 그리고 사람들은 모두 차 지붕 위에 달린 하얀 무명 술 장식에 대해 얘기했다. 아! 쿠포 부부는 빚을 갚는 편이 좋았을 텐데! 그러나 로리외 부부의 말처럼, 허세를 부릴 때면 언제 어디서든 끝이 없는 법이다.

"부끄럽기도 해라!" 바로 그때 제르베즈는 사슬장이와 그 마누라에 대해 얘기하면서 되풀이해 말했다. "저 욕심 많은 부부 좀 보라지, 자기 어머니를 위해서 오랑캐꽃 한 다발도 안 가지고 오다니!"

사실 로리외 부부는 빈손으로 왔다. 르라 부인은 조화 화환을 가지고 왔다. 관 위에는 그 밖에 쿠포 부부가 산 국화꽃 화환과 꽃다발이 놓여 있었다. 장의사 인부들은 관을 둘러메기 위해 한바탕 어깨 힘을 돋우었다. 장례 행렬은 좀처럼 갖추어지지 않았다. 쿠포와 로리외는 연미복을 입고 모자를 손에 들고서 장례 행렬 맨 앞에 섰다. 쿠포는 아침에 마신 백포도주 두 잔 때문에 머리가 아파서 매부의 팔에 매달려 걸어갔다. 이어서 남자들이 나아갔다. 온통 까맣게 입은 아주 근엄한 마디니에 씨, 작업복 위에 외투를 입은 '장화', 소문거리가 된 노랑 바지의 보슈, 랑티에, 고드롱, '불고기 졸병', 푸아송 그리고 또 다른 사람들이 뒤를 따랐다. 다음은 부인들 차례로서 첫 줄에 죽은 어머니의 치마를 손질해 입은 로리외 부인, 웃옷에 라일락꽃을 달아 즉석 상복으로 꾸미고 거기에 숄을 두른 르라 부인, 그리고 비르지니, 고드롱 부인, 포코니에 부인, 르망주 양이 줄을 이었다. 성호를 긋기도 하고, 모자를 벗기도 하는 사람들 사이로 영구차가 천천히 구트도르 거리를 내려갈 때, 장의사 인부 네 명 가운데 두 사람은 영구차 앞에, 다른 두 사람은 영구차 좌우에 붙어 앞장섰다. 제르베즈는 가게 문을 닫기 위해 뒤에 남았다. 그녀는 나나를 보슈 부인에게 맡기고는, 뛰어서 행렬에 합류했다. 그동안 나나는 관리인 여자의 손에 잡혀, 현관 밑에 서서 할머니가 아름다운 마차에 실려 거리 저쪽으로 사라져 가는 모습을 매우 흥미로운 눈초리로 바라보았다.

세탁소 여주인이 숨을 헐떡이며 장례 행렬을 따라잡았을 때, 마침 구제도 도착했다. 그는 남자들 사이에 끼어들었으나, 뒤돌아보며 머리를 숙여 그녀에게 인사를 했다. 그 동작이 몹시 다정했기 때문에 그녀는 갑자기 자신이 무척 불행하다는 느낌이 들어서 다시 눈물이 치밀었다. 그녀는 이제 쿠포 어머니 때문만이 아니라, 뭔가 혐오스럽고, 또 말로 표현은 못 하지만 숨이 막힐 듯한 무엇인가 때문에 울었다. 그녀는 가는 내내 손수건으로 눈을 누르고 있었다. 볼이 메마르고 상기된 로리외 부인은 제르베즈의 그런 태도가 못마땅하다는 듯이 곁눈질로 노려보았다.

성당에서 장례식은 곧 대충 끝마쳐졌다. 하지만 미사는, 사제가 너무 늙어서 좀 길어졌다. '장화'와 '불고기 졸병'은 헌금 때문에 밖에 머물러 있었다. 마디니에 씨는 사제들의 동작을 줄곧 지켜보고서, 그 관찰 결과를 랑티에에게 알려주었다. 저 어릿광대들은 라틴어를 줄줄 외지만, 자기가 무엇을 지껄이고 있는지도 모른다. 그들은 세례나 혼례를 치를 때와 똑같이 장례도 해치우므로 마음속에서 조금의 감동도 찾아볼 수 없다. 그러고 나서 마디니에 씨는 요란한 의식과 촛불들, 슬픈 체하는 목소리, 식구들 앞에서 겉치레하는 것 등등을 비난했다. 정말이지 집에서와 성당에서 두 번 죽음을 당하게 하지 않는가. 그리고 모두들 그의 말이 옳다고 했다. 왜냐하면 미사가 끝나고도 또다시 횡설수설 기도가 있고, 참석자들이 유해 앞까지 가서 성수를 뿌려야 한다니, 아무리 생각해도 괴로웠기 때문이다. 다행히도 묘지는 멀지 않은 곳, 샤펠 지구의 작은 묘지로서 마르카데 거리로 열려 있는 공원 끝에 있었다. 장례 행렬은 흐트러지고 구둣발 소리가 요란하게 울리는 가운데 사람들은 자기 멋대로 얘기하면서 그곳에 도착했다. 땅이 단단하여 소리가 잘 울려서, 사람들은 기꺼이 신발 바닥으로 쾅쾅 울려보고 싶은 생각이 들었다. 내려놓은 관 옆에 입을 딱 벌리고 있는 무덤 구덩이는 이미 완전히 얼어붙어서 석고 채석장처럼 희끄무레하고 돌처럼 딱딱했다. 참석자들은 석고 덩어리로 된 작은 산 둘레에 늘어서 있었는데, 이런 추위 속에서 기다린다는 것은 그다지 재미있는 일은 아니었다. 그리고 구덩이를 바라보고 있기도 지겨웠다. 하얀 제복을 입은 사제가 마침내 작은 집에서 나왔다. 그는 추위서 덜덜 떨었고, "데 프로푼디스"*1 하고 내뱉을 때마다 그의 숨결이 하얗게 서렸다. 마지막으로 성호를 긋자, 그는 다시 한 번 되풀이할 엄두도 못 내겠다는 듯이 도망쳤다. 무덤 파는 인부가 삽을 들었다. 그러나 흙이 얼어붙어 있었기 때문에 커다란 덩어리밖에는 떼어낼 수가 없었다. 큰 흙덩어리가 깊디깊은 밑바닥으로 떨어지며 꽤 요란한 소리가 울렸다. 마치 관에다 진짜 포격을 가하는 것 같았으며, 관의 널빤지가 쪼개지는 것이 아닌가 할 정도의 연속적인 대포 소리 같았다. 아무리 이기적인 사람일지라도 이 소리를 들으면 위장이 찢기는 느낌이 들 것이다. 눈물이 또다시 솟아오르기 시작했다. 모두들 그 자리를 물러나 묘지 밖으로 나갔으나 포성은 아직도 들려오고 있었다. 입김으로 손가락을 녹이고 있던 '장화'가 큰 소리로 감상을 말했다. 아! 맙소사! 가련한 쿠포 어머니는 따뜻하게 지내지 못하겠지!

"신사 숙녀 여러분." 함석장이가, 식구들과 함께 길거리에 서 있던 몇몇 친구들에게 말했다. "원하시면 뭐라도 대접해 드리겠습니다……."

그리고 그는 앞장서서, 마르카데 거리의 '묘지에서 내려오는 길에'라는 술집으로 들어갔다. 제르베즈는 길 위에 남아 있다가, 머리를 숙여 인사한 뒤에 가 버리려고 하는 구제를 불렀다. 그는 왜 포도주 한잔 안 마시는가? 그는 바빠서 일터로 돌아가야 했다. 그래서 두 사람은 잠시 아무 말 없이 서로 바라보았다.

"60프랑은 미안했어요." 세탁소 여주인은 겨우 속삭이듯 말했다. "내가 미쳤었는데, 그때 당신 생각이 났어요……."

"오! 괜찮습니다. 염려 말아요." 대장장이가 가로막았다. "그리고 곤란한 일이 있으면 언제라도…… 하지만 어머니에게는 한 마디도 하지 마요. 어머니는 어머니대로의 생각이 있으시고, 나는 그런 어머니를 거역하고 싶지 않으니까요."

그녀는 그를 뚫어지게 바라보았다. 깔끔하게 노란 수염을 기른 그가 정말 선량하고 서글픈 모습을 하고 있는 것을 보면서, 예전에 그가 했던 제안을 지금 당장에라도 받아들여, 어딘가에서 함께 행복하게 살기 위해 도망쳐 버릴까 하는 생각까지 했다. 이어서 다른 나쁜 생각도 떠올랐다. 나중에 어떻게 되건, 구제에게 2기분 집세를 빌려보자, 하는 생각이었다. 그녀는 몸을 떨면서 상냥한 소리로 말했다.

---

*1 De Profundis : '깊은 구렁 속에서'라는 뜻의 라틴어. 〈시편〉 130편 참조.

"우리 사이가 틀어진 건 아니죠?"

그는 고개를 끄덕이며 대답했다.

"물론입니다. 앞으로도 그럴 겁니다…… 다만 아시겠죠, 모든 것은 끝났습니다."

그렇게 말하고 그는 성큼성큼 큰 걸음으로 가버렸으며, 제르베즈는 멍하니, 구제의 마지막 말이 자신의 귓전에서 종소리처럼 울리는 것을 듣고 있었다. 포도주 상인집에 들어가서도, 그녀 머릿속에서는 낮은 목소리로 속삭이는 소리가 들려왔다. "모든 것은 끝났습니다. 아! 모든 것이 끝났다. 만일 모든 것이 끝났다면, 나는 이제 아무 할 일이 없다!" 그녀는 앉아서, 치즈를 곁들인 빵을 한 입 쑤셔넣고, 자기 앞에 가득히 따라놓은 포도주 한 잔을 비웠다.

그곳은 천장이 얕은 기다란 1층 방으로, 커다란 탁자가 두 개 놓여 있었다. 포도주 병들, 네 쪽으로 자른 빵, 세모꼴의 브리 치즈 따위가 접시 세 개에 가지런히 놓여 있었다. 모인 사람들은 식탁보나 나이프, 포크도 없이 선 채로 허둥지둥 먹었다. 좀더 떨어진 곳, 요란한 소리를 내면서 타오르고 있는 난로 옆에서는 장의사 인부 네 명이 점심 식사를 끝마쳤다.

"저런!" 마디니에 씨가 자기 생각을 설명했다. "사람은 저마다 자기 차례가 있지요. 늙은이가 젊은이에게 자리를 내주는 거죠…… 집에 돌아가면 틀림없이 집 안이 텅 빈 것같이 보일 겁니다."

"오!" 로리외 부인이 활기차게 말했다. "동생은 그곳을 떠납니다. 망했으니까요, 그 가게가."

사람들은 쿠포를 설득했다. 모두가 임대차 계약을 넘겨주라고 그를 재촉했다. 르라 부인까지도 얼마 전부터 랑티에가 비르지니와 사이좋게 지내자, 분명히 이 두 사람이 서로 반했다 생각하고 호기심에 사로잡혀, 아주 걱정스럽다는 말투로, 파산하여 감옥에 들어갈지도 모른다고 말했다. 그러자 함석장이가 갑자기 화를 냈다. 이제 술도 상당히 마셔서 동정심은 격노로 바뀌었다.

"이봐." 그는 마누라 코앞에서 소리쳤다. "내 말 잘 들어! 당신은 그 빌어먹을 머리로 언제나 제멋대로 생각해. 하지만 이번만은 나도 내 마음대로 할 거야. 당신한테 분명히 일러두겠어!"

"아무렴!" 랑티에가 말했다. "그 여자는 좋은 말로 하면 절대로 안 들어! 그 얘기를 그 여자 머리에 들어가게 하려면, 망치라도 써야 할걸."

그러면서 이 두 사람은 잠시 제르베즈를 마구 공격했다. 그래도 맞물려 돌아가는 턱을 막지는 못했다. 브리 치즈는 없어져 버리고, 포도주는 샘물처럼 흘렀다. 그러는 동안 제르베즈는 단숨에 노곤해져 버렸다. 아무런 대답도 하지 않고, 끊임없이 입에 먹을 것을 밀어넣으면서, 몹시 배고팠던 것처럼 열심히 먹기만 했다. 두 사내가 지쳐버리자, 그녀는 조용히 얼굴을 쳐들고 말했다.

"그만하면 됐어요, 그렇죠? 나는 가게가 어떻게 되든 상관없어요! 이젠 필요 없어요...... 아시겠어요, 필요없어요! 모든 것이 끝났으니까요!"

그래서 사람들은 다시 치즈와 빵을 주문하고, 진지하게 말을 했다. 푸아송 부부가 가게의 권리를 양도받고, 밀려 있는 2기분 집세를 떠맡겠노라고 제안했다. 한편 보슈가 집주인의 대리로, 거드름을 빼면서 그 결정을 승인했다. 뿐만 아니라 그는 당장에 쿠포 부부에게 방을 빌려주기로 했는데, 로리외 부부와 같은 7층 복도에 있는 빈방이었다. 랑티에로 말하자면, 맙소사! 푸아송 부부에게 폐가 안 된다면 지금의 방에 그대로 살고 싶다고 했다. 경찰은 고개를 끄덕이며, 전혀 폐가 안 된다고 했다. 정치적인 의견이 다르더라도 친구끼리는 언제나 사이좋게 지낼 수가 있다는 것이다. 그러자 랑티에는 양도 문제에 관여하지 않고, 자기의 작은 일을 마침내 끝낸 남자로서 커다란 빵에 브리 치즈를 담뿍 발랐다. 그리고 몸을 뒤로 젖히고 앉아 빵을 경건하게 먹으면서, 어떤 기쁨으로 불타올라 상기된 얼굴로 제르베즈와 비르지니에게 번갈아 눈을 깜박거리며 추파를 던졌다.

"이봐요! 바주주 영감!" 쿠포가 불렀다. "와서 한잔하시오. 우리는 거드름을 떨진 않소. 다 같은 노동자니까요."

마침 막 돌아가려던 장의사 인부들 네 명도 그들과 건배하기 위해 되돌아왔다. 비난은 아니지만, 조금 전의 그 부인은 꽤나 무거웠으니 포도주 한 잔 마실 만하다고 했다. 바주주 영감은 세탁소 여주인을 노려보았으나, 무례한 말은 하지 않았다. 그녀는 기분이 좋지 않아 일어나서, 이제 완전히 취해 버린 남자들 곁을 떠났다. 곤드레만드레가 된 쿠포는 또 송아지처럼 울며 슬퍼 못 견디겠다고 말했다.

저녁때 집으로 돌아온 제르베즈는 의자에 바보처럼 앉아 있었다. 그녀는 방이 황량하고 넓다고 생각했다. 진짜 귀찮은 골치거리가 없어졌다. 그러나 그녀는 분명히 마르카데 거리의 작은 공원 구덩이 밑에, 쿠포 어머니만을 남겨두고 온 것이 아니었다. 너무나 많은 것들이 그녀에게서 사라지고 말았다. 분명히 자기 자신의 생명 한 조각을, 자신의 가게를, 여주인으로서의 긍지를, 또한 그 밖의 여러 감정을, 그녀는 그날 매장해 버렸다. 그렇다, 벽에는 장식이 하나도 걸려 있지 않고, 그녀의 마음도 텅 비어 있었다. 이사가 완전히 끝났다. 시궁창에 빠져버린 것이다. 너무나 지쳤다. 할 수만 있다면 그녀는 뒷날 다시 일어서리라.

10시에 옷을 벗으면서 나나는 울며 발버둥쳤다. 나나는 할머니의 침대에서 자고 싶었다. 어머니는 딸에게 겁을 주려 했지만 이 아이는 매우 조숙해서 사람이 죽었어도 오직 호기심만 컸다. 마침내 아이는 할머니 자리에서 자도록 허락받았다. 이 말괄량이 여자아이는 큰 침대를 좋아했다. 아이는 넙죽 누워서 뒹굴어댔다. 그날 밤, 나나는 따뜻하고 푹신한 새털 이불 속에서 아주 잘 잤다.

제10장

쿠포 부부의 새 거처는 B 계단으로 올라가는 7층에 있었다. 르망주 양의 방 앞을 지나서, 왼쪽 복도로 접어들어, 다시 구부러져 가야 했다. 첫 번째가 비자르네 문이었다. 그 맞은편의, 지붕으로 올라가는 작은 계단 밑, 바람이 잘 통하지 않는 굴 같은 곳이 브뤼 영감이 자는 곳이었다. 그리고 두 집을 지나면 바주주 영감 집에 이르렀다. 바로 그 집 건너편이 쿠포 부부의 집이었는데, 안마당을 향한 침실과 작은 곁방이 있었다. 거기서 복도 안쪽으로 두 가정이 있을 뿐이며, 복도 끝 막다른 곳에 로리외 부부 집이 있었다.

침실 하나와 작은 방 하나, 그뿐이다. 쿠포 부부는 이제 이런 곳에 살고 있었다. 그리고 침실도 손바닥만 한 크기였다. 그래서 그곳에서 잠자고, 먹고, 쉬고, 모든 것을 다해야 했다. 작은 방에는 나나의 침대가 겨우 들어갔다. 아이는 옷을 부모님 방에서 갈아입어야 했으며, 밤이면 나나가 숨이 막히지 않도록 문을 열어두었다. 제르베즈는 가게를 비우고 나올 때, 방이 너무나 좁았으므로 다 들여놓지 못할 것 같아서 여러 물건을 푸아송 부부에게 넘겨주고 말았다. 침대와 탁자, 의자 네 개로 실내가 가득 찼다. 마음이 심란했음에도 그녀는 서랍장을 내놓을 용기가 나지 않아서 이 힘에 겨운 커다란 가구를 들여다놓았기 때문에, 이것이 창문의 반을 가려버렸다. 또한 창문 하나가 열리지 않게 되어, 그 때문에 햇빛이 들지 않아 방은 음산했다. 안마당을 내다보려 해도, 몹시 뚱뚱해진 제르베즈는 두 팔꿈치를 얹을 만한 공간이 없어, 몸을 비스듬히 하고 목을 꼬아야만 했다.

처음 며칠 동안, 이 세탁부는 앉아서 울기만 했다. 넓은 집에서 살다가 몸도 움죽 못할 집으로 이사한 일이 그녀는 무척이나 피로웠다. 그녀는 숨이 막힐 것 같았으며, 벽과 서랍장 사이에 꼭 끼어서 목이 삐뚤어질 정도로 몇 시간씩 창가에 머물렀다. 숨 돌릴 데가 그곳밖에는 없었다. 그렇지만 안마당을 내다봐도 서글픈 생각만 들었다. 건너편 양지바른 모퉁이에서 그녀는 지난날의 꿈을 발견했다. 그것은, 해마다 봄이 오면 스페인 강낭콩이 줄을 타고 가느다란 줄기를 뻗어 오르던 6층의 창이었다. 그녀의 방은 햇빛이 안 드는 쪽으로, 화분에 심은 물푸레나무가 일주일이면 말라 죽었다. 아! 싫다, 삶이 순조롭게 돌아가지 않는다. 바랐던 생활과는 너무 다르다. 꽃에 둘러싸이는 그런 노후를 꿈꾸었는데, 지금의 그녀는 더러운 것들 속에서 뒹굴고 있었다. 어느 날 그녀는 아래를 내려다보다가, 이상한 생각이 들었다. 그녀는 아래 관리실 근처 현관에서 위를 쳐다보며, 처음으로 이 건물을 바라보고 있는 착각에 빠졌다. 13년을 거슬러 올라 옛일을 떠올린 그녀는 가슴이 두근거렸다. 안마당은 변하지 않았다. 칠이 벗겨진 정면 벽이 전보다 약간 검어지고 얼마간 곰팡이가 더 슬어 있을 뿐이었다. 녹슨 하수구 뚜껑에서 썩은 냄새가 올라왔다. 창에 매어놓은 줄에는 속옷이며 오줌 얼룩이 진 어린아이의 요가 널려 있었다. 아래쪽, 군데군데 팬 포석이 열쇠장이 집 석탄재와 목수 집의 대팻밥으로 더럽혀져 있었다. 또한 수도가 있는 질척질척한 한쪽 모퉁이에는, 염색집에서 흘러내리는 물이 괴어 있어서, 그 아름다운 푸른빛이 옛날처럼 다정한 느낌을 주었다. 그렇지만 그녀는 더 이상 저 아래쪽에 서서 얼굴을 하늘로 향하며 만족과 용기에 차서 멋진 아파트를 갈망하지 않았다. 지금은 지붕 밑, 가난뱅이들이 사는 한 모퉁이, 가장 지저분한 굴속, 한 줄기 빛도 들어오지 않는 장소에서 사는 신세였다. 그래서 그녀는 눈물을 흘렸고, 그런 운명을 기뻐하며 살 수도 없었다.

그러는 동안 제르베즈는 새 집에서 시작된 살림에 조금 익숙해졌으며, 그곳 생활이 그다지 나쁘지만은 않았다. 겨울은 거의 끝나가고 있었고, 너절한 가구를 비르지니에게 넘겨줬기 때문에 약간의 돈도 들어와 사는 데 보탬이 되었다. 그리고 나서 계절이 바뀌며 행운도 찾아들어, 쿠포가 일자리를 얻어 시골 에탕프로 갔다. 그곳에서 석 달가량 그는 술에 취하지도 않고, 시골의 맑은 공기로 잠시 건강도 좋아졌다. 거리마다 브랜디와 포도주 냄새가 풍기는 파리의 공기를 벗어난다면 이 얼마나 주정뱅이의 목마름을 잊게 되는가. 집에 돌아왔을 때, 그는 장미꽃같이 신선해져 있었을 뿐만 아니라 400프랑이나 가져왔다. 그래서 그 돈으로 쿠포 부부는, 푸아송 부부가 대신 내준 집세 2기분과, 근처에서 빌린 작은 빚 가운데에서 가장 귀찮은 빚을 갚았다. 제르베즈는 지나다닐 수도 없었던 두서너 군데 길을 활개치며 다닐 수 있게 되었다. 물론 그녀 자신도 날품팔이 다리미장이가 되어 있었다. 비위를 맞춰 주기만 하면 아주 선량한 포코니에 부인이 기꺼이 그녀를 고용해 주었다. 또한 그녀는 제르베즈가 전에 세탁소 여주인이었던 점을 고려해 최상급 고용인으로 우대하여, 하루 3프랑을 주었다. 그래서 살림은 그럭저럭 꾸려가게 될 것같이 보였다. 뿐만 아니라 일하면서 절약만 한다면, 언젠가는 빚을 다 갚고, 평범하게 정리된 일상생활을 되풀이하며 살아갈 날이 올 거라고 제르베즈는 기대했다. 그러나 이런 기대도 남편이 벌어온 큰돈으로 마음이 들떠 있는 동안에만 해보았을 뿐이었다. 냉정을 되찾자 그녀는 삶을 있는 그대로 받아들이며, 좋은 일은 오래 머물지 않는다고 말했다.

그 무렵 쿠포 부부가 가장 괴로워했던 것은, 그들의 가게에 푸아송 부부가 살고 있다는 사실이었다. 그들은 본디 그렇게 질투심이 많은 편은 아니었으나, 주위 사람들이 그들의 마음을 부추겼고, 일부러 그들 앞에서 인수자가 가게를 아름답게 꾸며놓았다고 깜짝 놀라는 척했다. 보슈 부부와, 특히 로리외 부부가 끊임없이 그 이야기를 해댔다. 그들의 말에 의하면, 그렇게 아름다운 가게는 본 적이 없었다. 그리고 그들은 푸아송 부부가 이사했을 때 가게가 너무 더러워서, 집을 양잿물로 씻는 데만 30프랑이 들었다고 했다. 비르지니는 망설이던 끝에 사탕과 초콜릿, 커피, 홍차 등 고급 식료품을 파는 작은 장사를 하기로 결정했다. 기호 식품 장사는 이익이 크다고 랑티에가 적극적으로 권했기 때문이다. 가게는 검게 칠을 했고, 노란 줄무늬로 돋보이게 했다. 목수 세 명이 일주일 동안 칸막이 선반과 유리창, 과자점 카운터처럼 주둥이가 넓은 저장용 병들을 놓는 선반이 달린 카운터를 설치했다. 푸아송이 소중하게 간직했던 얼마 안 되는 유산이 꽤나 축났을 것이다. 하지만 비르지니는 의기양양했고, 로리외 부부는 관리인 부부를 도와 선반 얘기, 유리창 얘기, 저장용 병 얘기를 하나도 빼놓지 않고 늘어놓으며 제르베즈의 얼굴색이 변하는 모습을 즐겼다. 아무리 샘을 내지 않으려고 해도 소용없었다. 남이 자기 구두를 신거나 밟거나 할 때 화를 내지 않는 사람은 없다.

게다가 남자 문제가 얽혀 있었다. 사람들은 랑티에가 제르베즈를 버렸다고 단언했다. 동네 사람들은 아주 잘된 일이라고 믿었다. 설국 그것으로 동네 풍속이 조금 좋아졌다. 그 두 사람이 헤어짐으로써 유지된 명예는 부인들이 여전히 떠받드는 교활한 모자장이에게 모두 돌아갔다. 사실수레한 소문이 퍼졌다. 랑티에가 세탁부를 조용히 만들기 위해 분명히 따귀를 때렸고, 그만큼 여자가 그에게 열중했다고들 했다. 물론 누구 하나 진실을 말하지는 못했다. 설사 누군가가 진실을 알 수 있었다고 해도 그것이 너무나 단순하고 재미없다고 생각했을 것이다. 이제 제르베즈를 밤낮으로 마음대로 부려먹을 수 없게 되었다는 뜻에서 본다면, 랑티에는 그녀와 헤어졌다고 해도 좋았다. 그러나 욕망이 그를 사로잡으면 그는 그녀를 만나러 7층까지 올라가는 게 틀림없었다. 왜냐하면 르망주 양이 자연스럽지 않은 시간에 쿠포 부부의 집에서 나오는 랑티에와 마주쳤기 때문이다. 두 사람의 관계는 어느 쪽도 그다지 큰 쾌락을 맛보지 못하면서, 그저 서로에 대한 배려 차원에서 습관적으로 미적미적 계속되었다. 다만 사태를 더 복잡하게 만든 것은, 이제 동네 사람들이 랑티에와 비르지니가 잠자리를 같이한다고 덮어씌운 데에 있었다. 이 점에 있어서도 동네 사람들은 너무 성급했다. 틀림없이 모자장이는 이 갈색 머리 키다리 여자에게도 열을 올려 접근했고, 그녀는 이 숙소 안에서 모든 것을 제르베즈로부터 물려받았기 때문에 그럴 수밖에 없었을 것이다. 때마침 짓궂은 소문이 퍼졌다. 어느 날 밤 랑티에는 여느 때처럼 옆방 잠자리로 제르베즈를 찾으러 갔으나, 제르베즈로 알고 데려온 것이 비르지니였고, 게다가 어두웠기 때문에 그런 줄도 모르고 그녀를 새벽까지 놓아주지 않았다고 사람들은 주장했다. 이 소문은 사람들을 재미있게 해주었으나 사실 그 정도까지 진전되지는 않았다. 겨우 비르지니의 엉덩이를 꼬집어 볼 뿐이었다. 로리외 부부는 세탁부의 질투를 불지르느라고 랑티에와 푸아송 부인의 정사를 맞대 놓고 아주 동정하듯이 말했다. 보슈 부부 또한 그렇게 멋진 한 쌍은 본 일이 없다고 말했다. 이 모두에 있어 우스운 점은 구트도르 거리가 이 세 사람의 새살림에 대하여 전혀 화를 내고 있지 않다는 것이었다. 아니, 제르베즈에게는 엄하기만 하던 도덕도 비르지니에게는 관대했다. 아무래도 동네 안의 호의적인 관용은, 남편이 경찰이라는 데서 온 것 같았다.

다행히도, 질투는 제르베즈를 거의 괴롭히지 않았다. 랑티에의 부정(不貞)도 그녀를 뒤흔들지 못했다. 왜냐하면 이미 오래전부터 그녀의 마음은 전혀 랑티에와의 관계에 쏠려 있지 않았기 때문이다. 일부러 알아보려고 하지 않아도, 지금까지 그녀는 모자장이가 온갖 부류의 여자들이나 거리를 배회하는 추녀들과 여전히 관계를 맺고 있다는 더러운 얘기를 들어서 알고 있었다. 그래도 그녀는 아무렇지 않게 생각했기 때문에, 랑티에와 깨끗이 헤어질 정도로 충분히 화를 내지도 않았고, 여전히 상냥하게 대해 주었다. 그러나 그녀는 자기 애인의 새 여자를 그리 쉽게 받아들일 수가 없었다. 비르지니가 상대라면 문제가 달랐다. 그들은 둘이서 단지 자기를 괴롭히기 위해 그런 생각을 해낸 것이다. 대수롭지 않은 바람기라면 별일 아니지만, 일단 체면 때문에 가만히 있을 수가 없다. 그래서 로리외 부인이나 다른 짓궂은 여편네들이 그녀 앞에서 푸아송은 이제 샛드니 문 밑을 지나다니지 못할 것이라고 말하며 자극하면, 그녀는 새하얗게 질려 가슴이 터질 것 같았으며 속에서 불이 났다. 입술을 깨물고, 적들의 함정에 빠지지 않으려고, 화가 치미는 것을 꾹 참았다. 그러나 그녀는 분명 랑티에와 싸웠다. 왜냐하면 르망주 양이 어느 날 오후 따귀 때리는 소리를 들은 것 같다고 했기 때문이다. 어쨌든 불화가 있었던 것은 확실하고, 랑티에는 이 주일 동안이나 그녀에게 말 한 마디 걸지 않았다. 그러고 나서 그가 먼저 굽히고 들어와서, 아무 일도 없었던 듯이 전과 같은 관계가 다시 시작된 것 같았다. 세탁부는 더 이상 자기 생활을 망치고 싶지 않아서 모든 것을 체념하고, 여자들끼리 머리채를 끌어당기는 따위의 싸움에서 벗어나는 것을 택했다. 아! 그녀는 이제 스무 살이 아니었다. 그녀는 남자가 바람을 피웠다고 그의 볼기를 두들기며 자기 처지를 위험에 빠트릴 만큼 남자를 사랑하지는 않았다. 단지 그녀는 남자를 부속물로 여겼다.

쿠포는 농담을 했다. 자기 아내가 샛서방을 보았을 때는 눈감고 있던 이 얼간이 남편은, 오쟁이 진 푸아송의 신세를 비웃었다. 자기 집에서는 문제 삼지 않았던 것이, 남의 집 일이 되니 재미있었다. 동네 여자들이 그 근처 숲에서 밀회라도 하면, 그는 현장을 잡아보려고 온갖 애를 썼다. 그 얼마나 바보인가, 저 푸아송이란 녀석은! 칼을 차고 있으면서도 거리에 사람들이 꾀게 하다니! 그러더니 쿠포는 마침내 신이 나서 제르베즈까지 놀리기 시작했다. 거참! 그녀의 애인은 여자를 버리는 재주도 뛰어나다! 그녀는 운도 없다. 처음에는 대장장이와 일이 잘 안 되었고, 그다음은 모자장이에게 배신당했으니까. 그럴 수밖에 없는 노릇이지. 상대 녀석들과의 거래가 제대로 안 풀렸으니 말이다. 어째서 그 여자는 석공을 잡지 않았기? 석공은 회만숙 따위를 붙이는 데는 익숙하지. 인정도 많고 달라붙으면 떨어질 줄 모르는 녀석이지. 물론 그는 그런 말을 농담 삼아 했지만, 제르베즈는 파랗게 질려버렸다. 마치 나사송곳으로 그런 말을 그녀에게 쑤셔 넣으려는 것처럼 지껄여대면서, 그가 작은 회색 눈으로 그녀를 염탐하려는 듯이 바라보았기 때문이다. 그가 더러운 이야기에 이르렀을 때, 그녀는 상대가 하는 말이 농담인지 진담인지 도무지 알 수가 없었다. 1년 내내 취해 있는 사내는 이미 제정신이 아니며, 이십 대에는 아주 질투가 많았던 남편이 삼십 대에 가서는 술 때문에 부부간의 정조에 대해서는 아주 두루뭉술해지기도 하는 법이다.

구트도르 거리에서 쿠포가 허세를 부리는 모습은 정말 볼만했다! 그는 푸아송을 오쟁이 진 사내라고 불렀다. 그런 말에는 가히 수다스런 여편네들도 할 말이 없었다! 오쟁이 진 남편은 더 이상 그가 아니었다. 오! 쿠포는 알 것을 다 알고 있었다. 전에 모르는 척했던 것은 분명히 시끄러운 일을 일으키기 싫었기 때문이다. 누구나 다 자기 집 일쯤은 짐작한다. 가려운 데가 있으면 긁는다. 곧 그는 가렵지 않았다. 일부러 긁어서 남을 기쁘게 해줄 필요는 없지 않은가. 그런데! 그 경찰은 알고 있을까? 하지만 이번에는 틀림없다. 사람들이 그 연인들을 보았으니 말이다. 근거 없는 험담이 아니다. 그렇게 말하고 그는 화가 났다. 사내 자식, 그것도 정부의 관리라는 자가, 자기 집에서 이런 치욕스러운 일이 일어나도 보고만 있다니, 도무지 모를 노릇이었다. 그 경찰 녀석은 남이 먹다 남긴 찌꺼기를 좋아하는 모양이다. 그렇게밖에는 생각할 수가 없다. 그런데 그런 욕을 하면서도 쿠포는 밤에 지붕 밑의 굴속 같은 방에서, 마누라하고 단둘이 있어 심심할 때면, 랑티에를 부르러 어슬렁어슬렁 내려가 그를 강제로 데리고 올라오곤 했다. 이 친구와 헤어져서 살게 되고부터, 그는 집 안이 쓸쓸해졌다고 생각했다. 랑티에와 제르베즈의 사이가 냉랭해진 것을 보고, 그는 그들을 화해시켰다. 제기랄! 세상 사람들 일일랑 내버려 두면 되지 않는가? 멋대로 즐거서, 뭐가 나쁘담? 그는 사람들을 비웃었는데, 주정뱅이의 흔들리는 눈에는 즐거운 생활을 보내려면 모든 것을 모자장이와 완전히 공유해야 한다는 욕구가 불타올랐다. 그런 밤이면, 제르베즈는 남편의 말이 농담인지 진담인지 도무지 알 수가 없었다.

이와 같은 소란 속에서도 랑티에는 거만하게 굴었다. 그는 아버지처럼 위엄을 보였다. 그는 세 번이나 쿠포 부부와 푸아송 부부의 싸움을 말렸다. 이 두 쌍의 부부가 화해하면 그는 만족감에 젖었다. 그가 제르베즈와 비르지니를 다정하고도 빈틈없는 눈초리로 감시하고 있었기 때문에, 두 여자는 언제나 서로 사이좋은 체했다. 랑티에로 말하자면, 그는 터키의 사령관처럼 침착하게 이 금발 머리 여자와 갈색 머리 여자를 지배하면서, 교활하게 살쪄가고 있었다. 이 남자는 이미 푸아송 부부를 먹어가기 시작한 바로 그날 아침에도 쿠포 부부를 여전히 소화시키고 있었다. 아! 이런 정도의 일쯤은 랑티에에게는 전혀 불편하지 않았다! 가게 하나를 먹어치우고, 그는 다음 가게에 상처를 내었다. 결국 이런 행운을 가지는 인간은 따로 있게 마련이다.

나나가 첫 영성체를 받은 것은 그해 6월이었다. 나나는 열세 살이었는데 이미 다 자란 아스파라거스처럼 키가 크고, 뻔뻔스러운 면까지 있었다. 지난해에는 품행이 좋지 못하다고 해서 교리문답을 받지 못했다. 이번에 사제가 허락한 것도 그대로 두었다가는 그 애가 다시는 성당에 안 오게 될까 봐, 그리하여 믿음 없는 여자를 또 하나 거리에 내버리게 되지 않을까 두려워했기 때문이었다. 나나는 하얀 드레스를 입을 생각에 좋아서 날뛰었다. 로리외 부부는 대부 대모로서 드레스를 만들어 주겠다고 약속했다. 그리고 그 선물 얘기를 온통 건물 안에 퍼뜨렸다. 르라 부인은 베일과 보닛을, 비르지니는 지갑을, 랑티에는 기도서를 선물하기로 했다. 덕분에 쿠포 부부는 별다른 걱정 없이 의식의 날을 기다릴 수 있었다. 뿐만 아니라 집들이를 하려 했던 푸아송 부부까지도 바로 그 기회를 택했다. 물론 모자장이의 권고에 의해서였다. 그들은 쿠포 부부와, 역시 같은 날에 딸의 첫 영성체를 하는 보슈 부부를 초대했다. 그날 밤 푸아송 집에서 양다리 구이와 몇 가지 잔치 음식을 먹기로 되어 있었다.

바로 그 전날, 나나가 눈이 휘둥그레져서 서랍장 위에 늘어놓은 선물을 바라보고 있을 때, 쿠포가 술에 잔뜩 취해서 돌아왔다. 파리의 공기가 다시 그를 사로잡고 있었다. 그는 아내와 딸을 붙들고는 술주정뱅이의 변명을 늘어놓으며, 그런 상황에서 할 말이 못 되는 역겨운 소리를 했다. 게다가 나나도 언제나 추잡한 대화를 들으며 자라왔기 때문에 말버릇이 좋지 못했다. 말싸움을 하는 날에는 자기 어머니를 돼먹지 못한 여자, 아니면 뚱보라고 불렀다.

"빵을 가져와!" 함석장이가 고함을 질렀다. "수프도, 이 고약한 것들아!……누더기 계집들! 수프를 안 가져오면 그 싸구려 옷을 깔고 앉을 테다!"

"휘휠 내내나 성날 귀찮은 인간이야!" 제르베즈는 짜증을 내며 중얼거렸다. 그리고 그를 돌아다보며 말했다.

"지금 데우고 있어요. 당신은 정말 우리를 귀찮게 하는군요."

나나는 얌전하게 있었다. 이런 날에는 착하게 굴어야 한다고 생각했기 때문이다. 그녀는 눈을 내리깔고, 아버지의 천한 말 따위는 알아들을 수 없는 척하면서, 여전히 서랍장 위의 선물만을 바라보고 있었다. 그렇지만 함석장이는 술을 마시고 온 날 밤이면 몹시도 놀려댔다. 그는 나나의 목덜미에 얼굴을 바짝 대고 말했다.

"하얀 드레스라니, 어림없는 소리 마라! 응? 언젠가 일요일에 그랬던 것처럼 블라우스에다 종이 뭉치를 처넣어 유방을 만들려고?…… 그래, 그래, 좀 기다려 봐! 네 엉덩이를 네 손으로 만지작거리며 다닐 테지. 예쁜 옷이 생기면 간지러운 게로군. 좋아서 머리가 멍한 게로군…… 자, 거기서 비켜, 망나니 년! 손을 떼고 그 따위는 서랍 속에 넣어둬. 그러지 않으면 몽땅 쓸어버릴 테야!"

나나는 고개를 숙이고 여전히 아무 대답도 하지 않았다. 그녀는 명주 망사로 만든 작은 보닛을 집어 들고, 그 값이 얼마나 되느냐고 어머니에게 물었다. 그때 쿠포가 손을 내밀며 그 모자를 빼앗으려 하자 제르베즈가 그를 밀치며 소리쳤다.

"그 아이를 내버려 둬요! 얌전하고 나쁜 짓이라곤 하지 않잖아요."

그러자 함석장이는 온갖 욕설을 다 퍼부었다.

"야! 이년들아! 엄마랑 딸이 한 패로구나. 훌륭하기도 해라. 사내들한테 추파나 던지면서 하느님에게 가서 무엇인가 얻어먹으려 하다니, 기가 막힌다. 자, 대꾸할 말이 있으면 해봐, 이 새끼 갈보년!…… 네게 자루를 입혀주마. 그래서 그것이 네 살가죽을 벗겨내나 어디 두고봐야겠다. 그래, 자루를 입혀서 너와 사제 녀석들을 넌더리 나게 해줘야지. 사람들이 네게 못된 짓을 가르치도록 내가 놔둘 줄 아니?…… 제기랄! 내 말 잘 들어, 둘 다!"

그러자 이번에는 나나가 화가 나서 돌아다보았고, 한편 제르베즈는 쿠포가 찢어버리겠다고 하는 옷을 지키기 위해 팔을 뻗지 않을 수 없었다. 딸은 아버지를 뚫어지게 바라보았다. 그러고 나서 고해성사 신부에게서 주의를 받은 겸손함도 잊고 말했다.

"돼지!" 나나는 이를 악물었다.

함석장이는 저녁을 먹자마자 코를 골기 시작했다. 그다음 날, 그는 더없이 얌전하게 잠에서 깨어났다. 전날 밤의 취기가 알맞게 남아 있어서 기분이 좋았다. 그는 딸의 옷치장을 거들어 주며, 하얀 드레스에 감동하여, 아주 조금만 손대어도 이 못된 계집애가 진짜 품위 있는 아가씨 모습이 된다고 생각했다. 결국 그의 말대로, 이런 날에는 마땅히 아버지는 딸을 자랑스럽게 여기는 법이었다. 나나가 아주 짧은 드레스를 입고, 마치 신부처럼 부끄러워서 미소를 짓고 있는 모습은 아주 멋졌다. 모두가 아래로 내려갔을 때, 관리실 문턱에서 나나는 자기와 똑같이 차려입은 폴린을 보자 걸음을 멈추고 서슴없는 눈초리로 상대방을 아래위로 훑어보더니, 봇짐처럼 꾸미고 있어 폴린이 자기보다 맵시가 부족하다 생각하고 아주 기분이 좋아졌다. 두 가족은 함께 성당으로 갔다. 나나와 폴린은 손에 기도서를 들고서, 바람에 부풀어 오르는 베일을 누르면서 앞서 걸어갔다. 두 아이는 지껄이지도 않았다. 여러 가게에서 뛰어나오는 사람들을 보고 기쁨에 겨워 신앙심이 두터운 새침한 표정을 지으며, 참 얌전한 아가씨들이야, 라고 사람들이 길을 지나며 하는 말을 들었다. 보슈 부인과 로리외 부인은 뒤처져서 걸어갔다. 그녀들은 절름발이에 대해 이러쿵저러쿵 수군거리느라고 늦었다. 가진 것을 송두리째 들어먹은 절름발이는, 만약 일가친척이 영성체를 생각해서 필요한 모든 것을, 곧 새 속옷까지도 모두 준비해 주지 않았더라면, 딸에게 영성체도 시켜주지 못했을 것이라고 했다. 로리외 부인은 자기가 나나에게 준 선물인 드레스에 특히 신경을 썼다. 나나가 상점 진열창에 지나치게 가까이 다가가 드레스에 먼지라도 묻히면 "칠칠치 못한 아가씨"라고 부르며 나나를 호되게 야단쳤다.

　성당에서 쿠포는 줄곧 울고만 있었다. 꼴불견이었지만, 그는 참을 수가 없었다. 사제가 두 팔을 흔들어대고 천사 같은 아이들이 손을 잡고 한 줄로 걸어오자, 그는 가슴이 뭉클했다. 오르간 음악 소리가 뱃속까지 울려오고, 향냄새가 풍겨오자, 그는 꽃다발을 얼굴에 들이민 듯이 코를 킁킁거려야만 했다. 요컨대 그는 얼떨떨했고 가슴이 둥둥거렸다. 특히 찬송가가 감동적이었다. 여자아이들이 성체를 받는 동안, 달콤한 그 무엇이 목구멍을 지나면서 등줄기에 전율을 느꼈다. 게다가 그의 주위에서도 잘 감동하는 사람들이 같은 모습으로 손수건을 적시고 있었다. 정말 좋은 날이었다. 일생에서 가장 좋은 날이었다. 다만 성당을 나와서, 메마른 눈으로 그를 놀려대는 로리외와 함께 한잔하러 갔을 때는, 다시 화가 치밀어 올랐다. 그리고 사제들이 사람들을 녹이려고 악마의 풀을 불사른 것이라고 비난했다. 그러나 그는 결국 감추지 못했다. 그의 두 눈은 부어 있었다. 쿠포의 마음은 길에 깔린 돌 같은 것이 아니라는 증거였다. 그래서 그는 다시 한턱내려고 술을 주문했다.

그날 밤, 푸아송 부부의 집들이는 무척 즐거웠다. 식사를 시작하여 마칠 때까지 우정이 흠집 없이 지배하고 있었다. 비참한 나날이 계속될 때면, 뜻하지 않게 이런 즐거운 저녁을 맞게 되어, 서로 미워하는 사람들 사이에 몇 시간 동안이라도 서로 사랑하게 되는 일도 있다. 랑티에는 왼쪽에 제르베즈를, 오른쪽에 비르지니를 앉히고, 양쪽에 다 상냥하게 굴며 닭장 안의 평화를 바라는 수탉처럼 열심히 애정을 뿌려댔다. 랑티에 맞은편에는 푸아송이 경찰답게 조용하고도 엄격한 몽상에 잠겨 있었다. 보도에서 오랫동안 근무하고 있을 때의 습관처럼 눈을 거슴츠레 뜨고 아무것도 생각하지 않았다. 하지만 이 축하연의 여왕은 두 여자아이, 나나와 폴린이었다. 옷을 갈아입지 않아도 된다고 허락을 받은 여자애들은 하얀 새 옷을 더럽힐까 두려워 몸이 굳어 있었다. 그리고 사람들은 아이들이 한입 먹을 때마다, 턱을 들어 흘리지 말라고 그들에게 소리쳤다. 짜증이 난 나나는, 마침내 입에 담고 있었던 포도주를 가슴팍에 내품었다. 그래서 한바탕 소동이 일어나서, 사람들이 나나의 블라우스를 벗겨 잽싸게 유리컵의 물로 씻었다.

그러고 나서 후식을 먹을 때, 사람들은 아이들의 장래에 대하여 진지하게 이야기를 했다. 보슈 부인은 이미 계획한 일이 있었다. 폴린은 금은 세공소에 들어가기로 되어 있었다. 거기서 5, 6프랑은 벌 수 있었다. 제르베즈는 아직 어떻게 해야 좋을지 몰랐으며, 나나는 아무런 취향도 나타내지 않았다. 오! 나나는 말괄량이처럼 거리를 뛰어다니는 것을 좋아했으나, 그 밖의 것에 대해서는 전혀 재주가 없었다.

"내가 자네라면 나나를 조화공으로 만들겠어." 르라 부인이 말했다. "깨끗하고 얌전한 일이니까 말이야."

"조화공들은 모두가 매춘부야." 로리외가 중얼거리듯 말했다.

"뭐라고요! 그럼, 나도 그렇단 말이에요?" 키다리 과부가 입을 오므리며 말을 받았다. "당신이야말로 여자 꽁무니만 따라다니는 사내죠. 알겠지만, 나는 휘파람을 불면 벌렁 누워 두 다리를 쳐드는 암캐가 아니라고요!"

사람들은 그녀를 말렸다.

"르라 부인! 오! 로라 부인!"

모두들 첫 영성체를 받은 두 여자애를 곁눈질로 가리키며 그녀에게 주의를 주었다. 그 애들은 웃음을 참느라고 유리컵에다 코를 들이박고 있었다. 예의상 남자들도 그때까지 점잖은 말만 골라서 하고 있었다. 그러나 르라 부인은 충고를 받아들이지 않았다. 그녀는 그런 정도의 얘기는, 상류 사회에서도 들은 바 있다고 했다. 게다가 그녀는 자기 특유의 말재주를 뽐냈다. 애들 앞에서도 품격에 상처를 내지 않고 무슨 이야기든지 할 수 있는 그녀의 솜씨는 늘 칭찬받는다고 했다.

"조화공 가운데에도 훌륭한 여자가 얼마든지 있어요. 알겠어요?" 그녀가 외쳤다. "그녀들도 다른 여자들과 똑같아요. 그런 여자들이 다 매춘부는 아녜요. 물론 실수를 하는 적도 있겠지만, 정신만은 올바르다고요. 상대를 자기가 선택하는 것이니까…… 그래요, 그건 꽃 덕분이에요. 나도 그 덕분에 이렇게 몸을 지키고 있지요……."

"어머나!" 제르베즈가 말을 가로챘다. "나는 꽃을 싫어하지 않아요. 나나의 마음에 들어야 해요, 그뿐이에요. 직업에 대해서는 아이들 생각에 반대하면 안 되죠…… 자, 나나, 대답 좀 해보렴. 너 꽃을 좋아하니?"

여자애는 자기 접시 위로 몸을 굽히고, 젖은 손가락으로 과자 부스러기를 모아 손가락을 빨고 있었다. 아이는 서두르지 않았다. 그리고 언제나 그렇듯 야릇한 웃음을 지었다.

"네, 엄마, 아주 좋아해요." 마침내 나나가 말했다.

그래서 이야기는 즉시 정리되었다. 쿠포는 내일부터라도 르라 부인이 아이를 케르 거리의 일터로 데리고 가주었으면 좋겠다고 말했다. 그리고 모두들 인생의 의무에 대해 진지한 모습으로 얘기를 했다. 보슈가 나나와 폴린은 영성체를 받은 이상, 이제 어엿한 여자가 된 것이라고 말했다. 푸아송은 요리도 하고, 양말도 깁고, 집안 살림도 할 줄 알아야 한다고 덧붙였다. 모두들 결혼 이야기와, 언젠가 낳게 될 어린애 이야기까지 들려주었다. 이 말괄량이들은 그런 이야기를 들으며 속으로 재미있어 했고, 하얀 드레스를 입고 부끄러운 듯 얼굴이 빨개져서는, 어엿한 여자가 된다는 것에 가슴을 두근거리며 서로 몸을 마주 비벼댔다. 그러나 그 애들을 가장 간지럽힌 것은, 랑티에가 농담 삼아 벌써 귀여운 남편들이 있지 않느냐고 물었을 때였다. 그리고 보누를 나나에게 어머니의 주인집 아들인 빅토르 포코니에를 아주 좋아한다고 억지로 고백하게 했다.

"아이참!" 로리외 부인은 돌아가는 길에 보슈 부부 앞에서 말했다. "그 애는 우리의 영세 대녀인데, 그 애를 조화공으로 만들다니. 이젠 그 애 얘기는 듣고 싶지도 않아요. 큰 거리의 창녀가 하나 더…… 반년도 못 가서 부모 얼굴에 후추가루를 뿌릴 거예요."

잠자러 올라가면서, 쿠포 부부는 모든 일이 다 잘되었고 푸아송 부부도 별로 나쁜 사람들이 아니라는 데 동의했다. 제르베즈는 오히려 가게가 깔끔하게 잘 정돈되었다고 생각할 정도였다. 그녀는 남이 의기양양하게 자리잡고 있는 자기들의 옛 숙소로 이처럼 손님으로 불리어 가면, 아마도 마음이 괴로우리라고 각오하고 있었다. 하지만 단 1초도 화가 나지 않았기 때문에 그녀는 놀라고 말았다. 나나는 옷을 벗고서, 지난달 결혼한 누군가의 옷도 자기 것과 같은 모슬린이었냐고 어머니에게 물었다.

그러나 그것이 이 집안에서 마지막으로 즐거운 날이었다. 그로부터 2년이라는 세월이 흘렀는데, 그동안에 그들은 차츰 곤경에 빠져들었다. 특히 겨울이 그들을 깨끗이 빈털터리로 만들어 버렸다. 날씨가 좋았을 때에는 빵을 먹을 수 있었으나, 비와 추위 때문에 굶주림에 이르러서, 시베리아처럼 얼어붙은 싸구려 방 안의 찬장 앞에서 싸우거나 저녁을 거르게 되어버렸다. 이 불한당 같은 12월이 문틈으로 그들의 집에 침입하여, 온갖 재난을 다 몰고 왔다. 작업장은 휴업을 했고, 추위에 얼어붙어 게을러졌으며, 습한 계절의 어두운 슬픔이 이어졌다. 첫 겨울은 그래도 이따금씩 불을 쬐고, 먹기보다는 따뜻한 편이 좋다 하여 난로 주위에서 몸을 움츠리기도 했다. 두 번째 겨울에는 난로가 녹슬어서, 주물 도로표지처럼 음산한 모습으로 방 안을 쓸쓸하게 얼어붙게 했다. 그리고 그들의 다리를 부러뜨려 끝장을 낸 것은 무엇보다도 집세였다. 아! 정월은 집세를 내는 달이었다. 집 안에 동전 한 푼 없는데, 보슈 영감은 영수증을 들이댄다! 그것이 북국의 폭풍처럼 한층 더 추위를 몰고 왔다. 다음 토요일에는, 마레스코 씨가 고급 외투를 입고, 커다란 손에 털장갑을 끼고 왔다. 그의 입에서 나가라는 말이 계속 되풀이되는 동안, 밖에서는 쿠포 부부를 위해 거리에 하얀 깔개라도 마련해 놓는 듯 눈이 오고 있었다. 집세를 치르기 위해서라면 그들은 자신의 살이라도 팔았으리라. 찬장과 난로가 텅 빈 것은 바로 그 집세 때문이었다. 건물 안 어딘가에서 비통한 울음소리가 들려왔다. 층 전체에서 불행의 음악 소리가 계단과 복도를 따라 울렸다. 비록 집집마다 한 사람씩 죽었다 해도 이처럼 비참한 오르간 음악이 연주되지는 않았으리라. 정말 마지막 심판의 날이고, 종말에서도 맨 끝이었으며, 불가능한 삶이고, 가난뱅이들의 압살이었다. 4층 여자는 8일 동안 벨롬 거리 모퉁이에 갔었다. 어떤 노동자, 6층 석공은 고용주 집에서 도둑질을 저질렀다.

물론 쿠포 부부는 스스로 해결해야만 했다. 아무리 살림이 힘들어도, 정신 차리고 절약만 하면 언제나 벗어날 수 있는 일이다. 그 증거로 로리외 부부는 집세를 지저분한 종잇조각에 싸서 납기일에 틀림없이 치르고 있었다. 그러나 쿠포 부부는 일하기가 싫어서 말라빠진 거미처럼 살고 있었다. 나나는 아직 조화로 한 푼도 벌지 못했다. 오히려 겉치레로 꽤 많은 돈을 쓰기만 했다. 마침내 제르베즈는 포코니에 부인 가게에서도 나쁜 평가를 받기 시작했다. 점점 솜씨가 없어지고, 날림으로 일을 했다. 여주인이 품삯을 40수로 깎아내릴 정도였다. 그래도 자존심만은 살아 있어 골을 잘 냈고, 이전에 가게를 가졌었다면서 누구에게나 자랑했다. 빠지는 날이 많았고, 비위에 거슬리는 일이 있으면 훌쩍 자리를 떠나버리기 일쑤였다. 한번은 포코니에 부인이 퓌투아 부인을 채용했다는 이유로, 옛날에 자기가 부리던 사람과 나란히 일하게 된 것이 분해서 두 주나 가게에 나타나지 않았다. 이처럼 멋대로 군 뒤에도 제르베즈는 인정상 그대로 고용되었으나, 그 때문에 그녀는 한층 더 화가 났다. 당연히 그녀의 주말 급료는 얼마 되지 않았다. 그리고 그녀 자신도 쓸쓸한 표정으로 말했지만, 어느 토요일에는 그녀의 급료가 가불한 액수를 밑돌기도 했다. 한편 쿠포도 일은 하고 있었지만, 아마도 정부를 위해 거저 일해 주고 있는 것처럼 보였다. 왜냐하면 쿠포가 에탕프에서 돈을 벌어온 뒤로는 한 푼도 제르베즈에게 주지 않았기 때문이다. 봉급날 그가 돌아와도 그녀는 이미 그의 손을 보려고도 하지 않았다. 그는 두 팔을 척 늘어뜨리고, 주머니는 텅 빈 채, 흔히 손수건까지 잃고 돌아왔다. 아차! 손수건을 잃어버렸네. 그게 아니면 누군가 사기꾼 친구가 훔쳐 갔겠지. 처음에는 쿠포가 이리저리 궁리를 하여 거짓말을 꾸며댔다. 10프랑을 무슨 가입금(加入金)으로 썼다고도 하고, 20프랑을 주머니에서 빠뜨렸다며 주머니 구멍을 보여주기도 하고, 있지도 않은 빚을 50프랑이나 갚았다고도 했다. 그는 얼마 지나지 않아 그런 걱정도 안 하게 되었다. 돈이 증발되었어, 이봐! 돈은 이제 주머니에 없고, 뱃속에 들어 있어. 그렇게 논을 마누라한테서 가져오는 방법도 우스웠다. 세탁부는 보슈 부인의 조언에 따라, 때때로 남편이 일터에서 나오기를 지키고 있다가 방금 받은 봉급을 가로채려고 했다. 하지만 그것도 잘되지 않았다. 그의 동료가 쿠포에게 알려줬기 때문에, 돈은 구두나 구두보다 더 더러운 지갑 속에 감추어졌다. 이런 일에 대해서는 보슈 부인 쪽이 머리가 더 잘 돌았다. 왜냐하면 보슈는 알고 지내는 귀여운 부인들에게 토끼 요리를 한턱내려고 10프랑짜리 몇 장을 마누라 몰래 감추어 놓았는데, 그녀는 남편 옷을 샅샅이 뒤진 끝에, 모자 차양의 가죽과 헝겊 사이에 꿰매놓아서 아무리 찾아도 나타나지 않던 돈을 찾아내기도 했기 때문이다. 그런데 이 함석장이는 돈으로 옷 속을 채워 넣지는 않았다! 살 속에 넣어두었다. 그러니 제르베즈는 가위로 그 배를 가를 수도 없었다.

그렇다, 그들이 계절이 바뀔 때마다 점점 나빠지는 것은 살림을 잘못한 탓이었다. 그러나 그런 구렁텅이에 빠져 있을 때도, 당사자들은 결코 그렇게 생각하지 않았다. 그들은 불운을 저주했으며, 하느님에게 외면당하고 있다고 주장했다. 그들의 집 안은 쓰레기로 가득 찼다. 온종일 그들은 서로 욕설을 퍼부었다. 하지만 아직 두들겨 패는 데까지는 이르지 않았고, 고작 말다툼이나 그렇지 않으면 상대방의 뺨을 때리는 정도였다. 매우 슬프게도, 그들이 애정의 새장을 열어놓아 두었기 때문에, 서로의 마음이 카나리아처럼 날아가 버렸다. 아버지와 어머니 그리고 애들로 이루어져 있는 이 작은 세계에서는, 서로 기대고 똘똘 뭉쳐서 살아갈 때 생겨나는 기분 좋은 온기가 사라져 버렸고, 저마다 스스로의 구석에 틀어박혀 추위에 떨고 있었다. 쿠포와 제르베즈와 나나, 셋 모두가 이제는 으르렁거리며 미움이 가득 차서 사소한 일에도 서로 대립했다. 뭔가가 망가진 것 같았다. 행복한 가정에서 식구들의 마음을 모아 함께 돌리던 저 기계, 가족이라는 커다란 조직이 흩어져 버린 것처럼 보였다. 아! 물론 제르베즈는, 쿠포가 보도에서 12미터나 15미터 되는 높은 홈통 끝에 매달려 있는 모습을 보아도, 더 이상 옛날처럼 마음이 조마조마하지 않았다. 자기가 차마 밀어 떨어뜨리지는 않겠지만, 만약에 그가 스스로 떨어져 준다면! 그야말로 이 땅에서 쓸모없는 인간이 하나 줄어들 뿐이라고 생각했을 것이다. 그 못된 인간이 화를 내는 날마다, 그녀는 누가 그를 들것에 실어 자기에게 데려왔느냐고 소리쳤다. 그녀는 그러기를 기다리고 있었다. 그렇게 되면 행복이 다시 찾아올 것만 같았다. 이런 주정뱅이가 무슨 소용이 있지? 제르베즈를 울리고, 모든 것을 먹어치우고, 그녀를 불행으로 몰아넣었을 뿐이다. 맙소사! 이런 쓸모없는 존재는 조금이라도 빨리 무덤 구덩이에 던져 넣고, 그 위에서 해방의 폴카 춤이라도 추고 싶은 마음이었다. 어머니가 죽여라! 하면, 딸은 때려 죽여요!

대답했다. 나나는 신문에서 여러 사고들에 대한 기사를 읽고는, 타락한 소녀들이 하는 생각에 잠겼다. 그녀의 아버지는 너무나 운이 좋아서 승합 마차에 깔려도 취기조차 깨지 않을지 모른다. 도대체 이 악당은 언제 죽을까?

가난한 살림에 쪼들린 이런 생활 속에서도, 제르베즈는 자기 주변에서 굶주려 헐떡이는 소리를 들으면 한층 더 마음이 괴로웠다. 이 건물에서도 이 모퉁이는 지독한 가난뱅이들 소굴이었으며, 여기서 사는 서너 가족은 마치 서로 짜기라도 한 것처럼 날이면 날마다 굶었다. 문이 열려 있어도 음식 냄새가 거의 풍기지 않았다. 복도를 따라 죽음의 침묵이 깃들어 있었고, 벽은 굶주린 배처럼 공허하게 울렸다. 때때로 소동이 일어, 여자의 울음소리, 굶주린 애들의 보채는 소리, 배고픔을 잊으려는 가족들의 외침 소리가 들려왔다. 모두들 목구멍에 경련이 일어서 입을 크게 벌리며 하품을 하고 있었다. 가슴은 부서져 버렸고, 먹을거리가 없어 하루살이도 살지 못할 것 같은 공기를 들이켤 뿐이었다. 그러나 제르베즈가 가장 불쌍하게 생각한 것은, 뭐니 뭐니 해도 작은 계단 밑 굴속 같은 곳에 사는 브뤼 영감이었다. 이 영감은 마르모트처럼 그곳에 틀어박혀, 추위를 덜 느끼려고 몸을 잔뜩 움츠리고 있었다. 짚 더미 위에서 며칠씩 꼼짝 않고 움직이지 않았다. 배가 고파도 외출하지 않았다. 동네 사람들 가운데 그 누구도 식사에 불러주지 않는데, 일부러 배를 주리며 밖에 나갈 필요가 없었기 때문이다. 영감이 사나흘씩 모습을 보이지 않으면, 이웃 사람들은 문을 밀고 들어가서 혹시 죽어 있지나 않은지 들여다보았다. 어쨌든 살아 있었다. 싱싱하게는 아니지만, 그저 가냘프게, 다만 눈으로만 살아 있었다. 죽음까지도 이 영감을 잊고 있었다! 제르베즈는 빵이 생기면 바로 그 껍질을 영감에게 던져주었다. 그녀는 남편 때문에 성미가 고약해지고 남자를 싫어했지만, 여전히 동물에 대해서만은 연민의 정을 느꼈다. 이제 어느 연장도 들 수 없었기 때문에 죽어가도록 버려진 가엾은 브뤼 영감은, 그녀에게는 개와 같은 존재였으며 백정이라도 그 껍질이나 지방질을 사려 들지 않을 쓸모없는 동물이었다. 제르베즈는 여전히 복도 맞은편에 하느님에게도 인간에게도 버림을 받고, 오직 자신이 몸뚱이를 양식으로 삼을 수밖에 없으며, 어린애만큼 키가 줄어들어, 벽난로 앞에서 말라가는 오렌지처럼 시들고 있는 존재가 있다는 사실 때문에 마음이 무거운 채로 있었다.

이 세탁부는 장의사 인부 바주주 영감이 옆에 살고 있어서 몹시 괴로웠다.

아주 얇고 간단한 칸막이가 두 방을 가로막고 있을 뿐이었다. 영감이 손가락 하나를 입에 물어도 들릴 정도였다. 저녁에 영감이 집에 돌아오면, 그녀는 자신도 모르게 이 영감의 작은 살림을 계속 지켜보았다. 검은 가죽 모자가 마치 관 위에 던져진 삽처럼 둔탁한 소리를 내며 옷장 위에 놓인다. 검은 외투가 걸리면서 벽에 스쳐, 밤새가 날개를 치는 듯한 소리를 낸다. 검고 낡은 옷이 방 한가운데 내던져지면, 슬픔의 찌꺼기가 방 안을 가득 채운다. 그녀는 영감의 쿵쿵거리는 발소리에 귀를 기울였고, 영감의 아주 작은 움직임에도 신경을 썼으며, 그가 가구에 부딪치거나 접시를 뒤집어엎을 때면 소스라쳤다. 이 망할 술주정뱅이는 그녀의 관심거리였으며, 거기에는 호기심과 은근한 공포감도 섞여 있었다. 날마다 한껏 먹고, 머릿속은 가지가지 생각으로 뒤범벅인 이 익살쟁이 영감은 기침을 하고, 침을 뱉고, 〈고디숑 어머니〉를 노래하고, 더러운 물건을 집어 던지며, 침대에 다다르기까지 이 벽 저 벽에 부딪쳤다. 그리고 제르베즈는 영감이 방에서 무슨 짓을 하는 것일까, 생각하고는 파랗게 질려버렸다. 그녀는 끔찍한 상상을 했다. 아마 영감이 시체를 가져다가 침대 아래에 놓아두는 모양이라고 생각했다. 맙소사! 신문에 어떤 일화가 실렸다. 장의사 인부가 수고를 덜고, 시체를 한꺼번에 묘지로 운반하려고 어린애 관을 자기 방에 모아두었다는 이야기였다. 분명히 바주주가 집에 돌아오면 칸막이벽을 통해서 죽음의 냄새가 났다. 페르 라세즈 묘지 앞, 두더지 왕국 한가운데에 살고 있는 기분이었다. 이 짐승 같은 영감이 마치 자기 직업이 흥겹다는 듯이 언제나 혼자서 웃고 있었기 때문이다. 또한 그렇게 방에서 한바탕 법석거리고 곯아떨어졌을 때조차, 그는 세탁부의 숨통이라도 끊어버릴 듯 요란하게 코를 골았다. 제르베즈는 몇 시간 동안 귀를 기울이고 있었으며, 분명히 옆방에서 장례 행렬이 끝없이 이어지고 있다고 믿었다.

그렇다, 가장 곤란한 일은, 제르베즈가 매번 이런 공포 속에서도 더 자세히 들어보려고 벽에 귀를 댈 만큼 마음이 쏠린다는 점이었다. 바주주 영감은 제르베즈에게 멋쟁이 남자가 정숙한 여자에게 주는 효과를 주었다. 이런 여자들은 할 수만 있다면 그 멋쟁이를 만져보고 싶으면서도 그럴 용기가 없을 뿐이었다. 훌륭한 교양이 그녀들을 붙잡았다. 그래서 만일 공포가 가로막지 않았다면 제르베즈도 죽음에 손을 대보고, 그것이 어떻게 이루어져 있는지 알아보고 싶었으리라. 그녀는 가끔 아주 이상한 태도로, 가만히 숨을 죽이고 주의를 집중하여 바주주 영감의 움직임에서 비밀을 찾아내려고 살피곤 했다. 쿠포가 그녀를 비웃으며, 옆방의 장의사 인부한테 반했느냐고 물어볼 정도였다. 그녀는 화를 내며 이사하자고 말했다. 바주주가 이웃인 게 그만큼 싫었다. 그런데도 영감이 묘지 냄새를 풍기며 돌아오자마자 그녀는 다시 깊은 생각에 빠져서, 겁 많은 신부가 칼부림이 날까 두려워서 벌벌 떨며 결혼을 승낙하는 분위기 속으로 빠져들었다. 그 영감은 그녀에게 넌지시, 그녀를 어딘가로 데려가, 아무리 비참한 괴로움도 단번에 잊을 만큼 대단히 즐거운 숙면을 안겨주겠다고 두 번이나 말하지 않았던가? 그것을 맛보고 싶다는 유혹이 차츰 그녀에게 힘차게 밀어닥쳤다. 반 달이나 한 달 정도라면 시험해 봐도 좋다. 아! 한 달만 잠자봤으면. 겨울이라면 더더욱 좋고. 집세를 내야 하는 때, 죽고 싶을 만큼 고통스러운 때라면! 하지만 그런 일은 있을 수 없다. 한 시간 잠자기 시작하면 그대로 영원히 잠들어야 하니까. 그렇게 생각하니 그녀는 오싹 소름이 끼쳤다. 죽음에 대한 연정은, 대지가 요구하는 영원하고 엄격한 우정 앞에서 사라지고 말았다.

그런데 1월의 어느 날 밤, 그녀는 두 주먹으로 칸막이벽을 두드렸다. 그녀는 지난 일주일 동안 모든 사람들의 학대를 받으며, 돈 한 푼 없이 용기의 끝에 서서 기진맥진하게 지냈었다. 그날 밤 그녀는 열이 나서 떨었고, 불꽃이 눈앞에 아물거렸다. 그래서 한순간 창밖으로 몸을 내던질까 하는 욕망이 일었으나 참고 칸막이벽을 두들기며 불러댔다.

"바주주 영감님! 바주주 영감님!"

장의사 인부는 〈아름다운 세 아가씨가 있었다네〉라는 노래를 부르며 신발을 벗고 있었다. 그날 일이 잘 처리된 모양인지 여느 때보다 훨씬 더 취해 있었다.

"바주주 영감! 바주주 영감!" 제르베즈는 목청껏 소리쳤다.

그런데 그가 그 소리를 듣지 못했나? 그녀는 당장에라도 몸을 내맡길 생각인데. 영감은 그녀의 목을 잡고, 그가 가난뱅이와 부자도, 또 다른 여자들도 데리고 가서 달래주었던 곳으로 그녀를 데리길 수 있을 것이다. 그러나 그녀는 〈아름다운 세 아가씨가 있었다네〉라는 노래가 싫었다. 왜냐하면 숱한 정부(情婦)를 가지고 있는 사내의 경멸을 그 노래에서 느꼈기 때문이다.

"대체 무슨 일이지? 도대체 뭐지?" 바주주 영감은 더듬더듬 말했다. "누가 몸이라도 아픈가?…… 바로 갈 테니 기다리시오, 귀여운 아줌마!"

하지만 그 쉰 목소리를 듣자 제르베즈는 악몽에서처럼 깨어났다. 그 여자가 무슨 짓을 했는가? 틀림없이 칸막이벽을 두드리고 있었다. 그러자 그녀는 몽둥이로 허리를 얻어맞은 듯한 느낌이 들어, 무서움에 궁둥이가 오므라 들었다. 장의사 인부의 큰 손이 벽을 넘어서 그녀의 머리채를 잡으러 오는것 같아 뒷걸음질을 쳤다. 안 돼, 안 돼, 그녀는 바라지 않았고, 아직 마음이 준비되어 있지 않았다. 칸막이벽을 두드렸다 해도 아마 잠꼬대를 하다가 모르는 사이에 팔꿈치를 부딪친 것이리라. 몸이 뻣뻣하게 굳고 접시처럼 새하얀 얼굴로, 그 영감 팔에 안겨 끌려다닐 생각을 하니, 그녀는 공포가 무릎에서 어깨로 치솟는 듯했다.

"아니, 아무도 없나?" 바주주 영감이 정적 속에서 중얼거렸다. "기다려요, 다들 부인들에게는 친절하잖소."

"아녜요, 아무것도 아녜요." 세탁부가 목이라도 졸린 듯한 소리로 말했다. "아무 일도 없어요. 고마워요."

장의사 인부가 투덜거리며 잠드는 동안 그녀는 계속 불안해했다. 영감이 또 다시 칸막이벽을 두들겼다고 착각할까 걱정이 되어 꼼짝 않고 귀를 기울이고 있었다. 이제 정신을 차리겠다고 그녀는 맹세했다. 아무리 괴롭더라도 이웃에게 구원을 요청하지 않으리라. 그러나 그녀가 그렇게 말을 한 것은 자기 스스로를 안심시키기 위해서였다. 무섭기는 했지만 그녀는 죽음에 대한 애착을 늘 지니고 있었다.

이런 비참한 생활의 구석에서도, 제르베즈는 자신과 남의 근심거리에 둘러싸여, 비자르 집안에서 훌륭한 용기의 본보기를 찾아냈다. 조그만 랄리, 2수짜리 버터만큼밖에 살집이 없는 여덟 살짜리 여자애가 어른 못지않게 훌륭히 집안 살림을 꾸려 나가고 있었다. 그 일은 험했다. 두 아이, 세 살 난 남동생 쥘과 다섯 살짜리 여동생 앙리에트를 돌봐주어야 했고, 또 온종일 청소를 하거나 접시를 닦아야 했기 때문이다. 아버지 비자르가 마누라의 배를 걷어차 죽은 뒤로 줄곧, 랄리는 아무 말 없이 죽은 어머니의 역할을 스스로 해왔다. 짐승처럼 난폭한 그녀의 아버지가 예전에 아내를 때렸던 것처럼 요즈음은 어린 딸자식을 때려눕혔다. 술에 취해 집에 돌아오면 이 사내는 여자들을 두들겨 패지 않고는 못 배겼다. 랄리가 아주 어리다는 것도 깨닫지 못했다. 상대방이 늙은 여자였다 해도 더 세게 때리지는 않았을 것이다. 따귀 한 대로, 딸의 얼굴 전체가 가려졌다. 어린애의 살갗은 아직 매우 보드랍고 물러서 다섯 개의 손가락 자국이 이틀 동안이나 남아 있었다. 그는 무작정 때렸다. 그렇다고 해도 때리고, 아니라고 해도 때렸다. 겁에 질려 아양을 떠는, 눈물이 날 정도로 바짝 마른 작은 고양이에게 사납게 덤벼드는 늑대 같았다. 작은 고양이는 불평도 없이 체념한 아름다운 눈으로 가만히 맞아주었다. 랄리는 결코 거역하지 않았다. 얼굴을 가리느라고 몸을 약간 굽힐 뿐이었다. 건물을 시끄럽게 하지 않기 위해 소리치지 않으려고 참고만 있었다. 이윽고 아버지가 딸을 구둣발로 걸어차서 방 안 구석구석으로 몰아붙이는 일에 싫증이 나면, 랄리는 일어날 수 있는 기운이 생길 때까지 기다렸다. 그러고 나서 또다시 일을 하며, 어린 동생들 얼굴을 닦아주고, 수프를 만들고, 가구 위에 먼지 한 톨 남기지 않았다. 두들겨 맞는 것도 랄리의 하루 일 가운데 하나였다.

제르베즈는 이 이웃 여자아이에게 깊은 친밀감을 느꼈다. 그 아이를 그녀와 동등하고 삶이 무엇인지도 잘 아는 여자로 대했다. 랄리는 창백하고 진지한 얼굴로, 노처녀 같은 표정으로 있다고 말해야겠다. 그 애가 하는 말을 듣자면, 서른 살쯤은 된 여자로 생각될 정도였다. 물건 사는 솜씨와 바느질, 살림 꾸리는 솜씨가 능숙하고, 벌써 두세 차례 해산한 경험이라도 있는 것처럼 어린애들에 대해 얘기를 했다. 여덟 살짜리 소녀의 그런 말이 모두에게 미소를 짓게 했지만, 사람들은 곧 목이 메어 눈물을 보이지 않으려고 그 자리를 뜨고 말았다. 제르베즈는 될 수 있는 대로 그 아이를 끌어들여 음식과 헌 옷들을 주었다. 어느 날 나나의 헌 속옷이 랄리에게 맞는지 입혀보다가 그녀는 숨이 막힐 뻔했다. 등줄기는 검푸른색이 되어 있고, 팔꿈치는 껍질이 벗겨져 아직도 피가 맺혀 있으며, 죄 없이 학대받아 뼈만 앙상하게 남은 아이의 온몸을 보았던 것이다. 이런! 바주주 영감이 이 아이의 관을 준비해도 괜찮겠군. 오래가지 못할 모양새이니! 그래도 어린 랄리는 아무 말도 말라고 세탁부에게 부탁했다. 아이는 아버지가 자기 때문에 남에게서 지겹게 닦달받는 것을 싫어했다. 그 아이는 아버지를 변호하며, 술만 마시지 않는다면 그가 그렇게 냉혹한 사람이 되진 않았을 것이라고 했다. 그는 미쳐 있었고, 아무것도 몰랐다. 오! 아이는 아버지를 용서하고 있다. 미친 사람들에 대해서는 무엇이고 용서해 주어야 하니까.

그때부터 제르베즈는 밤늦게까지 잠을 자지 않고 있다가 비자르 영감이 계단을 올라오는 소리가 나면 나가서 애써 중재하려 했다. 그러나 대부분의 경우 그녀는 따귀를 맞을 뿐이었다. 랄리는 낮에 쇠침대 다리에 묶여 있기가 일쑤였다. 열쇠장이가 생각 끝에, 나가기 전에 딸의 다리와 배를 굵은 밧줄로 묶어놓은 것이다. 술 때문에 고장난 머리로 발작을 일으킨 것이겠지만, 분명히 자기가 그곳에 없는 동안에도 딸을 학대하고 싶었을 것이다. 랄리는 다리가 저리는데도 말뚝처럼 꼼짝 못하고, 하루 종일 침대에 묶인 채 있었다. 비자르가 잊고 집에 돌아오지 않으면 밤새도록 그대로 있는 때도 있었다. 제르베즈가 분개하여 끈을 풀어주려고 하면, 랄리는 아버지가 돌아와서 끈 맨 모양이 전과 같지 않으면 무척 화를 낼 테니 제발 끈을 흐트러뜨리지 말라고 애원했다. 자기는 정말 괴롭지 않고, 그렇게 묶여 있어야 몸이 쉴 수 있다고 했다. 아이는 미소를 지으며 그렇게 말했지만, 그 귀엽고 예쁜 아이의 작은 다리는 부어올라서 죽어버린 것 같았다. 랄리가 괴로워한 것은 방 안이 어질러져 있는데도 자기 몸이 침대에 묶여 있어서 청소를 할 수 없다는 점이었다. 아버지가 이와는 다른 방법을 생각해 냈더라면 좋았을 텐데, 아이는 생각했다. 그래도 랄리는 동생들한테서 눈을 떼지 않고, 이것저것 지시를 하며, 앙리에트와 쥘을 곁으로 불러서 코를 씻어주었다. 손은 자유로웠기 때문에 시간을 완전히 허비하지 않기 위하여 풀려날 때를 기다리면서 뜨개질을 했다. 그리고 랄리는 무엇보다도 비자르가 끈을 풀어줄 때가 가장 괴로웠다. 피의 순환이 멈추어 있었기 때문에 서 있을 수가 없어서 15분쯤은 기어다녀야만 했던 것이다.

열쇠장이는 또한 다른 장난을 생각해 냈다. 그는 10수짜리 동전 몇 개를 난로에 넣어 빨갛게 달군 다음 그것을 난로 한구석에 놓았다. 그리고 나서 랄리를 불러, 빵을 2파운드 사오라고 했다. 어린 여자아이는 별 의심 없이 동전을 집었다가, 비명을 지르면서 그것을 내던지고, 화상 입은 작은 손을 흔들어댔다. 그러자 그는 화를 버럭 냈다. 그걸 그렇게 더러운 것으로 취급하다니! 이제 돈을 잃어버렸겠다! 그는 그 돈을 바로 줍지 않으면 궁둥이를 걷어차겠다고 위협했다. 아이가 우물쭈물하자 어느새 눈이 번쩍하게 따귀가 날아들었다. 아이는 아무 말 없이, 눈가에 두 개의 큰 눈물방울을 글썽이며 동전들을 주웠고, 그것을 식히기 위하여 손바닥 위에서 튕기며 나갔다.

정말, 주정뱅이 머리통에서 얼마나 잔인한 생각이 떠오를 수 있는지는 아무도 짐작하지 못할 일이었다. 예를 들자면 어느 날 오후 랄리는 모든 일을 다 해놓고 동생들과 놀고 있었다. 창문은 열려 있어 바람이 잘 통했고, 복도에 불 어드는 바람이 문짝을 가볍게 밀어 흔들고 있었다.

"아르디 씨다." 여자애는 말했다. "아르디 씨, 어서 들어오세요."

그리고 아이는 문 앞에서 공손히 인사를 했다. 바람에게 인사를 한 것이다. 랄리 뒤에서 앙리에트와 쥘도 인사를 했다. 그들은 이 놀이에 열중해서 누군 가 자기들을 간질인 것처럼 몹시 웃어댔다. 동생들이 이렇게 재미있게 노는 것 을 보고, 랄리의 두 볼이 장밋빛으로 붉게 물들었다. 랄리 자신도 동생들처럼 무척이나 즐거웠다. 그런데 이 즐거운 놀이는 거의 일어나지 않았다.

"안녕하세요, 아르디 씨. 어떻게 지내세요, 아르디 씨?"

그러나 거친 손이 문짝을 밀었다. 비자르 영감이 들어왔다. 그러자 무대가 갑자기 바뀌었다. 앙리에트와 쥘은 벽에 부딪혀 쓰러지며 엉덩방아를 찧었다. 한편 랄리는 겁에 질려 절을 한 채로 굳어 있었다. 열쇠장이는 마부용 채찍을 들고 있었는데, 흰 나무의 긴 자루에 끝이 가느다란 가죽끈이 달려 있었다. 그 는 채찍을 침대 구석에 놓았다. 여자애는 이미 평소대로 발길로 걸어차여도 좋 도록 허리를 내밀고 기다리고 있었다. 그런데 비자르는 걸어차지 않고, 거무튀 튀한 이를 드러내고 쓴웃음을 지었다. 기분이 몹시 좋아 보였으며 술도 흠뻑 취해 있었다. 이제부터 장난을 쳐보려는 마음에 불이 켜져서 괴상한 얼굴이 었다.

"뭐야!" 그는 말했다. "너 갈보 흉내를 내는구나, 귀염둥이년이! 춤추며 날뛰 는 소리가 아래층에서 들리더라…… 자, 이리 와! 더 가까이, 제기랄! 내 앞으 로 오란 말이야. 네년의 엉덩이 냄새 같은 건 맡고 싶지 않아. 내가 널 병아리 처럼 떨게 했니, 내가 네년을 건드리기라도 한단 말이냐?…… 내 구두나 벗겨."

여느 때처럼 맞지 않아서 놀란 랄리는, 새파랗게 질려 아버지의 구두를 벗 겼다. 아버지는 침대 끝에 앉아 있다가 옷을 입은 채로 쓰러져서, 눈을 뜨고 딸아이가 방 안에서 일하는 모습을 지켜보고 있었다. 랄리는 걸어다니면서도 그의 시선 때문에 겁에 질리고 공포 때문에 점점 손발이 굳어져서, 그만 찻잔 하나를 깨뜨렸다. 그러자 그는 누운 채 채찍을 집어 들어 딸에게 보여주었다.

"젠장, 이 못난 멍청아, 이것 좀 봐. 너한테 주는 선물이다. 그래, 넌 오늘도 50수나 없었냐…… 이 장난감만 갖고 있으면 나는 뛰어다니지 않아도 되고, 너는 아무리 구석으로 기어들어가도 소용없겠지. 어때 한번 해볼래?…… 아! 네가 찻잔을 깼지!…… 자, 어이! 춤을 춰, 아르디 씨에게 절하는 춤을 추란 말이야!"

그는 벌렁 누운 채 머리를 베개에 묻고 마부가 말을 몰 듯이 소리를 지르며 채찍 소리를 냈다. 그리고 팔을 아래로 내려 랄리의 몸 중간을 후려치며 팽이처럼 가죽끈을 말았다 폈다 했다. 여자애는 쓰러져서 네 발로 기어 도망치려 했지만 그는 또다시 채찍으로 후려쳐서 일으켰다.

"어서! 어서!" 그는 소리쳤다. "이게 암탕나귀의 달리기다…… 그렇지 않니? 엄청 멋지군, 아침이야, 그것도 겨울. 나는 누운 채, 감기도 걸리지 않고 동상으로 살이 벗겨질 걱정도 없이, 멀리서 멍청이들을 붙잡을 수 있어. 이 구석에서 한 대, 이 수다쟁이야! 저 구석에서 한 대 더! 이번엔 그쪽 구석에서 다시 한 대! 침대 밑으로 기어들어가면 자루로 갈긴다…… 어서! 어서! 달려! 달려!"

그의 입술에서 약간 거품이 내뿜어졌고, 노란 눈이 거무스름한 눈구멍에서 튀어나올 것만 같았다. 랄리는 미치다시피 되어, 비명을 지르며, 방의 네 귀퉁이로 뛰어다니며, 바닥에 뒹굴기도 하고, 벽에 찰싹 달라붙기도 했다. 그래도 커다란 채찍의 가는 가죽끈은 어디까지나 쫓아와 귓전에서 폭죽 터지는 소리를 내며 가는 화상과 같은 흔적을 살가죽에 남겼다. 곡예를 조련받는 동물의 춤 같았다. 가련한 새끼 고양이의 왈츠가 정말 볼만했다! 더 빨리 돌려줘! 외치면서 줄넘기를 하고 있는 계집애들처럼 발을 구르며 춤추듯 뛰었다. 랄리는 이제 숨도 제대로 쉬지 못했고, 공처럼 저절로 튀어 다니며, 눈이 안 보여 도망칠 구멍조차 찾지 못해서, 때리는 대로 몸을 내맡겼다. 그러자 늑대 영감은 의기양양하여 랄리를 자루걸레라고 불렀다. 그러고 나서 그는 딸에게 그만하면 충분하냐, 이제 도망칠 생각을 버려야 한다는 것을 알았느냐고 물었다.

그러나 제르베즈가 느닷없이 들어왔다. 여자아이의 비명 소리를 듣고 온 것이었다. 이런 광경을 보자 그녀는 참을 수 없이 분노했다.

"아! 비열한 사람!" 그녀는 외쳤다. "그 애를 놓아줘요. 흉악한 사람 같으니! 내가 당신을 경찰에 고발할 거예요!"

비자르는 훼방을 당한 짐승처럼 으르렁거렸다. 그리고 더듬더듬 말했다.

"이봐, 절름발이! 당신 걱정이나 해요. 애를 다루려면 손을 좀 써야만 하는 것 같소…… 보다시피 이 애에게 주의를 주었을 뿐이오. 그저 내 팔이 길다는 것을 알려주려고."

그러면서 그는 마지막 채찍질을 했는데, 그것이 랄리의 얼굴에 맞았다. 윗입술이 찢어지고 피가 흘렀다. 제르베즈는 의자를 집어 들고 열쇠장이에게 덤벼들려고 했다. 하지만 랄리는 그녀에게 애원하듯 두 손을 뻗었고, 아무 일도 아니며 이제 다 끝난 일이라고 말했다. 그러고 나서 앞치마 자락으로 피를 닦아내고, 마치 자기들도 채찍을 얻어맞은 것처럼 울어대는 동생들을 달랬다.

랄리 생각을 할 때면, 제르베즈는 이제 더 이상 자기 일을 한탄하고만 있을 수가 없었다. 그녀는 이제 겨우 여덟 살밖에 안 되는 소녀의 용기가 부러웠다. 이 아이는 계단으로 연결된 여자들 모두를 합친 만큼 고생을 하고 있었다. 제르베즈는 이 소녀가 석 달 동안이나 맨 빵만으로 살아왔고, 때로는 배가 고파도 빵 껍질조차 먹지 못해 아주 마르고 아주 쇠약해져서, 벽에 의지하지 않고는 걷지 못하는 광경을 보았다. 몰래 남은 고기를 갖다주면, 식도가 좁아져서 음식물도 제대로 통과시키지 못해 고기를 잘게 저며 먹으며 소리 없이 커다란 눈물방울을 흘리는 그 애를 보니, 제르베즈는 가슴이 찢어지는 것 같았다. 그런데도 이 아이는 언제나 다정하고 헌신적이었으며, 나이에 맞지 않게 분별력이 있었고, 여자아이의 앙증스러움으로부터 너무나 일찍 눈을 떠서, 자신의 모성애가 죽을 때까지 조그만 어머니의 의무를 다하고 있었다. 그래서 제르베즈는 이 고뇌와 용서의 다정한 피조물을 그녀의 괴로움을 참고 견디는 본보기로 삼으려 했다. 랄리는 오직 말 없는 눈길과 크고 검은 체념의 눈을 하고 있었는데, 그 속에서 고뇌와 비참의 밤을 추측하게 할 뿐이었다. 말 한 마디 없이, 그 크고 검은 눈을 뜨고 있을 뿐이었다.

제르베즈가 그런 생각을 하게 된 것도, 쿠포 집에서 목로주점의 독한 싸구려 술이 맹위를 떨치기 시작했기 때문이다. 세탁부는, 언젠가는 자기 남편도 비자르처럼 채찍을 들어 자기를 춤추게 할 날이 틀림없이 오리라고 생각했다. 그리고 그런 불행에 위협받고 있었기에, 자연히 그녀는 그 아이의 불행에 대해서도 한층 더 민감했다. 그렇다, 분명히 쿠포의 건강이 좋지 못했다. 싸구려 브랜디가 그의 얼굴빛을 좋게 했던 시기는 지나갔다. 그는 이미 배를 두드리며 알코올 덕분에 이렇게 살이 쪘다고 뽐내고 있을 수가 없게 되었다. 왜냐하면 초기의 좋지 않던 노란 지방질이 녹아서 뼈와 가죽만 남게 되었고, 늪에서 썩는 시체처럼 파리한 빛을 띠고 있었기 때문이다. 식욕도 줄어들었다. 빵도 차츰 먹지 않게 되고, 스튜마저 입에 대지 않게 되었다. 최고로 잘 요리된 스튜는 먹을 수 있었을 테지만, 그의 위장은 막히고 이는 흐물흐물 흔들려서 아무것도 씹을 수가 없었다. 몸을 지탱하기 위해 하루에 반 리터의 브랜디가 필요했다. 이것이 그의 하루치 식량이고 음료이며, 그가 소화시킬 수 있는 유일한 영양물이었다. 아침에 침대에서 내려오면 15분쯤 몸을 쭈그린 채 기침을 하며 뼈가 마주치는 소리를 내고, 머리를 움켜잡고, 뭔가 지독하게 쓴 점액을 겨우겨우 뱉어냈는데, 그렇게 하면 목구멍이 청소가 되었다. 아침마다 이 모양이니, 미리 요강을 준비해 두어야 했다. 그리고 해장술을 한 잔 마시지 않고서는 제대로 일어서지도 못했는데, 창자에 불을 붙일 듯한 술이 그에게는 진정한 약이었다. 그렇지만 낮이 되면 힘을 되찾았다. 먼저 손발의 피부가 근질거리고 따끔따끔한 것 같았다. 그래서 장난으로, 누군가가 간질이고 있다느니, 마누라가 깔개 속에 넣어둔 털이 몸을 꼭꼭 찌른다느니 말했다. 그러는 사이에 다리가 무거워지고 간지럽던 것이 심한 경련으로 바뀌며 살이 바이스 기계에 물린 것처럼 죄어왔다. 이건 재미있는 일이 아니다. 그는 이미 웃고 있을 수가 없었다. 귀가 멍하니 윙윙거리고, 눈앞에 불꽃이 튀더니 앞이 보이질 않아 갑자기 거리에서 멈춰 섰다. 모든 것이 노랗게 보이고 집들이 춤을 추고, 당장에 쓰러질 것 같은 공포에 사로잡혀 잠시 비틀거리며 걸었다. 때로는 등에 대낮의 햇볕을 받고 있는데도, 어깨에서 엉덩이로 찬물이 흘러 얼어붙은 것처럼 벌벌 떨기도 했다. 가장 성가신 점은 두 손이 떨린다는 것이었다. 특히 오른손은 어떤 나쁜 짓이라도 한 것처럼 몹시 떨렸다. 악몽을 꾸고 있는 것 같았다. 빌어먹을! 이미 그는 사내가 아니었다, 늙은이가 되어버렸다! 그는 분개하며 근육을 긴장시켜 유리컵을 잡고는, 마치 대리석으로 된 손끝으로 잡고 있는 것처럼 흔들리지 않게 하겠노라 큰소리쳤다. 그러나 유리컵은 그가 아무리 안간힘을 써도 규칙적으로 조금씩 흔들리면서, 마구 춤을 추며 술을 왼쪽으로 튀기고 오른쪽으로 튀겼다. 그렇게 되면 그는 화가 치밀어 술을 목구멍에 쏟아 넣고는 몇십 잔이고 먹여봐라, 손가락 하나 까딱 않고 술통을 운반해 보이겠다고 소리쳤다. 제르베즈는 이에 반대하며 손이 떨리는 병을 고치고 싶으면 술을 끊으라고 말했다. 그러면 그는 아내의 말을 우습게 여기고, 승합마차 따위가 지나가니까 술이 엎질러진다고 화를 내며, 다시 시험해 보겠노라고 몇 리터씩이나 퍼마셨다.

3월 어느 날 밤, 쿠포는 흠뻑 젖어서 돌아왔다. '장화'와 함께 뱀장어 수프로 배를 가득히 채우고 돌아왔을 때의 일인데, 푸르노 시문(市門)에서 푸아소니에르 시문까지, 싫증 날 정도의 그 기나긴 길에서 소나기를 만났다. 밤이 되자 그는 기침을 많이 했다. 열이 높아서 뻘겋게 되어, 구멍 난 풀무처럼 옆구리를 벌렁거렸다. 아침에 보슈 부부의 단골 의사가 와서 청진기를 등에 대보고 고개를 흔들더니, 제르베즈를 따로 불러 남편을 급히 병원으로 데려가도록 권했다. 쿠포는 폐렴에 걸려 있었다.

물론 제르베즈는 화를 내지 않았다. 예전 같았으면 그녀는 남편을 의사에게 맡기느니 어떤 일도 마다하지 않고 자신이 간호했을 것이다. 나시옹 거리에서 사고가 일어났을 때는, 남편을 애지중지하느라 몰래 숨겨둔 돈까지 몽땅 써버렸었다. 그러나 그런 아름다운 마음씨도 남자가 방탕에 빠져 있을 때는 오래가지 않는 법이다. 안 돼, 안 돼, 두 번 다시 그런 귀찮은 일은 하기 싫다. 누군가가 남편을 데려가서, 다시는 데려오지 않는다면 정말로 고맙겠다. 그래도 들것이 도착해서 쿠포를 마치 가구처럼 올려놓자, 그녀는 새파랗게 질려 입술을 깨물었다. 투덜거리면서 그거 꼴 좋다, 끊임없이 생각했지만, 진심은 그렇지가 않았다. 쿠포를 보내지 않아도 되도록 옷장 속에 10프랑이라도 있었으면 좋겠다고 생각했다. 그녀는 라리부아지에르 병원까지 따라가서, 간호사가 큰 병실 구석에 그를 누이는 것을 지켜보았다. 그 병실에는, 죽은 사람 같은 얼굴을 하고 있는 환자들이 한 줄로 누워 있었는데, 그들은 몸을 일으켜 새로 들어온 동료를 눈으로 좇고 있었다. 병실 안에 가득 찬 죽음, 숨이 막힐 것 같은 냄새와 열기, 듣고 있는 사람에게 폐를 토해 내고 싶게 만드는 폐결핵 환자의 기침 소리, 게다가 진짜 묘지 안의 길처럼 양쪽에 새하얀 침대가 늘어서 있는 그 병실은 페르 라셰즈 묘지의 축소판 같은 느낌이었다. 그러고 나서 쿠포가 베개를 베고 눕자 그녀는 무어라고 해야 좋을지 몰라서, 또 주머니에는 그를 위로해 줄 돈도 전혀 없었기 때문에 슬그머니 도망쳐 나왔다. 밖에 나와 병원 앞에서, 그녀는 몸을 돌려 그 당당한 건물을 힐끗 쳐다보았다. 그리고 그 옛날, 쿠포가 추녀 밑에 매달려 햇빛 속에서 콧노래를 부르며, 높은 곳에서 함석을 깔고 있던 시절을 생각했다. 그때 그는 술을 마시지 않았고, 살갗은 여자처럼 고왔다. 봉쾨르 호텔의 창을 통해 그를 찾아보면, 하늘 한가운데에 그가 보였다. 그리고 두 사람은 손수건을 흔들어, 멀리 떨어져 있으면서도 그것을 신호로 서로 미소를 지어 보였다. 그렇다, 쿠포는 그 높은 곳에서 일하면서도 자기 자신을 위해서 일하고 있는 건지 의심조차 하지 않았다. 이제 그는 쾌활하고 난잡한 참새처럼 더 이상 지붕 위에는 앉으려고도 안 했다. 그는 밑에 있었다. 그는 병원에 그의 보금자리를 지었다. 그리고 꺼칠한 피부로 죽게 될 그곳에 누웠다. 맙소사, 오늘, 그 사랑의 시절이 얼마나 먼 옛일처럼 여겨지는지!

그다음 다음 날, 제르베즈가 새로운 소식을 알아보러 갔을 때 침대는 비어 있었다. 간호를 해주던 수녀가 그녀의 남편이 어제 갑자기 동료 환자를 때렸기 때문에, 생탄의 정신병원으로 옮기지 않을 수가 없었다고 설명해 줬다. 오! 완전히 미쳐버렸다고 했다. 머리를 벽에 부딪치려고도 하고, 다른 환자들이 잠잘 수 없을 정도로 고래고래 소리를 치기도 했다. 술이 그 원인으로, 그것이 몸속에 잠복해 있다가, 폐렴으로 눕게 된 틈을 타서 그를 공격하여 신경을 뒤틀리게 했다. 세탁부는 정신이 아찔하여 집으로 돌아왔다. 이번에는 그녀의 남편이 미쳐버렸다! 쿠포를 병원에 놔두지 않으면 그녀의 인생은 엉망이 될 터였다. 나나는 아버지를 병원에 그냥 내버려 두라고 외쳤다. 그렇게 하지 않으면 나중에는 두 사람 모두가 살해되고 말 거라 했다.

제르베즈는 일요일에만 생탄에 갈 수 있었다. 그곳은 정말 멀었다. 다행히 로슈슈아르 거리에서 글라시에르까지 가는 승합마차가 정신병원 근처를 지나가고 있었다. 그녀는 상테 거리에서 내려, 빈손으로 들어가지 않으려고 오렌지를 두 개 샀다. 역시나 굉장히 큰 건물로서 회색 안마당이 있고, 복도가 끝없이 계속되며 시큼하니 오래된 약 냄새가 풍겨서 도저히 밝은 기분이 될 수 없는 곳이었다. 그렇지만 그녀는 격리병실에 안내되었을 때, 거의 기운을 회복한 쿠포를 보고 무척 놀랐다. 때마침 그는 전혀 냄새가 나지 않는 아주 정결한 나무 상자 변기에 걸터앉아 있었다. 그가 항문을 다 드러내 놓고 일을 보는 모습을 그녀가 봤기 때문에 그들은 웃었다. 안 그래? 저 사람을 병자라고 말하다니. 그는 예전이나 다름없는 입심과 함께 상자 위에 교황처럼 버티고 앉아 있었다. 오! 정상대로 돌아온 것을 보니 병이 나은 모양이다.

"폐렴은요?" 세탁부가 물었다.

"쫓아버렸지!" 그가 대답했다. "사람들이 손으로 그것을 끌어냈어. 아직 조금 기침이 나긴 해도, 굴뚝 청소가 끝나 가."

그리고 변기를 떠나 침대에 들어가려다가, 그는 또 농담을 했다.

"당신은 코가 튼튼하니까 환기시키는 것쯤은 문제가 안 되겠지, 당신은 말이야!"

그리하여 두 사람은 더욱 명랑해졌다. 마음속으로 그들은 즐거웠다. 그들이 이처럼 서로 지극히 품위 있게 하는 농담은, 필요 없는 말을 빼놓고 단적으로 만족을 표시하는 방법이었다. 병자가 회복하여 모든 면에서 일을 잘해 나가는 모습을 다시 보는 기쁨은, 실제로 병자를 가져보지 않고는 모른다.

그가 침대에 돌아갔을 때, 그녀는 그에게 오렌지 두 개를 주었는데, 그는 감동을 했다. 탕약을 마시고, 허술한 선술집 카운터에서 기염을 토할 수 없게 되고서부터, 그는 전처럼 다정한 사람이 되어 있었다. 그녀는 남편이 옛날처럼 지각 있게 하는 말을 듣고 깜짝 놀라, 마침내 그의 정신이상에 대해 이야기했다.

"아! 그래." 그도 허풍스럽게 말했다. "그 얘기라면 몇 번이고 했지!…… 생각해 보라고, 내 눈에 쥐가 보였어. 그래서 쥐꼬리에 소금 한 알을 올려놔 주려고 내가 네 발로 기어 쫓아다닌 거야. 그런데 당신이 나를 부르잖겠어? 사내들이 당신을 죽이려 했던 거야. 결국 모든 것이 어리석었어. 대낮에 졸다가 몽상에 잠겼던 거야…… 오! 난 다 기억하고 있어. 머리는 아직 끄떡없다고…… 이제는 다 끝난 얘기야. 잠이 들면 꿈을 꾸지. 악몽을 꾸는 일도 있지만, 악몽은 누구나 다 꾸는 거니까."

제르베즈는 저녁때까지 그의 옆에 있었다. 당직 의사가 6시 회진 시간에 와서, 그에게 두 손을 뻗어보게 했다. 이제 그의 두 손은 거의 떨리지 않았으며, 손가락 끝이 조금 움직일 뿐이었다. 그러나 밤이 되자 쿠포는 점점 불안에 사로잡히기 시작했다. 두 번이나 잠자리에서 일어나 앉아 마룻바닥과 방의 어두운 네 귀퉁이를 바라보았다. 갑자기 한쪽 팔을 내밀었다. 어떤 짐승을 벽에 밀어붙여 으스러뜨리고 있는 것 같았다.

"왜 그래요?" 제르베즈가 놀라서 물었다.

"쥐야, 쥐." 그가 중얼거렸다.

그러고 나서 잠깐이 침묵 끝에 잠에 빠져들면서, 그는 연결되지 않는 말을 내뱉으며 몸을 뒤틀기 시작했다.

"빌어먹을! 놈들이 내 옷에 구멍을 내고 있어!…… 오! 더러운 짐승들!…… 꼭 잡아! 당신 치마를 꼭 쥐어! 조심해, 쥐가 뒤에 있어!…… 더러운 새끼, 재주를 넘네. 우스꽝스럽게 노는군!……불한당! 도둑놈!"

그는 허공을 치며 담요를 끌어당겨 돌돌 말아 가슴에 안았다. 그가 지금 보고 있는 털북숭이 남자들의 난폭한 행동으로부터 가슴을 보호하려는 듯이 보였다. 그러자 관리인들이 달려왔고, 제르베즈는 방금 전의 광경에 너무 소름이 끼쳐서 그 자리에서 물러났다. 그러나 며칠 뒤에 다시 가보았을 때 쿠포는 완쾌되어 있었다. 악몽도 사라지고 없었다. 그는 어린아이처럼 잠들어 있었다. 손발 하나 움직이지 않고 10시간이나 자고 있었다. 그래서 그녀는 쿠포를 집에 데려가도 좋다는 허락을 받았다. 단지 담당 의사는 틀에 박힌 주의였지만, 퇴원할 때 잘 생각해서 행동하라고 그에게 충고를 했다. 만일 다시 술을 마시면, 병이 재발해서 결국 목숨을 잃게 되리라고 했다. 그렇다, 모든 게 자기 마음가짐에 달렸다. 술을 마시지 않으면 얼마나 활기차고 또 상냥해지는지 스스로 경험한 바 있다. 그러니 집에 돌아가도 생탄에서처럼 얌전히 지내야 한다. 그에게는 자물쇠가 채워져 있으며, 이제 이 세상에 술집은 존재하지 않는다고 생각해야 한다는 충고였다.

"의사 선생님 말씀이 옳아요." 제르베즈는 구트도르 거리로 돌아가는 승합마차 안에서 말했다.

"물론 그렇지." 쿠포가 대답했다.

그러고는 잠시 생각하고 나더니 그는 덧붙여 말했다.

"하지만 가끔 작은 잔으로 딱 한 잔 정도 한다고 남자가 죽을 수는 없지. 소화가 잘되니까."

그리고 바로 그날 밤, 그는 소화에 좋다며 가볍게 브랜디를 한 잔 마셨다. 그래도 그는 일주일 동안은 분별 있게 굴었다. 그는 본디 아주 소심했기 때문에, 비세트르 정신병원에서 죽고 싶지는 않았다. 하지만 욕망에 사로잡혀 최초의 한 잔이 자기도 모르는 사이에 두 잔이 되고, 석 잔, 넉 잔이 되어버렸다. 그리고 이 주가 지나갈 즈음에는 보통 때의 주량으로 되돌아가서, 창자를 비틀 정도로 독한 술을 하루에 반 리터씩이나 마시고 있었다. 제르베즈는 울화가 치밀어 쿠포를 후려갈기고 싶었다. 병원에서 이 사람이 완전히 분별력을 되찾은 것을 보고서, 다시 한 번 제대로 살아볼 수 있다고 꿈꾸었던 일이 얼마나 어리석었나! 기쁨의 시간도 잠시뿐, 틀림없이 이것이 마지막이다! 아! 아무래도 그의 술버릇이 고쳐지지 않는다면, 당장 죽는다고 위협을 받고도 그 술

버릇이 고쳐지지 않는다면 할 수 없는 노릇이지. 집안은 엉망이 되겠지만, 그 래도 할 수 없는 노릇이다. 그리고 그녀는 자신도 더 이상 침울해 있어서는 안 되겠다고 중얼거렸다. 그래서 다시 지옥 같은 생활이 시작되었다. 살림은 점점 더 진창에 빠져들어, 언제쯤 좋아지리라는 희망은 전혀 보이지 않았다. 나나는 아버지한테 얻어맞으면, 분개하여 왜 아버지처럼 쓸모없는 사람이 그대로 병원 에 남아 있지 않았느냐고 말대꾸를 했다. 하루라도 빨리 돈을 벌고 싶다, 그러 면 아버지에게 브랜디를 사드리고 어서어서 죽게 할 수 있을 텐데, 하고 그녀 는 말했다. 제르베즈도 어느 날 쿠포가 자기와의 결혼을 후회하듯 말하는 소 리를 듣고 발끈 화를 냈다. 아! 그녀는 다른 녀석들이 먹다 남은 찌꺼기다. 아! 그런데 그녀는 숫처녀 같은 낯짝을 하고 있어 자기가 길가에서 주워 온 것이 다! 그러자 그녀는 맞받아쳤다. 개수작이야! 뻔뻔스럽기도 하지! 그의 말은 모 두 거짓말이다. 그녀는 그를 바라지도 않았고, 그게 진실이다. 잘 생각해 보라 고 충고까지 했는데도 그가 무릎을 꿇고 결심해 달라고 애원하지 않았던가. 다시 한 번 시작할 수만 있다면 어림도 없는 얘기다. 그따위 짓을 할 바에야 팔을 하나 잘리는 편이 낫다. 하기야 그를 만나기 전에 남자가 있기는 있었다. 그렇지만 아무리 남자가 있었다고 해도, 여자가 부지런하면 술집을 쏘다니며 자신과 가족의 명예만 더럽히는 게으름뱅이 사내보다는 낫다. 그날 쿠포 부부 집에서는 처음으로 격식에 맞는 부부 싸움이 한바탕 벌어졌다. 너무나 심하게 서로 때렸기 때문에 헌 우산과 빗자루 하나가 다 망가지고 말았다.

그리고 제르베즈는 약속을 지켰다. 그녀는 더욱더 무기력해졌다. 전보다도 자주 일터에 나가지 않았고, 온종일 수다를 떨었으며, 완전히 맥이 빠져 있었 다. 무엇이 손에서 떨어져도 그대로 방바닥에 놓아둔 채, 허리 굽혀 주우려 하 지도 않았다. 그녀는 게으름의 타성이 붙어버렸다. 그녀는 더욱 살이 쪘다. 그 녀가 편한 대로, 먼지가 발을 걸어 그녀를 넘어뜨릴 정도가 아니고는 절대 비 질도 하지 않았다. 이즈음 로리외 부부는 그녀의 방 앞을 지나칠 때면, 코를 틀어막는 시늉을 하며 정말 독(毒)이라고 말했다. 로리외 부부로 말하자면 복 도 막다른 안쪽에서 숨어 살며, 그 건물의 흰 모퉁이에서 울고 있는 보는 가 난들을 피해 20수짜리 동전을 빌리러 오지 못하도록 처박혀 있었다. 오! 정말 착한 사람들이고, 참 친절한 이웃들이다!, 그렇다, 정말 고양이 같다! 분을 두 드리며 불이나 소금 한 움큼, 또는 물 한 병을 달라고 부탁하면, 당장에 코앞에서 문을 쾅 하고 닫아버렸다. 게다가 입이 험하기로는 말할 수 없을 정도였다. 이웃 사람을 돕는 문제에 대해서는 자기들은 남의 일에 신경 쓰지 않는다고 큰소리치면서도, 남을 욕하는 일에 대해서는 아침부터 밤까지 열심이었다. 빗장을 걸고, 틈새나 열쇠 구멍을 막기 위해 담요를 걸쳐놓은 채 잠시도 금사슬 만드는 손을 놓지 않고, 부부끼리 험담을 즐겼다. 특히 절름발이가 몰락했다는 얘기를 할 때면, 이 부부는 애무를 받는 수고양이처럼 하루 종일 가르랑거렸다. 그 궁색한 꼴이라니, 그 쇠약해진 꼴이라니! 그들은 제르베즈가 장 보러 가는 것을 기다렸다가, 그녀가 앞치마 밑에 아주 작은 빵 조각을 감춰 가지고 오는 모습을 보고 비웃었다. 그들은 또한 제르베즈가 먹을 것이 없어 굶는 날을 계산하고 있었다. 제르베즈 집의 일이라면, 수북이 쌓인 먼지와 내팽개친 채로 둔 어지러운 많은 접시, 가난과 게으름으로 점점 자포자기가 되어가는 여러 일들을 그들은 샅샅이 알고 있었다. 게다가 그 꼴이라니, 넝마장수도 줍지 않을 것 같은 더러운 누더기를 입고 있지 않은가! 아무렴! 그 금발 머리 미인도 완전히 망했다. 옛날에는 깔끔하고 파랗게 칠한 가게에서 엉덩짝을 꽤나 흔들고 돌아다녔는데. 먹자 타령에 자나 깨나 식도락이었으니, 벌을 받은 것이라 했다. 제르베즈는 로리외 부부가 자기 험담을 하는 것을 알아차리고, 구두를 벗어 들고 가만히 가서는 문에다 귀를 기울였다. 그러나 담요가 걸려 있어 들리지 않았다. 다만 어느 날 이 부부가 자기 얘기를 하다가, "그 축 늘어진 큰 젖통" 하는 말만 들었을 뿐이었다. 그것은 아마도 먹은 것이 신통치 않아서 피부가 늘어진 데다, 블라우스 앞이 좀 불룩했기 때문이었을 것이다. 더구나 그녀는 어디서든 그들과 마주치는 처지였다. 그들이 하는 말을 듣기 싫어서 끊임없이 그들에게 이야기했다. 이처럼 비열한 자들한테는 모욕을 당하기가 일쑤였지만 더는 그들에게 대꾸할 힘도, 실컷 욕설을 퍼부을 기운도 없었다. 그리고 저런! 그녀는 자신의 쾌락만 추구해서, 가만히 틀어박혀 무료함에 손가락을 퉁기며 즐길 수 있을 때만 움직이는 여자였다.

어느 토요일, 쿠포는 그녀를 서커스에 데리고 가겠다고 약속했다. 부인들이 말을 타고 가다가 둥근 종이 테두리 속으로 뛰어드는 것을 구경하는 것이니, 그 정도만 해도 가볼 만한 가치는 있었다. 때마침 쿠포는 이 주분 급료를 벌어놓은 참이라, 40수 정도는 쓸 수 있는 처지였다. 뿐만 아니라 그날 밤은 나나가 일터에서 급한 주문이 들어와 아주 늦게까지 밤일을 해야 했기 때문에, 그들은 밖에서 식사를 하기로 했었다. 하지만 7시까지도 쿠포는 돌아오지 않았다. 8시에도 아무도 오지 않았다. 제르베즈는 화가 치밀었다. 저 주정뱅이는 틀림없이 친구와 함께 거리 술집을 돌아다니며, 이 주분 급료를 털어 마시고 있겠지. 그녀는 보닛을 세탁해 놓았고, 사람들 앞에 나가는 것이어서 아침부터 헌 드레스의 구멍도 열심히 손질해 놓았다. 마침내 9시쯤에, 그녀는 배도 고프고 화도 나서 파랗게 질린 얼굴로 그 근처 거리로 내려가 쿠포를 찾아보기로 결심했다.

"남편을 찾고 있나요?" 보슈 부인이 제르베즈의 험악한 모습을 보고 물었다. "콜롱보 영감 가게에 있어요. 우리 보슈가 방금 전에 그와 함께 버찌주(酒)를 마시고 돌아왔으니 말예요."

그녀는 고맙다고 말했다. 그리고 쿠포의 눈앞으로 덤벼들리라 생각하면서, 한눈도 팔지 않고 보도를 서둘러 걸어갔다. 가랑비가 오고 있었기 때문에, 이렇게 걷는 것이 한결 더 울적했다. 그래도 목로주점 앞에 다다르자, 남편에게 달려들다가 오히려 자기가 당할까 봐 불안해져서, 갑자기 마음이 가라앉아 조심스러워졌다. 가게는 가스등이 켜져 있어서 불타듯 밝았고, 그 불빛은 햇빛처럼 반짝이며 벽에 진열된 갖은 색깔의 크고 작은 술병과 유리잔을 눈부시게 비추고 있었다. 그녀는 거기 잠시 멈춰 서서, 발돋움하여 유리창에 눈을 대고는 진열장에 놓인 두 개의 술병 사이로 홀 안쪽에 있는 쿠포를 힐끗 쳐다보았다. 그는 함석을 깐 작은 탁자 둘레에 친구들과 함께 앉아 있었으나, 담배 연기로 그 모습이 모두 희미하고 푸르스름하게 보였다. 무엇인지 큰 소리로 떠들고 있었지만 그 말소리가 들리지 않았기 때문에, 그들이 턱을 내밀고 눈이 튀어나올 것 같은 얼굴로 몸을 크게 흔들어대는 것이 이상하게 보였다. 대장부라는 자들이 아내와 가정을 버려둔 채, 이처럼 숨이 막힐 것 같은 굴속에 잘도 틀어박혀 있다! 빗물이 목덜미로 흘러들었다. 그녀는 가게에 들어갈 용기가 나지 않아서 생각에 잠겨 교외의 큰 거리로 나섰다. 그렇다! 쿠포는 귀찮게 따라다니는 것을 좋아하지 않으니, 들어갔더라면 호되게 당했을지도 모른다. 게다가 아무리 보아도 그곳은 보통 여자가 들이길 곳이 못 되었다. 그러다가 비에 젖은 나무 아래에서 잠시 서 있는데 슬며시 몸이 떨렸다. 제르베즈는 문득 어떤 좋지 못한 병에 걸리는 건 아닌가 하는 생각이 들었다. 그녀는 다시 술집으로 가 유리문 앞에 서서 눈을 바싹 붙이고, 주정뱅이들이 비를 피해 앉아 여전히 고래고래 소리를 지르며 술을 마시고 있는 광경을 들여다보았다. 목로주점의 불빛이 길 웅덩이에 비쳤고, 빗방울이 그곳에 떨어지며 조그만 거품을 만들었다. 구리 장식의 삐걱 소리와 함께 문이 열렸다가 닫히는 바람에, 그녀는 도망을 치다가 물웅덩이에 빠지고 말았다. 그러나 결국에는 자기가 너무나 어리석은 것 같아서, 문을 밀고 곧바로 쿠포가 있는 탁자로 갔다. 어쨌든 그녀는 남편을 찾으러 온 것이 아닌가? 더욱이 오늘 밤은, 남편이 먼저 서커스에 데리고 가겠노라고 약속했기 때문에 그녀는 그를 찾으러 올 권리가 있었다. 할 수 없는 일이지! 그녀는 보도 위에서 비누처럼 녹아버리고 싶지는 않았다.

"저런! 당신이었군, 할망구!" 함석장이가 놀리듯 숨넘어가는 소리로 외쳤다. "아! 꼴불견이군, 정말!…… 응? 안 그래? 꼴불견이야!"

'장화'와 '불고기 졸병', '소금 주둥이'가 모두 웃어댔다. 그렇다, 이것은 그들에게 우습게 생각되었다. 하지만 그들은 그 이유를 설명하지는 못했다. 제르베즈는 잠깐 당황하여 가만히 서 있었다. 쿠포가 무척 다정해 보였기 때문에 그녀는 용기를 내어 말했다.

"자, 우리 어서 가요. 빨리 가야죠. 아직 구경할 수 있을 거예요."

"난 일어날 수가 없어, 착 달라붙었으니. 오! 농담이 아니야." 쿠포가 언제나처럼 우스꽝스러운 말투로 말했다. "거짓말이라고 생각되면 어디 한 번 시험해 보라고. 내 팔을 잡아당겨 봐, 힘껏. 제기랄! 더 세게, 어이, 들어올려!…… 알겠지, 저 나귀 같은 콜롱브 영감이 나를 나사못으로 의자에 죄어놓았단 말이야."

제르베즈는 이 장난을 받아주었다. 그녀가 쿠포의 팔을 놓아주자, 그의 친구들은 아주 재미있는 농담거리가 생겼다고 소리를 지르며 몸을 비틀고 싸우는 나귀들처럼 서로 어깨를 비벼댔다. 함석장이도 목구멍까지 보이도록 입을 딱 벌리고 웃었다.

"못된 얼간이로군!" 마침내 쿠포가 말했다. "이리 와서 좀 앉아. 밖에서 철벅거리는 것보다는 여기가 더 좋잖아…… 거참! 그래, 내가 집에 돌아가지 않은 것은 볼일이 있어서야. 뾰로통해 보았자 아무런 도움도 안 된다고…… 여보게들, 자리 좀 비켜주게."

"부인, 내 무릎에 앉는 게 어떻겠습니까. 그 편이 더 푹신할 텐데요." '장화'가 친절한 척 말했다.

제르베즈는 사람들 눈에 띄지 않으려고 의자를 집어 탁자에서 세 걸음 정도

떨어져 앉았다. 그녀는 남자들이 마시는 모습을 바라보았다. 그것은 가장 독한 브랜디로, 유리잔 속에서 황금처럼 빛나고 있었다. 탁자에 조금 엎질러져 있었는데, 술꾼 '소금 주둥이'가 지껄여대면서 그것에 손가락을 적셔서 대문자로 '욀랄리'라는 여자 이름을 썼다. 그녀는 '불고기 졸병'이 너무 말라서 뼈와 가죽만 남아 있음을 알았다. '장화'의 코는 부스럼이 잔뜩 나 있었고, 부르고뉴 지방의 푸른 진짜 달리아 같았다. 네 사람이 모두 더럽기 짝이 없었다. 덥수룩한 수염이 뒷간의 빗자루처럼 뻣뻣하고 지린내가 나는 그들은, 누더기가 된 작업복을 보란 듯이 걸치고 손톱에 때가 낀 더러운 손을 내놓고 있었다. 그러나 그런 대로 친구들끼리는 통할 수 있었다. 왜냐하면 그들은 6시부터 찔끔찔끔 마셨는데, 그래도 전혀 흐트러지지 않은 자세로 마시고 있었기 때문이다. 그들은 알맞게 취해 있었다. 제르베즈는 또 다른 두 사람, 카운터 앞에서 마시고 있는 두 사람을 보았는데, 이들은 이미 곤드레만드레가 되어 작은 잔을 턱 밑에 대고는, 한 잔 마시는 것으로 믿고 셔츠를 적시고 있었다. 뚱뚱보 콜롱브 영감은 가게를 지키는 무기인 큼직한 두 팔을 뻗쳐 조용히 술을 따랐다. 몹시 더운 날씨였다. 눈부신 가스등 불빛 속을 담배 연기가 자욱이 먼지처럼 떠돌아, 손님들의 모습은 차츰 짙은 안개 속에 묻히고 말았다. 그리고 그 구름 속에서 쉰 목소리, 잔이 부딪치는 소리, 욕설, 폭발음같이 주먹으로 탁자를 치는 소리가 뒤섞여 귀를 멍멍하게 하는 소음이 되어 흘러나왔다. 제르베즈는 한쪽 모퉁이에서 인상을 찌푸렸다. 이런 광경은 여자에게는, 특히 익숙지 못한 사람에게는 재미있을 수가 없기 때문이다. 숨이 막히고 눈은 쓰라렸으며, 홀 전체에서 풍기는 알코올 냄새 때문에 벌써부터 제르베즈는 머리가 무거워졌다. 그런데 갑자기 그녀는 등 뒤에서 더 이상한 불편함을 느꼈다. 돌아다보니 증류기였다. 이 주정뱅이 제조기는 좁은 안마당의 유리 상자 속에서, 지옥의 부엌인 양 바닥부터 지면을 뒤흔들고 있었다. 밤이 되면 그 구리 제품은 동그란 옆구리에 커다란 붉은 별을 하나 켜놓았을 뿐이어서 한층 더 음산한 느낌이었다. 그리고 그 기계의 그림자가 안쪽 벽에 비쳐, 꼬리가 달린 이상한 형태와, 사람들을 삼켜버릴 듯이 입을 크게 벌린 괴물 같은 끔찍한 모습을 그려내고 있었다.

"이봐, 수다쟁이 여편네, 부루퉁해하기는!" 쿠포가 소리쳤다. "알겠어? 귀찮으니까, 흥을 깨뜨리지마!…… 무엇 좀 마시겠어?"

"아무것도 싫어요, 물론." 세탁부가 대답했다. "난 아직 저녁도 안 먹었어요."

"좋아! 더 잘됐어. 좀 마셔야 기운이 난다고." 그러나 그녀가 찡그린 얼굴을 펴지 않자, '장화'가 또다시 환심을 사려 했다.

"부인은 달콤한 맛을 좋아하시겠죠." 그가 웅얼거렸다.

"내가 좋아하는 건 취하지 않은 남자예요." 그녀는 무뚝뚝하게 대답했다. "그래요, 품삯을 가져오고, 약속을 잘 지키는 사람이 좋아요."

"아! 그래서 언짢으시군!" 여전히 놀리는 말투로 함석장이가 말했다. "자기 몫을 달라는 말이지. 이 멍청아, 그렇다면 왜 술을 싫다고 하지?…… 자, 한 잔 들어, 그만큼 득이 될 테니."

그녀는 진지한 표정으로, 이마에 깊은 주름을 하나 만들고는 남편을 뚫어지게 바라보았다. 그리고 느릿한 목소리로 대답했다.

"그래요! 당신 말이 옳아요. 그거 좋은 생각이에요. 이렇게 우리 돈을 다 마셔버립시다."

'불고기 졸병'이 일어서서 그녀를 위하여 아니스 술을 한 잔 가지러 갔다. 그녀는 의자를 끌어당겨 탁자 가까이로 놓았다. 아니스 술을 조금씩 맛보는 동안, 그녀는 갑자기 어떤 생각이 떠올랐다. 옛날에 쿠포가 자기에게 접근해 오던 시절, 이 가게 문간에 앉아서, 함께 먹던 브랜디에 절인 자두가 생각났다. 그때 그녀는 열매는 먹었지만 술은 남겨놓았었다. 그런데 이제는 이렇게 술을 마시고 있다. 아! 그녀는 자기 본성을 알았다. 그녀에게는 의지라고는 한 푼 어치도 없었다. 그녀를 조금 자극했을 뿐인데도 벌써 술 속으로 곤두박질하다니. 아니스 술은 너무 달아서 좀 메스꺼웠지만 그런대로 맛이 있었다. 술꾼 '소금 주둥이'가 뚱보 윌랄리와의 관계를 얘기하자 그녀는 그 얘기를 들으면서 술을 찔끔찔끔 마셨다. 윌랄리는 빈틈없는 여자로 생선 행상을 하고 있었는데, 수레를 밀고 큰길을 따라 다니며 술집에 있는 그를 찾아내는 재주가 있었다. 친구들이 '소금 주둥이'에게 알려 그를 숨겨주어도 소용이 없었다. 대개는 잡히게 되었다. 어제 같은 날은 '소금 주둥이'가 일터에 결근한 벌로 따귀를 맞았을 정도였다. 그런 얘기를 듣고 그들은 정말 재미있다고들 떠들어댔다. '불고기 졸병'과 '소금 주둥이'가 허리가 부러질 것처럼 웃어대며 제르베즈의 어깨를 탁 쳤기 때문에 그녀도 마침내 간지럼을 탄 듯이 그만 웃고 말았다. 그러자 그들은 그녀에게 뚱보 윌랄리 흉내를 내라고 충고했다. 다리미를 가지고 와서, 술집의 함석 탁자 위에서 쿠포의 귀에 다림질을 해주라고 했다.

"아! 고마워." 아내가 비운 아니스 술잔을 거꾸로 흔들면서 쿠포가 소리쳤다. "깨끗이 해치우는 솜씨가 아닌가! 여보게들, 보게나, 제법 솜씨가 좋군."

"부인, 한 잔 더 드릴까요?" 술꾼 '소금 주둥이'가 물었다.

아니다, 그녀는 그것으로 충분했다. 그런데도 그녀는 망설였다. 아니스 술 때문에 그녀는 속이 메슥거렸다. 뱃속을 가라앉히려면 차라리 독한 술을 마셔야 할 것 같았다. 그래서 그녀는 뒤에 있는 주정뱅이 제조기 쪽을 흘깃 바라보았다. 이 큰 가마솥 같은 기계는 살찐 주물 공장 마누라의 배처럼 둥그래 가지고 그 코를 쑥 내밀기도 하고 만지작거리기도 하며, 그녀의 어깻죽지에 욕망과 공포가 뒤섞인 전율을 불어넣었다. 그렇다, 이건 마치 불을 조금씩 내뿜고 있는 어떤 마녀의, 또는 몸집이 큰 매춘부의 무쇠 창자와도 같았다. 정말 멋진 독(毒)의 원천이다. 이따위 장치는 굴속에 묻어버렸어야 했을 것이다. 정말 뻔뻔스럽고 꼴 보기 싫다! 하지만 방해가 되지는 않았다. 그녀는 거기에 코를 박고 냄새를 맡으며 불결한 것을 맛보고 싶은 생각도 들었다. 비록 혀에 화상을 입어 오렌지처럼 허물이 벗겨진다 해도 말이다.

"당신들은 도대체 무엇을 마시고 있죠?" 그녀는 시치미를 떼고 남자들이 마시고 있는 술잔에 든 아름다운 황금빛 술에 눈을 번득이며 물었다.

"이건 말이지, 할멈." 쿠포가 대답했다. "콜롱브 영감네 장뇌(樟腦)지…… 바보스럽게 굴지 마! 곧 맛보게 될 테니."

그래서 강한 브랜디 한 잔이 그녀에게 운반되었다. 처음 한 모금에 그녀의 턱이 오그라들자, 함석장이는 자기 넓적다리를 두드리며 말을 계속했다.

"어때! 목구멍이 깎이는 것 같지!…… 단숨에 들이켜 봐. 한 잔 마실 때마다 의사 주머니에서 6프랑짜리 은화를 빼내는 기분이 들지."

제르베즈가 두 번째 잔을 들었을 때는 이미 고통스럽던 배고픔도 느끼지 못했다. 이제 그녀는 쿠포와 화해가 되었고, 약속을 지키지 않았던 것을 원망하지 않았다. 서커스 구경은 다음으로 미루어도 될 일이다. 말을 타고 달음질치는 곡예 따위는 그리 재미있지 않다. 콜롱브 영감의 가게에는 비도 안 오고, 급료가 브랜디 속에 녹아버렸다고는 하기만, 이젠든 자기 뱃속에 늘어간 것이다. 황금같이 반짝이는 아름답고 맑은 액체로 된 급료를 마시고 있다. 아! 세상 사람들이 뭐라 하든 알 바가 아니다! 인생이 이렇게 즐거웠던 석도 일찍이 없었다. 게다가 자기도 한몫 거들어 돈을 쓰고 있으니, 마음의 위안도 된다. 이렇

게 기분이 좋은데, 이대로 여기 남아 있지 못할 까닭이 있을까? 대포를 쏘아
대도 이제는 움직이기 싫다. 일단 시작했으니 말이다. 그녀는 블라우스가 등에
달라붙을 정도로 따뜻한 온기 속에서 노곤해져 있었고, 손발을 나른하게 만드
는 행복감에 젖어 있었다. 탁자에 팔꿈치를 괴고, 얼빠진 듯한 눈으로 혼자 웃
고 있었다. 그것은 옆 탁자의 뚱뚱보와 난쟁이 같은 두 남자가 곤드레만드레가
되어 샌드위치처럼 서로 끌어안고 있어서 너무나 우스웠기 때문이다. 그렇다,
그녀는 이 목로주점을 향하여, 돼지기름 주머니 같은 콜롱브 영감의 건강하게
빛나는 얼굴을 향하여, 곰방대를 피우며 소리를 지르고 침을 뱉는 고객들을
향하여, 거울과 술병을 번쩍이게 하는 가스등의 큼직한 불꽃을 향하여 웃음
을 보냈다. 이제 술 냄새 따위는 아무렇지도 않았다. 아니, 그 반대로 코를 간
질이는 듯하여 좋은 냄새처럼 느껴졌다. 눈꺼풀을 지그시 감고, 숨은 가쁘지
않게 매우 짧게 쉬면서 점점 잠에 빠져드는 기쁨을 느꼈다. 그리고 세 번째 잔
을 들이켜고 나서, 그녀는 두 손에 턱을 떨어뜨렸다. 이제 그녀 눈에는 쿠포와
그의 친구들만 보였다. 그리고 그녀는 그들과 아주 가까이 얼굴을 맞대고 두
볼에 미지근한 숨결을 느끼며 마치 한 가닥씩 수를 세 듯이 그 더러운 수염을
바라보고 있었다. 그들은 이제 몹시 취해 있었다. '장화'는 담뱃대를 입에 물고
잠든 소처럼 말없이 근엄한 표정으로 침을 흘리고 있었다. '불고기 졸병'은 1리
터짜리 포도주를 입술도 대지 않고 단숨에 마셔버린 뒤 빈 병 밑바닥을 보여
줄 수 있다고 허풍을 떨었다. 한편 '소금 주둥이'는 회전 놀이판을 가지러 카운
터로 갔고, 쿠포와 술 내기를 했다.

"200점!…… 자네는 부자야. 언제나 큰 숫자만 맞추니까."

회전 놀이판의 깃털이 소리를 내고, 유리 밑에 끼워 놓은 빨간색의 커다란
운명의 여신 그림이 빙빙 돌면서, 포도주 얼룩처럼 붉고 둥근 반점만이 한가운
데 보였다.

"350점!…… 안에서 몰래 잘해 처먹는군, 이 도둑놈! 에잇! 빌어먹을! 난 이제
안 해!"

제르베즈는 회전 놀이판에 흥미를 느꼈다. 그녀는 목이 많이 말랐다. 그리
고 '장화'를 "내 아들"이라고 불렀다. 그녀 뒤에서는 주정뱅이 제조기가 지하수
처럼 조용한 소리를 내면서 여전히 돌고 있었다. 그리고 그녀는 이 기계가 움
직이는 것도 그것을 마셔 없애는 일도 어쩔 수 없는 노릇이라고 체념은 하면서

도, 절망적인 분노를 느껴서, 짐승에게 달려들 듯이 커다란 기계에 달려들어, 발로 걷어차고 그 옆구리를 때려 부수고 싶은 생각이 들었다. 모든 것이 흐릿했고 그 기계가 흔들리는 것처럼 보였다. 그 구리 다리에 자기가 잡혀 있는 것 같았으며, 한편 몸속에서는 술이 개울처럼 흘러내리는 기분이었다.

그러더니 홀이 춤추기 시작하고, 가스등이 별처럼 흘러갔다. 제르베즈는 취한 것이다. '소금 주둥이'와 악당 같은 콜롱브 영감의 맹렬한 싸움 소리가 그녀에게 들려왔다. 주인 영감도 호되게 붙여 먹은 도둑놈이다! 그러나 거기는 봉디[*1]가 아니었다. 갑자기 서로 밀치는 소리, 고함치는 소리, 탁자를 뒤엎는 소음이 일어났다. 콜롱브 영감이 가차 없이, 순식간에 일행을 내쫓은 것이다. 문 앞에서 모두들 영감에게 욕설을 퍼부었다. 깡패라고 소리쳤다. 여전히 비는 내리고, 찬 바람이 약간 불고 있었다. 제르베즈는 쿠포와 엇갈렸다. 그리고 찾았나 싶으면, 또다시 엇갈리곤 했다. 그녀는 집에 돌아가고 싶어서, 여기저기 상점들을 살펴보며 돌아가는 길을 찾으려 했다. 그녀는 갑자기 밤 속에 완전히 내던져졌다. 푸아소니에르 거리 모퉁이까지 왔을 때, 그녀는 빨래터로 착각하여 봇도랑에 주저앉았다. 흐르는 물에 흠뻑 젖어 머리가 매우 아팠다. 마침내 집에 다다랐다. 관리인 부부가 사는 방을 서둘러 지나쳤으나, 제르베즈는 로리외 부부와 푸아송 부부가 식탁 앞에 앉아 있다가 그녀의 심한 모양새를 보고 불쾌한 듯이 얼굴을 찌푸리는 것을 분명히 보았다.

그녀는 어떻게 7층까지 올라갔는지 전혀 알 수가 없었다. 7층에 이르러 복도를 걸어가자, 그 발소리를 들은 꼬마 랄리가 달려와서 안길 듯이 두 팔을 벌리고 웃으면서 말했다.

"제르베즈 아줌마, 아빠는 아직 돌아오지 않았어요. 그러니 가서 잠자는 아이들을 좀 보아주세요…… 아! 정말 귀여워요."

하지만 세탁부의 얼빠진 듯한 얼굴과 마주치자, 랄리는 뒷걸음질을 치며 떨었다. 아이는 브랜디 냄새와 창백한 눈, 경련을 일으키는 입, 그런 것들이 무엇인지 잘 알고 있었다. 제르베즈는 한 마디도 못하고 비틀거리며 걸어가고 있었으나, 그동안 소녀는 자기 집 문밖에 서서 어둡고 말없는, 엄격한 눈초리로 그녀를 지켜보았다.

[*1] Bondy : 파리 근교에 있는 마을. 쓰레기 처리장이 있음.

제11장

나나는 자라면서 말괄량이가 되었다. 열다섯 살에 벌써 송아지만큼 성장하여 살갗은 새하얗고, 살이 통통하게 쪄서 공처럼 동그랬다. 그렇다, 열다섯 살이라면 영구치는 다 났겠지만, 아직 코르셋은 입지 않을 나이이다. 그런데 얼굴은 우유 속에 담갔다가 꺼낸 것처럼 뽀송뽀송 앳돼 보였고, 살갗은 복숭아처럼 보드라우며, 코는 얄미울 정도로 귀엽고, 입술은 장밋빛이었고, 불타오르듯 반짝이는 두 눈은 남자들이 그것으로 담뱃대에 불을 붙여보고 싶을 듯했다. 싱싱한 귀리 빛깔의 풍요로운 노랑머리는 관자놀이 위에 금가루를 뿌리듯 흐트러져서, 태양의 화관을 쓰고 있는 것 같았다. 아! 로리외 부부의 말처럼 얼마나 귀여운 인형인지. 아직 코를 씻겨주어야 할 만큼 어린 나이인데도, 그 큼직한 어깨는 제법 둥글둥글하여 성숙한 여자의 냄새를 풍기고 있었다.

이제 나나는 블라우스 속에 종이 뭉치를 넣지 않아도 되었다. 유방이, 새하얀 비단 같고 신선한 한 쌍의 유방이 부풀어 올랐기 때문이다. 그리고 그것은 결코 거추장스럽지 않았다. 그녀는 두 팔로 받쳐야 할 정도의 유방을 갖고 싶어했으며, 유모의 젖을 꿈꾸고 있었다. 청춘이란 그토록 탐욕스럽고 무분별한 것이다. 특히 사람의 마음을 끄는 점은, 그녀가 하얀 이 사이로 혀끝을 날름 내미는 나쁜 버릇이었다. 물론 그녀는 거울에 자기 얼굴을 비쳐 보고, 그렇게 하면 귀엽게 보인다는 것을 알고 있었다. 그래서 그녀는 예쁘게 보이려고, 하루 종일 혀를 내밀고 다녔다.

"그 혓바닥 좀 집어넣어!" 제르베즈가 소리치곤 했다.

쿠포도 끼어들어 주먹으로 탁자를 치며 큰 소리로 욕을 퍼붓지 않을 수 없었다.

"네 빨간 넝마 조각은 도로 들여보내!"

나나는 온갖 멋을 다 부렸다. 발은 잘 씻지도 않는 주제에, 구두는 엄청 나게 좁은 것을 신어서 생크레팽 감옥에서 순교를 하는 꼴이었다. 새파랗게 질린 얼굴빛을 보고 어찌 된 일이냐고 물으면, 그녀는 자신이 멋 부리다가 그렇게 된 것을 실토하지 않으려고 배가 아프다고 대꾸했다. 집에 빵도 부족한 처지라서 몸치장하기는 매우 어려웠다. 그런데도 그녀는 기적처럼 해냈다. 일터에서 리본을 가져와 조잡한 옷에 리본 매듭과 술을 잔뜩 달아 꾸미기도 했다. 여름은 그녀가 활개치는 계절이었다. 6프랑짜리 무명옷 한 벌로 일요일마다 잘 때우면서, 아름다운 노랑머리를 휘날리며 구트도르 거리를 설치고 돌아다녔다. 그렇다, 사실 교외 큰길에서 파리의 성벽까지, 클리냥쿠르 거리에서 샤펠 거리까지 그녀를 모르는 사람은 없었다. 모두가 그녀를 "작은 암탉"이라고 불렀다. 왜냐하면 그녀는 정말로 어린 닭처럼 살갗이 보드랍고 싱싱했기 때문이다.

특히 그녀에게 더할 나위 없이 잘 맞는 옷이 한 벌 있었다. 흰 바탕에 장밋빛 물방울 무늬가 있는 드레스로, 장식 하나 없이 아주 산뜻한 드레스였다. 약간 짧은 치마 아래로 발이 드러나고, 넓은 소매는 팔이 팔꿈치까지 드러나 보였다. 블라우스의 깃은 아버지에게 따귀를 얻어맞지 않으려고, 언제나 계단의 어두운 구석까지 내려와서 핀을 꽂아 하트형으로 열어 붙였다. 그러자 눈처럼 흰 목덜미와, 가슴팍의 황금빛 그늘이 엿보였다. 그 밖에는 다만 장밋빛 리본을 하나 머리에 매었을 뿐인데, 리본 끝이 목덜미 위에서 나부끼고 있었다. 이것만으로 그녀는 꽃다발처럼 싱그러웠다. 그녀는 소녀에서 성숙한 여자로 바뀌어 가는 나이가 갖는 맨살의 향기로움, 청춘의 향기로움을 풍기고 있었다.

이 무렵에 일요일은 그녀에게 있어서 군중과의, 또는 지나치다가 흘깃 바라보는 모든 남자들과의 만남의 나날이었다. 그녀는 일주일 내내 사소한 욕망에 자극되어 숨 막히는 기분으로 바깥 공기를 마음껏 마시고 싶다, 나들이옷을 입고 변두리 길의 혼잡한 인파 속을 햇볕을 쬐며 거닐고 싶다는 생각으로 일요일을 기다리며 살았다. 그날이 되면 아침부터 옷을 차려입었는데, 서랍장 위에 걸어놓은 작은 거울 앞에서, 몇 시간이고 셔츠 바람으로 앉아 있었다. 건물 안 사람들이 모두 창을 통해 그녀를 넘겨다볼지도 모르기 때문에 어머니는 화를 내면서 셔츠를 풀어 헤치고 신체히는 깃 좀 그만둘 수 없느냐고 물었다. 그래도 그녀는 전혀 아랑곳 않은 채 다리를 드러내고, 셔츠를 어깨에서 흘려 내려뜨리고, 머리를 헝클어뜨리고, 설탕물로 잎머리를 이마에 붙이고, 반장화의 장식 단추를 달거나 드레스를 잠깐 손보기도 했다. 아! 그녀가 참으로 근사하군! 아버지 쿠포는 놀리는 어조로 비웃었다. 진짜 유감스러운 막달라 마리아로구나! 밤거리 여자로 전락하여, 단돈 2수에 다 보여줄 게야. 그는 딸에게 고함을 질렀다. "그 살 좀 가려라. 어디 빵이 목구멍으로 넘어가야지!" 그러자 하얗고 가녀리며 사랑스러운 그녀는 넘실거리는 레몬빛 머리 밑에 온 살결이 붉어질 만큼 화를 냈고, 아버지에게 대꾸도 않고, 실을 이로 물어 끊으며, 알몸을 부르르 떨었다.

그리고 아침 식사가 끝나자마자 나나는 곧바로 줄행랑을 쳐서 안마당으로 내려갔다. 일요일의 따사로운 평화가 건물 안을 온통 졸리게 했다. 아래층에서는 작업장이 문을 닫고, 살림집은 창을 열어놓은 채 하품을 하고, 이미 식사 준비가 다 되어서, 식욕을 돋우기 위하여 성벽 근처까지 산책 나간 가족을 기다리고 있는 식탁이 들여다보였다. 4층에 사는 어떤 여자는 온종일 방을 청소하고 있었다. 그녀는 침대를 굴리고 가구를 뒤죽박죽으로 만들며 몇 시간씩 한 가지 노래를, 우는 것 같은 부드러운 목소리로 흥얼거렸다. 일들을 안 하기 때문에 텅 비어 말소리가 울리는 안마당 가운데에서 나나와 폴린, 다른 여자 아이들이 모여 배드민턴을 치고 놀았다. 그 애들 대여섯 명은 같이 자랐는데, 나나는 이제 그 건물의 여왕 격이었으며, 저마다 남자들이 맹렬하게 던지는 추파를 받고 있었다. 남자가 하나라도 안마당을 지나가면 삽시간에 웃음소리가 일고, 풀 먹인 치맛자락 스치는 소리가 바람 소리처럼 휙 지나갔다. 머리 위에서는 공휴일 같은 공기가 무겁게 감돌며 나른하게 녹아들고, 산책길 먼지로 하얗게 된 것처럼 불타고 있었다.

그러나 배드민턴은 도망치기 위한 속임수일 뿐이었다. 갑자기 건물이 죽은 듯이 고요해졌다. 그 애들이 거리로 막 뛰어나가 변두리 큰길에 다다른 것이다. 여섯 명의 여자애들은 나란히 팔짱을 끼고, 맨머리에 리본을 매고, 나들이 옷을 뽐내며 거리를 가득 메우면서 지나갔다. 그녀들은 빛나는 눈을 가늘게 뜨고 힐끗거리면서, 무엇이든 빼놓지 않고 바라보았다. 그리고 두툼한 턱살을 좀 봐달라는 듯이 고개를 젖히고 웃어댔다. 곱추가 지나가거나, 노파가 길가에서 개를 기다리고 있으면 요란하게 웃어대고, 뒤처지는 애가 있는가 하면 그 것을 끌어당기는 애가 있어서 그녀들의 줄은 끊어지기도 했다. 그리고 그 애들은 일부러 엉덩이를 흔들기도 하고, 몸을 웅크리기도 하고, 휘청거리며 걷기도 했다. 그것은 사람들 눈길을 끌어보려고, 성숙해 가는 여자로 몸을 비틀어대는 행위였다. 거리는 그녀들 마음대로였다. 가게 앞에서 치마를 펄럭이며 자라난 그녀들은, 지금도 스타킹 고정 밴드를 다시 매기 위해서 치마를 넓적다리까지 들어올렸다. 천천히 걷고 있는 창백한 사람들 틈에 끼어 계집아이들은 큰길의 길쭉한 나무들 사이를 로슈슈아르 시문으로부터 생드니 시문까지 이처럼 뒤죽박죽 떼 지어 누비고 다녔다. 부딪치는 사람을 밀어젖히고, 혼잡한 인파를 지그재그로 가로지르며, 때로는 뒤돌아보면서 끝없이 웃고 재잘재잘 지껄여댔다. 그녀들의 드레스가 펄럭이고 간 뒤에는 두려움을 모르는 청춘의 냄새가 풍겼다. 거리 한가운데에서 눈부신 햇빛을 받으며 불량소녀같이 상스럽고 천박한 모습을 드러내 놓지만, 한편 목욕탕에서 촉촉하게 목덜미를 적시고 돌아오는 처녀처럼 탐스럽고 사랑스러운 면도 있었다.

햇빛을 받아 번쩍이는 장밋빛 옷을 입은 나나가 아이들 한가운데를 차지했다. 폴린과 팔짱을 끼고 있었는데, 폴린의 드레스도 흰 바탕에 노란 꽃무늬가 햇빛에 반짝거렸다. 그리고 이 두 아이가 가장 몸집도 크고, 처녀티도 나는 데다, 뻔뻔스럽기도 으뜸이었기 때문에, 한 패거리의 우두머리처럼 맨 앞에 서서 사람들 눈길을 받으며 뽐내고 있었다. 다른 말괄량이들은 아직 형편없이 어리지만, 그래도 제법 큰 사람으로 보이고 싶어서, 서로 다투어 좌우로 줄지어 늘어섰다. 나나와 폴린은 마음속으로 남자들의 눈길을 끌기 위하여 복잡하기 이를 데 없는 계획을 짰다. 숨을 헐떡일 정도로 달음질쳤다면, 그것은 말할 것도 없이 하얀 양말을 드러내거나 머리털에 맨 리본을 바람에 나부끼게 하기 위해서였다. 그러다 달음질을 멈추어 숨이 가쁜 체하고 가슴을 헐떡이며 몸을 젖힌다면, 근처에 틀림없이 누군가 동네 청년이 있어서였다. 그리고 난 다음에는 아주 노곤한 듯이 축 늘어져 걸으면서 소곤거렸다. 그리고 킬킬거리며 눈을 내리뜨고 남자들 쪽을 살펴보았다. 그녀들은 본디 거리의 혼잡 속에서 이처럼 우연한 만남을 기대하고 빠져나왔다. 저고리에 둥근 모자를 쓴 나들이 옷차림의 청년들이 개울가에서 잠깐 계집아이들을 붙잡고 농담을 하다가 허리를 잡으려고 했다. 그리고 회색 작업복을 되는 대로 입고 팔짱을 낀 채 담배 연기를 그녀들에게 내뿜으며 천천히 이야기를 주고받는 스무 살가량의 노동자들도 있나. 그런 일은 별로 대단하지 않았다. 이 남자들도 이 여자아이들처럼 다 함께 거리에서 자라났으니 말이다. 그러나 그녀들은 저마다 많은 남자들 가운데서 이미 상대를 정해 놓았다. 폴린의 상대는 열일곱 살 소목장이로 고드롱 부인의 아들이었으며, 곧잘 그녀에게 사과를 사주었다. 나나는 건너편 큰길 끝에 사는 빅토르 포코니에를 찾아냈는데, 그는 세탁소 주인의 아들이었다. 이두 아이는 컴컴한 거리 모퉁이에서 곧잘 키스를 했다. 하지만 이런 관계도 그이상으로 나아가지는 않았다. 분별없이 어리석은 짓을 저지르기에는 그녀들은이미 너무나 교활하기 짝이 없었다. 다만 사람들이 터무니없는 소문을 내고있을 뿐이었다.

그리고 해가 저물면 이 말괄량이들의 커다란 기쁨은 곡예사들 앞에서 걸음을 멈추는 일이었다. 요술쟁이들, 힘센 장사들이 와서, 큰길 바닥에 낡은 양탄자를 폈다. 그러면 구경꾼들이 몰려들어 동그랗게 사람 울타리가 만들어지고, 그 가운데서 어릿광대가 빛바랜 타이츠를 입고 갖가지 재주를 부렸다. 나나와폴린은 구경꾼들이 가장 많은 곳에서 몇 시간이나 서 있었다. 그녀들의 예쁘고 풋풋한 옷이 지저분한 반코트와 작업복 틈에 끼여 구겨졌다. 그녀들이 드러낸 팔과 목덜미, 맨머리 등이 냄새 나는 입김과 함께 술과 땀 냄새 속에서찌들었다. 그래도 그녀들은 싫증을 내지 않고 두 볼이 붉게 물들어, 이런 쓰레기 더미 같은 곳이야말로 천국이라는 듯이 웃어대며 재미있어 했다. 그녀들주위에서는 천박한 말, 노골적이고 외설스런 얘기, 주정뱅이들의 욕설이 마구돌아다녔다. 그러나 그것들은 그녀들 언어였으며, 그녀들이 다 알고 있는 말이었다. 누군가의 말에 뒤돌아보긴 하지만 미소를 지으며, 부끄러움이라고는 털끝만큼도 보이지 않고, 비단결처럼 매끄럽고 흰 피부를 붉히는 일도 없었다.

그녀들이 곤란해했던 것은 오로지 아버지, 특히 술에 취한 아버지와 마주치는 때였다. 그녀들은 조심하며 서로에게 경고해 주었다.

"얘, 나나야!" 폴린이 갑자기 소리쳤다. "쿠포 아저씨야!"

"뭐라고! 취하지 않으셨는데! 안 취하셨어, 내가 헛기침이 나는군!" 나나는 귀찮다는 듯이 말했다. "난 도망칠 테야, 알겠어? 야단맞기 싫으니까…… 어머! 아버지가 곤두박질치셨네! 맙소사, 목이라도 부러지셨으면!"

또 때로는 쿠포가 갑자기 나나 앞에 나타나서 도망칠 틈이 없으면, 그녀는 웅크리고 앉아 중얼거렸다.

"얘들아, 제발 날 좀 숨겨줘!…… 아버지가 나를 찾고 있어. 어슬렁거리다가잡히면 엉덩이를 걷어차겠다고 하셨단 말이야."

그리고 나서 주정뱅이 아버지가 그대로 지나쳐 버리면, 그녀들은 모두 일어나서 웃어대며 그의 뒤를 따라갔다. 들키느냐! 들키지 않느냐! 진짜 숨바꼭질이었다. 그러나 한번은 보슈가 폴린을 찾아와서 그녀의 두 귀를 잡고 끌고 갔으며, 또한 쿠포는 나나의 엉덩이를 걷어차며 데리고 간 일도 있었다.

날이 저물자, 그녀들은 마지막으로 다시 한 바퀴 돌고, 어스름한 땅거미 속을 지친 몸으로 인파에 섞여 집으로 돌아갔다. 하늘에 떠도는 먼지는 짙어가고, 무거운 하늘을 파릇하게 물들이고 있었다. 구트도르 거리까지 오자, 문 앞에 서서 수다를 떨고 있는 아낙네들, 마차도 다니지 않는 이 지역의 미지근한 침묵을 깨뜨리는 함성 따위가 마치 시골 구석에 온 느낌이 들게 했다. 그녀들은 잠깐 안마당에 멈춰 서서, 라켓을 집어 들고서, 자기들이 사뭇 거기에 머물러 있었던 것처럼 꾸몄다. 그러고는 집에 가서 둘러댈 말을 준비하면서 저마다 계단을 올라갔는데, 막상 집에 들어가 보면 부모님은 수프에 소금이 덜 들어갔느니 설었느니 하면서 싸움하기에 바빠서, 모처럼 꾸며놓은 말도 써먹지 못하고 지나가는 수가 많았다.

이제 나나는 여공이었다. 지금까지 줄곧 수습 생활을 한 케르 거리의 티트르빌 가게에서 하루에 40수씩 벌고 있었다. 쿠포 부부는 딸을 다른 곳으로 옮기게 하고 싶지 않다. 10년 동안 이 가게에서 여공 감독으로 일하고 있는 르라 부인의 감시 아래 두고 싶었기 때문이다. 아침에 어머니가 뻐꾸기 시계를 바라보고 있는 동안, 딸은 기특하게도 품도 키도 잘 안 맞는 검은색 헌 원피스를 거북하게 입고 혼자서 나갔다. 르라 부인은 나나의 도착 시간을 확인하는 책임을 맡고 있어서, 나중에 그것을 제르베즈에게 말해 주었다. 구트도르 거리에서 케르 거리까지 가는 데 나나는 20분의 시간이 있었는데, 그것으로 충분했다. 왜냐하면 이런 말괄량이들은 사슴처럼 발이 빨랐기 때문이다. 때로는 시간에 꼭 맞추어 뛰어들었다. 하지만 얼굴이 새빨갛고 헐떡거리는 모습을 보니, 분명 도중에 다른 짓을 하다가 시문에서 10분 만에 달려온 것이 분명했다. 7, 8분 늦는 일이 가장 많았다. 그런 날에는 저녁나절까지 고모에게 아양을 떨며 애원하는 눈초리로 어떻게든지 상대방의 마음을 움직여, 집에 알리지 못하게 했다. 젊은이를 이해하고 있던 르라 부인은 쿠포 부부에게는 거짓말을 했지만 나나에게는 한없이 끈질기게 설교를 하여, 자기에게 맡겨진 책임과 아가씨에게 파리의 길거리가 얼마나 위험한지를 일러주었다. 아! 세상에! 그녀 자신도 사내들이 얼마나 따라다녔던지! 그녀는 언제나 음란한 생각에 사로잡혀 있는, 그 타오르는 듯한 눈으로 조카딸의 응석을 받아주었다. 그리고 이 가엾은 작은 고양이의 순진무구함을 지켜주면서 정성 들여 가꾸어 주어야겠다고 생각하니 온몸이 화끈 달아올랐다.

"알았니, 애야." 그녀는 되풀이해서 말했다. "무엇이든 나한테는 말해 줘야 한다. 난 너에게 무척 신경을 쓰고 있어. 만약 너에게 좋지 않은 일이라도 생기면 나는 센강에 몸을 던질 수밖에 없어…… 알았니, 귀여운 아가야, 사내들이 말을 걸어오면 모두 나에게 얘기해 줘야 해. 한 마디도 빼놓지 말고…… 응? 아직 그런 일 없지, 그걸 나에게 맹세할 수 있겠지?"

그러면 나나는 야릇하게 입을 비틀며 웃었다. 아니, 아니, 남자들이 나나에게 말을 건 적은 없었다. 그녀는 아주 빨리 걸어다니니까. 그들이 나나에게 말을 할 수가 있을까? 그녀는 남자들에게 전혀 말려들지 않으니 말이다! 그리고 나나는 얼빠진 표정으로 늦어진 이유를 댔다. 그림 간판을 보느라고 서 있었다든가, 온갖 이야기들을 알려주는 폴린과 함께 있었다고 변명했다. 믿을 수 없다면 뒤를 따라와 봐도 좋다는 것이다. 나나는 왼쪽 보도를 한 번도 벗어난 일이 없으며, 아주 빨리 걷기 때문에 마차처럼 다른 여자아이들을 앞질러 간다고 했다. 사실 르라 부인은 어느 날 프티카로 거리에서 나나를 우연히 보았는데, 나나는 조화공인 말괄량이 친구들 세 명과 함께 고개를 쳐들고 웃고 있었다. 한 남자가 창가에서 수염을 깎고 있었기 때문이다. 그러나 이 여자아이는 화를 내며, 지금 막 모퉁이 빵집으로 1수짜리 빵을 사러 들어가는 참이라고 우겨댔다.

"오! 내가 감시하고 있으니, 걱정 마." 키다리 과부는 쿠포 부부에게 말했다. "그 애에 대해서는 내 일처럼 책임을 지겠어. 어느 더러운 놈이 그 애를 조금만 건드려도 내가 가만히 있지 않을 거야."

티트르빌네 작업장은 중이층의 커다란 방으로, 받침대에 올려놓은 큰 작업대가 방 가운데에 놓여 있었다. 누렇게 더럽혀진 회색 벽지가 찢어진 틈새로 회벽이 드러나 보이는 텅 빈 사방 벽을 따라 낡은 두꺼운 종이와 보따리 따위가 먼지를 듬뿍 뒤집어쓴 채, 그곳에 내버려진 모형 같은 것으로 가득 찬 선반이 여러 단 즐비하게 놓여 있었다. 천장은 가스등의 그을음으로 칠을 해놓은 것처럼 거무스름했다. 창문 두 개는 활짝 열어젖혀져 있어서, 여공들은 작업대를 떠나지 않고서도 맞은편 보도를 오가는 사람들을 볼 수가 있었다.

르라 부인은 모범을 보이기 위해서 가장 먼저 와 있었다. 이어서 15분 동안은 문이 연달아 여닫히며, 어린 조화공들이 땀을 흘리며 머리카락은 흐트러진 채 무질서하게 들어왔다. 7월 어느 날 아침 나나는 맨 마지막으로 나타났는데, 사실 이제 그것은 그녀의 습관이 되어 있었다.

"아!" 나나가 말했다. "마차가 있으면 좋으련만!"

그리고 그녀가 카스케트*¹라고 부르는, 이제 손질하는 데도 싫증이 나버린 낡은 검정 모자를 벗지도 않고 창가로 다가가서 좌우로 몸을 내밀면서 거리의 모습을 내다보았다.

"뭘 보고 있지?" 의심 많은 르라 부인이 물었다. "아버지랑 같이 왔니?"

"아녜요." 나나는 조용히 대답했다. "아무것도 보고 있지 않아요…… 너무 더워서 그저 내다본 거예요. 정말, 이렇게 달려오니까 기분이 별로 좋지 않아요."

아침나절부터 숨 막힐 듯이 더웠다. 여공들은 창문 햇빛 가리개를 내리고 그 틈으로 거리의 움직임을 살펴보았다. 그러고 나서 겨우 책상 양쪽에 늘어앉아 일을 시작했다. 르라 부인은 홀로 윗자리를 차지했다. 모두 여덟 사람이 저마다 자기 앞에 풀단지, 핀셋, 여러 도구들, 무늬 만드는 실뭉치를 놓고 있었다. 작업대 위에는 철사, 실패, 솜, 초록빛과 밤빛의 색종이, 비단, 새틴, 벨벳을 도려낸 잎과 꽃잎들이 흐트러져 있었다. 방 한가운데의 커다란 물병에는 한 일꾼이 사온 2수짜리 작은 꽃다발이 꽂혀 있었는데, 그것은 전날부터 그 처녀의 블라우스에서 시들어 버린 것이었다.

"아! 너는 모를 거야." 예쁜 갈색 머리 레오니가 실뭉치 위에 몸을 기울이며 장미 꽃잎에 무늬를 만들면서 말했다. "아! 가엾게도 카롤린은 저녁마다 마중을 오는 남자아이한테 무척 혼이 나고 있어."

마침 가느다란 초록빛 색종이를 자르고 있던 나나가 소리쳤다.

"틀림없어! 날마다 그 애 꽁무니를 따라다니는 남자가 있어!"

작업장이 이내 무엇인지 들뜬 기분에 휩싸이자, 르라 부인은 엄격한 태도를 보이지 않을 수 없었다. 그녀는 눈살을 찌푸리면서 중얼거렸다.

"너는 정말 훌륭하구나, 애야. 예쁜 말괄 하니까! 나버지에게 일러줄 테다. 아버지가 좋아할지 어떨지 어디 두고 보자꾸나."

---

*1 casquette : 챙 달린 모자를 말함.

나나는 터져나오려는 웃음을 참으려는 듯 두 볼을 불룩하게 부풀렸다. 그래! 아버지! 그도 좋은 말만 골라서 하니까! 그러나 갑자기 레오니가 작은 목소리로, 아주 빠르게 속삭였다.

"쉿! 조심해! 주인아줌마야!"

실제로, 키가 크고 바싹 마른 티트르빌 부인이 나타났다. 그녀는 보통 아래층에 있었다. 결코 농담은 하지 않았으므로 여공들은 그녀를 무서워했다. 이제 모두들 고개를 숙이고 묵묵히 일을 하고 있는 작업대 둘레를, 여주인은 한 바퀴 천천히 돌았다. 그녀는 여공 한 사람에게 솜씨가 없다고 잔소리를 하며, 데이지 꽃을 다시 만들라고 명령했다. 그러고는 들어왔을 때와 마찬가지로 굳은 표정으로 나가버렸다.

"어이! 어이!" 모두들 투덜투덜 불평을 하는데 나나가 말했다.

"얘들아, 정말 얘들아!" 르라 부인이 엄격한 태도를 보이려고 말했다. "언제까지나 이러고 있으면 나도 가만있지 않을 거야……." 그러나 여자아이들은 그녀의 말을 전혀 듣지 않았다. 여공들은 르라 부인을 조금도 무서워하지 않았다. 그녀는 매우 관대했고, 장난기 어린 눈초리를 가진 여자아이들 틈새에서 즐거워했다. 때로는 애인에 대해 털어놓게 하려고 여자아이들을 따로 불러내는가 하면, 작업대 구석이 비어 있을 때는 아이들을 모아 트럼프 놀이를 함께 하기도 했다. 그녀의 거친 피부와 헌병 같은 몸집도, 남녀 관계가 화제에 오르자마자 활기를 띠고 기쁨을 참지 못했다. 노골적인 표현만 쓰지 않으면 무슨 말을 해도 괜찮았다.

정말이다! 나나는 일터에서 훌륭한 교육을 받았다! 오! 물론 나나는 본디 소질이 있었다. 하지만 가난과 악덕에 기진맥진해진 여자아이들과 사귀었기에 똑같이 물든 것이다. 사람들은 거기서 뒤범벅되어 함께 타락하고 있었다. 썩은 사과 몇 개가 바구니 전체의 사과를 썩게 하는 것과 마찬가지였다. 물론 남 앞에서는 얌전한 체했고, 천한 근성을 나타내는 행동이나 나쁜 말은 삼갔다. 예컨대 단정한 아가씨처럼 행동을 했다. 다만 구석에서 귀엣말로 소곤거릴 때는 온통 천박한 말투성이였다. 둘만 모였다 하면 음담패설이 시작됐으며, 몸을 비비 꼬고 웃지 않고는 못 배겼다. 이윽고 저녁이 되면 나란히 어울려서 집으로 갔다. 그리고 속내 이야기라든가, 머리털이 곤두설 만큼 끔찍한 얘기가 시작되었고, 보도 위에서 인파에 밀리며 두 사람씩 짝지은 여자아이들이 흥분해서 멈추어 서고는 했다. 이 작업장의 분위기는 나나처럼 아직 남자를 모르는 여자아이들에게는 좋지 못했다. 타락한 여공들이 헝클어진 머리 모양과 도저히 봐줄 수 없을 정도로 구겨진 치마 차림으로 점잖지 못한 무도장의 수상쩍은 밤 냄새를 가지고 들어왔다. 환락으로 지새운 이튿날의 축 처진 무기력함, 게슴츠레한 눈, 르라 부인이 사랑의 타박상이라고 그럴듯하게 부르는 눈언저리의 거무스름한 그늘, 흔들거리는 허리, 쉰 목소리 등이 작업대 위에, 그리고 망가지기 쉽고 반짝이는 조화들 속에 썩은 공기를 불어넣고 있었다. 나나는 옆에 앉은 여자아이가 벌써 '사내'를 알았다 짐작하고, 코를 씰룩거리며 냄새를 맡으면서 황홀감에 잠겼다. 그녀는 임신했다는 소문이 퍼져 있는 키다리 리자 옆에 오랫동안 있었다. 그리고 그 배가 불러올라 당장에 터지기를 기다리는 것처럼 호기심에 찬 눈으로 바라보았다. 새로운 지식을 배우기란 아무래도 어려워 보였다. 이 말괄량이는 무엇이든 다 알고 있었다. 이미 구트도르 거리에서 이것저것 다 알아버린 것이다. 나나는 일터에서 오직 사람들이 하는 짓을 보기만 했었는데, 이제는 자기도 해보고 싶다는 뻔뻔스러운 욕구가 조금씩 자라나기 시작했다.

"숨이 막혀." 그녀는 발을 더 내리려는 듯이 창가로 다가가며 속삭였다.

그러나 그녀는 몸을 숙여 또다시 좌우를 살펴보았다. 바로 그때, 건너편 보도에 멈추어 서 있는 남자의 모습을 살피고 있던 레오니가 외쳤다.

"저 아저씨, 저기서 뭘 하고 있는 거지? 벌써 15분이나 이쪽을 기웃거리고 있으니 말이야."

"수고양이 같은 놈이겠지." 르라 부인이 말했다. "나나야, 이리 돌아와서 앉아라! 창가에 머물러 있으면 안 된다고 했지 않니!"

나나는 감고 있던 오랑캐꽃 줄기를 다시 집어 들었다. 온 작업장의 관심이 그 남자에게 쏠렸다. 그는 짧은 외투를 입고 있었는데 옷차림은 단정했다. 쉰 살 남짓한 신사였다. 아주 진지하고 위엄 있는 창백한 얼굴이었으며, 희끗한 턱수염은 말쑥하게 다듬어져 있었다. 그는 한 시간가량 약초 가게 앞에 서서, 작업장 창문을 올려다보고 있었다. 조화공들은 킬킬거리고 있었으나, 그 웃음소리는 거리의 소음으로 지워져 버렸다. 그리고 그녀들은 아주 바쁘게 일감에 달려들면서도, 그 신사의 모습을 놓치지 않으려고 힐긋거렸다.

"저런!" 레오니가 주의를 환기시켰다. "그가 코안경을 쓰고 있네. 오! 멋쟁이다…… 틀림없이 오귀스틴을 기다리고 있을 거야."

그렇지만 못생긴 노랑머리의 키다리 오귀스틴은 그런 늙은이는 싫다고 대답
했다. 그러자 르라 부인이 고개를 내저으며, 입술을 뾰족 내밀고 웃으며 암시
로 가득한 말을 중얼거렸다.

"그건 네가 틀렸어. 나이 든 사람이 더 친절하단다."

그때 레오니 옆에 있는 살찐 계집애가 레오니의 귓전에 뭐라고 소곤거렸다.
그러자 레오니는 갑자기 의자에 벌렁 나자빠지며 허리를 잡고 마구 웃어대더
니 남자 쪽을 한 번 바라보고는 다시 숨이 넘어가게 웃었다.

"그렇지, 오! 그건 그래!…… 맞아! 소피, 너 정말 망측하다!"

"뭐라고 했어? 뭐라고 했는데?" 작업장이 온통 호기심에 가득 차서 물어
댔다.

레오니는 아무 말도 하지 않고 눈물을 닦았다. 그녀는 좀 진정되자, 꽃잎무
늬 놓기를 다시 시작하면서 이렇게 선언했다.

"그런 말은 되풀이할 수 없어."

사람들이 졸라대자, 그녀는 고개를 내저으며 싫다고 했다. 모두가 일시적인
즐거움에 사로잡히고 호기심으로 가득 차 있었다. 그러자 왼쪽 옆에 있던 오귀
스틴이 자기에게만 살짝 얘기해 달라고 애원하듯 말했다. 마침내 레오니도 그
러면 가르쳐 주겠다고 하면서 그녀의 귀에다 대고 무언가 소곤거렸다. 이번에
는 오귀스틴이 벌렁 나자빠지며 몸을 비틀어댈 차례였다. 그리고 그녀는 옆자
리 여자애에게 그 말을 전했다. 이렇게 이야기는 고함 소리와 킬킬거리는 웃음
속에 귀에서 귀로 전해졌다. 모든 여공이 소피의 망측스런 얘기를 알게 되었을
때, 서로 얼굴을 맞대고 한꺼번에 웃음을 터뜨렸으나, 그래도 약간은 얼굴을
붉히고 부끄러워했다. 그것을 오직 르라 부인만 몰랐다. 그녀는 몹시 화가 나
있었다.

"얘들아, 너희들이 지금 하고 있는 그런 짓은, 아주 예의 없는 행동이야." 그
녀는 말했다. "사람 앞에서는 절대로 너무 작은 소리로 말을 하면 안 돼…… 좀
무례하잖아? 아! 너무해!"

그녀는 소피의 외설스런 얘기를 알고 싶어서 미칠 지경이었지만, 차마 얘기
해 달라고 말할 수는 없었다. 그러나 그녀는 잠시 동안, 고개를 숙이고 위엄을
보이면서 여공들의 대화를 듣고 있었다. 누군가가 허술하게 한마디만 흘려도,

일에 대한 아주 순진한 말이어도 다른 여공들은 곧장 그 말을 짓궂게 해석했다. 이를테면 "내 핀셋에 금이 갔어." 또는 "누가 내 작은 단지를 뒤졌지?" 같은 단순한 말을 듣고서도 본디 뜻을 비뚤어지게 만들었고, 추잡한 의미를 부여했으며, 이상한 암시들을 갖다 붙였다. 그리고 모든 것을 건너편 보도에 줄곧 서 있는 신사에게 연결시켰고, 여러 암시 끝에 가닿은 것은 결국 그 신사였다. 아! 그는 귀가 꽤 가려웠을 것이다! 마침내 그녀들은 당치 않은 소리까지 하게 되었는데, 그토록 그녀들은 짓궂었다. 하지만 그런 장난이 무척 재미있었으므로, 그녀들은 흥분하여 눈을 뒤집으며 점점 더 심하게 굴었다. 르라 부인도 화를 낼 수가 없었다. 아무도 노골적인 표현을 쓰지 않았기 때문이다. 그녀 자신도 다음과 같이 말함으로써 모두를 뒹굴게 만들었다.

"리자 양, 내 불이 꺼졌어. 네 불을 좀 건네줘."

"아! 르라 부인의 불이 꺼졌대!" 작업장 전체가 외쳤다.

그녀는 변명하려고 했다.

"너희들도 내 나이가 되어 보면……."

그러나 아무도 그녀의 말을 듣지 않았다. 모두가 저 신사를 불러서 르라 부인의 불을 다시 붙여주자고 말했다.

이렇게 배꼽이 빠지도록 웃어대는 가운데 나나가 흥겹게 노는 모습이 볼만했다! 또 다른 뜻이 들어 있는 말은 무엇 하나 놓치지 않았다. 그녀 자신도 턱에 힘을 주어 엉뚱한 말을 지껄이고 나서, 몸을 젖히며 재미있어 못 견디겠다는 시늉을 했다. 외설스러운 말만 나오면 물 만난 물고기 같았다. 그리고 의자 위에서 몸을 비틀면서도 오랑캐꽃 줄기를 솜씨 좋게 말아갔다. 오! 참으로 멋진 솜씨다. 담배 한 대 마는 시간만큼도 안 걸린다. 가느다란 녹색 종이를 하나 집어 들자마자, 자 간다! 종이가 둘둘 말려 철삿줄을 감쌌다. 그리고 그 위에 고무풀을 한 방울 흘려 발랐다. 그러면 한 개가 다 만들어졌다. 부인들 가슴을 장식하기에 안성맞춤인, 신선하고 우아한 초록빛 잎사귀가 만들어졌다. 이 기묘한 솜씨는, 뼈가 없는 듯 유연하고 감기는 듯한 손가락, 방탕한 여자의 가냘픈 손가락에서 나왔다. 나나가 일에서 배운 것은 그것뿐이었다. 작업장의 꽃자루 만들기는 모두 그녀에게 맡겨졌다. 그 정도로 그녀의 솜씨는 훌륭했다.

그러는 동안 긴 건너 보도에 있던 신사는 가버렸다. 작업장은 조용해지고, 찌는 듯한 무더위 속에서 작업은 계속되었다. 정오를 알리는 종이 울리고 점심 시간이 되자, 모두들 자리를 털고 일어났다. 창가로 달려간 나나는, 사람들에게 원하는 게 있으면 그녀가 심부름하러 내려가겠다고 소리쳤다. 그러자 레오니가 작은 새우 2수어치, 오귀스틴이 감자튀김 한 봉지, 리자가 작은 무 한 단, 소피가 소시지 한 개를 부탁했다. 그러고 나서 나나가 내려가려고 하자, 그날따라 나나가 창 쪽에 붙어 있던 것을 이상하게 여긴 르라 부인이 성큼성큼 걸어와서 이렇게 말했다.

"기다려라, 나도 너와 함께 가야겠다. 살 게 좀 있어서."

그런데 길에 나가 보니, 바로 그 신사가 촛대처럼 버티고 서서 나나에게 눈짓을 하는 게 아닌가! 여자애는 얼굴이 새빨개졌다. 고모가 팔을 꼭 잡고 빠르게 보도를 걸어가게 하자, 예의 그 남자도 바로 뒤를 따라왔다. 아! 이 수고양이는 나나를 만나러 왔군! 맙소사! 잘하는 짓이다. 열다섯 살을 갓 넘긴 아이가 이렇게 남자들을 치맛자락에 이끌고 다니다니! 르라 부인은 나나를 심하게 꾸짖었다. 오! 맙소사! 나나는 모른다고 했다. 하지만 닷새 전부터 그는 나나를 따라다녔다고 했다. 한 발이라도 밖에 나가면 반드시 그를 만나게 된다고 말했다. 나나는 그가 장사하는 사람일 거라고 했다. 그렇다. 틀림없이 단추 제조업을 하는 사람일 게다. 르라 부인은 그런 얘기를 듣고 깜짝 놀랐다. 그녀는 뒤돌아보며, 곁눈으로 그 신사를 홀깃 보았다.

"보아하니 부자 같긴 하군." 르라 부인이 중얼거렸다. "애야, 무엇이든 내게는 다 이야기해야 한다. 이제 아무것도 두려워할 건 없다."

이야기를 하면서 그녀들은 이 가게에서 저 가게로, 반찬 가게에서 채소 가게로, 고깃집으로 뛰어다녔다. 부탁받은 물건은 기름종이에 싸인 채 그녀들 손에 가득해졌다. 그래도 그녀들은 남자들의 눈을 의식해서 엉덩이를 흔들며 가벼운 웃음과 빛나는 눈빛을 뿌리고 다녔다. 르라 부인까지도 계속 뒤따라오던 단추업자 때문에, 점잔을 빼며 젊은 처녀처럼 보이려 했다.

"아주 품위 있는 사람이야." 르라 부인은 가게 골목에 들어서자 단언했다. "마음가짐이 성실하기만 하다면……"

그러고는 계단을 올라가다가 그녀는 갑자기 생각난 것처럼 말했다.

"그런데 말이야, 애들이 서로 귓엣말을 했는데, 소피가 무슨 망측스런 얘기를 한 거니?"

나나는 망설이지 않았다. 다만 그녀는 르라 부인의 목을 잡고서 두 단쯤 내려오게 했다. 아무리 계단이라고 해도 큰 소리로 되풀이할 수 있는 얘기는 아니었다. 나나는 소곤거리듯 말했다. 너무나 저속한 얘기이기 때문에 고모는 눈을 휘둥그렇게 뜨고 입을 삐죽거리며 고개를 설레설레 흔들 뿐이었다. 마침내 그녀는 알게 되었다. 이제 애태울 필요가 없었다.

조화공들은 작업대를 더럽히지 않으려고 무릎 위에서 점심을 먹었다. 그녀들은 먹는 것도 귀찮은 듯이 점심을 허겁지겁 빨리 먹어치우고는 거리를 오가는 사람들을 내다보거나 한구석에서 서로의 속내 이야기를 하는 데 시간을 썼다. 그날은 아침의 그 신사가 어디에 숨어 있었는지가 큰 화젯거리였다. 확실히 그는 사라졌다. 르라 부인과 나나는 입을 다물고 서로 눈짓을 했다. 그러는 동안 어느새 1시 10분이 되었는데도, 여공들은 서둘러 핀셋을 집으려고 하지 않았다. 바로 그때 레오니가 입술로 후르릇! 페인트장이들이 서로 부를 때 내는 소리로 신호를 보내며 여주인이 오고 있다고 알렸다. 재빨리 모두들 자기 자리로 돌아가 고개를 숙이고 일을 시작했다. 티트르빌 부인이 들어와서 엄한 표정으로 한 바퀴 돌았다.

그날부터 르라 부인은 조카딸의 첫 번째 사건을 즐겼다. 자기에게 책임이 있다고 하면서, 그녀를 놓아주지 않고 아침부터 밤까지 따라다녔다. 물론 나나는 좀 귀찮았지만, 그래도 보물처럼 소중히 대해 주니 싫지는 않았다. 그리고 단추업자가 따라다니고, 거리에서 고모와 이야기를 나누고 하는 사이, 나나의 마음은 조금씩 타올라 차라리 대담한 짓을 해볼까 생각했다. 오! 고모는 그 애정이라는 감정을 이해한다. 그 나이 많은 단추 제조업자는 예의 바른 사람이어서 르라 부인의 마음에 들었다. 성숙한 남자의 애정이 결국에 가서는 언제나 뿌리가 깊은 법이니까. 단지 그녀는 경계할 뿐이다. 그렇다. 그 사람은 이 고모의 몸을 넘어서지 않고서는 그 여자아이에게 갈 수가 없다. 어느 날 밤, 르라 부인은 자기 스스로 그 신사에게 접근하여, 지금 그가 하고 있는 짓은 좋지 않다고 따끔하게 말했다. 그는 대답을 안 하고 공손히 머리를 숙였는데, 마치 부모의 매정한 거절에 익숙해진 늙은 자식 같았다. 르라 부인은 정색을 하고 화를 낼 수가 없었다. 그의 태도는 너무나 품위가 있었기 때문이다. 그래서 그녀는 연애에 대한 여러 가지 실제적인 충고, 남자들이 추잡하다는 암시, 과거의 행동을 후회하는 타락한 여자들의 갖가지 신상 얘기를 하고 돌아왔을 뿐이었다. 그 이야기를 들은 나나의 흰 얼굴은 표독한 눈초리가 되더니, 괴로운 표정을 지었다.

그러나 어느 날 포부르그 푸아소니에르 거리에서, 이 단추업자는 대담하게도 조카와 고모 사이에 끼어들어 차마 입에 담을 수 없는 소리를 속삭였다. 겁먹은 르라 부인은 이제 나나의 문제는 안심할 수 없다는 말만 되풀이하면서 모든 것을 자기 동생에게 털어놓고 말았다. 이 때문에 문제는 또 다른 문제를 불러와, 쿠포의 집에서는 대단한 소동이 일어났다. 먼저 함석장이는 나나에게 따귀를 한 대 올려붙였다. 무엇을 배운 거냐? 늙은이에게 열을 올리는 매춘부 같으니! 이런! 밖에서 느닷없이 키스를 하고, 그런 일에는 아주 도가 텄구나. 다시 그런 짓을 했다간 목을 베어버릴 테다! 이런 일은 본 적도 없다! 코흘리개가 가족들을 욕되게 할 생각을 하다니! 그러고 나서 그는 그녀를 잡고 흔들며 말했다. 제기랄! 이제부터 내가 감시할 테니 똑바로 행동해야 한다. 그때부터 나나가 집에 돌아오면 그는 딸을 구석구석 살폈다. 코앞에서 바라보면서 눈 위에 미소가 어려 있지 않은지, 어딘가에 슬며시 키스 흔적이 남아 있지 않은지 자세히 보았다. 그는 딸아이 냄새를 맡아보기도 하고, 딸을 돌려세우기도 했다. 어느 날 밤, 그녀는 또다시 호되게 당했다. 목덜미에서 검은 흔적이 발견됐기 때문이다. 그러나 이 말괄량이는 넉살 좋게도, 그것은 입맞춤의 흔적이 아니라고 주장했다! 아니다, 그것은 부딪쳐서 생긴 멍이다, 장난을 치다가 레오니가 만든, 아무것도 아닌 멍이라고 설명했던 것이다. 좋다, 그렇다면 내가 멍을 몇 개고 만들어 주마. 손발을 부러뜨려 주면 불장난은 못 하겠지. 그는 딸에게 으름장을 놓았다. 그러다가 기분이 좀 좋아지면 딸을 놀려대었다. 정말! 남자들에게는 대단한 한 입거리야. 넙치처럼 평평하니까. 게다가 어깨는 넓어서 주먹을 쳐박기에 알맞구나! 이리하여 나나는 자기가 저지르지도 않은 일 때문에 매를 맞아가며, 아버지의 천박한 비난을 받으면서 몰이에 쫓기는 짐승처럼 더할 수 없는 분노를 음험하게 감춘 순종적인 태도를 보이게 되었다.

"애를 좀 내버려 둬요!" 좀 더 분별 있는 제르베즈가 말했다. "그런 말을 자꾸 하면 결국에는 나나도 그런 짓을 해보고 싶어진단 말이에요."

아! 그렇다. 말하자면 그 애도 그렇게 되어보기를 바랐다! 가출을 하여 실제로 해보고 싶어서 몸이 근질근질했다. 아버지가 자기의 그런 생각을 딸에게 들려준 셈이며, 그러고 보면 참한 여자아이라도 불이 안 붙을 수는 없을 것이다. 그리고 그처럼 함부로 지껄이는 가운데, 딸이 아직 모르는 것까지 가르쳐 주다니 참으로 놀라운 일이었다. 그래서 그녀는 차츰 이상한 흉내를 내기 시작했다. 어느 날 아침, 아버지는 딸이 종이봉투 안을 휘저어, 무엇인가를 얼굴에 바르는 모습을 보았다. 그것은 쌀가루로, 그녀는 비단처럼 보드라운 살갗에다 그 가루를 바르는 이상한 행동을 했다. 아버지는 가루집 딸이 되었느냐고 야단을 치면서, 종이봉투로 딸의 얼굴이 벗겨질 정도로 문질러댔다. 또 그녀가 빨간 리본을 가지고 돌아온 일이 있었다. 언제나 무척 부끄럽게 생각했던 낡은 검정 모자에 달고 싶었던 것이다. 그러자 쿠포는 몹시 화가 나서 리본을 어디서 가져왔느냐고 물었다. 그렇지? 그건 누군가에게 몸을 팔고 벌었겠지! 아니면 훔친 거냐? 창녀나 도둑, 어쩌면 이제 양쪽 다일지도 모르지. 그는 이렇게 여러 번이나 딸이 사랑스러운 물건들을 가지고 있는 것을 보았다. 홍옥 반지나 예쁜 레이스가 달린 소맷단, 여자아이들이 유방 사이에 늘어뜨리는, "만져 봐요"라고 불리는 하트형의 도금 메달 등이었다. 쿠포는 그것들을 모두 부숴 버리려고 했다. 그러나 딸은 그것들을 지키는 데 필사적이었다. 그 물건들은 자기 것이며, 부인들한테서 얻거나, 일터에서 동무들하고 바꾼 것이라 했다. 그리고 이 하트형 메달은 아부키르 거리에서 주웠다고 했다. 아버지가 그것을 발꿈치로 밟아 뭉개자, 그녀는 우뚝 서서 하얗게 질린 채 몸을 떨더니 마침내 내면의 반발심이 폭발하여, 무언가를 빼앗을 듯 아버지에게 달려들었다. 2년 전부터 그녀는 이 메달을 갖고 싶어서 꿈까지 꾸었는데, 그것이 지금 눈앞에서 짓이겨져 버렸다! 그녀는 너무 심하다고 생각했다. 결국 끝났어!

한편 쿠포가 나나를 심하게 들볶는 데는 진지한 기분보다는 오히려 놀리는 기분이 더 큰 몫을 차지하고 있었다. 대부분 그가 잘못하는 때가 많았다. 아버지의 무분별한 태도 때문에 딸은 매우 화가 났다. 나나는 일터에 잘 안 나가게 되었다. 그래서 함석장이가 또 때려대자, 그녀는 비웃는 태도로 이젠 티트르빌 가게에는 가고 싶지 않다고 말했다. 사람들이 옆에 앉힌 오귀스틴이 분명히 행실이 좋지 않은지, 지독히 고약한 냄새를 풍기기 때문이라고 했다. 그래서 쿠포는 나나를 직접 케르 거리까지 끌고 가서, 벌로서 언제나 오귀스틴 옆에 붙여놓아 달라고 여주인에게 부탁했다. 두 주 동안 아침마다, 그는 수고스럽게도 푸아소니에르 시문을 내려가 나나를 가게 문까지 바래다주었다. 그리고 딸이 들어갔는지 확인하기 위해 5분간 보도에 머물러 있었다. 하지만 어느 날 아침, 생드니 거리의 술집에서 친구들과 함께 있을 때였다. 그 개구쟁이가 10분쯤 뒤에 엉덩이를 흔들며 큰 거리 아래쪽으로 재빨리 달려가는 것이 눈에 띄었다. 그녀는 이 주일 전부터 아버지를 속이고 있었다. 티트르빌 가게로 들어가지 않고 계단을 두 개쯤 올라가서, 아버지가 떠날 때까지 계단에 앉아 있었다. 그래서 쿠포가 르라 부인에게 따지고 들자, 르라 부인은 그런 책임을 왜 자기가 지느냐고 대들었다. 그 애에게는 남자를 조심하라는 말을 할 만큼 했으니까, 말괄량이가 아직도 그 형편없는 남자를 좋아한다고 해도 결코 자기 책임은 아니며, 게다가 자신은 이제 조카 문제에서 손을 떼겠노라고 했다. 분명히 말하지만, 그녀는 아무것에도 상관하지 않겠노라고 했다. 그녀도 알 만한 것은 다 알고 있으며 집안에서 자신에 대해 험담하는 것도 알고 있기 때문이라는 것이다. 그녀가 나나를 부추겨 좋지 못한 짓을 하게 했다느니, 그 애가 눈앞에서 하는 어마어마한 짓을 보고서도 즐기고 있다느니 하는 험담을 말이다. 게다가 쿠포는 나나의 타락이 최근 가게를 그만두고 방탕한 생활을 하는 레오니라는 걸레 같은 계집아이 때문이라는 것을 여주인에게서 들었다. 물론 아이들이 거리에서 과자를 먹거나 짓궂은 장난을 하고 싶은 단순한 탐욕뿐이라면, 그래도 오렌지 화관을 머리에 쓰고 결혼할 수도 있을 것이다. 그렇지만 이럴 수가! 상처도 때도 안 묻은 긍지를 지닌 아가씨처럼 나나가 깨끗하고 얌전한 모습으로 남편을 맞이하게 하고 싶다면, 그야말로 서둘러야 할 일이다.

구트도르 거리의 건물에서는 나나와 그 노인 얘기를, 누구나가 다 알고 있듯이 말했다. 오! 그 노인은 매우 예의 바르고 약간 소심하기는 해도 무척 완고하며 참을성이 있었다. 나나로부터 열 걸음쯤 떨어져서, 충실한 개처럼 그녀를 따라다니니 말이다. 가끔 안마당까지 들어오는 일도 있었다. 고드롱 부인은 어느 날 밤, 3층 층계참에서 그와 마주쳤다. 그러자 그는 고개를 숙이고 얼굴을 붉히며 난간을 잡은 채 슬슬 도망쳐 버렸다. 그 얘기를 듣고 로리외 부부는 만일 그 걸레 같은 조카가 앞으로도 남자들을 끌고 들어온다면 이사를 해 버리겠다고 협박했다. 계단이 남자들로 가득 차고, 내려가려 해도 어느 계단에나 사내들이 코를 벌름거리며 기다리는 형편이면, 견딜 수 없는 노릇이 아니겠는가. 아닌 게 아니라 건물 한구석에 미쳐 날뛰는 짐승 한 마리를 기르고 있는 셈이었다. 보슈 부부는 그 가엾은 사내의 운명을 불쌍히 여겼다. 저렇게 존경할 만한 사람이 이따위 작은 계집아이한테 홀려버리다니. 그것참! 그는 당당한 상인이었다. 게다가 그들은 빌레트 대로에 있는 그의 단추 공장을 보아온 터였다. 그런 사람이 착실한 아가씨를 만난다면 여자를 행복하게 해줄 텐데. 관리인 부부에게서 그런 상세한 얘기를 듣고서 로리외 부부를 포함한 이웃 사람들은 모두 다, 이 노인이 창백한 얼굴에 입술을 늘어뜨리고 회색 턱수염을 깨끗하게 손질한 모습으로 나나의 뒤를 쫓아 지나갈 때면 한껏 경의를 표하며 지켜보았다.

처음 한 달 동안, 나나는 노인을 아주 업신여겼다. 그가 끊임없이 나나의 주위에서 겁먹은 모습은 볼만했다. 정말 여자를 더듬는 남자로, 사람들이 모여 있을 때면 시치미를 떼고 그녀의 치마 꽁무니를 만졌다. 그리고 그의 다리란! 마치 숯가게의 장작개비나 성냥개비와도 같았다! 완전한 대머리로 얼마 남지 않은 고수머리 몇 가닥이 그의 목덜미에 찰싹 붙어 있었다. 그 모양새를 보면, 나나는 언제나 어느 이발사가 그 머리를 손질해 주겠느냐고 묻고 싶어 못 견딜 지경이었다. 아! 늙은 늙다리야! 유쾌한 데라곤 하나도 없어!

그 뒤, 끊임없이 그를 만나게 되자 그녀는 이제 그가 우습게 보이지 않았다. 그리고 어쩐지 무서운 생각이 들었다. 그녀는 그가 가까이 다가오면 소리라도 지를 것 같았다. 어쩌다가 보석상 앞에라도 서 있으려면 갑자기 뒤에서 그가 뭐라고 중얼거리며 그녀에게 말을 거는 수가 있었다. 그가 한 말은 분명히 진실이었다. 그녀는 벨벳 십자가 목걸이라든가 핏방울로 보일 정도로 조그맣고 예쁜 산호 귀걸이가 무척이나 갖고 싶었다. 어쨌든 보석까지는 바라지 더라도 누더기 옷만 입고 있으니 정말 견딜 수가 없었다. 케르 거리의 작업장에서 슬쩍해 와서 고쳐 입는 것도 진력이 났다. 특히 그 챙 달린 모자는 지긋지긋했다. 그 너절한 모자에 티트르빌의 가게에서 가로채 온 조화를 달아보았자, 불쌍한 남자의 엉덩이에 붙은 방울이나 다를 바 없었다. 나나는 진창을 걷거나 마차가 튀기는 것을 맞거나 진열장의 불빛에 눈이 부시면, 심한 배고픔에 사로잡혀 허겁지겁 먹고 싶은 욕망을 느꼈다. 좋은 옷도 입어보고 싶고, 식당에서 식사도 해보고 싶었다. 연극 구경도 가고 싶었고, 훌륭한 가구가 있는 자기 방도 갖고 싶었다. 그녀는 욕망에 사무친 나머지 핏기마저 가신 얼굴로 멈추어 섰다. 파리의 보도에서 넓적다리를 찌르시 이떤 열기가 올랐다. 그것은 보도의 혼잡 속에서 그녀를 떠미는 갖가지 향락에 대한, 격심한 갈망이었다. 그리고 그것은 결코 이룰 수 없는 소망은 아니었다. 바로 지금 그 노인이 그녀의 귓전에 대고 여러 얘기를 소곤거리고 있지 않은가. 아! 만일 상대가 무섭지 않았다면, 그녀는 얼마나 그 손에 매달리고 싶어했을까. 그런데 무서웠다. 그녀는 비록 악에 물들기는 했지만, 남자라는 미지의 것에 대하여 혐오감과 분노가 치밀어, 결국 온몸이 굳어 그 노인을 거절했다.

그러나 겨울이 되자, 쿠포 가족은 살림을 유지할 수 없게 되었다. 나나는 밤마다 얻어맞았다. 아버지가 때리다가 지치면, 이번에는 어머니가 행실을 고쳐 준다고 따귀를 때렸다. 그 때문에 온 집 안이 싸움터로 변해 버렸다. 한쪽이 때리면 다른 한쪽이 감싸고, 그래서 결국 세 사람 모두가 깨진 그릇들이 널려 있는 마루 위에 뒹굴었다. 배가 고파도 먹을 것이 없었고, 게다가 추워서 죽을 지경이었다. 딸이 사랑스런 리본이나 소매 단추를 사오면, 부모는 그것을 빼앗아 팔러 나갔다. 나나에게 자기 것이라고는 넝마가 된 이부자리로 기어들어가기 전에 이따금 매 맞는 일만이 남았다. 깔개 위에 기어들면, 그녀는 짧은 검정 속치마를 이불 대신 펼치고, 추위에 떨면서 자는 것이다. 싫다, 이런 끔찍한 생활은 도저히 계속할 수 없다. 자신의 살결이 이런 곳에 닿도록 둘 수는 없었다. 아버지는 이미 오래전부터 믿을 사람이 못 되었다. 저렇게 곤드레만드레 취해 가지고만 있으니 아버지도 아니다. 누구나 빨리 사라지기를 바라는 더러운 짐승이었다. 더구나 지금은 어머니도 아버지와 한통속이 되었다. 그녀 역시 술을 마셨다. 그녀도 얻어먹는 술판에 끼어들기 위해, 콜롱브 영감 술집으로 남편을 찾아 들어섰다. 그리고 술을 처음으로 대했을 때처럼 역겨워하는 표정은 털끝만큼도 보이지 않고, 기분 좋다는 듯이 탁자 앞에 앉아 단숨에 여러 잔을 들이켜고는, 두 팔꿈치를 괴고 몇 시간이고 버티고 있다가, 흐릿한 눈으로 그곳에서 나갔다. 나나는 목로주점 앞을 지나가다가 안쪽에서 어머니가 술을 들이켜며 떠들어대는 남자들 속에서 멀거니 취해 앉아 있는 모습을 볼 때마다 걷잡을 수 없는 분노에 사로잡히곤 했다. 왜냐하면 젊은 시절에는 좋아하는 것이 따로 있어서 술맛을 모르기 때문이다. 그런 밤이면 나나는 실로 끔찍한 광경을 보았다. 아버지도 술주정뱅이, 어머니도 술주정뱅이, 몰골 사나운 집 안에는 빵 한 조각도 없이 주정뱅이의 악취만이 가득 풍겼다. 이런 환경에서는 성녀라 해도 머물러 있지 못할 것이다. 어쩔 수 없는 일이다! 머잖아 그녀가 집에서 달아난다면, 부모는 '죄를 고백'하고 자기들이 딸을 쫓아냈다고 참회해야 할지도 몰랐다.

어느 토요일, 나나가 집에 돌아와 보니 아버지도 어머니도 말로 다 할 수 없을 만큼 가증스러운 상태로 있었다. 쿠포는 침대에 가로로 쓰러져 코를 골고 있고, 제르베즈는 의자에 늘어져 불안한 눈초리로 멍청하게 허공을 바라보며 고개를 빙빙 돌리고 있었다. 어머니는 저녁거리인 스튜 찌꺼기를 불에 데우는 것을 잊고 있었다. 심지도 잘라내지 않은 촛불이 부끄러울 정도로 처량하게 누추한 방 안을 비치고 있었다.

"너로구나, 애벌레 같으니!" 제르베즈는 중얼거리듯 말했다. "아, 좋아! 네 아버지에게 늘씬 맞아봐라!"

나나는 대답도 하지 않고, 창백한 얼굴로 불기 하나 없는 난로, 접시 준비도 되어 있지 않은 식탁, 주정뱅이 부부가 맥빠진 모습으로 음산한 분위기를 자아내고 있는 방 안을 둘러보았다. 그녀는 모자도 벗지 않은 채 방 안을 한바퀴 돌았다. 그러고 나서, 이를 꽉 악물고 문을 열고 나가버렸다.

"또 나가니?" 어머니가 돌아다볼 힘도 없이 물었다.

"예, 잊은 것이 있어요. 곧 돌아올게요⋯⋯ 안녕히 주무세요."

그리고 그녀는 돌아오지 않았다. 다음 날, 술에서 깨어난 쿠포 부부는 나나의 가출 책임을 서로에게 떠넘기며 주먹다짐을 했다. 아! 나나가 그렇게 곧장 달렸다면 지금쯤은 상당히 멀리가 있을 텐데! 아이들에게 참새를 잡고 싶거든 참새 꽁지에 소금을 발라놓으면 된다고 말하듯이, 부부도 딸의 뒤꽁무니에 소금을 발라놓을 수만 있었다면 아마도 딸을 붙잡았으리라. 나나의 가출은 제르베즈를 다시 한 번 때려누인 큰 타격이었다. 지독한 무기력 상태에 있었지만, 그녀는 딸이 가출하여 몸을 팔게 된다면, 점점 더 구렁텅이에 빠져버리게 될 것을 뚜렷이 느꼈기 때문이다. 이제 그녀도 외톨박이, 보살펴 줄 자식 하나 없으니, 멋대로 굴러떨어져도 할 수 없는 노릇이다. 그렇다. 부모를 저버린 그 못된 딸은 마지막 한 조각 남아 있던 자기의 성실한 마음을 그 더러운 속치마에 싸 가지고 도망가 버렸다. 그래서 제르베즈는 사흘 동안이나 술에 취해서 분노로 날뛰며, 주먹을 휘두르고 망나니 딸에 대해 무서운 저주를 퍼부었다. 쿠포는 교외 대로를 서성거리며, 지나치는 더러운 여자들을 모조리 노려본 뒤에, 곧 침착하게 담배를 피우기 시작했다. 다만 식사를 할 때, 가끔 벌떡 일어나서 나이프를 쥔 채로 팔을 휘두르며 자기 체면을 망쳐버렸다고 소리를 질러댔다. 그러고는 다시 자리에 돌아와 앉아 수프를 먹어치웠다.

열어놓은 새장 문을 날아서 달아나는 카나리아처럼, 달마다 여자아이들이 몇 명씩 사라져 버리는 이 건물에서는 쿠포 가족의 사건 따위에는 아무도 놀라지 않았다. 그러나 로리외 부부는 만세를 불렀다. 아! 그들은 그 여자아이가 쿠포 부부에게 뜨거운 맛을 보여줄 거라고 예언하지 않았던가! 그럴 만한 일이다. 조화공들은 모두가 타락하기 마련이니까. 보슈 부부와 푸아송 부부도 덩달아 비웃으며 정숙한 여자의 미덕에 대해 떠들어댔다. 다만 랑티에만은 마음속으로 나나를 옹호했다. 맙소사! 물론 가출하는 여자아이들은 모든 법률에 위배된다고 청교도식으로 엄격하게 다짐해 놓고서, 눈가를 반짝이며 덧붙여 말했다. 제기랄! 그 말괄량이는 그 나이에 그런 찢어지게 가난한 살림을 하기에는 너무 예뻤다.

"그럼 아무도 아직 모르고 있나요?" 어느 날 로리외 부인이 보슈 부부의 관리실에 내려와 패거리들이 커피를 마시고 있는 자리에서 말했다. "그럼요! 이건 해님이 비치고 있는 만큼이나 사실이에요. 딸을 팔아먹었죠, 그 절름발이가…… 그래요, 그 여자가 딸을 팔아먹었다고요. 나한테 증거가 있어요!…… 밤낮으로 계단에서 만나던 그 늙은이 말예요. 그가 와서 이미 선금을 준 거예요. 뻔한 일이죠. 게다가 어제만 해도! 누군가가 앙비귀 극장에서 그 갈보년과 영감이 같이 있는 것을 봤다지 뭐예요…… 맹세해요! 둘이 붙어 있는 게 분명하지요."

그들은 이렇게 떠들어대면서 커피를 마셨다. 아무튼 있을 법한 일이었다. 그보다 더한 일도 얼마든지 있으니 말이다. 결국 동네에서 가장 사려 깊은 사람들까지도 제르베즈가 딸을 팔아먹었다고 떠들고 다니게 되어버렸다.

이제 제르베즈는 비참한 생활을 하면서 세상일 따위에는 전혀 개의치 않았다. 거리를 돌아다니다가 도둑년 취급을 당해도 뒤도 돌아보지 않았으리라. 한 달 전부터 그녀는 포코니에 부인 가게에서 일하기를 그만두었다. 툭 하면 말다툼하기가 싫어 그녀를 해고하지 않을 수가 없었다. 몇 주 동안 그녀는 여덟 세탁소를 전전했다. 어느 작업장에서든 이삼 일 일하고 보따리를 싸야 했다. 조심성이 없고, 더럽고, 일의 순서도 잊어버릴 정도로 멍청해져 세탁물을 모두 망쳐놓았기 때문이다. 마침내 그녀도 자신이 제대로 품삯을 받는 일은 할 수 없다는 사실을 깨닫고, 다림질은 포기하고서 뇌브 거리의 세탁장으로 날품팔이 세탁부로 나서게 되었다. 구정물 속에 들어가서 때와 싸우기는 힘들었지만, 쉬운 일로 되돌아가 보니 그럭저럭 해나갈 수는 있었다. 이처럼 그녀는 전락의 언덕길에서 한 걸음에 미끄러져 떨어졌다. 하지만 세탁장이 그녀를 깨끗하게 해주지는 못했다. 흠씬 젖어 푸르죽죽하게 된 살을 내보이며 빨래터에서 나오는 그녀의 모습은 진흙투성이가 된 개의 모습이나 다를 바가 없었다. 게다가 텅 빈 찬장 앞에서 배를 주리며 발을 구르고 있는데도 여전히 살은 쪄서, 다리가 더더욱 뒤틀려, 이제 누군가의 옆을 지나치자면 반드시 상대방을 밀어 넘어뜨렸다. 그토록 심하게 다리를 절게 되었다.

그 정도까지 망가지면, 여자로서의 긍지는 흔적도 없이 사라져 버린다. 제르베즈는 그 옛날의 기품과 애교, 애정, 예절, 존경받고 싶은 욕구도 마치 어딘가에 내버린 것 같았다. 앞으로든 뒤로든 어디를 어떻게 걷어차여도, 그런 것에는 도무지 무감각했다. 그토록 무기력해졌고 무감각해졌다. 그리하여 랑티에도 그녀를 완전히 거들떠보지 않게 되었다. 이미 형식적이나마 포옹해 주려고도 하지 않았다. 그리고 그녀는 권태 때문에 지루하게 계속되던 그들의 오랜 관계가 끝나버린 것조차도 깨닫지 못하고 있었다. 그녀로 말하자면 지겨운 일이 하나 줄어들었을 뿐이다. 랑티에와 비르지니의 관계조차도 그녀는 태연할 수 있었다. 예전에는 그렇게도 화를 내던 그런 지저분한 치정 문제도 이제는 전혀 관심이 없었다. 부탁을 받는다면, 기꺼이 촛불을 들고 두 사람의 정사를 밝혀줄 수도 있었으리라. 모자장이와 식료품집 여주인이 한 기차를 탔다는 사실은 이제 모르는 사람이 없었다. 편리하게도 이 두 사람을 위해 얼간이 남편 푸아송은 격일제로 밤일을 했다. 남편이 인적도 없는 길거리에서 추위에 떨고 있는 동안, 집 안에서는 마누라와 이웃 남자가 서로 따뜻하게 발을 녹이고 있었다. 오! 그들은 서두를 필요도 없었다. 가게 앞의 어두운 거리에서 남편의 구둣발 소리가 느리게 들려와도, 그들은 이불 밖으로 코빼기도 내놓으려 하지 않았다. 경찰은 자신의 직무밖에는 모르지 않는가? 이처럼 두 사람은 이 근엄한 사나이가 남의 재산을 지켜주고 있는 동안 새벽까지 천천히 그 사나이의 재산을 축내고 있었다. 구트도르 거리의 사람들은 모두 이 재미있는 익살극을 즐겼다. 경찰이 마누라를 도둑맞는다며 우스워했다. 게다가 랑티에는 이 지역을 모두 정복하고 있었다. 어느 상점이든 반드시 여구인이 있었다. 그는 세탁소 여주인을 먹어버리더니, 이제는 식료품집 마누라를 와작와작 씹어먹고 있다. 설령 잡화상과 문구점, 부인 모자 가게의 여자들이 줄지어 몰려온다 해도 그는 그것들을 단숨에 집어삼킬 만한 큰 턱을 가지고 있었다.

아니, 랑티에처럼 단것만 먹고 사는 사람을 결코 본 적이 없다. 랑티에는 따로 속셈이 있어서 비르지니에게 사탕 장수를 해보라고 권했다. 프로방스 기질이 매우 강한 그는 단것을 정말 좋아했다. 그가 봉봉, 달콤한 과자와 껌, 초콜릿으로 끼니를 때우며 살아왔다고 해도 지나친 말이 아닐 것이다. 특히 그가 "사탕 아몬드"라고 부르는 봉봉은 보기만 해도 군침이 흘러서 목구멍이 간질거렸다. 1년 전부터 그는 이미 사탕만을 먹고 살아왔다. 비르지니에게 가게를 봐달라는 부탁을 받으면, 그는 서랍을 열고 멋대로 먹어치웠다. 대여섯 명의 손님들과 이야기하면서, 카운터에 있는 병 뚜껑을 열고는 손을 디밀어 무엇이든 집어 깨물어 먹었다. 병 뚜껑은 닫을 틈도 없이 비어버렸다. 이미 아무도 그에게 주의를 기울이지 않았다. 그는 그것이 자기 버릇이라고 말하기까지 했다. 그런가 하면 언제나 감기 기운이 있어 목구멍이 아프기 때문에 통증을 달래려고 단것을 먹는다고도 말했다. 그는 여전히 일은 하지 않으면서도, 입으로 하는 사업 계획만은 점점 더 거창해졌다. 그때 그는 '모자 우산'이라는 멋진 발명품을 고안하고 있었다. 갑자기 소나기가 내려서 물방울이 떨어지면, 모자가 머리 위에서 우산으로 바뀐다고 했다. 그리고 이익이 생기면 반씩 나누겠다고 푸아송에게 약속하고, 실험비로 20프랑을 그에게서 꾸었다. 그러는 사이에도 가게는 그의 혓바닥 위에서 녹아갔다. 모든 상품이, 담배 개비 모양의 초콜릿과 담뱃대 모양의 빨간 캐러멜에 이르기까지, 모두 그의 입 속으로 들어갔다. 단것으로 마음껏 배를 채우고 상냥한 기분이 들면, 구석으로 여주인을 데리고 가서 입맞춤을 했다. 그러면 비르지니는 상대방 입술이 초콜릿 사탕 같고, 정말로 달콤한 사람이라고 생각한다. 입맞춤을 그렇게 달콤하게 할 수 있는 남자가 또 어디 있을까! 실제로 그는 꿀 자체가 되어 있었다. 그가 손가락만 대도 커피가 진짜 시럽이 되어버린다고 보슈 부부는 말했다.

랑티에는 이처럼 계속 후식을 먹었기 때문에, 마음이 다정해져서 제르베즈에게 아버지 같은 태도를 취했다. 그는 그녀에게 여러 충고를 하며, 일하기를 싫어하면 못쓴다고 나무랐다. 할 수 없는 여자로군! 여자도 그 나이가 되면 상황에 대처할 줄 알아야 한다고 했다. 도대체가 그녀는 너무 먹을 것만 밝힌다고도 꾸짖었다. 그리고 설령 그녀가 그만한 가치가 없다고 해도, 남에게는 친절을 베풀어야 한다고 생각하여, 그녀에게 보잘것없는 일거리라도 얻어주려고 애썼다. 그래서 그는 비르지니에게 말하여 일주일에 한 번, 제르베즈를 불러 가게와 방을 깨끗이 닦도록 했다. 잿물 쓰는 방법이라면 제르베즈는 잘 알 테고, 한 번에 30수만 주면 되리라고 했다. 제르베즈는 토요일 아침이면 양동이와 솔을 가지고 왔다. 그녀는 이미, 이처럼 더럽고 천한 일을 하러, 지난날에는 아름다운 노랑머리 여주인으로 군림했던 그 집으로 되돌아간다는 것을 괴로워하는 기색조차 보이지 않았다. 마지막 굴종이었으며, 자존심의 죽음이었다.

어느 토요일, 그녀는 유난히 힘이 들었다. 비가 사흘씩이나 계속해서 오고, 손님들 발이 동네 안 진흙을 온통 가게 안에 묻혀 들어오는 것처럼 보였다. 비르지니는 머리를 얌전하게 빗고, 하얀 옷깃과 레이스가 소매에 달린 옷을 입고, 품위 있는 모습으로 카운터에 앉아 있었다. 그 옆에는 붉은 모조 가죽의 좁다랗고 긴 의자에 랑티에가 앉아, 진정한 주인처럼 자리잡고 있었다. 그리고 습관적으로 그 납작한 원형 박하사탕 병에 아무렇게나 손을 들이밀었다.

"이봐요, 쿠포 부인!" 입을 뾰로통하게 하고 청소부 일을 지켜보던 비르지니가 소리쳤다. "저 구석에 더러운 것이 남아 있어요. 좀 더 잘 닦으란 말예요!"

제르베즈는 비르지니의 말대로 했다. 구석으로 되돌아간 제르베즈는 다시 청소를 시작했다. 더러운 물속에서 마룻바닥에 무릎을 꿇고 어깨를 내밀고는 추워서 보랏빛이 된 팔에 힘을 주면서 쭈그리고 앉아 청소했다. 낡은 치마가 젖어서 엉덩이에 들러붙었다. 그녀의 모습은 마룻바닥에 무슨 더러운 덩어리가 웅크리고 있는 것 같았다. 머리카락은 엉망으로 흐트러졌고 블라우스의 터진 틈으로는 뚱뚱한 몸의 투실투실한 살덩이가 삐져나올 듯, 일하는 동안 이리저리 흔들렸다. 한동안 열심히 일한 제르베즈의 얼굴에는 땀이 맺혔고 마침내 굵은 땀방울이 바닥으로 떨어졌다.

"닦으면 닦을수록 빛이 나지." 입에 사탕을 잔뜩 문 랑티에가 거드름을 피우면서 말했다.

비르지니는 눈을 반쯤 감고 공작 부인인 양 몸을 젖히고 앉아, 청소하는 것을 계속 지켜보며 이따금씩 참견을 했다.

"오른쪽을 더 닦아요. 나무판자를 조심해서 다루고요…… 전번 토요일에는 좋지 않았어요. 얼룩이 그대로 남아 있었다고요."

그리고 모자장이와 식료품 가게 여주인은 마치 옥좌에라도 앉은 것처럼 둘 다 점점 더 으스대는 한편, 제르베즈는 그 두 사람 발밑에서 검은 진흙 속을 기어다니고 있었다. 비르지니는 그것을 보면서 즐기고 있음이 틀림없었다. 왜냐하면 그녀의 고양이 같은 눈이 한순간 번득이며 노란 불꽃을 튀기더니, 히죽 웃으며 랑티에를 바라보았기 때문이다. 이것으로 겨우 머릿속에서 한시도 떠나지 않던 옛일, 빨래터에서 볼기를 맞았던 일에 대하여 복수를 한 셈이었다!

그러는 동안 제르베즈가 청소하던 일손을 멈추자, 안쪽 방에서 가볍게 톱질하는 소리가 들려왔다. 열려 있는 문을 통해서 안마당으로부터 비쳐드는 희미한 햇빛을 받아 푸아송의 옆모습이 드러나 보였다. 그날이 비번이라 그는 틈을 이용하여 작은 상자를 만드는 자신의 취미에 빠져 있었다. 그는 책상 앞에 앉아서 아주 세심하게 상자의 마호가니에 아라베스크 무늬를 새겼다.

"이보게, 바댕그!" 친근감을 나타내기 위해 다시 이 별명을 부르기 시작한 랑티에가 소리쳤다. "자네가 만드는 상자를 예약해 두겠네. 어떤 아가씨에게 보낼 선물로 말일세."

비르지니가 랑티에를 꼬집었다. 그러나 모자장이는 여전히 점잖게 미소를 띤 채, 악을 선으로 갚고자 카운터 밑으로 그녀의 넓적다리를 쓰다듬어 주었다. 그리고 그녀의 남편이 고개를 들어 붉은 황제 수염과 코밑 수염이 엉켜 있는 누런 얼굴을 드러내자 시치미를 떼고 손을 들어올렸다.

"마침 잘됐군." 경찰이 말했다. "자네를 위해 만들고 있었네, 오귀스트. 우정의 기념으로서 말일세."

"아! 그렇다면 자네의 작은 걸작을 잘 간직하겠네!" 랑티에가 웃으면서 말했다. "그것을 리본으로 목에 매달아 갖고 다니지 뭐."

그러고 나서 그는 갑자기 이 생각으로 말미암아 다른 생각이 떠오른 듯했다.

"아, 그래!" 그는 소리를 질렀다. "어젯밤에 나나를 만났네."

이 말을 들은 순간, 제르베즈는 가슴이 뭉클하여 가게 안에 가득한 더러운 물 늪에 빠져버렸다. 손에는 솔을 든 채, 땀투성이가 되어 숨을 헐떡이고 있었다.

"아!" 그녀는 그저 한 마디 중얼거렸을 뿐이었다.

"그래, 마르티르 거리를 내려가다가 무심코 바라보니, 작은 계집아이가 한 늙은이의 팔에 매달려 가고 있었어. 아무래도 그 엉덩이가 눈에 익은 것 같아서…… 그래서 재빨리 따라가 봤더니, 바로 말썽쟁이 나나의 얼굴과 마주쳤지 뭔가…… 뭐, 걱정할 일은 없네. 아주 행복해 보였으니까. 예쁜 털옷을 입고, 목에는 금으로 만든 십자가를 늘어뜨리고, 게다가 무척이나 즐거운 얼굴이었어!"

"아!" 제르베즈는 조금 전보다 어렴풋한 목소리로 되풀이했다.

사탕을 다 먹어치운 랑티에는, 다른 병에서 보리사탕을 집어냈다.

"그 애는 약은 데가 있어!" 그가 말을 이었다. "나를 보고 아주 침착하게 따라오라는 시늉을 하더라니까. 그러고는 그 영감을 무슨 카페에 데려다 놓더라고…… 오! 근사해, 그 영감을! 그 영감을 떼어놓다니 말이야!…… 그리고 나와 다시 만나려고 어느 집 문 앞으로 되돌아왔지 뭔가. 정말 뱀처럼 영리한 애야! 그 귀여운 모습, 교태를 부리면서 강아지처럼 안아주더라니까! 그렇지, 그 애는 나에게 키스까지 해주었지. 여러 사람들 소식을 듣고 싶어했어…… 어쨌든 난 그 애를 만나서 기뻤다고."

"아!" 제르베즈가 세 번째로 외쳤다.

제르베즈는 온몸이 굳은 채, 계속해서 다음 말을 기다렸다. 그럼 그 애는 엄마에 대해서는 한 마디도 물어보지 않았단 말인가? 침묵 속에서 또다시 푸아송이 톱질하는 소리가 들려왔다. 랑티에는 쾌활하게 입술을 달싹거리며 보리사탕을 빨아 먹었다.

"쳇! 나 같으면 그 애를 보면 길 반대편으로 피해서 걸어갈 거야." 비르지니는 다시 한 번 모자장이를 꼬집으면서 계속했다. "그래, 사람들 앞에서 그런 여자아이한테 인사를 받으면 얼굴이 빨개질걸…… 쿠포 부인, 당신이 여기 있어서가 아니라 그냥 하는 말인데, 딸아이가 몹시 타락했군요. 푸아송이 날마다 잡아들이는 불량소녀들보다도 더 심한 듯해요."

제르베즈는 아무 말 없이 꼼짝도 하지 않고 허공을 노려보고 있었다. 마침내 그녀는 마음속에 접어두었던 생각에 대답하듯 천천히 고개를 저었다. 한편 모자장이는 입맛이 까다로운 표정을 지으며 중얼거렸다.

"그런 타락한 여자애일수록 누구나 즐겨 뜯어먹는 거지. 그야말로 어린 닭처럼 야들야들하니 말이야……."

그러나 식료품 가게 여주인이 어찌나 사나운 모습으로 랑티에를 흘겨보았던지 그는 말을 멈추고 다정하게 달래주어야만 했다. 그래서 그는 경찰이 작은 상자 만드는 일에 열중해 있는 것을 확인하고는 그 기회를 이용해 보리사탕을 비르지니 입에다 넣어주었다. 그러자 그녀는 화가 풀려서 빙긋이 웃었다. 비르지니가 이번에는 청소부에게 화풀이를 했다.

"좀 서둘러야 되지 않을까요? 일이 거의 진척이 없잖아요. 그렇게 돌덩어리처럼 죽치고 있으면 어떡해요…… 자, 움직이라고요. 저녁때까지 당신이 물속에서 첨벙거리게 놔둘 수는 없어요."

그러고 나서 그녀는 목소리를 확 낮추어 짓궂게 덧붙였다.

"저 여자 딸이 타락했다고 해도 내 탓은 아니지!"

물론 제르베즈는 그 소리를 못 들었다. 제르베즈는 다시 마룻바닥을 닦기 시작했다. 등을 구부리고 바닥에 엎드려서 개구리 같은 동작으로 몸을 움직였다. 솔 자루를 두 손으로 움켜쥐고 거무튀튀한 물을 밀면 그것이 튀어 머리까지 흙탕물을 뒤집어썼다. 구정물을 도랑에 쓸어버리면 그다음은 새 물로 씻어내야 했다.

그러는 동안 잠시 침묵이 계속되었고, 랑티에는 지루해져서 목소리를 높였다.

"이봐, 바댕그." 그가 외쳤다. "나는 어제 리볼리 거리에서 자네 두목을 보았다네. 몹시 초췌하더군. 그런 몸으로는 반년도 못 가겠어…… 아! 정말! 그런 생활을 하고서야 어디!"

그는 황제 이야기를 하고 있었다. 경찰은 고개도 안 들고, 무뚝뚝하게 대꾸했다.

"만일 자네도 다스리는 처지라면 그렇게 살만 찔 순 없을 걸세."

"오! 이보게, 내가 만약 다스린다면." 모자장이는 갑자기 어깨에 힘을 주며 말했다. "모든 것이 다 잘되어 갈 것일세. 내 장담할 수 있네…… 정말이지, 그 사람들 외교정책 좀 보라고! 최근에는 땀이 날 지경이 아닌가. 그래서 내가 말일세, 지금 자네하고 말하고 있는 내가 내 생각을 불어넣어 줄 수 있는 신문기자를 하나라도 알고 있다면 말야……."

랑티에는 흥분했다. 그리고 보리사탕을 다 먹어버리자 서랍을 열고 마시멜로를 몇 개 꺼내어 입에 넣고 몸짓을 해가며 얘기했다.

"정말 간단해…… 가장 먼저 나는 폴란드를 재건할 거야. 그리고 거대한 스칸디나비아국을 세울 것이네. 이것이 북쪽의 대국을 위협하여 꼼짝 못하게 하는 일이지…… 그런 다음에 독일의 소왕국을 모두 합쳐서 공화국을 하나 만드는 거야…… 영국 같은 나라는 무서워할 것도 없어. 만약에 그쪽이 움직이면

인도로 10만 병력을 보내지 뭐…… 그리고 나는 십자가를 등에 지고 터키 대왕은 메카로, 교황은 예루살렘으로 추방할 거야…… 어때? 유럽은 금방 깨끗해질 걸세. 이봐! 바댕그, 좀 보란 말이야……."

그는 말을 멈추고 마시멜로 대여섯 알을 집었다.

"보라고! 그 일은 이걸 먹어치울 만큼의 시간도 안 걸릴 거야."

그렇게 말하고서 그는 크게 벌린 입 속에 연달아 마시멜로를 집어넣었다.

"황제는 다른 계획을 가지고 계시네." 2분 정도 지난 뒤에 경찰이 말했다.

"그만두라고!" 모자장이가 거칠게 말했다. "그의 계획쯤은 누구나 다 알고 있어! 유럽은 우리를 깔보고 있단 말일세…… 날마다 튈르리 궁전 하인들은 두 명의 고급 매춘부를 양옆에 끼고 탁자 밑에서 자고 있는 자네 두목을 안아 일으킨다네."

그러나 푸아송은 일어섰다. 그는 앞으로 나오면서 가슴에 손을 대고 이렇게 말했다.

"오귀스트, 자네 말은 불쾌하군. 토론은 좋지만 인신공격은 그만두게나."

그때 비르지니가 끼어들어, 제발 조용히 좀 해달라고 부탁했다. 유럽이 어디 있건 그녀는 상관없다고 했다. 다른 것은 무엇이고 모두 사이좋게 나누어 가지면서, 정치 얘기만 나오면 왜 그렇게 싸우는지 모르겠다고 했다. 그들은 알아들을 수 없는 말로 잠시 불분명하게 중얼거렸다. 그리고 나서 경찰은 원한이 없다는 것을 보여주기 위하여 방금 완성된 작은 상자 뚜껑을 가져왔다. 거기에는 나뭇조각으로 쪽매붙임을 하여 글자를 넣었는데 "오귀스트에게, 우정을 기념하여"라고 새겨져 있었다. 랑티에는 기분이 아주 좋아서, 몸을 뒤로 젖히다가 하마터면 비르지니 위에 벌렁 누울 뻔했다. 남편은 낡은 벽 색깔 얼굴로 그 광경을 바라보았으나, 그 흐린 눈은 아무 말도 하지 않았다. 그러나 빨간 콧수염 털만은 이따금 우스꽝스럽게 꿈틀거렸다. 아마 정사(情事)에 있어서 모자장이보다 자신이 없는 남자였다면 이 모습을 보고 불만을 느꼈으리라.

이 랑티에라는 놈에게는 침착한 배짱이 있어서 여자들이 즐거워했다. 푸아송이 뒤를 돌아보았을 때, 푸아송 부인의 왼쪽 눈에 키스를 해주자는 장난기가 머릿속에 떠올랐다. 보통 교활하게 신중을 기하는 편이었으나, 정치 문제로 말다툼을 할 때는 여자에게 자신의 우월성을 나타내려고 위험을 감수했다. 경찰의 등 뒤에서 뻔뻔스럽게도 도둑질을 하는 이 탐욕스러운 애무는, 프랑스를 한낱 갈보집으로 만든 제정(帝政) 시대에 대한 그의 복수였다. 다만 그는 제르베즈가 있다는 사실을 잊고 있었을 뿐이었다. 제르베즈는 막 가게 안을 물로 씻어 닦고 이제 카운터 옆에 서서 30수를 주기만을 기다리고 있었다. 랑티에가 비르지니의 눈 위에 키스를 해도, 그녀에게는 자기가 참견할 일이 아닌 당연한 일로 생각되어 고요했다. 비르지니는 약간 귀찮은 듯한 표정으로, 제르베즈 앞 카운터에다 30수를 내던졌다. 하지만 제르베즈는 그 자리를 뜨지 않고 여전히 기다리는 모습으로 서 있었다. 힘들게 걸레질을 했기 때문에 아직도 떨고 있는 그 몸뚱이는 시궁창에서 건져낸 개처럼 흠뻑 젖어, 보기에도 초라하기 짝이 없었다.

"그런데 그 애가 당신에게 아무 말도 안 했어요?" 마침내 그녀는 모자장이에게 물었다.

"누가 말야?" 모자장이가 소리쳤다. "아! 그래, 나나!…… 아니, 다른 얘기는 아무것도. 그 조그만 계집애가 제법이더군! 정말 딸기잼처럼 달콤하더라고."

그래서 제르베즈는 30수를 손에 쥐고 나갔다. 뒤축이 찌그러진 헌 신발은 펌프처럼 물을 뿜어냈다. 진짜 음악 소리를 내려는 신발처럼 보도에 커다란 젖은 발자국을 남기며 무슨 곡(曲)이라도 연주하면서 걷는 것 같았다.

이제 동네 주정뱅이들은, 제르베즈가 술을 마시는 것은 딸의 탈선에 대한 화풀이라고 말했다. 그녀 자신도 카운터에서 브랜디 잔을 들이켤 때면 비참한 느낌으로, 이대로 죽기를 바라는 마음으로 마시곤 했다. 그리고 정신없이 취한 날이면 그녀는 잘 돌아가지 않는 혀로, 이러는 것도 괴로운 고민이 있기 때문이라고 중얼거렸다. 그러나 성실한 사람들은 어깻짓을 했다. 슬픔 탓에 목로주점의 술을 마구 퍼마시는 기분은 이해할 수 있으나, 어떤 경우이든 그 술병에서 다시 그 슬픔이 불려 나오기 마련이다. 물론 처음에는 그녀도 나나의 가출을 이해하지 못했다. 아직 그녀 마음속에 남은 성실성이 반항을 해서였다. 게다가 대체로 어머니들이란 자기 딸이 지금 오다가다 만난 남자에게 친숙하게 말을 걸고 있다고는 생각하고 싶어하지 않는다. 하지만 그녀는 그런 모욕감을 지니고 있기에는 이미 너무 바보가 되어버려서 머리는 아프고 마음은 짓눌려져 있었다. 굴욕감은 그녀 마음속에서 나타났다 사라졌다 했다. 몇 주 동안이나 방탕한 딸 생각을 안 하고 지내는가 하면, 또 갑자기 보고 싶은 생각과 노여운 생각이 치밀어 올랐다. 아무것도 먹지 않을 때도 있었고, 한껏 먹을 때도 있었지만, 마음 한구석에서는 나나를 붙잡아 꼭 끌어안아 주고도 싶고, 순간 그녀의 욕구 때문에 때려주고도 싶었다. 제르베즈는 무엇이 옳고 그른지 알지 못했다. 그래서 마침내 그녀는 성실하게 생각하기를 그만두었다. 그렇지만 나나는 그녀의 딸이잖은가? 그래! 누구나 자기 소유물이 사라지는 모습을 보고 싶지는 않을 것이다.

그래서 그런 생각이 그녀를 사로잡았을 때쯤, 제르베즈는 곧바로 거리로 나가 헌병 같은 눈초리로 큰길을 뚫어지게 보았다. 아! 그녀는 자신의 고민 덩어리를 보기만 했다면 어떻게 해서든 집으로 끌고 왔을 텐데! 그해는 동네 안이 아주 어수선하고 법석이었다. 예전의 푸아소니에르 시문을 철거하고, 외곽 대로를 꿰뚫는 마장타 거리와 오르나노 거리가 개통되었기 때문이다. 그곳은 이제 옛 모습이란 찾아볼 수가 없었다. 푸아소니에르의 한쪽은 완전히 허물어지고, 이제는 구트도르 거리에서도 사방이 넓게 내다보였는데 햇빛도 한 줄기 비치고 공기도 자유롭게 통했다. 이 방향의 시야를 가리고 있던 낡은 집들이 사라진 뒤에 오르나노 거리에는 진정 큰 건물들이 치솟고 있었다. 그것들은 교회처럼 조각을 깃들인 7층 건물들로서, 자수가 놓인 커튼이 늘어뜨려져 있는 밝은 창문들이 호화로운 느낌을 주었다. 아주 새하얀 이 건물은 바로 길 건너편에 서 있었기 때문에 햇빛이 곧바로 비치는 듯했다. 더구나 날마다 이 건물을 놓고 랑티에와 푸아송은 말싸움을 벌였다. 모자장이는 파리의 파괴에 대하여 멈추지 않고 자신의 생각을 말했다. 그는 황제가 노동자를 시골로 내쫓으려고 여기저기에 궁전을 짓고 있다고 비난했다. 그러자 순경은 마음속에 지닌 분노로 파랗게 질려 대들었다. 황제는 무엇보다 먼저 노동자들을 생각하고 있으며, 필요하다면 그들에게 일을 주기 위한 목적으로 파리 시내를 헐어버릴 것이라고 대답했다. 제르베즈 또한 오래 살아온 정든 외곽 지대를 이런 식으로 마구 때려 부수는 것이 못마땅했다. 그녀가 그것을 싫어하는 까닭이 있었다. 자신은 모든 걸 잃어버렸는데, 반대로 동네는 아름다워지고 있었다. 누구나 진흙탕 속에 빠져 있을 때는 머리 위에서 빛이 쏟아지는 것을 좋아하지 않는다. 그녀는 나나를 찾아다니던 때에 건축 자재를 타 넘거나, 공사 중인 모노에서 썰쩔매거나, 둘러친 울타리에 부딪치거나 하면 격분했다. 그리고 그녀는 오르나노 거리의 아름다운 건물에 대해서 심한 분노까지 느꼈다. 이런 건물들은 나나와 같은 창부를 위해 있었기 때문이다.

그러는 동안, 제르베즈는 여러 번 딸에 대한 소문을 들었다. 세상에는 좋지 못한 소문이라면 허겁지겁 달려와서 일러주는 수다쟁이들이 있다. 그렇다. 사람들이 말하기를, 그 계집애가 노인을 갑자기 버렸으니 세상모르고 좋게 한 방 먹인 애라고 했다. 그 애는 노인 집에서 아주 호강을 하고 귀여움도 받았으니까 방법만 잘 쓰면 그런대로 바람도 피울 수 있었을 텐데. 그런데 젊은 여자는 정말 어리석다. 잘은 몰라도 어떤 젊은 멋쟁이와 함께 도망을 친 모양이다. 이것만은 사실인 것 같은데, 어느 날 오후 바스티유 광장에서 그 여자애는 노인에게 돈을 요구해서 3수를 얻어 갔고, 그 노인은 아직도 그 애를 기다리고 있다. 상류사회에서는 이런 것을 영국식으로 오줌을 눈다고 말했다. 또한 나나가 그 뒤에, 샤펠 거리의 '그랑 살롱 드 라 폴리'에서 난잡한 춤을 추고 있는 것을 보았다는 사람도 있었다. 그래서 제르베즈는 거리의 카바레를 다 돌아볼까 생각했다. 그때부터 그녀는 카바레 앞을 지나갈 때마다 안으로 들어가 보았다. 쿠포도 그녀를 따라 들어갔다. 처음에는 단지 두 사람이 홀 안을 한 바퀴 둘러보고, 분주하게 움직이는 매춘부들을 뚫어지게 바라보았다. 그런데 어느 날 밤, 돈이 있어서 탁자에 앉아 큰 잔으로 포도주를 마셨다. 이것으로 갈증을 달래며 나나가 오지 않을까 기다려 볼 생각이었다. 한 달쯤 지났을 무렵 그들은 나나를 잊어버리고, 춤 구경에 재미를 붙여서는 자기들 즐거움을 찾아 변두리 카바레에 드나들었다. 두 사람은 몇 시간씩 서로 말 한 마디 하지 않고 오직 탁자에 팔꿈치를 괴고서, 마룻바닥이 흔들릴 정도로 시끄러운 속에서 우두커니 앉아 있었다. 홀 안의 숨 막힐 듯한 공기와 붉은 조명 아래에서 외곽 지대의 매춘부들이 추는 춤을 맥 빠진 눈초리로 쳐다보았지만, 아마도 그것이 그들에게는 즐거웠던 모양이었다.

마침 11월 어느 날 밤이었다. 그들 부부는 '그랑 살롱 드 라 폴리'로 몸이라도 녹일 생각으로 들어갔다. 밖은 길 가는 사람들의 얼굴을 도려낼 듯한 매섭게 추운 날씨였지만 홀은 사람들로 가득해서 따뜻했다. 사람들이 천둥번개처럼 시끄럽게 떠들었고, 앉을 자리가 모두 차서, 홀 가운데도 위층도 몽땅 사람들로 붐벼서 마치 푸줏간에 쌓인 고기 같았다. 정말로 캉 지방식(式) 내장 요리를 좋아하는 사람들이라면, 이렇게 뒤범벅으로 끓여놓은 것 같은 분위기에는 입맛을 다실 것이다. 그들은 두 번이나 돌아보아도 빈 탁자가 없어서 어디라도 한 패가 자리를 비울 때까지 그대로 서서 기다릴 작정이었다. 쿠포는 더러운 작업복을 입고, 꼭대기가 찌그러지고 차양도 떨어진 헌 모자를 쓰고 버티고 선 채, 몸을 좌우로 흔들고 있었다. 그렇게 통로를 가로막고 있을 때였다. 빼빼하고 자그마한 한 젊은이가 그를 팔꿈치로 쿡 치고는 자기 외투 자락을 털었다.

"이봐!" 화가 난 쿠포는 거무 튀튀한 입에서 짧은 담뱃대를 빼면서 소리쳤다. "미안하다고 말할 수 없나?…… 작업복을 입었다고 역겨워하는군!"

그 젊은이는 뒤돌아보며, 아래위로 함석장이를 경멸하듯 훑어보았다. 쿠포는 말을 이었다.

"야, 이 기둥서방 녀석아, 작업복이 가장 훌륭한 옷이라는 것쯤은 알아둬. 그래! 노동하는 옷이야!…… 네가 원한다면 내가 네 옷을 털어주마. 네 녀석의 따귀를 두어 대 때려서 말이다…… 노동자를 모욕하는 이런 바보 녀석은 처음 봐!"

제르베즈가 달래보려 했으나 소용없었다. 그는 누더기 옷 속에서 몸을 길게 뻗어 벌렁 드러눕더니, 자신의 작업복을 두들기며 고함쳤다.

"이 속에, 남자의 가슴이 들어 있어!"

그러자 젊은 남자가 중얼거리면서 군중 속으로 사라져 버렸다.

"더러운 불량배!"

쿠포는 그를 쫓아가 붙잡으려고 했다. 외투를 입은 놈한테 무시를 당하고서야 어떻게 가만히 있을 수 있단 말인가! 그 외투는 아직 값도 치르지 않았을 것이다. 그저 외투를 걸치고, 동전 한 푼 내지 않고 여자를 낚으려 한다. 다시 만나기만 하면, 무릎을 꿇게 하고 작업복에 절을 하게 만들 것이다. 그러나 너무나 혼잡하여 걸어갈 수도 없었다. 제르베즈와 쿠포는 춤추고 있는 사람들 주위를 천천히 돌아보았다. 구경꾼들이 세 겹으로 둘러싸고, 남자가 잘난 척하고 자세를 잡는가 하면, 여자는 다리를 들어올려 모든 것을 드러내 보이곤 했다. 그러면 사람들은 얼굴을 붉히며 서로 끌어안곤 했다. 쿠포 부부는 둘 다 키가 작았기 때문에 발돋움질하며 무언가를 보려고 했다. 겨우겨우 모자와 올림머리가 떠고 있는 것이 보였다. 오케스브라는 놈이 산 구리 악기로 신나게 카드리유 춤곡을 연주하고, 그 폭풍 같은 우렁찬 소리로 홀 안을 떨게 했다. 한편 춤추고 있는 사람들은 빌을 구르며 가스등 불빛이 흐릿해질 정도로 먼지를 일으켰다. 무더워서 숨이 막힐 것만 같았다.

"저것 좀 봐요." 갑자기 제르베즈가 외쳤다.

"뭐 말이야?"

"저기 벨벳 모자 말예요."

그들은 발돋움을 했다. 왼쪽에 빛바랜 검은 벨벳 모자가 낡아 빠진 두 개의 깃털을 달고 흔들거리고 있었다. 영구차의 깃털 장식 같았다. 하지만 여전히 두 사람의 눈에 그 모자가 엄청나게 소란을 피우며 춤을 추고 소용돌이치고, 가라앉았나 하면 다시 떠오르곤 했다. 그들은 뒤섞여서 춤추는 머리들 사이에서 그 모자를 놓쳐버렸다. 그러나 또다시 찾아냈을 때에는, 다른 사람들 머리 사이에서 그것이 너무 우습고 아주 뻔뻔스럽게 움직이고 있었기 때문에, 주변 사람들은 그 밑에 무엇이 있건 관심도 없이 그저 그 모자가 추는 춤을 바라보며 법석을 떨고 있었다.

"그래서?" 쿠포가 물었다.

"저 올림머리 생각나지 않아요?" 목이 죄는 듯한 소리로 제르베즈가 웅얼거렸다. "그 애예요. 아니면 내 목을 잘라도 좋아요!"

함석장이는 단숨에 군중을 밀치고 나섰다. 빌어먹을! 그렇다, 나나였다! 그리고 여전히 굉장한 차림새였다! 낡은 비단 드레스밖에는 아무것도 걸치고 있지 않은 뒷모습이었다. 그 드레스마저 선술집 탁자를 훔친 것처럼 아주 더럽고, 밑단이 떨어져서 온통 너덜거렸다. 게다가 외투도 없이, 어깨에 숄 한 조각도 없이, 찢어진 단추 구멍은 단추도 없이 열려 있었다. 매춘부 같은 년, 제법 친절한 늙은이가 있었건만, 어느 놈팡이 꽁무니를 쫓아다니느라고 저 지경까지 됐는지, 틀림없이 그놈이 때렸고말고! 아무래도 좋다. 그녀는 여전히 싱싱했고, 입맛을 돋우고 있으며, 털북숭이 개처럼 머리를 풀어 헤치고 아양스런 커다란 모자 밑에 장밋빛 입술을 보이고 있었다.

"기다려라. 내가 곧 혼내줄 테니!" 쿠포가 말했다.

나나는 물론 경계심도 없이 있었다. 나나가 몸을 비틀어대니 정말 볼만했다. 엉덩이를 좌우로 흔들기도 하고, 몸뚱이가 둘로 꺾일 정도로 깊이 구부리기도 했으며, 가랑이가 찢어질 정도로 발을 부딪혀 상대방 얼굴로 걸어차 올리기도 했다! 사람들은 동그랗게 그녀를 둘러싸고 박수갈채를 보냈다. 그러자 나나는 점점 더 신이 나서 치맛자락을 잡아서 무릎까지 걷어올리고, 정도를 벗어난 큰 움직임에 위세를 떨면서, 내친걸음에 팽이처럼 빙빙 돌며, 두 발을 큼직하게 벌리고, 마룻바닥 위에 납작하니 엎드렸다가는 허리와 가슴을 묘하게 꿈틀 거리며, 그러다가 다시 얌전한 춤으로 돌아갔다. 그 모습이 구석으로 끌고 가서 마음껏 애무해 주고 싶도록 귀여웠다.

그러는 동안 쿠포는 콩트르당스 한복판에서, 얼굴 표정을 일그러뜨리고서 사람들에게 떠밀렸다.

"저건 내 딸이란 말이야!" 그가 외쳤다. "나를 그쪽으로 가게 해달라고!"

바로 그때 나나는 뒷걸음질을 치면서 마룻바닥을 깃털 장식으로 쓸듯이, 머리를 낮추고 엉덩이를 동글리며 한껏 예쁘게 보이려고 살살 흔들어대고 있었다. 갑자기 그녀는 구둣발로 엉덩이를 보기 좋게 걷어차였다. 몸을 일으켜 부모의 모습을 본 그녀는 새파랗게 질려버렸다. 이럴 수가! 운도 없군.

"끌어내라!" 춤추던 사람들이 아우성을 쳤다.

그러나 쿠포는, 딸의 춤 상대가 짤막한 외투를 입은 빼빼한 젊은이라는 것을 알아차렸을 뿐, 다른 사람들은 전혀 개의치 않았다.

"그래, 우리다!" 그는 소리쳤다. "흥! 참 안됐군…… 아! 너를 이런 데서 붙잡을 줄이야! 더군다나 나한테 불손하게 굴던 놈과 함께 있는 너를 말이다!"

제르베즈는 이를 악물고 그를 밀어젖히며 말했다.

"입 닥쳐요!…… 설명을 늘어놓을 필요도 없어요."

그러고는 앞으로 나서더니 다짜고짜 나나의 뺨을 두 대 갈겼다. 처음 때린 따귀에 깃털 달린 모자가 날아가고 두 번째 따귀는 나나의 흰 뺨에 붉은 손자국을 남겼다. 나나는 어안이 벙벙해서 울지도 못하고 저항도 못하며 가만히 서 있었다. 오케스트라는 연주를 계속했으며, 군중은 격하게 되풀이하여 외쳤다.

"내쫓아라! 내쫓아!"

"자, 어서 가자!" 제르베즈는 다시 말했다. "앞으로 곧장 가! 도망칠 생각일랑 말고. 안 그러면 감옥에 처넣을 테다!"

그 키 작은 젊은이는 조심스럽게 모습을 감추었다. 그래서 나나는 이 불운에 또다시 멍청하게 몸이 뻣뻣해진 채로 앞으로 걸어갔다. 그리고 잠시 얼굴을 찌푸리며 머뭇거리자, 등 뒤에서 머리를 때리는 바람에 문간으로 떠밀렸다. 이렇게 세 사람은 홀 안의 야유와 욕설을 빈으며 밖으로 나왔다. 한편 오케스트라는 대포알들을 쏘아대는 듯한 트롬본의 시끄러운 소리와 함께 콩트르당스 춤곡 연주를 끝냈다.

삶이 다시 시작되었다. 나나는 예전의 그 작은 방에서 열두 시간을 자고 난 다음에, 일주일간은 아주 얌전하게 있었다. 수수한 작은 드레스를 고쳐 입고, 모자를 쓰고는 끈을 올린머리 밑에 매었다. 더구나 어떤 도덕적 열망에 사로잡혀서 집에서 일을 하겠다고 했다. 집에서 마음대로 벌 수도 있고, 작업장의 상스러운 얘기를 안 들어도 된다. 그런 뒤 그녀는 일감을 찾고 탁자 앞에 앉아 처음 며칠은 5시부터 일어나서 오랑캐꽃 줄기를 굴려서 말았다. 그러나 몇 그로스*²를 넘기고 나서는 일을 앞에 두고 기지개를 켰다. 두 손이 저려 경련이 일었다. 줄기를 감는 요령을 잊어버린 것이다. 게다가 집 안에 틀어박혀 있자니 숨이 막힐 것만 같았다. 여섯 달 동안 기분 좋은 바깥바람을 쐬었기 때문이다. 그러자 접착 풀단지는 말라붙고, 꽃잎에도 초록빛 색종이에도 기름이 묻고 바랬다. 주문을 했던 사람은 직접 세 번이나 찾아와서, 손실된 공급품 대금을 청구했다. 나나는 하는 일 없이 놀고먹으며 끊임없이 아버지에게 매를 맞았고, 아침저녁으로 어머니와 맞붙어 싸웠으며, 여자들끼리 불쑥 혐오감을 겉으로 내던졌다. 이런 생활이 계속될 수는 없었다. 열 이틀 째에, 딸은 엉덩이를 감쌀 정도의 드레스와 귀를 가리는 작은 모자만을 가방에 넣어 도망쳐 버렸다. 여자애가 돌아와서 마음을 잡은 듯한 모양을 보고 속을 끓이고 있던 로리외 부부는 나자빠질 정도로 좋아라 웃어댔다. 두 번째 등장, 두 번째 창녀의 증발, 그런 여자들은 차에 실어서 생라자르 교도소로 보내! 아니, 정말 희극이다. 나나는 잘도 빠져나가는구나! 그래! 쿠포 부부가 그 여자애를 집에 놔두고 싶으면, 그 애가 좋아하는 것을 몸에 꿰매어서 새장 속에 넣어두면 될 것이다!

쿠포 부부는 사람들 앞에서는 귀찮은 존재가 없어져서 시원하다는 척했지만, 마음속으로는 화가 났다. 하지만 아무리 심한 노여움도 언제나 그때뿐이었다. 얼마 가지 않아 그들은 나나가 그 근처를 어슬렁거리고 있다는 소문을 들었으나 눈 하나 깜짝하지 않았다. 그 애가 하고 다니는 짓은 부모 얼굴에 먹칠하는 것이라고 비난하던 제르베즈는 이제 사람들 험담에 귀를 기울이지 않았다. 길거리에서 그 행실 나쁜 애와 마주쳐도, 따귀를 때려 자기 손을 더럽히는 일은 하지 않는다고 했다. 그렇다, 일은 다 끝났다. 설령 거리에서 벌거벗

---

*2 grosse : 수량을 나타내는 단위. 1그로스는 12타(打)로 144개이다.

은 채 땅바닥에 쓰러져 죽어간다 해도, 그 갈보년이 자기 배 속에서 나온 자식이라고 생각하지 않을 것이며, 그대로 지나쳐 버리겠다고 했다. 나나는 근처의 모든 무도장을 들끓게 했다. '렌 블랑슈'로부터 '그랑 살롱 드 라 폴리'에 이르기까지 나나를 모르는 사람은 없었다. 그녀가 '엘리제 몽마르트르'에 들어가자, 콩트르당스를 추면서 가재처럼 뒷걸음질치는 모습을 보려고 사람들이 탁자 위까지 올라가는 소동이 벌어졌다. '붉은 성(城)'에서 두 번이나 내쫓겼던 나나는 아는 사람이 오면 함께 들어가려고 출입문 앞에서 맴돌기도 했다. 큰길을 향한 '검은 공'이나 푸아소니에르 거리의 '터키 황제'는 훌륭하게 차려입었을 때 가는 꽤 고상한 무도장이었다. 그러나 동네 안 수많은 카바레 중에서도 그녀는 질척한 안마당이 있는 '은둔자 무도장'과 카드랑 골목에 있는 '로베르 무도장'을 자주 드나들었다. 작고 더러운 두 집은 여섯 개의 켕케식 등불을 켜놓아 어딘가 안정감이 있고, 모두 흐뭇한 기분으로 자유를 누리며, 춤추는 남녀들은 아무에게도 방해를 받지 않고 안쪽에서 마음대로 포옹할 수가 있었다. 나나의 생활에도 경기가 좋을 때와 나쁠 때가 있어서, 마치 지팡이를 정말로 휘두르는 듯 멋지게 차려입었는가 하면, 더러운 하녀처럼 먼지투성이로 청소하는 모습일 때도 있었다. 아! 그녀는 정말 제멋대로 살고 있었다!

쿠포 부부는 몇 번이나 수상쩍은 곳에서 딸을 분명히 본 듯했다. 그럴 때마다 그들은 딸을 억지로 알아볼 필요가 없도록 등을 돌려 반대쪽으로 달아나곤 했다. 홀에 있는 온갖 사람들에게 야유를 받으면서까지 이 수치스러운 딸을 집으로 데려갈 생각은 이제 조금도 없었다. 그러나 어느 날 밤 10시쯤이었다. 그들이 막 잠자리에 들 무렵 문을 두드리는 소리가 들려왔다. 나나였다. 잘 곳을 찾아 들어온 것이었다. 그런데 그 꼴이란, 맙소사! 모자도 쓰지 않고, 옷은 누더기 헝겊이며, 구두는 뒤축이 찌그러져 있었다. 그야말로 경찰한테 잡혀 보호소에 갇힐 차림새였다. 물론 그녀는 매를 얻어맞았다. 그리고 딱딱한 빵을 보자, 털썩 주저앉으며 빵을 움켜쥐고 게걸스럽게 먹었다. 그러고는 기진맥진하여 마지막 한 입을 입에 문 채 잠들어 버렸다. 그래서 전과 같은 생활이 계속되었다. 하지만 나나는 몸이 좀 나아지자 어느 날 아침 감쪽같이 사라져 버렸다. 누구 하나 보지도 못하고 알지도 못했다! 새처럼 날아가고 만 것이다. 그리고 몇 주일 몇 달이 지나갔으나 나나의 행방은 알 길이 없었다. 그러던 차에, 그녀가 또다시 나타났다. 그녀는 결코 어디에 갔다 왔다고 말하지 않았다.

핀셋으로도 집을 수 없을 정도로 더러워진 채로 여러 번 돌아왔다. 머리끝에서 발끝까지 온통 긁힌 상처투성이였으며, 또 어느 때는 번드르르한 차림이였으나, 지나치게 방탕한 생활로 거의 서 있지도 못할 만큼 힘없이 축 늘어져 있었다. 부모는 그런 일에 익숙해질 수밖에 없었다. 아무리 때려봐도 소용이 없었다. 발로 걷어차여도 딸은, 일주일에 얼마로 정해 놓고 머무는 여인숙에 돌아오듯이, 천연덕스럽게 부모 집으로 자러 들어왔다. 얻어맞는 것을 숙박비 대신으로 생각하는 나나는, 잠시 생각해 보고는 그쪽이 이익이라고 여겨지면 돌아와서 매를 맞았다. 게다가 때리는 이들도 지치기 마련이였다. 쿠포 부부는 결국 나나의 생활을 너그럽게 봐주게 되었다. 돌아오건 말건, 문만 열어젖혀 놓고 다니지만 않으면 되었다. 맙소사! 습관은 다른 일과 마찬가지로 성실성을 닳게 한다.

다만 한 가지 제르베즈를 몹시 화나게 하는 게 있었다. 그것은 나나가 땅에 끌리는 드레스를 입고, 깃털들로 장식한 모자를 쓰고 나타날 때였다. 아니, 그런 사치를 그저 참을 수만은 없었다. 나나가 바란다면 방탕하게 지내더라도 어머니에게 돌아올 때는 적어도 노동자다운 옷차림이어야 했다. 땅에 끌리는 드레스는 건물 안에 큰 소동을 일으켰다. 로리외 부부는 비웃었고, 랑티에는 몹시 들떠서 그녀의 좋은 향내를 맡으려고 나나 주변을 어슬렁거렸다. 보슈 부부는 딸 폴린에게 그런 요란한 차림을 한 계집애와는 어울리면 안 된다고 단단히 일러두었다. 그리고 제르베즈는 나나가 가출했다가 돌아오기만 하면 언제나 점심때까지 죽은 듯이 자는 것이 미워서 마찬가지로 화를 냈다. 가슴팍을 헤쳐 놓고, 올린머리에는 핀을 잔뜩 꽂고 새파래진 채 숨을 헐떡이며 마치 죽은 것처럼 잤기 때문이었다. 제르베즈는 아침나절에 대여섯 번은 딸을 흔들어대며, 배에다 물을 잔뜩 끼얹겠다고 협박했다. 이 게으른 아름다운 딸이, 사내를 알게 되면서부터 악덕으로 풍만한 몸을 반쯤 드러내 놓고, 눈도 못 뜰 정도로 살갗에 넘치는 색정을 발산시키고 있는 것을 보고, 어머니는 점점 더 화가 났다. 그러나 나나는 한쪽 눈만 잠시 떴다가는 다시 감으며 몸뚱이를 더욱 길게 뻗었다.

어느 날 제르베즈는 딸의 문란한 생활을 노골적으로 비난하면서 이렇게 진이 빠져 돌아오는 걸 보면 사병과 놀아난 게 아니냐고 다그쳐 물었고, 마침내는 젖은 손으로 딸의 몸을 흔들었다. 딸은 화가 나서 이불 속에서 뒹굴며 소리쳤다.

"그만하면 됐잖아요? 엄마! 남자들 얘기는 하지 마세요. 그러는 게 더 좋을 거예요. 엄마도 마음대로 했고, 나도 내 마음대로 하는 거라고요."

"뭐? 뭐라고?" 어머니는 말을 더듬었다.

"그래요. 나와는 상관없는 일이라 지금까지 아무 말도 하지 않았지만, 엄마도 툭 하면 속옷 바람으로 산책하던데. 저 아래쪽에 살 때, 아버지가 코를 골면 말예요…… 이제 그런 일이 엄마에게는 시시하겠지만 다른 사람들에게는 재미있다고요. 그러니 나 좀 가만히 놔둬요. 나에게 그런 본보기를 보여주지 말았어야죠!"

제르베즈는 새파랗게 질려서 손을 떨면서, 자신도 무엇을 하고 있는지 모르고 돌아섰다. 한편 나나는 엎어져서 두 팔로 베개를 끌어안고 다시 깊은 잠에 빠졌다.

쿠포는 투덜거릴 뿐, 이제 더는 따귀를 때릴 생각도 하지 않았다. 그는 완전히 미쳐버렸다. 그렇다고 그를 도덕관념이 없는 아버지로 취급하는 것은 옳지 않다. 그저 술 때문에 좋고 나쁜 것에 대한 모든 판단력을 빼앗긴 것이다.

이제는 끝났다. 그는 여섯 달 전부터 술에서 깨어난 일이 없었으며, 마침내는 술을 마시고 쓰러져 생탄 정신병원에 입원했다. 그것은 그로서는 시골 어딘가에 가는 셈이었다. 로리외 부부는 싸구려 독주 공작님의 영지(領地) 나들이라고 말했다. 몇 주일 뒤에는 병도 좋아지고, 너부러진 몸도 다시 죄어져 보호시설에서 나왔으나, 또다시 수선을 해야 할 만큼 몸이 망가지는 날에 이르곤 했다. 이리하여 그는 3년 동안 일곱 차례나 생탄 병원에 신세를 졌다. 동네에서는 병원에서 그를 위해 독방을 비워 놓고 있다는 소문까지 나돌았다. 그러나 이야기는 더 고약해져서, 이 고집 센 주정뱅이가 매번 점점 더 몸을 망치고 재발을 거듭하여 마침내는 곤두박질치는 꼴이 눈에 선하다고 했다. 썩어버린 통의 테가 하나씩 삭아서 마지막으로 탁 하고 터지는 소리가 들려오는 것 같았다.

더구나 쿠포는 몸까지도 잊어버렸다. 유령처럼 보였다! 알코올이 그의 몸에 스며들어서 몸이 오그라들어 화학실험실 표본병 속에 든 태아 같았다. 그가 창 앞에 서면, 그 갈비뼈를 통해 햇빛이 비쳐 보일 정도로 비쩍 말라 있었다. 두 볼은 움푹 패이고, 혐오감이 드는 눈에서는 큰 성당의 촛대에 불도 켤 수 있을 만큼 초 같은 눈곱이 흘러나왔다. 거칠어진 붉은 얼굴 한가운데에는 코만이 한 송이 카네이션처럼 붉고 아름답게 피어 있었다. 그가 마흔 살밖에 안 됐다는 것을 아는 사람들은, 허리를 굽히고 비틀거리면서 폭삭 늙은 모습으로 지나가는 그를 보며 가벼운 전율마저 느꼈다. 손떨림증은 점점 심해지고, 특히 오른손은 완전히 말을 안 들었기 때문에, 때로는 컵을 입에 가져가는 데 두 주먹을 사용해야만 될 정도였다. 오! 너무 떨려, 제기랄! 다른 가혹한 일들은 이제 될 대로 되라는 심정으로 받아들였지만 이것만은 그를 괴롭혔다! 그는 자신의 손을 마구 저주하며 원망도 해보고, 떨리는 손을 앞에 놓고 몇 시간씩이나 생각에 잠기기도 했다. 어떨 때는 손이 개구리처럼 팔딱거리는 것을 바라보며 말없이, 화도 더 이상 안 내고, 그 속에 어떤 장치가 있어서 이렇게 손을 춤추게 하는가 밝혀내려는 듯했다. 어느 날 밤 제르베즈는 술주정뱅이의 익은 볼 위로 커다란 눈물방울 두 줄기가 흘러내리는 것을 보았다.

나나가 밤늦게 몇 번 부모 집으로 잠을 자러 온 마지막 여름에는, 쿠포의 상태가 특히 좋지 않았다. 싸구려 브랜디가 목구멍에 새로운 음을 준 것처럼, 목소리가 완전히 변했다. 한쪽 귀도 들리지 않게 되었다. 며칠 뒤에는 시력까지 나빠졌다. 계단을 내려가면서 굴러떨어지지 않으려면 난간을 꼭 붙들어야만 했다. 그의 건강은 어떤가 하면, 제르베즈는 이른바 아예 쉬고 있다고 말했다. 쿠포는 머리가 몹시 울리고, 눈앞이 빙빙 돌 정도로 현기증이 났다. 갑자기 날카로운 통증이 팔과 다리를 사로잡았다. 얼굴빛이 새파래져서 주저앉지 않고는 견디지 못했다. 그리고 몇 시간씩이나 의자에 멍하니 앉아 있었다. 그리고 이런 고비가 지나면, 온종일 그의 팔이 완전히 마비되어 버렸다. 수없이 자리에 누웠다. 그는 몸을 동그랗게 웅크리고 이불 속으로 숨어 병든 짐승처럼 언제까지나 거친 숨소리를 뿜어냈다. 그러면 생탄에서 신세를 지던 때와 같은 광기가 나타났다. 의심이 많아지고 불안해지며, 심한 열에 들떠서 미쳐 날뛰며 뒹굴고, 작업복을 찢고, 경련을 일으킨 입으로 가구를 물어뜯었다. 그런가 하면, 그는 여자애같이 우는소리로 흐느끼며 자기는 아무에게도 사랑을 받지 못하고 있다고 탄식했다. 어느 날 밤 제르베즈와 나나가 함께 돌아와 보니, 그가 침대 위에 없었다. 그의 자리에는 긴 베개가 놓여 있었다. 그녀들이 침대와 벽 사이에 숨어 있던 그를 찾아내자, 쿠포는 이를 덜덜 떨면서 누군가가 자기를 죽이러 오고 있다고 말했다. 두 여자는 그를 다시 침대에 누이고, 어린아이처럼 달래주어야만 했다.

쿠포는 단 한 가지 처방밖에 몰랐다. 싸구려 브랜디를 반 병쯤 위장에 흘려 넣어 일으켜 세우는 방법이었다. 그는 아침마다 이렇게 해서 신물을 토하는 고통을 가라앉히곤 했다. 오래전부터 기억력은 사라졌고, 머리는 텅 비었다. 그러면서도 일어나기만 하면 자기는 병에 걸린 적이 전혀 없다고 말하며, 병을 비웃었다. 그렇다, 그는 건강하다고 말하면서도 병은 악화될 대로 악화되고 있었다. 그리고 다른 일에 대해서도 엉망이었다. 나나가 육 주 동안이나 가출했다가 돌아와도, 근처에 심부름을 갔다 왔다고밖에는 생각지 않는 모양이었다. 나나는 남자 팔을 낀 채 아버지를 만나는 일이 자주 있었지만, 그녀가 아무리 우스갯소리를 해도 그는 딸을 알아보지 못했다. 그는 더 이상 의미가 없었다. 만약 의자가 없었다면 그녀는 아버지를 깔고 앉았을 것이다.

첫서리가 내릴 무렵 나나는 과일 가게에 가서 구운 배가 있나 보고 오겠다고 하더니, 다시 도망쳐 버렸다. 그녀는 겨울을 불기 없는 난로가에서 떨기가 싫었다. 쿠포 부부는 배를 기다리면서, 나나를 고약한 여자애라고 욕할 뿐이었다. 틀림없이 나나는 돌아올 것이다. 지난겨울에도 2수짜리 담배를 사러 나갔다가 삼 주 뒤에 왔으니 말이다. 그러나 몇 달이 지나도 딸은 나타나지 않았다. 이번에는 아주 먼 곳까지 나들이한 모양이었다. 6월이 되어 밝은 해가 따뜻하게 떠올랐는데도, 그녀는 돌아오지 않았다. 돌아오긴 틀린 모양이다. 분명 그 애는 어딘가 흰 빵을 먹을 수 있는 곳을 찾아내고 말았을 터였다. 아주 궁색하게 된 어느 날, 쿠포 부부는 딸의 쇠침대를 팔아치워서, 그 6프랑의 돈을 생투앙에서 몽땅 마셔버렸다. 그 침대는 그들을 불편하게 했으니까.

7월 어느 날 아침, 비르지니는 지나가는 제르베즈를 불러, 간밤에 랑티에가 두 친구를 데리고 와서 식사를 했다고 하며, 접시 닦는 일을 도와달라고 부탁했다. 그래서 제르베즈가, 모자장이가 좋아하는 음식 기름으로 번질거리는 접시를 씻고 있는데, 모자장이는 가게에서 아직도 입을 우물거리고 있다가 갑자기 외쳤다.

"모르고 있지, 애 엄마는 엊그저께 난 나나를 봤다고."

비르지니는 카운터 앞에 앉아서, 눈앞의 사탕병과 서랍이 비어가는 것을 걱정스럽게 바라보고 있다가 화가 나서 고개를 흔들었다. 어차피 끝에 가서는 서먹한 상황이 오고야 말 테니까. 랑티에는 정말 나나를 자주 만났다. 오! 나나가 그 불길의 손에 빠져들지 않았으면 좋으련만. 이 녀석은 여자에게 눈독만 들이면 어떤 나쁜 짓도 사양치 않는 놈이다. 그때 비르지니와 아주 사이가 좋아져서 많은 신뢰를 받고 있던 르라 부인이 들어왔다. 그녀는 매우 쾌활하게 뾰로통한 표정으로 물었다.

"어떤 뜻으로 그 애를 만났다는 거죠?"

"오! 그건 아주 좋은 뜻으로지." 모자장이는 기분이 좋아서 수염을 꼬고 웃으며 대답했다. "그 애는 마차를 타고 있었고, 나는 진창길을 걷고 있었지…… 정말이야, 맹세해도 좋아! 그 모양이라면 걱정할 게 없어. 그 애 곁에 찰싹 붙어 얘기하고 있던 도련님들은 모두 되게 행복해 보였으니까."

그는 눈을 번뜩이며, 가게 안쪽에 서서 접시를 씻고 있는 제르베즈를 돌아다보았다.

"그래, 그 애는 마차에 타고, 멋진 옷을 입고 있었어!…… 나는 그 애를 몰라봤다고. 상류층 귀부인 같은 모습이었어. 꽃처럼 싱싱한 얼굴에, 새하얀 이가 내다보이더군. 그 애가 장갑을 끼고 내게 미소를 보냈고…… 자작이라도 문 모양이지, 뭐. 오! 출세했어! 우리 같은 건 이제 거들떠보지도 않을 거야. 엄청난 행운을 잡았어, 가난뱅이 매춘부가!…… 사랑스러운 고양이! 아니, 그렇게 귀여운 고양이란 상상할 수도 없을걸!"

벌써 오래전부터 접시는 깨끗하게 반짝이고 있었는데도 제르베즈는 접시를 계속 문질러 닦았다. 비르지니는 내일 어찌 치러야 될지 모를 두 장의 청구서 때문에 생각에 잠겨 있었다. 한편 랑티에는 통통하게 살이 찌고 기름기가 번지르르한 모습으로 부지런히 사탕을 먹고 그것을 땀으로 흘렸다. 그러면서도 이미 대부분 먹어치워서 망해 가는 식료품 가게 안을, 화려하게 차려입은 여자아이들에게 보내는 정열로 가득 채우고 있었다. 그렇다, 푸아송 부부의 가게를 깨끗하게 해치우기 위해서는 이제 초콜릿사탕 몇 개를 와삭와삭 씹어 먹고 보리사탕 몇 개만 빨아 먹으면 된다. 갑자기 그는 근무 중인 푸아송 경찰이 넓적다리에 칼을 덜거덕거리며 건너편 보도를 말없이 지나가는 모습을 보았다. 그래서 랑티에는 더 흥거워졌다. 그는 비르지니가 남편을 바라보게 했다.

"좋아!" 그는 중얼거렸다. "바댕그 녀석, 오늘 아침에는 정신이 든 모양이로군!…… 조심하라고! 그가 엉덩이를 지나치게 꽉 조이고 있어. 범인을 잡으려고 눈을 부릅뜨고 있는 모양이야."

제르베즈가 자기 방으로 올라가 보니, 쿠포는 예전에 하던 발작으로 얼이 빠져서 침대 가장자리에 앉아 있었다. 그는 죽은 듯한 눈으로 바닥 타일을 바라보고 있었다. 그래서 그녀도 팔다리에 힘이 빠져 의자에 앉아 더러운 치마 위에 두 손을 늘어뜨렸다. 그리고 15분쯤 그와 마주 바라보며 아무 말이 없었다.

　"나, 소식 들었어요." 마침내 제르베즈가 속삭였다. "당신 딸을 본 사람이 있대요…… 그래요, 그 애는 아주 멋쟁이가 되어서, 이제 당신 같은 사람은 필요 없어요. 그 애가 아주 행복해요, 그 애가, 설마하니!…… 세상에, 그럴 수가! 내가 그 애 처지가 된다면 훨씬 더 잘할 텐데."

　쿠포는 여전히 타일을 바라보고 있었다. 그러고 나서 일그러진 얼굴을 쳐들고 바보처럼 웃으며 더듬더듬 말했다.

　"이봐, 귀염둥이, 난 당신을 말리지는 않아…… 세수만 하면 당신도 꽤나 예쁜 얼굴이지. 왜 다들 그러잖아, 아무리 헌 냄비라도 찾아보면 뚜껑은 있다고…… 제기랄! 그것으로 형편이나 좀 나아졌으면!"

제12장

분명히 집세 지불 기일이 지나간 토요일이었던 것 같다. 아마도 1월 12일이나 13일이라고 생각되지만, 제르베즈는 더 이상 정확하게 기억하지 못했다. 배속에 따뜻한 것을 떠 넣지 못한 지 몇 세기가 흘러버린 듯해서 미쳐 있었다. 아! 지옥 같은 일주일! 완전히 청소됐다. 화요일에 산 4파운드짜리 빵 두 개로 목요일까지 견디었다. 그리고 어제는 말라빠진 빵 껍질을 찾아냈지만, 그때부터 서른여섯 시간 동안은 빵 부스러기도 없이 찬장 앞에서 법석을 떨 뿐이다! 그녀가 알고 있는 것, 말하자면 그녀가 등으로 느끼고 있는 것은 좋지 못한 날씨와 으스스한 추위, 냄비 바닥처럼 지저분하고 내릴 듯하면서도 내리지 않는 눈을 머금은 하늘이었다. 추위와 굶주림이 창자까지 스며들면 허리띠를 아무리 죄어도 끼니가 채워지지 않았다.

아마도 저녁때에는 쿠포가 돈을 가지고 돌아오리라. 그는 일하고 있다고 말했었다. 모든 게 가능하다, 그렇지 않은가? 제르베즈는 이제까지 수없이 속아왔으면서도, 이번에는 정말로 그 돈을 기대하게 되었다. 온갖 말썽이 있은 뒤로, 이 동네에서는 그녀에게 걸레 한 장도 빨아달라고 하지 않았다. 청소부로 써주었던 노부인도, 그녀가 술을 마셨다고 비난하며 쫓아냈다. 이제 아무 데서도 그녀를 원하지 않았다. 그녀는 완전히 신용을 잃은 것이다. 그런데 그녀는 오히려 그게 안심되었다. 왜냐하면 열 손가락을 움직이는 것보다 죽는 편이 더 낫다고 생각할 지경까지 우둔해졌기 때문이다. 어쨌든 쿠포가 품삯을 가지고 돌아오면 무엇이든 따뜻한 것을 먹을 수 있으리라. 그때까지는 아직 점심때도 안 되었으니, 짚을 넣은 이불 위에 누워 있었다. 누워 있으면 추위도 굶주림도 덜했기 때문이다.

제르베즈는 짚이불이라 불렀지만, 정확하게 말하자면 방구석에 쌓아둔 짚더미일 뿐이었다. 침구는 고물상으로 하나씩 사라져 버렸다. 처음에는 돈이 아쉬워서 매트리스를 뜯어 양털을 한 아름 꺼내 앞치마에 싸 가지고 벨롬 거리로 나가서 1파운드에 10수를 받고 팔았다. 매트리스가 없어지자, 이번에는 커피 값을 치르느라고 그 껍데기로 하루아침에 30수를 만들었다. 다음은 베개, 그리고 베개 받침 순서로 팔아치웠다. 나무 침대 틀이 남아 있었지만, 이것만은 보슈 부부의 눈 때문에 팔 밑에 끼우고 나갈 수도 없었다. 만일 집주인에게 담보물로 잡혀 있는 물건이 없어지는 모습을 들키기라도 한다면 관리인 부부는 건물 사람들을 모두 불러 모을 터였다. 그러나 어느 날 저녁, 보슈 부부가 식사를 하고 있는 틈을 타서, 쿠포의 도움으로 침대를 몸체와 등판, 바닥 틀로 분리해서 살그머니 가지고 나갔다. 그것을 팔아 얻은 10프랑으로 그들은 사흘 동안 음식을 만들어 먹었다. 그들은 짚이불로 충분하지 않았던가? 그러나 그 짚이불 껍데기까지도 매트리스 껍데기의 뒤를 이어 팔아버렸다. 덕분에 두 사람은 스물네 시간이나 텅 빈 배를 움켜쥔 뒤에, 빵을 실컷 먹었다. 빗자루로 짚을 조금만 밀쳐도 이 싸구려 잠자리는 언제나 뒤집을 수 있었고, 그것이 다른 것보다 그리 더럽지도 않았다.

제르베즈는 조금이라도 따뜻하게 하려고 옷을 입은 채 짚 더미 위에서, 누더기 치마 밑으로 발을 끌어들이고 몸을 움츠려 쭈그리고 있었다. 그리고 실몽당이처럼 몸을 동그랗게 오그리고 눈을 크게 뜬 채로, 그날따라 심각하게 이런저런 생각에 잠겼다. 아! 틀렸다. 빌어먹을 아침이야! 이렇게 아무것도 먹지 않고 살 수 있단 말인가! 그녀는 이제 배고픔도 느끼지 못했다. 다만 위장 속에 납덩어리가 들어앉아 있는 것 같았고, 반대로 머릿속은 텅 빈 것만 같았다. 분명히 누추한 방은 아무리 훑어봐도 유쾌한 얘깃거리라고는 하나도 없다! 이러고 보면 정말 개집이나 다를 바 없다. 외투를 입고 길에 서서 손님을 부르는 암캐도 결코 이런 곳에는 살지 않을 것이다. 그녀의 흐릿한 눈동자는 텅 비어버린 벽을 바라보고 있었다. 오래전부터 송두리째 전당포로 넘어가고, 서랍장과 탁자와 의자 하나만 남았다. 게다가 서랍장의 대리석과 서랍도 침대들과 같은 운명을 거쳐서 사라져 버렸다. 불이 났다 해도 이처럼 깨끗이 휩쓸어 없애지는 못할 것이다. 자질구레한 장식품들, 곧 12프랑의 회중시계로부터 가족사진에 이르기까지 사라져 비었다. 사진은 의사 고물 상수가 그 틀만 가지고 갔다. 아주 친절한 고물 장수로, 그녀가 스튜 냄비와 다리미와 빗을 가지고 가니, 물건에 따라 5수, 3수, 2수씩, 빵을 조금이라도 살 만큼의 돈을 수었다. 이제는 심지 자르는 망가진 헌 가위만 남았으나, 그 여자 고물 장수도 그것만은

1수도 주려고 하지 않았다. 오! 먼지나 쓰레기, 때를 어디에 내다 팔아야 할지 알 수만 있다면 그녀는 당장에 가게를 냈을 것이다. 왜냐하면 그 방은 그토록 더러웠으니까! 구석의 거미줄만 눈에 뜨일 뿐이었다. 거미집은 벤 상처에 좋다고 했지만 그것을 사겠다고 협상하는 사람은 아직 본 일이 없다. 이런 생각을 하고 있는 동안에, 그녀는 머리를 돌려 무엇이든 팔려는 희망도 포기하고, 또다시 짚이불 위에서 몸을 오그렸다. 뼛속까지 얼어붙는 슬픈 날, 그녀는 창 너머로 눈이 잔뜩 올 듯한 하늘을 바라보고 있는 편이 더 나을 것 같았다.

정말 귀찮다! 온갖 걱정으로 머리를 괴롭히고, 자기 상황에 빠져 있어봤자 뭐가 좋을까? 잠깐이라도 눈 좀 붙였으면! 그러나 이 누추한 방에서 일어났던 시끄러운 소동이 그녀 머리에서 떠나지 않았다. 집주인 마레스코 씨가 직접 오더니, 2기분 밀린 집세를 일주일 안에 내지 못하면 나가라고 했다. 그래! 그들을 내쫓겠지. 그들에게는 길거리가 더 나을지도 모른다! 외투를 입고 털장갑을 낀 그 지저분한 녀석이, 그들이 잔돈푼이라도 어딘가 감추고 있는 줄 알고 일부러 집세를 재촉하러 오는 꼴이라니! 빌어먹을! 목을 졸라맬 바에야 무엇이고 먹어치우고 말지! 정말 그 배불뚝이 녀석은 고약하기 그지없다. 제기랄! 집에 돌아올 때마다 그녀를 때리는 짐승 같은 쿠포와 마찬가지였다. 그녀에게는 집주인도 남편도 똑같은 존재였다. 아니, 그 두 사람뿐만이 아니다. 이제는 상대가 누구든 무턱대고 증오했다. 그토록 그녀는 세상과 인생에서 도망치고 싶었다. 정말 지금의 그녀는 주먹질 대상이 되는 창고 같았다. 쿠포는 몽둥이를 암탕나귀의 부채라고 불렀는데, 그것으로 마누라를 부채질할 때면 정말 볼만했다! 그녀는 수영을 하다가 나와서 구역질 나게 땀을 흘린 꼴이 되곤 했다. 물론 그녀도 지지 않고 물어뜯고 할퀴고 했다. 텅 빈 방에서 두 사람은 서로 때렸다. 입맛이 없어져 버릴 정도의 난투극이었다. 하지만 결국은 다른 것과 마찬가지로, 제르베즈는 주먹다짐도 아랑곳하지 않게 되었다. 쿠포는 몇 주일씩 계속 취하고, 몇 달씩 계속 마시고 다녔다. 정신도 못 차릴 만큼 취해서 집에 돌아오면 마누라를 때리고 싶어했다. 그녀는 그것에도 익숙해졌으며 다만 남편을 귀찮은 존재로만 생각할 뿐이었다. 그런 날이면 돌아서서 남편에게 엉덩이를 보였다. 그렇다, 엉덩이나 봐라, 이 더러운 인간아! 로리외 부부도, 푸아송 부부도, 보슈 부부도, 엉덩이나 봐라! 그녀를 멸시하는 동네 사람 모두가 그렇게 해라! 파리 전체가 한꺼번에 걸려들었다. 그녀는 그지없이 무관심한 표정으로 파리 전체를 엉덩이로 제압했다. 그렇게 함으로써 행복하게 복수를 했다.

불행하게도 인간이란 어떤 일에나 익숙해질 수 있지만, 먹지 않고 사는 것만큼은 되지 않는다. 제르베즈를 실망시킨 것이 바로 이것이었다. 헐벗고 비참한 생활 중에서도 밑바닥으로 떨어진, 인간말짜가 되어버린 일에 대해서도 그녀는 아랑곳하지 않았고, 그녀가 옆을 지나가면 사람들이 자기 몸을 닦아도 그녀는 개의치 않았다. 아무리 무례한 행패를 당해도 이미 아프지도 가렵지도 않았다. 그러나 배고픔만은 그럴 수가 없다. 배창자가 비틀려서이다. 오! 그녀는 아주 하찮은 음식조차 먹어볼 수가 없었다. 그녀는 방을 내려가서 보이는 대로 먹어치웠다. 요즘은 특별한 날이어도, 그녀는 푸줏간 접시에서 오래 묵어 색이 거무튀튀해진 1파운드에 4수짜리 고기를 사왔다. 그것을 감자와 함께 냄비에 넣고 휘저었다. 때로는 소 염통을 소스로 익히기도 했다. 이런 음식에도 그녀는 입맛을 다셨다. 또 포도주가 있으면 얇게 썬 빵, 진짜 '수프 드 페로케'*¹를 샀다. 이탈리아 치즈를 아주 조금, 그리고 설익은 사과와 마른 콩을 섞어서 익혔다. 이런 것들도 이제 와서는 대단한 진수성찬이라, 그렇게 자주 먹을 수는 없었다. 그녀는 수상쩍은 싸구려 식당의 찌꺼기 음식도 허겁지겁 먹었다. 거기서는 1수만 내면 썩은 구운 고기 토막이 섞여 있는 생선 가시를 무더기로 얻을 수 있었다. 그리고 다시 몸을 한층 낮추어서 어느 친절한 음식점에서 구걸을 하여, 손님이 먹다 남긴 빵 껍질을 얻었다. 그것을 이웃집 아궁이에 되도록 오랫동안 올려놓아 버터 수프로 만들었다. 그뿐이랴, 배가 너무나 고픈 아침에는 청소부가 지나가기 전에, 개들과 함께 온갖 가게 문 앞을 기웃거리기까지 했다. 가끔은 부자들의 요리를 만나는 날도 있었는데, 썩은 멜론이나 빛깔이 변한 고등어, 뼈에 붙은 고기도 주울 수가 있었다. 뼈에 붙은 고기에는 구더기가 있을지도 몰라서 잘 들여다보았다. 그렇다, 그녀는 이런 상황이었다. 이런 일은 고상한 사람들에게는 생각만 해도 몸서리쳐지는 일이리라. 그렇지만 그런 까다로운 사람들도 사흘만 굶기면 배를 원망하며 불평하는지 안하는지 볼 수 있을 것이다. 그들 또한 틀림없이 네 발로 기어가서, 동료들과 함께 쓰레기 더미 속에 얼굴을 박고 정신없이 먹을 것이다. 아! 가난뱅이들의 숙음, 굶주림을 호소하는 빈 창자, 이를 맞부딪치며 더러운 것이라도 배불리 먹

_____

*1 soupe de perroquet : 포도주에 적셔 먹는 빵.

으려는 짐승 같은 욕구가, 찬란하게 빛나는 이 황금빛 파리에 있다니! 기름진 거위 고기로 배를 채우던 시절이 있었는데! 제르베즈는 이제 그런 일은 잊었다. 어느 날, 쿠포가 빵 교환권을 아내 몰래 두 장 훔쳐 가지고는, 그것으로 술을 마신 일이 있었다. 배를 주린 그녀는 겨우 그런 사소한 도둑질로 흥분한 나머지, 남편을 삽으로 후려쳐서 죽일 뻔했다.

그러는 동안 제르베즈는 희뿌연 하늘을 바라보다가, 괴로워서 얕은잠에 빠졌다. 그리고 눈(雪)을 머금은 하늘이 자신의 머리 위에서 찢어지는 꿈을 꾸었다. 그토록 매서운 추위였다. 그녀는 갑자기 몸서리를 치고 불안에 휩싸여 몸을 몹시 떨면서 눈을 번쩍 뜨고 잠에서 깨어났다. 맙소사! 그녀가 죽을 뻔 했나? 눈에 핏발이 서고 벌벌 떨면서 보니, 아직 환한 대낮이었다. 아직 밤은 오지 않았군! 배 속이 비어 있으니까 시간도 몹시 느리게 지나간다! 그녀의 위장도 깨어나서 그녀를 괴롭혔다. 그녀는 의자에 쓰러지듯 주저앉아, 머리를 숙이고, 두 손을 가랑이 사이에 녹이면서 저녁으로 뭘 먹을지 생각했다. 쿠포가 돈을 가지고 돌아오면, 곧바로 나가서 빵 한 개, 포도주 한 병, 그리고 리옹식 소천엽 2인분을 먹어보자. 바주주 영감의 뻐꾸기시계가 3시를 쳤다. 그녀는 아직 3시밖에 되지 않았다는 생각에 눈물이 나왔다. 7시까지 기다릴 힘이 도저히 없었다. 그녀는 심한 고통을 잊으려는 소녀처럼 몸뚱이를 흔들어대며, 배고픔을 느끼지 않기 위해 몸을 구부리고 쭈그려 앉아서 열심히 배를 눌렀다. 아! 배고픈 거보다는 아이를 낳는 게 훨씬 편하겠다! 그래도 배고픔이 가라앉질 않자 그녀는 불현듯 화가 치밀어, 벌떡 일어서서 어린아이를 잠재우듯 공복을 잠재우려고 이리저리 서성였다. 30분 동안 그녀는 텅 빈 방을 이 구석 저 구석 부딪치며 걸어다녔다. 그리고 갑자기 눈을 고정시키고 걸음을 멈췄다. 할 수 없지! 그들에게 하고 싶은 대로 말을 해보랄 수밖에. 그들이 원한다면 그들의 발이라도 핥아줄 테다. 아무튼 그녀는 로리외 부부에게 10수를 꾸러 갔다.

겨울에는 건물 안에서도 가난뱅이들이 모여 사는 이 계단 주변에서는 10수나 20수씩 꾸고 꾸어주는 일이 언제나 있어서, 굶기를 밥 먹듯 하는 이들은 이렇게 서로를 돕고 살았다. 다만 로리외 부부에게 부탁할 정도라면 죽는 편이 훨씬 낫다고 생각했다. 이 부부가 지갑을 쉽게 열지 않는다는 사실은 누구나다 알고 있었다. 그런 그들에게 돈을 빌리러 간 것은 제르베즈로서는 대단한 뱃심을 보인 셈이다. 그녀는 복도에서는 몹시 두려워서 머뭇거렸으나, 일단 문을 두드리고 보니 치과에 가서 초인종을 누른 사람처럼 오히려 문득 마음이 놓였다.

"들어와요!" 사슬장이가 날카로운 목소리로 소리쳤다.

방 안은 기분 좋은 분위기였다! 화덕은 불타오르고, 파릇한 불꽃이 좁은 작업장을 비추고 있었다. 한편 로리외 부인은 금철사 뭉치에 열을 가하고 있었다. 로리외는 작업대 앞에서 더워서 땀을 흘렸다. 금사슬 고리를 용접기로 이어붙였다. 그리고 좋은 냄새가 풍겨왔다. 양배추 수프가 난로 위에서 끓으며 모락모락 김을 내고 있었다. 그것이 제르베즈의 마음을 흔들었다. 그녀는 그만 정신이 아찔해졌다.

"아! 당신이 왔군." 로리외 부인은 앉으라는 말도 없이 내뱉었다. "무슨 일이야?"

제르베즈는 대답하지 못했다. 이번 주일에는 로리외 부부와 그다지 서먹한 일도 없었지만, 10수만 꾸어달라는 소리가 차마 입에서 나오지 않았다. 왜냐하면 그녀는 보슈가 난로 곁에 버티고 앉아 험담을 하고 있던 걸 눈치챘기 때문이다. 그런데 보슈는 시치미를 떼고 있으니! 아니, 그 웃는 모습은 볼만했다. 입을 동그랗게 벌리고, 코가 덮일 정도로 두 볼은 불룩하게 나와 있었다.

"무슨 볼일이지?" 로리외가 되풀이해서 물었다.

"혹시 쿠포를 보셨어요?" 제르베즈는 우물쭈물 말했다. "여기 있는 줄 알았는데요."

사슬장이 부부와 관리인은 비웃었다. 물론 그들은 쿠포를 보지 못했다. 그들이 쿠포에게 술을 주지 않으니까 쿠포도 올 리가 없었다. 제르베즈는 겨우 더듬으며 말을 이었다.

"그가 돌아오겠다고 약속을 했었어요…… 그래요, 돈을 가지고 돌아올 거예요…… 그리고 나는 돈이 꼭 필요해서……"

무거운 침묵이 감돌았다. 로리외 부인은 거칠게 화덕에 부채질을 했다. 로리외는 손가락 사이에 끼워 늘어뜨린 사슬을 코끝에다 갖다 대었다. 보슈는 여전히 보름달처럼 웃으며 입을 이찌나 동그랗게 만들고 있는지, 시험 삼아 그곳에 손가락을 집어넣고 싶을 정도였다.

"다만 10수만 있다면." 제르베즈는 나지막한 소리로 속삭였다.

침묵이 계속되었다.

"10수만 꾸어주실 수 있나요?…… 오! 오늘 밤에라도 바로 갚아드리겠어요!"

로리외 부인은 몸을 돌려, 그녀를 집요하게 바라보았다. 얌체 같으니, 누구라도 감언이설로 속여먹을 셈이야. 오늘은 10수라고 했지만, 내일은 20수가 되겠지. 그렇게 되면 끝이 없어. 안 돼, 안 돼. 그럴 순 없어. 날씨가 따뜻해지면, 참회의 화요일에나 와보라지.

"하지만, 이봐. 로리외 부인이 소리쳤다. "우리집에 돈이 없다는 것은 자네도 잘 알고 있잖은가! 자, 내 주머니를 뒤져봐. 뒤져봐도 좋단 말이야…… 있으면 기꺼이 내가 꾸어주지."

"마음은 언제라도 그러고 싶지." 로리외가 투덜거리듯 말했다. "하지만 없을 때는 그럴 수가 없다고."

제르베즈는 아주 겸손하게 고개를 끄덕이며 동의했다. 그러나 그녀는 가려고 하지 않고서, 벽에 걸어놓은 금사슬 다발, 마누라가 다이스 철판에 걸고 힘껏 잡아당기고 있는 금줄, 남편의 마디진 손가락 밑에 쌓여 있는 금고리들을 흘깃 보았다. 그리고 그녀는 그 거무튀튀하고 천한 쇳조각 하나만 있으면 맛있는 저녁 식사를 너끈히 할 수 있다고 생각했다. 그날 작업장은 고철과 탄가루, 제대로 닦이지 않은 기름때가 묻어 지저분했지만 그녀의 눈에는 마치 환전소처럼 값지게 번쩍여 보였다. 그래서 그녀는 용기를 내어, 다시 부드럽게 되풀이해서 부탁해 보았다.

"갚아드릴게요, 꼭 갚아드릴 거예요…… 당신 집에서는 10수쯤은 아무것도 아니잖아요."

그녀는 가슴이 터질 듯 조여왔지만, 어제부터 아무것도 먹지 않았다고 고백하기는 싫었다. 이어서 다리 힘이 빠지는 기분으로, 주저앉아 울고 싶은 심정이 되어 우물우물 다시 말했다.

"부탁이에요!…… 당신들은 모르시겠지만…… 그래요, 나는 이 지경이 되었어요! 이 지경이……."

그러자 로리외 부부는 입술을 실룩거리며, 슬그머니 서로 시선을 주고받았다. 절름발이 여자가 이제 거지 노릇까지 하는군! 맙소사! 완전히 몰락했어. 그들 부부는 그런 거지가 싫었다! 알았더라면, 문을 열어주지 않았을 텐데. 거지에게서는 잠시도 눈을 뗄 수 없으니 말이다. 그리고 거지들은 무슨 핑계든 대고 방에 들어와서, 값나가는 물건을 훔쳐가기 때문이다. 게다가 그 부부에게는 도둑맞을 것이 많으니 더욱 그러했다. 조금만 손을 내밀면, 한 줌만 집어도 줄잡아 30프랑 내지 40프랑까지는 가지고 나갈 수 있었다. 지금까지 여러 번, 제르베즈가 금 앞에 서서 수상한 태도로 있을 때 그들은 마음을 놓을 수 없었다. 그들은 이번만은 조심해야겠다고 생각했다. 제르베즈가 좀 더 앞으로 다가서며 나무 가리개에 발을 대자, 사슬장이가 그녀의 부탁에는 대답하지 않고 거칠게 소리쳤다.

"이봐, 조심해! 당신도 구두 바닥에 금 부스러기를 묻혀 나갈 생각인가……금가루를 묻히려고 구두 바닥에 기름이라도 발라놓았나?"

제르베즈는 천천히 뒷걸음질을 쳤다. 그리고 잠시 선반에 기댔다가, 로리외 부인이 손을 흘끔흘끔 바라보자 두 손을 활짝 펴 보이고는, 화도 내지 않고, 모든 걸 다 받아들이는 몰락한 여자 같은 힘없는 목소리로 말했다.

"아무것도 안 집었어요. 자, 보세요."

그리고 제르베즈는 나가버렸다. 지독한 양배추 수프 냄새와 작업장의 푸근한 온기에 기분이 굉장히 언짢아서였다.

아! 로리외 부부는 지금 그녀를 붙들리가 없다. 그래, 잘 가라, 두 번 다시 문을 안 열어줄 테야! 제르베즈의 얼굴이라면 이제 지긋지긋하다. 그들은 다른 사람이 자기 잘못으로 얻은 가난에는 전혀 아랑곳하지 않았다. 그리고 그들은 돈도 있고, 따뜻한 방에서 맛있는 수프를 먹는다고 생각하니 그들만의 기쁨이 생겨 어쩔 줄 몰라했다. 보슈도 몸을 길게 뻗고, 두 볼을 더욱 불룩하게 부풀리고 있었다. 그래서 그의 웃는 얼굴은 정말로 비열하게 보였다. 두 사람은 모두 예전에 절름발이가 보였던 건방진 태도와, 푸른 칠을 한 가게, 잔치들에 대하여 호되게 보복을 했다고 생각했다. 정말 잘됐다. 저것이 바로 식도락의 종말이다. 먹기를 좋아하고, 게으르고, 음탕한 여자는 폐물처럼 다루어야 한다.

"여자가 저 모양이라니! 10수를 구걸하러 오고!" 로리외 부인은 제르베즈의 등에 대고 소리쳤다. "그래, 어림도 없지. 지금 10수를 꾸어주면 저 여자는 곧장 술을 마시러 갈걸!"

제르베즈는 처진 어깨를 움츠리고 헌 신발을 질질 끌며 복도를 걸어갔다. 자기 방 문턱까지 와서도 안으로 들어가지는 않았다. 방이 두려웠다. 걸으면 몸도 녹고, 배고픔도 견딜 수 있을 것이다. 지나가다가 목을 길게 빼고 충계 아래에 브뤼 영감의 개집 같은 보금자리까지 들여다보았다. 거기에는 또 한 사람이 굶주리고 있을 테지. 영감도 사흘 전부터 점심, 저녁을 거르고 있을 것이다. 그러나 영감은 거기 없었다. 그 안은 텅 빈 구멍뿐이었다. 어느 집에 초대라도 받았나, 생각하니 부럽기까지 했다. 비자르의 방 앞에 다다르자 신음 소리가 들려서 제르베즈는 안으로 들어가 보았다. 열쇠는 언제나 자물쇠에 꽂혀 있었다.

"왜 그래?" 제르베즈가 물었다.

방은 매우 깨끗했다. 한눈에 보니, 랄리가 아침에 청소해서 정돈해 놓은 모습이었다. 비참한 가난이 아무리 방을 어지르고 끊임없이 쓰레기를 늘어놓아도, 랄리는 보이는 대로 치우고 닦아 보기에도 깔끔한 가정을 꾸며놓았다. 부자는 아니더라도, 이 집에는 훌륭한 주부가 있는 느낌이 들었다. 그날, 앙리에트와 쥘 이 두 아이는 낡은 판화를 찾아내었고, 한구석에서 그것을 오려내며 조용히 놀고 있었다. 하지만 제르베즈는 랄리가 좁다란 간이침대 위에서, 턱까지 이불을 뒤집어쓰고 창백한 얼굴로 누워 있는 모습을 보고 놀랐다. 랄리가 누워 있다니, 그럴 리가! 많이 아픈가 보군!

"왜 그러니?" 제르베즈가 걱정이 되어 거듭 물었다.

랄리는 이제 앓는 소리를 내지 않았다. 핏기 없는 눈을 조용히 뜨고, 웃는 낯을 보이려고 했으나 입술이 바르르 떨렸다.

"아무렇지도 않아요." 랄리는 아주 작은 목소리로 속삭였다. "정말, 아무렇지도 않아요."

그러고는 눈을 감으며 힘겹게 말했다.

"요즈음 너무 피곤해서, 이렇게 게으름을 피우며 쉬고 있어요."

그러나 아직 앳된 티가 나는 아이의 얼굴에는 납빛 반점이 여기저기 보였고, 몹시 괴로운 표정이었다. 제르베즈는 자신의 고통도 잊고, 두 손을 모아 소녀 곁에 꿇어앉았다. 그러고 보니 한 달 전부터 이 소녀는 언제나 벽에 의지하며 걸었고, 몸을 접어 구부리고는 나무 관을 울리는 소리처럼 크게 기침하고는 했다. 아이가 딸꾹질을 하자 입가에서 핏방울이 배어 나왔다.

"제 잘못이 아녜요, 그냥 힘이 없어요." 랄리는 진정된 듯 속삭였다. "청소를 좀 했어요…… 아주 깨끗해졌죠?…… 유리창도 닦으려 했지만 다리가 말을 듣지 않았어요. 바보예요! 하지만 대강 정리했기 때문에 이렇게 누워 있어요."

잠시 말을 멈추었던 랄리가 말했다.

"제 동생들이 가위에 베지 않게 좀 봐주세요."

그녀는 계단을 올라오는 둔탁한 발소리를 듣고, 떨면서 입을 다물었다. 비자르 영감이 난폭하게 문을 밀어젖혔다. 여전히 한잔 들이켜고, 강한 싸구려 브랜디로 난폭해진 눈을 번득였다. 누워 있는 랄리를 보고 자기의 두 넓적다리를 치며 비웃었다. 그는 그 큰 채찍을 꺼내면서 소리쳤다.

"아! 제기랄, 뻔뻔스러워라! 그냥 웃고 말아야지!…… 이제 대낮에도 암소처럼 자빠져 있어!…… 이 게으른 망나니, 사람을 놀리는 거냐?…… 자, 어이! 일어나!"

그는 벌써 침대 위에서 채찍을 휘두르고 있었다. 그러나 그 아이는 애원 하듯 되풀이해서 말했다.

"아녜요, 아빠, 제발 때리지 마세요…… 틀림없이 아빠는 후회할 거예요…… 때리지 마세요."

"벌떡 일어나라니까." 그는 더욱더 세차게 소리쳤다. "냉큼 일어나지 않으면 네 옆구리를 간질여 줄 테다!…… 일어나, 쓸모없는 년!"

그러자 아이는 부드럽게 말했다.

"일어날 수가 없어요, 아시겠어요?…… 저는 죽을 거예요."

제르베즈는 비자르에게 덤벼들어 채찍을 빼앗았다. 비자르 영감은 멍청히 간이침대 앞에 서 있었다. 이 코흘리개 여자가 무슨 말을 지껄이지? 병도 아닌데, 그 나이에 죽기는 왜 죽어! 어리광 부리려고 연극을 하는군! 아! 조사를 해야지. 거짓말이기만 해봐라!

"곧 알게 될 거예요, 정말이에요." 그 애는 계속했다. "저는, 가능하면 아빠에게 고생을 안 시켜드리려고 애썼어요…… 이번만은 조용히 해주세요. 그리고 저에게 작별 인사를 해주세요, 아빠."

비자르는 속는 게 아닐까 두려워하면서 코를 만지작거렸다. 그렇지만 정말 딸은 이상한 얼굴로, 어른처럼 엄숙하고 진지한 모습으로 누워 있었다. 죽음의 숨결이 방 안을 스쳐서 그의 취기를 깨웠다. 그는 기나긴 잠에서 갑자기 깨어난 사람처럼 주위를 돌아보았다. 집 안은 온통 살림이 정돈되어 있고, 두 어린아이도 깨끗한 얼굴로 웃으면서 놀고 있었다. 그는 의자에 털썩 주저앉아 중얼거리듯 말했다.

"우리 꼬마 엄마, 우리 꼬마 엄마……."

그의 입에서는 이런 말밖에 나오지 않았다. 그런데 그 말은, 단 한 번도 귀여움을 받아본 적이 없었던 랄리에게는 무척이나 다정하게 들렸다. 소녀는 아버지를 위로했다. 어린아이들을 제대로 다 키우지 못하고 이렇게 죽어가는 것이 소녀는 무엇보다도 괴로웠다. 아버지가 그 애들을 잘 보살펴 주시겠지? 소녀는 생기 없는 목소리로, 아이들을 단정하게 하고, 깨끗하게 해주는 방법을 그에게 자세히 설명해 주었다. 아버지는 다시 취기가 돌아서 딸이 죽어가는 모습을 눈이 휘둥그레져서 멍하니 지켜보며 머리를 좌우로 흔들어댔다. 머릿속에서 온갖 생각들이 떠오르고 있었지만 한 마디도 나오지 않았다. 그러나 울기에는 너무나 몸이 화끈거렸다.

"조금만 더 들어주세요." 잠시 조용하던 랄리가 다시 말했다. "빵 가게에 4프랑 7수를 갚아야 해요. 꼭 갚아주세요…… 고드롱 부인이 다리미를 빌려 갔으니 돌려받으세요…… 오늘 저녁에는 수프를 만들지 못했어요. 하지만 빵은 아직 남아 있어요. 감자를 좀 데우고……."

마지막으로 숨을 거둘 때까지, 이 가엾은 고양이는 자신의 모든 세계의 꼬마 엄마였다. 이 소녀를 대신할 사람은 아무도 없을 것이다! 이 나이에 진짜 어머니 같은 분별력이 이 소녀를 죽음으로 몰고 갔다. 이토록 크나큰 모성애를 지니기에는 그 가슴은 너무나 연약하고 작았다. 그리고 이런 보물을 잃게 된 원인도 짐승처럼 흉포한 아버지 때문이었다. 어머니를 발길로 차서 죽였을 뿐만 아니라 또다시 딸까지 학살하지 않았나! 이 두 착한 천사는 무덤 속에서 잠들겠지만 이 사내는 분명 길거리에서 개처럼 쓰러져서 죽을 것이었다.

그래도 제르베즈는 울음을 터뜨리지 않으려고 무던히 참았다. 소녀를 조금이라도 편하게 해주고 싶어서, 그녀는 손을 내밀었다. 그리고 누더기 이불이 미끄러져 내렸기 때문에, 다시 올려놓고 침대를 바로잡아 주려 했다. 그러자 죽어가는 가엾은 작은 몸뚱이가 보였다. 아! 하느님! 이 얼마나 비참하고 가엾은 모습인가! 돌도 눈물을 흘리리라. 랄리는 블라우스 조각을 속옷 대신 어깨에 걸치고 있을 뿐 발가숭이였다. 그렇다, 발가숭이. 그것도 순교자와 같은 피투성이의 처참한 발가숭이였다. 하도 말라서 뼈가 가죽에서 튀어나올 듯한 몰골에, 옆구리에는 보랏빛의 가느다란 얼룩이 넓적다리까지 이어져 있었다. 채찍질을 당한 생생한 흔적이었다. 납빛 얼룩이 왼팔을 휘감고 있었다. 마치 바이스 기계의 이(齒)가 성냥개비만 한 가느다란 팔을 물어뜯은 것 같았다. 오른쪽

발에는 아직 아물지 않은 상처가 드러나 있었다. 아물기 시작하던 상처는 아침마다 집안일로 걸어다니면 또다시 벌어지곤 했다. 발끝부터 머리끝까지 소녀의 몸은 온통 멍투성이였다. 오! 그 무거운 사내의 발이 이렇게 병아리처럼 사랑스러운 소녀를 짓밟다니, 이렇게 허약한 소녀가 이런 십자가 밑에서 허덕이다니 구역질이 난다! 교회에서 신자들은 채찍을 맞는 성녀들 상(像)을 우러러보고 있지만, 그 성녀들의 알몸도 이 소녀보다 청순하지 못하다. 제르베즈는, 침대 바닥에 납작하게 붙어 있는 너무도 가엾은 몸뚱이를 보고 정신이 뒤집혀서 이불을 덮어줄 생각도 못하고 또다시 쭈그리고 앉았다. 떨리는 그녀의 입술은 기도의 말을 찾고 있었다.

"쿠포 부인." 소녀가 속삭이듯 중얼거렸다. "제발 부탁해요……"

짧은 팔로, 소녀는 이불을 끌어올리려 했다. 아주 수줍어하는 소녀는 아버지가 있었기 때문에 갑작스레 부끄러워진 것이다. 비자르는 멍청하니 자기가 만든 시체를 바라보며, 짜증 난 짐승처럼 느릿느릿한 동작으로 여전히 머리를 좌우로 흔들었다.

랄리에게 이불을 다시 덮어준 제르베즈는 더 이상 거기에 머물러 있을 수가 없었다. 죽어가는 소녀는 차츰 약해져서 말할 힘도 없이, 이제는 오직 예전처럼 체념해 버린, 생각에 잠긴 검은 눈동자를, 그림을 잘라내며 놀고 있는 두 어린아이에게 쏟고 있을 뿐이었다. 방 안에는 어둠이 깃들기 시작했다. 비자르는 이 고통으로 얼이 빠진 몽롱함 속에서 서서히 술이 깼다. 싫다, 싫어, 인생이 너무나 끔찍하다! 아! 얼마나 더러운지! 아! 얼마나 더러운지! 제르베즈는 그곳에서 나와, 계단을 내려오면서도 머리가 이상해져서, 자기가 무엇을 하고 있는지도 몰랐다. 차라리 승합마차 바퀴 밑에 뛰어들어 모든 것을 끝내고 싶은 심정이었다.

이 얼마나 못된 운명이냐고 투덜거리며 달려가던 제르베즈는, 정신을 차리고 보니 쿠포가 일하고 있는 주인집 문 앞에 와 있었다. 그녀의 두 다리가 그녀를 여기까지 데려왔다. 위장이 또다시 노래하기 시작했다. 구십 절(節)이나 계속되는 굶주림의 애가(哀歌), 이제는 이미 비린 애가였다. 쿠포가 나올 때 붙잡는다면, 돈을 낚아채서 먹을 것을 사겠다. 기다려 봤자 기껏 한 시간, 어제부터 손가락만 빨았으니 그 정도 시간이라면 참아낼 수 있겠지.

그곳은 샤르보니에르 거리와 샤르트르 거리가 교차하는 모퉁이로, 사방에서 바람이 불어닥치는 네거리였다. 제기랄! 보도를 성큼성큼 걸어도 몸이 녹지 않았다. 털외투가 있었으면! 하늘은 여전히 추잡한 납빛이었다. 당장에라도 눈이 쏟아질 것 같았고, 그래서 거리는 얼음 모자를 씌워 놓은 듯했다. 아무것도 내리지 않았지만 하늘은 엄청난 침묵 속에서 파리를 위해 완전한 변장을, 새롭고 하얀 아름다운 드레스를 준비하고 있었다. 제르베즈는 하늘을 우러러보며, 하느님, 제발 지금은 그 얇고 투명한 모슬린을 내리지 마옵소서, 기도했다. 제자리걸음을 하면서 건너편 식료품 가게를 바라보고 있다가, 이윽고 그녀는 발걸음을 돌렸다. 배를 미리 잔뜩 고프게 할 필요가 없었기 때문이다. 네거리에는 심심풀이 거리도 없었다. 이따금 길을 가는 사람은 있었지만 모두 목도리를 두르고 빠른 걸음으로 지나갔다. 추위가 엉덩이를 얼어붙게 하는데, 어슬렁거릴 사람은 물론 없을 것이다. 제르베즈는, 네댓 명의 여자가 자기처럼 함석장이 주인집 문턱에서 망을 보고 있는 것을 알았다. 틀림없이 불쌍한 여자들일 것이다. 이들도 남편의 급료가 술집으로 날아가지 못하도록 망을 보고 있는 게 분명했다. 헌병 같은 얼굴에 키가 크고 삐삐 마른 여자가, 벽에 찰싹 달라붙어서 남편의 등으로 덤벼들 태세를 하고 있었다. 또 순하고 허약하게 보이는 검은 옷을 입은 자그마한 여자도 건너편 보도를 어슬렁거리고 있었다. 또 한 사람, 느림보처럼 보이는 여자는 추위서 벌벌 떨며 울어대는 두 아이를 양쪽에 데리고서 나타났다. 제르베즈는 보초 서는 동료 여자들처럼 곁눈질로 바라보면서 말도 없이 지나갔다가 다시 되돌아가기를 반복했다. 기쁜 만남이다! 아! 그래, 그럴 리가 없다! 이 여자들은 서로 아는 얼굴들이라서 번지를 알려줄 필요는 없었다. 누구나가 가난뱅이라는 똑같은 하나의 간판 밑에 살고 있었다. 어느 누군가에게는 더 춥게 느껴질 1월의 이 끔찍한 추위 속에서, 그녀들은 제자리에 말없이 서서 서로 지나치는 사람들을 바라보고 있었다.

그러나 그 주인집에서는 고양이 한 마리도 나오지 않았다. 마침내 직공 한 사람이 나타났다. 이어서 두 번째 사람, 세 번째 사람. 하지만 그들은 틀림 없이 급료를 충실하게 집으로 가져가는 사람들일 것이다. 왜냐하면 그들은 작업장 앞에서 어슬렁거리는 그림자들을 보고서, 고개를 가로저었기 때문이다. 키가 크고 바싹 마른 여자가 문 옆으로 좀 더 가까이 다가갔다. 바로 그 순간 얼굴빛이 좋지 못한 자그마한 남자가 살금살금 조심스럽게 머리를 내밀자 키 큰 여자가 단숨에 달려들었다. 아! 빨리 끝이 났다! 여자는 남자의 주머니를 뒤져

돈을 빼앗았다. 이제 동전 한 푼 안 남았다. 한 방울의 술도 마실 돈이 없다! 자그마한 사내는 화도 나고 실망해서, 어린아이처럼 커다란 눈물방울을 떨어뜨리며 헌병 같은 마누라 뒤를 따라갔다. 직공들이 뒤를 이어 쏟아져 나왔다. 두 어린아이를 데리고 있던 억세게 생긴 여자가 다가가자, 갈색 머리에 교활한 얼굴의 큰 남자가 알아차리고, 빨리 그녀의 남편에게 알려주려고 되돌아갔다. 남편이 몸을 흔들거리며 나왔을 때에는 벌써 100수짜리 동전 두 개를 빼돌려 구두 속에 한 개씩 감추고 난 뒤였다. 그는 아이 하나를 안아 들고, 고래고래 소리 지르며 잔소리를 늘어놓는 마누라에게 거짓말을 둘러대며 앞서 나아갔다. 그들 중에는 급료를 친구들과 함께 몽땅 마셔버리려고 조급히 달음질치는 어처구니없는 사람도 있었다. 그런가 하면 차마 볼 수 없을 만큼 불쌍한 사람도 있었다. 이 주 동안 사나흘 일한 돈을 거머쥐고는 스스로를 게으름뱅이라고 탓하며 믿을 수 없는 맹세를 늘어놓는 사람들도 있었다. 그러나 가장 불쌍했던 것은 검은 옷을 입은 한 자그마한 여자의 고통이었다. 여자는 보잘것없으면서도 예민하고 우아해 보였다. 그 여자의 잘생긴 남편은 그녀를 땅에 넘어뜨릴 뻔할 만큼 매우 거칠게 여자를 밀치고 달아났다. 마누라는 온몸으로 눈물을 흘리며, 가게들이 늘어선 거리를 따라 비틀거리면서 홀로 돌아갔다.

마침내 직공들의 행렬이 끊어졌다. 제르베즈는 거리 한복판에서 공장 문을 바라보았다. 나쁜 예감이 들었다. 뒤처진 직공이 다시 두 사람 나타났지만 쿠포는 아니었다. 그녀는 그 두 사람에게 쿠포는 나오지 않느냐고 물어 보았다. 그들은 수작을 부리는 듯 농담처럼, 귀여운 암탉을 오줌 뉘러 랑티메슈라는 녀석과 뒷문으로 달아났다고 대답했다. 제르베즈는 이해했다. 쿠포는 또 제르베즈를 속였다. 그녀는 확인하러 갈 것이다. 그래서 천천히 그녀는 뒤축이 찌그러진 헌 구두를 끌면서 샤르보니에르 거리를 내려갔다. 저녁 식사가 그녀의 앞에서 멋지게 달아나 버렸다. 그리고 그녀는 그것이 노란 땅거미 속에서 달려가는 것을 바르르 떨며 바라보았다. 이번에야말로 끝장이다. 한 푼도 없고 희망도 없다. 오직 밤과 굶주림뿐이다. 아! 아름다운 밤이 사라지고 그녀 어깨 위에는 더러운 어두움만 내려앉고 말았다!

그녀는 푸아소니에르 거리를 무거운 발걸음으로 올라가고 있었다. 바로 그때 쿠포의 목소리가 들려왔다. 그렇다, 그가 거기 '작은 사향고양이'에서 '장화'에게 한턱 얻어먹고 있는 중이었다. 그 익살쟁이 '장화'는 지난 늦여름에 속임수를 썼다가 정말로 어느 부인과 결혼을 했다. 그 여자는 이미 나이가 많았지만, 그래도 아직 젊었을 때의 아름다웠던 모습을 간직하고 있었다. 오! 마르티르 거리에 사는 당당한 부인이었는데, 시문 언저리를 어슬렁거리는 하찮은 여자들과는 달랐다. 이 행운아가 멋있는 옷차림에 맛있는 음식을 먹고, 두 손을 주머니에 넣고 부유한 중산층으로 사는 모습은 가관이었다. 이제는 못 알아볼 정도로 살이 쪘다. 친구들 말을 빌리면, 그의 아내가 알고 지내는 부유한 신사들 집에서 언제든 일거리를 얻어낸다고 했다. 그런 부인에 시골 별장까지 있으니 그야말로 인생이 더할 나위 없이 아름답게 변한 게 아니겠는가. 그래서 쿠포는 곁눈질로 '장화'를 바라보며 감탄하고 있었다. 이 약삭빠른 남자는 손가락에 금반지까지 끼고 있다!

쿠포가 '작은 사향고양이'에서 나오자, 제르베즈는 그의 어깨 위에 손을 얹었다.

"이봐요, 기다리고 있었어요…… 배가 고파요. 돈은 다 써버렸나요?"

쿠포가 나지막하게 버릇처럼 말했다.

"배가 고프면 주먹이라도 먹지그래!…… 한쪽은 남겨두었다가 내일 먹고!"

그는 사람들 앞에서 비웃는 것을 멋있게 화내는 방법이라고 생각했다. 아! 그렇다면! 그는 일을 하지 않았다는 말인가. 빵 가게는 어김없이 빵 반죽을 하고 있는데. 그녀는 남편을 아마도 그녀의 과거 이야기로 협박하러 오는 허풍쟁이로 여겼을지도 모른다.

"그럼 나더러 도둑질이라도 하란 말예요?" 그녀는 속삭이듯이 말했다.

'장화'는 화해시키려는 듯이 턱을 쓰다듬었다.

"안 돼, 그래서는 안 되오." 그가 말했다. "하지만 여자가 상황에 따라 대처할 줄도 알아야지……."

그러자 쿠포가 그의 말을 가로막고 잘한다! 소리쳤다. 그렇다, 여자란 언제나 요령이 있어야 한다. 그런데 그의 마누라는 언제나 추한 느림보였다. 그리고 자기들이 짚더미 위에서 죽으면, 그것은 전적으로 마누라 탓이라고 했다. 그러고 나서 그는 '장화'를 앞에 놓고 다시 그를 칭찬하는 데 빠져 있었다. 이 짐승 같은 놈! 호화롭게 꾸민 모습을 보라고. 진정한 주인 나리 같잖아! 흰 와이셔츠에 멋진 무도화! 정말 대단하다! 아무리 보아도 수단꾼 마누라를 가진 행운아야!

두 사나이는 교외로 통하는 외곽 도로로 내려갔다. 제르베즈는 그들을 따라갔다. 말없이 걷던 제르베즈가 불쑥 다가와 말을 꺼냈다.

"알겠어요? 난 배가 고프단 말이에요…… 나는 당신만 믿고 있었는데. 뭐라도 요깃거리를 찾아줘요."

쿠포는 대답이 없었다. 그래서 그녀는 가슴을 에는 듯한 말투로 되풀이했다.

"그러면 정말로 돈을 다 써버렸단 말이에요?"

"제기랄! 한 푼도 없다니까!" 그는 버럭 화를 내며 뒤돌아보고 소리쳤다. "귀찮게 굴지 마, 알겠어? 아니면 때릴 테야!"

그는 벌써 주먹을 쳐들었다. 그녀는 뒷걸음질을 치면서, 무언가 결심을 한 것 같았다.

"그럼, 난 가겠어요. 다른 남자를 찾아볼게요."

그러자 함석장이는 웃어댔다. 농담하지 말라며 시치미를 떼고, 안 그런 척 제르베즈를 부추겼다. 그럴 리가, 참 좋은 생각이군! 밤에 불빛 아래서 보면, 제르베즈도 남자들 마음을 사로잡을 수 있을 거라고 했다. 남자가 하나 생기면 요릿집 '카퓌생'으로 데리고 가면 좋을 거다. 그곳에는 작은 방들도 많고, 맛있는 음식도 실컷 먹을 수가 있으니까. 그러고는 그녀가 핏기 없는 얼굴로 사람들 눈을 피해 외곽 대로로 가려 하자 쿠포가 다시 소리쳤다.

"이봐, 나한테 후식 좀 싸다 줘. 난 과자를 좋아하니까…… 그리고 네 서방이 옷을 잘 차려입고 있거들랑, 헌 외투라도 달라고 해봐. 그걸로 돈을 만들 수 있을 테니까."

제르베즈는 이 악랄한 입심에 쫓겨 걸음을 서둘렀다. 그리고 나서 그녀는 혼잡한 사람들 속에 혼자 있게 되어서야 걸음을 늦추었다. 그녀는 이미 뚜렷한 결심을 하고 있었다. 도둑질을 하느냐 그 짓을 하느냐, 둘 중 하나라면 그 짓을 하는 편이 더 좋다고 생각했다. 왜냐하면 적어도 그 누구에게도 폐를 끼치지는 않을 테니까. 자기 것을 자기가 마음대로 하는 것이 아닌가. 물론 그것은 그리 올바른 일은 아니었다. 그러나 지금 그녀의 머릿속에는 옳은 것과 옳지 않은 것이 뒤범벅되어 있었다. 배가 고파 죽을 지경인데 이치를 따져봤자 무슨 소용인가. 눈앞에 놓여 있는 빵에 무작정 덤벼들 뿐이다. 그녀는 클리냥쿠르 거리까지 다시 올라갔다. 밤은 아직 오지 않았다. 그래서 세르베즈는 저녁 식사 전에 바람을 쐬러 나온 귀부인처럼 큰 거리를 어슬렁거렸다.

이 지역은, 그녀 자신이 부끄럽게 생각될 정도로 깨끗해져서 이제 어디든 밝게 열려 있었다. 파리 중심부에서 올라오는 마장타 대로와 교외로 통하는 오르나노 대로는 아낌없이 건물을 부수어서, 예전 시문 근처에서 이 지역을 꿰뚫고 있었다. 아직도 회벽 흔적이 하얗게 남아 있는 이 널찍한 가로수 길은 양옆에는 포부르푸아소니에르 거리가 붙어 있었으며, 그 거리 모퉁이는 완전히 엉망으로 깎여서 음산한 창자처럼 비꼬여 서로 얽혀 있었다. 벌써 오래전부터 입시세 납부소 건물의 벽은 철거되어 외곽 대로 폭은 크게 넓혀져 있었다. 대로 복판에도 보도가 만들어져 있었고, 그 양쪽에 차도가 달리고 있었으며, 길 한 복판에는 키가 작은 플라타너스들이 네 줄로 심어져 있었다. 그곳은 드넓은 네거리로서, 저 멀리 지평선까지 사람들이 혼잡하게 들끓는 길이 이어져 나가 마침내 그 길들은 무질서하게 들어서 있는 건물 속으로 사라졌다. 그렇지만 아직도 새로운 고층 건물 속에 끼어 쓰러져 가는 오막살이집들이 상당히 많이 남아 있었다. 정면을 조각으로 장식한 훌륭한 건물들 사이에서 거뭇거뭇하게 구멍이 나 있고 창에 누더기를 늘어뜨린, 개집 같은 집들이 하품을 하고 있었다. 파리에서 올라오는 사치 바람에 휩쓸려, 교외 지역의 비참함은 틈새가 생기고 파열되어 가면서, 갑작스레 만들어진 신개발지의 공사장을 더럽히고 있었다.

제르베즈는 넓은 보도의 북적거리는 사람들 속에 끼어들어 작은 플라타너스 가로수를 따라 걸으며 홀로 이 세상에서 버림받은 느낌이었다. 가로수 길이 아득히 저 멀리까지 달리고 있는 것을 보니, 더더욱 공복감이 심해졌다. 이 인파 가운데는 편안하게 살아가는 사람들도 있을 텐데, 그녀의 어려운 처지를 알아차리고 슬그머니 손안에 10수쯤 쥐어주는 기독교 신자 하나 없다니! 그래, 여기는 너무 넓고 너무 아름답다. 이렇게 넓은 공간에 한없이 펼쳐져 있는 회색 하늘을 보자 그녀는 머리가 어지럽고, 다리 힘이 모두 빠졌다. 저녁노을은 파리의 오후 같은 지저분한 노란색을 띠고 있었다. 당장 죽어버리고 싶을 정도로 거리 생활이 더럽게 느껴지는 색이었다. 시간이 흘러 주변이 흐려지고, 저 멀리 보이는 경치는 진흙빛으로 침침해졌다. 이미 지쳐버린 제르베즈는, 마침 그때 집으로 돌아가는 노동자들 무리 속에 섞였다. 이 시간이 되면, 새로 지은 집에 사는, 모자를 쓴 귀부인들과 멋진 옷차림의 신사들, 서민들은 창백한 모습으로 아직껏 길에 남아 있는 작업장의 탁한 공기 속에 삼켜져 버리고 만다.

마장타 거리와 포부르푸아소니에르 거리가 언덕길이어서 숨을 헐떡이고 있는 사람들을 토해 내고 있었다. 승합마차와 삯마차는 요란한 소리를 내며 지나가고, 이륜 짐마차와 유람마차 그리고 빈 짐수레가 황급히 돌아가는 가운데, 작업복을 입은 무리가 자꾸자꾸 불어나서 차도를 뒤덮어 버렸다. 심부름꾼이 갈고리를 어깨에 멘 채 걸음을 재촉하고, 어깨도 나란히 큰 걸음으로 걸어가는 두 노동자는 몸짓 손짓을 섞어가며 서로 얼굴도 보지 않고 거칠게 말을 했다. 혼자만 동떨어져서 외투에 모자를 쓰고 길을 내려다보며 보도 가장자리를 걸어가는 사람도 있었다. 그 가운데에는 대여섯 명이 줄을 지어 한 마디도 하지 않고 손을 주머니에 찌른 채, 멍청한 눈초리로 걸어오기도 했다. 몇몇 사람은 불 꺼진 담뱃대를 입에 물고 있었다. 미장이들 네 명이 한 조가 되어 삯마차에서 물통을 두들기며 마차 창문에 하얀 얼굴을 내보이며 지나갔다. 칠장이들은 페인트 통을 흔들고, 함석장이는 긴 사다리를 짊어지고 있는데, 마치 사람들 눈을 모두 찔러버릴 것만 같았다. 그런가 하면 귀갓길이 늦어진 물통 장수가 상자를 짊어지고 〈좋은 왕 다고베르〉*²를 조그만 트럼펫으로 연주하면서 왔다. 저녁노을을 배경으로 가슴을 쥐어뜯는 듯한 서글픈 곡이 흘렀다. 아! 짐을 나르는 가축처럼 혹사당하여 지칠 대로 지친, 무거운 발걸음을 끌고 가는 군중의 발소리를 연주하는 그 음악이 정말 슬펐다! 또다시 하루가 끝났다! 진정 하루는 길고, 또한 너무나 여러 번 되풀이된다. 음식을 마음껏 먹어 배를 채우고 소화시킬 사이도 없이, 벌써 날은 새고 해는 높이 떠서 다시 빈곤의 굴레를 써야만 한다. 그래도 활기찬 사람들은 휘파람을 불고 힘차게 발을 구르며 저녁 식사에 이끌려 부지런히 집으로 돌아갔다. 그리고 제르베즈는 사람들과 부딪쳐도 무심하게, 그들을 양옆으로 스쳐 지나 보냈다. 왜냐하면 남자들은 지쳐서 허리가 구부러지고, 굶주림에 쫓겨서 여자에게 관심을 가질 만한 여유가 없었기 때문이다.

언뜻 눈을 치켜뜬 세탁부 여자는 자기 앞에 예전의 봉쾨르 호텔이 있는 것을 깨달았다. 이 작은 건물은 그 뒤로 수상쩍은 카페가 되었다가, 경찰의 폐쇄 명령을 받고 지금은 사람도 살지 않는 건물이 되어버렸다. 딧문에는 시서분하게 광고가 붙어 있고, 문등(門燈)은 부서지고, 비를 맞아 아래위가 썩어 너덜

---

*2 Le bon roi Dagobert : 1750년대에 만들어진 노래로, 왕족을 비웃는 내용이다. 다고베르(다고베르트) 1세는 메로빙거 왕조 마지막 프랑크 왕.

거리고, 술지게미 같은 색의 지저분한 페인트칠 위에도 온통 곰팡이투성이었다. 주변은 전혀 변하지 않은 듯했다. 문방구와 담배 가게는 여전히 그 자리에 있었다. 그 뒤에는 낮은 건물의 지붕 너머로 6층 건물의 부서진 모습이 아직도 커다랗게 황폐한 모습을 하고 하늘 높이 닿아 있었다. 다만 '그랑 발콩'이라는 무도장만은 사라지고 없었다. 환하게 불 켜진 열 개의 창이 있던 홀은 이즈음 설탕 공장이 되었고, 칙칙거리는 증기 소리가 계속 들려왔다. 그렇지만 바로 그곳이다. 그녀가 이 저주스러운 생활을 시작한 곳은 봉쾨르 호텔의 그 답답하기 짝이 없는 누추한 방이었던 것이다. 그녀는 서서 덧문이 부서져 매달려 있는 2층 창문을 바라보면서, 랑티에와 함께한 자신의 젊은 시절을, 둘이서 처음으로 싸우던 일을, 그리고 그가 자기를 버리고 갔을 때의 구역질 나는 과정을 돌이켜 생각했다. 상관없다. 그녀는 젊었고, 멀리서 보면 그녀는 즐거워 보였다. 맙소사, 겨우 20년 사이에! 그녀는 몰락하여 거리를 방황하고 있다. 그녀는 자신을 박대한 호텔을 바라보는 동안 기분이 나빠져서, 또다시 몽마르트르 쪽으로 큰 거리를 올라가기 시작했다.

점점 어두워지는데도 어린아이들은 아직 벤치 사이의 모래 더미에서 놀고 있었다. 사람들 행렬은 계속되고, 여공들은 진열창을 기웃거리느라고 허비한 시간을 메꾸려고 발걸음을 재촉하고 있었다. 그들 가운데 하나, 키가 큰 여공이 멈추어 서더니, 자기 집에서 세 번째 집 앞까지 바래다준 젊은이와 악수를 하고 있었다. 오늘 밤 '그랑 살롱 드 라 폴리'나 '검은 공'에서 만나자고 약속하며 헤어지는 여공들도 있었다. 인파 속으로 날품팔이꾼들이 보자기 꾸러미를 겨드랑이에 끼고서 되돌아갔다. 폐물을 가득 실은 손수레를 끌고 온 난방 기구 수리공이 승합마차에 깔릴 뻔했다. 그사이에도 조금 뜸해진 사람들 속을 모자도 쓰지 않은 여자들이 달려왔다. 화덕에 불을 피우고 다시 한 번 거리까지 내려와서 급히 저녁 찬거리를 사려고 하는 여공들이었다. 인파를 헤치고 빵집과 반찬 가게로 뛰어들어 산 물건을 들고 재빨리 돌아갔다. 심부름을 온 여덟 살 정도의 계집아이들도 있었다. 아이들은 자기 키만큼이나 되는 4파운드짜리 커다란 빵을 아름다운 노란색 인형처럼 꼭 부둥켜안고 가게 앞을 걸어갔다. 그림 간판 앞에 이르면 아이들은 5분쯤 커다란 빵에 뺨을 비비며 넋을 잃었다. 이윽고 인파는 끊어지고 사람들 무리도 뜸해졌다. 노동자들이 집으로 돌아가 버린 것이다. 그리고 하루 일이 끝난 뒤, 가스등이 환히 빛나는 가운데,

이번에는 노동을 대신하여 안일과 환락이 눈을 뜨고 차츰 고개를 들기 시작했다.

아! 그렇다, 제르베즈도 하루가 끝났다! 지나치면서 그녀를 마구 흔들던 노동자들보다 그녀가 훨씬 더 지쳐 있었다. 이대로 드러누워 죽어버려도 좋았다. 왜냐하면 이미 노동이 그녀를 필요로 하지 않기 때문이다. 그리고 말하자면 살기에도 이제 지긋지긋할 정도로 고생을 했으니, "이번은 누구 차례인가? 나야, 내 차례다." 지금쯤은 모두들 식사를 하고 있다. 정말로 하루는 끝났다. 해는 이미 넘어갔다. 밤은 길 것이다. 오, 하느님! 이대로 편안하게 몸을 쭉 뻗고 누워서 일어나지 않을 수만 있다면! 도구들을 제자리에 돌려놓고서, 앞으로 영원히 느긋하게 있을 수만 있다면! 20년 동안 몹시 피로하고 상처를 입어온 결과가 좋기도 하군! 위장이 뒤틀릴 것 같은 경련에 사로잡혀서, 제르베즈는 지나간 즐거웠던 나날, 맛있는 음식을 먹고 떠들썩하게 놀던 일들을 생각하고 있었다. 지독히 추웠던 사순절 세 번째 주 목요일에 그녀는 대단히 즐겁게 먹고 마시며 흥청거린 적이 있었다. 그 무렵 그녀는 싱싱한 노랑머리를 늘어뜨린 정말 귀여운 모습이었다. 그녀는 절름발이였지만 뇌브 거리의 빨래터에서 여왕으로 불렸다. 그리고 상류 사회 사람들이 탐내듯 곁눈질하는 가운데, 초록잎으로 장식한 마차를 타고 큰길을 누비고 다니기도 했었다. 진짜 여왕을 바라보는 것처럼 코안경을 쓴 신사도 몇 명 있었다. 그리고 밤이 되면 법석을 떨며 진수성찬을 먹고, 아침까지 춤을 추었다. 여왕, 그렇다, 여왕! 왕관을 쓰고, 어깨에 숄을 걸치고, 스물네 시간이나, 시곗바늘이 문자판을 두 번 도는 동안에! 그랬던 그녀가 지금은 몸도 잘 움직이지 못하고 굶주림에 지쳐서, 시궁창에 떨어진 그 권위 잃은 왕좌를 찾듯이 물끄러미 땅바닥을 바라보고 있다.

그녀는 다시 눈을 들었다. 헐린 도살장이 바로 앞에 보였다. 정면이 부서져 뚫린 구멍을 통해, 아직도 피의 습기로 악취가 풍기는 어두운 안마당이 들여다보였다. 그리고 다시 큰 거리로 내려가니, 높은 회색 담벽의 라리부아지에르 병원이 보였다. 그 담벽 위로는 규칙적으로 창문이 뚫린 음산한 건물의 날개가 부채꼴로 펼쳐져 있었다. ㄱ 커다란 담벽 사이에 있는 하나의 문은, 이 근처 사람들에게 공포심을 일으키는 죽음의 문으로, 틈 하나 없는 무거운 떡갈나무 문짝이 묘석 같은 엄숙함과 정적감을 풍겼다. 그래서 그녀는 도망치듯 더 멀리 앞으로 갔고, 큰길을 내려가 철교가 있는 곳까지 나갔다. 볼트로 조인 튼튼한 철판의 높은 난간이 길을 막고 있었다. 다만 파리의 밝은 지평선 위에 정거장의 넓은 한 모퉁이, 석탄 매연으로 거무스름해진 커다란 지붕이 보일 뿐이었다. 그 밝고 드넓은 공간 속에서 기관차의 기적 소리와 차량의 율동적인 진동, 갖가지 눈에 보이지 않는 거대한 움직임의 메아리가 들려왔다. 그 뒤 파리발 열차가 헐떡이며 내뿜는 소리를 점점 크게 내면서 가까이서 지나갔다. 하지만 그녀는 난간에 넘쳤다가 곧 사라지는 깃털 장식 같은 흰 연기만을 보았을 뿐이다. 철교가 흔들리고, 열차가 전속력으로 달려간 뒤에, 그녀만이 남아 있게 되었다. 요란한 소리가 차츰 멀어지고, 이미 눈에 보이지 않는 열차를 그녀는 마치 배웅하려는 듯이 돌아다보았다. 그녀는, 이 방향으로는 시골이 있고, 좁은 길처럼 뻗어 있는 철로 저편에는 자유로운 하늘이 있다고 생각했는데, 철로 양옆으로는 높은 건물들이 있고, 그 정면과 초벽질도 하지 않은 돌담과 커다란 광고가 그려져 있는, 기관차의 매연 때문에 하나같이 노랗게 더럽혀진 벽면이 보였다. 아! 이렇게 출발할 수만 있다면, 이 비참하고 고뇌에 찬 집들을 내팽개치고 저 멀리 가버릴 수만 있다면! 그렇다면 아마도 새 인생을 살 수 있을지도 모를 일이다. 그녀는 철판에 붙여놓은 광고를 멍하니 읽었다. 온갖 색깔의 광고가 있었다. 그 가운데 하나, 깨끗한 파란색 광고는 잃어버린 암캐를 찾는 데 사례금 50프랑을 건 내용이었다. 틀림없이 무척이나 귀여움을 받던 짐승인 모양이다!

제르베즈는 다시 느릿느릿 걸음을 옮겼다. 연기처럼 짙은 안개 속에서 가스등이 빛나기 시작했다. 그리고 차츰 겉모양이 흐려지고 어두워져 가던 긴 가로수 길도 가스등이 켜지며 뚜렷이 밝게 드러나고, 다시 길게 뻗어서 밤을 꿰뚫고, 저 멀리 지평선의 어둠 속까지 이어져 있었다. 거센 바람이 한 번 휘몰아치더니, 달도 없는 무한히 넓은 하늘 아래 저 먼 곳까지, 조그만 불빛이 내달리고 있었다. 바로 지금이 큰길 한끝에서 다른 한끝까지 차례로 늘어선 술집과 변두리 카바레, 선동자들이 첫 술잔을 돌리고 요란한 웃음소리 속에서 흥겹게 난잡한 춤을 추기 시작하는 시각이었다. 꽤 두툼한 두 주치 급료 덕분에 술꾼들이 보도에 가득 모여 축포를 쏘아댔다. 공기 속에도 유흥이, 못된 유흥의 분위기가 감돌았다. 점화라고 할까, 더는 아니었다. 싸구려 음식점 안쪽에서는 모두들 열심히 배 속을 가득 채우고 있었다. 불빛이 새어나오는 창마다 입 안에 음식을 가득히 문 채로 낄낄거리며 식사를 하고 있는 사람들이 보였다. 술집에서는 주정뱅이들이 어느새 헤벌리고 손짓과 몸짓으로 무엇인가 지껄이고 있었다. 제기랄, 무척 시끄럽다. 끊임없이 날카롭고 굵은 목소리가 보도의 발소리에 섞여 들려왔다. "이봐! 한잔하러 왔나?…… 이리 오게, 게으름뱅이! 내가 한 병 낼게…… 아니! 폴린 아냐! 야! 그냥 즐기자고!" 문이 열리고 닫힐 때마다, 술 냄새와 코넷 소리가 느슨하게 퍼졌다. 큰 미사 때의 성당처럼 환하게 불을 켜놓은 콜롱브 영감의 목로주점 앞에는 행렬이 이루어졌다. 빌어먹을! 마치 장엄한 미사 같군. 떠드는 녀석들은 가게 안에서 성가대 가수 같은 얼굴로 두 볼을 부풀리고서, 뚱뚱한 배를 불룩 내밀며 노래하고 있으니 말이다. 성스러운 월급날을 축하하고 있다. 정말, 사랑스런 성인이라니까! 분명히 천국에서는 이 성인이 금고를 맡아야 된다. 다만 배우자를 데리고 나온 연금생활자들은, 초저녁 분위기가 어떤가 들여다보고는 고개를 내저으며, 오늘 밤 파리에 수많은 주정뱅이들이 나타나리라고 몇 번이고 중얼거렸다. 게다가 밤은 이런 소란에도 아랑곳하지 않고 무척 음산하게 죽은 듯이 얼어붙었고, 다만 큰 길에 늘어선 불의 행렬만이 하늘 곳곳을 꿰뚫으며 반짝이고 있었다.

제르베즈는 목로주점 앞에 꼼짝 않고 서서 생각에 잠겨 있었다. 2수만 있으면 한 잔 마시러 들어갈 텐데. 한 잔이라도 하면 텅 빈 배가 잠시 진정은 되겠지. 아! 언젠가는 질리도록 실컷 마신 적도 있었다! 그런 것도 즐거운 추억이었다. 그리고 그녀는 주정뱅이 제조기를 멀리서 바라보면서 자기 불행의 원인이 그것이라 생각하기도 하고, 만일 돈이 생기면 브랜디를 실컷 마시고 죽어버리겠다고 몽상하기도 했다. 그러자 머리털이 쭈뼛 서는 전율을 느꼈다. 그녀는 이미 캄캄한 밤이 되었음을 깨달았다. 자, 좋은 시간이 되었다. 만일 사람들이 떠들썩한 즐거움을 누리는 속에서 죽고 싶지 않다면 지금이야말로 용기를 내어 상냥한 태도를 보여야 하겠지. 더구나 남들이 아귀처럼 먹고 있는 모습을 바라본다고 해서 자신의 주린 배가 불러오는 것도 아니니 더욱 그렇다. 그녀는 조금 걸음을 늦추고 주변을 돌아보았다. 가로수 밑에는 한층 더 진한 어둠이 감돌고 있었다. 길 가는 사람은 거의 없었고, 어쩌다 보여도 아주 급한 걸음으로 지나쳐 가는 사람들이었다. 그리고 가까운 거리의 흥청거리는 소음이 어렴풋이 들리는, 인기척 없는 넓고 어두운 보도에 여자들이 서서 손님을 기다리고 있었다. 야윈 그녀들은 삭은 플라타너스처럼 몸을 움츠리고 오랫동안 참을성 있게 기다렸다. 마침내 어슬렁거리며 걷기 시작하여 얼어붙은 땅에 헌 구두를 끌며 열 걸음쯤 가서, 다시 땅에 달라붙은 것처럼 멈추었다. 그 가운데 한 여자는 몸집이 크고 팔다리는 가늘었는데, 그 터질 듯한 커다란 몸통을 검은 비단옷 누더기에 감싸고, 노란 스카프를 머리에 쓰고 있었다. 키다리에 말라깽이 여자도 있었다. 그녀는 모자도 안 쓰고 하녀들이나 쓰는 앞치마를 두르고 있었다. 그 밖에도 짙은 화장을 한 노파와 넝마주이도 주워 가지 않을 정도로 더럽고 추한 옷을 입은 아가씨도 있었다. 그러나 제르베즈는 잘 몰라서 그 여자들의 흉내를 내어 방법을 배워야겠다고 생각했다. 소녀 같은 감상이 그녀 가슴을 죄었다. 부끄러운지 어떤지도 모르고, 악몽 속을 헤매고 있는 기분이었다. 그녀는 15분쯤 서 있었다. 남자들이 줄줄이 지나갔지만, 돌아보지 않고 지나쳤다. 그래서 이번에는 그녀가 스스로 움직여, 주머니에 두 손을 찌르고 휘파람을 불고 있는 사내에게 다가가서 목멘 소리로 중얼거렸다.

"여보세요, 내 말 좀⋯⋯."

그 남자는 그녀를 곁눈질로 힐끔 보더니, 더 세게 휘파람을 불며 가버렸다.

제르베즈는 점점 더 대담해졌다. 계속해서 달아나는 저녁 식사를 악착스럽게 뒤쫓아가면서, 그 혹독한 남자 사냥에 자신의 배고픔도 잊을 정도였다. 그녀는 시간과 장소도 잊어버리고 오랫동안 헛걸음을 쳤다. 주위에서는 검은 그림자 같은 여자들이 말없이 나무 밑을 거닐며, 우리에 갇힌 짐승처럼 일정하게 왔다 갔다 하고 있었다. 그녀들은 귀신처럼 느린 걸음으로 어둠 속에서 어슬렁거리며 나왔다. 가스등 불빛 아래를 지나가자, 그 창백한 얼굴이 뚜렷하게 갑자기 나타났다. 하지만 바로 어둠에 빠져 다시 자취를 감췄다. 어둠 속에서 치마의 하얀 줄무늬를 흔들거리면서 그녀들은 보도의 암흑에 오싹할 정도로 매력을 느끼는 모양이었다. 남자들은 부르는 대로 발걸음을 멈추고, 농담 삼아 얘기를 하다가 다시 장난질을 치면서 걷기 시작했다. 그들 가운데에는 조심스럽게, 자기 몸이 나타나지 않도록 여자 뒤에서 열 걸음쯤 떨어져 있는 사람도 있었다. 거칠게 서로 속삭이고, 소리를 낮추어 말다툼을 하고, 사나운 소리로 값을 깎기도 했다. 그러다가 갑자기 조용해졌다. 제르베즈는 외곽의 큰길에 끝없이 가로수가 심어져 있듯이, 일정한 거리를 두고 어둠 속에서 여자들이 서 있는 광경을 보았다. 스무 걸음마다 여자가 서 있었다. 그 줄은 한없이 계속되어 파리 전체를 뒤덮었다. 그녀는 사내들이 거들떠보지도 않는 데 화가 나서, 자리를 바꾸어 이번에는 클리냥쿠르 거리에서 샤펠 거리 쪽으로 걸어갔다.

"여보세요, 내 말 좀……."

그러나 남자들은 지나쳐 버렸다. 그녀는 허물어진 건물 잔해가 아직도 피비린내를 풍기는 도살장에서 다시 걷기 시작했다. 옛 봉쾨르 호텔의 음산한 몰골에 잠시 시선을 던졌다. 라리부아지에르 병원 앞을 지나면서, 건물 앞쪽에 창백하고도 조용한 빛으로, 마치 죽음을 앞둔 병자를 지켜보는 종야등(終夜燈)처럼 불빛이 환하게 밝혀진 창의 수를 기계적으로 헤아려 보았다. 그녀가 철교를 건널 때, 열차가 절망적인 기적 소리로 대지를 뒤흔들고 공기를 찢듯 으르렁거리며 지나갔다. 오! 밤에는 어째서 이처럼 모든 것이 서글프게 보일까! 그녀가 뒤돌아서서 걷기 시작했을 때 좀 전에 보이던 것과 같은 집들이 가로수 길을 따라 여전히 늘어서 있었다. 그녀는 열 번이고 스무 번이고 쉬지 않고 되풀이해서 오가며, 단 1분도 벤치에 앉아 쉴 생각을 하지 않았다. 틀렸다. 아무도 그녀를 원하지 않았다. 이렇게나 멸시를 당하고 보니 한층 더 부끄러웠다. 그녀는 병원 쪽으로 내려가서, 다시 도살장을 향해 올라갔다. 도살당한 짐승이 피비린내를 풍기는 안마당으로부터, 누가 사용했는지 모를 이불 속에서 죽음이 사람들을 뻣뻣하게 만드는 병원의 창백한 큰 방까지, 이것이 그녀의 마지막 산책로였다. 그녀의 삶은 그 두 곳 사이에서 끝내 벗어나지 못했다.

"여보세요, 내 말 좀……."

그러자 그녀는 갑자기 자신이 땅에 드리워진 자신의 그림자에게 말을 걸었음을 깨달았다. 가스등 쪽으로 다가가자, 흐릿하던 그림자가 차츰 오므라들어 확실하게 보였다. 크고 땅딸막하고 괴상할 정도로 둥근 그림자의 배와 가슴, 허리가 누운 채 둥실 떠서 흘러가고 있었다. 그녀는 심하게 발을 절었기 때문에 땅에 비치는 그림자는 한 발 한 발 내딛을 때마다 재주를 넘는 것 같았다. 꼭두각시 놀이였다! 가스등에서 떨어져 나가자 꼭두각시 인형은 점점 더 커지며 거인이 되어, 큰길로 가득히 퍼지면서 나무와 집에 부딪치며 절을 했다. 맙소사! 이렇게 우스꽝스럽고 무섭다니! 그녀는 이때처럼 자신이 무기력하다고 느낀 적이 없었다. 그래도 가스등 쪽으로 가까이 다가가서 그림자가 추는 난잡한 춤을 눈으로 뒤따르며 비웃어보았다. 이! 나는 이렇게 예쁜 매춘부와 나란히 걷고 있구나! 이 무슨 꼴이람! 이러니 남자들이 달아날 수밖에. 그녀는 목소리를 낮추어 지나가는 남자의 등에 대고 중얼거리듯 불러보는 수밖에 없었다.

"여보세요, 내 말 좀······."

그러는 동안 땅에 어둠이 깔렸다. 거리 분위기는 점점 험악해졌다. 싸구려 식당은 문을 닫았고, 술집 가스등은 점점 붉어졌으며, 그곳에서 주정뱅이들의 카랑카랑한 목소리가 흘러나왔다. 농담은 말다툼으로 변하더니, 다시 주먹다짐으로 바뀌었다. 누더기를 걸친 큰 사나이가 "너 같은 놈은 때려 죽이겠다. 뼈다귀에 번호를 붙여주마!" 소리치고 있었다. 어느 아가씨가 무도장 문 앞에서 애인의 멱살을 잡고 더러운 색골, 병든 돼지 하며 욕설을 퍼붓자 애인은 다른 말은 찾지 못한 채 "남의 일에 참견 마"를 되풀이했다. 취하면 밖에 나가서 주먹다짐을 하고 싶어지고, 그 험악한 모습에 몇 안 되는 행인들은 하얗게 질려 부들부들 떨었다. 싸움이 있었는데, 주정뱅이 한 사람이 벌렁 나자빠지고, 상대방은 셈을 끝냈다며 커다란 구두를 질질 끌면서 도망쳐 버렸다. 여러 패거리들이 상스러운 노래를 큰 소리로 불렀다. 아주 조용해졌다가, 때로 그 정적을 깨고 주정뱅이가 토하는 소리와 쓰러지는 소리가 들렸다. 이 주일마다 받는 봉급날의 난장판은 언제나 이 모양으로 끝났다. 여섯 시간 전부터 그렇게도 힘차게 흐른 포도주는 이젠 보도 위까지 넘쳐흐르려 했다. 오! 굉장한 폭발이야, 보도 한가운데에 토사물이 꼬리를 물고 이어져 있고, 밤늦게 집에 돌아가는 사람이 이곳을 지나가다가 밟지 않으려면 뛰어넘어야 하겠다! 정말, 이 동네는 깨끗해! 아침 청소를 끝낸 이곳을 외국인이 보기라도 하면 파리에 대해 좋은 인상을 가지고 가겠지. 그러나 지금 이 시각에 주정뱅이들은 그따위 걱정은 하지 않는다. 유럽은 아무러면 어떤가. 빌어먹을! 주머니에서 단도가 튀어나오고, 잔칫날 같던 하루도 피바다가 되어 끝난다. 여자들은 종종걸음으로 걷고, 남자들은 늑대의 눈초리로 어슬렁거린다. 밤의 어둠은 보기에도 끔찍할 정도로 부풀어 올라 점점 짙어졌다.

제르베즈는 여전히 걷고 있었다. 끊임없이 걸어야 한다는 생각만으로, 발을 절룩거리며 길을 오갔다. 졸음이 몰려와서 발의 움직임에 따라 꾸벅거렸다. 그러고 나서 정신이 번쩍 들어 주변을 둘러보면 완전히 의식을 잃은 상태에서 백 걸음쯤이나 걸어와 있었다. 선 채로 잠들어 버릴 정도로 지쳐버린 두 다리는 구멍이 뚫린 헌 구두 속에서 크게 부풀어 올랐다. 그녀는 이미 감각을 잃었다. 그토록 그녀는 지치고 속이 비어 있었다. 그녀 머리에 떠오른 마지막 뚜렷한 생각은, 지금쯤 마침 그 타락한 딸이 아마 굴 요리라도 먹고 있겠지, 였다.

곧이어 모든 것이 멍하니 흐려져 버렸고, 눈은 뜨고 있었지만 생각을 하려면 몹시 애써야만 했다. 그리고 당장에 생명이 꺼질 듯한 순간에 오직 한 가지 남아 있는 감각이 느낄 수 있는 것은, 지금껏 겪어보지 못한 죽도록 모진 추위뿐이었다. 무덤 속에 있는 죽은 사람이라도 확실히 이렇게 춥지는 않을 것이다. 그녀가 무거운 머리를 천천히 쳐들었을 때 얼음처럼 차가운 것이 얼굴을 때렸다. 흐릿한 하늘에서 마침내 내리기 시작한 눈이었다. 가벼운 바람을 타고 차디찬 눈이 소용돌이치면서 내렸다. 사흘 전부터 올 것 같던 눈이었다. 때마침 이 순간에 내렸다.

제르베즈는 첫 돌풍에 눈을 번쩍 뜨고 한층 더 빨리 걸었다. 뛰어서 서둘러 집으로 돌아가는 남자들 어깨에 벌써 눈이 하얗게 쌓였다. 그때 나무 밑을 천천히 걸어오는 한 남자를 보고, 그녀는 다가가서 다시 말을 걸었다.

"여보세요, 내 말 좀……."

그 남자는 걸음을 멈추었다. 그러나 그녀의 말을 들은 것 같지 않았다. 남자는 손을 내밀며 낮은 목소리로 속삭였다.

"적선 좀 베풀어 줍쇼……."

두 사람은 서로 마주 보았다. 아! 맙소사! 그들은 여기 있었다. 브뤼 영감은 구걸을 하고 쿠포 부인은 몸을 팔 손님을 찾으면서! 두 사람은 어처구니가 없어 멍하니 서로 바라보았다. 이제 그들은 악수를 할 수도 있었다. 이 늙은 직공은 사람에게 가까이 갈 용기를 못 내고 밤새도록 어슬렁거리다가, 처음으로 불러 세운 사람이 자기처럼 굶어 죽을 지경에 놓인 여자였던 것이다. 하느님! 가엾지 않습니까? 50년이나 죽도록 일한 끝에 거지가 되다니! 구트도르 거리에서 가장 솜씨 좋은 세탁장이로 대단한 칭찬을 듣던 이 여자가 도랑가에서 쓰러져 죽게 되다니! 두 사람은 말없이 서로 바라보았다. 그 뒤 아무 말도 없이 저마다 살을 에는 눈보라 속으로 떠났다.

이제 진짜 폭풍이었다. 널찍하게 열린 공간 한가운데서, 마치 하늘 네 귀퉁이에서 한꺼번에 눈가루가 흩날려 내리는 것만 같았다. 단 열 발자국 앞도 안 보이고, 모든 것이 날리는 눈가루 속에 감겨버렸다. 마을도 사라지고, 큰 거리도 죽은 것 같았다. 마지막까지 취해 있던 사람들의 딸꾹질 소리 위에 폭풍이 침묵의 하얀 덮개를 씌워 버린 것 같았다. 제르베즈는 눈도 안 보이고 길도 어딘지 모른 채 몹시 고생하면서 여전히 걷기만 하다가, 나무 하나하나를 더듬으면서 겨우 방향을 찾았다. 그녀가 앞으로 걸어감에 따라, 꺼져가는 횃불처럼 가스등들이 파릇한 공기 속에서 얼굴을 내밀었다. 하지만 그 불빛은 네거리를 가로지르려 했을 때 갑자기 꺼져버렸다. 이제 그녀는 하얀 회오리바람 속에 말려들었고, 그녀에게 길을 인도해 줄 것은 아무것도 없었다. 그녀의 발아래 땅은 희미하게 빛날 뿐, 바닥이 미끄럽기만 했다. 회색 담벽이 그녀를 막아섰다. 그녀가 망설이며 주위를 둘러보니 이 얼음의 장막 뒤에는 한없이 큰 거리, 한없는 가스등 행렬, 잠들어 있는 파리의 어둡고 인기척 없는 무한한 세계가 있었다.

제르베즈는 변두리 큰길과 마장타 거리, 오르나노 거리가 교차하는 곳에 닿아, 그대로 땅바닥에 드러누울 꿈을 꾸고 있는데 발소리가 들려왔다. 그녀는 발소리가 나는 곳으로 달렸으나 눈발이 앞을 가려서 보이지 않았다. 그 발소리는 오른쪽으로 갔는지 왼쪽으로 갔는지 그녀가 확인할 사이도 없이 멀어졌다. 남자의 넓은 어깨가, 춤추듯 흔들리는 검은 점처럼 안개 속에 잠기는 것이 보였다. 아! 저 남자야, 그를 놓치면 안 돼! 그녀는 더 힘차게 달려가, 그 남자를 따라잡고 작업복을 붙잡았다.

"여보세요, 여보세요, 내 말 좀⋯⋯."

그 남자가 돌아보았다. 구제였다.

이제 제르베즈는 '금 주둥이'를 낚았다! 그러나 그녀가 도대체 하느님께 무슨 나쁜 짓을 했기에, 이렇게 마지막까지 고통을 받아야 하지? 이것은 마지막 일격이나 다름없었다. 대장장이 발밑에 몸을 던지고 시문을 어슬렁거리는 싸구려 매춘부처럼 창백한 얼굴로 애걸하는 꼴을 보이고 말았다. 그것도 가스등 아래서였다. 그녀는 자신의 우스운 그림자가 정말 만화처럼 눈 위에서 장난치는 모습을 보았다. 주정뱅이 여자의 모습이었다. 맙소사! 빵 한 조각도 포도주 한 방울도 배 속에 들어 있지 않은데 주정뱅이 여자로 오해를 받다니! 모두 그녀의 잘못이다. 왜 그녀는 취했는가? 물론 구제는 그녀가 술을 마시고 방탕한 짓을 하고 있다고 믿었다.

한동안 구제는 그녀를 바라보았다. 그의 깔끔한 노란 수염에는 눈이 데이지 꽃잎처럼 내려앉고 있었다. 구제는 제르베즈가 고개를 숙이고 뒷걸음질을 치자 그녀를 붙잡았다.

"이리로 오세요." 그가 말했다.

그러고 나서 구제는 앞서서 걸었다. 제르베즈는 그의 뒤를 따라갔다. 두 사람은 고요한 거리를 지나, 벽을 따라 소리 없이 걸었다. 가엾은 구제의 어머니는 심한 류머티즘으로 지난 10월에 세상을 떠났다. 구제는 여전히 뇌브 거리의 조그만 집에서 혼자 쓸쓸하게 살았다. 그날은 부상을 입은 동료를 간호하고 늦게 집에 돌아가는 길이었다. 그는 문을 열고, 램프에 불을 붙이고, 층계참에서 부끄러운 듯이 서 있는 제르베즈를 돌아보았다. 그리고 어머니가 들을까봐 조심하는 것처럼 아주 낮은 소리로 말했다.

"들어와요."

첫 번째 방은 구제 어머니의 방으로, 그녀가 쓰던 대로 경건하게 보존되어 있었다. 창가 의자에는 자수틀이 놓여 있고, 그 옆의 커다란 팔걸이의자는 레이스 뜨는 늙은 여인을 기다리고 있는 것 같았다. 침대는 깔끔히 정돈되어 있었는데, 그녀가 무덤에서 빠져나와 아들과 하룻밤을 자기 위해 돌아온다면, 그곳에서 잘 수도 있을 정도였다. 그 방에서는 어떤 명상적인 분위기와 진지하고 선의로 가득 찬 냄새가 풍기는 것 같았다.

"들어와요." 대장장이는 한층 높은 소리로 되풀이해 말했다.

그녀는 대단히 큰 장소에 들어가는 소녀처럼, 머뭇거리며 안으로 들어갔다. 구제는 죽은 어머니 방에 여자를 데리고 들어왔기 때문인지, 창백한 얼굴로 몹시 떨었다. 두 사람은 누가 발소리라도 들을까 봐 부끄러워서 그 방을 가로질러 갔다. 그는 제르베즈를 자기 방에 밀어넣고서 문을 닫았다. 그러자 그는 마음이 편해졌다. 그곳은 그녀가 잘 알고 있는 좁은 방으로, 하숙방처럼 흰 커튼을 갖춘 작은 쇠침대가 있었다. 단지 벽에는 여전히 오려낸 그림이 잔뜩 붙어 있었고, 그 그림은 천장까지 닿아 있었다. 제르베즈는 이렇게 깨끗한 곳에 발을 내디딜 용기가 나지 않아서 등잔불을 멀리 등졌다. 그러자 구제는 격한 감정에 사로잡혀 아무 말 없이 그의 두 팔로 제르베즈를 꼭 껴안으려 했다. 그러나 그녀는 정신을 잃고 중얼거렸다.

"오! 하느님 맙소사!…… 오! 하느님 맙소사!……"

코크스 가루에 덮인 난로가 아직도 타고 있었다. 돌아왔을 때 먹으려고 대장장이가 식지 않게 놓아둔 남은 스튜가 재받이 앞에서 끓고 있었다. 따뜻한 온기에 얼어붙은 감각을 되찾은 제르베즈는 그 작은 냄비 속의 음식을 먹기 위해서라면 네 발로 기기라도 할 것 같았다. 그녀는 눈을 내리깔고 한숨을 쉬었다. 하지만 구제는 이미 그녀의 마음을 눈치채고 있었다. 구제가 스튜를 식탁 위에 올려놓고, 빵을 자르고, 포도주를 그녀에게 따라주었다.

"고마워요! 고마워요!" 그녀가 말했다. "오! 당신은 정말 친절해요! 고마워요!"

그녀는 말을 더듬었다. 말소리가 나오지 않았다. 포크를 잡았으나 너무 떨려서 떨어뜨리고 말았다. 배고픔이 심하게 목을 졸라, 늙은이처럼 머리가 떨렸다. 그녀는 손가락으로 움켜쥘 수밖에 없었다. 첫 감자를 입에 쑤셔넣고 울음을 터뜨리고 말았다. 커다란 눈물방울들이 볼을 따라 흘러서 빵 위에 떨어졌다. 그녀는 한없이 먹었다. 숨을 가쁘게 쉬고, 턱에 경련을 일으키면서 눈물에 젖은 빵을 게걸스럽게 먹었다. 목이 메지 않도록, 구제는 강제로 포도주를 마시게 했다. 그러자 작은 유리잔이 그녀 이에 부딪치며 소리가 났다.

"빵을 더 먹겠어요?" 그가 나직한 목소리로 물었다.

그녀는 울면서 예, 했다가, 아니오, 했고, 자기가 무슨 말을 하는지도 몰랐다. 아! 하느님! 사람이 죽어갈 때 먹는 것이 그 얼마나 기쁘고 또 슬픈 일인지!

그는 그녀 앞에 서서, 생각에 잠겨 그녀를 바라보고 있었다. 이제 램프 불빛 아래서 그녀를 자세히 볼 수가 있었다. 정말 나이 들고 늙었군! 방 안의 온기가 머리와 옷에 묻은 눈을 녹여, 줄줄 흘러서 그녀는 흠뻑 젖었다. 흔들거리는 가엾은 머리는 회색으로 변했고, 바람에 휘날린 회색 머리 다발이 헝클어져 있었다. 목은 어깨 속에 묻혀버리고, 마찬가지로 몸집은 울고 싶을 정도로 흉하고 뚱뚱했다. 구제는 그녀가 아직 젊던 시절, 다림질을 하면서 아기처럼 접힌 목주름이 마치 귀여운 목걸이처럼 보이던 시절 그들의 사랑을 생각했다. 그 시절, 그는 몇 시간씩 그녀를 훔쳐보았으며, 그녀를 보기만 해도 만족스러웠다. 그리고 그녀는 제철 공장으로 그를 찾아왔었다. 그가 쇠를 두들기고, 쇠망치가 움직이는 속에 있는 동안, 그들은 큰 기쁨을 맛보았었다. 그때 그는 이여자를 방 안에 끌어들이고 싶어서 밤만 되면 얼마나 베개를 물어뜯었던가! 아! 만일 그녀를 안았다면 이 여자의 몸을 부숴뜨렸을 것이다. 그토록 그녀가 탐났었다! 이제 그녀가 그의 것이 되었다. 그는 그녀를 가질 수 있었다. 그녀는 빵을 다 먹고, 냄비 밑바닥의 눈물을 닦았다. 큰 눈물방울이 소리도 없이 음식 위로 떨어지고 있었다.

제르베즈가 일어섰다. 그녀는 식사를 끝마쳤다. 구제가 자기를 원하는지 몰랐기 때문에 그녀는 잠시 고개를 숙인 채 머뭇거렸다. 그러고 나서 남자의 눈에서 타오르는 불꽃을 보았다고 믿고, 그녀는 블라우스에 손을 가져가 첫 단추를 벗겼다. 그러나 구제는 무릎을 꿇고, 그녀의 두 손을 잡고 다정하게 말했다.

"제르베즈 부인, 당신을 사랑합니다. 오! 난 아직도 당신을 사랑해요. 맹세합니다!"

"그런 말씀 마세요, 구제 씨!" 그녀는 남자가 무릎 꿇은 것을 보고서 당황하여 소리쳤다. "안 돼요. 그런 말씀 마세요. 난 당신 때문에 너무나 괴롭답니다."

그리고 그가 평생에 사랑하는 감정은 두 번 가질 수 없다고 되풀이해 말하자, 그녀는 더욱더 절망했다.

"안 돼요, 안 돼, 이제 나는 싫어요. 너무 부끄러워요…… 제발! 일어나세요. 무릎을 꿇을 사람은 나예요."

그는 일어섰다. 그는 몹시 떨고 있었다. 그리고 더듬거리며 말했다.

"당신에게 키스해도 되겠소?"

그녀는 놀람과 감동으로 뒤범벅이 되어 말을 할 수가 없었다. 하느님 맙소사! 그녀는 그의 것이었다. 그는 그녀를 마음대로 할 수 있는데도 다만 입술만 내밀었다.

"우리 사이는 이것으로 충분합니다, 제르베즈 부인." 그는 중얼거렸다. "우리 우정은 이게 전부예요, 안 그래요?"

그는 제르베즈의 이마 위에, 그리고 그 위에 늘어져 있는 회색 머리 타래 위에 입맞춤했다. 어머니가 죽은 뒤로, 그는 누구에게도 입맞춤한 일이 없었다. 그의 좋은 여자친구, 제르베즈만이 그의 생활 속에 남아 있었다. 그래서 그렇게도 존경하는 마음으로 그녀에게 입을 맞추고, 뒷걸음질을 쳐서 침대에 가로 쓰러져 목구멍이 갈라지도록 흐느껴 울었다. 제르베즈는 더 이상 거기에 머물러 있을 수 없었다. 서로 사랑하면서 이런 상태로 다시 만나다니 너무나 슬프고 가련했다. 그녀는 외쳤다.

"난 당신을 사랑해요, 구제 씨. 나도 당신을 무척 사랑해요…… 아! 그럴 수 없어요, 알고 있어요…… 안녕히 계세요, 안녕. 우리 둘 다 질식할지도 몰라요."

그리고 그녀는 구제 어머니 방을 지나서 다시 한길로 뛰쳐나왔다. 정신을 차리고 보니, 그녀는 구트도르 거리에서 초인종을 누르고 있었다. 보슈가 줄을 당겨 문을 열어주었다. 집 안은 아주 캄캄했다. 그녀는 자신의 죽음 속으로 들어서는 기분으로 들어갔다. 밤마다 이 시간이면, 텅 비고 황폐한 현관문은 짐승이 입을 크게 벌리고 있는 것 같았다. 옛날에는 이런 병영(兵營)의 해골 구석에서 살아보고 싶었던 일도 있었다! 그 시절의 그녀는 그토록 귀머거리였고, 벽 저편에서 신음하고 있는 저 지독한 절망의 소리가 들리지 않았다! 이곳에 발을 들여놓은 그날부터 그녀의 전락이 시작되었던 것이다. 그렇다, 노동자들이 사는 이처럼 단단하고 하잘것없는 집에서 겹쳐 살면 불행해야만 했다. 거기서는 사람들이 가난의 콜레라에 걸렸다. 그날 밤은 세상 사람들이 모두 죽은 듯했다. 다만 오른쪽에서 보슈 부부의 코 고는 소리가 들릴 뿐이고, 왼쪽에서는 랑티에와 비르지니가 눈을 감고 잠들지 않은 채 몸을 녹이고 있는 고양이처럼 가르랑거렸다. 안마당에서는, 그녀는 정말로 묘지 한복판에 있는 기분이 들었다. 눈이 땅바닥에 창백한 정사각형을 그려놓았다. 높다란 건물의 정면은 짙은 회색으로, 불빛 하나 없이 폐허의 벽처럼 치솟아 있었다. 추위와 굶주림에 굳어버린 동네가 통째로 눈 밑에 잠긴 듯했다. 제르베즈는 검은 도랑물을 건너가야 했다. 염색 공장에서 흘러나온 이 물웅덩이는 수증기를 피우면서 흰 눈 속에 진흙 바닥을 이루었다. 그것은 진정 그녀의 생각을 그대로 나타내는 물빛이었다. 예전에는 엷은 푸른색과 장밋빛의 맑은 물이 흐르고 있었는데!

그리고 어둠 속을 7층까지 올라가면서 그녀는 웃지 않을 수 없었다. 스스로 생각해도 뼈에 사무치는 쓰디쓴 웃음이었다. 그녀는 지난날 자신이 품었던 이상이 생각났다. 그것은 마음 편하게 일하고, 날마다 빵을 먹고, 잠자기에 깔끔한 방을 갖고, 아이들을 제대로 기르고, 얻어맞는 일도 없이 자신의 침대에서 죽어가는 것이었다. 정말 어림없다, 우습다, 어찌나 다 잘 이루어졌는지! 그녀는 이제 일을 하지 않았고 먹지도 않았으며 쓰레기 더미 위에서 잠을 잤다. 그녀 딸은 남자 뒤를 쫓아다니고, 게다가 그녀는 남편에게 맞고 산다. 남은 것은 이제 거리에서 죽는 일뿐이다. 그것도 방으로 돌아가 창에서 몸을 내던질 용기만 있다면 당장 죽을 수 있다. 그녀가 언제 3만 프랑이나 되는 연금을 갖고 싶다든가, 남에게 존경받는 사람이 되고 싶다고 하느님께 부탁한 적이 있는가? 아! 그렇다. 이 세상에서는 아무리 겸손하게 살아봐도, 결국은 얻는 것이 없다! 빵도, 잠자리도 없다. 그것이 모든 인간의 운명이다. 그런데 제르베즈를 더욱 쓸쓸하게 한 것은, 20년 동안만 다림질을 하고 시골로 은퇴하겠다던 멋진 희망이 생각났기 때문이었다. 그래! 그녀는 시골로 가기로 마음먹었다. 페르 라셰즈 묘지의 짙푸른 잔디밭 한구석이면 그녀는 충분했다.

제르베즈는 복도에 들어서자 마치 미친 사람 같았다. 그녀의 가엾은 머리가 돌아버렸다. 사실 그녀의 큰 괴로움은 대장장이와 영원히 작별을 했기 때문이었다. 그들 사이는 끝났다. 그들은 다시 만나는 일이 없을 것이다. 그리고 또 다른 괴로운 생각들이 줄줄이 떠올라서 그녀 머리를 완전히 부숴뜨렸다. 지나치다가 비자르네 방을 들여다보니, 죽은 랄리가 이제야 겨우 누울 수 있게 되어 기쁘다는 표정으로, 영원히 편안하게 잠들어 있는 모습이 보였다. 아! 아이들이 어른들보다 더 많은 행운을 가지고 있었다! 바주주 영감의 문에서 한 줄기 불빛이 새어나와, 제르베즈는 랄리와 똑같은 여행길을 택하고 싶어 맹렬한 기세로 영감의 방에 들어갔다.

익살스러운 바주주 영감은 오늘 밤 특별히 좋은 기분으로 집에 돌아와 있었다. 몹시 취한 그가 추위에도 아랑곳 않고 바닥에 쓰러져 코를 골고 있었다. 그래도 영감은 분명히 좋은 꿈을 꾸고 있었다. 왜냐하면 그는 자면서도 배로 웃고 있는 것처럼 보였기 때문이다. 등잔불이 헌 옷과, 구석에 뒹굴고 있는 찌그러진 검은 모자, 이불 끝처럼 무릎에 끌어 덮은 검은 망토를 비추었다.

그 모습을 본 제르베즈는 갑자기 울부짖었다. 그 소리에 바주주 영감이 눈을 떴다.

"제기랄! 문 좀 닫아! 추위!…… 아니! 당신이!…… 무슨 일이죠? 뭘 원하오?"

그러자 제르베즈는 두 팔을 내밀고 자신도 모르게 더듬거리며 그에게 애원하기 시작했다.

"네, 나를 데려가 주세요. 이제 지긋지긋해요. 저세상으로 가고 싶어요…… 지난 일은 언짢아하지 마세요. 난 아무것도 몰랐으니까요. 맙소사! 사람은 자기가 준비되었다는 걸 몰라요…… 아! 그래요, 언젠가 그곳에 간다면 기쁘죠! 데려가 주세요, 데려가 주세요, 큰 소리로 감사할게요!"

그리고 그녀는 무릎을 꿇고, 욕망으로 온몸을 떨며 창백해졌다. 그녀는 이제까지 남자의 발에 매달려 이처럼 몸부림을 쳐본 일이 없었다. 바주주 영감은 불그스름한 얼굴에 입은 일그러지고 살갗도 무덤을 파는 흙먼지로 더러웠지만 그녀에게는 그 모습이 태양처럼 아름답게 빛나 보였다. 그러나 영감은 아직 잠이 덜 깨어 제르베즈가 무슨 짓궂은 장난이라도 치고 있는 것처럼 생각하는 모양이었다.

"이봐요." 그가 중얼거렸다. "사람을 놀리지 마쇼!"

"데려가 주세요." 제르베즈는 더욱 열렬히 되풀이해서 말했다. "기억해 보세요, 어느 날 밤에, 내가 칸막이를 두드렸던 일 말예요. 그 뒤로는 그런 일이 없다고 했었지만, 정말 어리석었어요…… 하지만 보세요! 손을 주세요, 이젠 무섭지 않아요! 데려가서 재워 주세요, 움직이지 않을 테니…… 아! 소원은 그것뿐이에요. 오! 영감님을 많이 사랑해 드릴게요!"

바주주 영감은 언제나 여자에게 상냥한 편으로, 자기에게 열이 난 여자를 뿌리칠 수는 없다고 생각했다. 그녀는 무척 늙었지만, 이렇게 상기된 모습은 여전히 아름다웠다.

"당신 말이 정말 맞아요." 그는 확신 있는 태도로 말했다. "오늘도 난 여자를 셋이나 처리했지만, 그녀들이 주머니에 손을 넣을 수만 있었다면, 나한테 웃돈을 두둑하게 주었을 것이오…… 그런데 다만, 부인, 이런 일은 그렇게 간단히 할 수는 없어요……."

"데려가 줘요, 데려가 줘요." 제르베즈는 여전히 소리쳤다. "나는 떠나고 싶어요……."

"부인! 그 전에 약간의 절차가 필요하단 말이오…… 꿱! 알겠소?"

그리고 그는 마치 혀라도 삼킬 듯한 소리를 목구멍에서 내며, 스스로 멋진 농담이라 생각하고 싱글거렸다.

제르베즈는 천천히 일어섰다. 이 영감은 그녀를 위해 더 이상 할 일이 없단 말인가? 그녀는 자기 방으로 돌아갔다. 그리고 짚더미 위에 몸을 내던지며 음식 먹은 것을 후회했다. 아! 이럴 수가, 가난도 그리 빨리 사람을 죽이지는 못하는 모양이다!

제13장

그날 밤 쿠포는 술집들을 누비고 다녔다. 다음 날 제르베즈는 철도 기계공인 아들 에티엔에게 10프랑을 받았다. 아들은 집에 돈이 없는 것을 알고, 가끔 100수짜리 동전을 보내주곤 했다. 그녀는 고기 스튜를 끓여서 혼자 먹었다. 그다음 날에도 악당 쿠포가 돌아오지 않았기 때문이다. 월요일에도, 화요일에도 돌아오지 않았다. 그 주일이 다 지나갔다. 아! 빌어먹을! 어떤 여자가 그를 채갔다면 정말 행운일 텐데. 그러나 바로 그 일요일에 제르베즈는 한 통의 인쇄 공문을 받았는데, 처음에는 경찰 소환장 같아서 두려워했다. 하지만 곧 안심했다. 그건 단지 그 더러운 인간이 생탄 병원에서 죽어가고 있다는 통지서였다. 그 통지서에는 보다 더 공손하게 씌어 있었지만, 마찬가지 이야기였다. 그렇다, 쿠포를 채간 것은 얌전한 여자였고, 그 여자란 주정뱅이들의 마지막 친구, '죽음의 신 소피'[*1]였다.

맹세코, 제르베즈는 정말로 태연했다. 쿠포는 길을 알고 있으니, 혼자서도 쉽게 병원에서 돌아올 것이다. 그 병원에서는 그렇게도 여러 번이나 쿠포를 치료해 주었으니, 한 번 더 제 발로 서도록 못된 장난을 치겠지. 그녀는 바로 그날 아침, 일주일 동안이나 '장화'와 어울려 벨빌의 술집들을 공처럼 굴러다니고 있는 쿠포를 보았다는 말을 듣지 않았나! '장화'가 분명히 한턱 쏜 것이다. 그는 마누라가 모아둔 돈을 쓰고 다닐 테지. 얼마나 대단하게 번 돈인지 잘 알면서도 말이다. 아! 그들은 깨끗한 돈으로 진탕 마셔댔으니, 아무리 못된 병에 걸려도 괜찮을 거야! 쿠포가 그것으로 복통을 일으켰다면 고소하기 짝이 없다! 제르베즈는 그 두 사람이 자기를 불러 한잔 사주지 않았다는 생각에 더욱 화가 났다. 그런 자들은 본 적이 없어! 일주일 동안이나 사기들끼리 놀면서도 여자들에게는 전혀 친절을 베풀지 않았다! 혼자서 마시고, 혼자서 죽는다. 그뿐

[*1] Sophie Tourne-de-l'œil : '죽음'을 뜻하는 속어. '소피(Sophie)'는 여자 이름이고, 'Tourne-de-l'œil'는 눈이 뒤집어진 상태를 일컬음.

이다!

그래도 월요일이 되자 제르베즈는 남은 완두콩과 포도주 반 병이라는 조촐한 저녁 식사를 준비해 놓고는 잠시 산책이라도 하고 와서 먹으면 식욕이 나겠지 하는 핑계를 만들었다. 서랍장 위에 놓아두었던, 병원에서 보내온 편지가 아무래도 마음에 걸렸다. 눈은 이미 녹았고 잿빛의 온화한 날이었지만, 아직도 쌀쌀한 기운이 돌아 대기 속에 제법 기분을 들뜨게 하는 무언가가 흘렀다. 가는 길이 멀었으므로 그녀는 한낮에 집을 떠났다. 파리를 가로질러서 가야만 했고, 그녀의 걸음으로는 언제나 늦어지기 때문이었다. 게다가 거리는 사람들로 붐볐다. 그러나 그 사람들은 그녀를 즐겁게 해주었으며, 병원에 도착했을 때 그녀는 매우 유쾌한 기분이었다. 그녀가 자기 이름을 대자, 병원에서는 끔찍한 얘기를 해주었다. 쿠포를 퐁뇌프 다리 밑 강물에서 건졌다는 게 아닌가. 그는 수염을 기른 남자에게 앞길을 가로막혔다 여기고, 난간 너머로 몸을 던져 버렸다는 말이었다. 멋진 투신이로군. 안 그런가? 하지만 쿠포가 어떻게 퐁뇌프 다리에 있었느냐는 대목에서는 쿠포 자신도 설명하지 못했다.

그러는 동안, 한 관리인이 제르베즈를 안내해 주었다. 계단을 올라가 보니, 등골이 서늘해질 정도로 외치는 소리가 들렸다.

"응? 그가 음악을 하고 있군요!" 관리인이 말했다.

"누구요?" 그녀가 물었다.

"당신 남편이에요! 그저께부터 저렇게 줄곧 소리치고 있습니다. 춤까지 추지요. 당신도 곧 보게 될 겁니다."

아! 맙소사! 이 무슨 꼴이지! 그녀는 충격을 받고 멈춰 섰다. 지하실은 위에서 아래까지 벽면에 부드러운 천으로 덮여 있었다. 바닥에는 짚깔개 두 장이 포개져 있고, 한쪽 구석에는 매트리스와 긴 베개가 뒹굴고 있었다. 그것이 전부였다. 그 안에서 쿠포가 날뛰고 돌아다니며 소리를 지르고 있었다. 누더기 작업복을 걸치고, 손발을 허공에서 허우적거리는 모양새가 사육제(謝肉祭) 때 쿠르티유 유원지에서 가면을 쓰고 날뛰던 어릿광대 같았다. 그러나 이 어릿광대는 전혀 우습지 않았다. 오! 그렇다. 이 어릿광대 춤을 보자면 온몸의 털이 거꾸로 설 정도로 소름이 끼쳤다. 그는 죽음을 앞둔 사람으로 분장한 어릿광대였다. 제기랄! 혼자서 날뛰는 어릿광대! 그는 창에 부딪히고 뒤로 물러섰다. 그리고 팔로 박자를 맞추며 두 손을 흔들었다. 마치 그 손을 부러뜨려 사람들 얼굴에 던져 버리고 싶은 것 같았다. 카바레에서도 이와 같은 장난꾼들을 만나기는 하는데, 그들은 아주 볼품없는 흉내밖에는 내지 못했다. 제대로 하게 될 때 그것이 얼마나 멋진지 알고 싶다면, 이 주정뱅이가 추는 리고동*² 을 보아야 할 것이다. 노래도 독특했다. 사육제 때처럼 끝없는 고함 소리를, 입을 크게 벌리고 목 쉰 트럼본 소리로 같은 음을 몇 시간씩이나 계속 냈다. 쿠포는 발을 밟혀 으스러진 짐승처럼 비명을 질렀다. 자, 오케스트라, 연주 시작. 여러분 여자들을 춤추게 해요!

"맙소사! 도대체 어찌 된 일이지?…… 어찌 된 일이지?……"제르베즈는 겁에 질려 되풀이했다.

노랑머리의 얼굴빛 좋은 뚱뚱한 젊은이인 한 인턴이 흰 가운을 입고 조용히 앉아서 기록을 하고 있었다. 보기 드문 증상이어서, 의사는 환자 곁을 떠나지 않고 있었다.

"원하면 잠시 여기 계셔도 좋아요." 의사는 세탁부에게 말했다. "하지만 조용히 해주셔야 해요…… 그에게 말을 걸어보세요. 아마 당신을 몰라볼 겁니다."

정말로 쿠포는 자기 아내조차 몰라보는 것 같았다. 방에 들어서니, 그는 그녀도 알아볼 수 없을 정도로 변해 있었다. 그녀가 가까이 가서 들이대고 들여다보았을 때, 그녀는 할 말을 잃고 두 팔을 축 늘어뜨렸다. 쿠포의 눈은 충혈되어 있고, 입술은 온통 딱지투성이였다. 도무지 알아볼 수가 없었다. 먼저 그는 왠지 말도 않고 얼굴을 몹시 찡그렸으며, 갑자기 짐승처럼 입을 쑥 내밀어 콧등에 주름이 잡히게 했는데, 몸이 매우 화끈거리는지 김이 피어올랐다. 피부는 마치 니스를 칠한 것처럼 비지땀을 흘리고 있었다. 열광적으로 멋진 춤을 추고 있었지만 그는 즐겁지 않고, 머리가 무겁고, 팔다리가 아픈 듯이 보였다.

제르베즈가 인턴에게 다가갔을 때, 그 의사는 손가락 끝으로 의자 등을 두드리며 박자를 맞추고 있었다.

"저기요, 선생님, 이번에는 심각한가요?"

의사는 대답 없이 고개를 끄덕였다.

"선생님, 그가 뭔가 작은 소리로 중얼거리고 있지요?…… 그렇죠? 들리지요, 무슨 소리예요?"

---

*² rigaudon : 프랑스 프로방스 지방에서 시작된 무용. 점프 스텝이 특징적이며 음악은 4분의 2박자 또는 4분의 3박자의 경쾌한 곡임.

"뭔가 보인다고 합니다." 젊은 의사가 중얼거렸다. "조용히 하세요, 좀 들어봅시다."

쿠포는 짧게 끊어지는 다급한 목소리로 말했다. 그러나 눈에서는 무엇인지 즐거운 빛이 감돌고 있었다. 땅바닥을 좌우로 훑어보고, 마치 뱅센 숲을 산책하듯 빙빙 돌아다녔다.

"아! 정말 좋아. 더할 나위가 없군...... 작은 별장이 죽 늘어섰군. 상품 전시장 같아. 음악도 제법 근사하고! 이 무슨 진수성찬이람! 녀석들, 안에서 법석이로군...... 멋있어! 대단히 멋있어! 불빛이 반짝이고 있다. 빨간 풍선들이 공중에서 뛰어다니고 날아다닌다!...... 아! 아! 나무숲 속에 등불이 많다!...... 기분 좋다! 여저기서 물이 흐르는군. 샘 같고, 폭포 같고. 물이 노래를 한다. 아! 성가대 어린애들같이...... 멋있다! 폭포다!"

그리고 그는 즐거운 물의 노래를 더 잘 들어보려는 듯이 다시 일어섰다. 그는 크게 숨을 들이마셨는데, 그것은 분수대에서 날아오른 신선한 빗물을 마시려는 생각에서인 것 같았다. 하지만 차츰 그의 얼굴은 괴로운 표정을 지어 보였다. 그러자 그는 허리를 굽히고, 협박하는 태도로 나지막이 중얼거리면서, 지하실 벽을 따라 전보다 빠른 걸음으로 걸어갔다.

"또 모든 게 엉망이 되었어! 믿을 수가 없군...... 닥쳐, 깡패들! 그래, 나를 놀리다니. 나를 괴롭히려고 술을 처마시고 오두막에서 매춘부들과 큰 소리로 떠들다니 말야...... 때려죽일 테다, 내가 그 오두막으로 쳐들어가서!...... 제기랄! 나를 가만히 내버려 둬!"

그는 주먹을 불끈 쥐었다. 그리고 쉰 목소리로 소리치며 달려가다가 자빠졌다. 그러고는 공포로 이를 덜그럭거리며 더듬더듬 말했다.

"나더러 죽으라고. 안 될 말이지, 뛰어내리진 않을 거야!...... 물이 나보고 용기가 없다고 한단 말이야. 안 돼, 뛰어내리진 않을 거야!"

폭포는 그가 다가가면 도망치고, 뒷걸음질 치면 전진해 왔다. 갑자기 그는 바보같이 자기 주위를 바라보았다. 그리고 겨우 들리는 소리로 더듬더듬 중얼거렸다.

"있을 수 없는 일이야. 의사들을 끌어모아 날 못살게 굴다니!"

"선생님, 저는 가겠어요, 안녕히 계세요!" 제르베즈가 의사에게 말했다. "정신이 돌 것만 같아서요. 다시 오겠습니다."

그녀는 창백해졌다. 쿠포는 창에서 매트리스로, 매트리스에서 창으로 땀을 흘리며 애써 휘젓고 다녔다. 그녀는 달아났다. 계단을 구를 듯이 뛰어내려갔지만, 남편의 망할 난잡한 춤 소리가 아래층까지 들려왔다. 아! 맙소사! 밖은 정말 좋구나. 이제 숨 좀 쉬겠다!

그날 밤, 구트도르 거리의 건물 전체는 쿠포의 이상한 병에 대한 얘기로 들끓었다. 이제는 절름발이를 사람 취급도 하지 않는 보슈 부부가 상세한 얘기를 듣기 위해, 제르베즈를 관리실로 불러 카시스 술을 한턱냈다. 로리외 부인이 왔고 푸아송 부인도 왔다. 모두들 이야기에 끝없이 주석을 붙였다. 보슈가 잘 아는 어느 가구장이는 생마르탱 거리에서 완전히 알몸으로 폴카 춤을 추면서 죽었다. 거기서 그는 압생트 술을 마셨다. 부인들은 몸을 꼬면서 웃었다. 가엾기는 했지만, 그래도 우스웠기 때문이다. 그리고 사람들이 자기 말을 잘 알아듣지 못하자 제르베즈는 그들을 밀어젖히며 자리를 비키게 한 뒤에, 관리실 한복판에서 모든 이들이 바라보는 가운데 쿠포가 큰 소리를 지르고, 뛰고, 지독하게 인상을 찡그리고 애쓰는 모습을 흉내냈다. 정말이다, 맹세코 말한다! 바로 이렇게 했다! 그러자 다른 사람들이 크게 놀랐다. 설마! 그렇게 시작해서는 세 시간도 견디기 어려울 텐데. 그런데! 쿠포는 어제부터 벌써 서른여섯 시간이나 계속 그렇게 있다고 제르베즈는 맹세했다. 믿을 수 없다면 가보라고 했다. 로리외 부인은 대단히 고맙지만! 생탄에 가고 싶은 생각은 없다고 했다. 그녀는 자기 남편 로리외에게도 발을 못 들여놓게 하겠다고 했다. 비르지니는, 가게가 점점 기울어 가는 처지라 매우 시무룩해서 세상은 본디 즐겁기만 한 것은 아니라고 중얼거렸다. 아! 제기랄! 카시스 술이 바닥나서, 제르베즈는 동료들에게 잘 자라고 인사를 했다. 이야기하는 것을 멈추자 그녀는 눈을 똑바로 크게 뜬 채 얼빠진 모습으로 있었다. 아마도 자기 남편이 춤추고 있는 모습을 눈앞에 떠올린 모양이다. 이튿날 잠자리에서 일어나자, 그녀는 이제 그곳에 가지 않겠다고 결심했다. 무슨 소용이 있는가? 그녀는 이번에는 자기까지 미치고 싶지는 않았다. 그러나 그녀는 10분마다 생각에 잠겨 정신 나간 사람 같았다. 어쨌든 남편이 반원을 그리는 다리 농작을 하면, 그녀는 구경하고 싶어질 것이었다. 정오를 알리는 종소리가 났을 때, 그녀는 더 이상 참을 수가 없었다. 길이 멀다는 생각은 잊었다. 무엇이 기다리고 있는지 궁금하기도 하고 두려운 생각도 들어 가만히 있지를 못했다.

아! 그녀는 소식을 물어볼 필요도 없었다. 그녀가 계단 아래까지 오니까, 벌써 쿠포의 노랫소리가 들려왔다. 언제나 똑같은 곡에 똑같은 춤이었다. 그녀 자신이 금방 내려왔다가 다시 올라가는 거라고 생각할 정도였다. 지난밤의 그 관리인이 약그릇을 들고 오다가 그녀와 마주치자 상냥하게 눈짓을 보냈다.

"그런데 여전한가요?" 그녀가 말했다.

"네, 여전합니다!" 그는 걸음도 멈추지 않고 대답했다.

그녀는 안으로 들어갔으나 쿠포가 사람들과 함께 있었기 때문에 문 한쪽 끝에 서 있었다. 혈색 좋은 노랑머리 의사는, 훈장을 달고 있는 뾰족한 얼굴의 대머리 노신사에게 의자를 양보하고 서 있었다. 이 사람이 원장일 것이다. 눈 초리가 송곳처럼 가늘고 날카로운 것으로 보아 분명히 그랬다. 갑작스러운 죽음을 다루는 업자들은 누구나 다 이런 눈초리였다.

하기야 제르베즈는 이 노신사를 만나러 오지는 않았다. 그래서 그녀는 그 대머리 뒤에서 발돋움하며 뚫어지게 쿠포를 바라보았다. 이 미치광이는 어제 보다 더 난잡하게 춤추며 소리를 질렀다. 예전에 사순절 세 번째 주 목요일 무도회에서 빨래터의 힘센 젊은이들이 밤새도록 노는 것을 본 일은 있지만, 한 인간이 이토록 오랫동안 즐길 수 있다니, 정말이지 맹세코 생각해 본 적도 없었다. 하지만 그녀가 즐긴다고 표현한 것은 말하는 방법이었다. 왜냐하면 화약 통을 마셔버린 잉어처럼 펄펄 뛰어오르는 것이 즐거울 리가 없기 때문이다. 쿠포는 땀에 흠뻑 젖어 어제보다 더 많은 수증기를 피우고 있었다. 더 이상 말할 필요가 없었다. 너무나 큰 소리를 지르고 있었기 때문에 입이 더 크게 보였다. 오! 아기를 밴 여자라면 밖에 있는 것이 좋았다. 그가 매트리스와 창 사이를 쉴 새 없이 오갔기 때문에 마룻바닥에 길이 생겨버렸다. 매트리스는 그의 헌 구두로 말미암아 해져 버렸다.

아니, 정말 좋은 구석이 한 군데도 없었다. 제르베즈는 몸을 떨면서, 자기가 왜 또 여기에 왔나 싶었다. 어젯밤 보슈의 방에서, 얘기가 너무 허풍스럽다고 그녀는 핀잔을 받았었다! 쳇! 이 얘기의 반쯤도 전달하지 못했다! 쿠포가 어떤 짓을 했는지, 이번에는 똑똑히 보았다. 눈을 부릅뜨고 허공을 바라보고 있는 그의 모습은 결코 잊지 못할 것이다. 그런데 의사와 원장이 주고받는 말을 그녀는 알아들었다. 의사는 그녀로서는 알 수 없는 단어로 어젯밤 일을 자세히 원장에게 보고했다. 밤새도록 그의 환자가 말하며 돌아다녔다는 뜻인 것 같았다. 이윽고 대머리 신사는, 아니 신사라고 하기에는 예의 바르지 못했지만, 그제야 제르베즈의 존재를 알아차린 듯싶었다. 의사가 환자의 부인이라고 하자, 노신사는 마치 경찰서장과 같은 심술궂은 태도로 그녀에게 질문을 시작했다.

"이 사람 아버지도 술을 마셨나요?"

"네, 선생님, 보통 사람들처럼 아주 조금요…… 잔뜩 취한 어느 날 지붕에서 굴러떨어져 죽었습니다."

"그의 어머니도 마셨나요?"

"그럼요! 선생님, 모든 사람들처럼 말이에요. 여기서 한 모금, 저기서 한 모금, 아시잖아요…… 아! 가족들은 건강합니다!…… 남동생이 하나 있었는데, 아주 젊은 나이에 경련으로 죽었답니다."

원장은 날카로운 눈초리로 그녀를 바라보았다. 그리고 그는 거친 목소리로 말을 이었다.

"당신도 마시나요?"

제르베즈는 우물쭈물 변명하고 나서, 자기 말에 신성함을 부여하려고 손을 가슴에 얹었다.

"당신도 마시고 있군요! 조심하시오. 술을 마시면 어떻게 되는지 잘 보아 두시오…… 언젠가는 당신도 이렇게 죽게 돼요."

그때 그녀는 벽에 찰싹 붙어 있었다. 원장은 등을 돌렸다. 그는 연미복에 짙은 깔개 먼지가 묻는 걱정 따위는 하지 않고 쭈그려 앉았다. 그리고 쿠포가 지나가기를 기다리면서 쿠포에게서 눈을 떼지 않고 떠는 모양을 오랫동안 관찰했다. 그날 쿠포의 두 다리는 펄쩍펄쩍 뛰면서 떨고 있었는데, 손에서부터 발까지 그 떨림이 전해진 것이다. 그는 정말 실로 조정되고 있는 꼭두각시 같았으며, 몸뚱이는 나무처럼 뻣뻣하여 손발만 우스꽝스럽게 움직이고 있었다. 병세가 점점 심해졌다. 그의 피부 밑에서 음악 소리가 울리는 것 같았다. 3, 4초마다 시작되어 잠시 계속되었다. 그러다가 딱 멈추었고, 잊을 만하면 다시 시작되었다. 마치 거울에, 집 없는 들개가 문 앞에 와서 몸을 흔드는 그런 떨림이었다. 이미 배와 어깨에도 물이 끓을 때와 같은 가벼운 전율이 번지고 있었다. 간지럼을 당한 끝에 온몸을 비꼬며 웃는 소녀처럼 죽어가다니, 정말 우스운 죽음이다!

그러는 동안 쿠포는 잘 들리지 않는 소리로 뭔가 불평을 했다. 지난밤보다 훨씬 괴로워 보였다. 떠듬떠듬 하는 불평 소리를 들어보니, 그가 온갖 괴로움에 시달리고 있다는 것을 알 수 있었다. 몇 천 개나 되는 바늘이 그를 찌르고, 피부 여기저기에서 뭔가 무거운 것이 짓눌러댔다. 그리고 차갑고 축축한 짐승이 넓적다리 위를 기어다니며 송곳니로 살을 물어뜯었다. 그 뒤 다른 짐승들이 어깨에 달라붙어 발톱으로 등을 할퀴었다.

"목이 말라, 아! 목이 말라!" 그는 계속 투덜거렸다.

의사가 선반에서 레몬수 병을 꺼내 쿠포에게 주었다. 쿠포는 그 병을 두 손으로 움켜쥐고, 반쯤은 몸에 쏟으면서 게걸스럽게 한 모금 들이마셨다. 그러나 쿠포는 입에 넣었던 것을 바로 뱉어버리더니 화가 나서 불쾌한 듯이 소리쳤다.

"제기랄! 브랜디야!"

그러자 담당 의사가 원장의 지시에 따라 물병을 쥔 채로, 쿠포에게 물을 먹이려 했다. 이번에 쿠포는 물을 꿀꺽 삼켰으나, 마치 불이라도 삼킨 듯 울부짖었다.

"이건 브랜디야, 제기랄! 이건 브랜디야!"

지난밤부터 쿠포가 마신 것은 모두가 브랜디였다. 그 때문에 그는 더욱 목이 말랐다. 그리고 그는 더 이상 마실 수가 없었다. 왜냐하면 무엇을 마시든 목이 탔기 때문이었다. 그에게 수프를 갖다줘도 그에게는 그 음식에서 술 냄새가 났기 때문에, 그는 분명 자기를 독살시키려 한다고 생각하는 모양이었다. 빵은 시큼하고 썩어 있었다. 그의 주위에는 온통 독뿐이었다. 병실은 유황 냄새로 가득했다. 자기에게 이런 냄새를 맡게 하려고 일부러 자기 코앞에서 성냥을 그어대느냐고 사람들을 비난했다.

원장은 일어나서 쿠포의 말에 귀를 기울였다. 쿠포는 환한 대낮인데 다시 귀신이 보이는 모양이었다. 벽에서 배의 돛만큼이나 큰 거미줄이 보이는 모양이었다! 그런 다음, 그 거미줄은 그물이 되어 그 그물의 눈이 줄었다 늘어났다 했다. 우스운 장난감이었다! 까만 공이 거미줄 속에서 왔다 갔다 했다. 마치 요술쟁이의 공 같았다. 처음에는 당구공만 한 크기였다가, 이제는 포탄처럼 커졌다. 그것이 부풀어 올랐다가는 다시 오므라들었다. 이것이 그를 짜증나게 했다. 그가 갑자기 소리쳤다.

"아! 쥐, 쥐들이다, 이 시각에!"

공들이 쥐로 변했다. 이 더러운 동물들이 점점 커져서, 그물을 빠져나갔고, 매트리스로 뛰어들었으며, 그러고 나서 거기서 사라져 버렸다. 원숭이도 있었는데, 이놈은 벽에서 나왔다가 들어갔다 했다. 나올 때마다 가까이 접근 하기 때문에, 그는 코를 할퀴지 않으려고 뒷걸음질을 쳤다. 갑자기 그것이 또 변했다. 분명히 벽이 깡충깡충 뛰고 있었다. 왜냐하면 공포와 분노에 목이 막혀, 그가 되풀이해서 말했기 때문이다.

"그래, 좋다! 날 흔들어 봐, 끄떡도 않을 테니!⋯⋯ 그래! 누추한 방이다! 그래! 넘어져라!⋯⋯ 그래! 종을 울려라, 까마귀 떼들! 나한테 경비원을 부르게 하지 않으려거든 풍금을 쳐라!⋯⋯ 이 불한당들, 벽 뒤에 기계를 장치해 놓았구나! 나는 잘 들린다. 그게 윙윙거리고, 우리를 펄펄 뛰게 만들 작정이군⋯⋯ 불이야! 맙소사! 불이 났다. 오, 불이 났어! 불이. 오! 밝구나, 밝다! 온 하늘이 타오르고 있다. 붉은 불, 초록 불! 노란 불⋯⋯ 사람 살려! 구해 줘! 불이야!"

이런 외침도 헐떡임 속에서 사라졌다. 그는 입에 거품을 물고 턱에 침을 흘리면서, 연결이 잘되지 않는 헛소리를 웅얼거릴 뿐이었다. 원장은 손가락으로 코를 문질렀다. 중환자를 진찰할 때의 버릇이었다. 그는 의사 쪽을 돌아보며 작은 소리로 물었다.

"그런데 열은 여전히 40도지?"

"네, 선생님."

원장은 입을 삐죽거렸다. 그는 다시 2분 정도 쿠포를 뚫어지게 바라보았다. 그러더니 어깨를 으쓱하며 덧붙여 말했다.

"치료는 같은 방법. 수프, 우유, 구연산 레몬수, 묽은 기나피 약⋯⋯ 환자 곁을 떠나지 말게. 그리고 나를 부르게."

원장이 나가고, 제르베즈는 쿠포가 아직도 가망이 있는지 물으려고 원장 뒤를 따라갔다. 그러나 그가 너무나 빠른 걸음으로 복도를 걸어갔기 때문에 감히 따라잡지 못했다. 그녀는 잠시 복도에 우뚝 선 채, 다시 한 번 남편을 보러 들어갈까, 망설였다. 이제까지 거기서 지켜본 징도로 충분했다. 남편의 소리, 레몬수에서 브랜디 냄새가 난다고 외치고 있는 소리가 들려왔다. 맙소사! 그녀는 지긋지긋하여 도망치고 말았다. 거리에 나와도 말이 날리는 소리와 마차소음 때문에 그녀는 마치 생탄 병원 전체에 쫓기는 듯한 착각이 들었다. 그 원장까지 그녀를 위협했다! 정말, 그녀 스스로도 이미 병에 걸렸다고 믿어졌다.

　당연히 구트도르 거리에서는, 보슈 부부와 여러 사람들이 그녀를 기다리고 있었다. 그녀가 문 아래에 나타나자마자 모두들 그녀를 숙소 안으로 불러들였다. 이런! 쿠포 영감이 여전히 살아 있나요? 맙소사! 그는 여전히 살아 있었다. 보슈는 멍해진 모양이었다. 그는 쿠포가 밤까지 버티지 못할 것이라며 내기로 술 한 병을 걸었다. 뭐? 쿠포가 아직 견디고 있다고! 모여 있던 사람들은 모두 넓적다리를 치면서 놀랐다. 정말 억세게도 견디는군! 로리와 부인이 그때까지의 시간을 계산해 보았다. 서른여섯 시간 더하기 스물네 시간이니까 육십 시간이었다. 굉장하다! 육십 시간이나 다리와 입을 계속 놀려대고 있다니! 그렇지만 보슈는 술 한 병을 빼앗긴 것에 쓴웃음을 지으면서, 의심스럽다는 듯이 그녀가 나온 뒤에 쿠포가 쓰러지지는 않았느냐고 제르베즈에게 물었다. 오! 아니다, 그는 매우 기운차게 날뛰고 있었으며, 죽을 생각은 전혀 없었다고 그녀는 말했다. 그러자 보슈는 더욱 집요하게 그가 어떤 모습이었는지 다시 한 번 흉내를 내보라고 부탁했다. 그렇다, 그래, 조금만 더! 모두들 그렇게 하기를 바랐다! 마침 어제 못 봤던 이웃 아낙네 두 사람이 구경하러 내려왔으니, 모두들 다시 한 번만 해달라고 말했다. 관리인 마누라가 모두 옆으로 비키라고 소리쳤다. 사람들은 모두가 서로 팔꿈치로 쿡쿡 찌르며 호기심에 차서 방 한복판을 비워 주었다. 그러나 제르베즈는 고개를 숙였다. 정말 자기도 병에 걸리지나 않을까 걱정이 되었다. 하지만 그녀는 여러 사람들의 부탁을 받으려고 일부러 물러서는 게 아니라는 증거로 두세 번 슬쩍 뛰어 보였다. 그렇지만 갑자기 기분이 좋지 않아 뒤로 물러났다. 맹세코 그녀는 도저히 할 수가 없었다! 실망스럽다는 소리가 흘러나왔다. 유감이다. 그녀는 완벽하게 흉내낼 수 있었다. 어쨌든 못한다면 하는 수 없지! 그리고 비르지니가 가게로 돌아가고 나서, 모두들 쿠포 이야기는 제쳐놓고 이제 엉망이 된 푸아송 집안일에 대해 열심히 이야기하기 시작했다. 어제는 집달리가 밀어닥쳤다느니, 경찰이 직장을 잃게 될 것이라느니, 하고 말했다. 랑티에는 이웃 음식점의 딸 주변을 맴돌고 있었다. 그런데 그녀도 꽤 아름다운 여자로, 내장 가게를 차릴 거라고 했다. 저런! 모두들 그녀가 재미있다고 웃었다. 벌써 그녀가 내장 가게 여주인이 된 것처럼 가게에 앉아 있는 모습이 눈앞에 선했다. 과자 다음으로는, 배가 든든해지는 가게를 해보자는 속셈이었다. 모든 것이 이 모양인데, 아내를 도둑맞고 있는 푸아송은 여전히 사람 좋은 얼굴이었다. 도대체가 직업상으로는 약삭빨라야 하는데 집 안일에는 왜 이리 어리숙할까? 그러나 갑자기 모두들 입을 다물었다. 이미 아무도 개의치 않던 제르베즈가 방구석에서 혼자 손발을 떨면서, 쿠포 흉내를 내고 있었기 때문이다. 잘한다! 바로 그것을 모두가 기다리고 있었다. 그녀는 꿈에서 깨어난 듯한 모습으로 바보같이 있었다. 그러고 나서, 재빨리 도망쳤다. 여러분, 안녕히 주무세요! 그녀는 잠을 자려고 위로 올라갔다.

보슈 부부는 다음 날도 지난 이틀 동안처럼, 그녀가 대낮에 나가는 모습을 보았다. 그들은 제르베즈에게 정말 즐겁기를 바란다며 말을 건넸다. 그날 생탄 병원 복도에서는 쿠포의 고함 소리와 쿵쿵거리는 발소리가 요란하게 울렸다. 그녀가 계단 난간을 잡자마자 쿠포의 울부짖는 소리가 들려왔다.

"빈대다!…… 이리 와봐, 내가 너희들 뼈를 발라 주마!…… 아! 나를 죽이려 들다니, 아! 빈대들! 너희들 모두 합친 것보다 내가 더 부자야! 탈출해 버려, 제 기랄!"

제르베즈는 잠시 문 앞에서 한숨을 쉬었다. 그는 대군과 맞싸우고 있다! 그녀가 안으로 들어갔을 때, 싸움은 더욱 커지고 과장되었다. 쿠포의 횡포는 극에 달해 있어서, 샤랑통 정신병원에서 도망쳐 나온 환자 같았다! 지하실 한복판에서 길길이 날뛰며, 두 손을 휘두르며 자기 몸과 벽, 마룻바닥 등을 마구 쳤으며, 자빠져서 허공에 주먹질을 했다. 창을 열려다가, 마치 수많은 사람들에게 시달림을 받고 있는 모습으로 몸을 숨기며 방어 자세를 취하고, 누군가를 부르고, 대답하며, 혼자서 일대 소동을 벌였다. 제르베즈는 그가 지붕 위에서 함석을 까는 흉내를 내는 것임을 알았다. 그는 풀무 대신 입으로 푸푸 내쉬며 풍로 속에서 인두를 휘젓고는 무릎을 꿇고, 납땜을 하려는 듯 매트리스 끝에 엄지손가락을 대고 있었다. 그렇다, 그는 지붕에서 떨어지기 직전의 일이 생각났다. 그리고 그처럼 큰 소리를 지르며 지붕 위에서 손발을 흔들며 싸움을 하는 까닭은, 일을 단정하게 하려는 것을 악당들이 방해하기 때문이었다. 이웃의 모든 지붕 위에서 건달들이 그를 놀려대었다. 게다가 이 장난꾸러기들은 그의 발치에 쥐 떼득을 풀어놓았다. 이! 디리운 짐승들, 또 보이는군! 한쪽 발로 힘껏 땅바닥에 비벼 뭉개버리려고 해도, 끊임없이 새로운 무리가 밀려와서 지붕 위가 온통 쥐들로 새까맸다. 거미도 있었다! 그는 거칠게 바지를 잡고서, 속으로 기어든 커다란 거미를 넓적다리 위에서 죽이려 했다. 제기랄! 하루

종일 가도 일이 안 끝나겠어. 그러고 보니, 업주는 그에게 실수를 하게 만들어서 그를 마자스 감옥에 집어넣으려 하는지도 몰랐다. 그래서 일을 끝내려고 서두르는 동안 그는 자기 배 속에 증기기관이 들어앉아 있는 기분이었다. 입을 크게 벌리고 그가 연기를 토해 내서, 연기가 지하실에 가득 들어찼다가 창문으로 흘러나갔다. 그러자 그는 창밖으로 몸을 내밀고 여전히 연기를 토해 내면서, 그 연기의 리본이 풀리며 점점 하늘로 올라가 태양을 가려버리는 모양을 뚫어지게 바라보고 있었다.

"아니!" 그가 소리쳤다. "클리냥쿠르 도로의 한 패거리가 곰으로 멋지게 변장했군……."

그는 창가에 쭈그리고 앉았다. 마치 지붕 위에서 거리 행렬을 보고 있는 것 같았다.

"야, 사자와 표범들이 으스대며 요란한 행진을 해…… 조무래기들이 개와 고양이 모양으로 치장하고…… 키다리 클레망스가 더부룩한 머리에 장식 깃털을 잔뜩 달고 있어. 아! 제기랄! 클레망스가 재주넘기를 하고, 그녀가 모든 것을 다 보여주고 있어!…… 이봐 색시, 우리 함께 도망칠까…… 이봐, 경찰 나리, 이 여자를 잡으려 하면 안 돼!…… 쏘지 마, 벼락 맞을! 쏘지 마……."

겁에 질리고 쉰 그의 목소리는 높아졌다. 그는 몸을 납짝 엎드리더니, 경찰과 붉은 바지를 입은 군인들이 아래쪽에서 자기를 총으로 쏘려 한다고 되풀이해 말했다. 벽 속에서, 자기 가슴에 들이댄 권총의 몸통이 그의 눈에 보였다. 그에게서 여자를 빼앗으러 온 자들이다.

"쏘지 마, 제기랄! 쏘지 마……."

이어서 집들이 무너졌다. 그는 동네 전체가 무너지는 소리를 흉내냈다. 모든 것이 사라지고, 흔적도 없이 날아가 버렸다. 그렇지만 한숨 들이켤 새도 없이, 또한 다른 광경이 무서운 속도로 떠올랐다. 미칠 듯이 말하고 싶은 욕망이 그의 입에 가득 차서, 그는 목구멍에서 횡설수설하며, 알 수 없는 말을 했다. 그 목소리가 점점 커졌다.

"이봐, 당신이군, 잘 있었어!…… 농담하지 마! 나한테 당신 머리카락을 먹이려 들지 말라고."

그리고 손을 얼굴 앞으로 가져가더니 머리카락을 치우려는 듯이 입김을 불어댔다. 의사가 그에게 물었다.

"도대체 누가 보인다는 거요?"

"물론 내 마누라지, 뭐야!"

그는 제르베즈에게 등을 돌린 채 벽을 바라보고 있었다.

제르베즈는 잔뜩 겁에 질렸으나 자기 모습이 정말 보이는지 알고 싶어서, 자기도 벽을 바라보았다. 그는 계속해서 이야기했다.

"이봐, 아양 떨지 마…… 내 몸에 손대지 마…… 아니! 당신 예쁜데, 멋있게 입었군. 그게 어디서 났지? 매춘부! 남자를 낚았구나, 고약한 것! 버릇 좀 고쳐 주겠어!…… 응? 치마 뒤에 남자를 감추고 있군. 그자가 누구야? 어디 몸을 구부려 보라고…… 제기랄! 또 그자가!"

그리고 무서운 기세로 뛰어, 그는 벽에 머리를 부딪쳤다. 그러나 벽에 도톰한 천을 붙여놓아서 충격이 약했다. 그의 몸이 반동으로 매트리스 위에 나자빠지는 소리만 들렸을 뿐이다.

"누가 보인다는 겁니까?" 의사가 다시 물었다.

"모자장이! 모자장이!" 쿠포는 울부짖었다.

그래서 의사가 제르베즈에게 누구를 말하느냐고 물으니까 제르베즈는 우물쭈물하며 대답을 하지 못했다. 지금 이 광경이 그녀 마음속에 그녀의 삶에서 당당하지 못했던 모든 일들을 휘저어 놓았기 때문이다. 함석장이는 두 주먹을 내리쳤다.

"우리 둘의 일이다, 조무래기야! 내가 너를 처치하고 끝을 낼 테다! 아! 이놈, 서슴없이 이년을 껴안고 사람들 앞에서 날 모욕했어. 자! 네 목을 졸라 죽이겠다. 그래, 그래, 내가! 장갑은 안 껴도 돼!…… 건방지게 놀지 마…… 이거라도 먹어라. 퍽! 퍽! 퍽!"

그는 주먹을 허공에 휘둘렀다. 그러자 격한 분노가 그를 사로잡았다. 뒷걸음을 치다가 벽에 부딪치자, 그는 뒤에서 공격을 받았다고 생각한 모양이었다. 그래서 그는 뒤돌아보면서 벽으로 덤벼들었다. 펄쩍 뛰어올라 방 안 구석구석을 날뛰고 다니며, 배와 어깨, 엉덩이를 부딪치며 뒹굴었다가 뛰어 일어났다. 그의 뼈다귀는 물러지고, 살에서는 묵에 젖은 삼베 조각 소리가 났다. 그리고 그는 이 끔찍한 장난의 대단한 농담을, 목구멍에서 짜내는 듯한 거친 소리를 함께 내었다. 그러는 동안, 싸움이 그에게 불리해졌다. 그의 숨이 가빠지고, 눈알이 튀어나왔기 때문이다. 그러더니 그는 점점 어린아이처럼 비굴해졌다.

"사람 살려! 사람 살려!…… 둘 다 꺼져버려! 아! 더러운 것들, 둘이서 장난질 하고 있군. 저 매춘부가 벌렁 나자빠졌네. 몹쓸 년!…… 저 여자가 그럴 줄 알 았지. 이젠 어쩔 수 없군…… 아! 강도야, 강도가 저 여자를 죽이고 있어! 칼로 다리를 잘라냈어. 다른 한쪽 다리는 땅바닥에 구르고 있고. 배는 두 동강이 나고, 피의 바다다…… 아! 하느님 맙소사, 아! 하느님 맙소사' 아! 맙소사……."

땀에 흠뻑 젖고, 머리칼은 이마 위에 덮여 있고, 얼굴은 공포에 떨며, 그는 뒷걸음질을 치면서, 보기에도 끔찍한 광경을 떨쳐버리려는 듯이 두 팔을 거세 게 흔들었다. 그는 가슴이 찢어지는 듯 신음을 두 번 지르더니 매트리스에 발 이 걸려서 그 위에 자빠졌다.

"선생님, 선생님, 그이가 죽었어요!" 제르베즈는 두 손을 모아 잡고 말했다.

의사는 앞으로 나가서, 쿠포를 매트리스 한가운데로 끌어다 놓았다. 아니, 그는 아직 죽지 않았다. 쿠포의 구두를 벗겼다. 양말도 신지 않은 두 발이 쑥 빠져나왔다. 그리고 그 발끝만이 빠르고 고르게 춤을 추었다.

바로 그때, 원장이 들어왔다. 동료 의사 둘을 데리고 왔는데, 한 사람은 마르 고 다른 한 사람은 뚱뚱했으며, 두 사람 다 그와 마찬가지로 훈장을 달고 있 었다. 세 사람은 말없이 몸을 구부리고, 환자의 몸 전체를 빠짐없이 살펴보았 다. 그러더니 나지막한 소리로 서로 재빨리 말을 주고받았다. 그들은 환자의 넓적다리에서 어깨까지 벌거벗겨서, 제르베즈는 발돋움을 하여 벌거벗고 누 워 있는 그 상반신을 넘겨다보았다. 자! 이제 끝났다. 그 떨림의 상태가 팔에서 내려오고 다리에서 올라와서, 이제는 몸통까지 꿈틀거렸다! 정말로 이 광대 는 배로도 웃고 있었다. 옆구리 가득히 웃음의 잔물결이 일었다. 배가 숨이 막 힐 지경으로 웃어대었다. 두말할 것도 없이 모든 것이 움직이고 있었다! 근육 들은 서로 맞바라보며 춤추었고, 피부는 북처럼 떨렸으며, 털들은 인사를 했 다. 결국 그것은 날이 샐 무렵 춤추던 사람들이 한꺼번에 몰려나와 손에 손을 잡고 발뒤꿈치를 구르며 춤을 추는, 이를테면 마지막 갤럽*3 대소동임이 분명 했다.

"자는군." 원장이 중얼거렸다.

그리고 원장은 두 동료에게 환자의 얼굴을 주의해서 살피도록 했다. 쿠포는

---

*3 galop : 원을 그리며 추는 4분의 2박자의 경쾌한 춤 또는 그런 춤곡을 말함.

눈을 감고 있었지만, 신경질적인 작은 경련을 일으켜 온 얼굴을 일그러뜨리고 있었다. 이토록 무참히 짓밟히고, 턱을 쑥 내민 채 악몽에 시달린 것 같은, 죽은 사람처럼 일그러진 쿠포의 얼굴을 바라보니 더욱더 끔찍한 느낌이 들었다. 그러나 의사들은 그의 두 발을 보면서 매우 흥미로웠는지 그 위에 얼굴을 가까이 대고 들여다보았다. 발은 여전히 춤을 추고 있었다. 쿠포가 푹 잠들어 있어도 발은 춤추고 있었다! 아! 주인이 코를 골아도 상관이 없었다. 발은 빨라지지도 느려지지도 않고, 언제나처럼 그 일을 계속해서 되풀이했다. 정말로 기계적인 발, 사람들이 그 발을 보면 즐거워하는 발이었다.

제르베즈는 의사들이 남편의 상반신에 손을 대자 자신도 만져보고 싶어졌다. 가만히 다가가서 쿠포의 어깨에 손을 대어보았다. 잠시 그대로 있었다. 맙소사! 도대체 이 속에서 무슨 일이 일어나고 있는가? 살이 속속들이 꿈틀거렸다. 분명히 뼈까지도 뛰고 있었다. 그 속에서 떨림과 꿈틀거림이 치밀고 올라와서, 피부 밑에서 개울처럼 흐르고 있었다. 좀 세게 눌러보니, 뱃골에서의 괴로운 신음 소리가 그녀에게 느껴졌다. 맨눈으로는 다만 소용돌이의 표면처럼 작은 웅덩이를 만드는 잔물결만이 보일 뿐이지만, 내부에서는 무시무시한 파괴가 일어나고 있는 모양이다. 이 무슨 끔찍한 일인가! 두더지의 일! 저 목로주점의 강렬한 브랜디가 이 속에서 곡괭이질을 하고 있다. 온몸이 그 술에 절어 있다. 얼마나 참혹한지! 이 작업은 끝까지 계속되어 쿠포를 남김없이, 끊임없이 뒤흔들면서 잘게 부수어 목숨까지 앗아 갈 것이 분명했다.

원장과 동료 의사들이 가버렸다. 한 시간 뒤에, 인턴과 함께 남아 있던 제르베즈는 다시 나지막한 목소리로 말했다.

"선생님, 선생님, 그이가 죽었어요……."

하지만 그는 발을 자세히 들여다보면서 고개를 내저었다. 침대에서 삐져나온 맨발은 여전히 춤을 추고 있었다. 그 발은 깨끗지 못했고, 발톱도 길었다. 갑자기 발이 뻣뻣해져서 움직이지 않게 되었다. 의사가 제르베즈를 돌아다보면서 말했다.

"끝났습니다."

죽음만이 그 발을 멈추게 했다.

제르베즈가 구트도르 거리로 돌아오자, 보슈 부부 집에서는 수다쟁이 아낙들이 모여서 흥분한 목소리로 열심히 이야기하고 있었다. 제르베즈는 그녀들이 다른 날과 마찬가지로 쿠포의 상태를 알고 싶어서 자기를 기다리고 있다고 생각했다.

"죽었어요." 그녀는 조용히 문을 열면서 피로에 지친 얼굴로 말했다.

그러나 아무도 그녀의 말을 듣고 있지 않았다. 건물 전체가 혼란에 빠져 있었다. 오! 우습기 짝이 없었다. 푸아송이 자기 마누라와 랑티에가 함께 있는 현장을 덮쳤다. 정확한 속내 이야기를 알고 있는 사람은 아무도 없었다. 왜냐하면 저마다의 방식대로 얘기하고 있었기 때문이다. 어쨌든 그 두 사람이 예기치 않았던 때에 푸아송이 들이닥친 모양이었다. 게다가 이러쿵저러쿵 꼬리를 붙여, 아낙들은 입을 삐죽거리며 되풀이해서 말했다. 물론 그런 현장을 보고서는, 아무리 푸아송이라도 눈이 안 뒤집힐 수가 없었다. 진짜 호랑이였다! 본디 말수가 적고 엉덩이에 방망이를 달고 다니던 이 사나이가 소리를 지르며 길길이 날뛰었다니 말이다. 그 뒤 아무 소리도 들리지 않았다. 랑티에가 이번 일에 대해 남편에게 설명한 모양이었다. 아무튼 이 사건은 더 이상 커질 것 같지 않았다. 보슈는 이웃 음식점 딸이 내장 장사를 하려고 가게를 인수했다는 정보를 제공했다. 그 교활한 모자장이는 내장 요리를 광적으로 좋아했다.

그러는 동안, 제르베즈는 로리외 부인이 르라 부인과 함께 온 것을 보고, 힘없이 되풀이해서 말했다.

"그이가 죽었어요…… 하느님 맙소사! 나흘 동안이나 날뛰며 소리치더니……."

그러자 두 자매는 손수건을 꺼내들 수밖에 없었다. 그들의 동생에게는 상당한 잘못이 있었지만 어쨌든 동생이었으니까. 보슈는 어깨를 들썩거리며, 일부러 다른 사람들이 들으라는 듯이 소리 높여 말했다.

"흥! 주정뱅이 하나가 줄었군!"

그날부터 제르베즈는 자주 정신이 이상해졌기 때문에, 쿠포의 흉내를 내는 제르베즈를 구경하는 일이 건물 안 사람들의 재밌거리가 되어버렸다. 이제 부탁할 필요도 없이 그녀는 손발을 떨며 무의식중에 몇 마디 작은 소리를 지르면서, 예의 구경거리를 무료로 제공했다. 틀림없이 생탄 병원에서 너무나 오랫동안 남편을 보아왔기 때문에 이런 버릇이 생긴 것이다. 하지만 그녀는 운이 좋지 못했고, 그런 짓을 해도 남편처럼 죽지 않았다. 그것은 기껏해야 어디선가 도망쳐 나온 원숭이가 얼굴을 찌푸리는 정도여서, 그 때문에 그녀는 거리에서 개구쟁이들로부터 양배추 속대로 얻어맞을 뿐이었다.

제르베즈는 이렇게 여러 달 동안을 살았다. 그녀는 굴러떨어질 대로 굴러떨어져서, 아무리 심한 창피를 당해도 예사로워져, 굶어 죽기 직전의 상태로 하루하루를 살아갔다. 그녀는 4수만 손에 쥐면 술을 마시고 벽을 두드렸다. 동네 안의 더러운 일은 모조리 도맡았다. 어느 날 밤, 사람들은 그렇게 구역질 나는 음식은 그녀도 먹지 못할 거라고 내기를 했다. 그런데 그녀는 10수가 탐이 나서 몽땅 먹어치웠다. 마레스코 씨는 7층 방에서 그녀를 내쫓기로 결심했다. 그러나 때마침 브뤼 영감이 계단 밑 구멍 속에서 죽은 채로 발견되었기 때문에, 집주인은 친절하게도 그 개집을 그녀에게 넘겨주기로 했다. 이리하여 그녀는 브뤼 영감의 개집에서 살게 되었다. 그 속의 낡은 거적때기 위에서, 그녀는 빈 배를 움켜쥐고 뼛골까지 얼어붙어 굶주렸다. 분명히 묘지의 흙까지도 그녀를 원하지 않았다. 그녀는 이제 바보가 되어, 7층에서 안마당에 깔린 돌에 몸을 던져 인생을 마무리 짓겠다는 생각조차 하지 못했다. 죽음의 신은 그녀를 그녀 스스로가 만든 지긋지긋한 삶의 바닥까지 질질 끌고 가면서, 그녀를 조금씩 갉아먹은 것이 틀림없었다. 사람들은 그녀가 어떤 이유로 죽었는지조차 정확히 모르고 있었다. 모두들 이러쿵저러쿵 떠들어댔다. 하지만 가난과 썩어빠진 생활의 피로로 죽었다는 것이 그 진실이었다. 로리외 부인의 말로는, 그녀는 무기력 때문에 죽었다. 어느 날 아침 복도에서 썩은 냄새가 났고, 그러고 보니 사람들은 이틀 전부터 제르베즈 모습이 보이지 않는다는 사실이 생각났다. 그녀는 개집에서, 이미 검푸르게 변한 채 발견되었다.

가난뱅이들을 위한 싸구려 관을 팔 밑에 끼고 그녀를 꾸리러 온 것은, 바로 바주주 영감이었다. 이날도 상당히 취하기는 했지만, 그래도 기분이 좋은지 그는 쾌활했다. 자기가 처리해야 할 그날의 손님이 누구인지 알게 되자, 영감은 그의 작은 거처를 준비하고 잠시 철학적인 감상을 늘어놓았다.

"모든 사람들이 다 그곳을 지나가죠…… 서로 아웅다웅할 필요는 없소. 모두들 자기 자리는 다 마련되어 있으니까요…… 그리고 괜히 서두르는 것도 어리석은 짓이오. 가고 싶다고 빨리 갈 수 있는 곳도 아니기든요…… 난 말이오, 기뻐만 해준다면 더 바라지 않소. 어떤 사람들은 가고 싶어하고, 어떤 사람들은 가고 싶어하지 않죠. 좀 정리해서 본다면…… 그 여자는 처음에는 가고 싶어하지 않았지만, 나중에는 가고 싶어했어요. 그래서 잠시 기다리게 했단 말이오…… 마침내 그 때가 온 거요, 그렇소! 그래서 그녀는 소원을 풀었단 말이오! 자, 즐겁게 그곳으로 갑시다!"

제르베즈를 검고 큰 손으로 잡았을 때, 영감은 사랑스런 마음에 사로잡혀, 그렇게도 오랫동안 그에게 열을 올리던 이 여자를 다정하게 끌어올렸다. 그 뒤 아버지처럼 정성을 들여 그녀를 관 속에 누이고는, 딸꾹질을 하면서 중얼거렸다.

"이봐…… 내 말 잘 들어…… 나야, 부인들을 위로해 주는 사람, '쾌활한 졸병'…… 자, 당신은 이제 행복해졌어. 잘 자, 내 사랑!"

에밀 졸라와 그의 문학

실험과 관찰, 시대의 사회학적 탐구

프랑스 19세기 소설가들 가운데에서 대표가 될 만한 사람을 꼽아보라면, 누구나 서슴지 않고 위고(Victor Marie Hugo), 플로베르(Gustave Flaubert), 발자크(Honoré de Balzac), 그리고 졸라(Émile Zola)를 들 것이다. 프랑스 대중의 평가는 제쳐 놓고서라도 사실 그대로를 보아도 18세기의 볼테르(Voltaire), 루소(Jean Jacques Rousseau)와 더불어 19세기 문호로서, 아니 프랑스 국민 문학가로서 파리의 판테온 사원에 그 유해가 모셔져 있는 사람은 위고와 졸라이다.

1902년 9월 29일 졸라가 세상을 떠나고 10월 5일 열린 영결식 추도 연설에서, 아나톨 프랑스(Anatole France)는 졸라가 온 생애 동안 이룩해 놓은 '일'에 비교할 수 있는 것은 오로지 톨스토이(Lev Tolstoy)뿐이라고 말한 바 있다.

우리는 톨스토이가 위고의 영향을 많이 받았다는 사실을 잘 알고 있다. 그리고 졸라 또한 젊은 시절에 위고에 열중했다. 1858년, 열여덟 살인 졸라가 파리로 나가, 소르본대학에 입학하기 위해 준비를 하고 있었을 무렵, 그는 시골에 있는 한 친구에게 "나는 문예 운동에 뛰어들었어. 몸도 마음도 완전히 끌려들었지. 아! 위고! 나는 위고에 열중하고 있다"라고 편지를 썼다.

하지만 그즈음 위고는 파리에 있지 않았다. 그는 프랑스에서 추방당해 망명 생활을 하는 중이었으며, 그 망명지에서 《여러 세기의 전설 *La Légende des Siècles*》과 《레 미제라블 *Les Misérables*》을 쓰고 있었다. 졸라가 위고에게 열중한 것은 물론 그의 소설 때문이 아니다. 시인 위고의, 대중에게 먹혀 들어갈 수 있는 그 힘에 사로잡혔기 때문이다. 그러나 졸라가 좋아하고 흥미를 사셨던 것은 자연과학 일반에 대해서였다. 수학, 물리학, 박물학, 화학 등이 소년 졸라가 특히 좋아했던 분야였으며 성적 또한 좋았다. 그 대신 이 소년 자연과학자는 인간의 역사에 대해서는 거의 일반적인 상식조차 없었던 모양이다. 그 증거로서,

그는 소르본대학 입학시험에서 샤를마뉴 대제의 공적이 역사 문제로 출제되었는데 전혀 손도 대지 못했다고 한다.

졸라가 그 시절에 즐겨 읽었던 것은 위고의 시뿐만 아니라 발자크와 몽테뉴(Michel de Montaigne)였으며, 이어 셰익스피어(William Shakespeare)였다. 몽테뉴가 르네상스 전성기에 자기 자신을 면밀히 반성하고, 아울러 그 시대를 비평한 태도는 시간과 공간을 뛰어넘어 사람들에게 반성과 성찰을 줄 수 있을 것이다. 졸라 또한 몽테뉴에게서 무엇보다 먼저 자기 자신과 시대에 대해 관찰하고 비평하기를 배웠다. 위고와 발자크는 자연 그대로의 풍부함을 가지고 세상의 온갖 모습을 포괄하고, 어지러운 모습까지 부각시켰다. 바로 그런 점이 졸라의 안목을 끝없이 넓히는 데 도움을 주었다는 것은 말할 필요도 없으리라.

에밀 졸라는 먼저 3부 연작의 일대 서사시를 쓰기로 결심했다. 제1부작은 자연 환경을 표현하는 것으로, 지질학적으로 원시 우주 상태로부터 노래하기 시작하여, 근대 과학의 발견에서부터 현상(現狀)에 이르기까지 인간 생활이 의존하는 자연 변천을 나타내며, 제2부작은 인간 역사를 표현한다. 다만 인간 생활의 원시 야만 상태로부터 현재 문화에 다다르는 순서를 생물학적으로, 또한 심리학적으로 드러내려는 것이다. 제3부작은 미래 문화를 예상하여, 인간은 도덕적으로뿐만 아니라 물리적, 생활적으로도 진화를 멈추지 않는다는 것을 그리려 했다.

졸라는 인간 진화를 믿어 의심치 않았다. '현재의 인간은 창조물로서 마지막 단계에 다다른 것이 아니다. 인간의 진화는 생리적으로도 결코 멈추는 것이 아니다.' 그는 확신하고 있었다. 따라서 이 자연계, 인간계를 포괄하는 세계를 노래하려 한 대서사시에 대해 졸라는 혼신의 힘으로 열중했던 것이다. 그는 다음과 같이 말했다.

"무언가 멋있는 것을 찾아낼 것 같다. 그것이 무엇인지 나는 아직 모르지만 어떤 거대한 모습이 어둠 속에서 꿈틀거리고 있는 것을 어렴풋이 느끼고 있다. 그러나 그 얼굴 모양을 뚜렷이 잡아낼 수는 없다. 하지만 좋다. 나는 언젠가는 그 빛을 볼 수 있다는 것에 절망하지는 않는다. 그때, 이 대서사시의 새로운 형식이 흐릿하게나마 자신에게 소용되는 것이라고 생각하게 되었던 것이다."

이 무엇인지 어둠 속에서 꿈틀거리는 거대하고 멋진 것이 차츰 꾸며져서 모습을 보이게 된다는 것은, 프랑스 대혁명 이후 문예 표현이, 즉 세기 중반에 이르러서 비로소 형성하게 된 경향이 졸라의 의식을 지배하기 시작한 것이라고도 말할 수 있다. 아울러 그것은 그즈음의 사회 모습으로써 설명될 수 있는 것이다. 그러나 어떻든 간에 그런 경향이 위고로 하여금 낙원에서 쫓겨난 인류의 어머니 하와로부터 민중의 어머니인 프랑스 대혁명에 이르기까지 역사의 발자취를 노래한 대서사시《여러 세기의 전설》을 쓰게 했고 미신과 자연과 사회 조직에 대한 3부작인《파리의 노트르담 Notre Dame de Paris》《바다의 노동자 Les Travailleurs de la Mer》

에밀 졸라(1840~1902)

《레 미제라블》을 내놓게 했으며, 발자크로 하여금 '인간 희극'이라는 수십 편의 대작을 완성하게 했고, 졸라로 하여금 자연과학적 대서사시를 구상하게 했던 것이다.

하지만 졸라의 이 구상은 실패로 끝났다. 오로지 열정만 앞섰을 뿐 자료의 취사선택, 구성의 기능, 경험의 배치 등이 절대 부족했으니, 그것은 자연스런 결과였다. 그리하여 그는 잠시 학문 연구와 경험을 쌓아, 그로부터 약 10년 뒤인 1871년부터 1893년까지 23년에 걸쳐서 만들어 낸 일대 장편《루공 마카르 총서, 제2제정 시대 한 가족의 자연적 사회적 역사 Rougon-Maquart, Histoire Naturelle et Sociale d'une Famille sous le Second Empire》20편을 완성하게 된 것이다. 이《루공 마카르 총서》는 부제가 말하고 있는 그대로 '역사'라고는 하지만, 시대적 긴 과정을 나타낸 게 아니라 제2제정 시대인 1851년부터 1870년까지 한정된 기간에서 루공과 마카르 두 집안을 중심으로 넓은 사회적 공간의 모든 계급 활동을 그린 것이다. 마치 자연계를 존재하는 모습 그대로 보고 그것을 관통하는 자연법에 의해 묘사하는 것처럼, 약 20년간 바라본 특정한 시대상을 사회사적으로 탐구함과 동시에 그것을 사실 그대로 구체적으로 드러낸 작품이다. 다시 말해 제2제정이라는 부르주아 정치 시대를 통한 심각한 사회 해부인 것이다. 1250여 명의 등장인물들이 저마다 개성을 가지고 활동하는, 놀랄 만큼 광범한 세계를 그려내고 있다.

졸라가 이처럼 조직적인 창작을 기획할 수 있었던 원인의 하나로, 졸라를 연구하는 전기 작가들은 그의 혈통을 내세우기도 한다.

그의 아버지 프랑수아 졸라(François Zola)는 이탈리아 사람이다. 포병 장교 출신의 기사였으며, 특히 뛰어난 수학자였다. 수학에 관한 논문도 적지 않았고 자기 고향의 아카데미 회원이기도 했다. 군대를 나와 독일, 네덜란드, 영국, 프랑스를 돌아다니며 직장을 구하다가, 알제리로 가서 다시 프랑스군에 입대했다. 그 뒤 마침내 남프랑스의 엑상프로방스(엑스)로 옮겨 정착했다.

아버지 프랑수아는 엑스에 정착하자마자 마르세유와 엑스 간의 운하 건설이라는 큰 계획을 세워, 그 일로 자주 파리를 오갔다. 그러는 동안 한 소녀를 만나 결혼했는데, 그때 그의 나이 45세, 부인 에밀리 오베르(Émilie Aubert)의 나이 20세였다. 졸라가 태어난 곳은 파리의 외갓집이었다. 아버지가 52세에 죽었을 때 졸라는 이미 엑스로 내려와 있었다. 프랑스 남부의 자연 속에서 그는 야생마처럼 완전히 자유로운 생활을 누렸다. 8세에 초등학교에 들어갔으며, 13세에 중학교에 들어갔다. 중학 시절부터 그는 빼어난 공부꾼 기질을 발휘했으며, 특히 자연과학 부문에 뛰어난 실력을 보여주었다.

그의 소년 시절 친구 중에는, 나중에 위대한 화가가 된 세잔(Paul Cézanne)이 있다. 그리고 바이유(Jean–Baptistin Baille)라는 친구도 있었다. 이 세 친구는 언제나 함께 산과 들을 산책하고 밤늦도록 모험을 하기도 하면서, 서로 미래의 꿈을 이야기하곤 했다. 위고와 뮈세(Alfred de Musset)는 그들 사이에서 언제나 열정을 북돋워 주는 화제의 인물이었다. 졸라는 나중에 세잔보다 오히려 마네(Édouard Manet)에게 기울어,《루공 마카르 총서》가운데《작품 L'Œuvre》의 주인공 클로드 랑티에 같은 인물은 다분히 마네를 암시하고 있을 정도이다. 어쨌든 졸라와 세잔을 배출한 남프랑스의 엑스는 예부터 유명한 지방이었지만, 근대 문예 및 예술의 두 거장이 나왔다는 점에서도 영원히 잊지 못할 지역이 되었다.

1851년 제2공화제를 고쳐서 루이 나폴레옹이 대통령에서 황제 자리에 올라서자, 프랑스 전국이 엄청난 소용돌이에 말려들어갔던 것은 누구나 다 아는 역사적 사실이다. 남부 프랑스에서도 반(反)제정 소동이 폭발했는데, 엑스는 그 중심지였다. 도시 노동자와 들판의 농민에 이르기까지 모두 하나가 되어 시청으로, 도청으로 쉼없이 밀려들었다. 〈라마르세예즈〉 노랫소리가 세상에 울려 퍼졌다. 소년 졸라가 그 감격의 물결 속에 휘말려 든 것은 말할 필요도 없다. 그가 《루공 마카르 총서》 제1권 《루공 집안의

에밀 졸라가 《루공 마카르 총서》를 옆에 끼고, 자신의 본보기인 발자크에게 경의를 표한다.

재산 *La Fortune des Rougon*》에서, 그 무렵 광경을 묘사하고 있는 것을 보면 졸라의 마음을 짐작할 수 있다.

졸라도 셈잔도 15, 16세의 사춘기에 들어섰다. 남쪽 지방 소년들은 대부분 조숙한 경향이 있다. 그들은 일찍이 사랑을 알고, 또한 사람들 눈을 피해 교외의 산과 들을 밤늦게까지 연인들과 돌아다녔다. 그리고 서로의 사랑을 고백했다. 졸라는 어느 소녀를 사랑하여 밤낮으로 따라다녔으나, 끝내 사랑을 고백하지는 못했다. 그리하여 그는 그 꿈속의 애인을, 자기가 어느 묘석 위에 새겨져 있는 것을 본 '니나'라는 이름을 애칭으로 바꾸어, '니농'이라고 불렀다. 그가 처음으로 내놓은 단편집은 그런 뜻에서 제목을 《니농에게 주는 이야기 *Contes à Ninon*》로 지었다. 그리고 그의 《루공 마카르 총서》 가운데 하나인 《나나 *Nana*》

도 그런 까닭에서 나온 이름이다.

　파리로 옮겨 온 졸라는 감격스러운 나날을 보냈지만, 생계 문제는 그리 쉬운 일이 아니었다. 그간 온갖 고생 끝에 겨우 유명 출판사인 아셰트사(社)에서 일자리를 찾았는데, 그것은 22세 때의 일이다.

　정리 잘하고 시간을 엄수하는 그의 습관, 타고난 공부꾼 기질이 이때에도 큰 도움이 되어, 고용주 아셰트의 마음에 들게 되었다. 출판사에서 신임을 얻게 됨으로써 자연히 친구도 많이 사귀게 되고, 특히 사주 아셰트의 주선으로 그의 단편집 《니농에게 주는 이야기》가 청년 신문에 실리기까지 했다. 이 단편집은 앞으로 모습을 드러내게 될 그의 대작들의 싹이라고 할 수 있다.

　이어 그는, 인상파 화가들의 평론을 신문 《프티 주르날 *Le Petit Journal*》에 쓰기 시작하여 그것으로 평판을 얻게 되었고, 동시에 시끄러운 문제를 일으키기도 했다. 다음 해인 1865년 그는 장편 소설 《클로드의 고백 *La Confession de Claude*》을 썼고, 그다음 해에는 2년간 근무했던 아셰트사를 그만두고 《피가로 *Figaro*》 신문에 문예 평론을 실었다. 이어서 두 번째 소설 《죽은 여인의 맹세 *Le Vœu d'une Morte*》를 출간했으며, 다시 그다음 해에는 인간의 야수성 해방, 가차 없는 해부, 끔찍한 유전(遺傳)의 폭로인 《테레즈 라캥 *Thérèse Raquin*》을 썼다.

　에밀 졸라가 '루공 마카르 총서'라는 장엄한 꿈을 꾸기 시작한 시기는 1868년 28세 무렵이다. "나폴레옹이 칼로 한 일을 나는 펜으로 한다"고 공공연히 말하며 이를 인간 희극 총서로 훌륭하고 화려하게 실현한 발자크에게 그는 큰 자극을 받았다. 발자크처럼 하면서도 발자크를 뛰어넘는 세계를 창조하고 자신이 살아가는 현재 안에서, 다시 말해 제2제정기의 다양한 사회, 다양한 인간과 그 모든 생활을 묘사하는 데 그치지 않고, 더 나아가 발자크가 하지 못했던 일을 해내야만 했다. 졸라는 시대의 과학이 가져다주는 진실인 '시대'와 '환경' 및 '유전'이라는 세 가지 원자를 인간을 탐구하는 방법이자 무기로 삼으며, 경제와 정치로 인간을 파악할 뿐만 아니라 생물학과 생리학으로도 인간을 규명하려고 했다. 한 집안을 중심으로 강력한 유전 인자를 물려받은 5대에 걸친 인물을 저마다 작품에 배치해 다양한 환경에 놓인 그들이 어떻게 행동하는지를 관찰하는 실험을 함으로써, 현대 인간과 그 사회라는 기괴한 괴물 같은 거대한 수수께끼의 진실을 밝히려고 했다.

　1870년 졸라가 결혼하여 남프랑스 여행을 하던 중 파리는 독일군에 포위되

메당 별장 졸라는 《목로주점》 출판 뒤 이 별장을 구입했다. 이곳은 자연주의 문학의 성지가 된다.

어, 얼마 지나지 않아 루이 나폴레옹의 제2제정은 무너졌다. 그리고 졸라의 자연주의 문학이 확립된 것도 그즈음부터이다.

졸라의 자연주의

에밀 졸라의 자연주의(Naturalisme)가 이루어지기 전에 《사실주의 *Le Réalisme*》라는 이름의 잡지가, 메리메(Prosper Mérimée)의 사생아인 뒤랑티(Edmond Duranty)에 의해 나오고 있었다. 이 운동은 낭만주의(Romantisme)에 반대하기 위해 일어난 것이다. 그 주장하는 바는, "사실주의는 사람들이 생활하는 시대 및 사회 환경의 적확하고 완전하며 진지한 재현을 목적으로 한다. 이와 같은 경향의 연구는 이성(理性)에 의해, 이지(理智)의 필요에 의해, 일반 대중의 흥미에 의해 인정되고, 모든 허위와 기만으로부터 벗어날 수 있기 때문이다. 따라서 그와 같은 재현은, 모든 사람에게 이해되기 위해 가능한 한 단순해야 한다"는 것이다

졸라의 자연주의는 단순히 사실주의처럼 인간 생활을 있는 그대로 관찰하고 재현하는 것이 아니다. 그것은 경험적 방법이다. 그 경험 위에 나시 자연과학자가 하듯 실험적 방법을 덧붙여 인간 생활을 연구하는 것으로, 생물학자가

〈나는 고발한다〉(1898) 드레퓌스의 무죄를 주장하는 대통령에게 보내는 공개장 글이 실린 〈여명〉지

해부하는 방법을 쓰는 것이다. 때로는 의사처럼, 때로는 탐험가처럼, 또 때로는 탐정처럼 온갖 방법을 채택하기도 한다. 그는 클로드 베르나르(Claude Bernard)의 《실험 의학 연구 서설 Introduction à l'Étude de la Médecine Expérimentale》을 탐독했으며, 텐(Hippolyte Taine)과도 이따금 만나 그의 의견을 직접 듣고 자신의 방법을 더욱 반성해 보기도 했다.

인간의 원죄론 같은 것은 유전(遺傳)으로 설명해야 하며, 그 유전으로 볼 수 있는 개

개인의 다양한 악덕은 사회 조직의 반영(反映)으로 드러난다. 따라서 개인악은 사회악의 결과라고 말할 수 있다. 의사가 가장 심한 병마와 용감하게 싸워 가듯, 졸라는 이 사회악 때문에 가장 괴로움을 받고 있는 사람들을 주로 연구 대상으로 삼아, 먼저 그 질환 현상이 가장 두드러지게 나타나는 사람들 생활을 해부하고, 그 가장 비참한 사람들의 생활 밑바탕에 깔려 있는 인간성의 건전한 부분을 찾아내려 온 힘을 다한다. 우리는 졸라가 주로 다루는 교활한 장사꾼, 노동자, 농민, 매춘부 따위의 생활에서 사회악으로 말미암아 무참히 고뇌하는 모습을 조금의 용서도 없이 진지하게, 또한 지나칠 정도로 자상하게 묘사하고 있는 것을 보지만, 한편으로 그런 사람들 속에서 또한 그들을 통해서 사회악에 맞서 싸워 나가려는 힘찬 의지를 느끼지 않을 수 없는 것이다.

재판받는 졸라 '나는 고발한다'로 인해 법정에 선 졸라에게 1년의 금고형 3천 프랑의 벌금을 선고했다. 졸라는 영국으로 1년간 망명하게 된다.

그러니까 졸라는 과학적 방법으로 현실에 투철하고, 다시 그 현실을 돌파하여 그 속에서 요구되어지는 이상(理想)을 만들어 내려 한 것이다. 그는 결코 유전에만 집착하는 숙명론자가 아니다. 과학이 명령하는 진화 관념을 현실 속에 심어 주려 했던 것이다.

그리하여 졸라는 1871년부터 1893년에 이르기까지 22년에 걸쳐, 제2제정 통치 아래에서의 자연적·사회적 역사로서, 《루공 집안의 재산》으로부터 《파스칼 박사 *Le Docteur Pascal*》에 이르기까지 《루공 마카르 총서》 20권을 써냈다. 이것은 루공과 마카르 두 가족의 기괴한 결합에서 차츰 일대 가족이 만들어져, 그것이 제2제정이라는 속물 자본주의의 정치 및 경제 조직 속에서 어떻게 발생하고 발전해 나가는가를 실험적으로 연구한 보고서와도 같다. 말하자면 땅에서 돋아난 한 나무가 일정한 풍토와 같은 자연적 조건 아래 성장하면서 보여 주는 갖가지 모습을 연구하는 것과 마찬가지이다.

졸라는 이 대장편을 집필하는 동안 파리 교외 메당(Médan)에 별장을 구하여, 그곳에서 친구와 후배들을 만나곤 했다. 유명한 단편 소설 모음집 《메당의 저녁 *Les Soirées de Médan*》이 여기에서 비롯한 것이며, 이른바 자연주의 작가들로 알려진 모파상(Guy de Maupassant), 위스망스(Jori Karl Huysmans), 세아르

루공 마카르 가계도 《루공 마카르》는 루공과 마카르 집안 후손들을 중심으로 제2제정기 프랑스 사회를 묘사한 20권짜리 소설 총서이다.

(Henri Céard), 알렉시스(Paul Alexis) 등이 그 주요 구성원이었다. 모파상이 그의 첫 작품 《비곗덩어리 *Boule de Suif*》를 낭독하여 크게 호평받은 것도 이 모임에서 였다.

졸라는 그동안에 또다시 자신의 문학관을 밝히기 위해 《실험소설론 *Le Roman Expérimental*》《자연주의 소설가들 *Les Romanciers Naturalistes*》 및 《문학 자료 *Documents Littéraires*》 등 세 권의 책을 내놓아, 자신의 태도와 방법을 뚜렷이 했다. 졸라는 《루공 마카르 총서》의 장편을 다 펴낸 뒤에 제2, 제3의 작품을 구상했다.

그의 두 번째 구상은 《세 도시 이야기 *Les Trois Villes*》이다. 《루르드 *Lourdes*》(1894)에서는 미신을 심각하게 파헤쳤고, 《로마 *Rome*》(1896)에서는 주로 역사와 미술의 뒤섞임을, 《파리 *Paris*》(1898)에서는 세계의 수도로서 정치와 문예의 움직임을 체계적으로 그려냈다. 그리고 세 번째 구상으로서는 '4복음서(四福音書)', 즉 《풍요 *Fécondité*》, 《노동 *Travail*》, 《진실 *Vérité*》, 《정의 *Justice*》를 구상하여 그 3편까지는 써냈으나 마지막 《정의》만은 완성하지 못한 채 갑자기 세상을 뜨고 말았다.

졸라가 《파리》를 집필하는 동안, 프랑스인들에게 엄청난 충격을 준 '드레퓌스 사건'이 터졌다. 이것은 1894년 드레퓌스(Alfred Dreyfus)라는 한 유대인 장교가 독일에 군사 기밀을 팔았다는 혐의로 체포되어 유형당한 사건이었는데, 실제로 그는 그런 범죄를 저지르지 않았다. 물론 나중에 진범도 잡혀서 그의 무죄는 밝혀졌다. 다만 그즈음 민감해졌던 군국주의

몽마르트르에 있는 **졸라 무덤 기념비** 붉은색 반암 받침대 위에 놓인 졸라의 청동 흉상. 유골은 판테온에 묻혀 있다.

자들의 감정과 또한 인종적 편견 등이 뒤섞여서 그 사건의 진실한 판단을 흐리게 했던 것이다.

졸라는 진실 앞에 서서 단호히 거짓을 규탄했다. 〈청년에게 주는 글〉, 〈프랑스인에게 주는 글〉 등을 써서 일반 여론을 환기시키기에 힘썼다. 졸라와 의견을 같이한 문인들은, 아나톨 프랑스를 비롯하여 수많은 사람들이 있었다. 마침내 그는 대통령에게 보내는 공개장을 신문 《여명 L'Aurore》에 실었다. 그것이 저 유명한 〈나는 고발한다 J'Accuse!〉이다. 그리고 이 고발문은 온 프랑스를 떠들썩하게 만들었다. 드레퓌스를 증오해 오던 사람들이 이번에는 졸라에게 매국노라고 외쳤다.

졸라는 무고죄로 기소되어 여러 차례 소환 심문을 받았다. 그는 법정에 서서 뭇사람들의 야유와 욕설을 들었다. 물론 그의 옹호자가 더욱 많았다. 곧 여론은 그를 반대하는 쪽과 지지하는 쪽으로 나뉘었다. 신문도 그러했다. 말하자

면 온 프랑스가 좌파 우파로 갈라진 셈이었다.

　법정에 선 졸라는 단호했다. 누가 뭐라 해도 드레퓌스는 무죄라고 했다. 자신의 명예와 목숨을 걸고서라도 그는 무죄라고 했다. 그리고 그는 자신의 승리를 굳게 믿었다.

　그러나 법정은 끝내 졸라에게 1년의 금고형과 3천 프랑의 벌금형을 선고했다. 그는 그 1년간을 영국으로 도피하여 보내기로 했다. 영국에 머무르면서 '4복음서'를 쓰기 시작한 것이다. 졸라는 1902년 여름을 메당의 별장에서 보내고 9월 끝 무렵 파리로 돌아왔는데, 그 29일 밤 침실에 가스가 새어들어 뜻하지 않게 세상을 떠났다. 그의 나이는 62세였다.

　1908년 1월 4일, 판테온 사원으로 옮겨지는 졸라의 국장(國葬)은 엄숙함과 투쟁 사이에서 치러졌다. 그를 적으로 몰아세웠던 우파 신문들은 끝까지 싸우기를 그치지 않았으나, 그가 세운 업적은 그에게 최후의 승리를 안겨 주었다. 왜냐하면 그 뒤 프랑스 국민은 그 누구도 졸라가 판테온의 한 자리를 차지하고 있다는 것을 거부하고 있지 않기 때문이다.

목로주점에 대하여

《목로주점 L'Assommoir》의 줄거리를 간략하게 말하면 다음과 같다.

　여주인공 제르베즈(세탁부)는 살짝 발을 저는 비교적 아름다운 여자이다. 그녀는 모자 제작공 랑티에와 동거하여 두 아이를 낳지만 끝내 사나이는 그녀를 버리고 다른 여자와 도망친다. 그 후 성실한 함석장이 쿠포의 사랑을 받고 결혼하여, 세탁소를 얻을 자금을 벌기 위해 둘이서 열심히 일을 한다. 하지만 남편 쿠포는 일을 하다가 지붕에서 떨어져 다리가 부러진다. 덕분에 그들의 저축은 치료비로 모두 날리고도 부족하다. 그러나 진실하게 그녀를 사랑하는 대장장이 구제가 그 돈을 빌려준다. 그녀의 세탁소는 조금씩 번창해 가고 여직원을 세 명이나 고용하게 된다. 하지만 다친 뒤로 한없이 게을러진 남편은 밤낮을 가리지 않고 술에 빠져 폐인이 되다시피 한다. 게다가 엎친 데 덮친 격으로 모자장이 랑티에가 몰락하여 그녀의 집으로 찾아온다. 줏대 없이 착한 남편 쿠포는 그를 받아들이자고 권유한다. 그리하여 그들은 남자 둘에 여자 하나라는 해괴망측한 공동 생활을 시작한다. 물론 모자장이와의 관계도 회복된다. 그녀는 결국 두 남자를 먹여 살려야 할 야릇한 형편에 놓여, 걷잡을 수 없는 타락으로 빠져든다. 제르베즈는 지쳐 버려, 희망을 잃게 된다. 음식에 탐닉하던 그녀는 술까지 마시게 된다. 세탁소는 원수의 손에 넘어가고, 딸 나나는 가출하여 비행을 일삼는다. 제르베즈 자신은 전에 자신이 일했던 세탁소의 세탁부로 전락한다. 급기야는 그곳에서도 쫓겨나서, 굶주림에 지쳐 밤거리에 나서게 된다. 그러나 밤거리 남자들도 그녀를 돌아보지 않는다. 이제 그녀는 그토록 초췌하고 보기 흉하다. 온갖 고생 끝에 그녀는 한 남자를 낚는다. 아직도 그녀를 진심으로 사랑하고 또한 그녀 자신도 사랑하고 있는 대장장이 구제였다. 털끝만큼 남아 있는 자존심으로 그녀는 달아나 버린다. 남편 쿠포는 미쳐서 죽고, 그녀 또한 가끔 미친 남편의 흉내를 내다가 어느 날 마침내 굶어 죽고 만다.

LES ROUGON-MACQUART

HISTOIRE NATURELLE ET SOCIALE D'UNE FAMILLE SOUS LE SECOND EMPIRE

L'ASSOMMOIR

PAR

ÉMILE ZOLA

VINGT-SEPTIÈME ÉDITION

PARIS

G. CHARPENTIER, ÉDITEUR

13, RUE DE GRENELLE-SAINT-GERMAIN, 13

1877

Tous droits réservés.

《목로주점》(1877) 초판본 속표지 《루공 마카르》 제7권

《목로주점》의 여주인공 제르베즈 및 그녀를 둘러싸고 있는 남자들의 타락상과 목로주점의 마력을 가차 없는 필치로 생동감 넘치게 묘사한 이 소설은, 누가 읽어도 걸작임에 틀림없다. 하지만 우리는 이 작품이 세상에 나오기까지에는 수많은 난관과 잡음이 있었음을 잊어서는 안 된다. 사실 이 작품은, 단행본으로 출긴(1877)되기에 앞서 일산시에 연재되었을 때부터 비난의 대상이 되어, 그 때문에 그 신문의 정기 구독자가 크게 줄어들어 마침내 연재를 중단하는 사대까지 벌어졌다. 결국 나른 신문으로 옮겨 전체 글은 다 발표했지만, 그 비난의 소리는 줄어들기는커녕 점점 더 심해졌다. 그러면 도대체 그 비난의 소리

는 무엇이었을까? 부도덕! 내용이 지극히 부도덕하다는 것이었다. 그리고 그것은 거의 모든 이들의 의견이기도 했다.

그즈음 프랑스는 프로이센–프랑스 전쟁에서 패배한 뒤로 온갖 고난과 어려움을 참고 있던 시대로, 1875년 국민의회가 한 표 차이로 공화정을 선포했을 뿐, 오를레앙파를 중심으로 부르봉 왕조파와 보나파르트파를 합친 보수 세력은 여전히 강력하고, 마크마옹(Patrice de MacMahon) 대통령은 도덕 체계를 역설하고 검열제도를 강화하여 카사노바(Giovanni G. Casanova)의 《회상록 *Mémoires Écrits par Lui-même*》은커녕 라퐁텐(Jean de La Fontaine)의 《우화집 *Fables*》까지도 발매 금지가 되었던 때이다. 이런 상황에서 사람들에 의해 부도덕하다는 판정을 받은 《목로주점》을 끝까지 밀고 나간 졸라의 대담성은 가히 짐작하고도 남음이 있다. 그리고 이 반체제적 기질의 대담성은 이미 그의 선배 작가 플로베르의 《보바리 부인 *Madame Bovary*》을 거쳐서 프랑스 사실주의 소설의 계보를 꿰뚫는, 작가의 전통적 자세이기도 했던 것이다.

더욱이 그 비난 가운데에는, 그즈음 파리 노동자들 실태가 그토록 술과 여자에 젖어 타락하고 일정한 정치관이 없는 것이 아니라는 주장도 있었다. 따라서 졸라의 《목로주점》은 노동자들을 지나치게 모독한 작품이라는 비난을 받기도 했는데, 그런 논리에도 타당성은 있다. 하지만 우리는 이 작품 속 분위기에서 작가 자신의, 그들에 대한 내재적인 사랑의 의식을 간과할 수는 없는 일이다. 제르베즈가 굶주림에 못 이겨 밤거리에 나서서 매춘 행위를 시도하지만, 이미 바라보는 남자도 없어 계단 밑 구멍 같은 방으로 되돌아가서 굶어 죽자, 그 냉혈한 같기만 하던 장의사 인부 바주주 영감은 "잘자, 내 사랑" 하고 중얼거렸다. 과연 우리는 그 말에서 무엇을 느낄 수 있을 것인가?

불운했지만 더없이 착했던 주인공 제르베즈에 대해 교활한 호색가 랑티에는 지나치게 악하기만 한 사내였다. 그러나 그를 빼놓는다면 마음 약한 호인 쿠포를 비롯하여 성실한 대장장이 구제, 그리고 희망을 가졌다가는 배반만 당하는 제르베즈를 묘사하는 졸라의 붓놀림에는 오히려 매우 동정적이고 따뜻한 감정이 깃들어 있다.

졸라 자신은 《목로주점》에 어떤 소설 이념을 담고 그 소설 이념이 어떻게 나타나고 전개되길 바랐을까? 《실험소설론》으로 충분하다고 생각해서는 안 된다. 졸라의 나이 35세. 아직 《실험소설론》을 발표하기 전이다. 그리고 졸라의 소설 이념을 의식화하며 이론화한 《실험소설론》과 실제 작품 사이의 괴리와 모순, 바로 거기에 소설가로서 졸라의 매력이 숨어 있다. 컴퓨터라면 몰라도 인간은 이념으로 예술 작품을 만들 수는 없다. 비평가 알베르 미요(Albert Milhaut)의 글에 답한 졸라의 편지를 읽어보면 《목로주점》에 담고 싶어한 그의 이념을 이해하는 데 도움이 될 것이다.

《목로주점》 삽화　르누아르, 1877.

당신은 나를 민주주의 성향의 작가, 조금은 사회주의 성향도 섞여 있는 작가, 그런 존재로 다뤘습니다. 그리고 내가 노동자 계급을 진실로 감동적인 색채로 묘사했다는 사실에 놀라워했습니다.

하지만 먼저 당신이 나에게 내려준 평가를 나는 받아들일 수 없습니다. 나는 그런 수식어가 없는 평범한 소설가이고 싶습니다. 만일 어떻게 해서든지 나를 분류하고 싶다면, 자연주의 작가라고 말해 줬으면 좋겠습니다. 그거라면 나도 슬프지 않을 겁니다. 나의 정치적 견해는 소설과 관계가 없습니다. 나는 어떻게 보면 저널리스트일지도 모르겠지만 내가 말하는 저널리스트는 나라는 소설가와 하나나 마찬가지입니다. 나라는 인간과 내 작품에 대해 세상에서 말하는 무섭게 왜곡된 비평을 지어내기 전에 먼저 내 작품을 선입견 없이 읽으며 그 모두를 확실하게 보고 이해해 줬으면 좋겠습니다. 내 이름이 신문에 나올 때마다 세간이 거짓으로 꾸며 독자들을 기쁘게 하려는 한심하기 그지없는 비평을 보고 나를 아는 친구들이 얼마나 크게 웃었는지! 세상이 말하는 흡혈귀, 괴물 작가가 실은 아주 성실한 시민에 지나지 않는다는 사실을, 오로지 자신의 믿음을 지키며 세상 한구석에서 조용히 살아가는 연구자, 예술가에 지나지 않음을! 나는 세상이 꾸며내는 어떤 이야기에도 반박하지 않습니다. 나는 일을 합니다. 높이 쌓인 어리석은 거짓이나 중상의 산 아래에서 진실한 나를 찾아내는 작업을 합니다. 나는 시간과 사람들의 선의에 맡깁니다.

노동자 계급을 묘사한 나의 그림은 어떤 그림자도 넣지 않고 어떤 생략도 하지 않고서, 그리고 싶다고 생각한 대로 내가 완성한 작품입니다. 나는 내가 본 것을 말하고 본 것을 언어로 나타냈을 뿐입니다. 거기서 교훈을 이끌어 내는 일은 윤리학자 선생님들에게 맡깁니다. 나는 상류층의 오점을 드러냈습니다. 하류층의 오점을 숨기지도 않을 겁니다. 내 작품은 당파도 없으며 프로파간다(선전)도 아닌 진실한 작품입니다.

진실한 작품, 오늘날 그 어떤 편견도 가지지 않은 마음으로 졸라의 작품을 읽는 까닭은 누구나 이 졸라의 포부와 자부심을, 소설 이념을 뛰어넘어 그 이념이 가로지르는 소설의 성공을 의심할 수 없기 때문이다.

《목로주점》에서 정경 묘사의 탁월함은 이미 정평이 나 있는 바이다. 빨래터에서 두 여자가 싸우는 장면, 쿠포와 제르베즈의 결혼식과 그 뒤의 루브르 미술관 견학, 세탁소에서 벌어진 영명축일 잔치, 쿠포의 파멸 과정 등의 세밀한 묘사라든가, 또한 일상의 단순한 생활을 서술할 때에도 놀라울 만큼 흥미진진한 풍속 묘사는 독자로 하여금 다정다감을 넘어 매우 친근하게까지 느끼게 한다.

에밀 졸라 작품 중에서 가장 사랑받는 《목로주점》을 우리말로 옮길 때 텍스트는 갸르니에 플라마리옹의 문고판을 사용했음을 밝혀 둔다.

에밀 졸라 연보

1840   4월 2일, 파리의 생조제프 거리에서 태어나다. 아버지 프랑수아 졸라는 퇴역 군인이자 토목기사였고, 어머니 에밀리 오베르는 가난한 직공 집안의 딸이었다.

1843(3세)   이해 연말 프랑스 남부 부슈뒤론주 엑상프로방스(엑스)로 가족이 이사하다.

1847(7세)   3월 아버지 죽다. 노트르담 기숙학교에 들어가다. 아버지가 죽은 뒤로 집안이 기울기 시작하여, 같은 집에 살고 있던 외조부모에 의지해 어렵게 살아가다.

1852(12세)   남프랑스 엑스의 중학교에 입학하다. 장 바티스탱 바이유, 폴 세잔 등과 사귀게 되다.

1858(18세)   파리로 다시 이사하여 생루이 고등학교로 전학하다. 그러나 엑스를 그리워하는 향수가 깊어져 세잔, 바이유 등과 자주 편지를 주고받다. 여름에 엑스를 방문했다가 돌아와서 열병을 앓다.

1859(19세)   8월 파리의 이과(理科) 대학 입학시험에 두 번이나 실패하고 고등학교마저 경제 사정으로 그만두다. 독서와 시작(詩作)에 몰두하다.

1860(20세)   조선소의 서기가 되어 월급 60프랑을 받게 되나 2개월 만에 사표를 내다. 장편 서사시 《애극(愛劇)》을 쓰다.

1862(22세)   2월 아셰트 출판사 발송부에 취직하다. 이어 홍보부 담당자가 되어 유명한 문인들을 알게 되다. 아셰트 출판사 사장의 권유로 시(詩)에서 산문으로 전향하다. 10월 31일 프랑스로 귀화하다.

1864(24세)   아내가 되는 알렉산드린 멜레를 만나다. 첫 단편집 《니농에게 주는 이야기》를 라크루아 출판사에서 간행하다.

1865(25세)   평론 〈제르미니 라세르퇴론(論)〉〈텐론〉을 발표하여 자연주의를 제창하다. 이어 낭만주의적인 소설 《클로드의 고백》을 출판하게 되나

외설 문제로 당국의 추궁을 받다.

1866(26세) 1월 아셰트 출판사를 그만두다. 알렉산드린 멜레와 함께 살기 시작하다. 〈피가로〉 신문에 살롱 비평을 써 신인상파 화가들을 옹호하다. 신문 소설 《죽은 여인의 맹세》를 발표하다.

1867(27세) 신문 소설 《마르세유의 비밀》을 발표하다. 12월 그의 자연주의 이론을 적용한 첫 소설 《테레즈 라캥》을 내다.

1868(28세) 《마들렌 페라》를 출판하다. 발자크의 유명한 《인간희극》 총서를 본따 《루공 마카르 총서》를 구상하다(처음에는 10권 예정).

1869(29세) 《루공 마카르 총서》 제1권인 《루공 집안의 재산》을 쓰다.

1870(30세) 5월 알렉산드린 멜레와 정식으로 결혼하다. 6월 〈르 시에클〉지에 《루공 집안의 재산》을 연재하기 시작했으나 프로이센-프랑스 전쟁으로 중단되다. 마르세유로 피했다가 보르도로 이사하다.

1871(31세) 가을에 《루공 집안의 재산》을 라크루아 출판사에서 간행하다. 《라 클로슈》지에 《쟁탈전》을 연재하나 독자들의 비난이 높자 검사국 요청으로 중단하다.

1872(32세) 라크루아 출판사가 파산, 졸라 작품의 판권은 샤르팡티에 출판사로 넘어가고, 샤르팡티에사에서 《쟁탈전》 《루공 집안의 재산》을 다시 간행하다.

1873(32세) 《루공 마카르 총서》 제3권 《파리의 복부》를 샤르팡티에사에서 간행하다.

1874(34세) 제4권 《플라상의 정복》 《니농에게 주는 이야기 속편》 간행하다. 7월 《테레즈 라캥》 르네상스 극장에서 상연되다.

1875(35세) 제5권 《무레 신부의 과오》 출판하다. 이 작품은 투르게네프의 주선으로 페테르부르크에서 나오는 〈유럽 통신〉지에 번역되어 소개되다. 여름 2개월 동안 생토방 해안에 머물며 《목로주점》을 구상하다.

1876(36세) 제6권 《외젠 루공 각하》를 발표하다. 이해 4월부터 〈르 비앵 퓌블리크〉지에 《목로주점》을 연재하기 시작했으나 독자들의 엄청난 항의로 6월에 연재를 중지하다. 7월에 〈라 레퓌블리크 드 레트르〉지에 다시 연재를 계속하다.

1877(37세) 《루공 마카르 총서》 제7권 《목로주점》을 간행하다. 빗발치는 중상

과 비난, 공격에도 《목로주점》으로 일약 베스트셀러 작가가 되다. 《목로주점》의 성공은 그를 자연주의 문학의 지도자로 만들다.

1878(38세) 제8권 《사랑의 한 페이지》를 출판하다. 파리 근교 메당에 별장을 구해서 주로 그곳에서 집필하다. 이 별장은 자연주의 문학의 성지(聖地)가 되다.

1879(39세) 4월 자연주의 문학 이론을 부르짖은 《실험소설론》을 써서 5월에 〈르 볼테르〉지에, 9월에는 〈유럽 통신〉지에 발표하다.

1880(40세) 제9권 《나나》, 평론집 《실험소설론》, 공동 단편집 《메당의 저녁》을 출판하다. 《메당의 저녁》에 모파상이 《비곗덩어리》를 발표하여 문단에 등장하다. 10월 어머니 죽다.

1881(41세) 평론집 《문학 자료》 《자연주의 소설가들》 《연극의 자연주의》 등을 출판하다.

1882(42세) 제10권 《살림》, 단편 소설집 《뷔를 대위》를 출판하다.

1883(43세) 제11권 《여인들의 행복 백화점》을 〈질 블라스〉지에 연재한 뒤 출판하다.

1884(44세) 제12권 《삶의 기쁨》을 출판하다. 2월 북프랑스 앙장 탄광의 파업을 소재로 《제르미날》 집필을 시작하다. 《제르미날》이 〈질 블라스〉지에 연재되다.

1885(45세) 1월 제13권 《제르미날》 집필을 끝내고 3월에 이를 출판했는데 대단한 호평을 받고 《나나》 《목로주점》에 이어 베스트셀러가 되다.

1886(46세) 제14권 《작품》 간행하다. 세잔을 모델로 한 것으로 오해받아 세잔과 절교하다. 《대지(大地)》 집필을 위해 보스 지방을 탐사하다.

1887(47세) 제15권 《대지》를 출판하다. 8월 〈질 블라스〉지에 이 작품을 연재하고 있을 때, 자연주의 청년 작가 보느탕·로니·데카베·마르그리트·기슈 등은 '5인의 선언'을 발표하고 졸라와의 절연을 선언하다.

1888(48세) 제16권 《꿈》 간행하다. 20세의 하녀 잔 로즈로와 연애하다.

1889(49세) 잔과의 사이에 맏딸 드니즈가 태어나다.

1890(50세) 제17권 《인간 야수》 간행하다. 아카데미 프랑세즈에 입후보하나 떨어지다.

1891(51세) 제18권 《돈》 출판하다. 문인협회 회장에 취임하다. 잔과의 사이에

만아들 자크가 태어나다. 이해에 쥘 위레가 '문학의 진화에 대한 설문 조사' 결과를 〈에콜 드 파리〉지에 발표하여 자연주의 시대의 종말을 알리다.

1892(52세) 제19권 《패주》를 쓰다. 이것은 《루공 마카르 총서》 가운데 가장 긴 작품으로서 그 무렵 프랑스 군부로부터는 비현실적·비애국적 작품이라는 비난을 받다.

1893(53세) 제20권 《파스칼 박사》를 출판하다. 《루공 마카르 총서》 완간을 축하하는 모임이 불로뉴 숲에서 성대히 열리다. 이해에 오랜 친구였던 이폴리트 텐과 모파상이 죽자 자연주의 문학에 대한 신념을 포기하고 고독에 잠기다.

1894(54세) 《세 도시 이야기》 총서 제1권 《루르드》 출판하다. 9월, 드레퓌스 사건 일어나다.

1895(55세) 문인협회 회장 자리를 내놓다.

1896(56세) 제2권 《로마》 출판하다. 아카데미 프랑세즈에 낙선하다.

1897(57세) 평론집 《새로운 논전(論戰)》 출판하다. 드레퓌스 옹호에 나서 12월에 〈청년에게 주는 글〉을 발표하다.

1898(58세) 1월 펠릭스 폴 대통령에게 보내는 공개장 〈나는 고발한다〉를 《여명》지에 발표하여 드레퓌스 사건의 부정을 공격하다. 7월 베르사유 지방재판소에서 징역 1년 벌금 3천 프랑이 확정되자 영국으로 망명하다. 제3권 《파리》 나오다.

1899(59세) 드레퓌스 재심 결과에 따라 6월 프랑스로 귀국하다. 영국에 머무는 동안 쓴 《4복음서》 총서의 1권 《풍요》를 출판하다.

1901(61세) 제2권 《노동》을 출판하다.

1902(62세) 9월 29일 파리 브뤼셀 거리 자택에서 죽다. 10월 5일 몽마르트르 묘지에 묻히다.

1908 1월 4일 국장이 치러지고 판테온 사원에 유골 안치되다.

옮긴이 이희영(李希榮)

성균관대학교 국사학과 졸업. 성균관대학교 대학원 사학과 졸업. 파리사회과학고등
연구원 EHESS 역사인류학 박사과정 수학. 지은책 《솔로몬 탈무드》《바빌론 탈무
드》《카발라 탈무드》, 옮긴책 베르그송 《웃음》《창조적 진화》《도덕과 종교의 두 원
천》 아미엘 《아미엘 일기》 시몬 드 보부아르 《제2의 성》 사르트르 《구토》《말》《실존
주의란 무엇인가》 시몬 베유 《중력과 은총》《철학 강의》《신을 기다리며》 등이 있다.

World Book 296
Émile Zola
L'ASSOMMOIR
목로주점
에밀 졸라/이희영 옮김
1판 1쇄 발행/2020. 8. 1
발행인 고정일
발행처 동서문화사
창업 1956. 12. 12. 등록 16-3799
서울 중구 마른내로 144(쌍림동)
☎ 546-0331~6 Fax. 545-0331
www.dongsuhbook.com
사업자등록번호 211-87-75330
ISBN 978-89-497-1782-1 04080
ISBN 978-89-497-0382-4 (세트)

월드북(세계문학/세계사상) 총목록

분류	NO.	도서명	저자/역자	쪽수	가격
사상	월드북1	소크라테스의 변명/국가/향연	플라톤/왕학수 옮김	824	20,000
사상	월드북2	니코마코스윤리학/시학/정치학	아리스토텔레스/손명현 옮김	621	18,000
사상	월드북3	형이상학	아리스토텔레스/이종훈 옮김	560	15,000
사상	월드북4	세네카 삶의 지혜를 위한 편지	세네카/김천운 옮김	624	18,000
사상	월드북5	고백록	아우구스티누스/김희보·강경애 옮김	566	14,800
사상	월드북6	솔로몬 탈무드	이희영	812	14,000
사상	월드북6-1 6-2	바빌론 탈무드/카발라 탈무드	〃	각810	각18,000
사상	월드북7	삼국사기	김부식/신호열 역해	914	25,000
사상	월드북8	삼국유사	일연/권상로 역해	528	15,000
사상	월드북10	인간불평등기원론/사회 계약론	루소/최석기 옮김	530	15,000
사상	월드북11	마키아벨리 로마사이야기	마키아벨리/고산 옮김	674	18,000
사상	월드북12	몽테뉴 수상록	몽테뉴/손우성 옮김	1,344	28,000
사상	월드북13	법의 정신	몽테스키외/하재홍 옮김	752	16,000
사상	월드북14	학문의 진보/베이컨 에세이	베이컨/이종구 옮김	574	9,800
사상	월드북16	팡세	파스칼/안응렬 옮김	546	14,000
사상	월드북17	반야심경/금강경/법화경/유마경	홍정식 역해	542	15,000
사상	월드북18	바보예찬/잠언과 성찰/인간성격론	에라스무스·라로슈푸코·라브뤼예르/정병희 옮김	520	9,800
사상	월드북19 20	에밀/참회록	루소/정병희 홍승오 옮김	740/718	16,000/16,000
사상	월드북22	순수이성비판	칸트/정명오 옮김	770	25,000
사상	월드북23	로마제국쇠망사	에드워드 기번/강석승 옮김	544	15,000
사상	월드북25	헤로도토스 역사	헤로도토스/박현태 옮김	810	18,000
사상	월드북26	역사철학강의	헤겔/권기철 옮김	570	15,000
사상	월드북27-1	의지와 표상으로서의 세계	쇼펜하우어/권기철 옮김	564	15,000
사상	월드북28	괴테와의 대화	에커먼/곽복록 옮김	868	18,000
사상	월드북29	자성록/언행록/성학십도/논사단칠정서	이황/고산 역해	616	18,000
사상	월드북30	성학집요/격몽요결	이이/고산 역해	620	18,000
사상	월드북31	인생이란 무엇인가	톨스토이/채수동 옮김	1,200	28,000
사상	월드북32	자조론 인격론	사무엘 스마일즈/장만기 옮김	796	14,000
사상	월드북33	불안의 개념/죽음에 이르는 병	키에르케고르/강성위 옮김	546	15,000
사상	월드북34	잠 못 이루는 밤을 위하여/행복론	카를 힐티/곽복록 옮김	928	20,000
사상	월드북35	아미엘 일기	앙리 프레데릭 아미엘/이희영 옮김	1,042	18,000
사상	월드북36	나의 참회/인생의 길	똘스또이/김근식 고산 옮김	1,008	18,000
사상	월드북37	인간적인 너무나 인간적인	니체/강두식 옮김	1,072	19,800
사상	월드북38	차라투스트라는 이렇게 말했다	니체/곽복록 옮김	1,040	19,800
사상	월드북41	인생 연금술	제임스 알렌/박지은 옮김	824	18,000

사상	월드북42	유토피아/자유론/통치론	모어·밀·로크/김현욱 옮김	506	15,000
사상	월드북43	서양의 지혜/철학이란 무엇인가	러셀/정광섭 옮김	994	19,800
사상	월드북44	철학이야기	윌 듀랜트/임헌영 옮김	528	15,000
사상	월드북45	소유냐 삶이냐/사랑한다는 것	프롬/고영복 이철범 옮김	644	15,000
사상	월드북47	행복론/인간론/말의 예지	알랭/방곤 옮김	528	15,000
사상	월드북48	인간의 역사	미하일 일린/동완 옮김	720	12,000
사상	월드북49	카네기 인생철학	D. 카네기/오정환 옮김	546	9,800
사상	월드북50	무사도	니토베 이나조·미야모토 무사시/추영현 옮김	528	12,000
문학	월드북52	그리스비극	아이스킬로스·소포클레스·에우리피데스/곽복록 조우현 옮김	688	18,000
문학	월드북55	이솝우화전집	이솝/고산 옮김	760	15,000
문학	월드북56	데카메론	보카치오/한형곤 옮김	832	19,800
문학	월드북57	돈끼호테	세르반떼스/김현창 옮김	1,288	16,000
문학	월드북58	신곡	단테/허인 옮김	980	19,800
사상	월드북59	상대성이론/나의 인생관	아인슈타인/최규남 옮김	516	15,000
문학	월드북60	파우스트/젊은 베르테르의 슬픔	괴테/곽복록 옮김	900	14,000
문학	월드북61	그리스 로마 신화	토머스 불핀치/손명현 옮김	530	14,000
문학	월드북66	죄와 벌	〃	654	15,000
사상	월드북67	대중의 반란/철학이란 무엇인가	오르테가/김현창 옮김	508	9,800
사상	월드북68	동방견문록	마르코 폴로/채희순 옮김	478	9,800
문학	월드북69 70	전쟁과 평화ⅠⅡ	똘스또이/맹은빈 옮김	834/864	각18,000
사상	월드북71	철학학교/비극론/철학입문/위대한 철학자들	야스퍼스/전양범 옮김	608	18,000
사상	월드북72	리바이어던	홉스/최공웅 최진원 옮김	724	16,000
문학	월드북73	사람은 무엇으로 사는가	똘스또이/김근식 고산 옮김	560	14,000
사상	월드북74	웃음/창조적 진화/도덕과 종교의 두 원천	베르그송/이희영 옮김	760	20,000
문학	월드북76	모비딕	멜빌/이가형 옮김	744	18,000
사상	월드북77	갈리아전기/내전기	카이사르/박석일 옮김	544	15,000
사상	월드북78	에티카/정치론	스피노자/추영현 옮김	560	18,000
사상	월드북79	그리스철학자열전	라에르티오스/전양범 옮김	760	16,000
문학	월드북80	여자의 일생/목걸이	모파상/민희식 옮김	752	16,000
사상	월드북81	프로테스탄티즘의 윤리와 자본주의 정신/직업으로서의 학문/직업으로서의 정치	막스베버/김현욱 옮김	577	14,800
사상	월드북82	민주주의와 교육/철학의 개조	존 듀이/김성수 이귀학 옮김	624	15,000
문학	월드북83	레 미제라블Ⅰ	빅토르 위고/송면 옮김	1,104	16,000
문학	월드북84	레 미제라블Ⅱ	〃	1,032	16,000
사상	월드북85	인간이란 무엇인가 오성/정념/도덕	데이비드 흄/김성숙 옮김	808	18,000
문학	월드북86	대지	펄벅/홍사중 옮김	1,067	18,800
사상	월드북87	종의 기원	다윈/송철용 옮김	664	18,800

사상	월드북88	**존재와 무**	사르트르/정소성 옮김	1,130	28,000
문학	월드북89	**롤리타/위대한 개츠비**	나보코프 피츠제럴드/박순녀 옮김	524	9,800
문학	월드북90	**마지막 잎새**	O. 헨리/오정환 옮김	464	14,000
문학	월드북91	**아Q정전/아침 꽃을 저녁에 줍다**	루쉰/이가원 옮김	538	9,800
사상	월드북92	**논리철학논고/철학탐구/반철학적 단장**	비트겐슈타인/김양순 옮김	730	18,000
문학	월드북94	**채털리부인의 연인**	D. H. 로렌스/유영 옮김	550	15,000
문학	월드북95	**백년의 고독/호밀밭의 파수꾼**	마르케스·샐린저/이가형 옮김	624	15,000
문학	월드북96 97	**고요한 돈강ⅠⅡ**	숄로호프/맹은빈 옮김	916/1,056	각15,000
사상	월드북98	**경제학·철학초고/자본론/공산당선언/철학의 빈곤**	마르크스/김문운 옮김	768	18,000
사상	월드북99	**간디자서전**	간디/박석일 옮김	622	15,000
사상	월드북100	**존재와 시간**	하이데거/전양범 옮김	686	22,000
사상	월드북101	**영웅숭배론/의상철학**	토마스 칼라일/박지은 옮김	500	14,000
사상	월드북102	**월든/침묵의 봄/센스 오브 원더**	소로·카슨/오정환 옮김	681	15,000
문학	월드북103	**성/심판/변신**	카프카/김정진·박종서 옮김	624	12,000
사상	월드북104	**전쟁론**	클라우제비츠/허문순 옮김	992	19,800
문학	월드북105	**폭풍의 언덕**	E. 브론테/박순녀 옮김	550	9,800
문학	월드북106	**제인 에어**	C. 브론테/박순녀 옮김	646	12,000
문학	월드북107	**악령**	도스또옙프스끼/채수동 옮김	869	18,000
문학	월드북108	**제2의 성**	시몬느 드 보부아르/이희영 옮김	1,072	24,800
문학	월드북109	**처녀시절/여자 한창때**	보부아르/이혜윤 옮김	1,055	16,000
문학	월드북110	**백치**	도스또옙스끼/채수동 옮김	788	18,000
문학	월드북112	**적과 흑**	스탕달/서정철 옮김	672	15,000
문학	월드북113	**양철북**	귄터 그라스/최은희 옮김	644	15,000
사상	월드북114	**비극의 탄생/즐거운 지식**	니체/곽복록 옮김	584	15,000
사상	월드북115	**아우렐리우스 명상록/키케로 인생론**	아우렐리우스·키케로/김성숙 옮김	543	15,000
사상	월드북116	**선의 연구/퇴계 경철학**	니시다 기타로·다카하시 스스무/최박광 옮김	644	15,000
사상	월드북117	**제자백가**	김영수 역해	604	15,000
문학	월드북118	**1984년/동물농장/복수는 괴로워라**	조지 오웰/박지은 옮김	436	9,800
문학	월드북119-120	**티보네 사람들ⅠⅡ**	로제 마르탱 뒤 가르/민희식 옮김	928/1,152	18,000
사상	월드북122	**그리스도인의 자유/루터 생명의 말**	마틴 루터/추인해 옮김	864	15,000
사상	월드북123	**국화와 칼/사쿠라 마음**	베네딕트·라프카디오 헌/추영현 옮김	410	9,800
문학	월드북124	**예언자/눈물과 미소**	칼릴 지브란/김유경 옮김	440	9,800
문학	월드북125	**댈러웨이 부인/등대로**	버지니아 울프/박지은 옮김	504	9,800
사상	월드북126	**열하일기**	박지원/고산 옮김	1,038	25,000
사상	월드북127	**자기신뢰 철학/영웅이란 무엇인가**	에머슨/정광섭 옮김	458	15,000
문학	월드북128 129	**바람과 함께 사라지다ⅠⅡ**	미첼/장왕록 옮김	644/688	12,000
사상	월드북130	**고독한 군중**	데이비드 리스먼/류근일 옮김	422	13,000

문학	월드북131	파르마 수도원	스탕달/이혜윤 옮김	558	9,800
문학	월드북132	오만과 편견	제인 오스틴/김유경 옮김	422	9,800
문학	월드북133	아라비안나이트 I	리처드 버턴/고산고정일	1,120	18,800
문학	월드북134	아라비안나이트 II	〃	1,056	18,800
문학	월드북135	아라비안나이트 III	〃	1,024	16,000
문학	월드북136	아라비안나이트 IV	〃	1,112	16,000
문학	월드북137	아라비안나이트 V	〃	1,024	16,000
문학	월드북138	데이비드 코퍼필드	찰스 디킨스/신상웅 옮김	1,136	18,800
문학	월드북139	음향과 분노/8月의 빛	윌리엄 포크너/오정환 옮김	816	15,000
문학	월드북140	잃어버린 시간을 찾아서 I	마르셀 프루스트/민희식 옮김	1,048	20,000
문학	월드북141	잃어버린 시간을 찾아서 II	〃	1,152	18,000
문학	월드북142	잃어버린 시간을 찾아서 III	〃	1,168	18,000
사상	월드북143	법화경	홍정식 역해	728	18,000
사상	월드북144	중세의 가을	요한 하위징아/이희승맑시아 옮김	582	12,000
사상	월드북145 146	율리시스 I II	제임스 조이스/김성숙 옮김	712/640	각15,000
문학	월드북147	데미안/지와 사랑/싯다르타	헤르만 헤세/송영택 옮김	546	15,000
문학	월드북148 149	장 크리스토프 I II	로맹 롤랑/손석린 옮김	890/864	각18,000
문학	월드북150	인간의 굴레	서머싯 몸/조용만 옮김	822	18,000
사상	월드북151	그리스인 조르바	니코스 카잔차키스/박석일 옮김	425	9,800
사상	월드북152	여론이란 무엇인가/환상의 대중	월터 리프먼/오정환 옮김	488	15,000
문학	월드북153	허클베리 핀의 모험/인간이란 무엇인가	마크 트웨인/양병탁 조성출 옮김	704	12,000
문학	월드북154	이방인/페스트/시지프 신화	알베르 카뮈/이혜윤 옮김	522	15,000
문학	월드북155	좁은 문/전원교향악/지상의 양식	앙드레 지드/이휘영 이춘복 옮김	459	9,800
문학	월드북156 157	몬테크리스토 백작 I II	알렉상드르 뒤마/이희승맑시아 옮김	785/832	각18,000
문학	월드북158	죽음의 집의 기록/가난한 사람들/백야	도스토옙스키/채수동 옮김	602	12,000
문학	월드북159	북회귀선/남회귀선	헨리 밀러/오정환 옮김	690	12,000
사상	월드북160	인간지성론	존 로크/추영현 옮김	1,016	22,000
사상	월드북161	중력과 은총/철학강의/신을 기다리며	시몬 베유/이희영 옮김	666	20,000
사상	월드북162	정신현상학	G. W. F. 헤겔/김양순 옮김	572	15,000
사상	월드북163	인구론	맬서스/이서행 옮김	570	18,000
문학	월드북164	허영의 시장	W.M.새커리/최흥규 옮김	925	18,000
사상	월드북165	목민심서	정약용 지음/최박광 역해	986	18,000
문학	월드북166	분노의 포도/생쥐와 인간	스타인벡/노희엽 옮김	712	18,000
문학	월드북167	젊은 예술가의 초상/더블린 사람들	제임스 조이스/김성숙 옮김	656	18,000
문학	월드북168	테스	하디/박순녀 옮김	478	12,000
문학	월드북169	부활	톨스토이/이동현 옮김	562	14,000
문학	월드북170	악덕의 번영	마르키 드 사드/김문운 옮김	602	25,000

문학	월드북171	죽은 혼/외투/코/광인일기	고골/김학수 옮김	509	14,000
사상	월드북172	이탈리아 르네상스 이야기	부르크하르트/지봉도 옮김	565	18,000
문학	월드북173	노인과 바다/무기여 잘 있거라	헤밍웨이/양병탁 옮김	685	14,000
문학	월드북174	구토/말	사르트르/이희영 옮김	500	15,000
사상	월드북175	미학이란 무엇인가	하르트만/ 옮김	590	18,000
사상	월드북176	과학과 방법/생명이란 무엇인가?/사람몸의 지혜	푸앵카레·슈뢰딩거·캐넌/조진남 옮김	538	16,000
사상	월드북177	춘추전국열전	김영수 역해	592	18,000
문학	월드북178	톰 존스의 모험	헨리 필딩/최홍규 옮김	912	25,000
문학	월드북179	난중일기	이순신/고산고정일 역해	552	15,000
문학	월드북180	프랭클린 자서전	벤저민 프랭클린/주영일 옮김	502	12,000
문학	월드북181	즉흥시인	한스 크리스티안 안데르센/박지은 옮김	515	15,000
문학	월드북182	고리오 영감/절대의 탐구	발자크/조홍식 옮김	562	15,000
문학	월드북183	도리언 그레이 초상/살로메/즐거운 인생	오스카 와일드/한명남 옮김	466	12,000
문학	월드북184	달과 6펜스/과자와 맥주	서머싯 몸/이철범 옮김	450	12,000
문학	월드북185	마음은 외로운 사냥꾼/슬픈카페의 노래	카슨 맥컬러스/강혜숙 옮김	442	12,000
문학	월드북186	걸리버 여행기/통 이야기	조나단 스위프트/유영 옮김	492	12,000
사상	월드북187	조선상고사/한국통사	신채호/박은식/윤재영 역해	576	18,000
문학	월드북188	인간의 조건/왕의 길	앙드레 말로/윤옥일 옮김	494	12,000
사상	월드북189	예술의 역사	반 룬/이철범 옮김	774	18,000
문학	월드북190	퀴리부인	에브 퀴리/안응렬 옮김	442	12,000
문학	월드북191	귀여운 여인/약혼녀/골짜기	체호프/동완 옮김	450	12,000
문학	월드북192	갈매기/세 자매/바냐 아저씨/벚꽃 동산	체호프/동완 옮김	450	15,000
문학	월드북193	로빈슨 크루소	다니엘 디포/유영 옮김	600	15,000
문학	월드북194	위대한 유산	찰스 디킨스/한명남 옮김	560	15,000
사상	월드북195	우파니샤드	김세현 역해	570	15,000
사상	월드북196	천로역정/예수의 생애	버니언/르낭/강경애 옮김	560	14,000
문학	월드북197	악의 꽃/파리의 우울	보들레르/박철화 옮김	482	15,000
문학	월드북198	노트르담 드 파리	빅토르 위고/송면 옮김	614	15,000
문학	월드북199	위험한 관계	피에르 쇼데를로 드 라클로/윤옥일 옮김	428	12,000
문학	월드북200	주홍글자/큰바위 얼굴	N.호손/김병철 옮김	524	12,000
사상	월드북201	소돔의 120일	마르키 드 사드/김문운 옮김	440	20,000
문학	월드북202	사냥꾼의 수기/첫사랑/산문시	이반 투르게네프/김학수	590	15,000
문학	월드북203	인형의 집/유령/민중의 적/들오리	헨리크 입센/소두영 옮김	480	14,000
사상	월드북204	인간과 상징	카를 융 외/김양순 옮김	634	25,000
문학	월드북205	철가면	부아고베/김문운 옮김	755	18,000
문학	월드북206	실낙원	밀턴/이창배 옮김	648	19,800
문학	월드북207	데이지 밀러/나사의 회전	헨리 제임스/강서진 옮김	556	14,000

문학	월드북208	말테의 수기/두이노의 비가	릴케/백정승 옮김	480	14,000
문학	월드북209	캉디드/철학 콩트	볼테르/고원 옮김	470	12,000
문학	월드북211	카르멘/콜롱바	메리메/박철화 옮김	475	12,000
문학	월드북212	오네긴/대위의 딸/스페이드 여왕	알렉산드르 푸시킨/이동현 옮김	412	14,000
문학	월드북213	춘희/마농 레스코	뒤마 피스/아베 프레보/민희식 옮김	448	14,000
문학	월드북214	야성의 부르짖음/하얀 엄니	런던/박상은 옮김	434	12,000
문학	월드북215	지킬박사와 하이드/데이비드 모험	로버트 루이스 스티븐슨/강혜숙 옮김	526	14,000
문학	월드북216	홍당무/박물지/르나르 일기	쥘 르나르/이가림 윤옥일 옮김	432	12,000
문학	월드북217	멋진 신세계/연애대위법	올더스 헉슬리/이경직 옮김	804	18,000
문학	월드북218	인간의 대지/야간비행/어린왕자/남방우편기	생텍쥐페리/안응렬 옮김	448	12,000
문학	월드북219	학대받은 사람들	도스토옙스키/채수동 옮김	436	12,000
문학	월드북220	켄터베리 이야기	초서/김진만 옮김	640	18,000
문학	월드북221	육체의 악마/도루젤 백작 무도회/클레브 공작 부인	레몽 라디게/라파예트/윤옥일 옮김	402	12,000
문학	월드북222	고도를 기다리며/몰로이/첫사랑	사무엘 베게트/김문해 옮김	500	14,000
문학	월드북223	어린시절/세상속으로/나의 대학	막심 고리키/최홍근 옮김	800	18,000
문학	월드북224	어머니/밑바닥/첼카쉬	막심 고리키/최홍근 옮김	824	18,000
문학	월드북225	사랑의 요정/양치기 처녀/마의 늪	조르주 상드/김문해 옮김	602	15,000
문학	월드북226	친화력/헤르만과 도로테아	괴테/곽복록 옮김	433	14,000
문학	월드북227	황폐한 집	찰스 디킨스/정태륭 옮김	1,012	22,000
문학	월드북228	하워즈 엔드	에드워드 포스터/우진주 옮김	422	12,000
문학	월드북229	빌헬름 마이스터 수업시대/편력시대	괴테/곽복록 옮김	1,128	20,000
문학	월드북230	두 도시 이야기	찰스 디킨스/정태륭 옮김	444	14,000
문학	월드북231	서푼짜리 오페라/살아남은 자의 슬픔	베르톨트 브레히트/백정승 옮김	468	14,000
문학	월드북232	작은 아씨들	루이자 메이 올컷/우진주 옮김	1,140	22,000
문학	월드북233	오블로모프	곤차로프/노현우 옮김	754	18,000
문학	월드북234	거장과 마르가리타/개의 심장	미하일 불가코프/노현우 옮김	626	14,000
문학	월드북235	성 프란치스코	니코스 카잔차키스/박석일 옮김	476	14,000
사상	월드북236	나의 투쟁	아돌프 히틀러/황성모 옮김	1,152	20,000
문학	월드북239	플라테로와 나	후안 라몬 히메네스/김현창 옮김	402	12,000
문학	월드북240	마리 앙투아네트/모르는 여인의 편지	슈테판 츠바이크/양원석 옮김	540	22,000
사상	월드북241	성호사설	이익/고산고정일 옮김	1,070	22,000
사상	월드북242	오륜행실도	난원 심봉노 그님/고산고정일 옮김	500	10,000
문학	월드북243~245	플루타르코스 영웅전ⅠⅡⅢ	플루타르코스/박현태 옮김	각672	각15,000
문학	월드북246 247	안데르센동화전집ⅠⅡ	안데르센/곽복록 옮김	816/784	각18,000
문학	월드북248 249	그림동화전집ⅠⅡ	그림형제/금은숲 옮김	각672	각16,000
사상	월드북250 251	신국론ⅠⅡ	아우구스티누스/추인해 추적현 옮김	688/736	각19,800
문학	월드북252 253	일리아스/오디세이아	호메로스/이상훈 옮김	560/506	각14,800

사상	월드북254 255	역사의 연구 I II	토인비/홍사중 옮김	650/520	각18,000
문학	월드북256	이탈리아 기행	요한 볼프강 폰 괴테/곽복록 옮김	794	19,800
문학	월드북257	닥터지바고	보리스 파스테르나크/이동현 옮김	680	18,000
사상	월드북258	세네카 인생철학이야기	세네카/김현창 옮김	576	18,000
사상	월드북259 260	국부론 I II	애덤 스미스/유인호 옮김	568/584	각15,000
사상	월드북261	방법서설/성찰/철학의 원리/세계론/정념론	데카르트/소두영 옮김	784	20,000
사상	월드북262	시와 진실	괴테/최은희 옮김	860	20,000
사상	월드북263	즐거운 서양철학사	S.P. 램프레히트/김문수 옮김	696	20,000
사상	월드북264 265	정신분석입문/꿈의 해석	프로이트/김양순 옮김	584/600	각15,000
사상	월드북266	군주론/전술론	마키아벨리/황문수 옮김	460	15,000
사상	월드북267 268	황금가지 I II	제임스 조지 프레이저/신상웅 옮김	544/528	각15,000
사상	월드북269	실존주의란 무엇인가	사르트르/이희영 옮김	588	15,000
문학	월드북270 271	안나 까레니나 I II	똘스또이/맹은빈 옮김	544/528	각15,000
문학	월드북272 273	카라마조프 형제들 I II	도스토예프스키/채수동 옮김	504/688	각14,000
문학	월드북274 275	마의 산 I II	토마스 만/곽복록 옮김	440/504	각14,000
사상	월드북276 277	인간의 기원 I II	찰스 다윈/추한호 옮김	464/496	각29,000
사상	월드북278	역사란 무엇인가/이상과 현실	E.H. 카/이상두 옮김	454	18,000
사상	월드북279	독일 국민에게 고함/인간의 사명/권리를 위한 투쟁	피히테/폰 예링/권기철 옮김	424	15,000
문학	월드북280	고흐 영혼의 편지	빈센트 반 고흐/김유경 옮겨엮음	1,022	25,000
사상	월드북281	프랑스혁명 성찰	에드먼드 버크/이태동 옮김	478	15,000
문학	월드북282	존 왕/에드워드 3세/리처드 2세/헨리 4세 제부 외	윌리엄 셰익스피어/신상웅 옮김	702	18,000
문학	월드북283	헨리 6세 제부/헨리 6세 제2부/헨리 6세 제3부 외	윌리엄 셰익스피어/신상웅 옮김	528	18,000
문학	월드북284	햄릿/오셀로/리어왕/맥베스/율리우스 카이사르	윌리엄 셰익스피어/신상웅 옮김	566	18,000
문학	월드북285	로미오와 줄리엣/티투스 안드로니쿠스 외	윌리엄 셰익스피어/신상웅 옮김	564	18,000
문학	월드북286	말괄량이 길들이기/뜻대로 하세요/십이야 외	윌리엄 셰익스피어/신상웅 옮김	568	18,000
문학	월드북287	실수 연발/사랑의 헛수고/윈저의 즐거운 아낙네들 외	윌리엄 셰익스피어/신상웅 옮김	512	18,000
문학	월드북288	페리클레스/심벨린/겨울 이야기/폭풍우/두 귀족 친척	윌리엄 셰익스피어/신상웅 옮김	540	18,000
문학	월드북289	말은 말로 되는 되로/트로일로스와 크레시다 외	윌리엄 셰익스피어/신상웅 옮김	592	18,000
사상	월드북290	내훈/정인보 소전	소혜왕후/정양완 옮겨풀어씀	528	15,000
사상	월드북291	악(惡)에 대하여/인생과 사랑/희망의 혁명/불복종과 자유	에리히 프롬/고영복 옮김	680	18,000
문학	월드북292-4	겐지이야기 I II III	무라사키 시키부/추영현 옮김	각584	각16,000
사상	월드북295	쇼펜하우어 인생철학	쇼펜하우어/권기철 옮김	624	16,000
문학	월드북296	목로주점	에밀 졸라/이희영 옮김	482	15,000
문학	월드북297	스케치북	워싱턴 어빙/강경애 옮김	466	15,000
문학	월드북298	쿠오레	에드몬도 데 아미치스/안응렬 옮김	536	15,000
문학	월드북299	일본서기/고사기	최박광 옮김	904	29,000
문학	월드북300	가든파티	맨스필드/오정환 옮김	432	12,000

*월드북시리즈 목록은 계속 추가됩니다.